汽车正时校对资料与发动机维修数据大全

瑞佩尔◎主编

化学工业出版社

·北京·

内容简介

本书是一本专门介绍汽车正时校对与发动机维修数据的资料型书籍。绝大多数同品牌同类型如直列或V型发动机的正时校对标记或方式往往相同，而且，同品牌很多不同年款车型装备的发动机也一样。通过采取存异并同的整理方式，全书在相对有限的篇幅内囊括了较多的资料信息。全书集中整理了2016—2022年间国产合资、进口与自主品牌汽车的大量正时资料。全书将汽车品牌按所在地域划分为日韩车系（包括丰田-雷克萨斯、本田-讴歌、日产-英菲尼迪、马自达、三菱、斯巴鲁、现代-起亚），欧洲车系（包括大众-奥迪-斯柯达、宝马、奔驰），美洲车系（包括别克-雪佛兰-凯迪拉克、克莱斯勒-吉普-道奇、福特-林肯）及国产自主品牌。

全书内容以"图"说话，通过上千幅插图详细分解正时检查、调整及拆装要点，以"表"概数，使用大量的表格罗列了发动机技术参数、机械检修数据、紧固件拧紧力矩等维修数据。

本书内容简洁而实用，系统且全面，是进行发动机正时系统检修或发动机机械维修工作时不可多得的参考资料，也可作为各汽车职业院校相关专业的教辅资料使用。

图书在版编目（CIP）数据

汽车正时校对资料与发动机维修数据大全/瑞佩尔主编．—北京：化学工业出版社，2023.2

ISBN 978-7-122-42410-5

Ⅰ.①汽… Ⅱ.①瑞… Ⅲ.①汽车-发动机-车辆修理 Ⅳ.①U472.43

中国版本图书馆CIP数据核字（2022）第210337号

责任编辑：周　红　　文字编辑：王　硕

责任校对：田睿涵　　装帧设计：王晓宇

出版发行：化学工业出版社（北京市东城区青年湖南街13号　邮政编码100011）

印　　刷：北京云浩印刷有限责任公司

装　　订：三河市振勇印装有限公司

787mm×1092mm　1/16　印张31¼　字数842千字　2023年8月北京第1版第1次印刷

购书咨询：010-64518888　　售后服务：010-64518899

网　　址：http://www.cip.com.cn

凡购买本书，如有缺损质量问题，本社销售中心负责调换。

定　　价：168.00元

前　言

在汽车发动机机械维修中，正时系统拆装、检查及校对，发动机机件测量与部件拆装更换是一项很重要的工作内容。因此，不同类型发动机正时单元的维修资料与整机维修数据的准备是不可或缺的。近年来，我国汽车工业发展迅猛，汽车市场空前庞大，每年汽车的销售量及保有量一直居于全球首位。各汽车公司推出的新款车型、新型发动机更是层出不穷。为了保持技术资料与时俱进，同步更新，我们收集了一线技术资料，组编了本书。

本书分为“汽车正时维修”与“发动机维修数据”两大主题。前者包括了发动机正时系统的部件分解、拆装、检查与调整的步骤、方法及注意事项；后者主要介绍发动机大修中机件测量所需要参考的一般技术参数、机械维修数据、整机装配的紧固件的拧紧力矩等数据内容。

全书共 15 章，第 1 章概述讲解发动机正时的基础知识，并搭配实操视频演示常见直列发动机与 V 型发动机的正时维修步骤、方法与注意事项；另外，也简要介绍了车用发动机中技术术语的含义与机械维修检测中的项目。第 2 章到第 15 章分品牌按发动机型号及排量排序，整理了各发动机的正时资料与维修数据。

同一款发动机可能装用于不同品牌及不同年款的车型上，大家在查用时只须核对车型铭牌上的发动机型号与章节上的名称，一致即可，如图 1 所示。只对发动机型号，不对车型和年款，这也是本书不以车型、年款来排序的原因所在。本书整理出来的发动机对应搭载的车型年款范围可到 2016 年或更前，2022 年或更后。

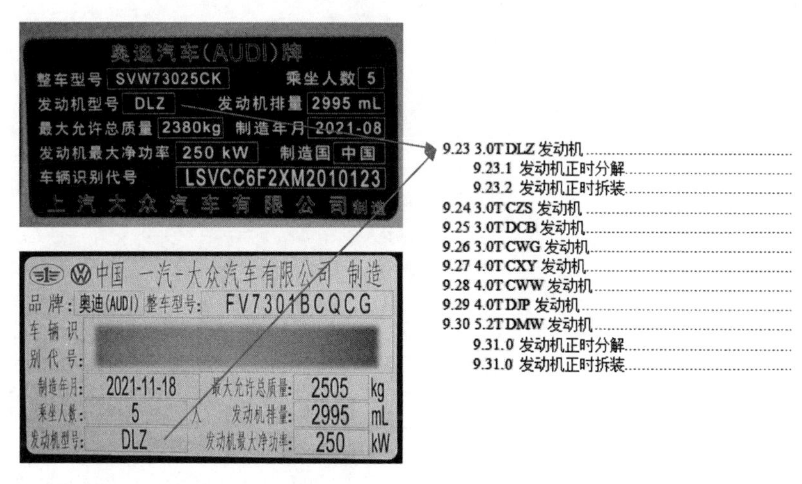

图 1　核对发动机型号

本书按汽车品牌区域的先后顺序编写，从前至后组织了日韩车系、欧洲车系及美洲车系、国产自主品牌的车型资料。各个款型发动机应用相同的集团品牌则合并在一起，如丰田-雷克萨斯、本田-讴歌、日产-英菲尼迪、现代-起亚、大众-奥迪-斯柯达、别克-雪佛兰-凯迪拉克、福特-林肯、克莱斯勒-道奇-吉普等。

本书由瑞佩尔主编，此外参加编写的人员还有朱其谦、杨刚伟、吴龙、张祖良、汤耀宗、赵炎、陈金国、刘艳春、徐红玮、张志华、冯宇、赵太贵、宋兆杰、陈学清、邱晓龙、朱如盛、周金洪、刘滨、陈棋、孙丽佳、周方、彭斌、王坤、章军旗、满亚林、彭启凤、李丽娟、徐银泉。在编写过程中，参考了大量国内外相关文献和厂商技术资料，在此，谨向这些资料信息的原创者们表示由衷的感谢！

本书资料数据繁多，虽经数度编辑整理，囿于编者水平，内容之中难免有不妥之处，尚请广大读者朋友不吝指正。本书再版时，我们将予以更正，加入更多实用、更为全面的资料，以使其更加完善，符合汽车维修工作者的真正需求。

编　者

目 录

第 1 章 概　　述

1.1 发动机正时

1.1.1 发动机正时时间

曲轴位置用相对于两个基准点的角度值（°）表示，在此也称为曲轴转角。两个基准点是活塞上止点（TDC）和下止点（BDC）。曲轴转角用 TDC 或 BDC 前后多少度来表示，即活塞到达止点前/后的曲轴角度。

发动机每进行一个冲程，曲轴旋转 180°，活塞由一个止点移动到另一个止点。因此四冲程发动机完成一整个循环时曲轴旋转 720°，即转动两圈。

发动机吸入汽油与空气的混合气体或新鲜空气（直喷汽油机和柴油机）和排出废气称为换气。通过进气门和排气门控制换气。气门的开启和关闭时刻也取决于曲轴转角。这些时刻又称为正时时间，因为通过它们决定发动机的换气控制。

表 1-1 展示了汽油发动机正时时间的参照值。

表 1-1　汽油发动机正时时间参照值

气门	打开	关闭
进气	TDC 前 10°～15°	BDC 后 40°～60°
排气	BDC 前 45°～60°	TDC 后 5°～20°

活塞即将开始向下移动前进气门打开，活塞重新开始向上移动后进气门关闭。排气门的运行方式相似：活塞开始向上移动前排气门打开，活塞重新开始向下移动后排气门关闭。图 1-1 所示的配气相位图展示了发动机的正时时间。

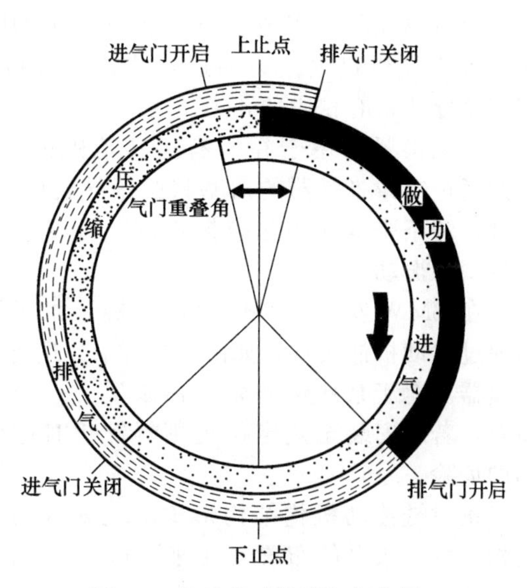

图 1-1　汽油发动机配气相位图

图 1-1 展示了相对于曲轴转动的气门打开和关闭相位。正时时间的技术要求就是要与发动机准确同步，准确保持正时时间对以下方面有重要影响：最大功率、最大转矩、排气质量、耗油量、运行特性。

1.1.2 正时链传动机构

凸轮轴通过链条传动机构来驱动。在此可能有各种不同的规格。但是主要区别仅在于链条的结构形式和布置方式。每个链条传动机构都具有：一个装在曲轴上的链轮、链条导向件/滑动导轨、带张紧导轨的链条张紧器、一个机油供给装置、一个装在凸轮轴上的链轮、一个正时链。以双龙 G16DF 发动机为例，正时链传动机构结构形式及组成部件如图 1-2 所示。

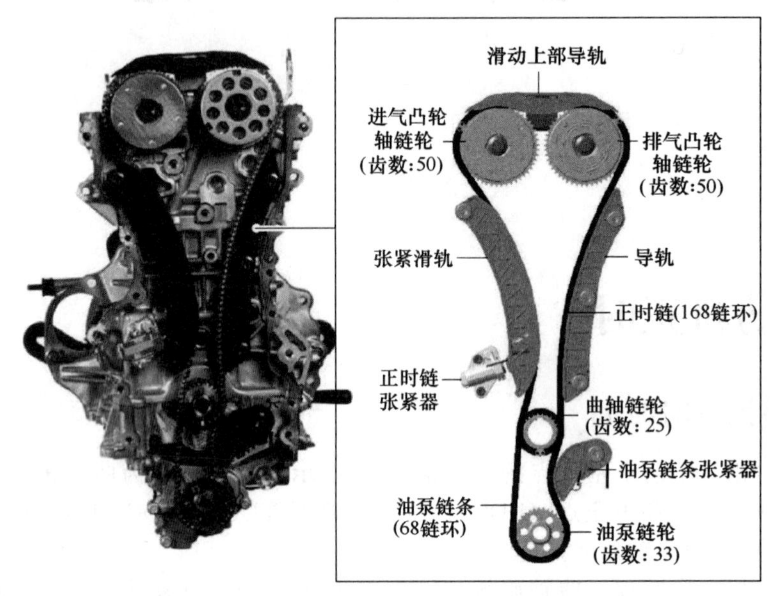

图 1-2　正时链传动机构（双龙 G16DF 发动机）

有多种原因会使正时链条磨损。在某些发动机中，更换上部正时链时无需拆卸整个发动机。操作时只需打开要更换的正时链，插入新正时链并通过整个链条传动机构转动正时链，直至可以重新组装。在此必须特别注意正确对准链条。进行链条传动机构相关工作时必须注意：只向发动机转动方向（顺时针方向）转动曲轴。

为了使正时链与发动机的使用寿命相同，必须根据发动机调整张紧元件和导向件。正时链条始终在未承受负荷侧张紧。根据链条轨道导向需要，采用平面或弯曲形式的塑料部件作为导向元件。链条张紧器将张紧导轨压向正时链。这与导向导轨不同，为此张紧导轨的一端以可转动方式支撑。在 V 型发动机中，相应气缸列的导向导轨和张紧导轨设计为相同部件。

通过单独的或集成在链条张紧器中的喷嘴为链条传动机构提供机油。如果通过集成式喷嘴提供机油，则张紧导轨带有相应的孔道。

链条张紧器用于在所有运行范围内张紧正时链。为此通过链条张紧器的活塞将张紧导轨压在正时链上。此外，链条张紧器还起减振作用，可以减小链条传动机构中的振动。

在 BMW 发动机中使用液压链条张紧器。机油供给通过发动机油实现，如图 1-3 所示。运行时推移链条张紧器。对于某些链条张紧器来说有一个规定的安装位置，若未安装至规定位置则拆卸正时链后活塞有弹出的危险。

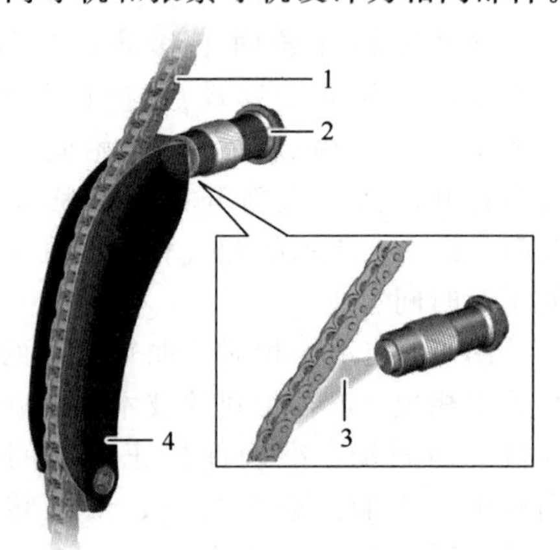

图 1-3　带集成式喷嘴的链条张紧器（宝马 Bx8 发动机）

1—正时链；2—链条张紧器；3—喷射形式；4—张紧导轨

正时链传动机构结构形式的主要区别：链条传动机构在发动机上的布置（变速箱侧或皮带侧）；多件式链条传动机构（不只是 V 型发动机）；第二个凸轮轴通

过直齿圆柱齿轮或环绕的正时链来驱动；在柴油发动机中集成燃油高压泵；使用机油喷嘴和/或集成在链条张紧器中的机油喷嘴；用于驱动附属总成的独立链条张紧器。不同形式示例如图 1-4 所示。在某些发动机中链条传动机构安装在变速箱侧，例如 N47、B58 或 B57 发动机。

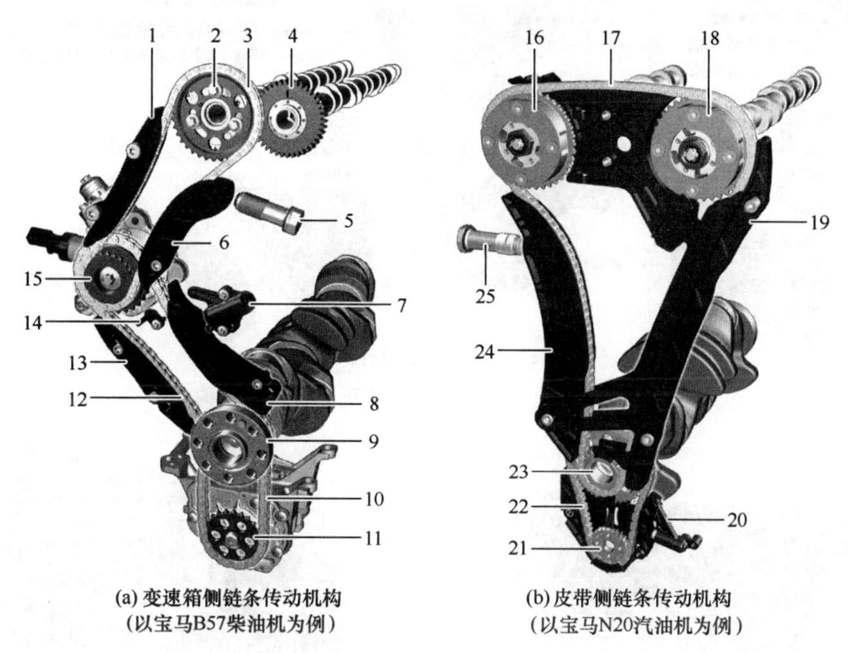

(a) 变速箱侧链条传动机构（以宝马B57柴油机为例）

(b) 皮带侧链条传动机构（以宝马N20汽油机为例）

图 1-4 链条传动机构结构形式

1—上部导向导轨；2—进气凸轮轴链轮；3—上部正时链；4—张紧的排气凸轮轴齿轮；5—上部链条张紧器；6—上部张紧导轨；7—下部链条张紧器；8—下部张紧导轨；9—曲轴（离合器侧）；10—机油/真空泵正时链；11—机油/真空泵链轮；12—下部正时链；13—下部导向导轨；14—机油喷嘴；15—燃油高压泵链轮；16—排气侧 VANOS 调节单元；17—正时链；18—进气侧 VANOS 调节单元；19—导向导轨；20，25—链条张紧器；21—平衡轴/机油泵链轮；22—平衡轴/机油泵正时链；23—曲轴（皮带侧）；24—张紧导轨

1.1.3 正时带传动机构

正时机构除了使用链条传动以外，还有用齿形皮带传动的方式。正时皮带驱动方式的优点主要就是成本低、噪声低、结构简单、重量轻，但缺点也很明显，那就是可靠性差，需要定期检查及更换，在多数车型上的安全使用周期是 6 万 km。

以奥迪 1.0L TFSI 三缸汽油发动机为例，正时带传动机构组成部件与布置形式如图 1-5 所示。

1.1.4 平衡轴驱动机构

平衡轴有助于发动机更平稳地运行，在三缸和四缸发动机中使用，与燃烧方式无关。平衡轴直接通过直齿圆柱齿轮轮齿或者通过与机油泵共用的正时链来驱动。在此直接通过曲轴箱或通过与曲轴箱连接的平衡轴壳体支撑平衡轴。以宝马 B48/N20 发动机为例，平衡轴机构部件如图 1-6 所示。

安装和拆卸平衡轴时必须注意，平衡轴应相对曲轴准确定位。此外还必须根据发动机用专用工具调节平衡轴和机油泵的齿侧间隙。齿侧间隙过小会引起振鸣噪声，间隙过大会引起“咔嗒”声。

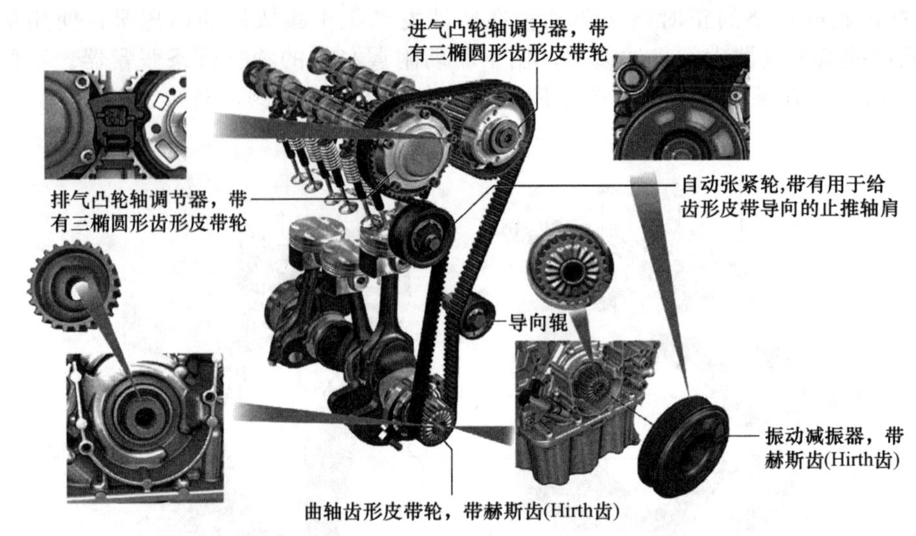

图 1-5 奥迪三缸汽油发动机正时带传动机构

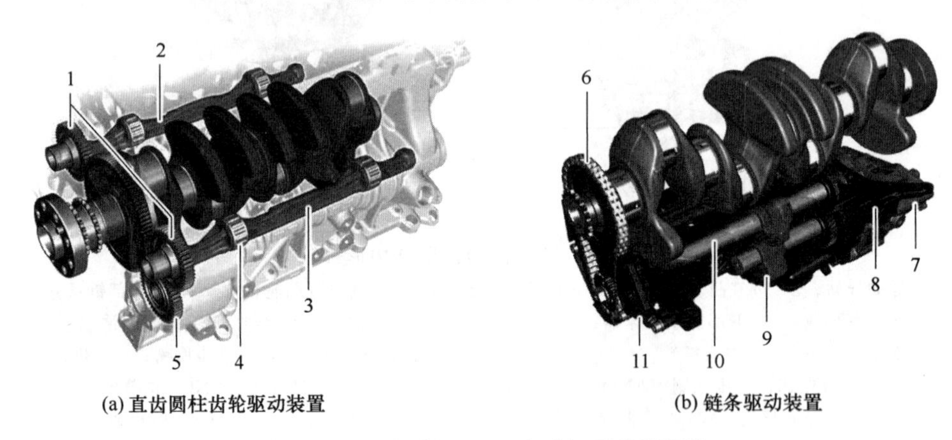

图 1-6 B48 发动机/N20 发动机平衡轴概览

1—直齿圆柱齿轮驱动装置；2—平衡轴 1；3，9—平衡轴 2；4—平衡轴轴承（插在曲轴箱中）；5—中间齿轮（用于改变旋转方向）；6—正时链；7—机油泵壳体；8—平衡轴壳体；10—平衡轴 1（驱动平衡轴 2 和机油泵）；11—液压链条张紧器

1.1.5 发动机正时维修

下面以吉利的直列四缸汽油机 4G18TD 与日产的 V 型六缸汽油机 VQ 为例，讲解正时机构拆装、调整与校正的步骤，要点及注意事项。

（1）正时机构拆卸步骤

① 拆卸正时链罩：

a. 拆卸正时链罩中心处 3 颗固定螺栓，如图 1-7 所示，取下正时链罩隔音罩。

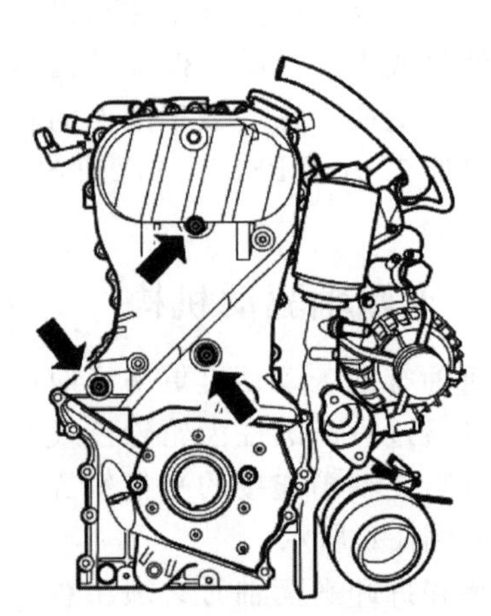

图 1-7 拆卸正时链罩中心处 3 颗螺栓

b. 拆卸正时链罩边缘处 25 颗螺栓，如图 1-8 所示，取下正时链罩。

② 拆卸正时链条张紧器：

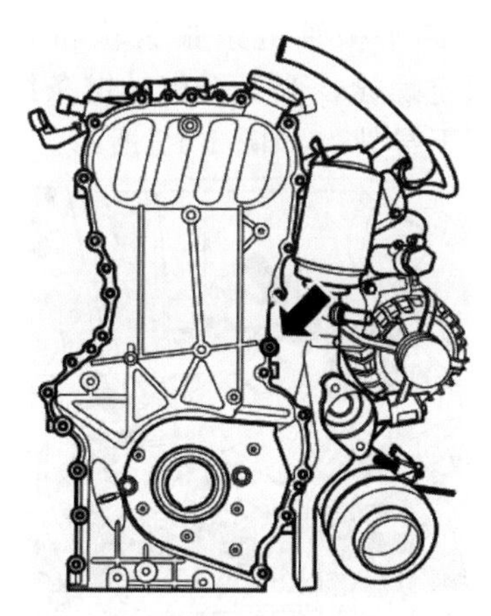

图 1-8　拆卸正时链罩边缘处 25 颗螺栓

a. 用记号笔在进排气 VVT 和链条上做好原始位置标记，使用合适工具固定链条和凸轮轴。

b. 安装正时链条张紧器锁止专用工具，如图 1-9 所示，以防拆卸张紧器时张紧器内的弹簧蹦出。专用工具：15P0025。

c. 拆卸正时张紧器组件 2 颗固定螺栓，如图 1-10 所示。注意：此时不能转动曲轴，以防止曲轴正时链轮滑齿。

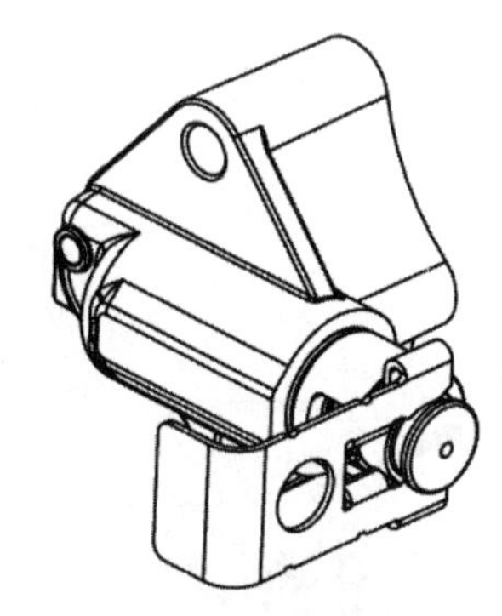

图 1-9　锁止张紧器

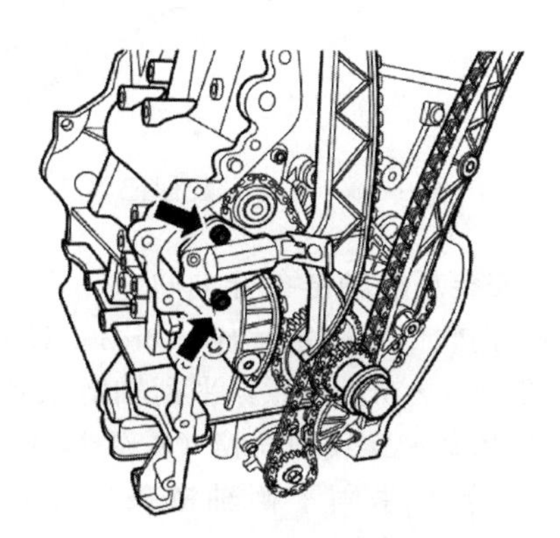

图 1-10　拆卸张紧器固定螺栓

③ 拆卸机油泵链条组件：

a. 拆卸机油泵链条张紧轨固定螺栓 1，并同机油泵链条张紧轨 2 一起取下，如图 1-11 所示。

b. 取下机油泵链条和曲轴链轮，如图 1-12 所示。注意：如果链轮损坏，转动不正常，则更换机油泵总成。

④ 拆卸正时链条：

a. 拆卸正时链条张紧轨上的固定螺栓 1 和正时链条导向轨上的固定螺栓 2，如图 1-13 所示。

b. 取下正时链条导向轨和正时链条张紧轨，如图 1-14 所示。

c. 拆卸正时链条上导向轨，如图 1-15 所示。

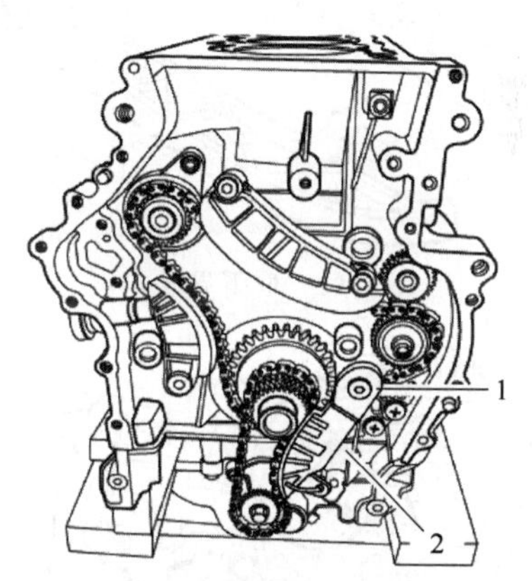

图 1-11　拆卸机油泵链条张紧轨

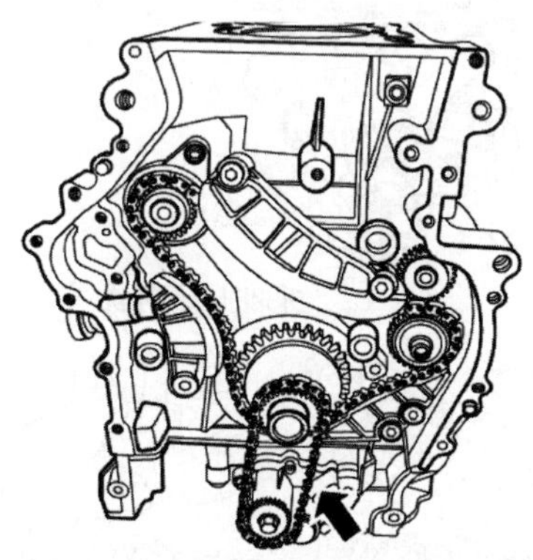

图 1-12　取下机油泵链条和曲轴链轮

d. 取下正时链条组件。

⑤ 拆卸平衡轴链条组件：

a. 拆卸平衡轴链条张紧器组件，如图 1-16 所示。

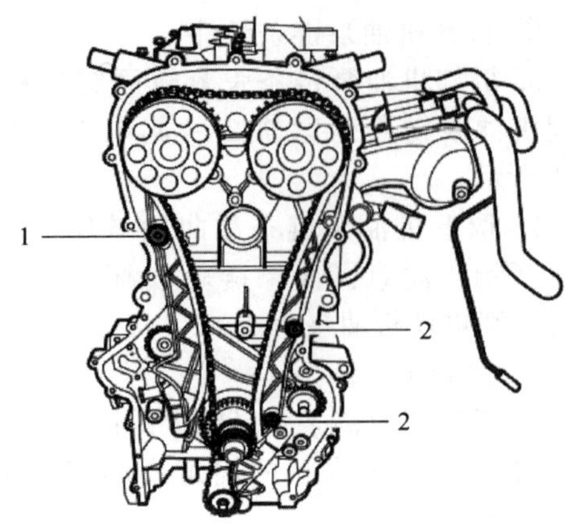

图 1-13　拆卸张紧轨与导向轨固定螺栓

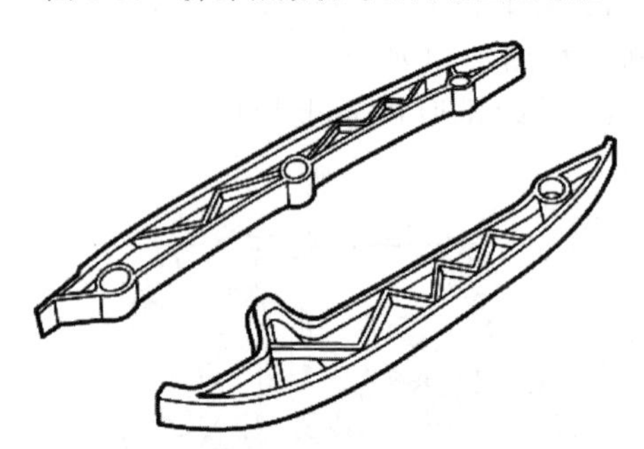

图 1-14　取下导轨

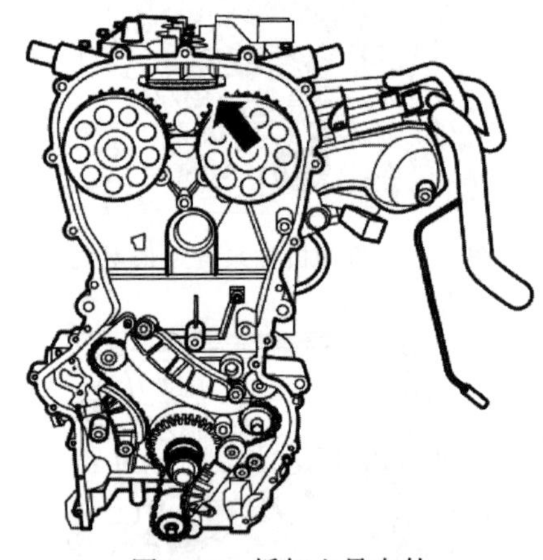

图 1-15　拆卸上导向轨

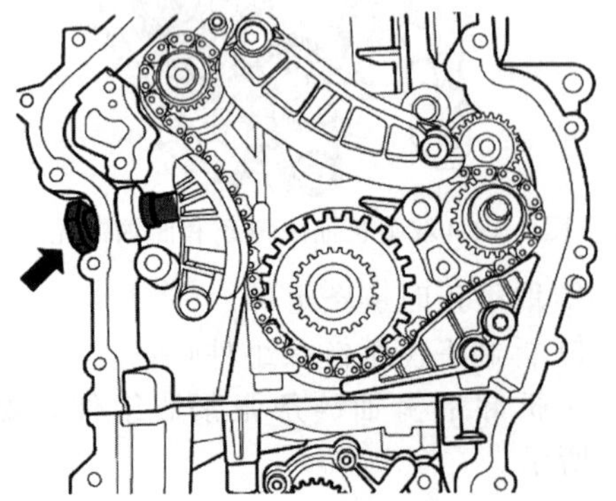

图 1-16　拆卸平衡轴链条张紧器

b. 拆卸平衡轴链条张紧轨和上下导轨的 5 个固定螺栓，取下平衡轴链条组件、张紧轨和上下导轨，如图 1-17 所示。

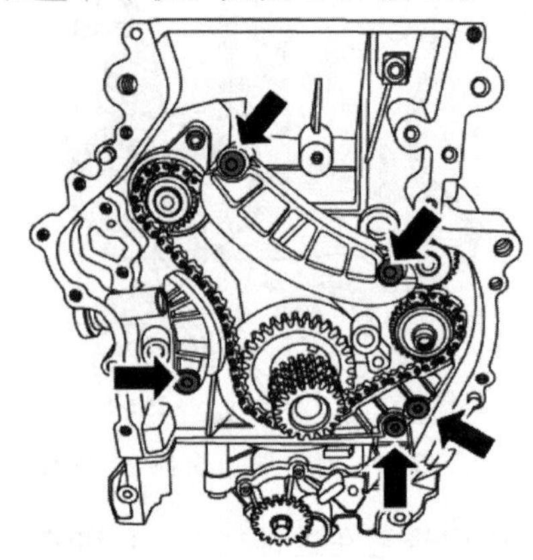

图 1-17　拆卸平衡轴链条组件

(2) 正时机构安装步骤

① 安装平衡轴链条组件：

a. 安装平衡轴链条组件，同时转动曲轴或平衡轴，使平衡轴链条上的三个标记 1（蓝色链节）与平衡轴 1 记号（齿上一圆点）对齐，2（蓝色链节）与平衡轴 2 记号（齿上一圆点）对齐，3（黄色链节）与平衡轴驱动链轮记号（面上一圆点）对齐，如图 1-18 所示。

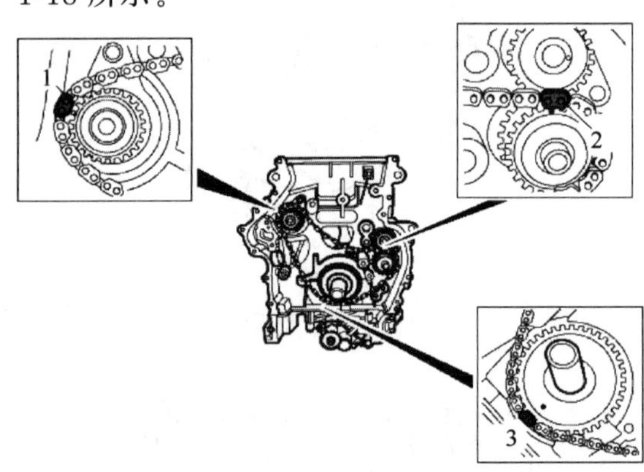

图 1-18　对齐安装标记

b. 安装平衡轴链条导向轨，并紧固平衡轴链条导向轨 5 颗固定螺栓，如图 1-17 所示。力矩：22.5N・m。注意：平衡轴链条张紧轨螺栓需涂厌氧型螺纹锁固胶（乐泰 243）。

c. 安装并紧固平衡轴链条张紧轨，如图 1-16 所示。力矩：85N・m。

② 安装机油泵链条组件：

a. 安装曲轴链轮，如图 1-19 所示。注意：曲轴正时链轮 1 上有凸齿定位记号和平衡轴驱动链轮 2 上的凹槽相对插入以确保安装到位。

b. 安装机油泵链条。

c. 安装机油泵链条张紧轨 1 及机油泵链条张紧轨螺栓 2，如图 1-20 所示，力矩：22.5N·m。螺栓需涂厌氧型螺纹锁固胶（乐泰 243）。

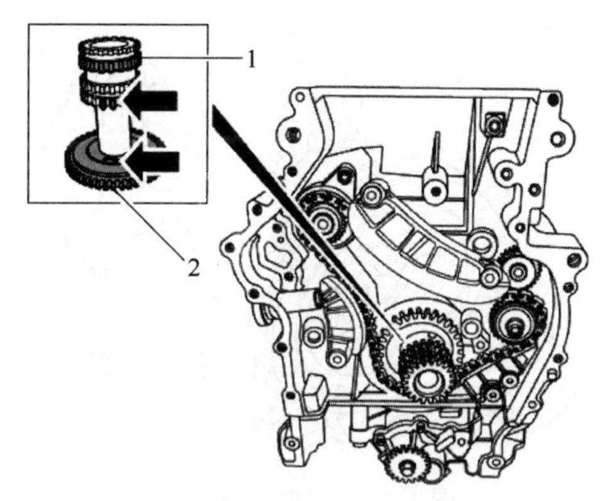

图 1-19　安装曲轴链轮

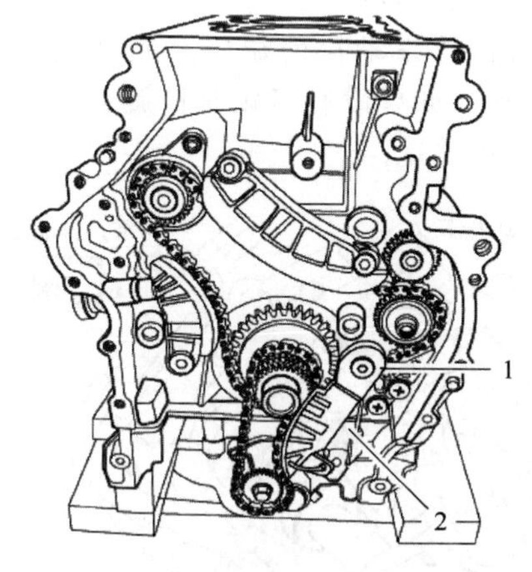

图 1-20　安装机油泵链条张紧轨

③ 安装正时链条：

a. 确认正时链条组件上的 3 个正时标记外链节，如图 1-21 所示。注意：机油泵链条上共有两个正时标记外链节，这两个正时标记外链节（黄色）与机油泵链轮正时记号对齐；一个正时标记外链节（黄色）与曲轴油泵链轮正时记号对齐。

b. 安装正时链条组件，使链条的正时标记 1 外链节对正排气 VVT 链轮正时记号

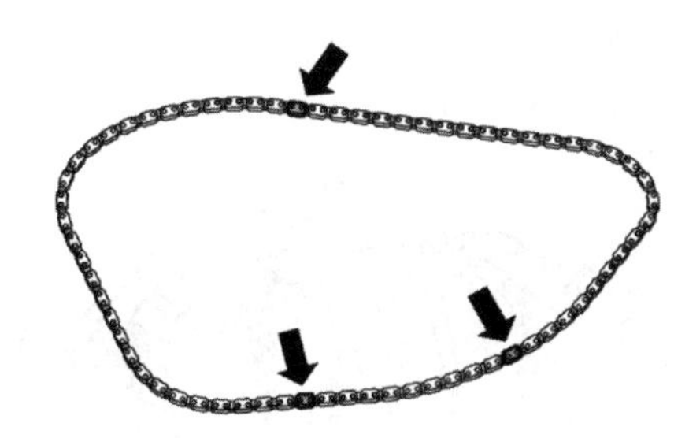

图 1-21　正时链条装配标记

（齿中间有一圆点），使链条的正时标记 2 外链节对正进气 VVT 链轮正时记号（齿中间有一点），使链条的正时标记 3 对正曲轴正时链轮记号（曲轴链轮平面上一圆点），如图 1-22 所示。注意：正时链条上共有三个正时标记外链节，其中两个正时标记外链节（之间相差 10 个链节）与进排气 VVT 链轮正时记号对齐。如果进排气 VVT 链轮正时记号对齐困难，可转动凸轮轴使其对齐。

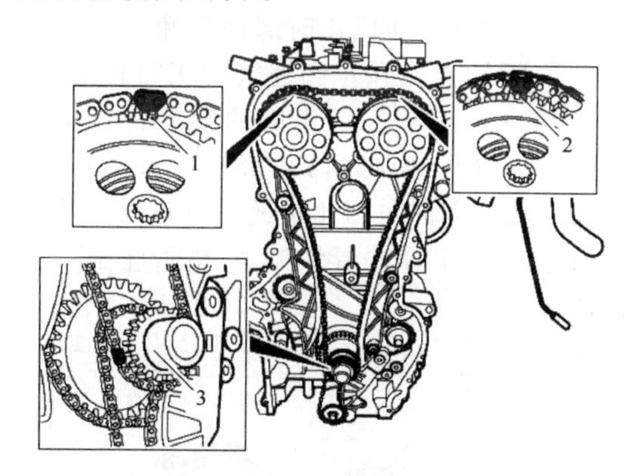

图 1-22　正时链条对齐标记

c. 安装正时链条上导向轨。注意：如果正时链条上导向轨不能正确定位，可以逆时针转动进气凸轮轴使正时链条放松。

d. 安装并紧固正时链条导向轨上的固定螺栓和正时链条张紧轨上的固定螺栓，如图 1-13 所示。力矩：22.5N·m。

④ 安装正时链条张紧器，并紧固 2 颗固定螺栓。力矩：10.5N·m。注意：拔出张紧器锁止销专用工具。

⑤ 安装正时链罩：

a. 安装正时链罩周边的 25 个正时链罩紧固螺栓，但先不要拧紧。注意按照先中间后两边的顺序，分两次拧紧螺栓，如

图 1-23 所示。力矩：第一次，10N·m；第二次，22.5N·m。

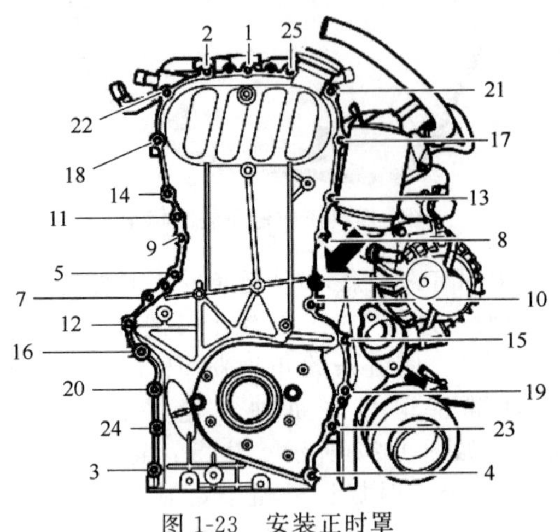

图 1-23 安装正时罩

1～25—紧固螺栓

b. 安装正时链罩隔音罩及正时链罩中间的 3 颗固定螺栓，如图 1-7 所示。

（3）VQ 发动机正时部件拆卸

① 拆卸右侧和左侧进气阀正时控制盖。按与图 1-24 所示数字相反的顺序松开固定螺栓。使用油封刮刀切开密封胶进行拆卸。注意：轴在内部与凸轮轴链轮（进气）中心孔相连。拆卸时，请保持其水平直至完全断开。

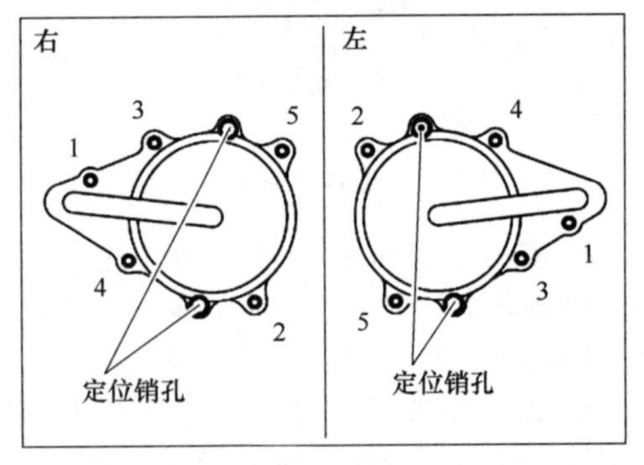

图 1-24 拆卸右侧和左侧进气阀正时控制盖

1～5—固定螺栓

② 从前正时链条箱机油孔（左侧和右侧）拆卸 O 形圈，如图 1-25 所示。

③ 获取 1 号缸压缩行程 TDC：

a. 顺时针旋转曲轴皮带轮，将正时标记（无色槽沟线）对准正时指示器，如图 1-26 所示。

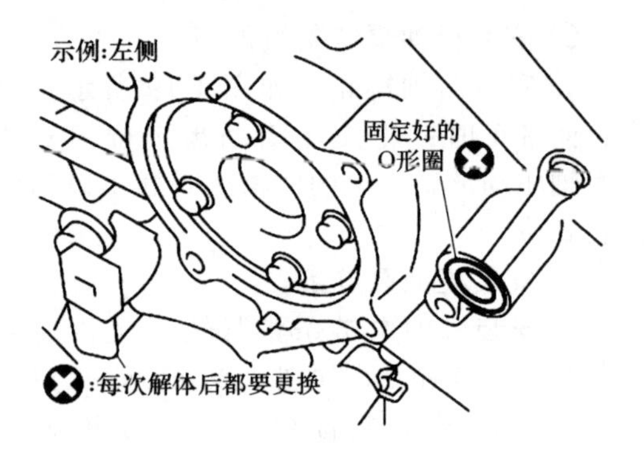

图 1-25 拆卸 O 形圈

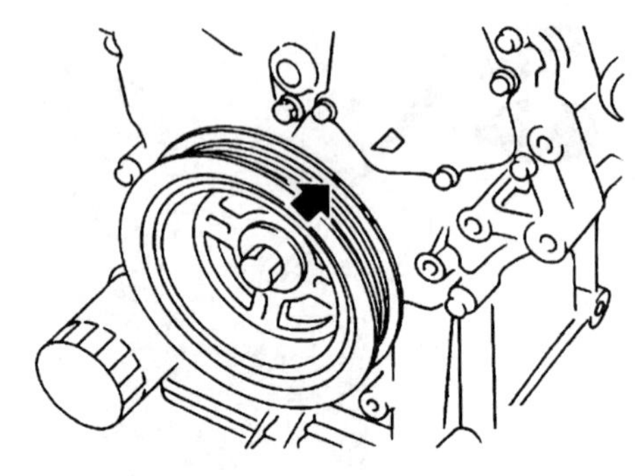

图 1-26 对准正时标记

b. 确认如图 1-27 所示定位的 1 号缸（右气缸侧体发动机前端）上的进气和排气凸轮前端。如果没有，顺时针旋转曲轴一圈（360°）并对齐。

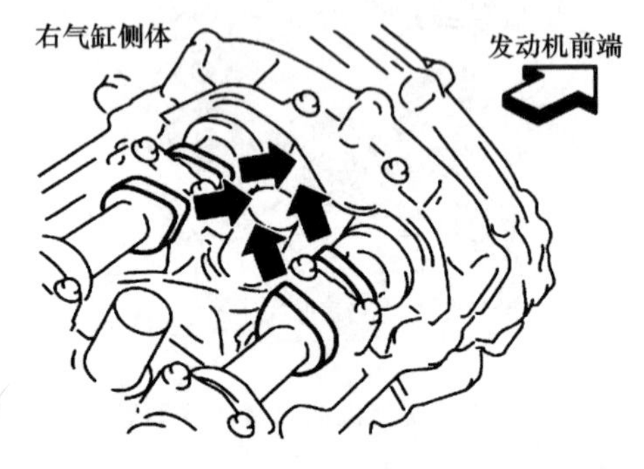

图 1-27 1 号气缸进气与排气凸轮轴位置

④ 如图 1-28 所示，拆卸曲轴皮带轮：

a. 使用皮带轮架（SST，专用维修工具）固定曲轴。

b. 松开曲轴皮带轮螺栓，并确定离开螺栓原位 10mm 的螺栓座表面。注意：不要拆卸曲轴皮带轮螺栓，因为它还能用于支撑合适的拔具。

c. 如图 1-29 所示，在曲轴皮带轮孔上放置合适的拔具凸起，并拉出曲轴皮带轮。注意：不要将合适的拔具凸起放置在曲轴皮带轮上，否则会损坏内缓冲器。

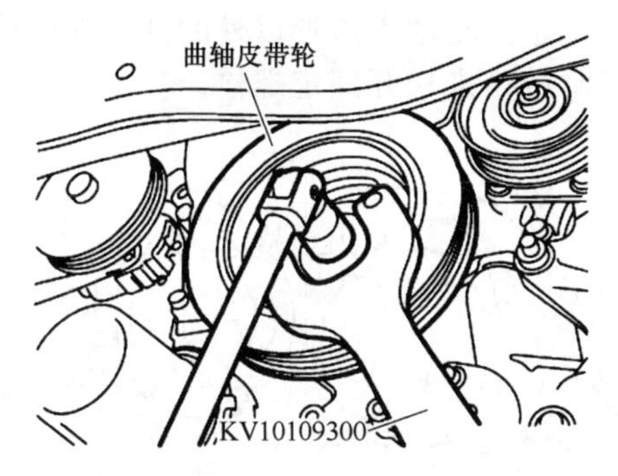

图 1-28　拆卸曲轴皮带轮

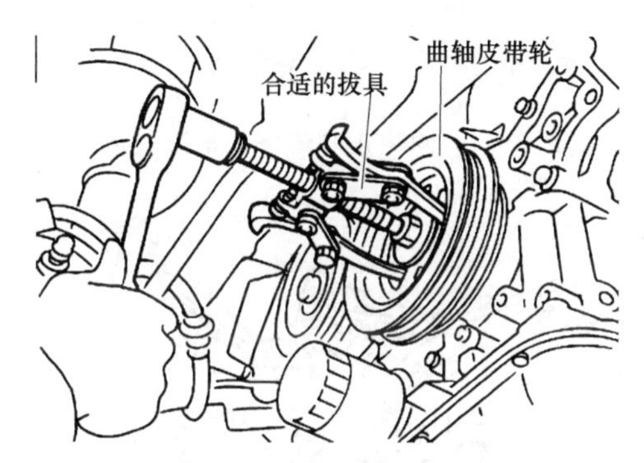

图 1-29　放置合适的拔具凸起

⑤ 拆卸前正时链条箱：

a. 按与图 1-30 所示数字相反的顺序（22～1）松开固定螺栓。

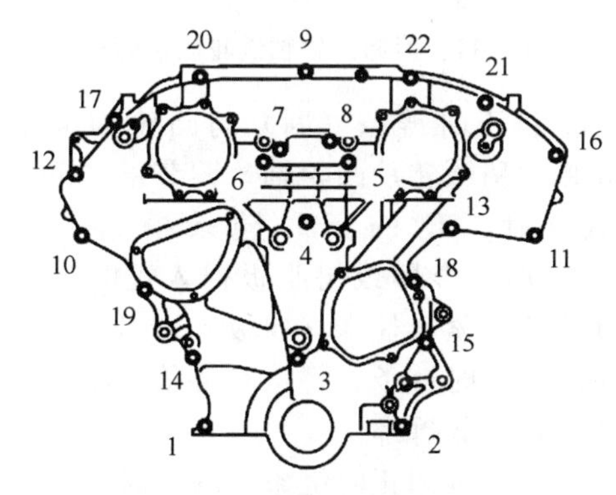

图 1-30　螺栓拆卸顺序（22～1）

b. 如图 1-31 中 1 所示，将合适的工具插入前正时链条箱顶部的槽口中。

c. 如图 1-31 中 2 所示，用移动工具撬开箱。使用油封刮刀切开密封胶进行拆卸。注意：请勿使用螺丝刀或类似工具。拆卸后，仔细处理前正时链条箱，使之不会因负载而翘起、倾斜或弯曲。

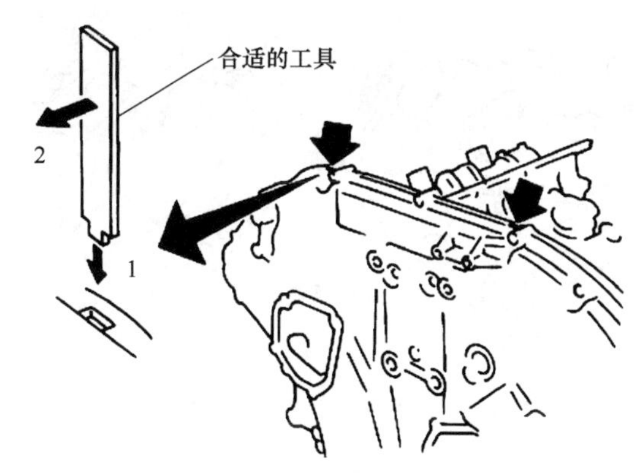

图 1-31　拆卸正时链条箱

⑥ 从后正时链条箱上拆卸 O 形圈，如图 1-32 所示。

⑦ 从前正时链条箱上拆卸水泵盖和链条张紧器盖。使用油封刮刀切开密封胶进行拆卸。

⑧ 使用合适的工具从前正时链条箱上拆卸前油封，见图 1-33。使用螺丝刀进行拆卸。注意：小心不要损坏前正时链条箱。

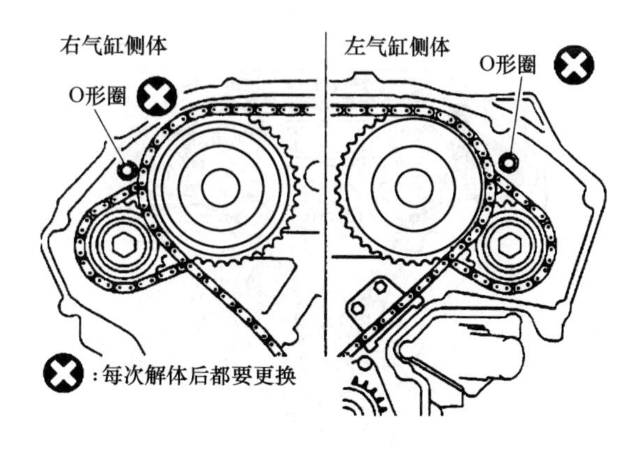

图 1-32　拆卸 O 形圈

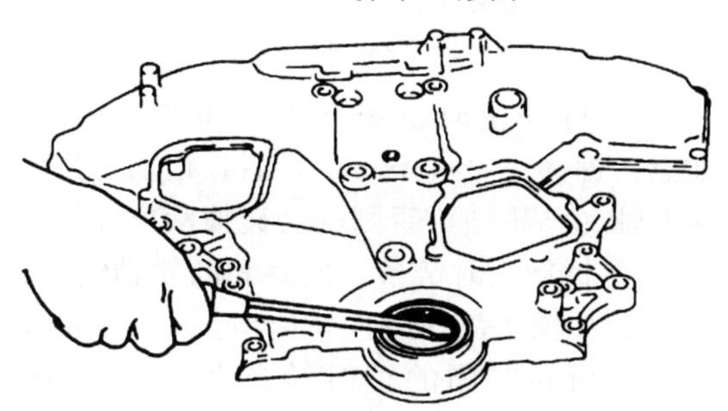

图 1-33　拆卸前油封

⑨ 拆卸正时链条张紧器（主），见图 1-34。

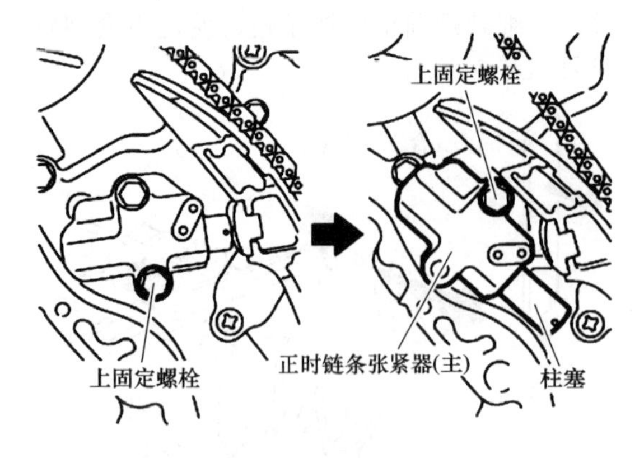

图 1-34 拆卸正时链条张紧器（主）

a. 拆卸下固定螺栓。

b. 慢慢松开上固定螺栓，然后转动固定螺栓上的正时链条张紧器（主），使柱塞完全伸出。即使柱塞完全伸出，它也不会从正时链条张紧器（主）上掉下。

c. 拆卸上固定螺栓，然后拆卸正时链条张紧器（主）。

⑩ 拆卸内部链条导板、张紧导板和松紧导板，见图 1-35。拆卸正时链条（主）后可以拆卸张紧导管。

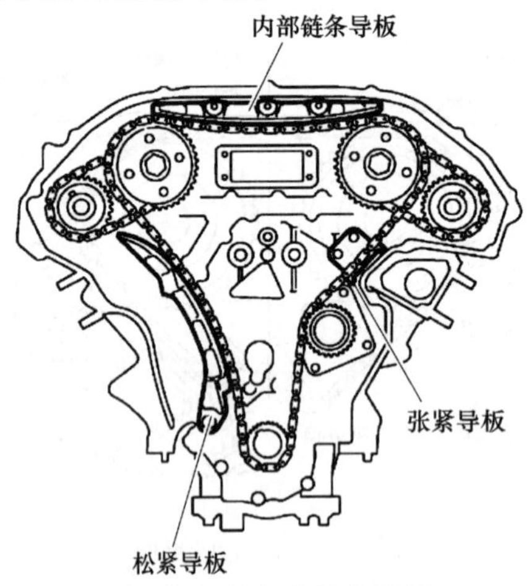

图 1-35 拆卸主链条导板

⑪ 拆卸正时链条（主）和曲轴链轮。注意：拆卸正时链条（主）后，请勿分别旋转曲轴和凸轮轴，否则阀会碰撞活塞盖。

⑫ 拆卸正时链条（副）和凸轮轴链轮：

a. 如图 1-36 所示，将合适的限位销固定到右侧和左侧的正时链条张紧器（副）上。使用直径大约为 0.5mm 的硬金属销作为限位销。

b. 拆卸凸轮轴链轮（进气和排气）固定螺栓，见图 1-37。使用扳手固定凸轮轴的六边形部分来松开固定螺栓。注意：请勿通过固定凸轮轴六边形以外的其他部分或张紧正时链条来松开固定螺栓。

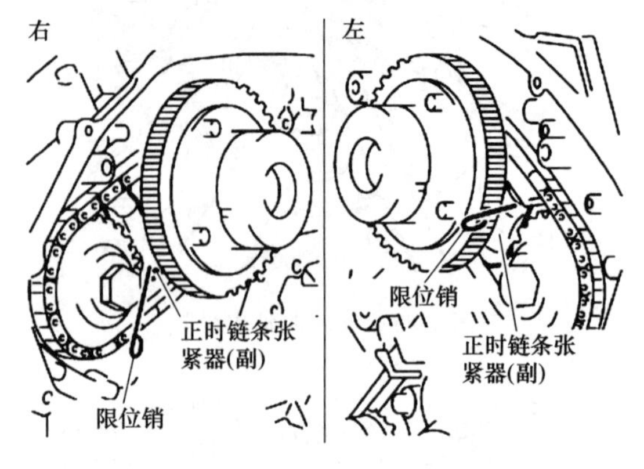

图 1-36 固定正时链条张紧器（副）

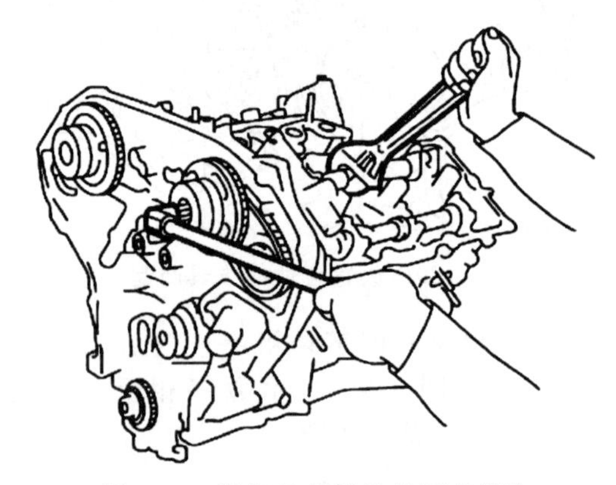

图 1-37 拆卸凸轮轴链轮固定螺栓

c. 将正时链条（副）与凸轮轴链轮一起拆卸。稍微转动凸轮轴，调节正时链条张紧器（副）侧的正时链条松紧度。将 0.5mm 厚的金属或树脂板插入正时链条和正时链条张紧器柱塞（导板）之间。从导管槽沟松开正时链条，将正时链条（副）与凸轮轴链轮一起拆卸。

注意：拆卸正时链条（副）时小心，柱塞不要脱落。正时链条张紧器（副）的柱塞会在操作时移动，导致固定限位销脱落。凸轮轴链轮（INT）是用于正时链条（主）和正时链条（副）的二合一结构链轮。

当处理凸轮轴链轮（INT）时，请注意

以下事项：小心操作，不要振动凸轮轴链轮；请勿解体。（如图1-38所示，请勿松开螺栓“A”。）

⑬ 拆卸水泵。

⑭ 拆卸后正时链条箱：

a. 按如图1-39所示的相反顺序（25～1）松开并拆卸固定螺栓。

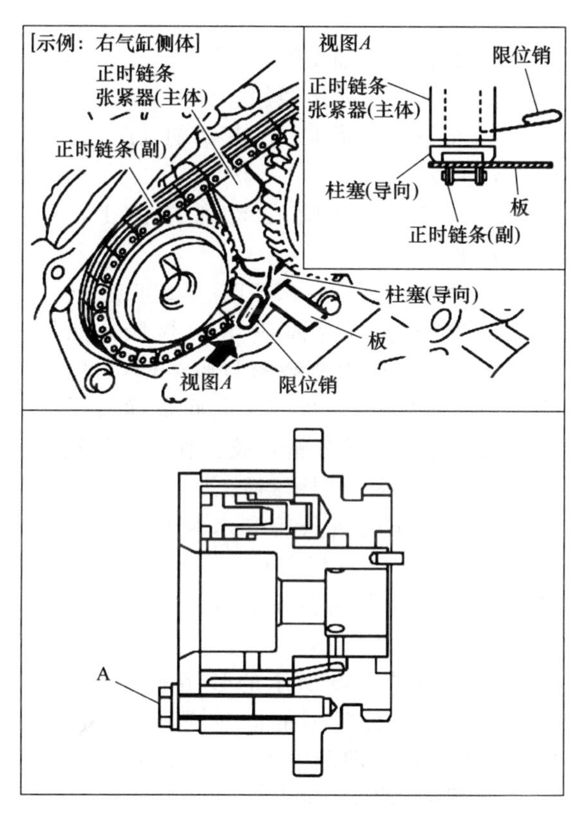

图1-38 将副正时链与凸轮轴链轮一起取下

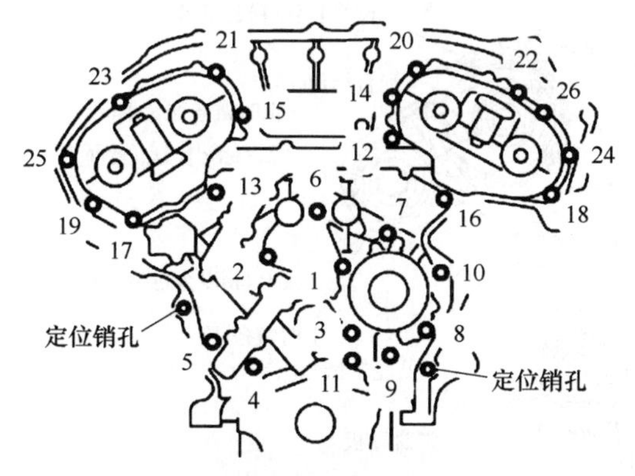

图1-39 螺栓拆卸顺序（25～1）

b. 使用油封刮刀切开密封胶，拆卸后正时链条箱。注意：请勿拆卸如图1-40所示位置的机油管路的金属盖板。拆卸后，小心处理后正时链条箱，使之不会因负载而翘起、倾斜或弯曲。

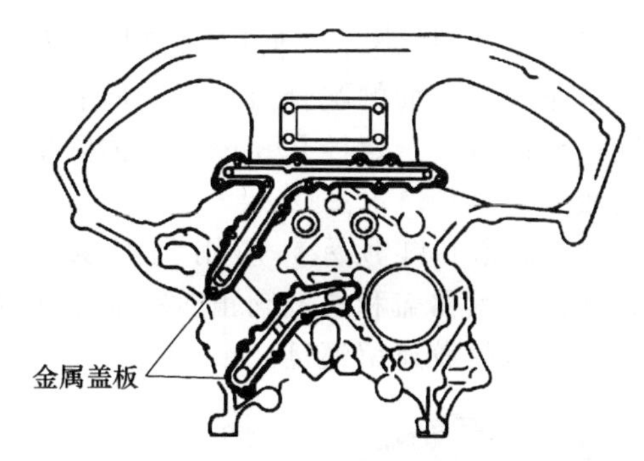

图1-40 金属盖板位置

⑮ 从缸盖上拆卸O形圈，如图1-41所示。

⑯ 从缸体上拆卸O形圈，如图1-42所示。

⑰ 若有必要，从缸盖上拆卸正时链条张紧器（副）。

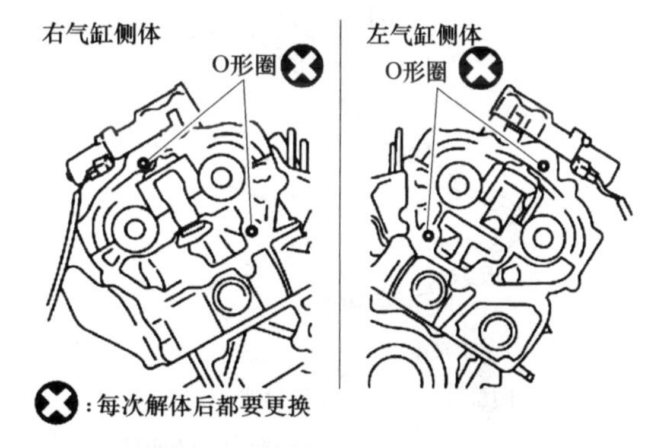

图1-41 拆卸O形圈（缸盖）

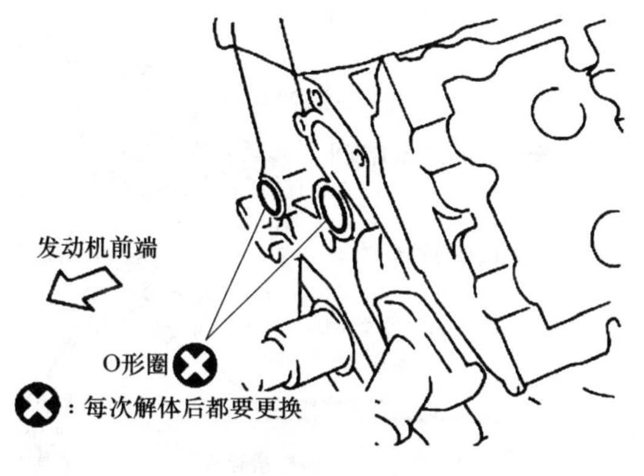

图1-42 拆卸O形圈（缸体）

a. 拆卸凸轮轴支架（1号）。

b. 拆卸已装好限位销的正时链条张紧器（副）。

⑱ 如图 1-43 所示，使用刮刀从前和后正时链条箱和对面的配合面上清除所有旧密封胶遗留痕迹。从螺栓孔和螺纹上清除旧的密封胶。

⑲ 如图 1-44 所示，使用刮刀从水泵盖、链条张紧器盖和进气阀正时控制盖上清除所有旧密封胶遗留痕迹。

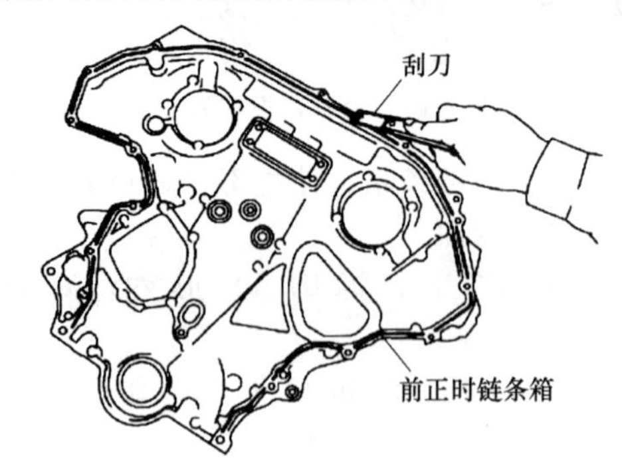

图 1-43　清除旧密封胶（一）

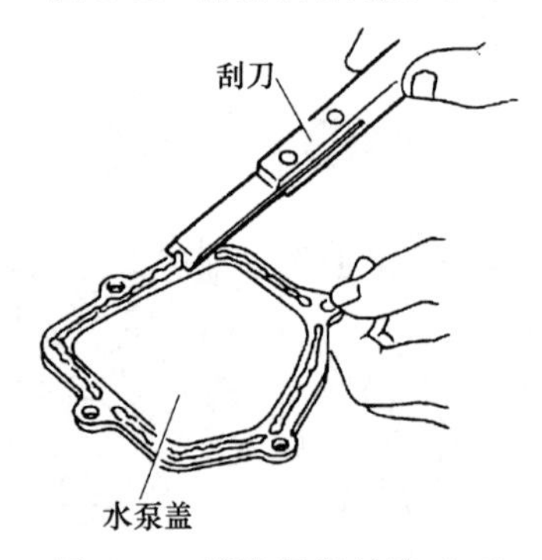

图 1-44　清除旧密封胶（二）

（4）VQ 发动机正时部件安装

图 1-45 显示了每个正时链条上的匹配标记和相应的安装了零部件的链轮上的匹配标记之间的关系。

① 若有必要，将正时链条张紧器（副）安装到缸盖上。

a. 安装已装有限位销和新 O 形圈的正时链条张紧器（副）。

b. 安装凸轮轴支架（1 号）。

② 安装后正时链条箱：

a. 将新 O 形圈安装到缸盖上，如图 1-41 所示。

b. 将新 O 形圈安装到缸体上，如图 1-42 所示。

c. 使用压缩器（SST：WS39930000）在后正时链条箱背面应用密封胶，如图 1-46 所示。请使用原装密封胶或同等产品。注意：参照图中的“A”，彻底擦净接触到发动机冷冻液的部分密封胶。在水泵和缸盖的安装位置全面使用密封胶。

d. 将后正时链条箱和水泵总成对准缸体上的定位销（右和左），并安装后正时链条箱。确认 O 形圈在安装到缸体和缸盖时已固定到位。

e. 按如图 1-39 所示的数字顺序拧紧固定螺栓。有两种类型的固定螺栓：长度为 20mm 的螺栓，即图中 1，2，3，6，7，8，

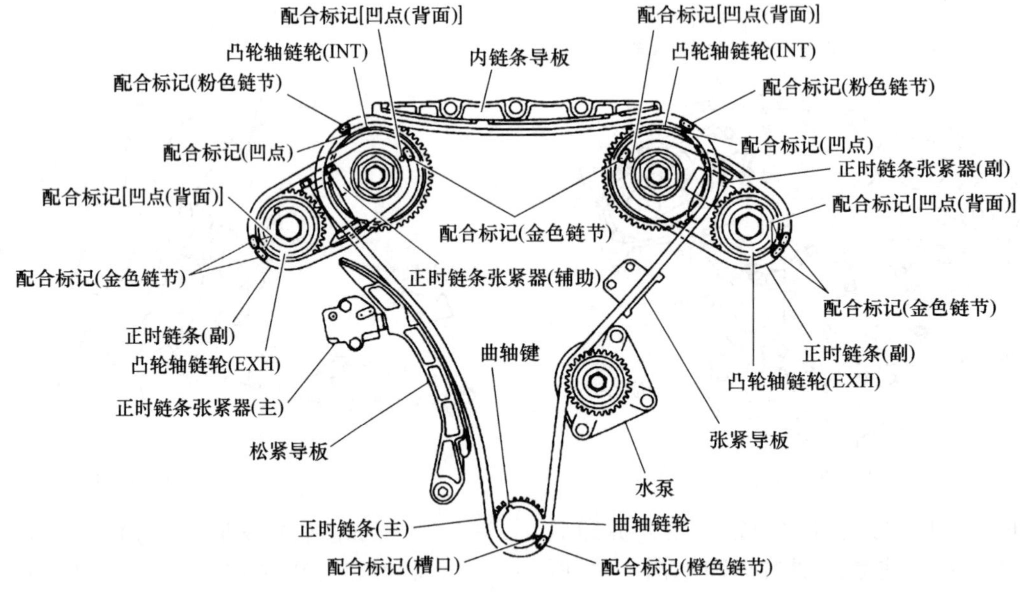

图 1-45　正时装配部件位置与标记

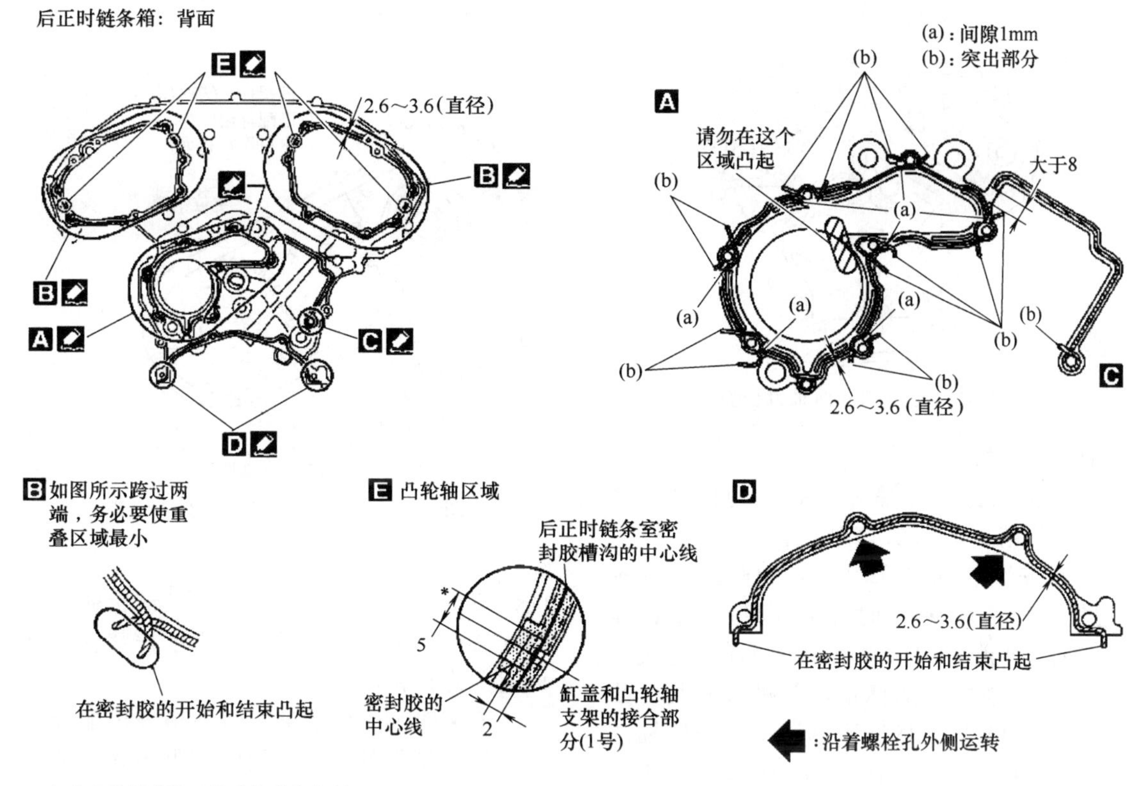

图 1-46　后正时链条箱背面应用密封胶

9，10；其余的螺栓长度为 16mm。拧紧力矩：12.7N·m。

f. 拧紧所有螺栓后，按如图 1-39 所示的数字顺序重新拧紧它们至规定转矩。如果密封胶上有污渍，请立即清洗干净。

g. 安装后正时链条箱后，请检查油底壳（上）安装表面的下列零部件之间的表面高度，如图 1-47 所示。后正时链条箱至缸体：－0.24～0.14mm。如果不在标准范围内，请重复安装步骤。

③ 将新 O 形圈安装到水泵上。

④ 确认定位销孔、定位销和曲轴键已如图 1-48 所示定位（压缩 TDC 处的 1 号缸）。尽管凸轮轴没有停在如图所示的位置，但是对于凸轮前端的放置，通常是将凸轮轴按图中相同的方向放置。凸轮轴定位销孔（进气侧）：在每个气缸侧体的缸盖面朝上侧。凸轮轴定位销（排气侧）：在每个气缸侧体的缸盖面朝上侧。曲轴键：在右气缸侧体的缸盖侧。注意：小直径侧的孔必须用作进气侧定位销孔，请勿识别错（忽略大直径侧）。

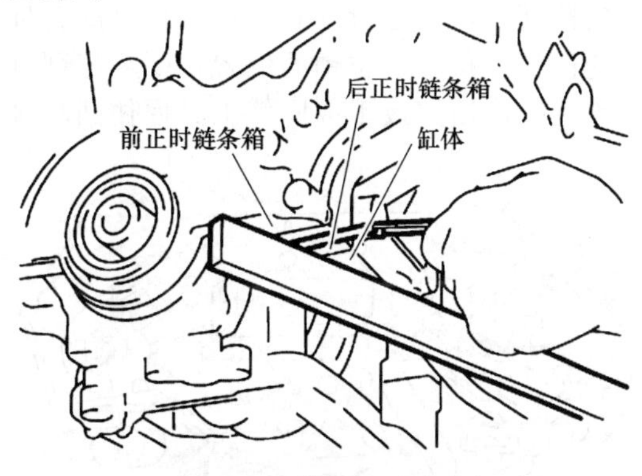

图 1-47　检查表面高度

⑤ 安装正时链条（副）和凸轮轴链轮（进气和排气）：注意正时链条和链轮之间的匹配标记，很易错位。安装时重复确认所有

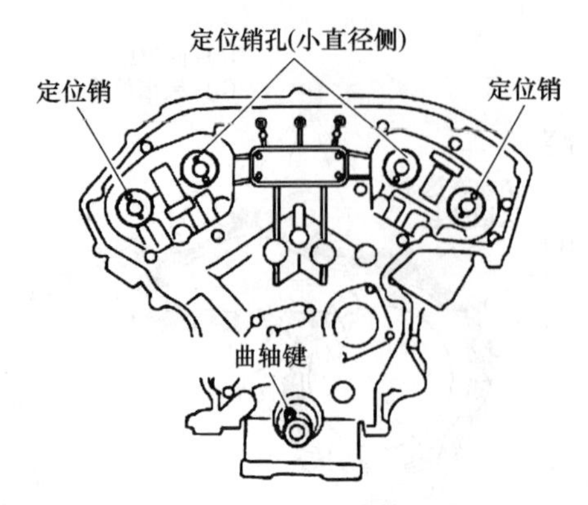

图 1-48　定位销和曲轴键位置

匹配标记位置。

a. 推入链条张紧器（副）的柱塞，并插入限位销，如图 1-49 所示。

b. 安装正时链条（副）和凸轮轴链轮（进气和排气）。将正时链条（副）（金色连杆）上的匹配标记对准凸轮轴链轮（进气和排气）（凹点）上的标记，并进行安装。凸轮轴链轮（INT）的匹配标记位于凸轮轴链轮（副）的背面，如图 1-50 所示。有两种类型的匹配标记：圆形和椭圆形。二者应该分别用于右气缸侧体和左气缸侧体。右气缸侧体：使用圆形。左气缸侧体：使用椭圆形。将链轮上的定位销和销孔对准链轮上的槽沟和定位销，并安装它们。在进气侧，将凸轮轴前端的小直径侧上的销孔对准凸轮轴链轮背面的定位销，并进行安装。在排气侧，将凸轮轴前端的定位销对准凸轮轴链轮上的销槽沟，并进行安装。如果每个配合标记的位置和每个定位销的位置在配合零部件上不匹配，请用扳手或同等工具握住凸轮轴

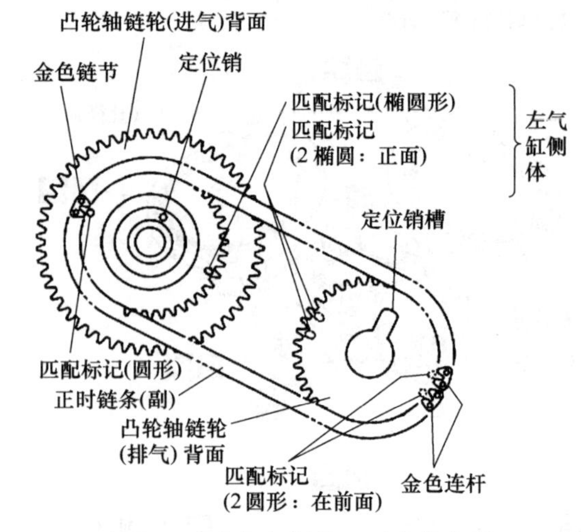

图 1-50　右气缸侧体正时安装位置与标记（后视图）

的六边形部位进行微调。凸轮轴链轮的固定螺栓必须在下一步中拧紧。用手拧紧它们足以避免定位销错位。

安装时和安装后通过目视检查出配合标记的错位是很难的。要使匹配更容易，请提前用油漆在链轮齿的顶部和延伸管路上做配合标记，如图 1-51 所示。

c. 确认配合标记已对齐后，拧紧凸轮轴链轮固定螺栓。使用扳手固定凸轮轴的六边形部分来拧紧螺栓。

d. 从正时链条张紧器（副）上拉出限位销。

⑥ 安装张紧导板。

⑦ 安装正时链条（主）：

a. 安装曲轴链轮。确认曲轴链轮上的配合标记朝向发动机前端，如图 1-52 所示。

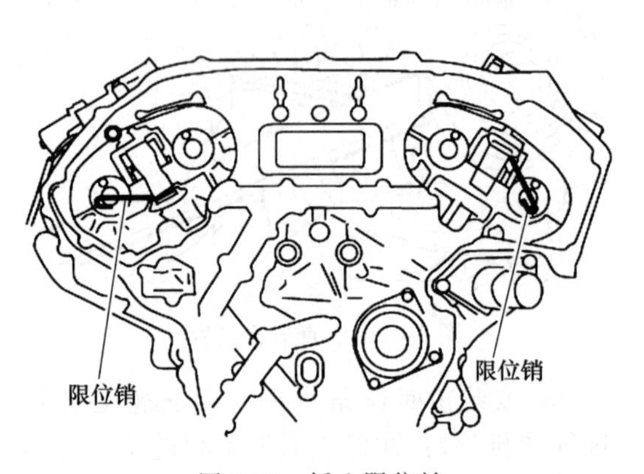

图 1-49　插入限位销

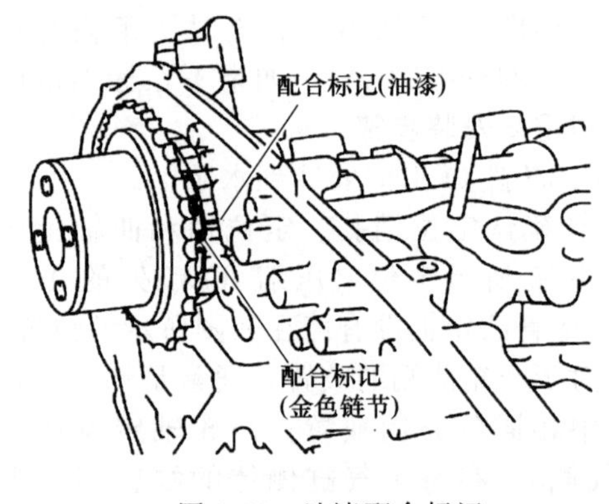

图 1-51　油漆配合标记

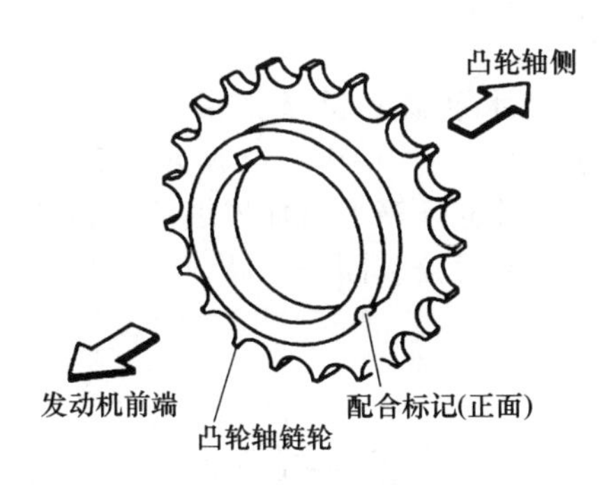

图 1-52 安装曲轴链轮

b. 安装正时链条（主）。如图 1-53 所示，安装正时链条（主）时，使凸轮轴链轮（进气）上的配合标记（凹点）对准正时链条的粉色链节，同时曲轴链轮上的配合标记（槽口）对准正时链条的橙色标记。当很难将正时链条（主）的配合标记对准每个链轮时，请使用扳手握住六边形部分慢慢转动凸轮轴，使其与配合标记对齐。定位时，小心避免正时链条（副）的配合标记定位发生错位。

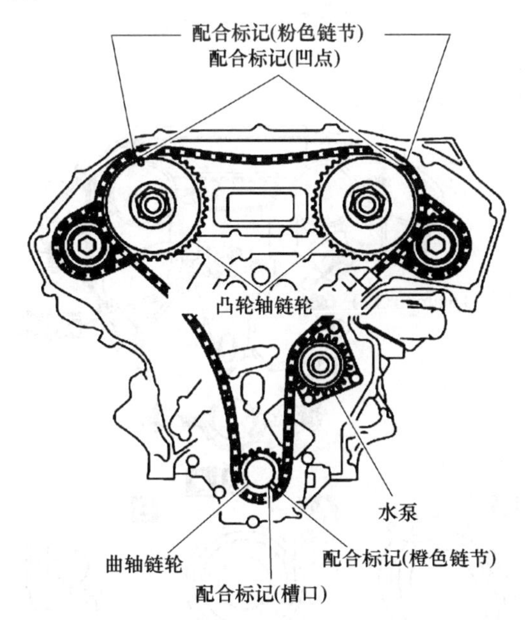

图 1-53 正时配合标记

⑧ 如图 1-54 所示，安装内链条导板、松紧导板和正时链条张紧器（主）。

注意：请勿将松弛的导板固定螺栓拧得过紧。把固定螺栓拧紧到规定转矩时，螺栓座下面出现缝隙是正常的，如图 1-55 所示。

⑨ 按照以下步骤安装正时链条张紧器

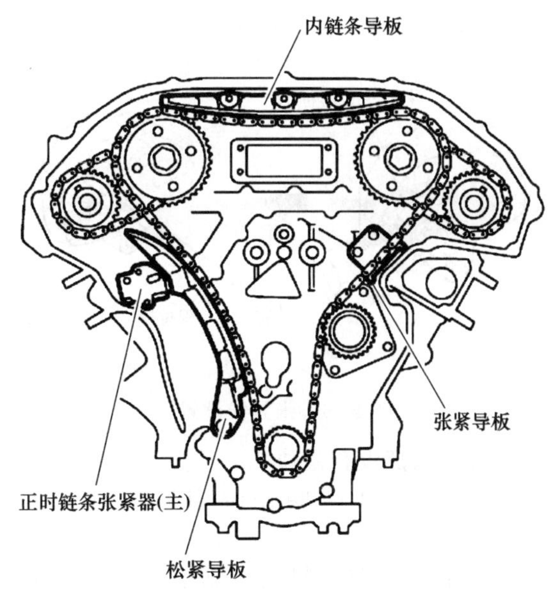

图 1-54 安装各导板

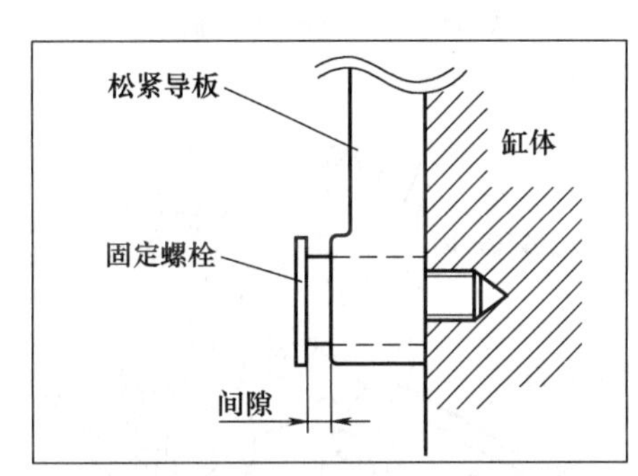

图 1-55 固定螺栓安装位置

（主）：

a. 向上拉出柱塞限位器（或向下转动杆）以拆卸柱塞棘齿上的限位器。柱塞限位器和杆是同步的。

b. 向张紧器中压入柱塞。

c. 使柱塞限位器与棘齿端啮合，在完全压紧的位置按住柱塞。

d. 从杆孔中将销插入张紧器孔中以固定杆。杆零部件和限位器是同步的。因此，在这种情况下可固定柱塞。图 1-56 中是使用直径为 1.2mm 的细螺丝刀作为限位销。

e. 安装正时链条张紧器（主）。彻底清除正时链条张紧器（主）背面和安装表面上的污垢及异物。

f. 安装后将限位销拉出，然后松开柱塞，如图 1-57 所示。

⑩ 再次确认每个链轮和各正时链条上

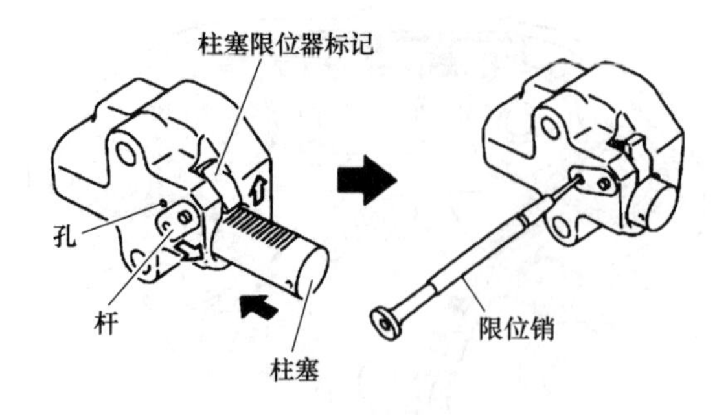

图 1-56　张紧器设置

的配合标记都没有错位。

⑪ 将新 O 形圈安装到后正时链条箱上。

⑫ 将新的前油封安装到前正时链条箱上。在油封唇和防尘封唇上涂抹新发动机机油。安装时如图 1-58 所示，确定每个密封唇的方向。

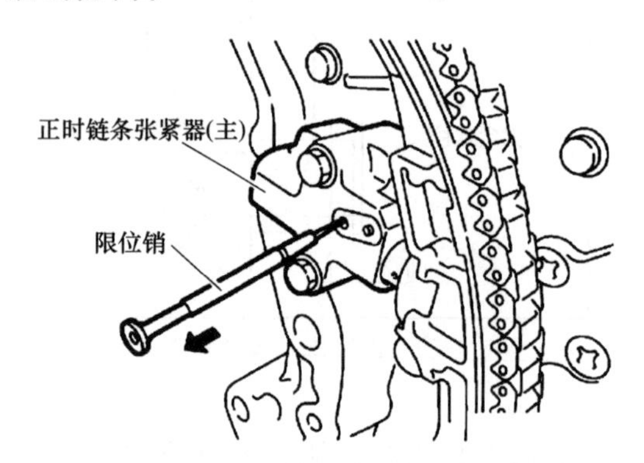

图 1-57　拉出限位销

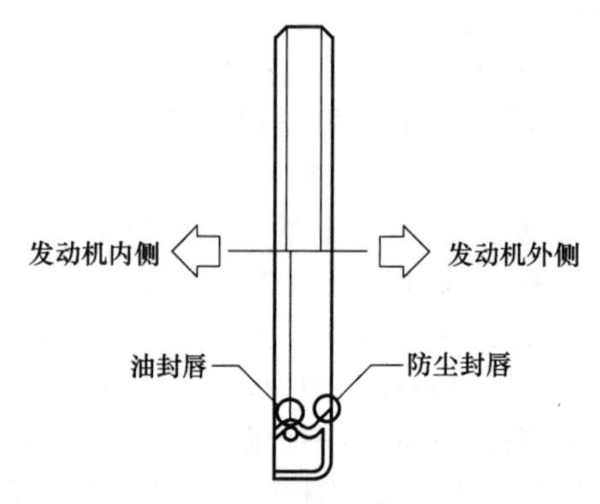

图 1-58　前油封安装位置

使用合适的冲头（外直径：60mm），如图 1-59 所示压下固定油封，直至与前正时链条箱端面齐平。确认箍簧到位，密封唇还未翻转。

⑬ 将水泵盖和链条张紧器盖安装到前正时链条箱上。如图 1-60 所示，使用压缩器在前正时链条箱上施加连续的密封胶。请使用原装密封胶或同等产品。

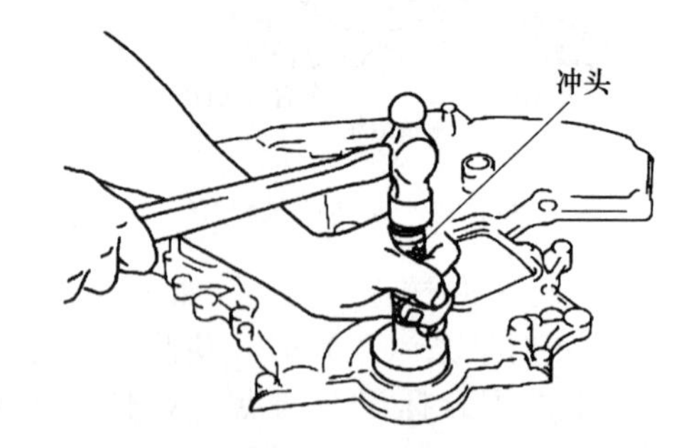

图 1-59　压装油封

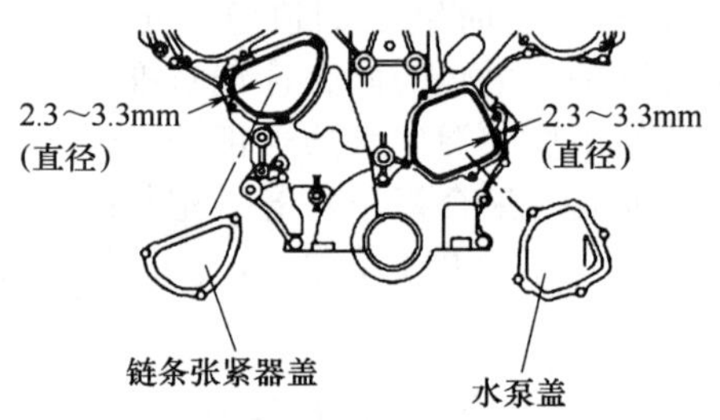

图 1-60　打密封胶

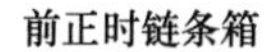

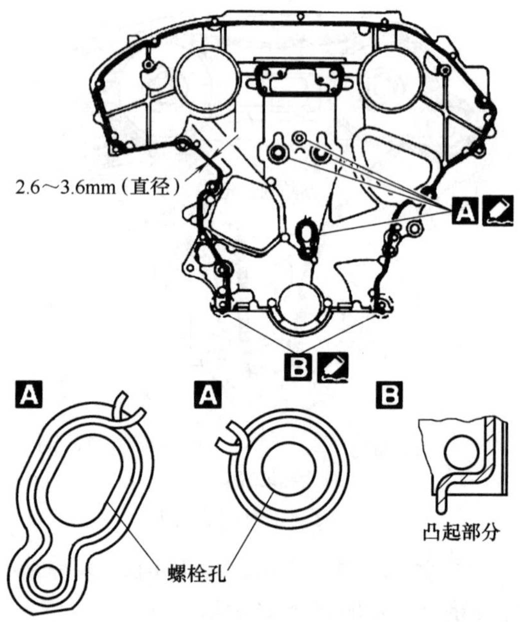

图 1-61　施加密封胶

⑭ 安装前正时链条箱：

a. 如图 1-61 所示，使用压缩器在前正时链条箱背面施加连续的密封胶。请使用原装密封胶或同等产品。

b. 安装前正时链条箱，使它的定位销孔适合后正时链条箱上的定位销。

c. 按照如图 1-30 所示的数字顺序拧紧固定螺栓到规定转矩。有两种类型的固定螺栓：

M8 螺栓：图中 1、2，力矩 28.4N·m；

M6 螺栓：其他，力矩 12.7N·m。

d. 拧紧所有螺栓后，按如图 1-30 所示的数字顺序重新拧紧它们至规定转矩。注意：务必清除油底壳（上）配合面上泄漏的多余密封胶。

e. 安装前正时链条箱后，请检查油底壳（上）安装表面以下零部件之间的表面高度，如图 1-47 所示。前正时链条箱至后正时链条箱：−0.14～0.14mm。如果不在标准范围内，请重复安装步骤。

⑮ 安装右侧和左侧进气阀正时控制盖：

a. 将新密封圈安装到轴槽沟中。

b. 如图 1-62 所示，使用压缩器在进气阀正时控制盖上施加连续的密封胶。请使用原装密封胶或同等产品。

c. 将新的 O 形圈安装到前正时链条箱机油孔（左侧和右侧）上。

d. 小心不要将密封圈从安装槽沟中移开，将前正时链条箱上的定位销对准孔来安装进气阀正时控制盖。

e. 按如图 1-24 所示的数字顺序拧紧固定螺栓。

⑯ 安装曲轴皮带轮：

a. 安装曲轴皮带轮，小心不要损坏前油封。使用塑料锤敲下固定曲轴皮带轮时，请敲击其中央位置（非四周位置）。

b. 使用皮带轮架固定曲轴。

c. 拧紧曲轴皮带轮螺栓。力矩：44.1N·m。

d. 在曲轴皮带轮上做一个油漆标记对准曲轴皮带轮螺栓上的角度标记。然后，再拧紧螺栓 60°（按角度拧紧），如图 1-63 所示。

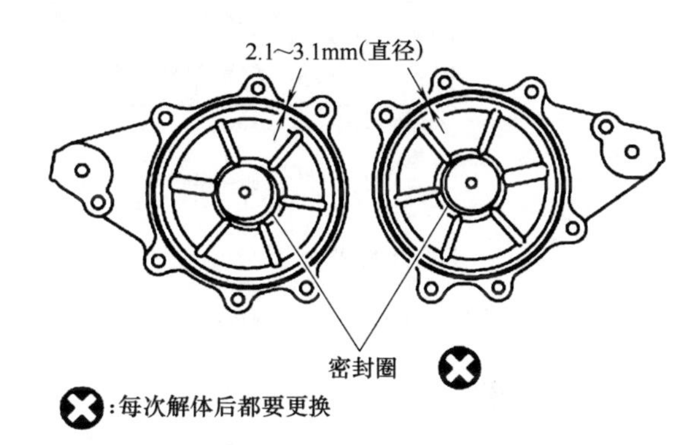

图 1-62　施加密封胶位置

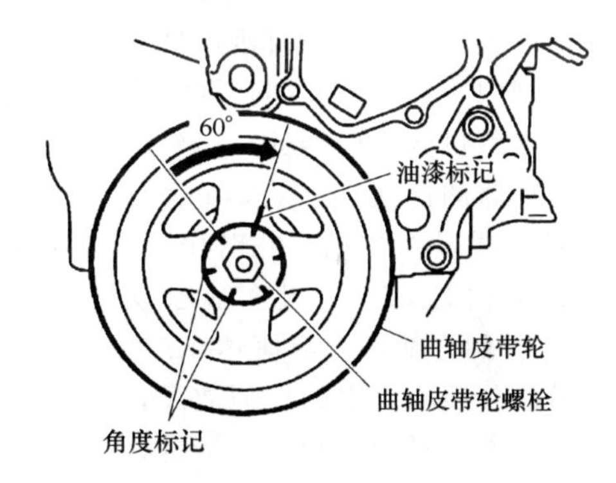

图 1-63　曲轴皮带轮螺栓角度

⑰ 沿正常方向旋转曲轴皮带轮（从发动机前端查看时是顺时针方向），确认其转动灵活。

⑱ 此步之后按照拆卸的相反顺序安装。

1.1.6　发动机正时案例

发动机正时不对的话，其后果非常严重，主要表现为：

① 会出现点火提前或点火滞后，会出现怠速不稳、加速无力、发动机抖动、动力下降等现象。

② 如果点火太迟，会导致启动困难或动力不足；点火时间太早，发动机在运转过程中突然加油门，会发出类似“嘎、嘎”的金属敲击声。

③ 还有的会造成发动机无法启动，气门顶活塞，甚至造成活塞报废、气门杆弯曲、曲轴断裂等严重后果。

下面试举几个案例说明。

1.1.6.1 案例一：大众全新高尔夫发动机故障灯报警

（1）故障现象 发动机运转后故障灯时常点亮，重新关闭发动机再次启动后故障灯有时会熄灭，但运行一段时间会再次点亮。

（2）维修过程

① 首先启动车辆后检查发动机工况，发动机运转平顺，无抖动，但仪表中发动机故障指示灯点亮，用故障诊断仪读取发动机故障存储器，有两个故障记录，如图 1-64 所示。

事件代码	SAE 代码	事件文字	激活
01011 [4113]	P034100	凸轮轴位置传感器=>传感器，不可信信号	
0159C [5532]	P034200	凸轮轴位置传感器=>传感器，信号太小	

类型/名称	数值
UB	
事件代码	01011 [4113]
优先权	2
故障频率计数器	112
计数器未学习	255
行驶里程	8,170 km

位	数值
1	故障未在当前操作循环中发生
2	在当前或上次行驶循环中没有检测到故障
3	确认
4	自清除故障代码存储器以来已测试
5	自清除DTC存储器以来发生的故障
6	在当前操作循环中测试

图 1-64 故障码显示内容

② 根据故障记录，检查凸轮轴位置传感器及线路。本车同时采用了进气与排气凸轮轴正时调节装置，通过两个凸轮轴位置传感器 G40 和 G300 进行监控，经检查，传感器插头连接完好，传感器无缺损及直观故障。接着分别测量 G40 和 G300 的插头线路：两个传感器的插头针脚中，1 号针脚对应供电线，3 号针脚对应搭铁线，2 号针脚为传感器的反馈信号端子，分别测量两传感器的 1 号针脚，电压为 5V（正常），测量 3 号针脚对地电阻为 0.2Ω，说明两传感器的搭铁正常。用替换法对传感器进行验证，传感器工作正常。

③ 读取发动机数据流并对比正常车辆数据，除了进排气凸轮轴匹配计数显示与正常车不同（正常车显示为 0，此车显示 3 及 2），其他数据也看不出异常。

④ 考虑到之前部分新捷达 EA211 发动机曾经出现过凸轮轴调节阀内部卡滞导致凸轮轴位置传感器分配不正确的类似故障，接下来我们拆下进排气凸轮轴调节阀查看：调节阀内部针阀回位正常。对调节阀进行清洗，重新装配到车上进行试车，故障依旧。

⑤ 接着考虑配气机构正时是否有错位，引起凸轮轴与曲轴正时出现偏差，导致信号失真。对发动机正时进行检查，依照维修手册操作步骤，拆下第一缸火花塞，装上千分表 VAS6341 及延长件 T1070N，装配完成后沿发动机运转方向转动曲轴直到第一缸上止点位置，此时记录千分表指针所在位置，将固定销 T10340 拧入气缸体正时固定位置，然后拆下进排气凸轮轴后油封堵盖，将凸轮轴固定装置 T10494 推入凸轮轴卡槽，发现无论怎样做都无法安装，通过对比凸轮轴轮子初装时的标记，发现偏差了大约半个齿的位置，如图 1-65 所示。

图 1-65 检测正时

⑥ 重新对发动机的正时机构进行调整，并进行试车，故障没有再次出现。

(3) 故障分析

经与用户沟通，得知其因感觉发动机噪声大，自行在朋友的维修店调整过正时皮带的松紧度，之后就出现了此故障。

此车采用了 EA211 的 1.4T 汽油发动机，进排气凸轮轴都采用了正时可变技术，凸轮轴皮带轮与凸轮轴间的连接没有固定的限位装置，仅靠螺栓进行压紧连接，所以在调整正时过程中，首先要利用专用工具对曲轴及凸轮轴进行正时位置的固定，然后松开凸轮轴皮带轮与凸轮轴间的固定螺栓，使其能自由旋转，然后再安装正时皮带，接着对皮带张紧度进行调整，调整完成后再利用专用工具对凸轮轴皮带轮与凸轮轴的固定螺栓进行锁紧，这种情况下保证了正时皮带在各轮间的张紧度是均衡的。此步骤后不允许再次对皮带张紧度进行调整，否则会出现正时皮带在各轮间的张紧度不均，使轮子产生偏转，导致正时不准。而此车恰好是用户在外整皮带过程中没有按标准操作，在调皮带时因改变皮带松紧度，使凸轮轴皮带轮产生了偏转，导致了发动机正时不准，引起报警。EA211 发动机正时带机构如图 1-66 所示。

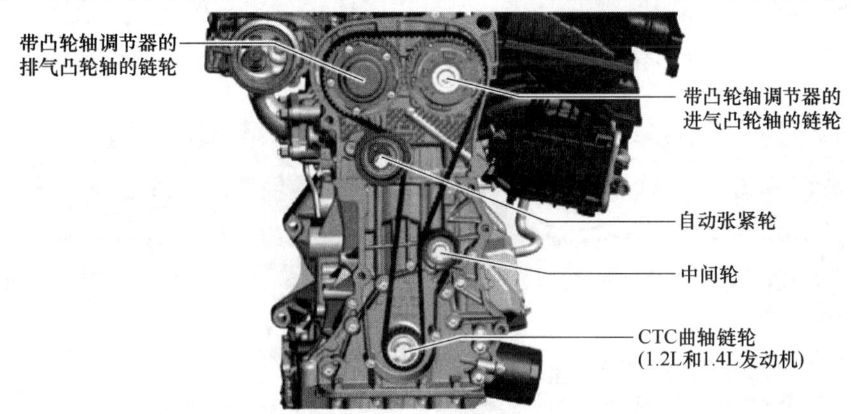

图 1-66 发动机正时皮带机构部件

1.1.6.2 案例二：大众迈腾 1.8TSI 发动机怠速抖动

(1) 故障现象 迈腾 1.8TSI 发动机更换正时链条张紧器后出现发动机怠速抖动。

(2) 维修过程

① 使用 VAS5052A 查询发动机控制系统的故障码为 00833（凸轮轴位置传感器不可靠信号），如图 1-67 所示。

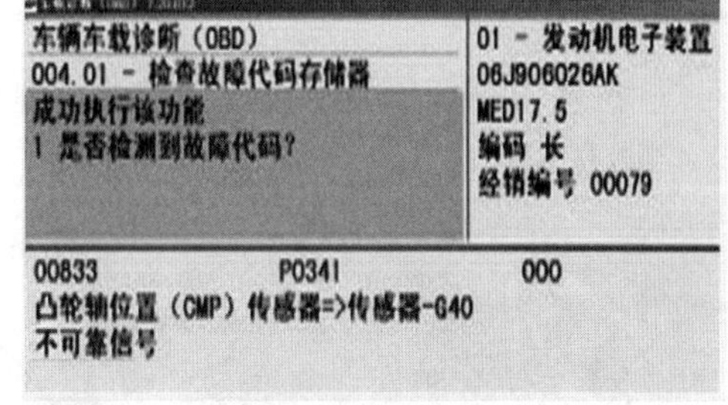

图 1-67 故障码内容

② 读取发动机控制系统的数据组，发现发动机的第 91 组数据不正常，如图 1-68 所示。图 1-69 为工作正常的发动机控制系统第 91 组数据。对比发动机控制系统第 91 组数据的第三区、第四区，发现进气凸轮轴的目标正时角度与实际的正时角度相差较大，而工作正常的发动机目标正时角度与实际的正时角度相差很小。

③ 根据读取的发动机故障码 00833 并结合第 91 组数据分析，该发动机故障的可能原因有以下三点：凸轮轴位置传感器 G40 线路故障；凸轮轴位置传感器 G40 故障；配气相位不正确。

④ 根据发动机控制系统电路图检查凸轮轴位置传感器 G40 与发动机控制单元之间的连接线路，正常。

⑤ 采用替代法安装正常的凸轮轴位置传感器 G40 试验，故障仍然存在，于是可排除 G40 故障。

⑥ 按照维修手册正时记号标准，检查发动机的正时记号如图 1-70 所示，未发现异常。

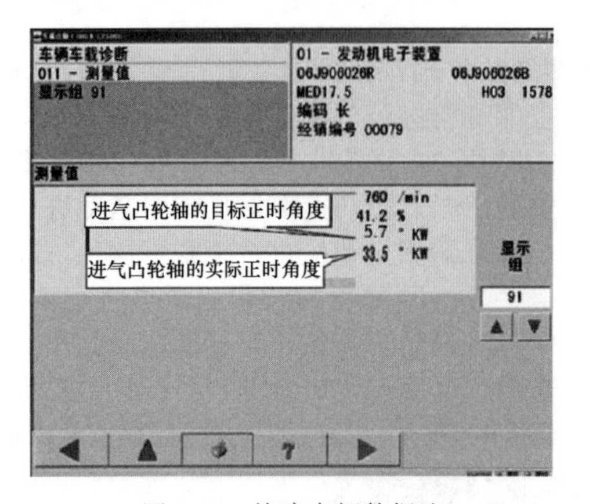

图 1-68 故障车辆数据流

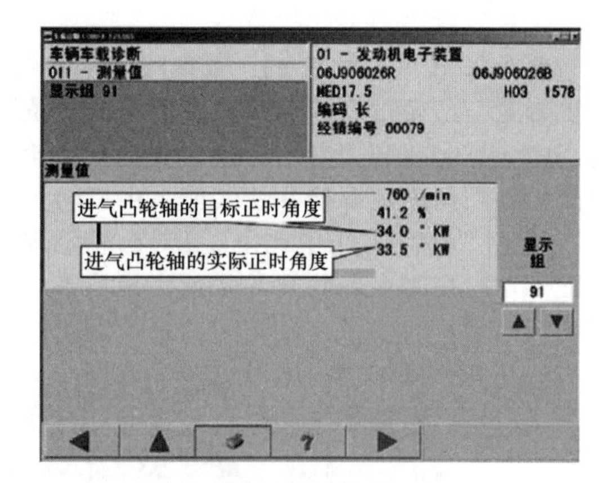

图 1-69 正常车辆数据流

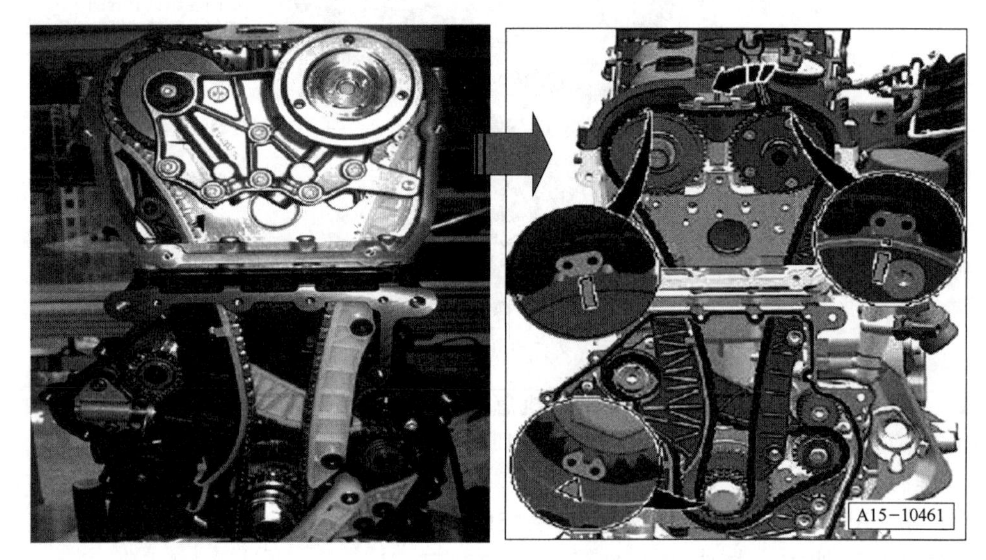

图 1-70 检查发动机正时标记

⑦ 在进一步拆检发动机配气正时过程中，发现曲轴正时链轮与曲轴（图 1-71 中箭头所指）之间存在错位。

图 1-71 曲轴与正时链轮错位

⑧ 重新对准曲轴链轮和曲轴后，装配好发动机。试车，此时发动机怠速运转正常，用VAS5052进行检测，发动机控制系统无故障码。

(3) 故障分析 由于在维修过程中把该车发动机曲轴链轮和曲轴安装错位，因此发动机配气相位错误，从而导致发动机怠速时抖动。

1.1.6.3 案例三：比亚迪F6（2.0L）发动机启动困难、加速无力

(1) 故障现象 发动机故障灯长亮；将钥匙打到ST挡启动车辆时，起动机能够正常运转，但是车辆启动困难，需要轻踩油门踏板才能启动车辆；启动车辆后怠速不稳，需要踩住油门踏板才能维持发动机转速稳定；在车辆正常行驶或爬坡时，可以明显感觉到车辆动力不足，加速无力，车速最高只能到100km/h。

(2) 维修过程

① 接车时，先试车，验证车辆故障现象，与客户所反映的情况一致。

② 用ED-300诊断仪进入发动机管理系统，发现存在故障码P2178，该故障码的详细定义为：（间歇性）空燃比闭环控制自学习值超下限。读取怠速时的数据流：发动机转速650r/min，进气压力500hPa，进气量14.8kg/h，喷油脉宽4ms，前氧传感器的电压在100mV左右变化。

③ 结合发动机故障码和怠速数据流分析，对比发现：发动机怠速过低，进气量、喷油脉宽过大。检查四个缸的火花塞，发现火花塞积炭严重，显然，发动机存在失火的现象。造成该现象的可能原因有燃油压力不足、点火线圈工作不良、发动机正时错乱或发动机电脑故障等。

④ 测量燃油压力，发现燃油压力为350kPa，正常。

⑤ 尝试更换点火线圈，故障未排除。

⑥ 拆掉发动机正时盖罩，将两凸轮轴皮带轮的正时记号对齐，发现曲轴正时记号顺时针前移了两个齿。重新调整正时后试车，发动机运转正常，至此故障排除。

1.1.6.4 案例四：比亚迪S7车型发动机及车身振动

(1) 故障现象 车辆在维修发动机后出现发动机摆动，车身振动明显，感觉像发动机支座减振胶套功能失效，在驾驶室感觉振动明显。

(2) 维修过程

① 此车发动机维修后出现故障，分析认为由人为因素导致的可能性较大，用诊断仪读取系统，无故障代码。

② 检查火花塞燃烧，正常；缸压正常。

图1-72 平衡轴位置装反

③ 检查发动机胶套，正常。

④ 拆卸正时盖，检查正时位置，正常。

⑤ 检查 VVT 组件，未发现异常。

⑥ 拆卸油底壳，把正时对正后检查平衡轴位置，发现平衡轴工装位置向下，查看维修手册发现正确位置应该向上，如图 1-72 所示，发动机摆动及车身振动原因应该为平衡轴位置装反。

⑦ 将平衡轴总成拆卸下来，仔细核对发现要装配上工装只能向下才能完全贴合工装和平衡轴，按维修手册要求，向上位置才是正确方向。但是按要求向上位置装配工装根本装不到位；如图 1-73 所示，对照维修手册要求重新安装后故障排除。

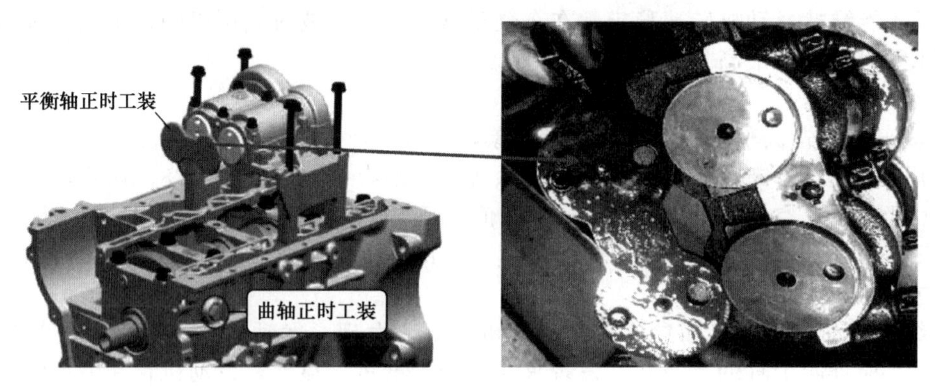

图 1-73　按规范重新安装平衡轴

1.2　发动机数据

1.2.1　发动机专用术语

发动机技术参数往往与各种专用术语相关，下面一一说明，术语图解如图 1-74 所示。

气缸：气缸是进行燃烧和活塞移动的空间。根据其圆柱形的形状将其命名为气缸。它所指的不是可以通过活塞改变容积的空间，而是由发动机金属壁构成的工作腔。

缸径：缸径是指气缸的直径。

行程：也叫“冲程”，指的是活塞在气缸内上、下止点间移动的距离。行程长短由曲轴决定，相当于曲轴半径的两倍。

止点：止点指的是活塞移动的终点，活塞在止点处改变移动方向。止点分为上止点（TDC）和下止点（BDC）。到达 TDC 时，活塞紧靠在气门旁边，此时的燃烧室容积最小。到达 BDC 时，活塞紧靠在曲轴旁边，此时的燃烧室容积最大。

排量：气缸的排量指的是活塞在一个行程过程中经过的空间，或者称作活塞上止点与下止点位置之间的气缸空间。在发动机的技术数据中，排量通常指发动机的总排量。总排量即所有气缸的单个排量之和。

压缩室：活塞到达上止点位置时活塞以上的空间。此时燃烧室的容积最小。

燃烧室：燃烧室的边界由气缸盖、活塞和气缸壁构成。燃烧室的容积根据活塞位置不断变化。活塞到达上止点位置时，燃烧室即压缩室。活塞到达下止点位置时，燃烧室由压缩室和排量构成。

压缩比（ε）：压缩比指的是排量和压缩室容积之和与压缩室容积之比。

行程/缸径比：行程与缸径之比。发动机根据行程长短分为长行程发动机和短行程发动机。长行程发动机的行程大于气缸内径，短行程发动机的行程小于气缸内径。缸径与行程相等的发动机属于短行程发动机，这种发动机也称为等径程发动机。

连杆/曲轴比：连杆长度（两个连杆头中点之间的距离）与曲轴半径（主轴承轴颈轴线与曲柄轴颈轴线之间的距离）之比。

进气门和排气门同时打开的这种状态称为气门重叠，如图 1-75 所示。

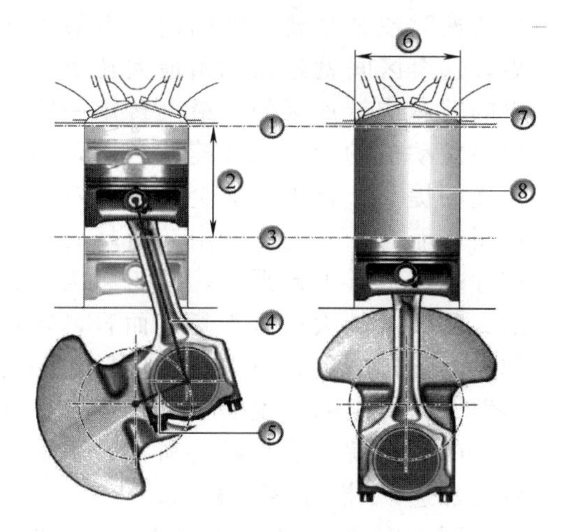

图 1-74 发动机基本概念

1—上止点（TDC）；2—行程；3—下止点（BDC）；4—连杆长度；5—曲轴半径；6—缸径；7—压缩室；8—排量

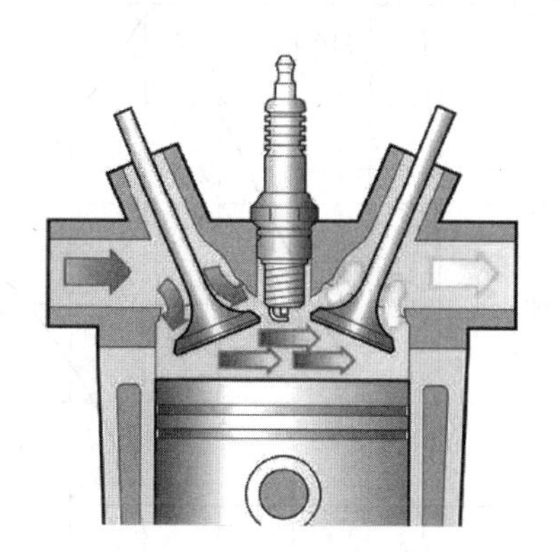

图 1-75 气门重叠示意图

空燃比（λ）：发动机工作时，燃料必须和吸进的空气成适当的比例，才能形成可以燃烧的混合气，这个比例就是空燃比。从理论上说，每克燃料完全燃烧所需的最少的空气克数，叫作理论空燃比。不同燃料的理论空燃比是不相同的：汽油为 14.7，柴油为 14.3。空燃比大于理论值的混合气叫作稀混合气，气多油少，燃烧完全，油耗低，污染小，但功率较小。空燃比小于理论值的混合气叫作浓混合气，气少油多，功率较大，但燃烧不完全，油耗高，污染大。

1.2.2 发动机性能参数

发动机的性能参数主要表现在转速、功率及转矩方面。

发动机转速：发动机转速指的是曲轴每分钟转动的圈数。每个发动机都有多个不同的重要转速：启动转速是发动机启动时所需的最低转速；达到怠速转速时，已启动的发动机可自动继续运行；处于额定转速时，发动机达到最大功率；最高转速是避免造成发动机机械损伤的最大允许转速。

发动机输出功率：每款发动机都具有功率曲线图。发动机的输出功率同转速关系很大，随着转速的增加，发动机的功率也相应提高，但是到了一定的转速以后，功率反而呈下降趋势。一般在汽车使用说明中最高输出功率用转速（r/min）来表示，如 100PS/(5000r/min)，即在每分钟 5000 转时最高输出功率为 100 马力。同时，发动机最大功率时对应的转速，基本上就是发动机的最佳转速。最大功率往往能反映汽车的最高车速，用来描述车的动力性能。当车辆跑到最高车速时，这时发动机的输出功率用来抵抗车辆的行驶阻力，所以最大功率也就决定了车辆的最高行驶速度。功率越大，跑得越快。最大功率一般用马力（PS）或千瓦（kW）来表示，1 马力约等于 0.735 千瓦。

发动机输出转矩：发动机的转矩就是指发动机从曲轴端输出的力矩。这个转矩在经过变速箱等传动机构，传递到驱动轮后的数值已经不是发动机的输出转矩了。但是这个转矩才是最终驱动汽车前进的“动力”。这个“动力”的大小，还是取决于它的“源泉”——发动机输

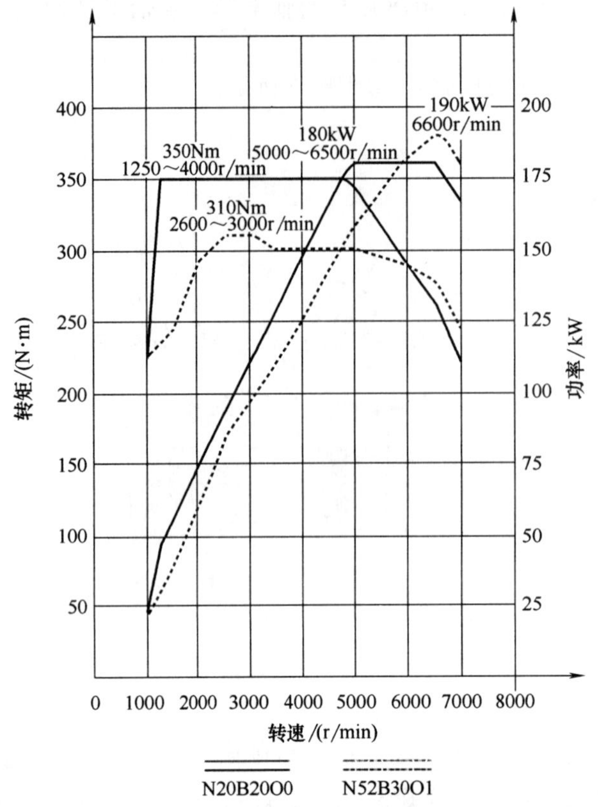

图 1-76　N20 发动机功率和转矩特性曲线图

出转矩。最大输出转矩就是指发动机所能输出的最大转矩，是发动机性能的一个重要参数。一般来说，发动机只在某个转速时或某个转速区间内才有最大转矩，这个区间就是在标出最大转矩时给出的转速或转速区间。最大转矩一般出现在发动机的中、低转速的范围，随着转速的提高，转矩反而会下降。对于家用轿车而言，发动机输出转矩越大则加速性越好；对于越野车，转矩越大，其最大爬坡度越大；对于货车而言，转矩越大，车拉的重量越大。在排量相同的情况下，转矩越大说明发动机越好，在开车的时候就会感觉随心所欲，想加速就可加速，"推背感"很好。

图 1-76 所示为宝马 N20 发动机功率和转矩特性曲线图。

1.2.3　发动机维修数据

发动机维修数据主要是针对发动机机械维修中一些易磨损、易变形部件的测量项目的参考数据。一般地，发动机机械部件检测项目图解如表 1-2 所示。

表 1-2　发动机机械部件检测

项目	气缸体平面度	活塞间隙	活塞销间隙
图解	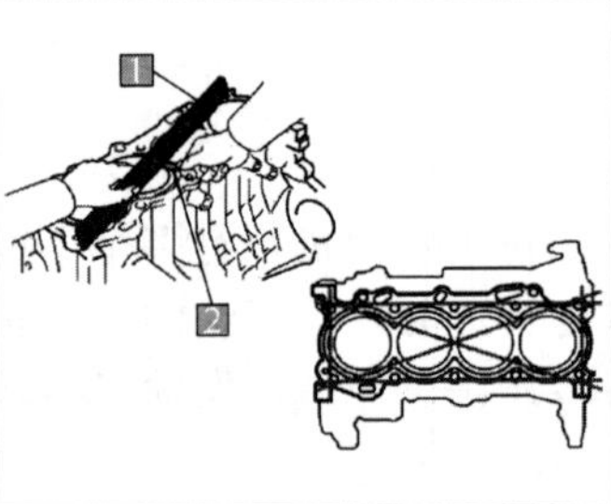	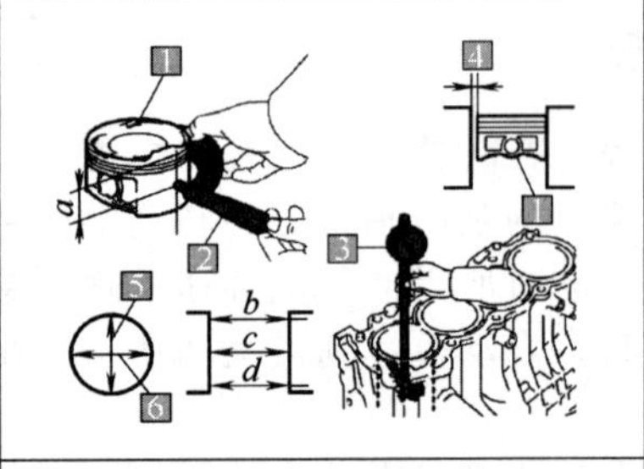	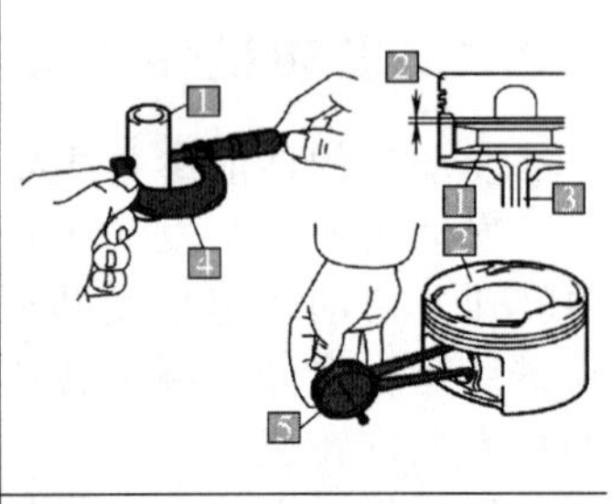
图注	1—精度直尺；2—厚度规	1—活塞；2—测微计；3—量缸表；4—活塞间隙；5—推力方向；6—轴向	1—活塞销；2—活塞；3—连杆；4—测微计；5—卡规
项目	曲轴油隙	曲轴轴向间隙	连杆轴向间隙
图解	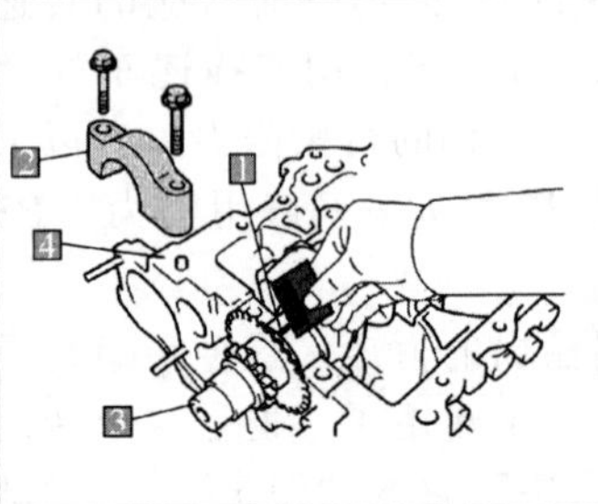	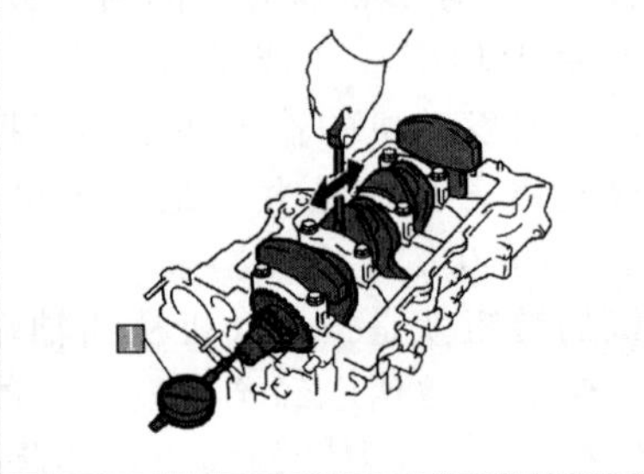	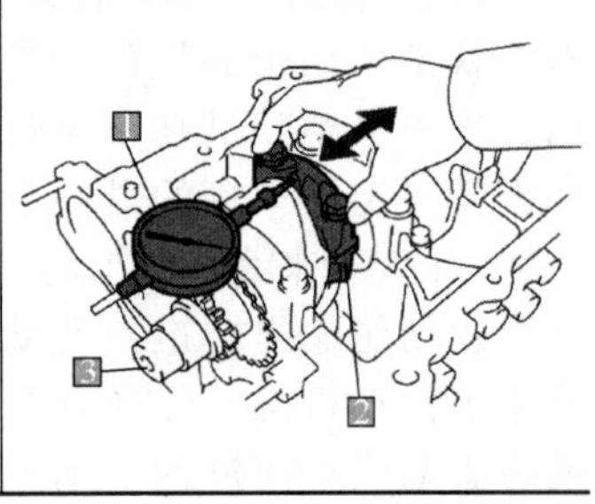

续表

项目	曲轴油隙	曲轴轴向间隙	连杆轴向间隙
图注	1—塑料间隙规；2—曲轴轴承盖和轴承；3—曲轴；4—气缸体	1—百分表	1—百分表；2—连杆；3—曲轴
项目	活塞环槽间隙	活塞环端隙	曲轴圆跳动
图解	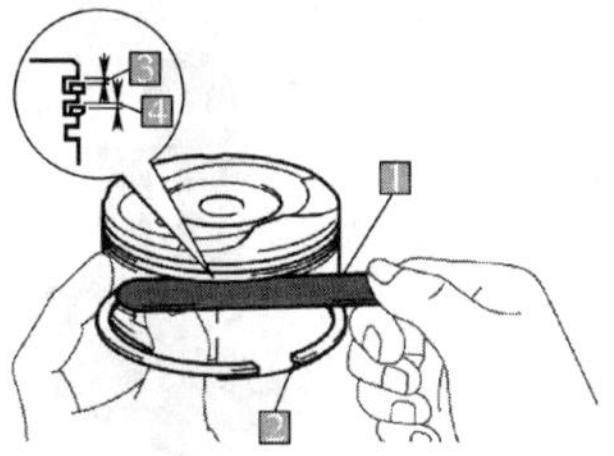	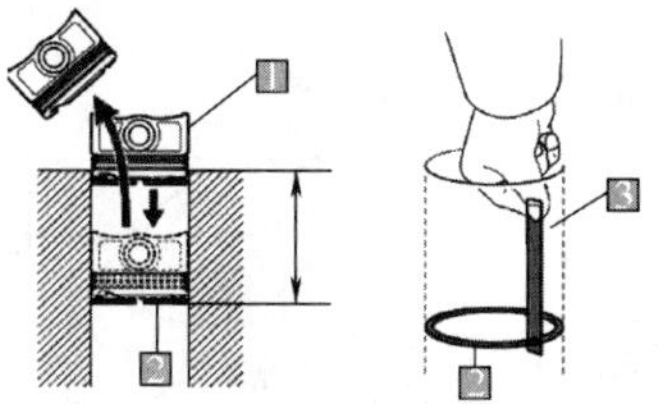	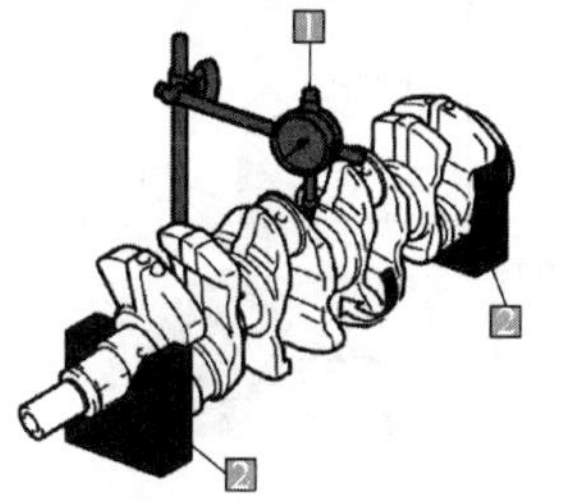
图注	1—厚度规；2—活塞环；3—一道活塞环槽间隙；4—二道环槽间隙	1—活塞；2—活塞环；3—厚度规	1—百分表；2—V形块
项目	曲轴主轴颈和曲柄销直径	轴承盖固定螺栓尺寸	气门挺杆油隙
图解	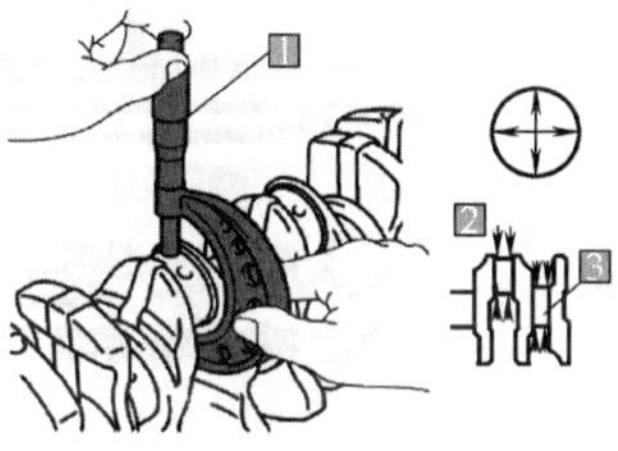	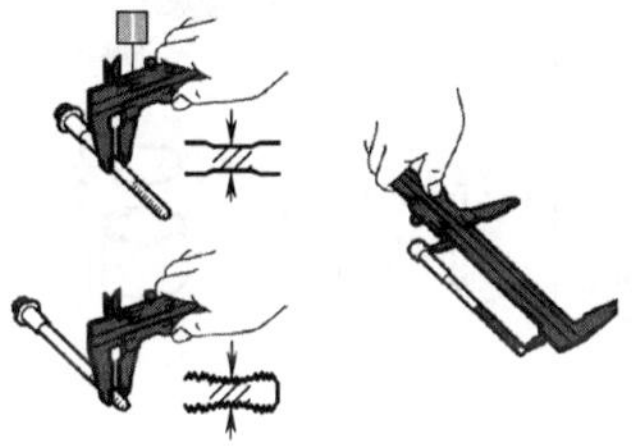	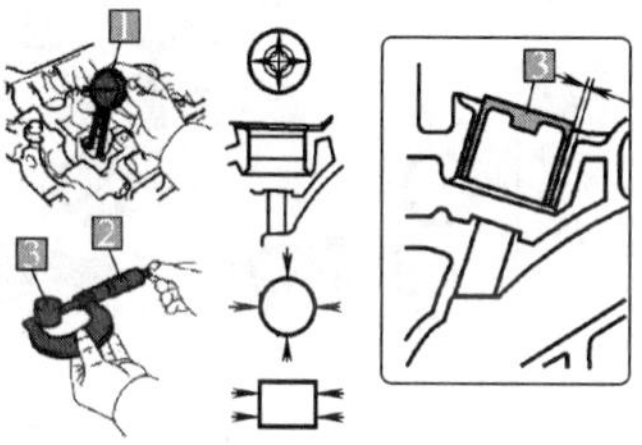
图注	1—测微计；2—曲轴销；3—曲轴主轴颈	1—游标卡尺	1—卡规；2—测微计；3—挺杆
项目	凸轮轴轴向间隙	凸轮轴油隙	气门导管衬套油隙
图解		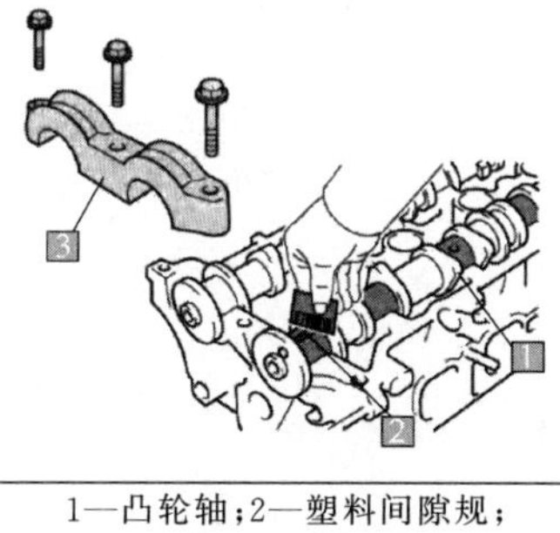	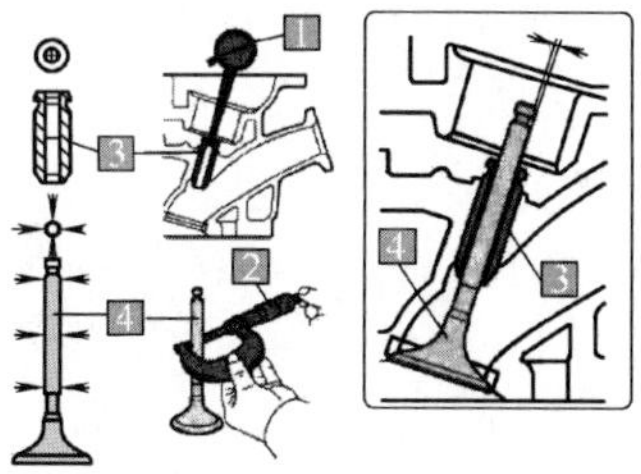
图注	1—百分表；2—凸轮轴	1—凸轮轴；2—塑料间隙规；3—凸轮轴轴承盖	1—卡规；2—测微计；3—气门导管衬套；4—气门
项目	气门尺寸	气门弹簧长度	凸轮轴摆度
图解	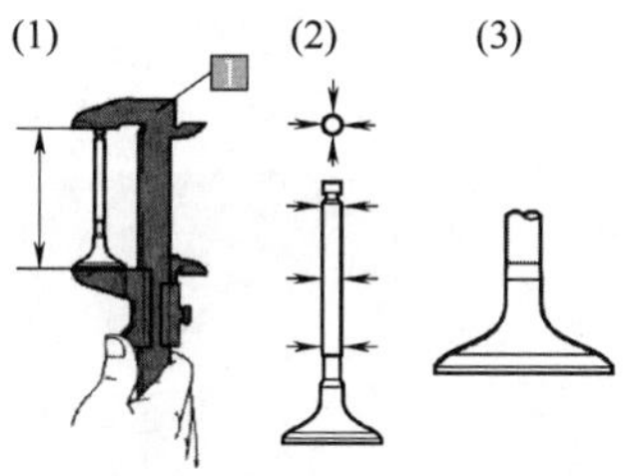	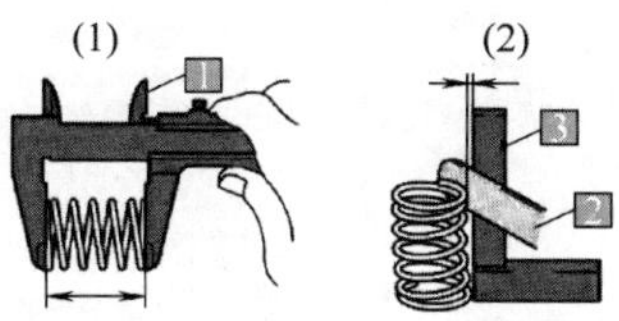	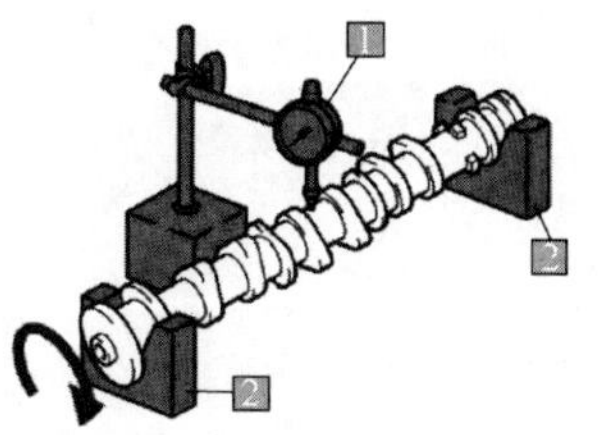

续表

项目	气门尺寸	气门弹簧长度	凸轮轴摆度
图注	(1)气门长度;(2)气门外径;(3)气门头边缘厚度 1—游标卡尺	(1)自由长度;(2)偏差 1—游标卡尺;2—厚度规;3—钢角尺	1—百分表;2—V形块
项目	凸轮桃尖高度	凸轮轴轴颈直径	气门弹簧张紧力
图解	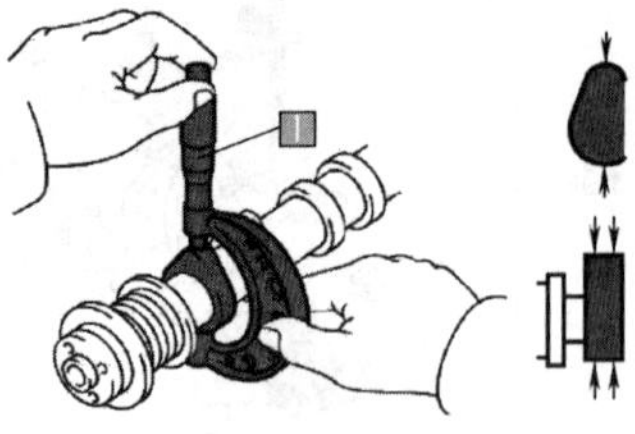	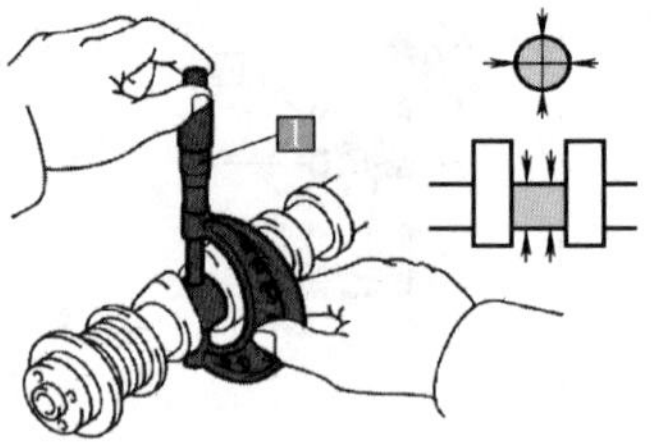	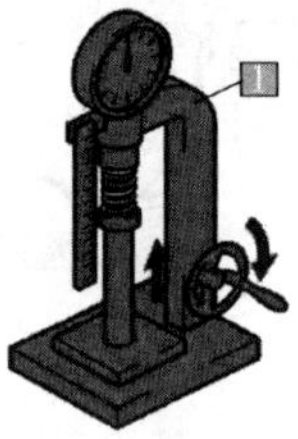
图注	1—测微计	1—测微计	1—弹簧试验仪
项目	正时链轮外径	气门挺杆(垫片)厚度	正时链条延伸度
图解	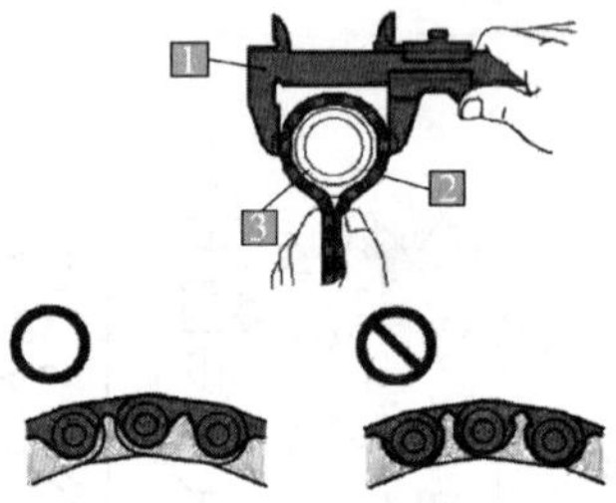	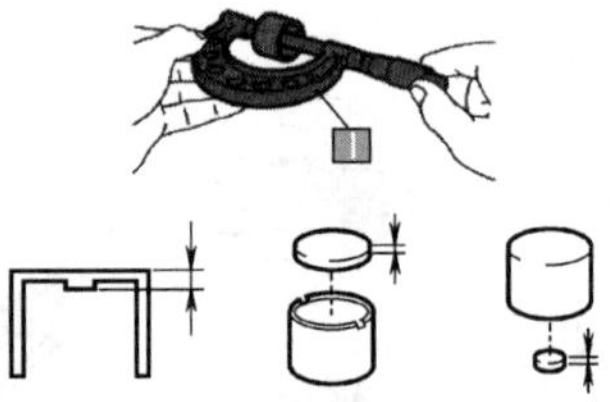	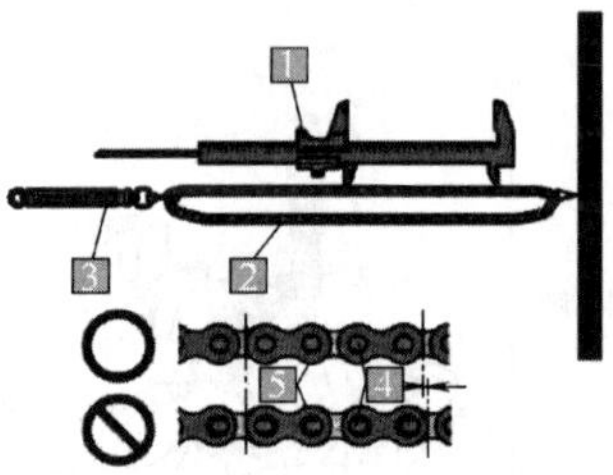
图注	1—游标卡尺;2—正时链条; 3—正时链轮	1—测微计	1—游标卡尺;2—正时链条; 3—弹簧秤;4—销子;5—衬套

第2章 丰田-雷克萨斯汽车

2.1 1.2T 8NR/9NR发动机

2.1.1 发动机正时维修

（1）安装机油泵链条

① 将曲轴皮带轮固定螺栓暂时安装到曲轴上。

② 如图2-1所示，设定曲轴正时齿轮键。

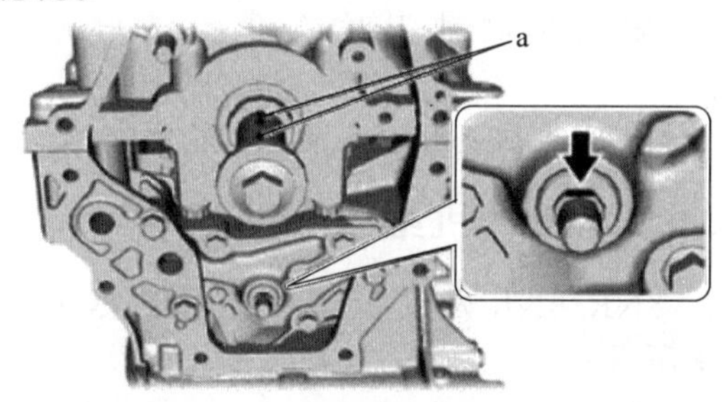

图2-1 设定曲轴正时齿轮键
a—曲轴正时齿轮键

③ 转动机油泵驱动轴，使平面朝上。

④ 从曲轴上拆下曲轴皮带轮固定螺栓。

⑤ 如图2-2所示，将金色或黄色标记板与机油泵主动齿轮和机油泵驱动轴齿轮的正时标记对准。

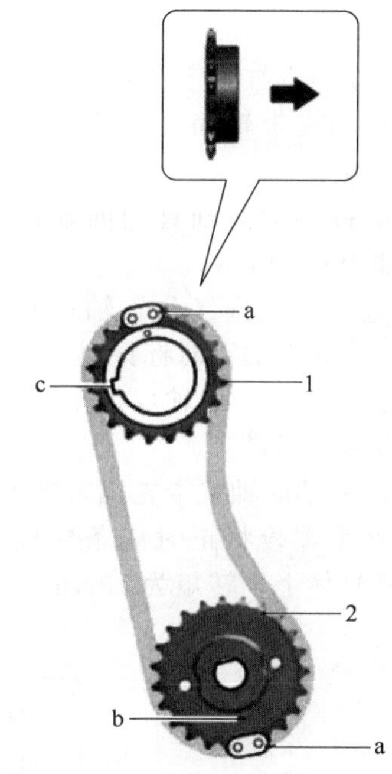

图2-2 对准机油泵驱动链安装标记
1—机油泵主动齿轮；2—机油泵驱动齿轮；a—金色或黄色标记板；b—正时标记；c—曲轴正时齿轮键槽；➡—发动机前部

⑥ 在机油泵链条环绕在机油泵主动齿轮和机油泵驱动轴齿轮上时，将机油泵主动齿轮安装到曲轴上并将机油泵驱动齿轮暂时安装到机油泵驱动轴上。

⑦ 将链条减振弹簧安装到链条张紧器盖板上，然后用螺栓安装链条张紧器盖板，如图2-3所示，转矩为10Nm。

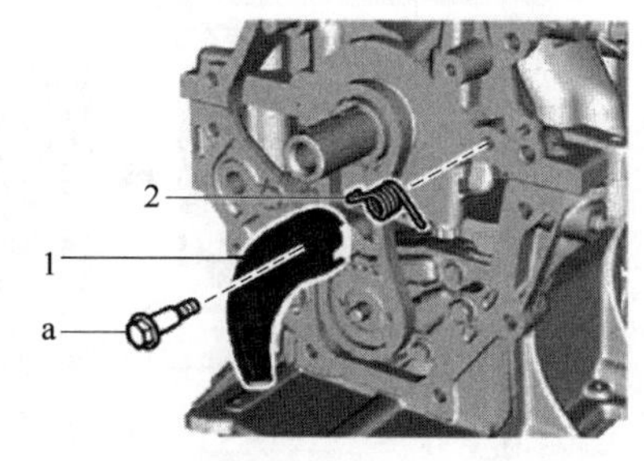

图2-3 安装链条张紧器盖板
1—链条张紧器盖板；2—链条减振弹簧；a—螺栓

⑧ 暂时用曲轴皮带轮固定螺栓将曲轴皮带轮安装到曲轴上，转矩为28Nm。

⑨ 如图 2-4 所示，拆下 SST、曲轴皮带轮固定螺栓和曲轴皮带轮。

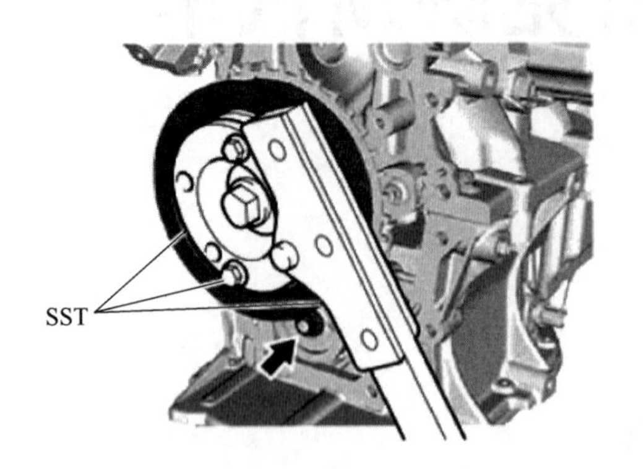

图 2-4 拆卸 SST 和曲轴皮带轮

（2）将 1 号气缸设定至 TDC 位置

① 将曲轴皮带轮固定螺栓暂时安装至曲轴。

② 顺时针转动曲轴直到曲轴正时齿轮键朝上，如图 2-5 所示。

③ 检查并确认排气凸轮轴正时齿轮和凸轮轴正时齿轮上的正时标记对准。

④ 从曲轴上拆下曲轴皮带轮固定螺栓。

（3）安装正时链条

① 暂时安装曲轴皮带轮固定螺栓。

② 用 2 个螺栓将正时链条导板安装到气缸盖和气缸体上，转矩为 10Nm。

图 2-5 设置曲轴正时齿轮键朝上

a—曲轴正时齿轮键

③ 如图 2-6 所示，将金色标记板与正时标记对准并安装链条。

④ 用扳手固定凸轮轴六角部位，并顺时针转动凸轮轴正时齿轮。

⑤ 将金色标记板和正时标记对准并将链条安装到曲轴正时链轮上，如图 2-7 所示。

⑥ 从曲轴上拆下曲轴皮带轮固定螺栓。

2.1.2 发动机维修数据

8NR/9NR 发动机机械维修数据如表 2-1 所示。

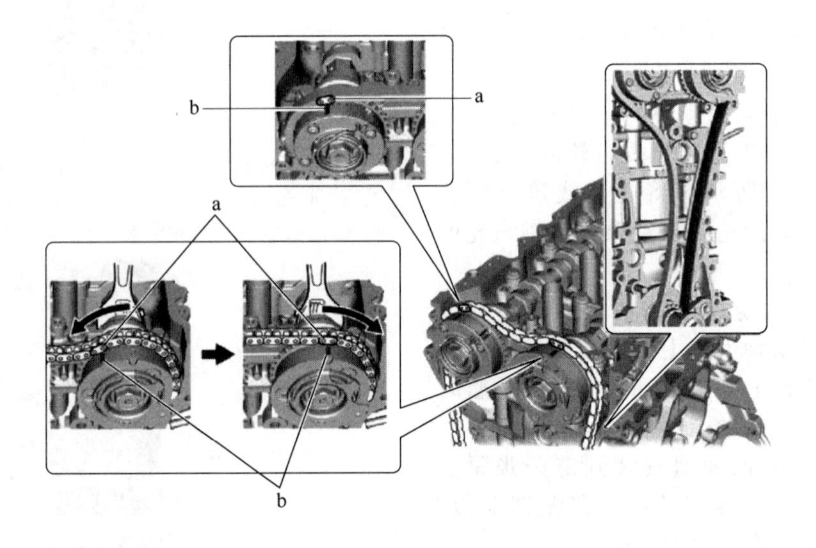

图 2-6 正时标记位置

a—金色标记板；b—正时标记

图 2-7　安装链条到曲轴正时链轮

a—正时标记；b—金色标记板

表 2-1　8NR/9NR 发动机机械维修数据

项目				数据
链条分总成	伸长率		最大	121.6mm
2 号链条分总成	伸长率		最大	107.0mm
凸轮轴正时齿轮总成	齿轮直径(带链条分总成)		最小	100.89mm
排气凸轮轴正时齿轮总成	齿轮直径(带链条分总成)		最小	100.89mm
机油泵主动齿轮	齿轮直径(带 2 号链条分总成)		最小	52.55mm
机油泵驱动轴齿轮	齿轮直径(带 2 号链条分总成)		最小	59.21mm
曲轴正时链轮	齿轮直径(带链条分总成)		最小	55.17mm
链条张紧器导板	深度		最大	1.0mm
正时链条导板	深度		最大	1.0mm
链条张紧器盖板	深度		最大	0.5mm
气缸盖固定螺栓	直径		标准	10.85～11.00mm
			最小	10.6mm
凸轮轴	径向跳动		最大	0.04mm
	凸轮凸角高度		标准	41.699～41.799mm
			最小	41.649mm
	轴颈直径		1 号轴颈	34.449～34.465mm
			其他轴颈	22.954～22.970mm
	轴向间隙		标准	0.06～0.20mm
			最大	0.25mm
	油膜间隙	1 号轴颈	标准	0.035～0.072mm
			最大	0.08mm
		其他轴颈	标准	0.030～0.067mm
			最大	0.08mm
2 号凸轮轴	径向跳动		最大	0.04mm
	凸轮凸角高度	除燃油泵总成外	标准	40.481～40.581mm
			最小	40.331mm
		燃油泵总成	标准	39.550～39.650mm
			最小	39.500mm
	轴颈直径		1 号轴颈	34.449～34.465mm
			其他轴颈	22.954～22.970mm
	轴向间隙		标准	0.06～0.20mm
			最大	0.25mm
	油膜间隙	1 号轴颈	标准	0.035～0.072mm
			最大	0.08mm
		其他轴颈	标准	0.030～0.067mm
			最大	0.08mm

续表

项目				数据
凸轮轴轴承盖定位环销	凸出部分		标准	2.5～3.5mm
加强曲轴箱总成环销	凸出部分		标准	3.5～4.5mm
气缸盖分总成	翘曲度	底侧	最大	0.05mm
		进气歧管侧		0.10mm
		涡轮增压器分总成侧		0.05mm
进气门	总长		标准	103.35mm
			最小	103.10mm
	气门杆直径		标准	5.470～5.485mm
	边缘厚度		标准	1.0mm
			最小	0.5mm
	气门座宽度		标准	1.0～1.4mm
排气门	总长		标准	104.50mm
			最小	104.25mm
	气门杆直径		标准	5.465～5.480mm
	边缘厚度		标准	1.2mm
			最小	0.7mm
	气门座宽度		标准	1.0～1.4mm
内压缩弹簧	自由长度	标准	进气	55.60mm
			排气	59.30mm
	角度(参考)		最大	2°
进气门导管衬套	内径		标准	5.510～5.530mm
	油膜间隙		标准	0.025～0.060mm
			最大	0.080mm
	衬套孔径		STD	10.333～10.344mm
			加大尺寸 0.05mm	10.383～10.394mm
排气门导管衬套	内径		标准	5.510～5.530mm
	油膜间隙		标准	0.030～0.065mm
			最大	0.085mm
	衬套孔径		STD	10.333～10.344mm
			加大尺寸 0.05mm	10.383～10.394mm
环销	凸出部分		标准	3.0～5.0mm
火花塞套管	凸出部分		标准	87.8mm
连杆	轴向间隙		标准	0.1～0.5mm
			最大	0.5mm
	油膜间隙		标准	0.010～0.036mm
			最大	0.036mm
曲轴	轴向间隙		标准	0.04～0.24mm
			最大	0.24mm
			止推垫圈厚度	1.93～1.98mm
	油膜间隙		标准	0.012～0.028mm
			最大	0.028mm
连杆大头内径			标记 1	45.000～45.008mm
			标记 2	45.009～45.016mm
			标记 3	45.017～45.024mm
连杆轴承中心壁厚			标记 1	1.492～1.495mm
			标记 2	1.496～1.498mm
			标记 3	1.499～1.501mm
曲轴销	直径		标准	41.992～42.000mm

续表

项目				数据
气缸体分总成	轴颈孔径		标记 0	52.000～52.002mm
			标记 1	52.003～52.004mm
			标记 2	52.005～52.006mm
			标记 3	52.007～52.009mm
			标记 4	52.010～52.011mm
			标记 5	52.012～52.013mm
			标记 6	52.014～52.016mm
曲轴	轴颈直径		标记 0	47.999～48.000mm
			标记 1	47.997～47.998mm
			标记 2	47.995～47.996mm
			标记 3	47.993～47.994mm
			标记 4	47.991～47.992mm
			标记 5	47.988～47.990mm
曲轴轴承	中心壁厚		标记 1	1.991～1.994mm
			标记 2	1.995～1.997mm
			标记 3	1.998～2.000mm
			标记 4	2.001～2.003mm
气缸体分总成	翘曲度		最大	0.05mm
气缸缸径	直径		参考(新零件)	71.500～71.513mm
			最大	71.63mm
活塞	直径		参考(新零件)	71.482～71.514mm
	油膜间隙		参考(新零件)	−0.006～0.037mm
			最大	0.08mm
活塞环	环槽间隙		1 号压缩环	0.02～0.06mm
			2 号压缩环	0.02～0.06mm
			油环	0.07～0.13mm
	端隙	1 号压缩环	标准	0.18～0.22mm
			最大	0.43mm
		2 号压缩环	标准	0.50～0.60mm
			最大	0.80mm
		油环	标准	0.10～0.35mm
			最大	0.55mm
活塞销	孔径		标记 A	20.006～20.009mm
			标记 B	20.010～20.012mm
			标记 C	20.013～20.015mm
	直径		标记 A	20.004～20.007mm
			标记 B	20.008～20.010mm
			标记 C	20.011～20.013mm
连杆小头孔	直径		标准	20.012～20.021mm
			标记 A	20.012～20.015mm
			标记 B	20.016～20.018mm
			标记 C	20.019～20.021mm
活塞销	活塞侧	油膜间隙	标准	−0.001～0.005mm
			最大	0.008mm
	连杆侧	油膜间隙	标准	−0.001～0.005mm
			最大	0.08mm
连杆螺栓	直径		标准	6.86～7.00mm
	A 和 B 之间的差值			0.15mm 或更小

续表

项目				数据
曲轴		径向跳动	最大	0.015mm
		主轴颈直径	标准	47.988～48.000mm
		主轴颈锥度和圆度	最大	0.02mm
		曲柄销直径	标准	41.992～42.000mm
		曲柄销锥度和圆度	最大	0.02mm
曲轴轴承盖固定螺栓		长度	标准	84.3～85.7mm
			最大	86.7mm
		直径	标准	9.77～9.96mm
			最小	9.1mm
环销		凸出部分	标准	6.5～7.5mm
直销	A	凸出部分	标准	18.5～19.5mm
	B			5.5～6.5mm
	C			11.5～12.5mm
	D			8.0～10.0mm
曲轴下轴承		A 和 B 之间的差值	标准	0.7mm 或更小
连杆轴承		A 和 B 之间的差值	标准	0.5mm 或更小
点火正时		通过主动测试禁用点火提前功能		怠速运转时为 8°～12°BTDC(传动桥应处于空挡或驻车挡)
		通过主动测试无法禁用点火提前功能		怠速运转时为－5°～25°BTDC(传动桥应处于空挡或驻车挡)
发动机怠速转速				680～780r/min
压缩压力		标准压缩压力		1080kPa
		最小压缩压力		880kPa
		各气缸之间的压力差		100kPa
正时链条盖油封		敲入深度		－0.5～0.5mm
发动机后油封		敲入深度		－0.9～0.9mm

发动机机械部件紧固力矩如表 2-2 所示。

表 2-2　发动机机械部件紧固力矩

紧固零件		力矩/(N·m)
发动机 1 号吊架和发动机 2 号吊架×气缸盖分总成		43
多楔带张紧器总成×正时链条盖总成		21
发动机右侧悬置隔振垫分总成×车辆		72
空调管和附件总成×发动机右侧悬置隔振垫分总成和车辆		9.8
2 号搭铁线×发动机右侧悬置隔振垫分总成和车辆		10.5
发动机左侧悬置隔振垫×车辆		42
线束卡夹支架×气缸盖分总成		39
发动机线束×线束卡夹支架		8.0
前悬架横梁分总成×车辆		141
发动机左侧悬置隔振垫×发动机左悬置支架		44
发动机右侧悬置隔振垫分总成×发动机右悬置支架	螺栓	72
	螺母	41
蓄电池卡夹分总成×车辆		15.4
发动机线束×蓄电池正极(＋)端子		7.6
发动机线束×蓄电池卡夹分总成		7.0
发动机线束×车辆		10

续表

紧固零件		力矩/(N·m)
空气滤清器壳分总成×车辆		4.0
带空气滤清器软管的空气滤清器盖×1 号进气管分总成		2.0
发动机 1 号底罩总成×车辆		7.5
加强曲轴箱总成×气缸体分总成		21
传感器支架×加强曲轴箱总成		10
双头螺栓×加强曲轴箱总成		5.0
2 号油底壳分总成×加强曲轴箱总成		10
油底壳放油螺塞×2 号油底壳分总成		37
气缸盖分总成×气缸体分总成	第一步	32
	第二步	转动 90°
	第三步	转动 90°
凸轮轴轴承盖×凸轮轴壳分总成和气缸盖分总成	螺栓(A 级)	16
	除螺栓(A 级)外	28
出水口×气缸盖分总成		10
水阀×凸轮轴壳分总成		21
排气凸轮轴正时齿轮总成×2 号凸轮轴		95
凸轮轴正时齿轮总成×凸轮轴		95
链条张紧器盖板×气缸体分总成		10
机油泵主动轴齿轮×机油泵总成		28
1 号链条张紧器总成×气缸盖分总成		10
正时链条盖总成×凸轮轴壳分总成、气缸盖分总成、气缸体分总成和加强曲轴箱总成	螺栓(A、B、D、E 级)	21
	螺栓(C、F 级)	43
机油滤清器座×正时链条盖总成		29.5
气缸盖罩分总成×凸轮轴壳分总成		10
机油泵减压阀壳体总成×气缸体分总成		21
发电机支架×气缸体分总成		21
发动机机油油位计导管×凸轮轴壳分总成		10
线束卡夹支架×正时链条盖总成		8.0
线束卡夹支架×加强曲轴箱总成		10
线束卡夹支架×加强曲轴箱总成	螺栓(A 级)	10
线束卡夹支架×加强曲轴箱总成	螺栓(B 级)	8.0
线束卡夹支架×气缸盖分总成		8.0
线束卡夹支架×气缸盖罩分总成		8.0
双头螺栓×正时链条盖总成		10
1 号隔热罩支架×气缸体分总成		43
水旁通管分总成×气缸盖分总成	水旁通管接头螺栓	36
	螺栓(A 级)	10
燃油蒸气供给管×气缸盖罩分总成		10
1 号直螺纹塞×气缸盖分总成		25
2 号直螺纹塞×气缸盖分总成		44
3 号直螺纹塞×气缸盖分总成		80
连杆轴承盖×连杆	第一步	15
	第二步	转动 90°
1 号机油喷嘴分总成×气缸体分总成		10
曲轴轴承盖×气缸体分总成	第一步	40
	第二步	转动 90°
壳分离器×1 号通风箱		10
1 号通风箱×气缸体分总成		21
中间冷却器总成×带电动机的节气门体总成		10
中间冷却器总成×空气管总成		6.3
凸轮轴壳分总成×气缸盖分总成		28
正时链条导板×气缸盖分总成和气缸体分总成		10
曲轴皮带轮总成×曲轴		180
传动板和齿圈分总成×曲轴		88

2.2 1.5L 5NR/7NR 发动机

2.2.1 发动机正时维修

① 将曲轴固定在图 2-8 所示位置（90° ATDC)。确保曲轴的正时标记位于图 2-8 所示的位置。

② 用手顺时针转动凸轮轴正时齿轮总成的偏心轴直至其停止，如图 2-9 所示。

图 2-8 设置曲轴位置
a—正时标记

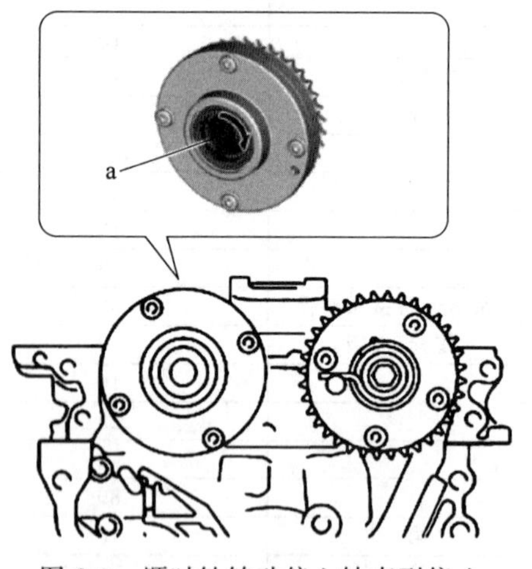

图 2-9 顺时针转动偏心轴直到停止
a—偏心轴

③ 检查并确认排气凸轮轴正时齿轮总成、凸轮轴正时齿轮总成和曲轴上的正时标记如图 2-10 所示。

④ 将凸轮轴的正时标记与链条分总成的标记板（橙色）对齐，并安装链条分总成，如图 2-11 所示。

⑤ 将曲轴的正时标记与链条分总成的标记板（黄色）对齐，并安装链条分总成。

⑥ 将正时链条张紧臂安装到气缸体分总成上。

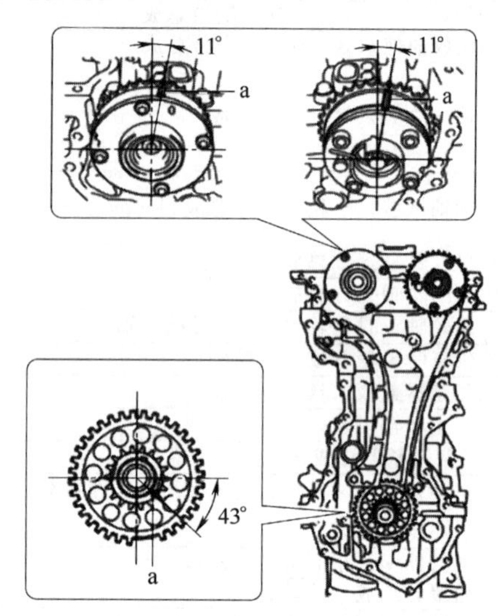

图 2-10 检查并确认正时标记位置
a—正时标记

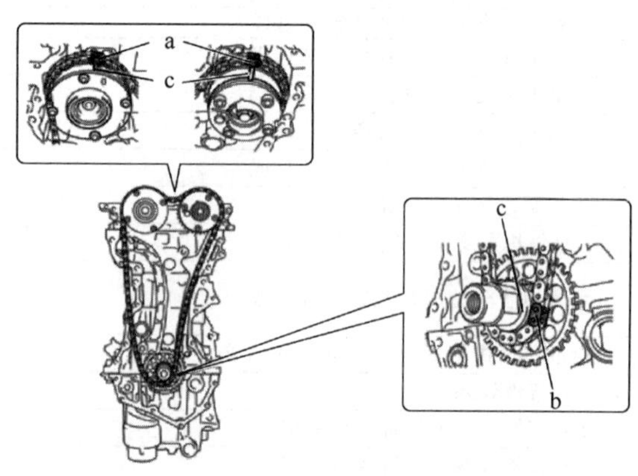

图 2-11 安装正时链条
a—标记板（橙色）；b—标记板（黄色）；c—正时标记

⑦ 用 2 个螺栓将链条张紧器总成安装到气缸盖分总成上。转矩：10N·m。

⑧ 用 2 个螺栓将上部链条振动阻尼器安装到凸轮轴轴承盖上。转矩：10N·m。

⑨ 从链条张紧器总成上拆下直径为 3mm 的销，如图 2-12 所示。

⑩ 逆时针转动曲轴约 20°以将其设定至 TDC。如图 2-13 所示，确保正时标记和标

记板正确定位且链条分总成牢固安装至正时链条张紧臂、正时链条导板和上部链条振动阻尼器。

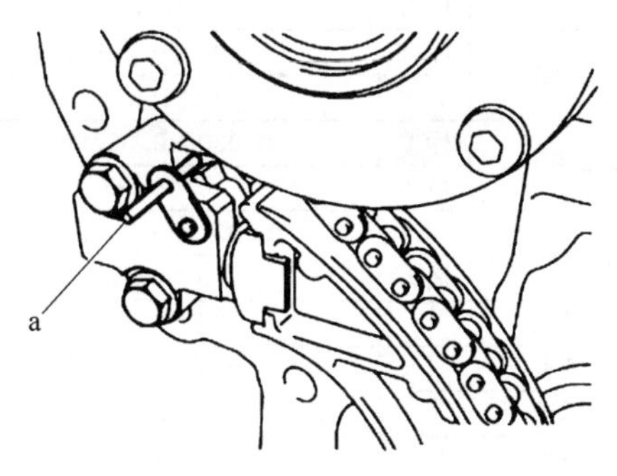

图 2-12　拆下张紧器的固定销

a—销

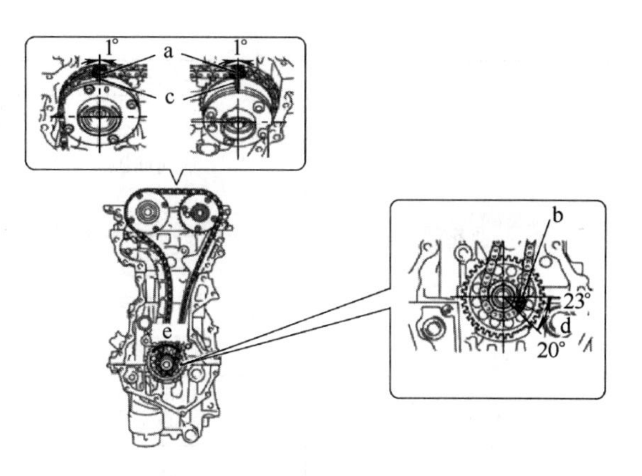

图 2-13　检查正时是否正确

a—标记板（橙色）；b—标记板（黄色）；c—正时标记；d—TDC；e—转动

2.2.2　发动机维修数据

5NR/7NR 发动机机械维修数据如表 2-3 所示。

表 2-3　5NR/7NR 发动机机械维修数据

项目				数据
凸轮轴	径向跳动	最大		0.04mm
	凸轮凸角高度	标准		41.700～41.800mm
		最大		41.650mm
	轴颈直径	1 号轴颈	标准	34.454～34.470mm
		其他轴颈	标准	22.954～22.970mm
2 号凸轮轴	径向跳动	最大		0.04mm
	凸轮凸角高度	标准		40.760～40.860mm
		最大		40.610mm
	轴颈直径	1 号轴颈	标准	34.454～34.470mm
		其他轴颈	标准	22.954～22.970mm
链条分总成	伸长率	最大		114.8mm
凸轮轴正时齿轮总成	直径(带链条分总成)	最小		96.8mm
排气凸轮轴正时齿轮总成	直径(带链条分总成)	最小		96.8mm
曲轴	直径(带链条分总成)	最小		51.1mm
正时链条张紧臂	磨损	最大		1.0mm
正时链条导板	磨损	最大		1.0mm
2 号链条振动阻尼器	磨损	最大		1.0mm
气缸盖固定螺栓	长度	标准		125.3～126.7mm
		最大		128.2mm
凸轮轴壳分总成环销	凸出部分高度	标准		2.7～3.3mm
油底壳分总成直销	凸出部分高度	标准		8.0～10.0mm
气缸盖分总成	翘曲度	气缸盖分总成底部	最大	0.05mm
		进气歧管侧	最大	0.10mm
		排气歧管转化器分总成侧	最大	0.10mm

续表

项目				数据
凸轮轴	轴向间隙	凸轮轴	标准	0.06～0.20mm
			最大	0.215mm
		2号凸轮轴	标准	0.06～0.20mm
			最大	0.215mm
	油膜间隙	1号轴颈	标准	0.030～0.067mm
			最大	0.08mm
		其他轴颈	标准	0.030～0.067mm
			最大	0.08mm
压缩弹簧	自由长度	标准		57.13mm
	偏差	最大		1.75mm
进气门	总长	标准		103.35mm
		最小		102.85mm
	气门杆直径	标准		5.470～5.485mm
	边缘厚度	标准		1.0mm
		最小		0.5mm
	气门座宽度	标准		1.0～1.4mm
排气门	总长	标准		104.5mm
		最小		104.0mm
	气门杆直径	标准		5.465～5.480mm
	边缘厚度	标准		1.15mm
		最小		0.65mm
	气门座宽度	标准		1.0～1.4mm
进气门导管衬套	内径	标准		5.51～5.53mm
	油膜间隙	标准		0.025～0.060mm
		最大		0.080mm
	凸出部分高度	标准		9.6～10.0mm
	孔径	使用标准		10.285～10.306mm
		使用加大尺寸0.05mm		10.335～10.356mm
排气门导管衬套	内径	标准		5.51～5.53mm
	油膜间隙	标准		0.030～0.065mm
		最大		0.085mm
	凸出部分高度	标准		9.6～10.0mm
	衬套孔径	使用标准		10.285～10.306mm
		使用加大尺寸0.05mm		10.335～10.356mm
气缸盖分总成环销	凸出部分高度	标准		6.0～8.0mm
火花塞套管	凸出部分高度	标准		88.7～90.2mm
气缸体翘曲度		最大		0.05mm
气缸缸径		参考值(新零件)直径		72.500～72.513mm
		最大		72.600mm
活塞直径		参考值(新零件)直径		72.444～72.456mm
活塞油膜间隙		参考值(新零件)		0.018～0.063mm
		最大		0.117mm
活塞环槽间隙	1号压缩环	标准		0.02～0.07mm
	2号压缩环			0.02～0.06mm
	油环			0.07～0.15mm
活塞环端隙	1号压缩环	标准		0.15～0.20mm
		最大		0.48mm
	2号压缩环	标准		0.30～0.50mm
		最大		0.70mm
	油环(刮片)	标准		0.10～0.35mm
		最大		0.60mm

续表

项目			数据
连杆轴向间隙		标准	0.1～0.5mm
		最大	0.5mm
连杆油膜间隙	曲轴侧	标准	0.019～0.053mm
		最大	0.058mm
连杆大头孔径		标记 1	45.000～45.008mm
		标记 2	45.009～45.016mm
		标记 3	45.017～45.024mm
连杆轴承厚度		标记 1	1.492～1.495mm
		标记 2	1.496～1.498mm
		标记 3	1.499～1.501mm
曲轴销直径		标记 1	41.992～42.000mm
		标记 2	41.992～42.000mm
		标记 3	41.992～42.000mm
连杆螺栓直径		标准	6.6～6.7mm
		最小	6.4mm
曲轴径向跳动		最大	0.03mm
曲轴主轴颈直径		标准	47.988～48.000mm
曲轴锥度和圆度		最大	0.003mm
曲轴轴颈直径(参考)		标记 0	47.999～48.000mm
		标记 1	47.997～47.998mm
		标记 2	47.995～47.996mm
		标记 3	47.993～47.994mm
		标记 4	47.991～47.992mm
		标记 5	47.988～47.990mm
曲柄销直径		标准	41.992～42.000mm
曲柄销锥度和圆度		最大	0.003mm
曲轴轴向间隙		标准	0.04～0.24mm
		最大	0.28mm
曲轴止推垫圈厚度		标准	1.93～1.98mm
曲轴油膜间隙		标准	0.006～0.022mm
		最大	0.030mm
气缸体轴颈孔径		标记 0	52.000～52.002mm
		标记 1	52.003～52.004mm
		标记 2	52.005～52.006mm
		标记 3	52.007～52.009mm
		标记 4	52.010～52.011mm
		标记 5	52.012～52.013mm
		标记 6	52.014～52.016mm
曲轴轴承中心壁厚(参考)		标记 2	1.994～1.997mm
		标记 3	1.998～2.000mm
		标记 4	2.001～2.003mm
		标记 5	2.004～2.006mm
曲轴轴承盖固定螺栓	长度	标准	75.3～76.7mm
		最大	77.2mm
	直径	标准	9.94～9.96mm
		最小	9.59mm
曲轴轴承尺寸(A 级－B 级)			0.8mm
气缸体环销		凸出部分高度	6.0～7.0mm
气缸体直销	凸出部分高度	销 A	5.5～6.5mm
		销 B	23.5～24.5mm
		销 C	11.5～12.5mm

续表

项目			数据
连杆轴承尺寸(A级—B级)			0.5mm
点火正时	连接DLC3的端子TC和CG		怠速时为8°～12°BTDC(传动桥位于空挡)
	断开DLC3的端子TC和CG		怠速时为－10°～10°BTDC(传动桥位于空挡)
发动机怠速转速	无级变速传动桥		680～780r/min
	手动传动桥		550～650r/min
压缩压力	标准压力		1000kPa
	最小压力		750kPa
	各气缸间的差值		100kPa或更小
正时链条盖油封	深度	标准	－0.5～1.0mm
发动机后油封	深度	标准	－0.5～0.5mm

2.3　1.8L 8ZR双擎发动机

2.3.1　发动机正时维修

(1) 2号链条分总成的安装

① 将曲轴皮带轮固定螺栓暂时安装至曲轴。

② 如图2-14所示，设定曲轴正时齿轮键。

③ 转动泵驱动轴，使平面朝上。

④ 从曲轴上拆下曲轴皮带轮固定螺栓。

⑤ 如图2-15所示，将黄色标记板与机油泵主动齿轮和机油泵驱动轴齿轮对准。确保2号链条分总成的黄色标记板背离发动机总成。

图2-14　设定曲轴正时齿轮键
1—曲轴正时齿轮键

⑥ 在2号链条分总成环绕在机油泵主动齿轮和机油泵驱动轴齿轮上时，将机油泵主动齿轮安装到曲轴上并将机油泵驱动轴齿轮暂时安装到机油泵驱动轴上。

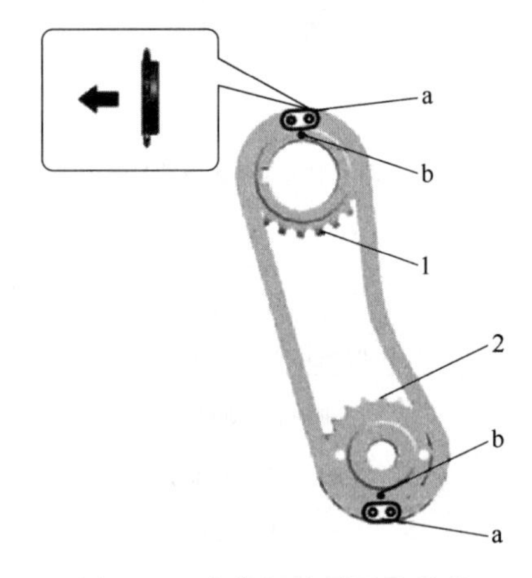

图2-15　安装机油泵驱动链条
1—机油泵主动齿轮；2—机油泵驱动轴齿轮；
a—黄色标记板；b—正时标记；
⬅—发动机前部

⑦ 暂时安装机油泵驱动轴齿轮螺母。

⑧ 将链条减振弹簧安装到链条张紧器盖板上，然后用螺栓安装链条张紧器盖板，如图2-16所示。转矩为10Nm。

⑨ 暂时用曲轴皮带轮固定螺栓将曲轴皮带轮安装到曲轴上。

⑩ 使用专用工具固定曲轴皮带轮并紧固机油泵驱动轴齿轮螺母，转矩为28Nm。

⑪ 如图2-17所示，拆下专用工具、曲轴皮带轮固定螺栓和曲轴皮带轮。

(2) 将1号气缸设定在TDC位置

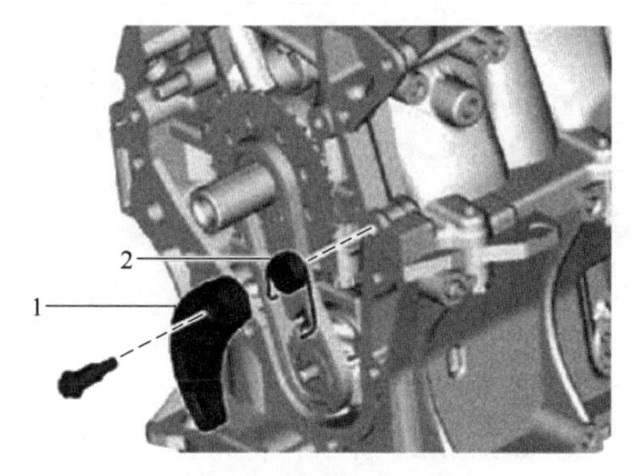

图 2-16　安装链条张紧器盖板

1—链条张紧器盖板；2—链条减振弹簧

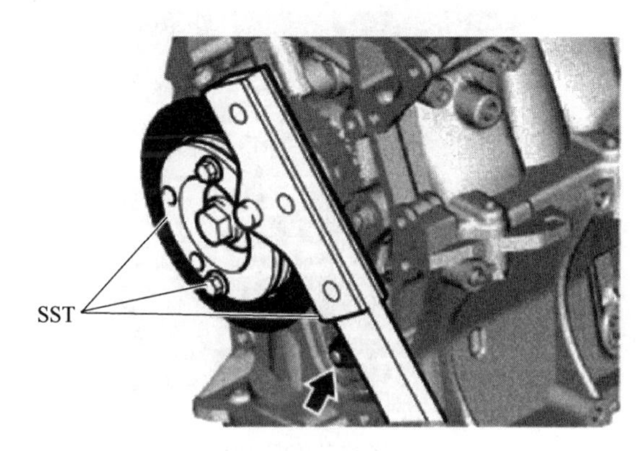

图 2-17　拆下专用工具

SST—专用工具

① 将曲轴皮带轮固定螺栓暂时安装至曲轴。

图 2-18　设置曲轴正时齿轮键朝上

1—曲轴正时齿轮键

② 顺时针转动曲轴直到曲轴正时齿轮键朝上（图 2-18)。

③ 检查并确认凸轮轴正时齿轮总成和凸轮轴正时链轮上的正时标记如图 2-19 所示对准。凸轮轴正时链轮上有 3 个标记，确保长方形正时标记位于顶部。

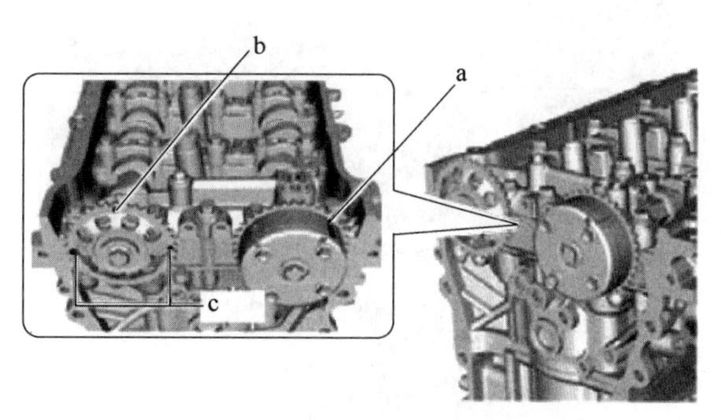

图 2-19　对准凸轮轴正时链轮标记

a—正时标记；b—长方形正时标记；c—圆形标记

④ 从曲轴上拆下曲轴皮带轮固定螺栓。

(3）安装正时链条

① 将曲轴皮带轮固定螺栓暂时安装到曲轴上。

② 如图 2-20 所示，用 2 个螺栓将 1 号链条振动阻尼器安装到气缸盖分总成和气缸体分总成上，转矩为 21Nm。

③ 使链条分总成的橙色标记板对准图 2-21 中长方形正时标记，在此情况下安装链条分总成。

图 2-20　安装 1 号链条振动阻尼器

④ 如图 2-22 所示，将链条分总成置于曲轴上，但不要使其环绕在曲轴上。

⑤ 用扳手固定凸轮轴的六角部分，并逆时针转动凸轮轴正时齿轮总成，使橙色标记板与正时标记对准，然后安装链条分总成。如果无法如图 2-23 所示定位凸轮轴正时齿轮总成，可使用扳手固定凸轮轴的六角部位，略微逆时针转动凸轮轴正时齿轮，然后安装链条。

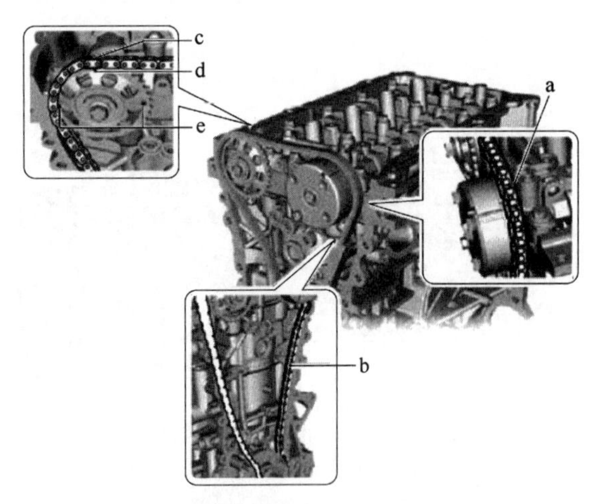

图 2-21　安装正时链条到凸轮轴链轮上

a—将链条分总成置于链轮上；b—将链条分总成穿过阻尼器；c—橙色标记板；d—长方形正时标记；e—圆形标记

图 2-22　将链条分总成置于曲轴上

⑥ 用扳手固定凸轮轴的六角部位并顺时针缓慢转动凸轮轴正时齿轮以对凸轮轴正时链轮与凸轮轴正时齿轮之间的链条施加张力。

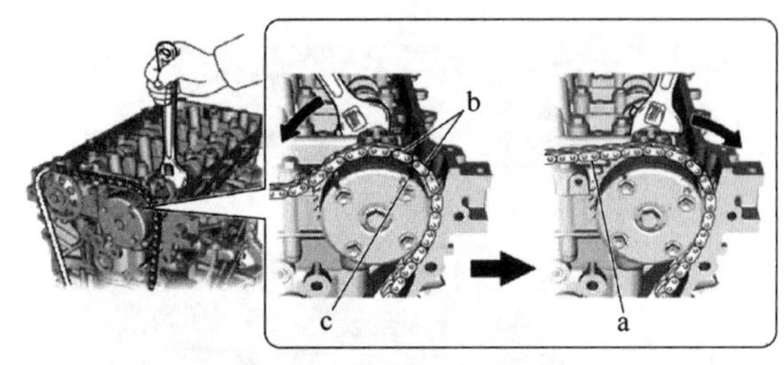

图 2-23　安装链条分总成

a—张紧链条分总成；b—橙色标记板；c—正时标记

⑦ 如图 2-24 所示，将粉色标记板和正时标记对准并将链条分总成安装到曲轴正时链轮上。

图 2-24　将链条安装到曲轴链轮

a—正时标记；b—粉色标记

⑧ 检查并确认各正时标记位于 TDC 位置，凸轮轴正时链轮上有 3 个标记，确保长方形的正时标记位于顶部，如图 2-25 所示。

⑨ 从曲轴上拆下曲轴皮带轮固定螺栓。

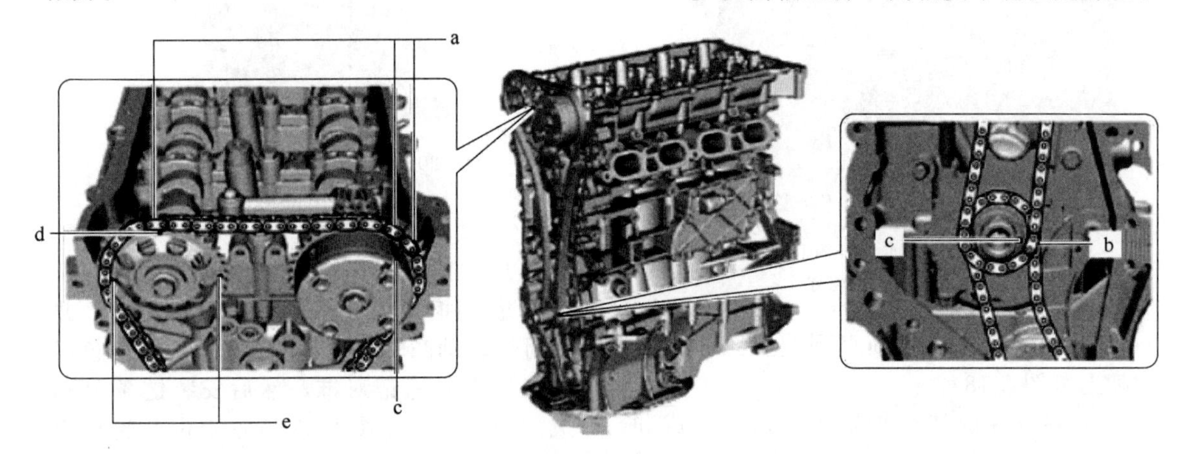

图 2-25　检查正时

a—橙色标记板；b—粉色标记板；c—正时标记；d—长方形正时标记；e—圆形标记

2.3.2　发动机维修数据

8ZR 发动机机械维修数据如表 2-4 所示。

表 2-4　8ZR 发动机机械维修数据

项目				数据
链条分总成	伸长率	最大		115.2mm
2 号链条分总成	伸长率	最大		102.1mm
机油泵主动齿轮	直径(带链条)	最小		48.2mm
机油泵驱动轴齿轮	直径(带链条)	最小		48.2mm
凸轮轴正时齿轮总成	直径(带链条)	最小		96.8mm
凸轮轴正时链轮	直径(带链条)	最小		96.8mm
曲轴正时链轮	直径(带链条)	最小		51.1mm
链条张紧器导板	深度	最大		1.0mm
1 号链条振动阻尼器	深度	最大		1.0mm
2 号链条振动阻尼器	深度	最大		1.0mm
链条张紧器盖板	深度	最大		1.0mm
气缸盖固定螺栓	长度	标准		146.8～148.2mm
		最大		149.2mm
	直径	标准		9.77～9.96mm
		最小		9.4mm
凸轮轴	径向跳动	最大		0.04mm
	凸轮凸角高度	标准		41.779～41.879mm
		最小		41.629mm
	轴颈直径	1 号轴颈	标准	34.449～34.465mm
		其他轴颈	标准	22.949～22.965mm
	轴向间隙	标准		0.06～0.155mm
		最大		0.17mm
	油膜间隙	1 号轴颈	标准	0.030～0.063mm
			最大	0.085mm
		其他轴颈	标准	0.035～0.072mm
			最大	0.09mm
2 号凸轮轴	径向跳动	最大		0.04mm
	凸轮凸角高度	标准		43.346～43.446mm
		最小		43.196mm
	轴颈直径	1 号轴颈	标准	34.449～34.465mm
		其他轴颈	标准	22.949～22.965mm
	轴向间隙	标准		0.06～0.155mm
		最大		0.17mm
	油膜间隙	1 号轴颈	标准	0.030～0.063mm
			最大	0.085mm
		其他轴颈	标准	0.035～0.072mm
			最大	0.09mm
排气歧管	翘曲度	最大		0.7mm
加强曲轴箱总成环销	凸出部分高度	标准		4.0mm
加强曲轴箱环销	凸出部分高度	标准		3.0mm
凸轮轴壳直销	凸出部分高度	标准		6.5～7.5mm
凸轮轴壳分总成环销	凸出部分高度	标准		3.0mm
气缸盖分总成	翘曲度	底侧	最大	0.05mm
		进气歧管侧	最大	0.10mm
		排气歧管侧	最大	0.10mm

续表

项目				数据
进气门	总长	标准		109.34mm
		最小		108.84mm
	气门杆直径	标准		5.470～5.485mm
	边缘厚度	标准		1.0mm
		最小		0.5mm
排气门	总长	标准		108.25mm
		最小		107.75mm
	气门杆直径	标准		5.465～5.480mm
	边缘厚度	标准		1.0mm
		最小		0.5mm
内压缩弹簧	自由长度	标准		51.88mm 或 51.98mm
	偏差	最大		1.3mm
气门导管衬套	衬套内径	标准		5.510～5.530mm
	油膜间隙	进气	标准	0.025～0.060mm
			最大	0.080mm
		排气	标准	0.030～0.065mm
			最大	0.085mm
	气缸盖分总成衬套孔径	进气	标准	10.285～10.306mm
			使用标准	10.333～10.344mm
			使用加大尺寸 0.05mm	10.383～10.394mm
		排气	标准	10.285～10.306mm
			使用标准	10.333～10.344mm
			使用加大尺寸 0.05mm	10.383～10.394mm
	凸出部分高度	进气	标准	9.9～10.3mm
		排气	标准	11.15～11.55mm
进气门座	宽度	标准		1.0～1.4mm
排气门座	宽度	标准		1.0～1.4mm
气缸盖分总成环销	凸出部分高度	标准		6.5～7.5mm
火花塞套管	凸出部分高度	标准		122mm
连杆轴向间隙		标准		0.160～0.342mm
		最大		0.342mm
连杆油膜间隙		标准		0.014～0.038mm
		最大		0.070mm
标准连杆大头孔径		标记 1		47.000～47.008mm
		标记 2		47.009～47.016mm
		标记 3		47.017～47.024mm
标准连杆轴承厚度		标记 1		1.489～1.493mm
		标记 2		1.494～1.497mm
		标记 3		1.498～1.501mm
曲柄销直径		标准		43.992～44.000mm
曲轴轴向间隙		标准		0.04～0.14mm
		最大		0.18mm
曲轴油膜间隙		标准		0.006～0.022mm
		最大		0.050mm
标准气缸体轴颈孔径		标记 0		52.000～52.002mm
		标记 1		52.003～52.004mm
		标记 2		52.005～52.006mm
		标记 3		52.007～52.009mm
		标记 4		52.010～52.011mm
		标记 5		52.012～52.013mm
		标记 6		52.014～52.016mm

续表

项目			数据
标准曲轴轴颈直径		标记0	47.999～48.000mm
		标记1	47.997～47.998mm
		标记2	47.995～47.996mm
		标记3	47.993～47.994mm
		标记4	47.991～47.992mm
		标记5	47.988～47.990mm
标准曲轴轴承中心壁厚		标记1	1.994～1.997mm
		标记2	1.998～2.000mm
		标记3	2.001～2.003mm
		标记4	2.004～2.006mm
气缸体分总成翘曲度		最大	0.05mm
气缸缸径(新零件)		参考	80.500～80.513mm
		最大	80.633mm
活塞直径(新零件)		参考	80.471～80.491mm
活塞油膜间隙(新零件)		参考	0.009～0.042mm
		最大	0.08mm
活塞环槽间隙	1号压缩环	标准	0.02～0.06mm
	2号压缩环	标准	0.02～0.06mm
	油环	标准	0.07～0.13mm
活塞环端隙	1号压缩环	标准	0.20～0.225mm
		最大	0.50mm
	2号压缩环	标准	0.30～0.50mm
		最大	0.70mm
	油环	标准	0.10～0.35mm
		最大	0.70mm
标准活塞销孔径		标记A	20.006～20.009mm
		标记B	20.010～20.012mm
		标记C	20.013～20.015mm
标准活塞销直径		标记A	20.004～20.007mm
		标记B	20.008～20.010mm
		标记C	20.011～20.013mm
标准连杆小头衬套孔径		标记A	20.012～20.015mm
		标记B	20.016～20.018mm
		标记C	20.019～20.021mm
活塞销油膜间隙	活塞侧	标准	−0.001～0.005mm
		最大	0.010mm
	连杆侧	标准	0.005～0.011mm
		最大	0.014mm
连杆偏差		最大	0.05mm/(100mm)
连杆扭曲度		最大	0.15mm/(100mm)
曲轴径向跳动		最大	0.03mm

续表

项目			数据
曲轴轴颈	锥度和圆度	最大	0.004mm
标准曲轴轴颈直径		标记 0	47.999～48.000mm
		标记 1	47.997～47.998mm
		标记 2	47.995～47.996mm
		标记 3	47.993～47.994mm
		标记 4	47.991～47.992mm
		标记 5	47.988～47.990mm
曲柄销	锥度和圆度	最大	0.004mm
气缸体分总成环销	凸出部分高度	标准	14.3～14.7mm
气缸体分总成直销	凸出部分高度	销(A)	18.5～19.5mm
		销(B)	5.0～7.0mm
		销(C)	11～13mm
		销(D)	8.0～10.0mm
		销(E)	5.0～6.0mm
点火正时	连接 DLC3 的端子 13(TC)和 4(CG)		怠速时为 8°～12° BTDC
	断开 DLC3 的端子 13(TC)和 4(CG)		怠速时为 0°～16° BTDC
怠速转速			950～1050r/min
压缩压力	标准压力		813kPa
	最低压力		617kPa
	各气缸间的差值		100kPa 或更小

发动机机械部件紧固力矩如表 2-5 所示。

表 2-5 发动机机械部件紧固力矩

紧固零件		力矩/(N·m)
发动机吊架×气缸盖分总成		43
散热器管×混合动力车辆传动桥总成		19
冷却器支架×发动机右侧悬置隔振垫分总成		9.8
发动机右侧悬置隔振垫分总成×车身		95
散热器储液罐总成×车身		5.0
加热器储液罐总成×冷却器支架		9.8
发动机左侧悬置隔振垫×车身		95
线束卡夹支架×发动机左侧悬置隔振垫		8.0
发动机左侧悬置隔振垫×发动机左悬置支架		56
发动机前悬置支架×发动机右侧悬置隔振垫分总成	螺栓和螺母(A)	95
	螺母(B)	52
前横梁分总成×车身		96
发动机前悬置隔振垫×前横梁分总成		95
发动机后悬置隔振垫×发动机后悬置支架		95
发动机前悬置隔振垫×发动机前悬置支架		85
带电动机的压缩机总成×发动机总成		24.5
逆变器支架总成×车身		18
加强曲轴箱双头螺栓×加强曲轴箱总成		5.0
加强曲轴箱总成×气缸体分总成		21
2 号油底壳分总成×加强曲轴箱总成		10
油底壳放油螺塞×2 号油底壳分总成		37
1 号锥螺纹塞×气缸体分总成		43
气缸盖固定螺栓×气缸体分总成	第一步	49
	第二步	转动 90°
	第三步	转动 45°
凸轮轴轴承盖×凸轮轴壳分总成		16

续表

紧固零件		力矩/(N·m)
凸轮轴壳分总成×气缸盖分总成		27
凸轮轴正时链轮×2 号凸轮轴		54
凸轮轴正时齿轮总成×凸轮轴		54
链条张紧器盖板×气缸体分总成		10
机油泵主动轴齿轮×机油泵总成		28
1 号链条振动阻尼器×气缸盖分总成和气缸体分总成		21
2 号链条振动阻尼器×凸轮轴壳分总成		10
带节温器的进水口分总成双头螺栓×正时链条盖分总成		5.0
发动机水泵总成×正时链条盖分总成		21
正时链条盖分总成×气缸盖分总成和气缸体分总成	螺栓(A、C、E)	25.5
	螺栓(B)	51
	螺栓(D)	10
	螺栓(F)	43
双头螺栓×发动机右悬置支架		10
支架和 1 号链条张紧器总成×正时链条盖分总成		12
机油滤清器座×机油滤清器支架		29.5
气缸盖罩分总成×凸轮轴壳分总成		10
线束卡夹支架×气缸盖罩分总成		10
发动机盖接头螺栓×气缸盖罩分总成		10
线束卡夹支架×气缸体分总成		39
1 号水旁通管×气缸盖分总成和气缸盖罩分总成		21
燃油蒸气供给管×气缸盖罩分总成		43
双头螺栓×气缸盖分总成		9.5
2 号直螺纹塞×气缸盖分总成		44
双头螺栓×气缸体分总成	A 型	5.0
1 号机油喷嘴分总成×气缸体分总成		10
曲轴轴承盖×气缸体分总成	第一步	40
	第二步	转动 90°
连杆盖×连杆	第一步	20
	第二步	转动 90°
1 号通风箱×气缸体分总成		10
节气门体总成×进气歧管		10
曲轴皮带轮×曲轴		190
飞轮分总成×曲轴	第一步	49
	第二步	转动 90°
变速器输入减振器总成×飞轮分总成		30

2.4　2.0T 8AR 发动机

2.4.1　发动机正时维修

(1) 正时链单元拆解

① 将 1 号气缸设定至 TDC/压缩：

a. 暂时安装曲轴皮带轮固定螺栓。

b. 顺时针转动曲轴，以使凸轮轴正时齿轮总成、排气凸轮轴正时齿轮总成上的正时标记及曲轴正时链轮的曲轴皮带轮定位键如图 2-26 所示。提示：如果正时标记未对准，则再次顺时针转动曲轴并对准正时标记。

图 2-26 设定气缸 1 到 TDC 位置

1—曲轴皮带轮定位键；a—约 7°；b—约 32°；c—正时标记

c. 拆下曲轴皮带轮固定螺栓。

② 拆卸 1 号链条张紧器总成：

a. 稍微伸出柱塞，然后逆时针转动挡片以松开锁。松开挡片后，将柱塞推入 1 号链条张紧器总成，见图 2-27。

b. 顺时针转动挡片以固定锁，然后将销插入挡片孔，见图 2-28。

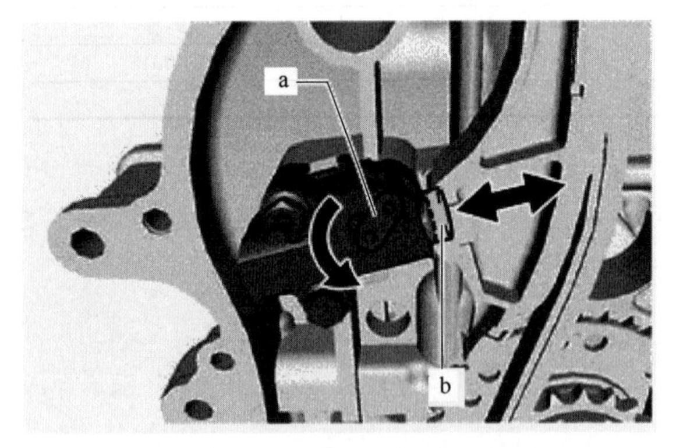

图 2-27 松开挡片，推入柱塞

a—挡片；b—柱塞

c. 拆下螺母、螺栓、1 号链条张紧器总成和衬垫，见图 2-29。

图 2-28 插入销到挡片孔

a—销

图 2-29 拆下 1 号链条张紧器

③ 拆下螺栓和正时链条导板，见图 2-30。

图 2-30　拆下链条导板

④ 拆下螺栓和链条张紧器导板，见图 2-31。

⑤ 拆下链条分总成。

⑥ 拆下 2 个螺栓和 1 号链条振动阻尼器，见图 2-32。

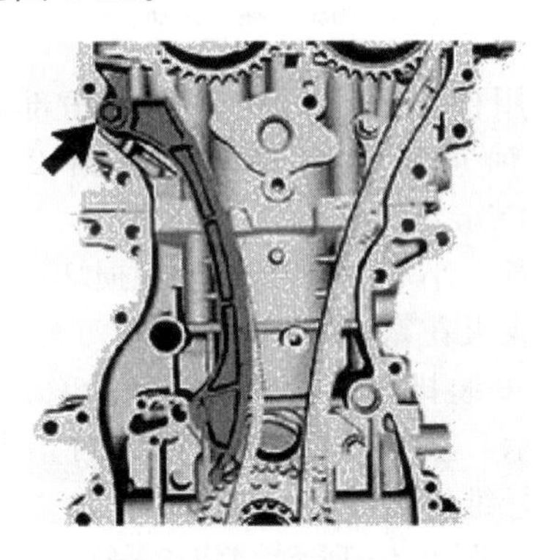

图 2-31　拆下张紧器导板

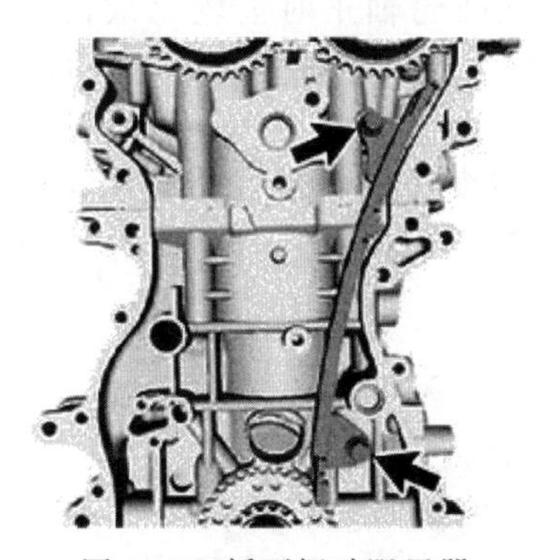

图 2-32　拆下振动阻尼器

⑦ 从曲轴上拆下曲轴正时链轮，见图 2-33。

⑧ 拆卸凸轮轴正时齿轮总成。

如图 2-34 所示，用扳手固定凸轮轴的六角部位，拆下凸轮轴正时齿轮螺栓和凸轮轴正时齿轮总成。小心，不要用扳手损坏凸轮轴壳分总成或火花塞套管。不要拆解凸轮轴正时齿轮总成。

图 2-33　拆下曲轴正时链轮

图 2-34　拆下凸轮轴正时齿轮
a—固定；b—转动

⑨ 拆卸排气凸轮轴正时齿轮总成。

如图 2-35 所示，用扳手固定 2 号凸轮轴的六角部位，拆下螺栓和排气凸轮轴正时齿轮总成。小心，不要用扳手损坏凸轮轴壳分总成或火花塞套管。不要拆解排气凸轮轴正时齿轮总成。

（2）正时链单元安装

图 2-35　拆下排气凸轮轴正时齿轮
a—固定；b—转动

① 安装凸轮轴正时齿轮总成。提示：更换凸轮轴正时齿轮总成后，执行维修后检查。

a. 将凸轮轴的锁销与凸轮轴正时齿轮总成的锁销孔对准，并将凸轮轴正时齿轮总成安装到凸轮轴上，见图 2-36。

图 2-36　安装凸轮轴正时齿轮

a—锁销孔；b—锁销

b. 检查并确认凸轮轴正时齿轮总成与图中指示的凸轮轴部位（A）之间无间隙，见图 2-37。

c. 如图 2-38 所示，在凸轮轴正时齿轮螺栓的部位涂抹发动机机油。

d. 暂时安装凸轮轴正时齿轮螺栓。提示：暂时安装凸轮轴正时齿轮螺栓时，确保旋入约 2 个螺纹。

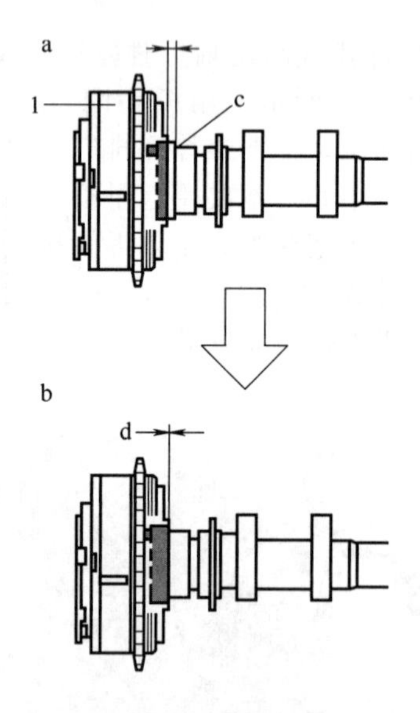

图 2-37　检查正时齿轮与法兰间间隙

1—凸轮轴正时齿轮总成；

a—错误；b—正确；c—凸轮轴部位（A）；d—无间隙

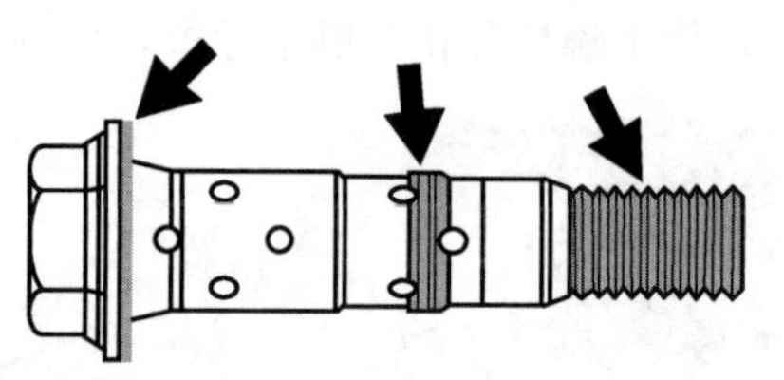

图 2-38　在螺栓上涂抹机油

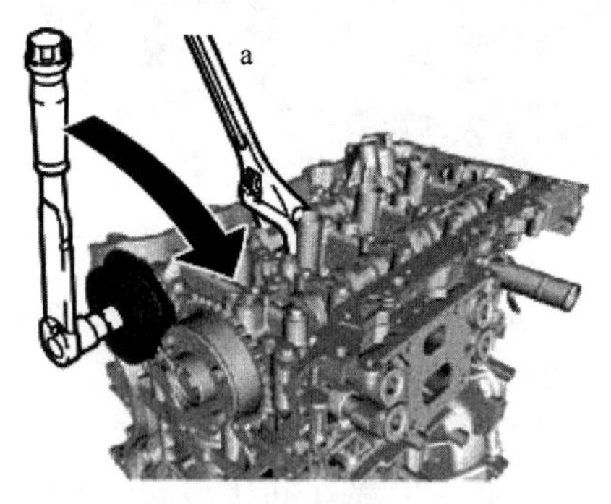

图 2-39　安装凸轮轴正时齿轮螺栓

a—固定；➡—转动

e. 用扳手固定凸轮轴的六角部位，紧固凸轮轴正时齿轮螺栓，见图 2-39。转矩：120Nm。

注意：小心，不要用扳手损坏凸轮轴壳分总成或火花塞套管。

② 安装排气凸轮轴正时齿轮总成。

提示：更换排气凸轮轴正时齿轮总成后，执行维修后检查。

a. 如图 2-40 所示，将 2 号凸轮轴的锁销与排气凸轮轴正时齿轮总成的锁销孔对准，并将排气凸轮轴正时齿轮总成安装到 2 号凸轮轴上。

b. 检查并确认排气凸轮轴正时齿轮总成与 2 号凸轮轴法兰之间无间隙，见图 2-41。

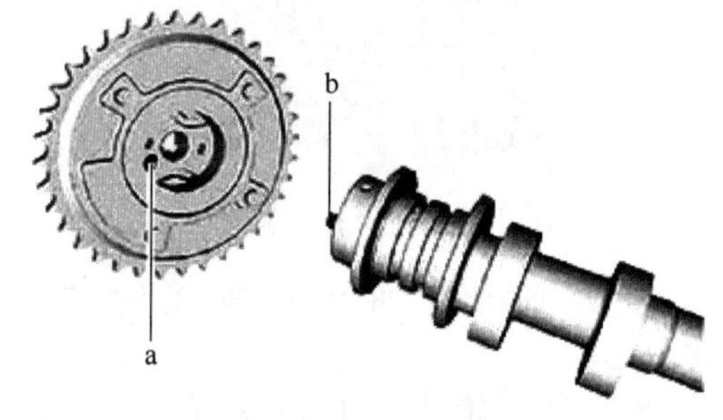

图 2-40　安装排气凸轮轴齿轮

a—锁销孔；b—锁销

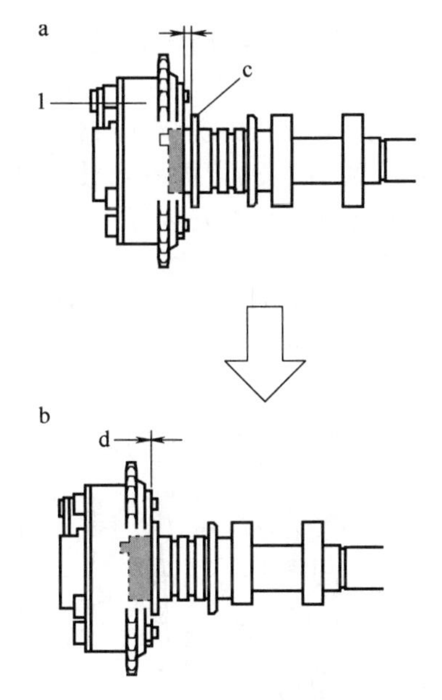

图 2-41 检查正时齿轮与法兰间间隙
1—排气凸轮轴正时齿轮总成；
a—错误；b—正确；c—2 号凸轮
轴法兰；d—无间隙

c. 用扳手固定 2 号凸轮轴的六角部分，安装螺栓，见图 2-42。转矩：85Nm。

注意：小心，不要用扳手损坏凸轮轴壳分总成或火花塞套管。

③ 将曲轴正时链轮安装到曲轴上。

④ 加注发动机机油。

向图 2-43 所示的油孔内加注 50mL 的发动机机油。注意：如果拆下气门间隙调节器总成，则确保加注机油。确保低压室和气门间隙调节器总成机油通道注满发动机机油。

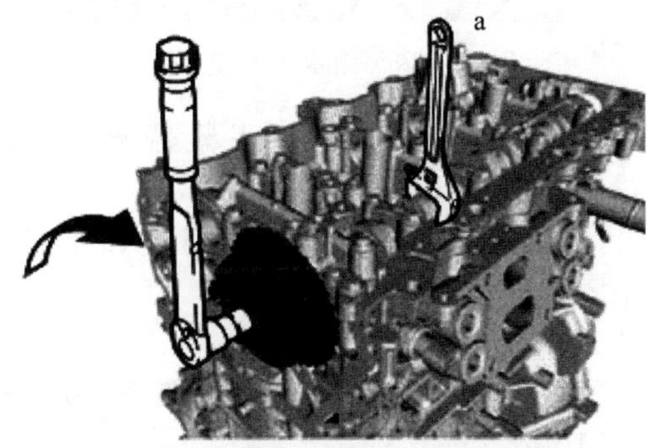

图 2-42 安装排气凸轮轴齿轮螺栓
a—固定；➡—转动

⑤ 安装 1 号链条振动阻尼器。

a. 用 2 个螺栓暂时安装 1 号链条振动阻尼器。

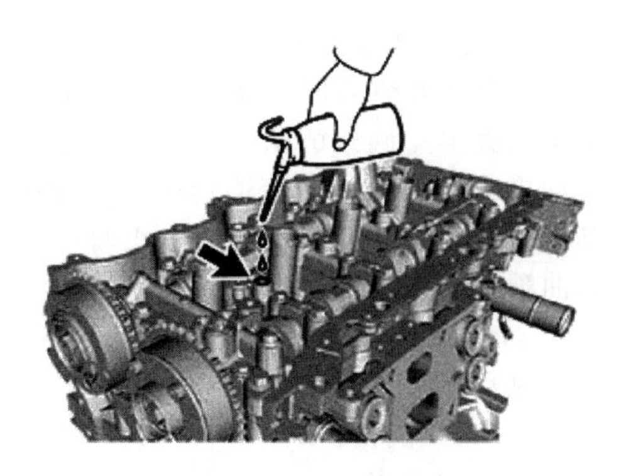

图 2-43 加注机油

b. 按图 2-44 所示顺序，紧固 2 个螺栓。转矩：21Nm。

⑥ 安装链条分总成。

a. 暂时安装曲轴皮带轮固定螺栓。

b. 逆时针转动曲轴 40°以将曲轴皮带轮定位键置于图 2-45 所示位置。

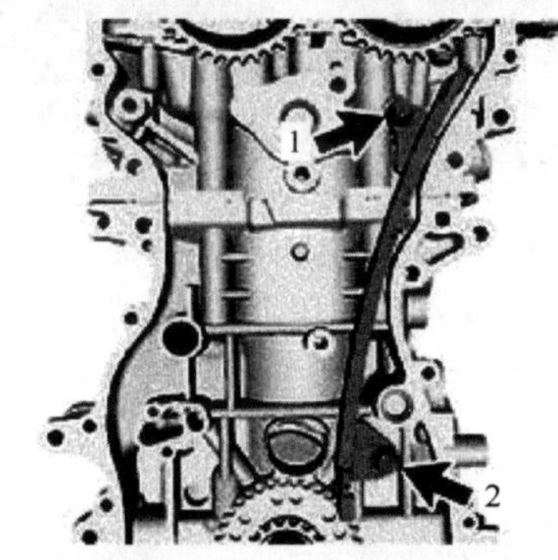

图 2-44 安装振动阻尼器

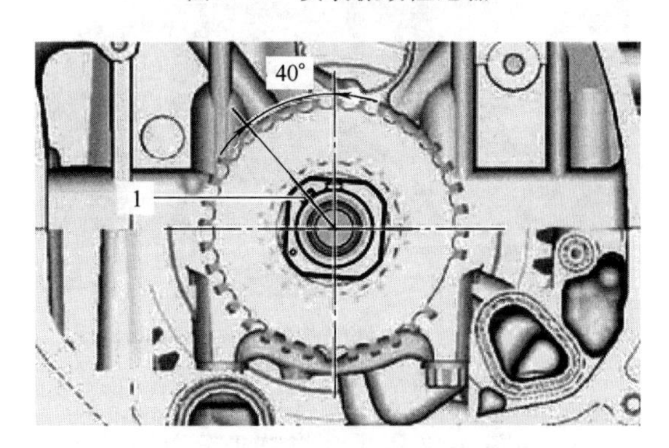

图 2-45 逆时针转动曲轴 40°
1—曲轴皮带轮定位键

c. 检查并确认凸轮轴正时齿轮总成和排气凸轮轴正时齿轮总成的正时标记位置如图 2-46 所示。

d. 将链条分总成置于凸轮轴正时齿轮总成、排气凸轮轴正时齿轮总成和曲轴正时链轮上。提示：确保链条分总成标记板未朝向发动机前部。无须将链条分总成接合到凸轮轴正时齿轮总成、排气凸轮轴正时齿轮总成和曲轴正时链轮的齿上。

e. 如图 2-47 所示，将链条分总成标记板（橙色）与排气凸轮轴正时齿轮总成的正时标记对准，并将链条分总成安装到排气凸轮轴正时齿轮总成上。

图 2-46 检查凸轮轴齿轮正时

a—正时标记；b—约 7°；c—约 32°

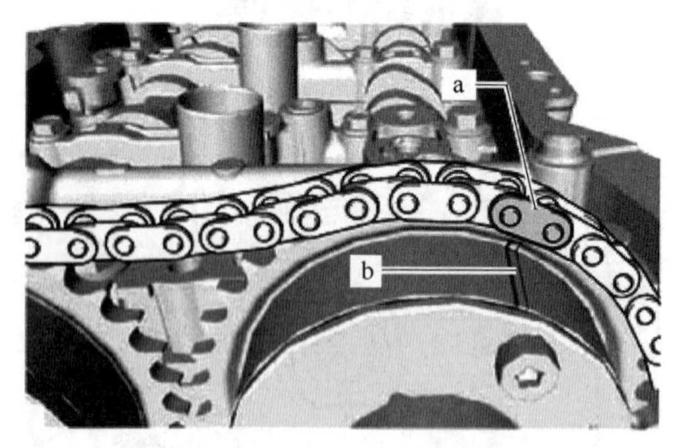

图 2-47 对准排气凸轮轴齿轮正时

a—标记板（橙色）；b—正时标记

f. 如图 2-48 所示，将链条分总成的标记板（黄色）与曲轴正时链轮的正时标记对准，并将链条分总成安装到曲轴正时链轮上。

g. 将细绳系到曲轴正时链轮上，以便固定链条分总成，见图 2-49。

h. 用扳手固定凸轮轴的六角部位，并逆时针转动凸轮轴，将凸轮轴正时齿轮总成的正时标记与链条分总成的标记板（橙色）对准，并将链条分总成安装到凸轮轴正时齿轮总成上，见图 2-50。提示：使用扳手将凸轮轴固定到位，直至安装好 1 号链条张紧器总成。

i. 拆下曲轴正时链轮上的细绳，顺时针旋转曲轴，并松开链条分总成以便安装链条张紧器导板，见图 2-51。

注意：确保链条分总成固定。

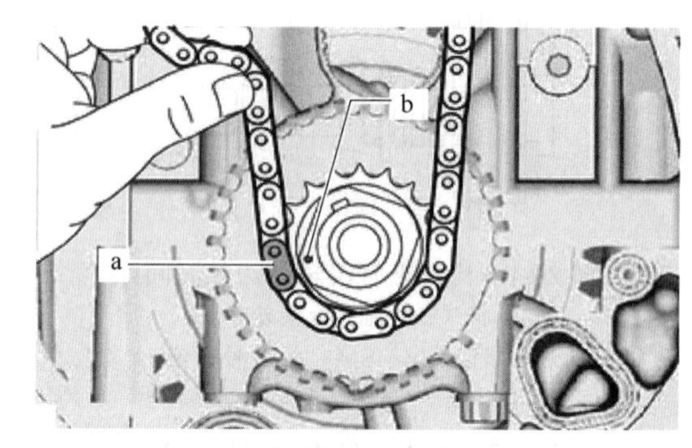

图 2-48 对准曲轴链轮正时

a—标记板（黄色）；b—正时标记

图 2-49 固定正时链条

⑦ 用螺栓安装链条张紧器导板。转矩：21Nm。

⑧ 用螺栓和螺母安装新衬垫和 1 号链条张紧器总成。转矩：10Nm。从挡片上拆下销。

⑨ 用螺栓安装正时链条导板。转矩：21Nm。

⑩ 将 1 号气缸设定至 TDC/压缩。

⑪ 用 4 个螺栓安装新衬垫和正时链条盖板。转矩：10Nm。

⑫ 安装正时链条盖总成。

图 2-50　对准凸轮轴齿轮正时

a—标记板（橙色）；b—正时标记

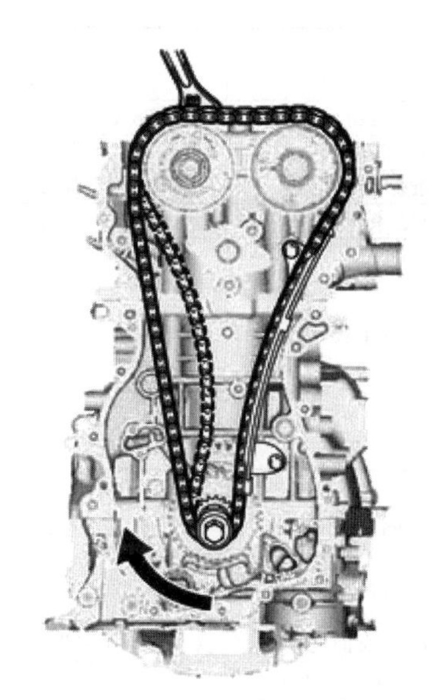

图 2-51　安装正时链

2.4.2　发动机维修数据

8AR 发动机机械维修数据如表 2-6 所示。

表 2-6　8AR 发动机机械维修数据

项目				数据
曲轴	齿隙	标准		0.05～0.20mm
		最大		0.20mm
凸轮轴	径向跳动	最大		0.03mm
	凸轮凸角高度	标准		44.155～44.255mm
		最小		44.045mm
	轴颈直径	1 号轴颈	标准	34.449～34.465mm
		其他轴颈	标准	22.959～22.975mm
	油膜间隙	1 号轴颈	标准	0.035～0.072mm
			最大	0.085mm
		其他轴颈	标准	0.025～0.062mm
			最大	0.085mm
	轴向间隙	标准		0.060～0.200mm
		最大		0.215mm
2 号凸轮轴	径向跳动	最大		0.03mm
	凸轮凸角高度（不带碳罐泵模块）	标准		43.499～43.599mm
		最小		43.389mm
	凸轮凸角高度（带碳罐泵模块）	标准		43.249～43.349mm
		最小		43.139mm
	轴颈直径	1 号轴颈	标准	34.449～34.465mm
		其他轴颈	标准	22.959～22.975mm
	油膜间隙	1 号轴颈	标准	0.005～0.054mm
			最大	0.085mm
		其他轴颈	标准	0.025～0.062mm
			最大	0.085mm
	轴向间隙	标准		0.060～0.155mm
		最大		0.170mm

续表

项目				数据
链条分总成	伸长率	最大		137.1mm
曲轴正时链轮	直径(带链条分总成)	最小		59.94mm
链条张紧器导板	深度	最大		1.0mm
1号链条振动阻尼器	深度	最大		1.0mm
正时链条导板	深度	最大		1.0mm
发动机平衡器总成	轴向间隙	1号平衡轴	标准	0.05～0.09mm
			最大	0.09mm
		2号平衡轴	标准	0.05～0.09mm
			最大	0.09mm
	齿隙	标准		0.004～0.17mm
		最大		0.17mm
气缸盖固定螺栓	直径	标准		10.85～11.00mm
		最小		10.6mm
		测量点(与底座的距离)		106mm
排气歧管转化器分总成(TWC:前催化剂)	翘曲度	最大		0.7mm
环销(加强曲轴箱分总成)	凸出部分高度	标准		4.3～5.3mm
环销(凸轮轴壳分总成)	凸出部分高度	标准		2.7～3.3mm
气缸盖分总成	翘曲度	底侧	最大	0.05mm
		进气歧管侧	最大	0.10mm
		排气歧管侧	最大	0.10mm
压缩弹簧	自由长度	进气侧	标准	52.67mm
		排气侧(A型)	标准	61.22mm
		排气侧(B型)	标准	59.13mm
	偏差	最大		1.22mm
	角度	最大		2°
进气门	气门杆直径	标准		5.470～5.485mm
	边缘厚度	标准		1.0mm
		最小		0.50mm
	总长	标准		103.92mm
		最小		103.42mm
排气门	气门杆直径	标准		5.465～5.480mm
	边缘厚度	标准		1.0mm
		最小		0.50mm
	总长	标准		112.91mm
		最小		112.41mm
气门导管衬套	衬套内径	标准		5.510～5.530mm
	油膜间隙	进气	标准	0.025～0.060mm
			最大	0.08mm
		排气	标准	0.030～0.065mm
			最大	0.10mm
进气门导管衬套	气缸盖分总成衬套孔径	标准		10.285～10.306mm
	孔径	标准		10.333～10.344mm
		加大尺寸0.05mm		10.383～10.394mm
	衬套长度	标准		41.3～41.7mm
	凸出部分高度	标准		14.85～15.10mm
排气门导管衬套	气缸盖分总成衬套孔径	标准		10.285～10.306mm
	衬套孔径	标准		10.333～10.344mm
		加大尺寸0.05mm		10.383～10.394mm
	衬套长度	标准		46.8～47.2mm
	凸出部分高度	标准		19.25～19.50mm

续表

项目			数据
环销	凸出部分高度	标准	6.5～7.5mm
火花塞套管	凸出部分高度	标准	112mm
进气门座	宽度	标准	1.0～1.4mm
排气门座	宽度	标准	1.2～1.6mm
连杆轴向间隙		标准	0.160～0.512mm
		最大	0.512mm
连杆油膜间隙		标准	0.035～0.068mm
		最大	0.07mm
曲柄销直径		标准	51.492～51.500mm
标准连杆大头内径		标记 1	54.500～54.508mm
		标记 2	54.509～54.516mm
		标记 3	54.517～54.524mm
标准连杆轴承中心壁厚		标记 1	1.486～1.490mm
		标记 2	1.491～1.494mm
		标记 3	1.495～1.498mm
曲轴轴向间隙		标准	0.04～0.24mm
		最大	0.30mm
气缸体分总成翘曲度		最大	0.05mm
气缸缸径		参考	86.000～86.013mm
		最大	86.13mm
活塞直径		参考	85.960～85.972mm
活塞油膜间隙		参考	0.030～0.053mm
		最大	0.10mm
活塞环槽间隙	1 号压缩环	标准	0.020～0.060mm
	2 号压缩环	标准	0.020～0.060mm
	油环	标准	0.070～0.150mm
活塞环端隙	1 号压缩环	标准	0.18～0.25mm
		最大	0.85mm
	2 号压缩环	标准	0.65～0.75mm
		最大	1.35mm
	侧轨环	标准	0.10～0.35mm
		最大	0.95mm
活塞销孔内径	标准	标记 A	24.001～24.004mm
		标记 B	24.005～24.007mm
		标记 C	24.008～24.010mm
活塞销直径	标准	标记 A	23.997～24.000mm
		标记 B	24.001～24.003mm
		标记 C	24.004～24.006mm
连杆小头衬套内径	标准	标记 A	24.005～24.008mm
		标记 B	24.009～24.011mm
		标记 C	24.012～24.014mm
活塞销油膜间隙	活塞侧	标准	0.001～0.007mm
		最大	0.013mm
	连杆侧	标准	0.005～0.011mm
		最大	0.017mm
连杆分总成	偏差(每 100mm)	最大	0.05mm
	扭曲(每 100mm)	最大	0.15mm
曲轴径向跳动		最大	0.03mm
曲轴轴颈	锥度和圆度	最大	0.003mm
曲柄销	锥度和圆度	最大	0.003mm

续表

项目			数据
曲轴油膜间隙		标准	0.017～0.040mm
		最大	0.05mm
气缸体轴颈内径	标准	标记 0	59.000～59.002mm
		标记 1	59.003～59.004mm
		标记 2	59.005～59.006mm
		标记 3	59.007～59.009mm
		标记 4	59.010～59.011mm
		标记 5	59.012～59.013mm
		标记 6	59.014～59.016mm
曲轴主轴颈直径	标准	标记 0	54.999～55.000mm
		标记 1	54.997～54.998mm
		标记 2	54.995～54.996mm
		标记 3	54.993～54.994mm
		标记 4	54.991～54.992mm
		标记 5	54.988～54.990mm
曲轴轴承中心壁厚	标准	标记 1	1.991～1.994mm
		标记 2	1.995～1.997mm
		标记 3	1.998～2.000mm
		标记 4	2.001～2.003mm
曲轴轴承盖螺栓	直径	标准	10.8～11.0mm
		最小	10.7mm
		测量点(与底座的距离)	52mm
连杆螺栓	直径	标准	8.86～9.00mm
环销	标准凸出部分高度	环销(A 级,C 级)	5.0～7.0mm
		环销(B 级)	3.0～5.0mm
直销	标准凸出部分高度	直销(A 级)	11.0～13.0mm
		直销(B 级)	5.0～7.0mm
		直销(C 级)	4.0～6.0mm
点火正时	DLC3 的端子 TC 和 CG 连接		怠速运转时为 8°～20° BTDC(传动桥置于空挡或驻车挡)
	DLC3 的端子 TC 和 CG 断开		怠速运转时为 8°～12° BTDC(传动桥置于空挡或驻车挡)
发动机怠速转速			750～850r/min
压缩压力	标准压力		1200kPa
	最小压力		900kPa
	各气缸之间的压力差		100kPa 或更小

发动机机械部件紧固力矩如表 2-7 所示。

表 2-7　发动机机械部件紧固力矩

紧固零件			紧固力矩/(N・m)
凸轮轴	排气凸轮轴正时齿轮总成×2 号凸轮轴		85
	1～4 号×凸轮轴壳分总成和气缸盖分总成		27
	1～4 号×凸轮轴壳分总成		16
	凸轮轴正时齿轮螺栓×凸轮轴	A 型	120
		B 型	95
	1 号链条张紧器总成×气缸体分总成		10
	正时链条盖板×正时链条盖分总成		10
	EGR 阀支架×凸轮轴壳分总成		21
	燃油软管支架×EGR 阀支架		10
	发动机线束×发动机总成	螺母(A 级)	9.8
		螺母(B 级)	5.0
		螺栓	8.0

续表

紧固零件			紧固力矩/(N·m)
气缸盖衬垫	气缸盖分总成×气缸体分总成	第一步	85
		第二步	转动 90°
		第三步	转动 90°
曲轴前油封	曲轴皮带轮×曲轴		260
曲轴后油封	传动板和齿圈分总成×曲轴		98
发动机总成	发动机 1 号吊耳×气缸盖分总成		43
	发动机 2 号吊耳×气缸盖分总成		43
	发动机右悬置支架×气缸体分总成和加强曲轴箱总成		54
	半轴轴承支架×气缸体分总成		63.7
	发动机左侧悬置隔振垫×自动传动桥总成		95
	发动机前悬置隔振垫×发动机前悬置支架		87
	发动机右侧悬置隔振垫×发动机右悬置支架		95
	发动机前悬置隔振垫×前车架总成		52
	发动机后悬置隔振垫总成×半轴支架		78
	发动机右侧悬置隔振垫×前车架总成		87
	发动机左侧悬置隔振垫×前车架总成		87
	发动机后悬置隔振垫总成×前车架总成		52
	车架右纵梁板和车架左纵梁板×车身	螺栓(A 级)	85
		螺栓(B 级)和螺母	32
	右前悬架横梁后支架和左前悬架横梁后支架×车身	螺栓(A 级)	85
		螺栓(B 级)和螺母	32
	发动机运动控制杆和发动机运动控制杆支架×车身和发动机右悬置支架		38
	发动机右侧 2 号悬置托架×发动机运动控制杆支架和凸轮轴壳分总成		38
	接地线×发动机运动控制杆支架和车身		8.0
	1 号空气滤清器支架×蓄电池托架		8.0
	中间冷却器水管×发动机右侧 2 号悬置托架		19.5
	发动机线束×发动机室继电器盒总成		8.5
	发动机线束×车身	A 型	8.5
		B 型	10
	蓄电池卡夹×车身	螺栓	5.4
		螺母	5.4
	电缆×蓄电池正极(+)端子		6.5
	空气滤清器进气口总成×车身		8.0
发动机单元	加强曲轴箱双头螺栓×加强曲轴箱总成	双头螺栓(A 级)	9.5
		双头螺栓(B 级)	4.0
	双头螺栓×凸轮轴壳分总成		9.0
	发动机平衡器总成×加强曲轴箱总成	螺栓(A 级)	43
		螺栓(B 级)	24
	加强曲轴箱总成×气缸体分总成	螺栓(A 级)	24
		除螺栓(A 级)外	43
	1 号油底壳挡板×加强曲轴箱总成和发动机平衡器总成		10
	滤油网分总成×加强曲轴箱总成和发动机平衡器总成		10
	油底壳分总成×加强曲轴箱总成		10
	油底壳放油螺塞×油底壳分总成		40
	1～4 号凸轮轴轴承盖×凸轮轴壳分总成		16
	1～4 号凸轮轴轴承盖×凸轮轴壳分总成和气缸盖分总成		27
	3 号水旁通管×气缸体分总成		10
	机油管分总成×4 号凸轮轴轴承盖		10
	排气凸轮轴正时齿轮总成×2 号凸轮轴		85
	凸轮轴正时齿轮螺栓×凸轮轴	A 型	120
		B 型	95
	1 号链条振动阻尼器×气缸盖分总成和气缸体分总成		21
	链条张紧器导板×气缸盖分总成		21
	1 号链条张紧器总成×气缸体分总成		10
	正时链条导板×1 号凸轮轴轴承盖		21

续表

紧固零件			紧固力矩/(N·m)
发动机单元	正时链条盖板×凸轮轴壳分总成		10
	曲轴皮带轮×曲轴		260
	1号PCV壳×气缸体分总成		21
	发动机盖接头×气缸盖罩分总成和凸轮轴壳分总成		10
	4号水旁通管×机油冷却器总成和气缸体分总成	螺母	10
		螺栓	21
	线束卡夹支架×气缸盖罩分总成	螺母	8.0
		螺栓(A级)	8.0
		螺栓(B级)	12.5
	带中间冷却器总成的进气歧管和带电动机的节气门体总成×气缸盖分总成和气缸体分总成		21
	压缩机1号安装支架×气缸体分总成和加强曲轴箱总成	双头螺栓	9.0
		螺母和螺栓	21
气缸盖	气缸盖双头螺栓×气缸盖分总成	双头螺栓(A级)	9.0
		双头螺栓(B级、C级)	22
	1号直螺纹塞×气缸盖分总成		135
气缸体	双头螺栓×气缸体分总成	双头螺栓(A级)	4.0
		双头螺栓(B级)	9.0
	1号机油喷嘴分总成×气缸体分总成		10
	曲轴轴承盖×气缸体分总成	第一步	20
		第二步	61
		第三步	转动90°
	连杆盖×连杆	第一步	40
		第二步	转动90°

2.5 2.0T M20A发动机

2.5.1 发动机正时维修

与M20C发动机相同，请参考2.6.1小节内容。

2.5.2 发动机维修数据

与M20C发动机相同，请参考2.6.2小节内容。

2.6 2.0T M20C发动机

2.6.1 发动机正时维修

正时链单元拆卸与安装方法与A25A发动机相同，注意1缸TDC位置设置角度有所区别，如图2-52所示。

2.6.2 发动机维修数据

M20C发动机机械维修数据如表2-8所示。

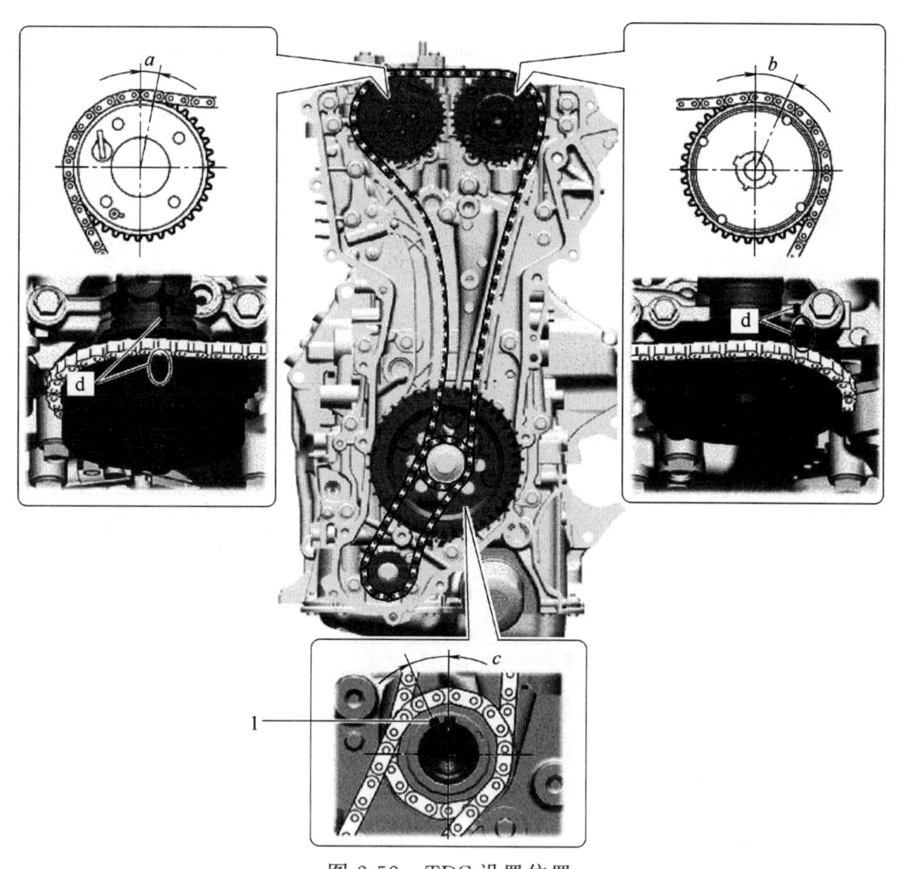

图 2-52　TDC 设置位置

1—曲轴正时齿轮键；a—约 4.63°；b—约 33.07°；c—约 27.3°；d—正时标记

表 2-8　M20C 发动机机械维修数据

项目				数据
进气凸轮轴分总成	油隙	1 号轴颈	标准	0.035～0.072mm
			最大	0.085mm
		其他轴颈	标准	0.025～0.062mm
			最大	0.085mm
	径向跳动		最大	0.03mm
	凸轮顶部高度		标准	42.615～42.715mm
			最小	42.157mm
	轴颈直径	1 号	标准	33.984～34.000mm
		其他	标准	23.959～23.975mm
排气凸轮轴分总成	油隙	1 号轴颈	标准	0.027～0.064mm
			最大	0.085mm
		其他轴颈	标准	0.025～0.062mm
			最大	0.085mm
	径向跳动		最大	0.03mm
	凸轮顶部高度	排气凸轮轴分总成	标准	42.140～42.240mm
			最小	37.804mm
		排气凸轮轴分总成(燃油泵)	标准	42.946～43.046mm
			最小	39.348mm
	轴颈直径	1 号	标准	40.984～41.000mm
		其他	标准	23.959～23.975mm
链条分总成	链条伸长率		最大	116.30mm

续表

项目				数据
机油泵驱动链条分总成	链条伸长率		最大	116.30mm
机油泵驱动链轮（带机油泵驱动链条分总成）	直径		最小	51.35mm
机油泵驱动轴链轮（带机油泵驱动链条分总成）	直径		最小	51.35mm
凸轮轴正时齿轮总成（带链条分总成）	直径		最小	100.01mm
排气凸轮轴正时齿轮总成	直径		最小	100.01mm
曲轴正时链轮（带链条分总成）	直径		最小	51.35mm
链条张紧器滑块	深度		最大	1.0mm
1号链条减振器	深度		最大	1.0mm
发动机平衡器总成	轴向间隙	1号平衡轴	标准	0.05～0.09mm
			最大	0.09mm
		2号平衡轴	标准	0.05～0.09mm
			最大	0.09mm
	齿隙		标准	0.045～0.155mm
			最大	0.155mm
气缸盖定位螺栓	140mm气缸盖固定螺栓	直径	标准	10.7～10.9mm
			最小	10.6mm
	130mm气缸盖固定螺栓	直径	标准	9.7～9.9mm
			最小	9.6mm
排气歧管（TWC：前催化器）	翘曲度		最大	0.7mm
直销(A)	凸出高度		标准	3.0～5.0mm
直销(B)	凸出高度		标准	5.0～7.0mm
环销（加强曲轴箱总成侧）	A	凸出高度	标准	3.5～4.5mm
	B		标准	4.3～5.3mm
凸轮轴轴承盖定位环销	凸出高度		标准	3.2～4.3mm
气缸盖	翘曲度	底部侧	最大	0.05mm
		进气歧管侧	最大	0.10mm
		排气歧管侧	最大	0.10mm
压缩弹簧（进气侧）	自由长度		标准	53.71mm
	偏差（参考值）		最大	1.0mm
压缩弹簧（排气侧）	自由长度		标准	55.11mm
	偏差（参考值）		最大	1.0mm
进气气门	气门杆直径		标准	5.470～5.485mm
	边缘厚度		标准	1.0mm
			最小	0.5mm
	全长		标准	102.45mm
			最小	101.95mm

续表

项目				数据
排气气门	气门杆直径		标准	5.465～5.480mm
	边缘厚度		标准	1.0mm
			最小	0.5mm
	全长		标准	106.4mm
			最小	105.9mm
气门导管衬套	内径		标准	5.51～5.53mm
	油隙	进气	标准	0.025～0.060mm
			最大	0.080mm
		排气	标准	0.030～0.065mm
			最大	0.10mm
	气缸盖分总成的衬套孔直径	进气	标准	10.285～10.306mm
			使用 STD	10.333～10.344mm
			使用 O/S0.05	10.383～10.394mm
			标准衬套长度	41.3～41.7mm
		排气	标准	10.285～10.306mm
			使用 STD	10.333～10.344mm
			使用 O/S0.05	10.383～10.394mm
			标准衬套长度	43.3～43.7mm
	凸出高度	进气	标准	13.35～13.60mm
		排气	标准	13.75～14.00mm
进气凸轮轴分总成	轴向间隙		标准	0.04～0.17mm
			最大	0.22mm
排气凸轮轴分总成	轴向间隙		标准	0.04～0.17mm
			最大	0.22mm
环销	凸出高度		标准	6.5～7.5mm
火花塞套管	凸出高度		标准	77.3～78.3mm
进气门座	宽度		标准	1.0～1.4mm
排气门座	宽度		标准	1.2～1.6mm
连杆	轴向间隙		标准	0.160～0.512mm
			最大	0.512mm
	油隙		标准	0.032～0.065mm
			最大	0.065mm
曲轴销	直径		标准	47.992～48.000mm
连杆大头内径	标记 1		标准	51.000～51.008mm
	标记 2		标准	51.008～51.016mm
	标记 3		标准	51.016～51.024mm
连杆轴承中间壁厚度	标记 1		标准	1.483～1.487mm
	标记 2		标准	1.487～1.491mm
	标记 3		标准	1.491～1.495mm
曲轴	轴向间隙		标准	0.02～0.22mm
			最大	0.22m
曲轴止推垫圈	厚度		标准	2.415～2.470mm
气缸体	翘曲度		最大	0.05mm
缸孔	直径		参考值(新部件)	80.500～80.513mm
			最大	80.633mm
活塞	直径		参考值(新部件)	80.472～80.502mm
	油隙		参考值(新部件)	－0.002～0.041mm
			最大	0.081mm

续表

项目				数据
活塞环	环槽间隙	1号压缩弹簧	标准	0.020～0.060mm
		2号压缩弹簧	标准	0.020～0.060mm
		油环	标准	0.070～0.110mm
	端隙	1号压缩弹簧	标准	0.200～0.225mm
			最大	0.475mm
		2号压缩弹簧	标准	0.575～0.625mm
			最大	0.875mm
		油环	标准	0.100～0.350mm
			最大	0.6mm
活塞销孔内径	标记A		标准	19.006～19.009mm
	标记B		标准	19.009～19.012mm
	标记C		标准	19.012～19.015mm
活塞销	直径	标记A	标准	19.004～19.007mm
		标记B	标准	19.007～19.010mm
		标记C	标准	19.010～19.013mm
连杆小头衬套内径	标记A		标准	19.012～19.015mm
	标记B		标准	19.015～19.018mm
	标记C		标准	19.018～19.021mm
活塞销油隙	活塞侧		标准	−0.001～0.005mm
			最大	0.015mm
	连杆侧		标准	0.005～0.011mm
			最大	0.021mm
连杆校直	偏移(每100mm)		最大	0.05mm
	扭曲(每100mm)		最大	0.15mm
曲轴	径向跳动		最大	0.03mm
	主轴颈直径		标准	51.988～52.000mm
	锥度和圆度(主轴径侧)		最大	0.003mm
	曲柄销直径		标准	47.992～48.000mm
	锥度和圆度(曲柄销侧)		最大	0.003mm
	油隙(3号轴颈)		标准	0.024～0.040mm
			最大	0.040mm
	油隙(除3号轴颈外)		标准	0.012～0.028mm
			最大	0.028mm
气缸体轴颈内径	标记0		标准	56.000～56.003mm
	标记1		标准	56.003～56.005mm
	标记2		标准	56.005～56.007mm
	标记3		标准	56.007～56.010mm
	标记4		标准	56.010～56.012mm
	标记5		标准	56.012～56.014mm
	标记6		标准	56.014～56.016mm
曲轴主轴径	直径	标记0	标准	51.998～52.000mm
		标记1	标准	51.996～51.998mm
		标记2	标准	51.994～51.996mm
		标记3	标准	51.992～51.994mm
		标记4	标准	51.990～51.992mm
		标记5	标准	51.988～51.990mm

续表

项目				数据
曲轴轴承中间壁	厚度	标记 1	标准	1.985～1.988mm
		标记 2	标准	1.988～1.991mm
		标记 3	标准	1.991～1.994mm
		标记 4	标准	1.994～1.997mm
		标记 5	标准	1.997～2.000mm
		标记 6	标准	2.000～2.003mm
曲轴轴承盖定位螺栓	直径		标准	10.73～10.97mm
连杆螺栓	直径		标准	8.36～8.5mm
环销	凸出高度		标准	5.0～7.0mm
直销(A)	凸出高度		标准	11.0～13.0mm
直销(B)	凸出高度		标准	5.0～7.0mm
曲轴轴承	A 级和 B 级之间的距离		标准	0～0.7mm
连杆轴承	A 级和 B 级之间的距离		标准	0～0.7mm
点火正时	主动测试禁用点火提前功能			怠速时为 8°～12° BTDC(传动桥位于空挡或驻车挡)
	主动测试未禁用点火提前功能			怠速时为 0°～15° BTDC(传动桥位于空挡或驻车挡)
怠速转速				750～850r/min
压缩	标准压力			1400kPa
	最低压力			1200kPa
	各气缸之间的压力差			200kPa 或更低
正时链条盖油封	深度		标准	0～2mm
发动机后油封	深度		标准	−0.9～1.1mm

M20C 发动机机械部件紧固力矩如表 2-9 所示。

表 2-9　M20C 发动机机械部件紧固力矩

紧固件			紧固力矩/(N·m)
发动机总成	1 号发动机吊架和 2 号发动机吊架×气缸盖分总成		43
	发动机安装隔离件 LH×车身		72
	发动机安装隔垫×车身		72
	发动机安装隔离件分总成 RH×车身和发动机安装隔垫		76
	1 号接合电缆×发动机安装隔离件分总成 RH		9.5
	支架×发动机安装隔离件分总成 RH		8.0
	散热器水箱总成×车身		5.0
	发动机前安装隔离件×前车架总成		72
	前车架总成×发动机后安装隔离件		72
	发动机前安装隔离件×发动机前安装支架		72
	水旁通软管总成×水流关闭阀(水阀)		10
	燃油输油管防护装置×发动机安装支架 RH		40
	前保险杠延伸段分总成 RH 和前保险杠延伸段分总成 LH×前车架总成和车身	螺栓(A 级)	9.0
		螺栓(B 级)	12.5
		螺栓(C 级)	135
	前悬架横梁支架分总成 RH 和前悬架横梁支架分总成 LH×前车架总成和车身	螺栓(D 级)	17.5
		螺栓(E 级)	135
		螺母	17.5
	发动机安装隔离件 LH×发动机安装支架 LH		42
	发动机安装隔离件分总成 RH×发动机安装支架 RH	螺栓	72
		螺母	42

续表

<table>
<tr><th colspan="3">紧固件</th><th>紧固力矩/(N·m)</th></tr>
<tr><td rowspan="12">发动机总成</td><td colspan="2">车身安装板×前悬架横梁支架分总成 RH 和前悬架横梁支架分总成 LH</td><td>17.5</td></tr>
<tr><td colspan="2">线束×车身</td><td>8.0</td></tr>
<tr><td colspan="2">接地线×自动传动桥总成</td><td>20</td></tr>
<tr><td colspan="2">线束×蓄电池正极(+)端子</td><td>7.6</td></tr>
<tr><td colspan="2">线束×发动机室继电器盒和接线盒总成</td><td>8.0</td></tr>
<tr><td colspan="2">蓄电池夹箍分总成×发动机后 2 号安装隔离件</td><td>18.5</td></tr>
<tr><td colspan="2">空气滤清器进气口总成×车身</td><td>8.0</td></tr>
<tr><td colspan="2">前保险杠下减振器×车身</td><td>7.5</td></tr>
<tr><td colspan="2">前翼子板挡泥板密封件 LH×车身</td><td>7.5</td></tr>
<tr><td colspan="2">前翼子板挡泥板密封件 RH×车身</td><td>7.5</td></tr>
<tr><td colspan="2">1 号发动机下盖×车身</td><td>7.5</td></tr>
<tr><td colspan="2">2 号发动机下盖总成×前车架总成</td><td>7.5</td></tr>
<tr><td rowspan="40">发动机单元</td><td colspan="2">双头螺栓×加强曲轴箱总成</td><td>4.0</td></tr>
<tr><td colspan="2">双头螺栓×正时链条盖总成</td><td>4.0</td></tr>
<tr><td colspan="2">线束夹箍支架×加强曲轴箱总成</td><td>10</td></tr>
<tr><td colspan="2">直螺旋塞×加强曲轴箱总成</td><td>44</td></tr>
<tr><td colspan="2">发动机平衡器总成×加强曲轴箱总成</td><td>24</td></tr>
<tr><td colspan="2">加强曲轴箱总成×气缸体分总成</td><td>43</td></tr>
<tr><td colspan="2">滤油网分总成×发动机平衡器总成</td><td>10</td></tr>
<tr><td colspan="2">2 号油底壳分总成×加强曲轴箱总成</td><td>10</td></tr>
<tr><td colspan="2">油底壳排放塞×2 号油底壳分总成</td><td>40</td></tr>
<tr><td colspan="2">机油滤清器接头×加强曲轴箱总成</td><td>29.5</td></tr>
<tr><td rowspan="3">气缸盖分总成×气缸体分总成</td><td>第一步</td><td>50</td></tr>
<tr><td>第二步</td><td>转动 90°</td></tr>
<tr><td>第三步</td><td>转动 90°</td></tr>
<tr><td colspan="2">水密封板×气缸盖分总成</td><td>10</td></tr>
<tr><td colspan="2">1～4 号凸轮轴轴承盖×凸轮轴壳分总成</td><td>16</td></tr>
<tr><td colspan="2">1～4 号凸轮轴轴承盖×气缸盖分总成和凸轮轴壳分总成</td><td>28.5</td></tr>
<tr><td colspan="2">燃油泵挺杆导向装置×4 号凸轮轴轴承盖</td><td>10</td></tr>
<tr><td colspan="2">凸轮轴正时齿轮总成×进气凸轮轴分总成</td><td>86</td></tr>
<tr><td colspan="2">排气凸轮轴正时齿轮总成×排气凸轮轴分总成</td><td>19</td></tr>
<tr><td colspan="2">1 号链条减振器×气缸盖分总成和气缸体分总成</td><td>24</td></tr>
<tr><td colspan="2">链条张紧器滑块×气缸盖分总成</td><td>24</td></tr>
<tr><td colspan="2">1 号链条张紧器总成×正时链条盖总成</td><td>10</td></tr>
<tr><td colspan="2">机油泵驱动轴链轮×机油泵总成</td><td>50</td></tr>
<tr><td colspan="2">直螺旋塞×2 号正时链条盖总成</td><td>40</td></tr>
<tr><td colspan="2">2 号正时链条盖总成×正时链条盖总成</td><td>24</td></tr>
<tr><td colspan="2">发动机安装支架 RH×2 号正时链条盖总成</td><td>43</td></tr>
<tr><td colspan="2">气缸盖罩分总成×凸轮轴壳分总成</td><td>7.5</td></tr>
<tr><td colspan="2">水旁通出口分总成×气缸盖分总成</td><td>10</td></tr>
<tr><td colspan="2">出水口×气缸盖分总成</td><td>10</td></tr>
<tr><td colspan="2">曲轴皮带轮总成×曲轴</td><td>260</td></tr>
<tr><td colspan="2">线束夹箍支架×凸轮轴壳分总成</td><td>13</td></tr>
<tr><td colspan="2">线束夹箍支架×1 号通风箱</td><td>10</td></tr>
<tr><td colspan="2">真空稳压罐支架×气缸盖分总成</td><td>10</td></tr>
<tr><td colspan="2">3 号排气歧管隔热件×气缸体分总成</td><td>16</td></tr>
<tr><td colspan="2">发动机水泵总成(进水口外壳)×气缸体分总成</td><td>43</td></tr>
<tr><td colspan="2">发动机机油油位计导管×气缸盖分总成</td><td>10</td></tr>
<tr><td colspan="2">线束夹箍支架×1 号通风箱</td><td>10</td></tr>
<tr><td colspan="2">6 号发动机导线×线束夹箍支架</td><td>10</td></tr>
</table>

续表

紧固件			紧固力矩/(N·m)
发动机单元	传感器线束×带节温器的进水口分总成		10
	1 号水旁通软管总成×带节温器的进水口分总成和气缸盖分总成		21
	1 号燃油管分总成×燃油输油管	不使用连接螺母扳手	35
		使用连接螺母扳手	30
	1 号燃油管分总成×燃油泵总成	不使用连接螺母扳手	35
		使用连接螺母扳手	30
	1 号燃油管分总成×气缸盖罩分总成		10
	3 号水旁通管×进气歧管		10
	EGR 阀支架×EGR 阀总成		10
	EGR 阀总成×气缸盖分总成		10
	EGR 1 号管分总成×进气歧管和 EGR 阀总成		10
	1 号 EGR 冷却器支架×EGR 阀支架和出水口		21
	EGR 冷却器总成×气缸盖分总成		21
	1 号排气歧管隔热件×排气歧管(TWC:前催化器)		10
	水软管夹箍支架×气缸盖分总成		13
	水流关闭阀(水旁通软管总成)×水软管夹箍支架		19
	2 号水旁通管分总成×气缸盖分总成		19
	V 皮带张紧器总成×2 号正时齿轮盖总成		21
	驱动轴轴承支架×气缸体分总成和加强曲轴箱总成		63.7
气缸盖	双头螺栓×气缸盖分总成		6.5
	1 号直螺旋塞×气缸盖分总成		25
气缸体	2 号机油喷嘴分总成×气缸体分总成		10
	1 号机油喷嘴分总成×气缸体分总成		10
	曲轴轴承盖×气缸体分总成	第一步	61
		第二步	转动 90°
	连杆轴承盖×连杆分总成	第一步	38
		第二步	转动 90°
	带头直螺旋塞气缸体×气缸体分总成		44
	1 号通风箱×气缸体分总成		21
发动机	带电机的节气门体总成×进气歧管		10
凸轮轴	正时链条盖总成×气缸盖分总成、凸轮轴壳分总成、气缸体分总成和加强曲轴箱总成		27
曲轴后油封	驱动板和齿圈分总成×曲轴		150

2.7　2.0T M20D 发动机

2.7.1　发动机正时维修

与 M20C 发动机相同，请参考 2.6.1 小节内容。

2.7.2　发动机维修数据

与 M20C 发动机相同，请参考 2.6.2 小节内容。

2.8　2.0L 3ZR 发动机

2.8.1　发动机正时维修

(1) 正时设置（将 1 号气缸设定到 TDC 位置）

① 暂时安装曲轴皮带轮固定螺栓。

② 如图 2-53 所示，逆时针转动曲轴以将曲轴正时齿轮键固定到顶部。

③ 检查并确认排气凸轮轴正时齿轮总成和进气凸轮轴正时齿轮总成上的正时标记如图 2-54 所示对准。

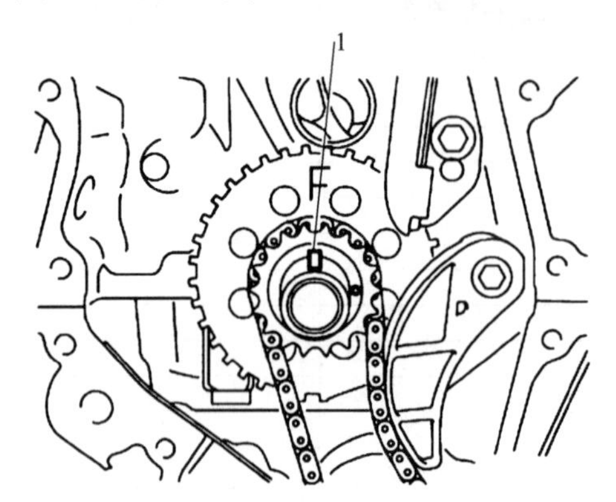

图 2-53 设置曲轴正时齿轮键位置

1—曲轴正时齿轮键

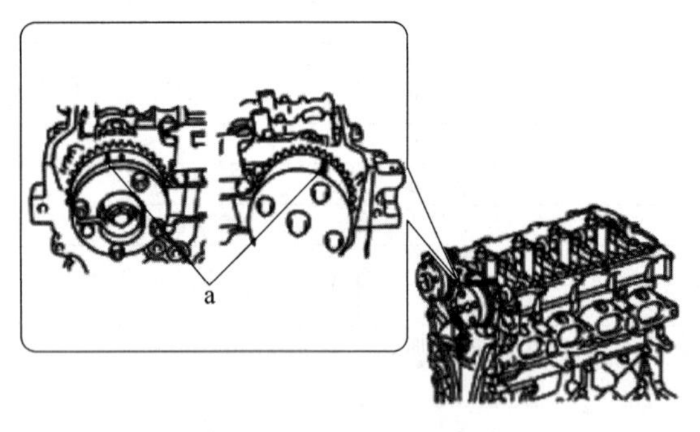

图 2-54 检查凸轮轴正时齿轮标记位置

a—正时标记

④ 拆下曲轴皮带轮固定螺栓。

(2) 安装正时链条

① 如图 2-55 所示，将标记板（橙色）与正时标记对准并安装链条分总成。确保使标记板位于发动机前侧。凸轮轴侧的标记板标记为橙色，曲轴侧的标记为紫色。不要将链条分总成绕在凸轮轴正时齿轮总成的链轮上。仅将其放在链轮上。将链条分总成穿过 1 号链条振动阻尼器。

② 如图 2-56 所示，将链条放置在曲轴上，但不要使其绕在曲轴上。

③ 用扳手固定凸轮轴的六角部分，并逆时针转动凸轮轴正时齿轮总成，使标记板（橙色）与正时标记对准，然后安装链条分总成。

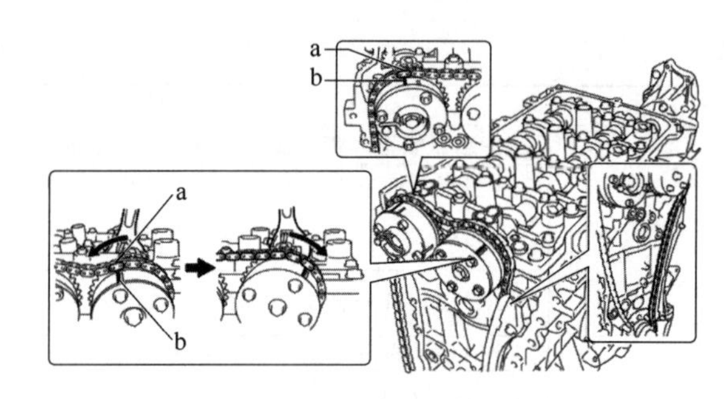

图 2-55 正时链对凸轮轴链轮标记

a—标记板（橙色）；b—正时标记

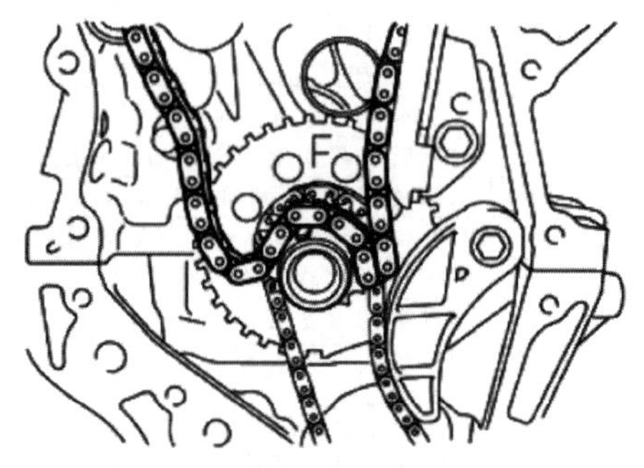

图 2-56 将链条放置在曲轴上

④ 用扳手固定凸轮轴的六角部位，并顺时针转动凸轮轴正时齿轮总成。为拉紧链条分总成，顺时针缓慢转动凸轮轴正时齿轮总成以防止链条分总成错位。

⑤ 如图 2-57 所示，将标记板（粉色）与正时标记对准并将链条分总成安装到曲轴正时齿轮上。曲轴侧的标记板标记为粉红色。

⑥ 将链条张紧器导板安装到气缸体分总成上。

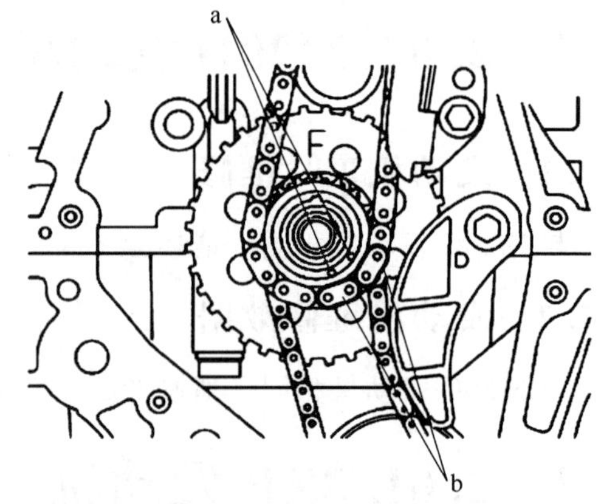

图 2-57 安装链条到曲轴链轮

a—正时标记；b—标记板（粉色）

⑦ 检查各正时标记是否位于 TDC/压缩，如图 2-58 所示。

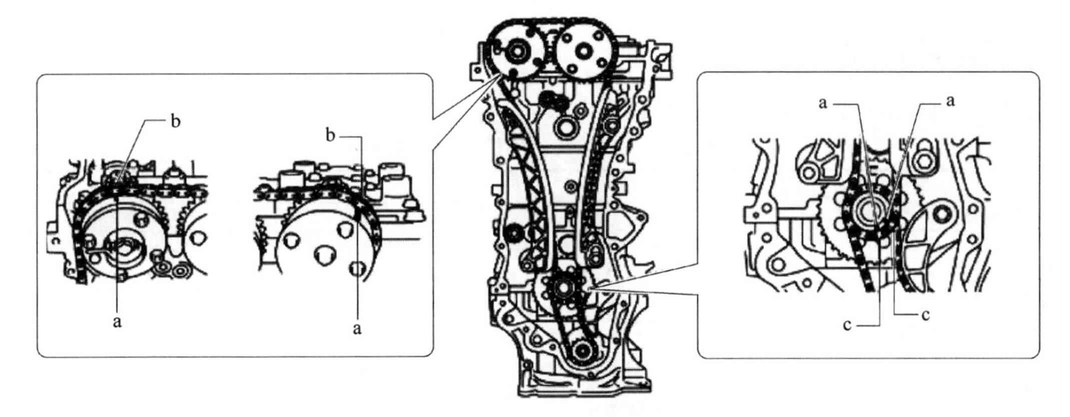

图 2-58 检查正时

a—正时标记；b—标记板（橙色）；c—标记板（粉色）

(3) 安装正时链条张紧器

① 释放凸轮，然后完全推入柱塞并将挂钩与销接合，使柱塞位于如图 2-59 所示位置。注意确保凸轮与柱塞的第一个齿接合，使挂钩穿过销。

② 如图 2-60 所示，用 2 个螺母安装新衬垫、支架和 1 号链条张紧器总成。转矩：12Nm。如果安装链条张紧器总成时挂钩松开柱塞，则再次固定挂钩。

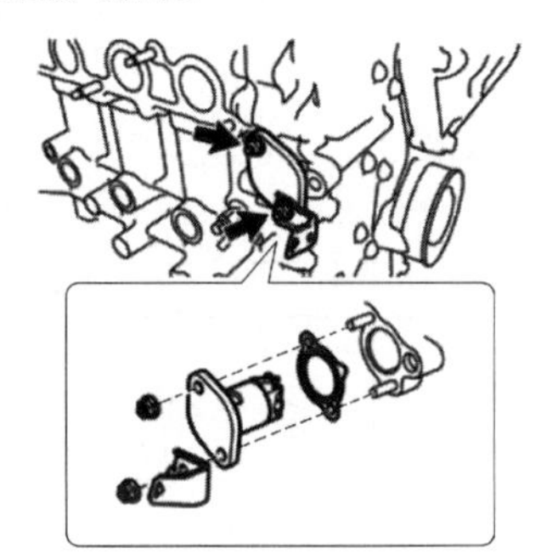

图 2-60 安装链条张紧器

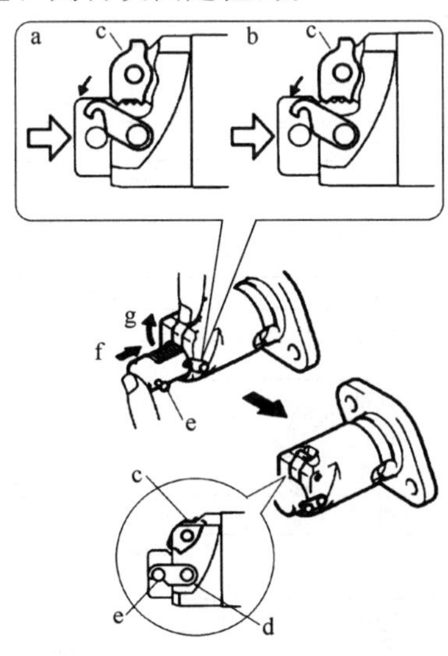

图 2-59 设置链条张紧器

a—正确；b—错误；c—凸轮；d—挂钩；e—柱塞；f—推；g—提起

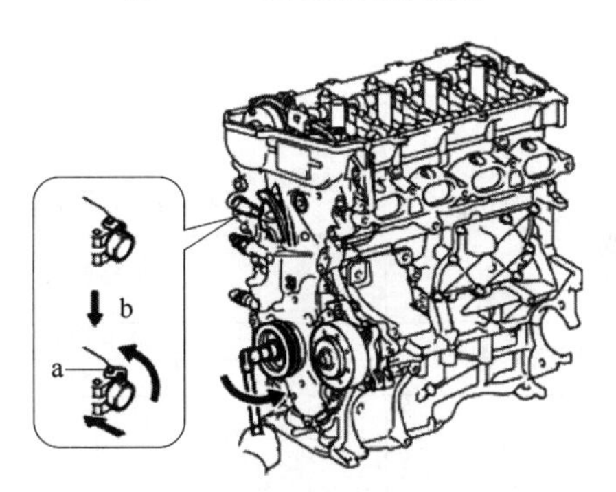

图 2-61 转动曲轴以松开挂钩

a—挂钩；b—松开

③ 如图 2-61 所示，逆时针轻轻转动曲轴，检查并确认挂钩松开。

④ 如图 2-62 所示，顺时针转动曲轴，检查并确认柱塞伸长。

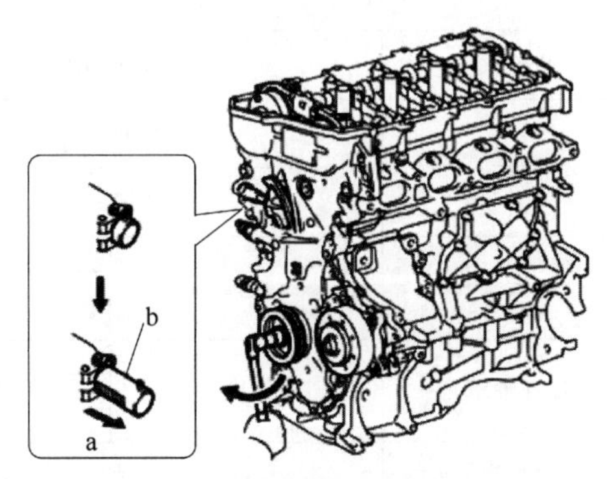

图 2-62 转动曲轴以弹出柱塞

a—柱塞；b—柱塞伸长

2.8.2 发动机维修数据

3ZR 发动机机械维修数据如表 2-10 所示。

表 2-10 3ZR 发动机机械维修数据

项目				数据
链条分总成	链条伸长率		最大	115.2mm
2 号链条分总成	链条伸长率		最大	102.1mm
机油泵主动齿轮	齿轮直径(带 2 号链条)		最小	48.2mm
机油泵驱动轴齿轮	齿轮直径(带 2 号链条)		最小	48.2mm
凸轮轴正时齿轮总成	齿轮直径(带链条)		最小	96.8mm
排气凸轮轴正时齿轮总成	齿轮直径(带链条)		最小	96.8mm
曲轴正时链轮	齿轮直径(带链条)		最小	51.1mm
链条张紧器导板	磨损		最大	1.0mm
1 号链条振动阻尼器	磨损		最大	1.0mm
链条张紧器盖板	磨损		最大	1.0mm
气缸盖固定螺栓	长度		标准	146.8～148.2mm
			最大	149.2mm
	直径		标准	9.77～9.96mm
			最小	9.4mm
排气歧管	翘曲度		最大	0.7mm
气缸盖分总成	翘曲度	气缸盖下侧	最大	0.05mm
		进气歧管侧	最大	0.10mm
		排气歧管侧	最大	0.10mm
进气门	总长		标准	109.34mm
			最小	108.84mm
	气门杆直径		标准	5.470～5.485mm
	边缘厚度		标准	1.0mm
			最小	0.5mm
排气门	总长		标准	108.25mm
			最小	107.75mm
	气门杆直径		标准	5.465～5.480mm
	边缘厚度		标准	1.0mm
			最小	0.5mm
压缩弹簧	自由长度		标准	51.88mm
	偏差		最大	1.3mm
气门导管衬套	衬套内径		标准	5.510～5.530mm
	油膜间隙	进气	标准	0.025～0.060mm
			最大	0.080mm
		排气	标准	0.030～0.065mm
			最大	0.085mm
凸轮轴	轴向间隙		标准	0.06～0.155mm
			最大	0.17mm
连杆	轴向间隙		标准	0.160～0.342mm
			最大	0.342mm
	油膜间隙		标准	0.014～0.038mm
			最大	0.070mm
连杆大头孔	直径	标记 1	标准	50.000～50.008mm
		标记 2	标准	50.009～50.016mm
		标记 3	标准	50.017～50.024mm
连杆轴承	厚度	标记 1	标准	1.489～1.493mm
		标记 2	标准	1.494～1.497mm
		标记 3	标准	1.498～1.501mm
曲轴销	直径		标准	46.992～47.000mm
曲轴	轴向间隙		标准	0.04～0.14mm
			最大	0.18mm

续表

项目				数据
气缸体	翘曲度		最大	0.05mm
气缸孔	直径		参考(新零件)	80.500～80.513mm
			最大	80.633mm
活塞	直径		参考(新零件)	80.471～80.491mm
	油膜间隙		参考(新零件)	0.009～0.042mm
			最大	0.08mm
活塞环(X 型)	环槽间隙	1 号压缩环	标准	0.02～0.07mm
		2 号压缩环	标准	0.02～0.06mm
		油环	标准	0.02～0.065mm
	端隙	1 号压缩环	标准	0.2～0.25mm
			最大	0.5mm
		2 号压缩环	标准	0.3～0.5mm
			最大	0.7mm
		油环	标准	0.1～0.3mm
			最大	0.7mm
活塞环(Y 型)	环槽间隙	1 号压缩环	标准	0.02～0.07mm
		2 号压缩环	标准	0.02～0.06mm
		油环	标准	0.07～0.12mm
	端隙	1 号压缩环	标准	0.2～0.25mm
			最大	0.5mm
		2 号压缩环	标准	0.3～0.5mm
			最大	0.7mm
		油环	标准	0.1～0.35mm
			最大	0.7mm
活塞销孔	直径	标记 A	标准	20.006～20.009mm
		标记 B	标准	20.010～20.012mm
		标记 C	标准	20.013～20.015mm
活塞销	直径	标记 A	标准	20.004～20.007mm
		标记 B	标准	20.008～20.010mm
		标记 C	标准	20.011～20.013mm
连杆小头孔	直径	标记 A	标准	20.012～20.015mm
		标记 B	标准	20.016～20.018mm
		标记 C	标准	20.019～20.021mm
活塞销油膜间隙	活塞侧		标准	－0.001～0.005mm
			最大	0.008mm
	连杆侧		标准	0.005～0.011mm
			最大	0.014mm
连杆	校准	弯曲度(每 100mm)	最大	0.05mm
		扭曲度(每 100mm)	最大	0.15mm
曲轴	径向跳动		最大	0.03mm
	锥度和圆度(主轴颈)		最大	0.004mm
	主轴颈直径(参考)	标记 0	标准	47.999～48.000mm
		标记 1	标准	47.997～47.998mm
		标记 2	标准	47.995～47.996mm
		标记 3	标准	47.993～47.994mm
		标记 4	标准	47.991～47.992mm
		标记 5	标准	47.988～47.990mm
	曲柄销直径		标准	46.992～47.000mm
	锥度和圆度(曲柄销)		最大	0.004mm
	油膜间隙		标准	0.016～0.039mm
			最大	0.050mm

续表

项目				数据
气缸体轴颈孔	直径	标记 0	标准	52.000～52.002mm
		标记 1	标准	52.003～52.004mm
		标记 2	标准	52.005～52.006mm
		标记 3	标准	52.007～52.009mm
		标记 4	标准	52.010～52.011mm
		标记 5	标准	52.012～52.013mm
		标记 6	标准	52.014～52.016mm
曲轴轴颈	直径	标记 0	标准	47.999～48.000mm
		标记 1	标准	47.997～47.998mm
		标记 2	标准	47.995～47.996mm
		标记 3	标准	47.993～47.994mm
		标记 4	标准	47.991～47.992mm
		标记 5	标准	47.988～47.990mm
轴承中心壁	厚度	标记 1	标准	1.994～1.997mm
		标记 2	标准	1.998～2.000mm
		标记 3	标准	2.001～2.003mm
		标记 4	标准	2.004～2.006mm
曲轴轴承盖螺栓	长度		标准	84.3～85.7mm
			最大	86.7mm
	直径		标准	9.77～9.96mm
			最小	9.1mm
连杆螺栓	直径		标准	6.6～6.7mm
			最小	6.4mm
曲轴轴承	上轴承		尺寸(A 级)(除 3 号轴颈外)	0.5～1.0mm
			尺寸(A 级－B 级或 B 级－A 级)(3 号轴颈)	0～0.5mm
	下轴承		尺寸(A 级－B 级或 B 级－A 级)	0～0.5mm
连杆轴承	尺寸(A 级－B 级或 B 级－A 级)			0～0.7mm
点火正时	DLC3 的端子 TC 和 CG 连接			怠速时为 8°～12°BTDC
怠速转速	标准怠速转速			710～810r/min
压缩压力	标准压缩压力			1373kPa 或更高
	最小压缩压力			1079kPa
	各气缸间的差值			98kPa 或更低

发动机机械部件紧固力矩如表 2-11 所示。

表 2-11　发动机机械部件紧固力矩

紧固零件			紧固力矩/(N·m)
发动机总成	发动机吊架×气缸盖分总成		43
	发动机左侧悬置隔振垫×车身		95
	发动机右侧悬置隔振垫分总成×车身		95
	散热器储液罐支架×发动机右侧悬置隔振垫分总成		5.0
	发动机后悬置隔振垫×前悬架横梁分总成		95
	发动机左侧悬置隔振垫×发动机左悬置支架		56
	发动机右侧悬置隔振垫分总成×发动机右悬置支架	螺栓和螺母 A	95
		螺母 B	52
	前悬架横梁分总成×车身		137
	前悬架横梁后支架×车身	螺栓 A	137
		螺栓 B	93

续表

紧固零件			紧固力矩/(N·m)
发动机总成	前横梁分总成×车身		99
	前横梁分总成×发动机前悬置隔振垫		95
	发动机后悬置隔振垫×发动机后悬置支架		95
	发动机前悬置隔振垫×发动机前悬置支架		145
	空燃比传感器支架×气缸盖分总成		39
	左前悬架横梁加强件×前横梁分总成和前悬架横梁分总成		99
	右前悬架横梁加强件×前横梁分总成和前悬架横梁分总成		99
	发动机前悬置支架下加强件×前横梁分总成和前悬架横梁分总成		99
	变速器控制拉索总成×发动机后悬置隔振垫		5.0
	变速器控制拉索总成×无级变速传动桥总成		12
	变速器控制拉索总成×控制杆		12
	连接电缆×气缸盖罩总成		29
	发动机线束和发动机室主线束×蓄电池正极端子		7.6
	发动机线束×车身		11.4
	发动机线束×发动机室 1 号继电器盒和接线盒总成		8.4
	发动机线束×车身		8.4
	压缩机双头螺栓×气缸体		9.8
	带皮带轮的压缩机总成×气缸体		25
	散热器储液罐总成×散热器储液罐支架		5.0
发动机单元	双头螺栓(加强曲轴箱总成)		5.0
	双头螺栓(进水口壳)		5.0
	双头螺栓(气缸体)		5.0
	双头螺栓(凸轮轴壳分总成)		9.5
	加强曲轴箱总成×气缸体		21
	油底壳放油螺塞×2 号油底壳分总成		37
	1 号锥螺纹塞×气缸体		25
	连续可变气门升程控制器总成×凸轮轴壳分总成		18
	1 号链条振动阻尼器×气缸体		21
	发电机 1 号支架×气缸体		24
	进水口壳×正时链条盖分总成		10
	接头×机油滤清器支架		29.5
	双头螺栓(发动机右悬置支架)		10
	1 号链条张紧器总成×正时链条盖分总成		12
	气缸盖罩分总成×凸轮轴壳分总成		10
	发动机盖接头×气缸盖罩分总成		10
	多楔带张紧器总成×正时链条盖分总成		21
	1 号真空泵支架×凸轮轴壳分总成		21
	1 号水旁通管×气缸体		21
	3 号水旁通管×气缸体		10
	发电机 2 号支架×气缸体		25
	半轴轴承支架×气缸体		63.7
	发动机机油油位计导管×气缸体		21
	清污 VSV×气缸盖罩分总成		10
气缸盖	双头螺栓		9.5
	2 号直螺纹塞×气缸盖		44
气缸体	双头螺栓		5.0
	1 号锥螺纹塞×气缸体		43
	1 号机油喷嘴分总成×气缸体		10
	曲轴轴承盖×气缸体	第一步	40
		第二步	转动 90°

续表

紧固零件			紧固力矩/(N·m)
气缸体	连杆轴承盖×连杆	第一步	20
		第二步	转动 90°
	1 号通风箱×气缸体		10
凸轮轴	气门摇臂无效运动阻尼器分总成×凸轮轴壳分总成		10
	凸轮轴壳分总成×气缸盖分总成		27
	排气凸轮轴正时齿轮总成×2 号凸轮轴		54
	凸轮轴正时齿轮总成×凸轮轴		54
气缸盖衬垫	气缸盖分总成×气缸体	第一步	49
		第二步	转动 90°
		第三步	转动 45°
	1 号水旁通管×气缸体		21
曲轴前油封	曲轴皮带轮×曲轴		190
曲轴后油封	传动板和齿圈分总成×曲轴		88

2.9 2.5L 2AR 双擎发动机

2.9.1 发动机正时维修

(1) 正时设置(将 1 号气缸设定在 TDC 位置)

① 暂时安装曲轴皮带轮螺栓。

② 逆时针转动曲轴 40°以将曲轴皮带轮定位键置于如图 2-63 所示位置。

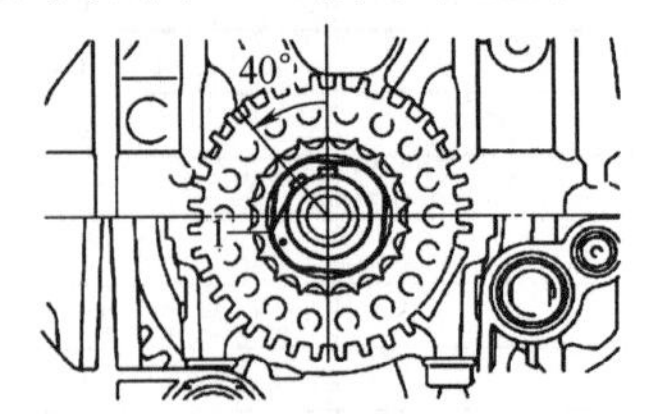

图 2-63 设置曲轴皮带轮定位键

1—曲轴皮带轮定位键位置

③ 检查并确认凸轮轴正时齿轮总成和凸轮轴正时链轮的正时标记如图 2-64 所示。

④ 拆下曲轴皮带轮螺栓。

(2) 安装正时链条

安装链条分总成前确认各标记板的颜色:

链条类型	排气侧	进气侧	曲轴
A 型	金色	金色	金色
B 型	橙色	橙色	黄色

① 将链条分总成置于凸轮轴正时齿轮总成、凸轮轴正时链轮和曲轴正时链轮上。确保链条的标记板朝向远离发动机的一侧,如图 2-65 所示。无须将链条分总成安装到齿轮轮齿和链轮上。

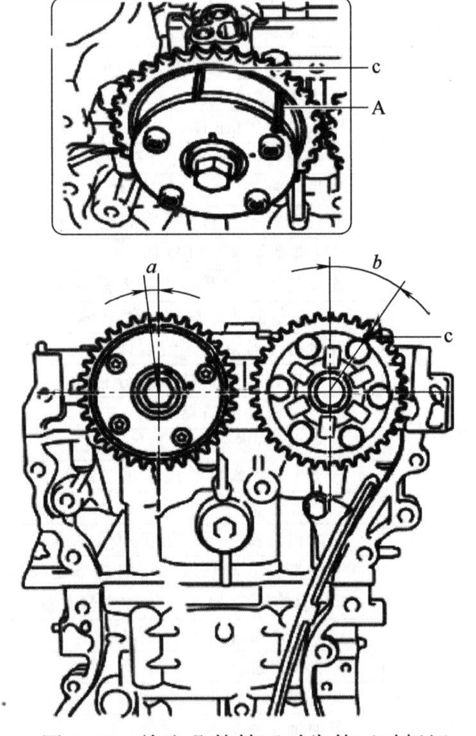

图 2-64 检查凸轮轴正时齿轮正时标记

A—轮槽;a—约 7°;b—约 32°;c—正时标记

② 如图 2-66 所示,将链条分总成的标记板(排气侧)与凸轮轴正时链轮的正时标记对准,并将链条分总成安装到凸轮轴正时链轮上。

③ 如图 2-67 所示,将链条分总成的标记板(曲轴)与曲轴正时链轮的正时标记对

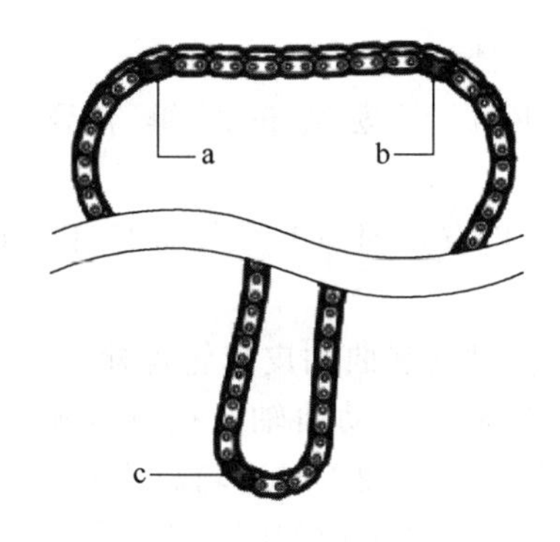

图 2-65　正时链标记板位置

a—进气侧；b—排气侧；c—曲轴

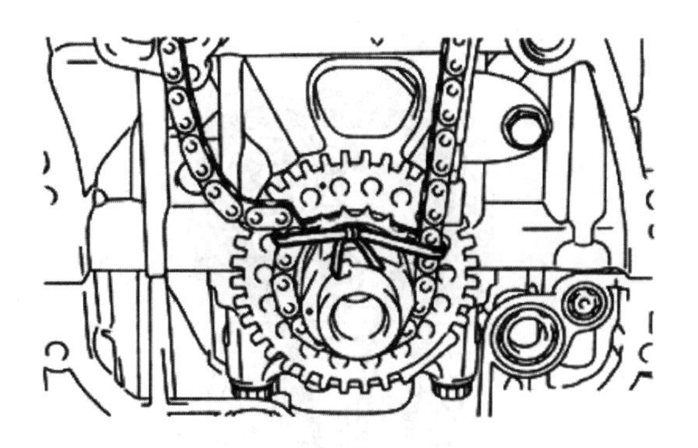

图 2-68　用细绳固定正时链条

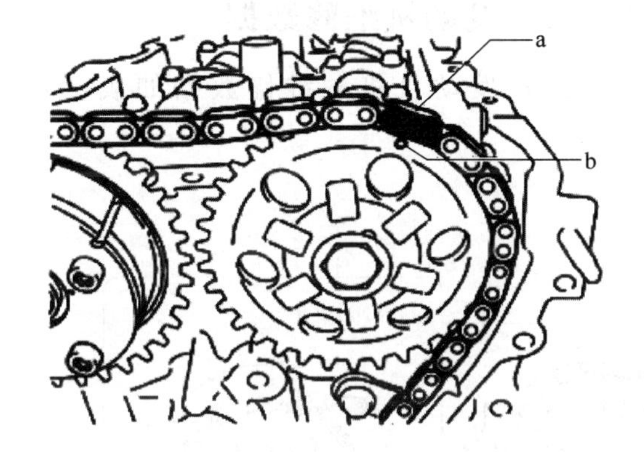

图 2-66　对准排气侧凸轮轴链轮标记

a—标记板（排气侧）；b—正时标记

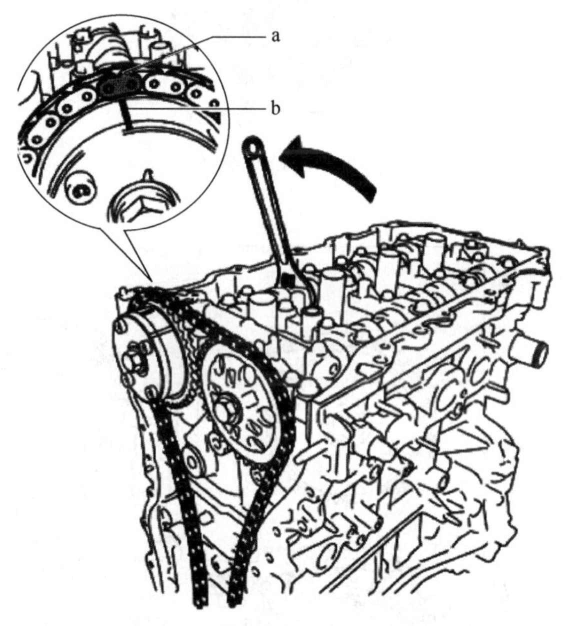

图 2-69　对准进气侧凸轮轴链轮标记

a—标记板（进气侧）；b—正时标记

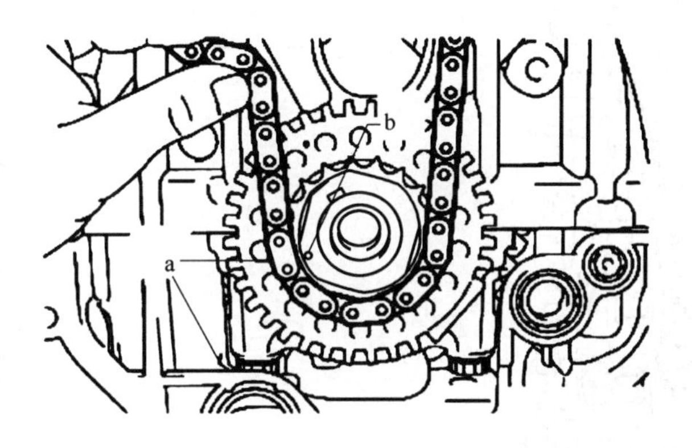

图 2-67　对准曲轴链轮与链条标记

a—标记板（曲轴）；b—正时标记

准，并将链条分总成安装到曲轴正时链轮上。

④ 如图 2-68 所示，将细绳系到曲轴正时链轮上，以固定链条分总成。

⑤ 如图 2-69 所示，使用凸轮轴的六角部位，用扳手逆时针旋转凸轮轴，将凸轮轴正时齿轮总成的正时标记与链条分总成的标记板（进气侧）对准，并将链条分总成安装到凸轮轴正时齿轮总成上。用扳手将凸轮轴固定到位，直至安装链条张紧器。

⑥ 拆下曲轴正时链轮上的细绳，顺时针旋转曲轴，并松开链条分总成以便安装链条张紧器导板，如图 2-70 所示。注意确保链条分总成固定。

（3）安装张紧器导板与张紧器

① 用螺栓安装链条张紧器导板。转矩：21Nm。

② 用 2 个螺栓安装新衬垫和链条张紧器总成。转矩：10Nm。

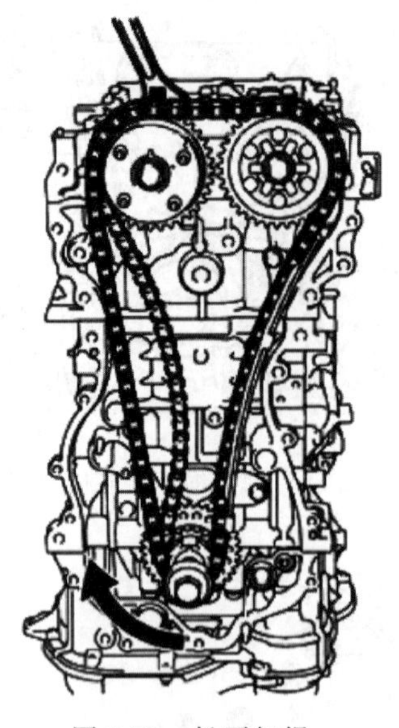

图 2-70　松开细绳

③ 从挡片上拆下销。

④ 用螺栓安装正时链条导板。转矩：21Nm。

(4) 检查正时（1 号气缸位于 TDC 位置）

① 暂时安装曲轴皮带轮螺栓。

② 顺时针转动曲轴，检查并确认曲轴正时链轮、凸轮轴正时齿轮总成和凸轮轴正时链轮上的正时标记如图 2-71 所示。

③ 拆下曲轴皮带轮螺栓。

2.9.2　发动机维修数据

2AR 发动机机械维修数据如表 2-12 所示。

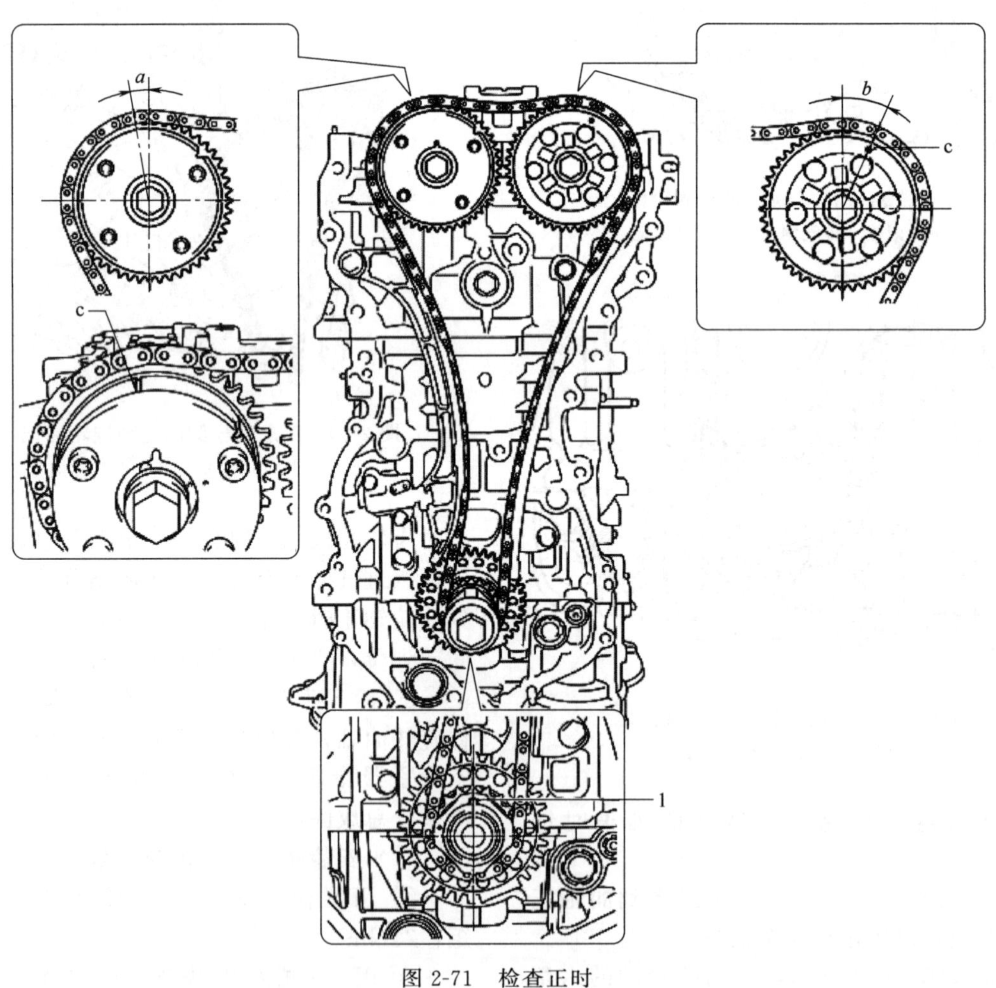

图 2-71　检查正时

1—曲轴皮带轮定位键；*a*—约 7°；*b*—约 32°；c—正时标记

表 2-12 2AR 发动机机械维修数据

项目				数据
曲轴齿隙			标准	0.05～0.20mm
			最大	0.20mm
凸轮轴	油膜间隙	1 号进气凸轮轴轴颈	标准	0.035～0.072mm
			最大	0.085mm
		1 号排气凸轮轴轴颈	标准	0.005～0.054mm
			最大	0.085mm
		其他轴颈	标准	0.025～0.062mm
			最大	0.085mm
	径向跳动		最大	0.03mm
	凸轮凸角高度	进气	标准	43.814～43.914mm
			最小	43.704mm
		排气	标准	42.939～43.039mm
			最小	42.829mm
	轴颈直径	1 号	标准	34.449～34.465mm
		其他	标准	22.959～22.975mm
链条分总成	链条伸长率		最大	137.7mm
凸轮轴正时链轮	链轮直径(带链条)		最小	115.12mm
曲轴正时链轮	链轮直径(带链条)		最小	59.94mm
链条张紧器导板	深度		最大	1.0mm
1 号链条振动阻尼器	深度		最大	1.0mm
正时链条导板	深度		最大	1.0mm
1 号平衡轴	轴向间隙		标准	0.05～0.09mm
			最大	0.09mm
2 号平衡轴	轴向间隙		标准	0.05～0.09mm
			最大	0.09mm
平衡轴	齿隙		标准	0.04～0.17mm
			最大	0.17mm
气缸盖固定螺栓	直径		标准	10.85～11.00mm
			最小	10.6mm
排气歧管	翘曲度		最大	0.7mm
1 号凸轮轴轴承	尺寸 A 级－B 级或 B 级－A 级			0～0.7mm
2 号凸轮轴轴承	距离		标准	1.15～1.85mm
气缸盖	翘曲度	气缸盖下侧	最大	0.05mm
		进气歧管侧	最大	0.10mm
		排气歧管侧	最大	0.10mm
压缩弹簧	自由长度		标准	47.2mm
	偏差		最大	1.05mm
	角度		最大	2°
进气门	气门杆直径		标准	5.470～5.485mm
	边缘厚度		标准	1.0mm
			最小	0.50mm
	总长		标准	103.92mm
			最小	103.42mm
排气门	气门杆直径		标准	5.465～5.480mm
	边缘厚度		标准	1.0mm
			最小	0.50mm
	总长		标准	112.91mm
			最小	112.41mm
气门导管衬套	衬套内径		标准	5.510～5.530mm
	油膜间隙	进气	标准	0.025～0.060mm
			最大	0.08mm
		排气	标准	0.030～0.065mm
			最大	0.10mm

续表

项目				数据
凸轮轴	轴向间隙		标准	0.060～0.155mm
			最大	0.170mm
进气门导管衬套	凸出部分高度		标准	14.8～15.2mm
	油膜间隙		标准	0.025～0.060mm
排气门导管衬套	凸出部分高度		标准	14.2～14.6mm
	油膜间隙		标准	0.030～0.065mm
火花塞套管	凸出部分高度		标准	112mm
进气门座	宽度		标准	1.0～1.4mm
排气门座	宽度		标准	1.2～1.6mm
连杆	轴向间隙		标准	0.160～0.512mm
			最大	0.512mm
	油膜间隙		标准	0.033～0.063mm
			最大	0.07mm
曲轴销	直径		标准	51.492～51.500mm
连杆大头内径	标记 1		标准	54.500～54.508mm
	标记 2		标准	54.509～54.516mm
	标记 3		标准	54.517～54.524mm
轴承中心壁厚	标记 1		标准	1.486～1.490mm
	标记 2		标准	1.491～1.494mm
	标记 3		标准	1.495～1.498mm
曲轴	轴向间隙		标准	0.04～0.24mm
			最大	0.3mm
气缸体	翘曲度		最大	0.05mm
气缸缸径	直径		参考值(新零件)	90.000～90.013mm
			最大	90.13mm
活塞	直径		参考值(新零件)	89.986～89.996mm
	油膜间隙		参考值(新零件)	0.004～0.042mm
			最大	0.10mm
活塞环	环槽间隙	1 号压缩弹簧	标准	0.020～0.070mm
		2 号压缩弹簧	标准	0.020～0.060mm
		油环(刮片)	标准	0.060～0.120mm
	端隙	1 号压缩弹簧	标准	0.22～0.27mm
			最大	0.87mm
		2 号压缩弹簧	标准	0.50～0.55mm
			最大	1.15mm
		油环(刮片)	标准	0.10～0.35mm
			最大	0.95mm
活塞销孔内径	标记 A		标准	22.001～22.004mm
	标记 B		标准	22.005～22.007mm
	标记 C		标准	22.008～22.010mm
活塞销	直径	标记 A	标准	21.997～22.000mm
		标记 B	标准	22.001～22.003mm
		标记 C	标准	22.004～22.006mm
连杆小头衬套内径	标记 A		标准	22.005～22.008mm
	标记 B		标准	22.009～22.011mm
	标记 C		标准	22.012～22.014mm
活塞销油膜间隙	活塞侧		标准	0.001～0.007mm
			最大	0.013mm
	连杆侧		标准	0.005～0.011mm
			最大	0.017mm
连杆直线性	弯曲度(每 100mm)		最大	0.05mm
	扭曲度(每 100mm)		最大	0.15mm
曲轴	径向跳动		最大	0.03mm
	主轴颈直径		标准	54.988～55.000mm
	锥度和圆度(主轴颈侧)		最大	0.003mm
	曲柄销直径		标准	51.492～51.500mm
	锥度和圆度(曲柄销侧)		最大	0.003mm
	油膜间隙		标准	0.017～0.040mm
			最大	0.05mm

续表

项目				数据
气缸体轴颈内径	标记 0		标准	59.000～59.002mm
	标记 1		标准	59.003～59.004mm
	标记 2		标准	59.005～59.006mm
	标记 3		标准	59.007～59.009mm
	标记 4		标准	59.010～59.011mm
	标记 5		标准	59.012～59.013mm
	标记 6		标准	59.014～59.016mm
曲轴主轴颈	直径	标记 0	标准	54.999～55.000mm
		标记 1	标准	54.997～54.998mm
		标记 2	标准	54.995～54.996mm
		标记 3	标准	54.993～54.994mm
		标记 4	标准	54.991～54.992mm
		标记 5	标准	54.988～54.990mm
轴承中心壁（银色）	厚度	标记 1	标准	1.991～1.994mm
		标记 2	标准	1.995～1.997mm
		标记 3	标准	1.998～2.000mm
		标记 4	标准	2.001～2.003mm
轴承中心壁（黑色）	厚度	标记 1	标准	1.992～1.995mm
		标记 2	标准	1.996～1.998mm
		标记 3	标准	1.999～2.001mm
		标记 4	标准	2.002～2.004mm
曲轴轴承盖螺栓	直径		标准	9.77～9.96mm
			最小	9.1mm
连杆螺栓	直径		标准	8.5～8.6mm
			最小	8.3mm
曲轴下轴承	尺寸 A 级－B 级或 B 级－A 级		标准	0～0.7mm
连杆轴承	尺寸 A 级－B 级或 B 级－A 级		标准	0～0.7mm
点火正时	DLC3 的端子 TC 和 CG 连接			怠速时为 8°～12° BTDC
怠速转速	标准怠速转速			950～1050r/min
压缩压力	标准压缩压力			1100kPa 或更高
	最小压缩压力			800kPa
	各气缸间的差值			100kPa

发动机机械部件紧固力矩如表 2-13 所示。

表 2-13　发动机机械部件紧固力矩

紧固零件			紧固力矩/(N·m)
发动机总成	发动机 1 号和 2 号吊架×气缸盖		43
	半轴轴承支架×气缸体		63.7
	发动机左侧悬置隔振垫×车身		95
	发动机悬置隔垫×车身		95
	发动机右侧悬置隔振垫分总成×车身和发动机悬置隔垫		95
	散热器储液罐支架×发动机右侧悬置隔振垫分总成		5.0
	发动机后悬置隔振垫×前悬架横梁分总成		95
	发动机左侧悬置隔振垫×发动机左悬置支架		56
	发动机右侧悬置隔振垫×发动机右悬置支架	螺栓和螺母 A	95
		螺母 B	52
	前悬架横梁分总成×车身		137
	前悬架横梁后支架×车身	螺栓 A	137
		螺栓 B	93
	前横梁分总成×车身		99
	前横梁分总成×发动机前悬置隔振垫		95
	发动机后悬置支架×发动机后悬置隔振垫		95
	发动机前悬置隔振垫×发动机前悬置支架		145
	变速器控制拉索总成×控制杆		12
	变速器控制拉索总成×混合动力车辆传动桥总成		12
	变速器控制拉索总成×发动机后悬置隔振垫		5.0
	线束×发动机室 1 号接线盒		8.4

续表

紧固零件			紧固力矩/(N·m)
发动机总成	线束×车身		7.7
	搭铁线×发动机总成		29
	散热器储液罐总成×散热器储液罐支架		5.0
	逆变器支架总成×车身		18
	带电动机的逆变器水泵总成×逆变器支架		10
	2号地板线束×线束支架		7.7
	空气滤清器壳分总成×车身		7.0
发动机单元	加强曲轴箱双头螺栓	双头螺栓A	9.5
		双头螺栓B	4.0
	气缸体双头螺栓		15
	带EGR系统:气缸体双头螺栓		9.5
	带EGR系统(除排气歧管侧的EGR冷却器外):气缸体双头螺栓		6.5
	发动机平衡器总成×加强曲轴箱		24
	加强曲轴箱×气缸体	螺栓A	24
		除螺栓A外	43
	1号油底壳挡板×加强曲轴箱和发动机平衡器总成		10
	滤油网分总成×加强曲轴箱		9.0
	油底壳分总成×加强曲轴箱		10
	凸轮轴壳双头螺栓		9.0
	凸轮轴轴承盖×凸轮轴壳分总成		16
	凸轮轴壳分总成×气缸盖		27
	凸轮轴正时齿轮总成×1号凸轮轴		85
	凸轮轴正时链轮×2号凸轮轴		85
	1号链条振动阻尼器×气缸盖和气缸体		21
	链条张紧器导板×气缸体		21
	1号链条张紧器总成×气缸体		10
	正时链条导板×凸轮轴壳分总成		21
	正时链条盖板×正时链条盖总成		10
	正时链条盖密封塞×正时链条盖总成		30
	发动机右悬置支架双头螺栓		15
	发动机右悬置支架×正时链条盖总成	螺栓1、螺栓2和螺栓3	55
		螺栓4	21
	气缸盖罩分总成×凸轮轴壳分总成		12
	曲轴皮带轮×曲轴		260
	分离器壳×气缸体		10
	PCV壳×气缸体		21
	发动机盖接头×气缸盖罩分总成		10
	传感器线束×气缸体		21
	进气歧管×气缸盖		21
	进水口壳双头螺栓		4.4
	进水口壳分总成×气缸体		43
	不带EGR系统:3号水旁通管×气缸体		21
	带EGR系统(除排气歧管侧的EGR冷却器外):2号水旁通管×气缸体		21
	带EGR系统(除排气歧管侧的EGR冷却器外):3号EGR管×气缸体		21
	不带EGR系统:1号水旁通管×进水口壳分总成	螺栓A	10
		螺栓B	21

续表

紧固零件			紧固力矩/(N·m)
发动机单元	带 EGR 系统(除排气歧管侧的 EGR 冷却器外):1 号水旁通管×进水口壳分总成		10
	带 EGR 系统(排气歧管侧的 EGR 冷却器):水旁通管×EGR 冷却器总成		10
	带 EGR 系统(排气歧管侧的 EGR 冷却器):1 号 EGR 管×气缸盖		21
	带 EGR 系统(排气歧管侧的 EGR 冷却器):EGR 冷却器总成×气缸体		21
	带 EGR 系统(排气歧管侧的 EGR 冷却器):EGR 阀总成×进气歧管		10
	压缩机 1 号安装支架×气缸体		24.5
	多楔带张紧器总成×正时链条盖总成		21
	发动机机油油位计导管×进水口壳		10
气缸盖	气缸盖双头螺栓		9.0
	1 号直螺纹塞×气缸盖		44
	2 号直螺纹塞×气缸盖		78
气缸体	双头螺栓		9.0
	2 号机油喷嘴分总成×气缸体		10
	1 号机油喷嘴分总成×气缸体		10
	曲轴轴承盖×气缸体	第一步	20
		第二步	40
		第三步	转动 90°
	连杆轴承盖×连杆	第一步	40
		第二步	转动 90°
凸轮轴	凸轮轴正时链轮×2 号凸轮轴		85
	凸轮轴轴承盖×凸轮轴壳分总成		16
	凸轮轴壳分总成×气缸盖		27
	凸轮轴正时齿轮总成×凸轮轴		85
	1 号链条张紧器总成×气缸体		10
	发动机线束×发动机(带 GPF)	螺栓 A	8.4
		螺栓 B 和螺母	7.7
		螺栓 C	8.0
		螺栓 D	12.5
	发动机线束×发动机[带 EGR 系统(除排气歧管侧的 EGR 冷却器外)]		7.7
	发动机线束×发动机[带 EGR 系统(排气歧管侧的 EGR 冷却器)]	螺栓 A	8.4
		螺栓 B 和螺母	7.7
		螺栓 C	10
		螺栓 D	12.5
气缸盖衬垫	气缸盖×气缸体	第一步	36
		第二步	36
		第三步	转动 90°
		第四步	转动 90°
曲轴后油封	飞轮分总成×曲轴		130
	变速器输入减振器总成×飞轮分总成		30

2.10 2.5L A25A发动机

2.10.1 发动机正时维修

(1) 发动机正时机构部件分解

发动机正时机构部件分解如图2-72、图2-73所示。

(2) 发动机正时链单元安装步骤

① 将1号气缸设定至TDC（压缩），暂时安装曲轴皮带轮螺栓。如图2-74所示，逆时针旋转曲轴44.2°，以定位曲轴正时齿轮键。

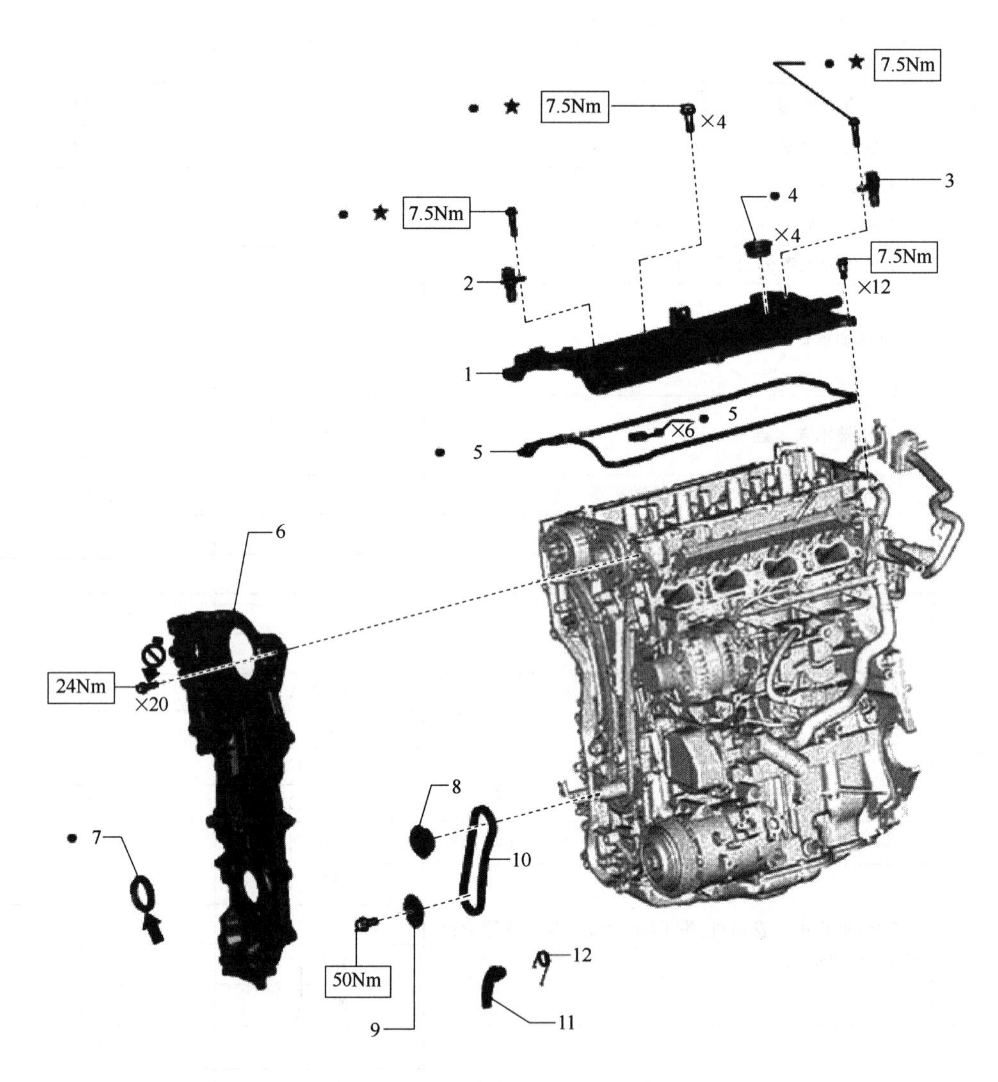

图2-72 发动机正时罩盖部件

1—气缸盖罩分总成；2—凸轮轴位置传感器（排气侧）；3—凸轮轴位置传感器（进气侧）；4—火花塞套管衬垫；5—气缸盖罩衬垫；6—2号正时链条盖总成；7—正时链条盖油封；8—机油泵驱动链轮；9—机油泵驱动轴链轮；10—油泵驱动链条分总成；11—链条张紧器盖板；12—链条减振弹簧；Nm—规定转矩；●—不可重复使用零件；➡—通用润滑脂；★—预涂零件；—不要在螺纹部分涂抹润滑油

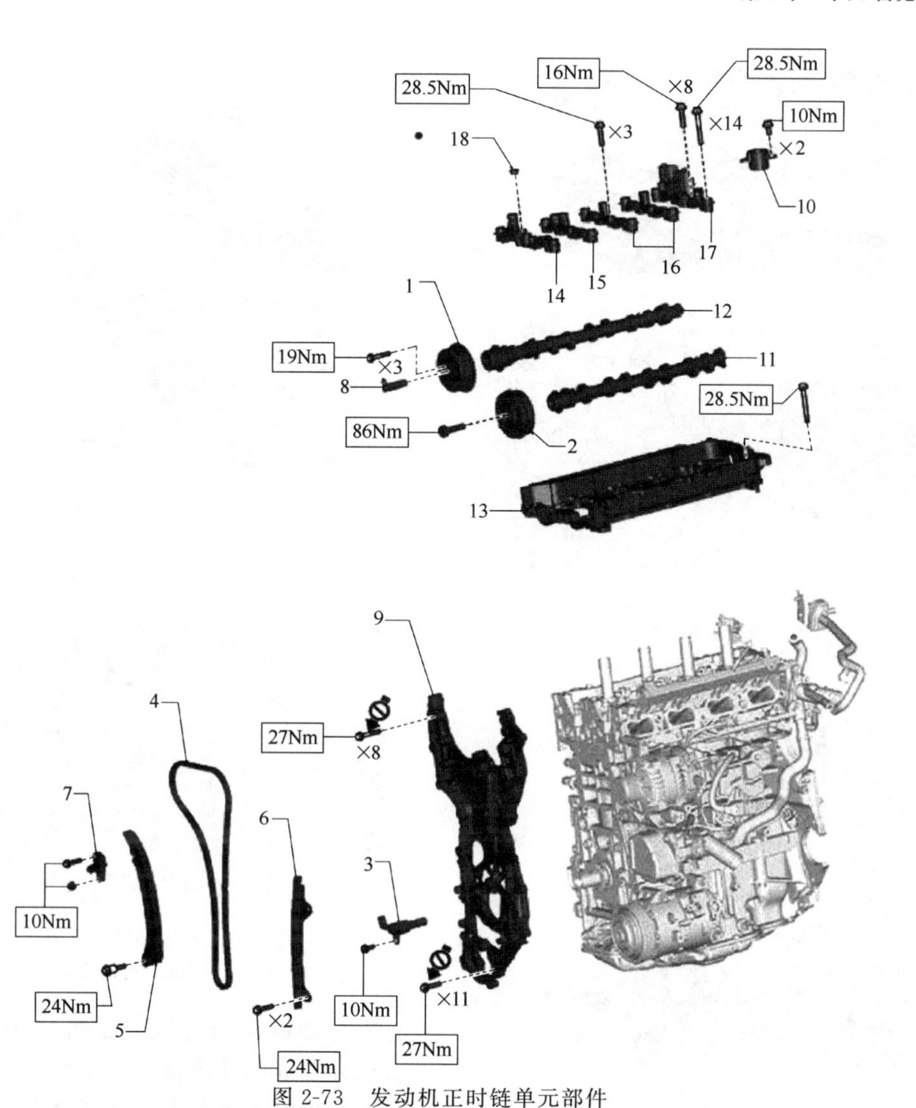

图 2-73 发动机正时链单元部件

1—排气凸轮轴正时齿轮总成；2—凸轮轴正时齿轮总成；3—机油压力控制阀总成；4—链条分总成；5—链条张紧器导板；6—1 号链条振动阻尼器；7—1 号链条张紧器总成；8—凸轮轴正时机油控制阀总成（排气凸轮轴正时齿轮；螺栓总成）；9—正时链条盖总成；10—燃油泵挺杆导向装置；11—凸轮轴；12—2 号凸轮轴；13—凸轮轴壳分总成；14—1 号凸轮轴轴承盖；15—2 号凸轮轴轴承盖；16—3 号凸轮轴轴承盖；17—4 号凸轮轴轴承盖；18—凸轮轴轴承盖油孔衬垫；

Nm—规定转矩；●—不可重复使用零件；➡—通用润滑脂；★—预涂零件；—不要在螺纹部分涂抹润滑油

图 2-74 设置 1 号气缸上止点位置

1—曲轴正时齿轮键；a—44.2°

如图 2-75 所示，检查并确认排气凸轮轴正时齿轮总成和锁销的正时标记。

② 如图 2-76 所示，用 2 个螺栓安装 1 号链条振动阻尼器。转矩：24Nm。

③ 如图 2-77 所示，用螺栓安装链条张紧器导板。转矩：24Nm。

④ 轻轻推入 1 号链条张紧器总成柱塞的同时，安装链条张紧器导板。确保柱塞端部正确置于 1 号链条张紧器导板的槽内。确保柱塞油孔朝上，见图 2-78。使用 8mm 套筒扳手安装螺栓，转矩：10Nm。安装螺母，转矩：10Nm。

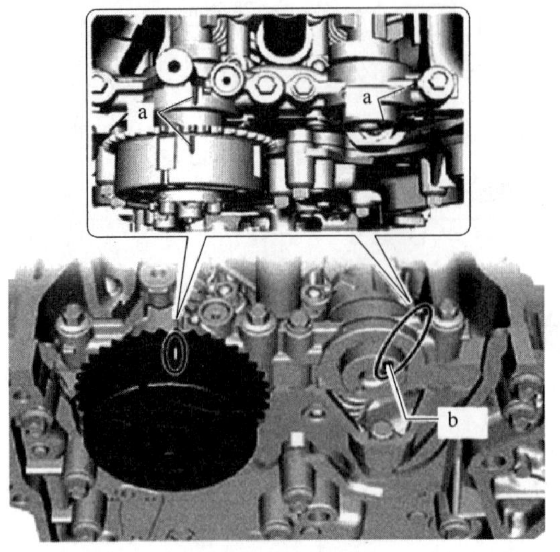

图 2-75　检查排气凸轮轴齿轮正时标记

a—正时标记；b—锁销

图 2-76　安装链条振动阻尼器

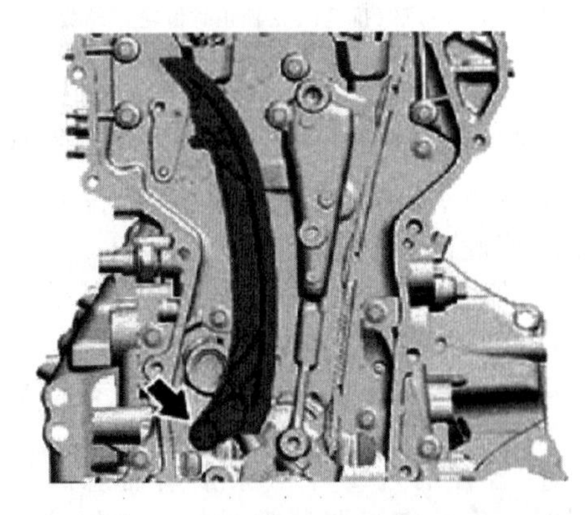

图 2-77　安装链条张紧器导板

⑤ 安装凸轮轴正时链条：

a. 如图 2-79 所示，固定曲轴正时齿轮键。

b. 拆下曲轴皮带轮螺栓。安装曲轴正时链轮和链条分总成。如图 2-80 所示，将链条分总成的油漆标记（黄色）与曲轴正时链轮的正时标记对准，并将链条分总成安装到曲轴正时链轮上。

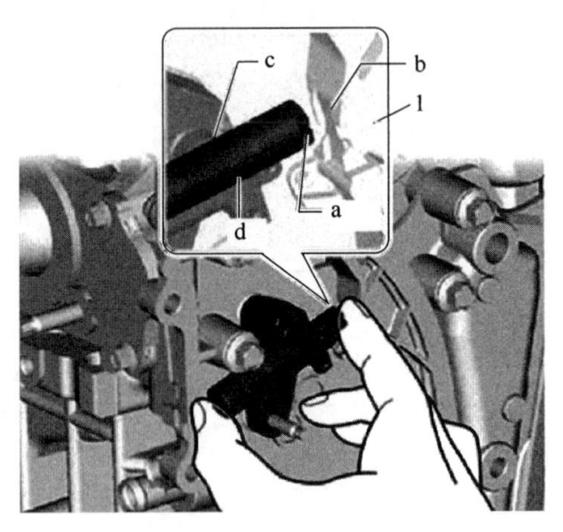

图 2-78　安装张紧器

1—1 号链条张紧器导板；a—柱塞端部；b—槽；c—油孔；d—柱塞

图 2-79　固定曲轴正时齿轮键

1—曲轴正时齿轮键

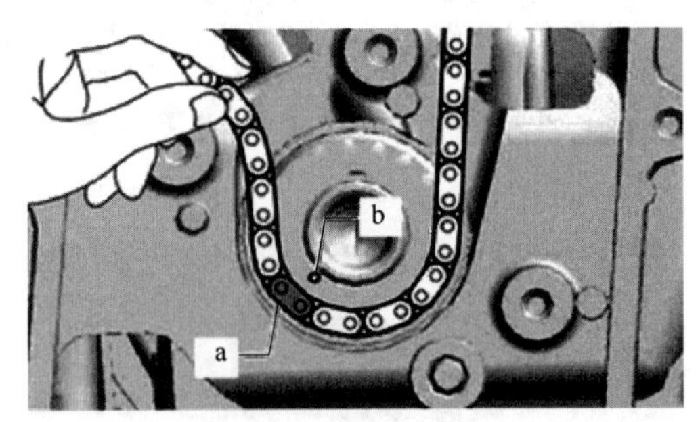

图 2-80　安装曲轴正时链轮

a—油漆标记（黄色）；b—正时标记

c. 使用 2 号凸轮轴的六角部位，用扳手逆时针旋转 2 号凸轮轴，将排气凸轮轴正时齿轮总成的正时标记对准链条分总成的油漆标记（粉色）并将链条分总成安装到排气凸轮轴正时齿轮总成上，见图 2-81。

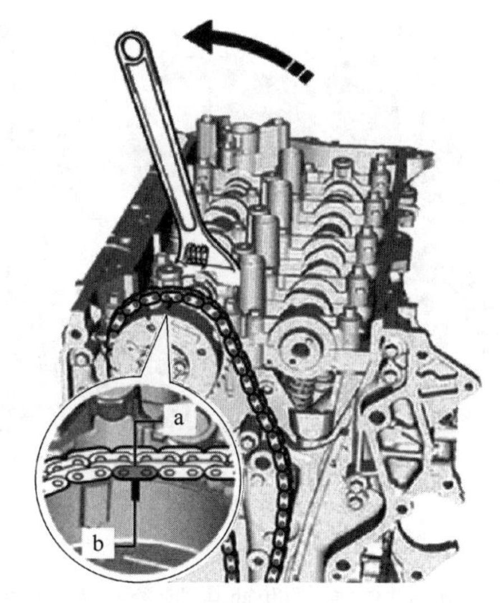

图 2-81　安装正时链条到排气凸轮轴齿轮上

a—油漆标记（粉色）；b—正时标记

⑥ 安装凸轮轴正时齿轮总成：

a. 用扳手固定 2 号凸轮轴的六角部位并顺时针转动排气凸轮轴正时齿轮总成以松开排气凸轮轴正时齿轮总成与曲轴正时链轮之间的链条分总成，见图 2-82。

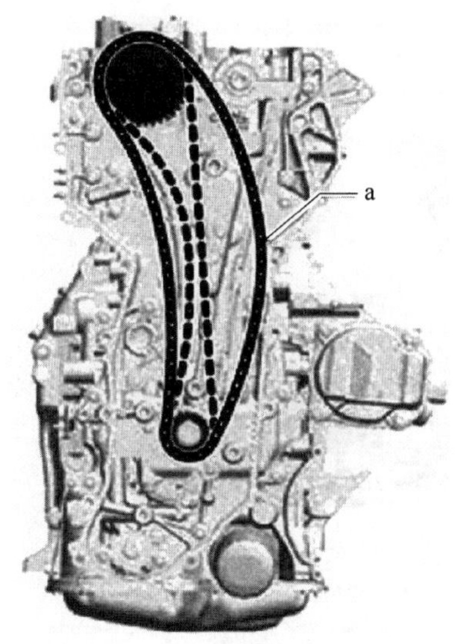

图 2-82　松开正时链条

a—松开

b. 如图 2-83 所示，对准链条分总成的油漆标记（粉色）和凸轮轴正时齿轮总成的正时标记。

c. 将凸轮轴的锁销和凸轮轴正时齿轮总成的锁销孔对准并进行安装。

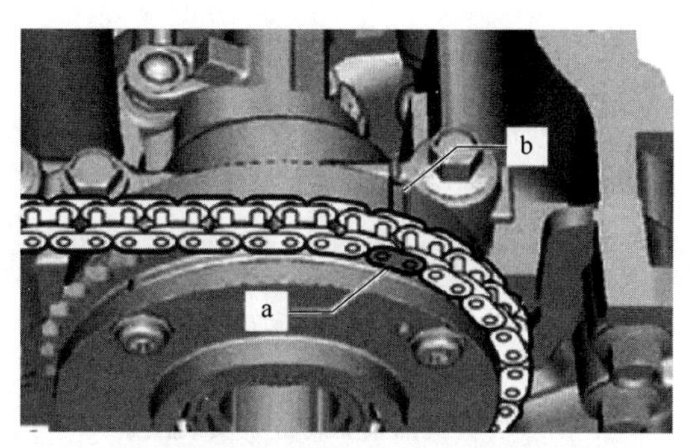

图 2-83　对准正时齿轮上的安装标记

a—油漆标记（粉色）；b—正时标记

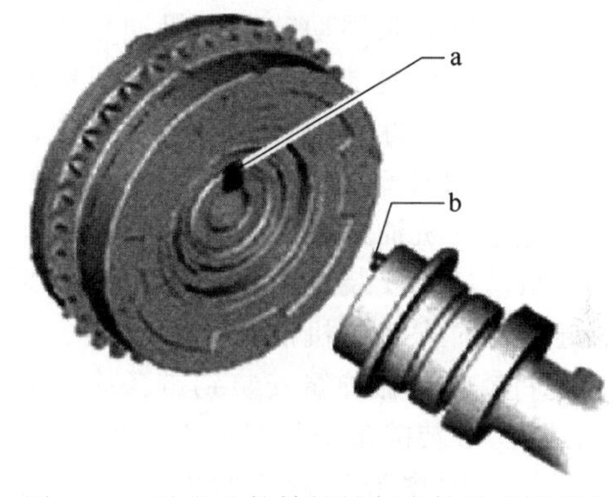

图 2-84　对准凸轮轴锁销与齿轮总成锁销孔

a—锁销孔；b—锁销

d. 如图 2-85 所示，用扳手固定凸轮轴的六角部位。

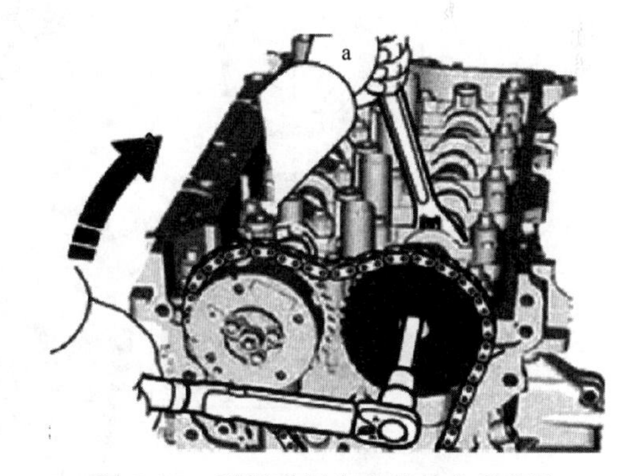

图 2-85　用扳手固定凸轮轴六角部位

a—固定

e. 使用 10mm 双六角扳手，用螺栓安装凸轮轴正时齿轮总成。转矩：86Nm。

⑦ 安装机油泵驱动链条分总成（见图 2-86）：

a. 固定曲轴正时齿轮键。

b. 转动机油泵驱动轴，使平面朝上。

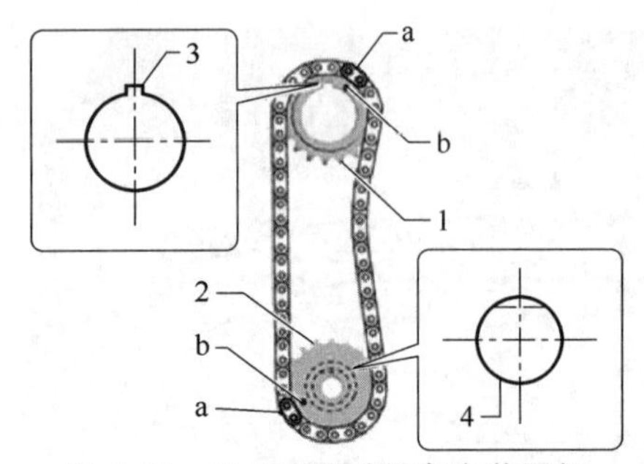

图 2-86　机油泵驱动链条安装图解

1—机油泵驱动链轮；2—机油泵驱动轴链轮；3—曲轴正时齿轮键；4—机油泵总成；a—标记板；b—正时标记

将标记板与机油泵驱动链轮和机油泵驱动轴链轮的正时标记对准。提示：确保机油泵驱动链条分总成的标记板背离发动机总成。

c. 机油泵驱动链条分总成放置在机油泵驱动链轮和机油泵驱动轴链轮周围时，将机油泵驱动链轮安装到曲轴上并将机油泵驱动轴链轮暂时安装到机油泵驱动轴上。

d. 将链条减振弹簧安装到链条张紧器盖板上，然后安装链条张紧器盖板，见图 2-87。

e. 用曲轴皮带轮螺栓暂时安装曲轴皮带轮总成。使用 SST 固定曲轴皮带轮总成并安装螺栓。转矩：50Nm。

图 2-87　安装链条减振弹簧

1—链条张紧器盖板；2—链条减振弹簧

f. 拆下 SST、曲轴皮带轮螺栓和曲轴皮带轮总成。

⑧ 将 1 号气缸设定至 TDC（压缩）：

a. 暂时安装曲轴皮带轮螺栓。

b. 顺时针旋转曲轴并对准曲轴正时齿轮键。

c. 检查并确认排气凸轮轴正时齿轮总成和凸轮轴正时齿轮总成上的正时标记如图 2-88 所示。

图 2-88　发动机正时标记位置

1—曲轴正时齿轮键；*a*—约 11.4°；*b*—约 23.7°；*c*—约 24.3°；d—正时标记

d. 拆下曲轴皮带轮螺栓。

提示：由于拆下曲轴皮带轮螺栓时 2 号凸轮轴可能逆时针猛烈旋转，因此使用扳手来固定 2 号凸轮轴的六角部位。

⑨ 安装正时链条盖总成。

2.10.2　发动机维修数据

A25A 发动机机械维修数据如表 2-14 所示。

表 2-14　A25A 发动机机械维修数据

<table>
<tr><th colspan="4">项目</th><th>数据</th></tr>
<tr><td rowspan="2">曲轴</td><td colspan="2" rowspan="2">齿隙</td><td>标准</td><td>0.05～0.20mm</td></tr>
<tr><td>最大</td><td>0.20mm</td></tr>
<tr><td rowspan="9">凸轮轴</td><td rowspan="4">油隙</td><td rowspan="2">1 号轴颈</td><td>标准</td><td>0.035～0.072mm</td></tr>
<tr><td>最大</td><td>0.085mm</td></tr>
<tr><td rowspan="2">其他轴颈</td><td>标准</td><td>0.025～0.062mm</td></tr>
<tr><td>最大</td><td>0.085mm</td></tr>
<tr><td colspan="2">径向跳动</td><td>最大</td><td>0.03mm</td></tr>
<tr><td colspan="2" rowspan="2">凸轮顶部高度</td><td>标准</td><td>42.217～42.417mm</td></tr>
<tr><td>最小</td><td>42.157mm</td></tr>
<tr><td rowspan="2">轴颈直径</td><td>1 号</td><td>标准</td><td>33.984～34.000mm</td></tr>
<tr><td>其他</td><td>标准</td><td>23.959～23.975mm</td></tr>
<tr><td rowspan="11">2 号凸轮轴</td><td rowspan="4">油隙</td><td rowspan="2">1 号轴颈</td><td>标准</td><td>0.027～0.064mm</td></tr>
<tr><td>最大</td><td>0.085mm</td></tr>
<tr><td rowspan="2">其他轴颈</td><td>标准</td><td>0.025～0.062mm</td></tr>
<tr><td>最大</td><td>0.085mm</td></tr>
<tr><td colspan="2">径向跳动</td><td>最大</td><td>0.03mm</td></tr>
<tr><td rowspan="4">凸轮顶部高度</td><td rowspan="2">2 号凸轮轴</td><td>标准</td><td>37.914～38.114mm</td></tr>
<tr><td>最小</td><td>37.804mm</td></tr>
<tr><td rowspan="2">2 号凸轮轴(燃油泵)</td><td>标准</td><td>39.398～39.598mm</td></tr>
<tr><td>最小</td><td>39.348mm</td></tr>
<tr><td rowspan="2">轴颈直径</td><td>1 号</td><td>标准</td><td>40.984～41.000mm</td></tr>
<tr><td>其他</td><td>标准</td><td>23.959～23.975mm</td></tr>
<tr><td>链条分总成</td><td colspan="2">链条伸长率</td><td>最大</td><td>116.35mm</td></tr>
<tr><td>机油泵驱动链条分总成</td><td colspan="2">链条伸长率</td><td>最大</td><td>116.35mm</td></tr>
<tr><td>机油泵驱动链轮(带机油泵驱动链条分总成)</td><td colspan="2">直径</td><td>最小</td><td>51.35mm</td></tr>
<tr><td>机油泵驱动轴链轮(带机油泵驱动链条分总成)</td><td colspan="2">直径</td><td>最小</td><td>51.35mm</td></tr>
<tr><td>曲轴正时链轮
(带链条分总成)</td><td colspan="2">直径</td><td>最小</td><td>51.35mm</td></tr>
<tr><td>链条张紧器滑块</td><td colspan="2">深度</td><td>最大</td><td>1.0mm</td></tr>
<tr><td>1 号链条减振器</td><td colspan="2">深度</td><td>最大</td><td>1.0mm</td></tr>
<tr><td rowspan="2">1 号平衡轴</td><td colspan="2" rowspan="2">轴向间隙</td><td>标准</td><td>0.05～0.09mm</td></tr>
<tr><td>最大</td><td>0.09mm</td></tr>
<tr><td rowspan="2">2 号平衡轴</td><td colspan="2" rowspan="2">轴向间隙</td><td>标准</td><td>0.05～0.09mm</td></tr>
<tr><td>最大</td><td>0.09mm</td></tr>
<tr><td rowspan="4">气缸盖定位螺栓</td><td rowspan="2">140mm
气缸盖固定螺栓</td><td rowspan="2">直径</td><td>标准</td><td>10.7～10.9mm</td></tr>
<tr><td>最小</td><td>10.6mm</td></tr>
<tr><td rowspan="2">150mm
气缸盖固定螺栓</td><td rowspan="2">直径</td><td>标准</td><td>11.7～11.9mm</td></tr>
<tr><td>最小</td><td>11.6mm</td></tr>
</table>

续表

项目				数据
排气歧管(TWC:前催化器)	翘曲度		最大	0.7mm
直销(A)	凸出高度		标准	3.0～5.0mm
直销(B)	凸出高度		标准	5.0～7.0mm
环销(A)	凸出高度		标准	3.5～4.5mm
环销(B)	凸出高度		标准	4.3～5.3mm
气缸盖	翘曲度	底部侧	最大	0.05mm
		进气歧管侧	最大	0.10mm
		排气歧管(TWC:前催化器)侧	最大	0.10mm
压缩弹簧(进气侧)	自由长度		标准	58.61mm
	偏差(参考值)		最大	1.0mm
压缩弹簧(排气侧)	自由长度		标准	61.08mm
	偏差(参考值)		最大	1.0mm
进气气门	气门杆直径		标准	5.470～5.485mm
	边缘厚度		标准	1.0mm
			最小	0.5mm
	全长		标准	104.45mm
			最小	103.95mm
排气气门	气门杆直径		标准	5.465～5.480mm
	边缘厚度		标准	1.0mm
			最小	0.5mm
	全长		标准	108.7mm
			最小	108.2mm
气门导管衬套	内径		标准	5.51～5.53mm
	油隙	进气	标准	0.025～0.060mm
			最大	0.080mm
		排气	标准	0.030～0.065mm
			最大	0.10mm
	气缸盖分总成的衬套孔直径	进气	标准	10.285～10.306mm
			使用 STD	10.333～10.344mm
			使用 O/S0.05	10.383～10.394mm
			标准衬套长度	41.3～41.7mm
		排气	标准	10.285～10.306mm
			使用 STD	10.333～10.344mm
			使用 O/S0.05	10.383～10.394mm
			标准衬套长度	43.3～43.7mm
	凸出高度	进气	标准	17.75～17.95mm
		排气	标准	17.75～17.95mm
凸轮轴	轴向间隙		标准	0.04～0.17mm
			最大	0.22mm
2号凸轮轴	轴向间隙		标准	0.04～0.17mm
			最大	0.22mm
环销	凸出高度		标准	6.5～7.5mm
火花塞套管	凸出高度		标准	75.7～76.7mm
进气门座	宽度		标准	1.0～1.4mm
排气门座	宽度		标准	1.3～1.7mm
连杆	轴向间隙		标准	0.160～0.512mm
			最大	0.513mm
	油隙		标准	0.027～0.059mm
			最大	0.059mm

续表

项目				数据
曲轴销	直径		标准	47.992～48.000mm
连杆大头内径	标记 1		标准	51.000～51.008mm
	标记 2		标准	51.009～51.016mm
	标记 3		标准	51.017～51.024mm
连杆轴承中间壁厚度	标记 1		标准	1.487～1.491mm
	标记 2		标准	1.492～1.495mm
	标记 3		标准	1.496～1.499mm
曲轴	轴向间隙		标准	0.09～0.190mm
			最大	0.25mm
曲轴止推垫圈	厚度		标准	2.43～2.48mm
气缸体	翘曲度		最大	0.05mm
缸孔	直径		参考值(新部件)	87.500～87.513mm
			最大	87.63mm
活塞	直径		参考值(新部件)	87.472～87.502mm
	油隙		参考值(新部件)	−0.002～0.041mm
			最大	0.081mm
活塞环	环槽间隙	1 号压缩弹簧	标准	0.020～0.065mm
		2 号压缩弹簧	标准	0.020～0.055mm
		油环	标准	0.060～0.110mm
	端隙	1 号压缩弹簧	标准	0.21～0.24mm
			最大	0.49mm
		2 号压缩弹簧	标准	0.50～0.55mm
			最大	0.80mm
		油环	标准	0.10～0.30mm
			最大	0.55mm
活塞销孔内径	标记 A		标准	21.006～21.009mm
	标记 B		标准	21.010～21.012mm
	标记 C		标准	21.013～21.015mm
活塞销	直径	标记 A	标准	21.004～21.007mm
		标记 B	标准	21.008～21.010mm
		标记 C	标准	21.011～21.013mm
连杆小头衬套内径	标记 A		标准	21.012～21.015mm
	标记 B		标准	21.016～21.018mm
	标记 C		标准	21.019～21.021mm
活塞销油隙	活塞侧		标准	−0.001～0.005mm
			最大	0.015mm
	连杆侧		标准	0.005～0.011mm
			最大	0.021mm
连杆校直	偏移		最大	每 100mm 偏移 0.05mm
	扭曲		最大	每 100mm 扭曲 0.15mm
曲轴	径向跳动		最大	0.03mm
	主轴颈直径		标准	55.988～56.000mm
	锥度和圆度(主轴径侧)		最大	0.003mm
	曲柄销直径		标准	47.992～48.000mm
	锥度和圆度(曲柄销侧)		最大	0.003mm
	油隙(3 号轴颈)		标准	0.020～0.043mm
			最大	0.044mm
	油隙(除 3 号轴颈外)		标准	0.014～0.037mm
			最大	0.048mm

续表

项目				数据
气缸体轴颈内径	标记 0		标准	60.000～60.002mm
	标记 1		标准	60.003～60.004mm
	标记 2		标准	60.005～60.006mm
	标记 3		标准	60.007～60.009mm
	标记 4		标准	60.010～60.011mm
	标记 5		标准	60.012～60.013mm
	标记 6		标准	60.014～60.016mm
曲轴主轴径	直径	标记 0	标准	55.999～56.000mm
		标记 1	标准	55.997～55.998mm
		标记 2	标准	55.995～55.996mm
		标记 3	标准	55.993～55.994mm
		标记 4	标准	55.991～55.992mm
		标记 5	标准	55.988～55.990mm
曲轴轴承中间壁	厚度	标记 1	标准	1.990～1.993mm
		标记 2	标准	1.994～1.996mm
		标记 3	标准	1.997～1.999mm
		标记 4	标准	2.000～2.002mm
		标记 5	标准	2.003～2.005mm
曲轴轴承盖定位螺栓	直径		标准	10.73～10.97mm
连杆螺栓	直径		标准	8.36～8.5mm
环销	凸出高度		标准	5.0～7.0mm
直销(A)	凸出高度		标准	11.0～13.0mm
直销(B)	凸出高度		标准	5.0～7.0mm
曲轴轴承	A 级和 B 级之间的距离		标准	0～0.7mm
连杆轴承	A 级和 B 级之间的距离		标准	0～0.7mm
点火正时	DLC3 的端子 TC 和 CG 连接			怠速时为 8°～12° BTDC（传动桥位于空挡或驻车挡）
	DLC3 的端子 TC 和 CG 断开			怠速时为 0°～15° BTDC（传动桥位于空挡或驻车挡）
怠速转速				600～700r/min
压缩	标准压力			1500kPa
	最低压力			1300kPa
	各气缸之间的压力差			200kPa 或更低
正时链条盖油封	深度		标准	0～2mm
发动机后油封	深度		标准	-0.9～1.1mm

A25A 发动机机械部件紧固力矩如表 2-15 所示。

表 2-15　A25A 发动机机械部件紧固力矩

紧固件			紧固力矩/(N·m)
发动机总成	1 号发动机吊架和 2 号发动机吊架×气缸盖分总成		43
	发动机安装隔垫×车身		72
	发动机安装隔离件分总成 RH×车身和发动机安装隔垫		76
	支架×发动机安装隔离件分总成 RH		8.0
	散热器水箱总成×车身		5.0
	发动机前安装隔离件×前车架总成		72
	前车架总成×发动机后安装隔离件		72
	发动机前安装隔离件×发动机前安装支架		72
	燃油输油管防护装置×发动机安装支架 RH		40
	前保险杠延伸段分总成 RH 和前保险杠延伸段分总成 LH×前车架总成和车身	螺栓(A)	9.0
		螺栓(B)	12.5
		螺栓(C)	135

续表

紧固件			紧固力矩/(N·m)
发动机总成	前悬架横梁支架分总成 RH 和前悬架横梁支架分总成 LH×前车架总成和车身	螺栓(D)	17.5
		螺栓(E)	135
		螺母	17.5
	发动机安装隔离件 LH×发动机安装支架 LH		42
	发动机安装隔离件分总成 RH×发动机安装支架 RH	螺栓	72
		螺母	42
	车身安装板×前悬架横梁支架分总成 RH 和前悬架横梁支架分总成 LH		17.5
	线束×车身		8.0
	接地线×自动传动桥总成		20
	线束×蓄电池正极(+)端子		7.6
	线束×发动机室继电器盒和接线盒总成		8.0
	蓄电池夹箍分总成×发动机后 2 号安装隔离件		18.5
	空气滤清器进气口总成×车身		8.0
	电缆×蓄电池负极(-)端子		5.4
	前保险杠下减振器×车身		7.5
	前翼子板挡泥板密封件 LH×车身		7.5
	前翼子板挡泥板密封件 RH×车身		7.5
	1 号发动机下盖×车身		7.5
	2 号发动机下盖总成×前车架总成		7.5
发动机单元	双头螺栓×加强曲轴箱总成		4.0
	双头螺栓×正时链条盖总成		4.0
	线束夹箍支架×加强曲轴箱总成		10
	直螺旋塞×加强曲轴箱总成		44
	发动机平衡器总成×加强曲轴箱总成		24
	加强曲轴箱总成×气缸体分总成		43
	机油泵支架×发动机平衡器总成和机油泵总成		24
	滤油网分总成×发动机平衡器总成		10
	2 号油底壳分总成×加强曲轴箱总成		10
	油底壳排放塞×2 号油底壳分总成		40
	机油滤清器接头×加强曲轴箱总成		29.5
	气缸盖分总成×气缸体分总成	第一步	90
		第二步	转动 90°
		第三步	转动 90°
	水密封板×气缸盖分总成		10
	1～4 号凸轮轴轴承盖×凸轮轴壳分总成		16
	1～4 号凸轮轴轴承盖×气缸盖分总成和凸轮轴壳分总成		28.5
	燃油泵挺杆导向装置×4 号凸轮轴轴承盖		10
	凸轮轴正时齿轮总成×凸轮轴		86
	排气凸轮轴正时齿轮总成×2 号凸轮轴		19
	1 号链条减振器×气缸盖分总成和气缸体分总成		24
	链条张紧器滑块×气缸盖分总成		24
	1 号链条张紧器总成×正时链条盖总成		10
	机油泵驱动轴链轮×机油泵总成		50
	直螺旋塞×2 号正时齿轮盖总成		40
	2 号正时齿轮盖总成×正时链条盖总成		24
	发动机安装支架 RH×2 号正时齿轮盖总成		43
	气缸盖罩分总成×凸轮轴壳分总成		7.5
	水旁通出口分总成×气缸盖分总成		10
	出水口×气缸盖分总成		10
	曲轴皮带轮总成×曲轴		260

续表

紧固件			紧固力矩/(N·m)
发动机单元	2号真空开关阀支架×气缸盖分总成		10
	3号排气歧管隔热件×气缸体分总成		16
	发动机水泵总成(进水口外壳)×气缸体分总成		43
	发动机机油油位计导管×气缸盖分总成		10
	线束夹箍支架×1号通风箱		10
	6号发动机导线×线束夹箍支架		10
	传感器线束×带节温器的进水口分总成		10
	1号燃油管分总成×燃油输油管	不使用连接螺母扳手	35
		使用连接螺母扳手	30
	1号燃油管分总成×燃油泵总成	不使用连接螺母扳手	35
		使用连接螺母扳手	30
	2号水旁通管×进气歧管	螺栓(A)	21
		螺栓(B)	10
	3号水旁通管×进气歧管		10
	EGR阀支架×EGR阀总成		10
	EGR阀总成×气缸盖分总成		10
	EGR1号管分总成×进气歧管和EGR阀总成		10
	1号EGR冷却器支架×EGR阀支架和出水口		21
	EGR冷却器总成×气缸盖分总成		21
	1号排气歧管隔热件×排气歧管(TWC:前催化器)		10
	水软管夹箍支架×气缸盖分总成		13
	水流关闭阀(水旁通软管总成)×水软管夹箍支架		19
	2号水旁通管分总成×气缸盖分总成		19
	3号正时链条盖×2号正时齿轮盖总成		10
	正时齿轮盖隔振垫×2号正时齿轮盖总成		10
	V带张紧器总成×2号正时齿轮盖总成		21
	2号发动机盖×2号正时齿轮盖总成		10
	双头螺栓×加强曲轴箱总成(A型)		10
	带皮带轮的压缩机总成×加强曲轴箱总成(A型)		24.5
	带皮带轮的压缩机总成×加强曲轴箱总成(B型)		24.5
	驱动轴轴承支架×气缸体分总成和加强曲轴箱总成		63.7
气缸盖	双头螺栓×气缸盖分总成		6.5
	1号直螺旋塞×气缸盖分总成		25
气缸体	2号机油喷嘴分总成×气缸体分总成		10
	1号机油喷嘴分总成×气缸体分总成		10
	曲轴轴承盖×气缸体分总成	第一步	61
		第二步	转动90°
	连杆轴承盖×连杆分总成	第一步	38
		第二步	转动90°
	1号通风箱×气缸体分总成		21
凸轮轴	正时链条盖总成×气缸盖分总成、凸轮轴壳分总成、气缸体分总成、机油泵总成和加强曲轴箱总成		27
曲轴后油封	驱动板和齿圈分总成×曲轴		150

2.11 2.5T A25B双擎发动机

2.11.1 发动机正时维修

正时链单元拆卸与安装方法与A25A发动机相同，注意1缸TDC位置设置角度有所区别，如图2-89所示。

图 2-89 1 缸 TDC 位置设置角度

1—曲轴正时齿轮键；a—约 7.4°；b—约 27.3°；c—约 24.3°；d—正时标记

2.11.2 发动机维修数据

该发动机大部分项目参数与 A25A 相同，对比不同部分数据如表 2-16 所示。

表 2-16 A25B 发动机机械维修数据

项目			数据
机油泵驱动链轮(带机油泵驱动链条分总成)	直径	最小	51.23mm
凸轮轴正时齿轮(带链条分总成)	直径	最小	100.01mm
曲轴正时链轮(带链条分总成)	直径	最小	51.23mm
压缩弹簧(进气侧)	自由长度	标准	58.81mm
	偏差(参考值)	最大	1.0mm
连杆	轴向间隙	标准	0.16～0.51mm
		最大	0.512mm
	油隙	标准	0.027～0.059mm
		最大	0.059mm
活塞销孔内径	标记 A	标准	21.004～21.007mm
	标记 B	标准	21.008～21.010mm
	标记 C	标准	21.011～21.013mm
点火正时	传动桥应处于驻车挡		怠速时为 8°～12°BTDC
	传动桥应处于驻车挡		怠速时为 −2°～14°BTDC

续表

项目		数据
怠速转速		1050～1150r/min
压缩	标准压力	870kPa
	最低压力	700kPa
	各气缸之间的压力差	200kPa 或更低

2.12 2.7L 3TR 发动机

2.12.1 发动机正时维修

（1）正时设置

① 转动曲轴皮带轮，并将凹槽对准正时链条或正时皮带盖上的正时标记 0。

② 如图 2-90 所示，检查并确认凸轮轴正时齿轮上的正时标记对准 1 号凸轮轴轴承盖上的正时标记。

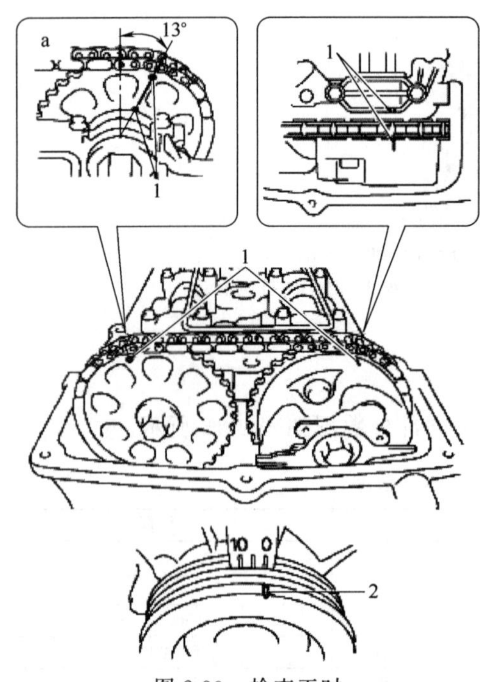

图 2-90　检查正时

1—正时标记；2—凹槽；a—后视图

（2）安装平衡轴驱动链条

① 检查并确认 1 号气缸在 TDC 且 1 号和 2 号平衡轴的配重在底部位置，安装 2 号正时链轮。

② 如图 2-91 所示，将 2 号链条安装到链轮和齿轮上，并使标记板对准链轮和齿轮上的正时标记。

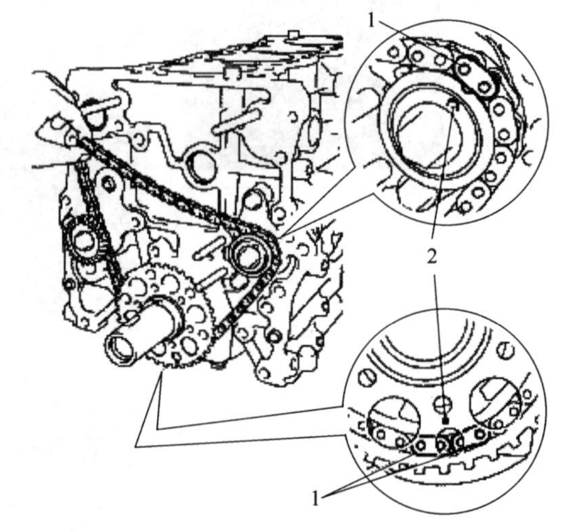

图 2-91　对准平衡轴链条标记

1—标记板；2—正时标记

③ 如图 2-92 所示，将平衡轴主动齿轮的其他标记板安装到平衡轴主动齿轮大正时标记后面。

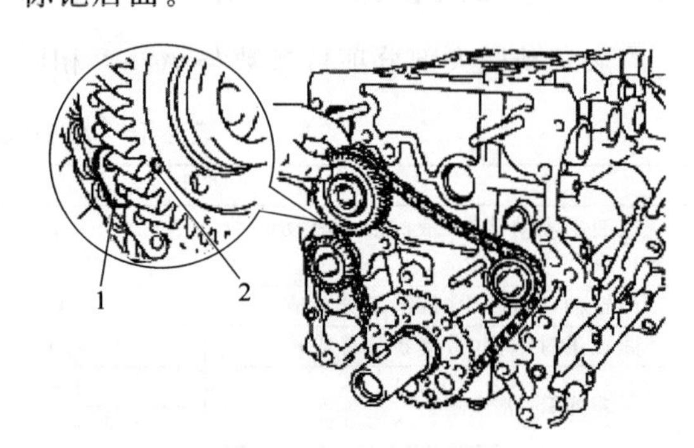

图 2-92　平衡轴主动齿轮其他标记板位置

1—标记板；2—大正时标记

④ 将平衡轴主动齿轮轴插入平衡轴主动齿轮以使其安装到止推板孔内。

⑤ 如图 2-93 所示，将平衡轴主动齿轮的小正时标记对准平衡轴正时齿轮的正时标记，检查并确认各正时标记与相应的标记板一致。

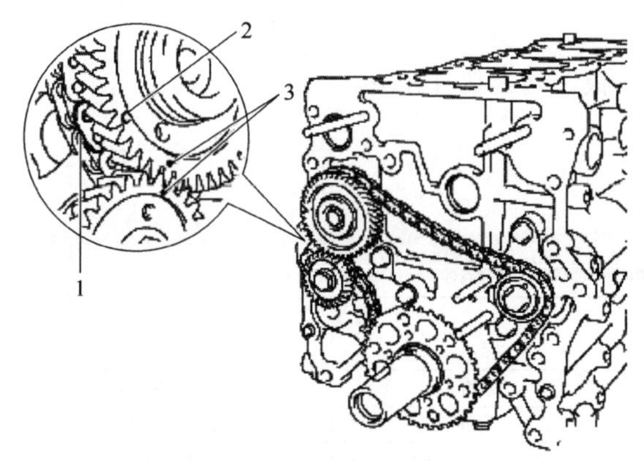

图 2-93　对准小正时标记

1—标记板；2—大正时标记；3—小正时标记

⑥ 将螺栓安装到平衡轴主动齿轮内并将其紧固，转矩为 25Nm。

⑦ 检查并确认各正时标记与相应的标记板一致，如图 2-94 所示。

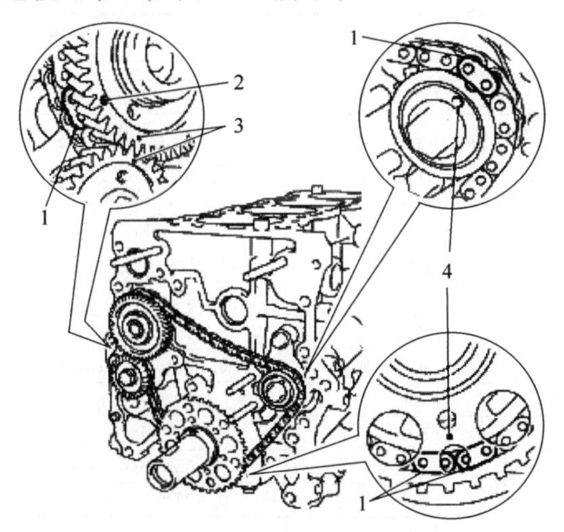

图 2-94　检查平衡轴驱动链正时

1—标记板；2—大正时标记；3—小正时标记；4—正时标记

(3) 安装正时链条

① 如图 2-95 所示，将链条安装到链轮和齿轮上，并将油漆标记对准链轮和齿轮上的正时标记（凸轮轴标记板为黄色，曲轴标记板为橙色）。

② 如图 2-96 所示，用绳子绑住曲轴正时链轮的链条，将绳子系在链轮附近。绳子用来防止链条跳齿，安装好链条张紧器后必须解下绳子。

③ 用螺栓安装链条张紧器导板，转矩为 21Nm。

④ 向上移动挡片以解除锁止，并将柱塞推入链条张紧器，如图 2-97 所示。

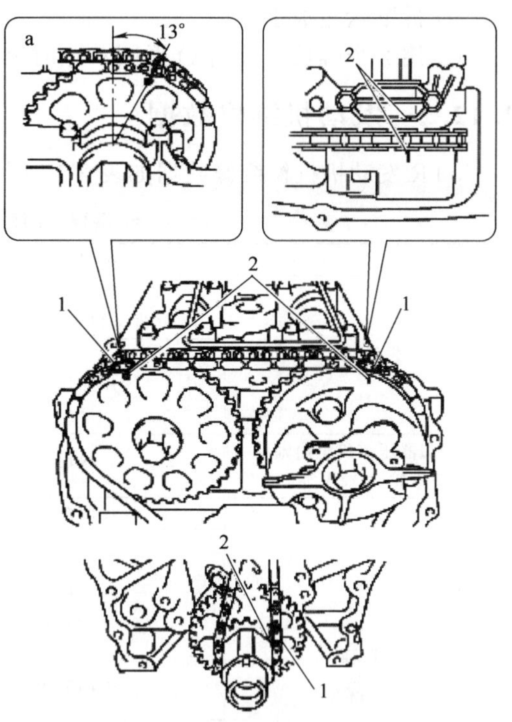

图 2-95　对准正时链与链轮安装标记

1—标记板；2—正时标记；a—后视图

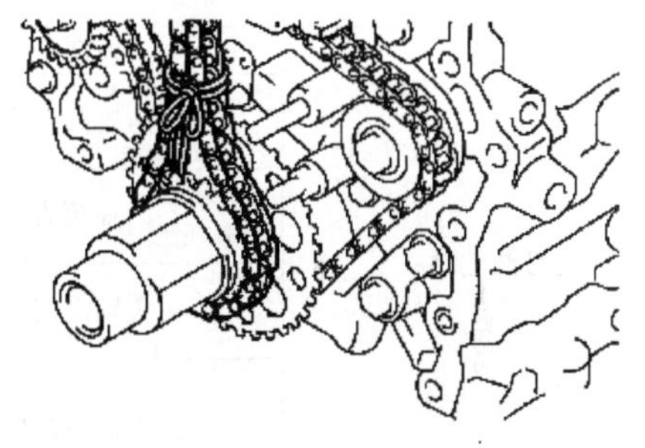

图 2-96　用绳子绑住链条

⑤ 向下移动挡片以设定锁止，并将六角扳手插入挡片上的孔内。

⑥ 用螺栓和螺母安装新衬垫和链条张紧器总成，转矩为 10Nm。

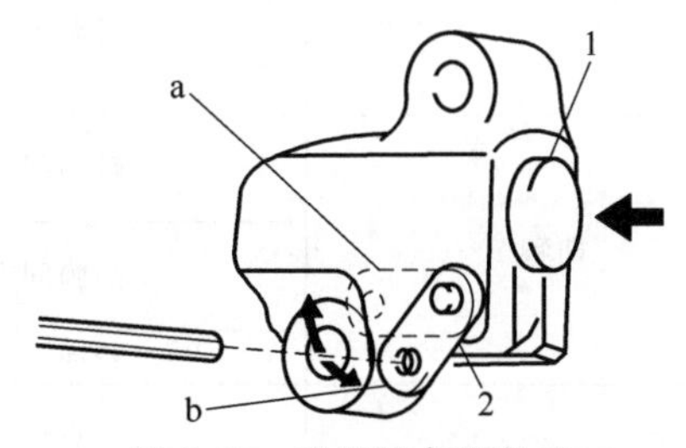

图 2-97　设置链条张紧器

1—柱塞；2—挡片；a—向上；b—向下

⑦ 拆下六角扳手。

⑧ 用 2 个螺栓安装新 O 形圈和正时链上部导板，转矩为 10Nm。

2.12.2 发动机维修数据

3TR 发动机机械维修数据如表 2-17 所示。

表 2-17 3TR 发动机机械维修数据

项目				数据
发动机	点火正时	标准		0°～20°BTDC
	发动机怠速运转	标准		750～850r/min
	压缩压力	标准		1230kPa
		最小		880kPa
		各气缸之间的差值		98kPa
(冷却器压缩机至曲轴皮带轮)1 号 V 带	挠度	标准	新皮带	7.2～8.2mm
			旧皮带	10.6～12.3mm
凸轮轴	径向跳动	最大		0.03mm
	凸轮凸角高度	标准		42.855～42.955mm
		最小		42.855mm
	轴颈直径	标准	1 号	35.949～35.965mm
			其他	26.959～26.975mm
	轴向间隙	标准		0.10～0.24mm
		最大		0.26mm
	油膜间隙	标准	1 号	0.035～0.072mm
			其他	0.025～0.062mm
		最大		0.08mm
2 号凸轮轴	径向跳动	最大		0.03mm
	凸轮凸角高度	标准		42.854～42.954mm
		最小		42.854mm
	轴颈直径	标准	1 号	35.949～35.965mm
			其他	26.959～26.975mm
	轴向间隙	标准		0.10～0.24mm
		最大		0.26mm
	油膜间隙	标准	1 号	0.035～0.072mm
			其他	0.025～0.062mm
		最大		0.08mm
连杆	轴向间隙	标准		0.15～0.35mm
		最大		0.40mm
	油膜间隙	标准		0.039～0.066mm
		最大		0.066mm
	弯曲度(每 100mm)	最大		0.03mm
	扭曲度(每 100mm)	最大		0.15mm
	衬套内径	标准	A	22.005～22.008mm
			B	22.009～22.011mm
			C	22.012～22.014mm
曲轴	轴向间隙	标准		0.020～0.220mm
		最大		0.30mm
	油膜间隙	标准	3 号	0.030～0.055mm
			其他	0.024～0.049mm
	径向跳动	最大		0.03mm
曲轴轴颈	直径	标准	3 号	59.981～59.994mm
			其他	59.987～60.000mm
	锥度和圆度	最大		0.005mm

续表

项目				数据
曲柄销	直径	标准		52.989～53.002mm
	锥度和圆度	最大		0.003mm
曲轴轴承盖固定螺栓	外径	标准		10.76～10.97mm
		最小		10.66mm
1 号平衡轴	轴向间隙	标准		0.07～0.13mm
		最大		0.20mm
	主轴颈直径	标准	A	37.969～37.985mm
			B	37.449～37.465mm
	轴承内径	标准	A	38.025～38.045mm
			B	37.525～37.545mm
	油膜间隙	标准	A	0.040～0.076mm
			B	0.060～0.096mm
		最大		0.15mm
2 号平衡轴	轴向间隙	标准		0.07～0.13mm
		最大		0.20mm
	主轴颈直径	标准	A	37.969～37.985mm
			B	37.449～37.465mm
	轴承内径	标准	A	38.025～38.045mm
			B	37.525～37.545mm
	油膜间隙	标准	A	0.040～0.076mm
			B	0.060～0.096mm
		最大		0.15mm
链条分总成	伸长率	最大		147.5mm
2 号链条分总成	伸长率	最大		123.6mm
凸轮轴正时齿轮或链轮	距离	最小		1.0mm
	链轮直径(带链条)	最小		113.8mm
凸轮轴正时齿轮总成	距离	最小		1.0mm
	链轮直径(带链条)	最小		113.8mm
2 号曲轴正时链轮	距离	最小		1.0mm
	链轮直径(带链条)	最小		59.4mm
链条张紧器导板	磨损量	最大		2.0mm
1 号链条振动阻尼器	磨损量	最大		2.0mm
正时链条导板	磨损量	最大		0.5mm
平衡轴主动齿轮分总成	直径(带链条)	最小		75.9mm
2 号链条振动阻尼器	磨损量	最大		1.0mm
3 号链条振动阻尼器	磨损量	最大		1.0mm
4 号链条振动阻尼器	磨损量	最大		1.0mm
气缸盖固定螺栓	直径	标准		10.76～10.97mm
		最小		10.40mm
气缸盖分总成	翘曲度	最大		0.05mm
压缩弹簧	自由长度	标准		48.53mm
	偏差	最大		1.5mm
	角度(参考)	最大		2°
进气门	总长	标准		106.26mm
		最小		105.96mm
	气门杆直径	标准		5.470～5.485mm
	边缘厚度	标准		1.05～1.45mm
		最小		0.50mm
排气门	总长	标准		106.74mm
		最小		106.44mm

续表

项目				数据
排气门	气门杆直径	标准		5.465～5.480mm
	边缘厚度	标准		1.2～1.6mm
		最小		0.50mm
进气门导管衬套	内径	标准		5.510～5.530mm
	油膜间隙	标准		0.025～0.060mm
		最大		0.08mm
排气门导管衬套	内径	标准		5.510～5.530mm
	油膜间隙	标准		0.030～0.065mm
		最大		0.10mm
气缸体分总成	翘曲度	最大		0.05mm
	直径	标准		94.990～95.003mm
活塞	直径	标准	标准	94.940～94.950mm
			O/S 0.50	95.440～95.450mm
	油膜间隙	标准		0.019～0.052mm
	活塞销孔内径	标准	A	22.001～22.004mm
			B	22.005～22.007mm
			C	22.008～22.010mm
活塞环	环槽间隙	标准	1号	0.020～0.075mm
			2号	0.020～0.065mm
			油液	0.020～0.070mm
	端隙	标准	1号	0.26～0.38mm
			2号	0.59～0.71mm
			油液	0.10～0.40mm
		最大	1号	0.90mm
			2号	1.36mm
			油液	0.75mm
活塞销	活塞销直径	标准	A	21.997～22.000mm
			B	22.001～22.003mm
			C	22.004～22.006mm
	油膜间隙	标准		0.001～0.007mm
		最大		0.010mm
连杆螺栓	直径	标准		7.2～7.3mm
		最小		7.0mm

3TR 发动机机械部件紧固力矩如表 2-18 所示。

表 2-18　3TR 发动机机械部件紧固力矩

紧固零件	力矩/(N·m)
皮带轮×压缩机 1 号安装支架	47
蓄电池负极端子	3.9
火花塞×气缸盖分总成	18
压缩机皮带轮螺母	47
发动机底罩左侧支架×车架分总成	18
发动机底罩右侧支架×车架分总成	18
发动机底罩×车架	18
发动机底罩×发动机底罩左侧支架	18
发动机底罩×发动机底罩右侧支架	18
凸轮轴正时齿轮总成×凸轮轴	78
机油输油管×2 号凸轮轴轴承盖(螺栓 A)	12
机油输油管×除 2 号凸轮轴轴承盖外(除螺栓 A 外)	16

续表

<table>
<tr><th colspan="2">紧固零件</th><th>力矩/(N·m)</th></tr>
<tr><td colspan="2">凸轮轴轴承盖×气缸盖分总成</td><td>16</td></tr>
<tr><td colspan="2">凸轮轴正时齿轮或链轮×2 号凸轮轴</td><td>78</td></tr>
<tr><td colspan="2">链条盖螺塞×正时链条或正时皮带盖分总成</td><td>17</td></tr>
<tr><td colspan="2">正时链条导板×1 号凸轮轴轴承盖</td><td>10</td></tr>
<tr><td colspan="2">气缸盖罩分总成×气缸盖分总成</td><td>9.0</td></tr>
<tr><td colspan="2">点火线圈总成×气缸盖分总成</td><td>9.0</td></tr>
<tr><td colspan="2">2 号发动机吊架×气缸盖分总成</td><td>42</td></tr>
<tr><td colspan="2">发动机左前 1 号悬置支架×气缸体总成</td><td>51</td></tr>
<tr><td colspan="2">发动机左前 1 号悬置支架×发动机前悬置隔振垫</td><td>45</td></tr>
<tr><td colspan="2">发动机左前 1 号悬置支架×车架分总成</td><td>42</td></tr>
<tr><td colspan="2">发动机右前 1 号悬置支架×气缸体总成</td><td>51</td></tr>
<tr><td colspan="2">发动机右前 1 号悬置支架×发动机前悬置隔振垫</td><td>45</td></tr>
<tr><td colspan="2">发动机右前 1 号悬置支架×车架分总成</td><td>42</td></tr>
<tr><td colspan="2">排气歧管×气缸盖分总成</td><td>36</td></tr>
<tr><td colspan="2">排气歧管 1 号隔热罩×排气歧管</td><td>12</td></tr>
<tr><td colspan="2">4 号水旁通管×气缸体总成</td><td>20</td></tr>
<tr><td colspan="2">4 号水旁通管×气缸盖分总成</td><td>20</td></tr>
<tr><td colspan="2">后端板×气缸体总成</td><td>18</td></tr>
<tr><td colspan="2">1 号水旁通管×正时链条或正时皮带盖分总成</td><td>18</td></tr>
<tr><td colspan="2">1 号水旁通管×后端板</td><td>20</td></tr>
<tr><td colspan="2">通风管×气缸盖分总成</td><td>18</td></tr>
<tr><td colspan="2">曲轴皮带轮×曲轴皮带轮分总成</td><td>25</td></tr>
<tr><td rowspan="5">压缩机 1 号安装支架×气缸体总成</td><td>A</td><td>60</td></tr>
<tr><td>B</td><td>25</td></tr>
<tr><td>C</td><td>25</td></tr>
<tr><td>D</td><td>60</td></tr>
<tr><td>E</td><td>60</td></tr>
<tr><td colspan="2">机油油位计导管×正时链条或正时皮带盖分总成</td><td>8.0</td></tr>
<tr><td colspan="2">1 号惰轮分总成×正时链条或正时皮带盖分总成</td><td>43</td></tr>
<tr><td colspan="2">1 号水软管卡夹支架×正时链条或正时皮带盖分总成</td><td>8.5</td></tr>
<tr><td colspan="2">进气歧管×气缸盖分总成</td><td>25</td></tr>
<tr><td colspan="2">飞轮分总成×曲轴</td><td>27</td></tr>
<tr><td colspan="2">前悬架下横梁分总成×车架分总成</td><td>160</td></tr>
<tr><td colspan="2">转向中间拉杆总成×中心臂支架总成</td><td>150</td></tr>
<tr><td colspan="2">转向中间拉杆总成×惰轮臂支架总成</td><td>91</td></tr>
<tr><td colspan="2">转向中间拉杆总成×左侧横拉杆接头</td><td>155</td></tr>
<tr><td colspan="2">稳定杆支架盖</td><td>45</td></tr>
<tr><td colspan="2">前稳定杆连杆总成×前稳定杆</td><td>74</td></tr>
<tr><td colspan="2">2 号燃油软管卡子×进气歧管</td><td>20</td></tr>
<tr><td colspan="2">燃油输油管分总成×气缸盖分总成</td><td>12</td></tr>
<tr><td colspan="2">燃油压力脉动阻尼器总成×燃油输油管分总成</td><td>9.0</td></tr>
<tr><td colspan="2">带皮带轮的压缩机总成×压缩机 1 号安装支架</td><td>60</td></tr>
<tr><td colspan="2">叶片泵储油罐总成×车身</td><td>18</td></tr>
<tr><td colspan="2">前排气管总成×排气歧管</td><td>43</td></tr>
<tr><td colspan="2">前排气管总成×带管的催化转化器总成</td><td>43</td></tr>
<tr><td colspan="2">双头螺栓×气缸体</td><td>7.5</td></tr>
<tr><td colspan="2">2 号平衡轴从动齿轮×2 号平衡轴</td><td>36</td></tr>
<tr><td colspan="2">2 号平衡轴×气缸体</td><td>18</td></tr>
<tr><td colspan="2">1 号平衡轴从动齿轮×1 号平衡轴</td><td>36</td></tr>
<tr><td colspan="2">1 号平衡轴×气缸体</td><td>18</td></tr>
<tr><td colspan="2">1 号机油喷嘴分总成×气缸体</td><td>7.0</td></tr>
</table>

续表

紧固零件		力矩/(N·m)
气缸体放水开关分总成×气缸体		20
放水螺塞×气缸体放水开关分总成		13
曲轴轴承盖×气缸体		39
连杆×曲轴		25
1号直螺纹塞×气缸盖分总成		44
2号直螺纹塞×气缸盖分总成		140
双头螺栓×气缸盖分总成	A	3.0
	B	7.5
	C	7.5
机油控制阀滤清器×气缸盖分总成		30
4号链条振动阻尼器×气缸体		18
平衡轴主动齿轮×气缸体		25
2号链条张紧器总成×气缸体		18
3号链条振动阻尼器×气缸体		18
2号链条振动阻尼器×气缸体		27
发动机后油封座圈×气缸体		13
机油滤清器支架座×气缸体		25
机油滤清器支架分总成×气缸体		25
螺纹塞×机油滤清器支架分总成		49
机油冷却器总成×机油滤清器支架分总成		43
机油滤清器分总成×机油冷却器总成		17
气缸盖分总成×气缸体	第一步	39
	第二步	转动90°
	第三步	转动90°
1号链条振动阻尼器×气缸体		21
1号链条振动阻尼器×气缸盖分总成		21
链条张紧器导板×气缸体		21
1号链条张紧器总成×气缸盖分总成		10
发动机水泵总成×正时链条或正时皮带盖分总成		9.0
正时链条或正时皮带盖分总成(A型)	A	60
	B	21
	C	25
	D	21
	E	21
	螺母	21
正时链条或正时皮带盖分总成(B型)	A	57
	B	23
	C	25
	D	21
	螺母	23
双头螺栓×油底壳分总成	A	7.5
	B	3.0
油底壳分总成		26
滤油网分总成×油底壳分总成		26
2号油底壳分总成		9.0
曲轴皮带轮分总成×曲轴		260
气缸盖罩分总成×气缸盖分总成		9.0
通风阀分总成×气缸盖罩分总成		5.0
凸轮轴正时机油控制阀总成×气缸盖分总成		9.0
曲轴位置传感器×气缸体		9.0

续表

紧固零件		力矩/(N·m)
凸轮轴位置传感器×气缸盖分总成		9.0
爆震控制传感器×气缸体		20
发动机机油压力开关×气缸体		15
进水口×正时链条或正时皮带盖分总成		28
多楔带张紧器×气缸体	螺栓1	40
	螺栓2	23
	螺栓3	43

2.13　3.5L 2GR发动机

2.13.1　发动机正时维修

(1) 正时链条安装

① 如图2-98所示，使标记板（黄色）与凸轮轴正时齿轮总成和排气凸轮轴正时齿轮总成的正时标记对准。

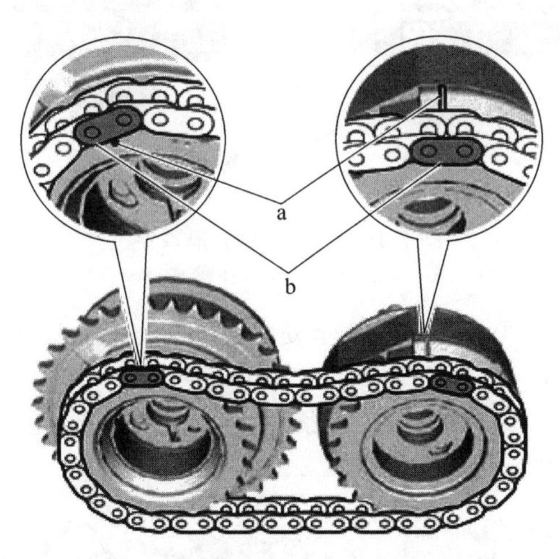

图2-98　对准分正时链安装标记
a—正时标记；b—标记板

② 将3号凸轮轴分总成和4号凸轮轴分总成的直销对准凸轮轴正时齿轮总成和排气凸轮轴正时齿轮总成的销孔。在安装好2号链条分总成的情况下，暂时安装凸轮轴正时齿轮总成和排气凸轮轴正时齿轮总成。

③ 如图2-99所示，对准标记板和正时标记并安装链条分总成。凸轮轴标记板为黄色。

④ 如图2-100所示，将链条分总成暂时置于曲轴上。

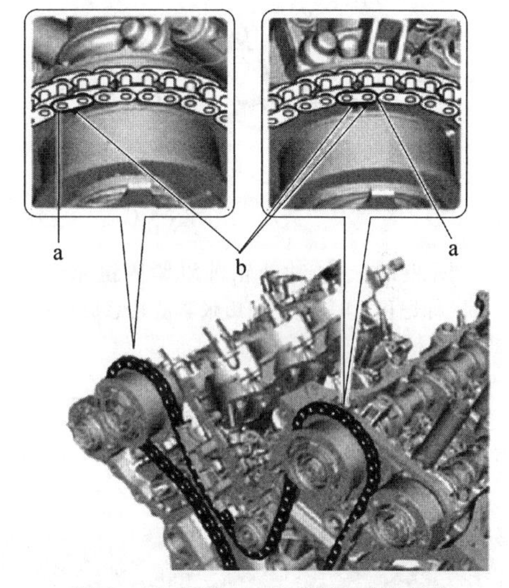

图2-99　对准主正时链上部标记
a—标记板；b—正时标记

图2-100　将链条置于曲轴上

⑤ 如图2-101所示，逆时针转动B1（气缸列1）上的凸轮轴正时齿轮总成，以紧固气缸组间的链条分总成。注意：重复使用张紧链轮总成时，将标记板对准其原来所在位置的标记，以紧固气缸组之间的链条分总成。

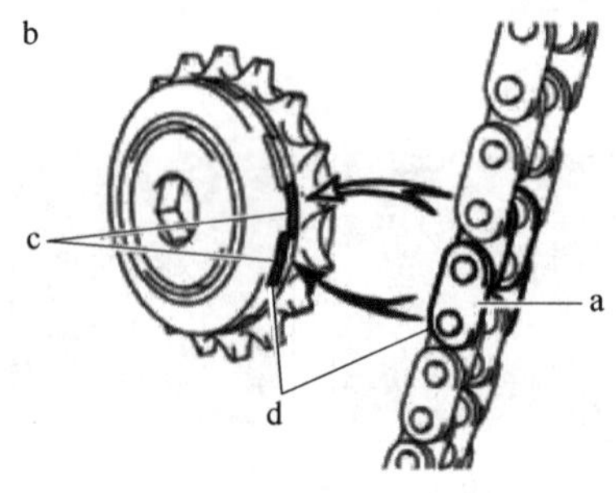

图 2-101　转动凸轮轴以紧固链条

a—标记板；b—重复使用张紧链轮总成时；c—标记；d—对准

⑥ 如图 2-102 所示，对准标记板和正时标记，并将链条分总成安装到曲轴正时链轮上。曲轴标记板为粉色。

图 2-102　对准正时链与曲轴链轮标记

a—标记板；b—正时标记

⑦ 暂时紧固曲轴皮带轮固定螺栓至曲轴。

⑧ 如图 2-103 所示，顺时针转动曲轴，将其定位至缸孔（B1）中心（TDC/压缩）。

（2）安装正时链条张紧器

① 顺时针转动挡片以松开锁扣，并将柱塞推入链条张紧器总成。

② 逆时针转动挡片以卡紧锁扣，并将

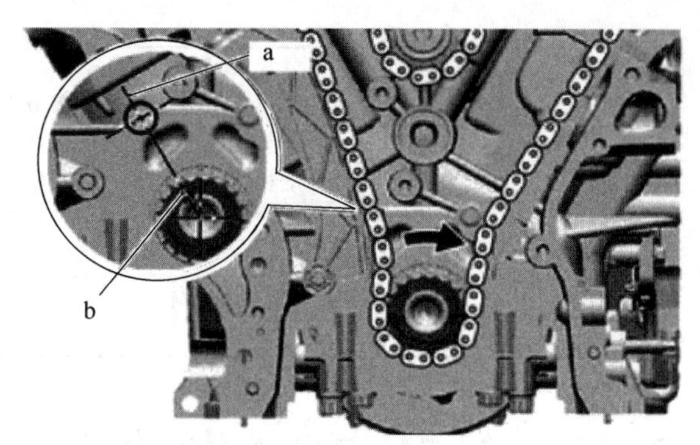

图 2-103　转动曲轴设置 TDC 位置

a—中心线；b—键槽

直径为 1.0mm 的销插入挡片孔中，如图 2-104 所示。

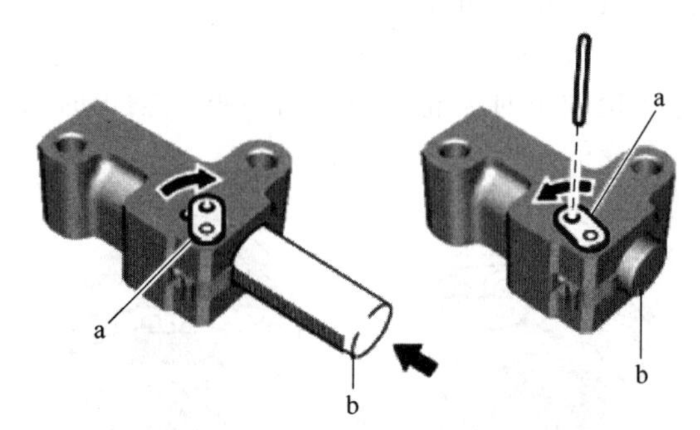

图 2-104　设置链条张紧器

a—挡片；b—柱塞

③ 用 2 个螺栓安装链条张紧器总成。转矩：10Nm。

④ 从链条张紧器总成上拆下直径 1.0mm 的销，如图 2-105 所示。

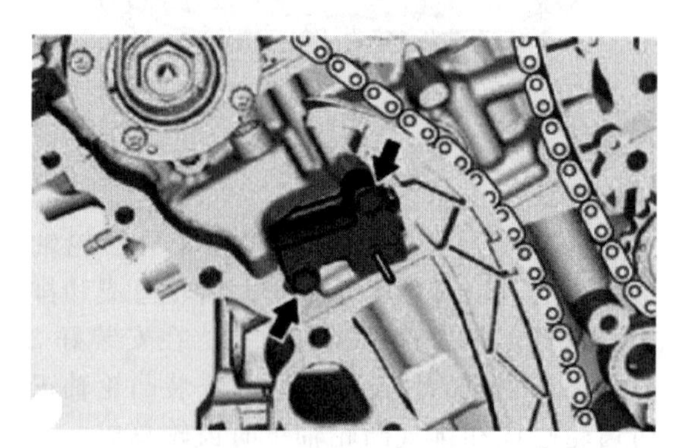

图 2-105　拆下张紧器固定销

（3）检查气门正时

① 检查凸轮轴正时标记。注意使视点与凸轮轴的中心和各凸轮轴正时齿轮总成以及各排气凸轮轴正时齿轮总成上的正时标记

成一条直线，检查各正时标记。当标记 B、C 和 D 如图 2-106 所示在一条直线时，务必检查标记 A 是否在正确的位置。如果从其他视点检查正时标记，则气门正时看上去可能错位。

② 检查并确认各凸轮轴正时标记都安装到如图 2-107 所示位置。

③ 如果气门正时出现偏差，则重新安装链条分总成。

④ 从曲轴上拆下曲轴皮带轮固定螺栓。

图 2-106　检查凸轮轴正时标记

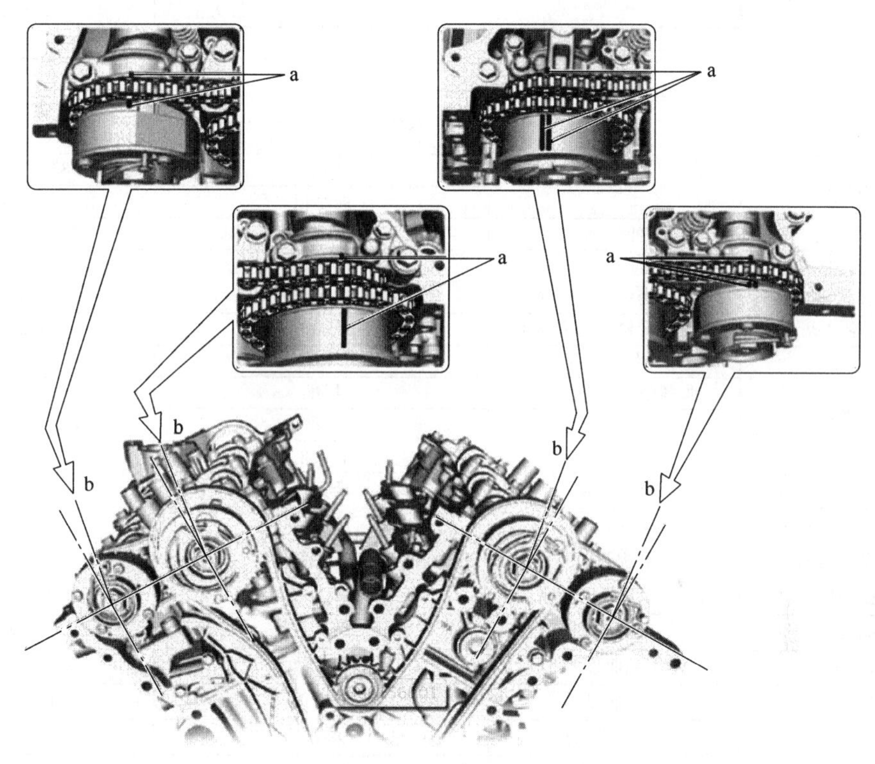

图 2-107　检查正时

a—正时标记；b—视点

2.13.2　发动机维修数据

2GR 发动机机械维修数据如表 2-19 所示。

表 2-19　2GR 发动机机械维修数据

项目				数据
凸轮轴	径向跳动	最大值		0.04mm
	凸轮凸角高度	进气	标准	44.335～44.435mm
			最小值	44.235mm
		排气	标准	43.866～43.966mm
			最小值	43.766mm
		排气(燃油泵)	标准	40.554～40.654mm
			最小值	40.454mm

续表

项目				数据
凸轮轴	轴颈直径	1 号轴颈	标准	35.946～35.960mm
		2～4 号轴颈	标准	25.959～25.975mm
		5 号轴颈	标准	25.969～25.985mm
	轴向间隙		标准	0.08～0.13mm
			最大值	0.18mm
	B1:油膜间隙	1 号轴颈	标准	0.032～0.063mm
			最大值	0.10mm
		2～4 号轴颈	标准	0.025～0.062mm
			最大值	0.10mm
		5 号轴颈	标准	0.015～0.052mm
			最大值	0.10mm
	B2:油膜间隙	1 号轴颈	标准	0.032～0.063mm
			最大值	0.10mm
		其他轴颈	标准	0.025～0.062mm
			最大值	0.10mm
气缸盖固定螺栓	直径	标准		10.85～11.00mm
		最小值		10.70mm
链条分总成	伸长率	最大值		137.8mm
2 号链条分总成	伸长率	最大值		137.8mm
曲轴正时链轮	直径(带链条分总成)	最大值		62.2mm
张紧链轮总成	直径(带链条分总成)	最大值		65.2mm
惰轮轴	1 号惰轮轴直径	标准		22.987～23.000mm
	张紧链轮总成内径	标准		23.020～23.030mm
	油膜间隙	标准		0.020～0.043mm
		最大值		0.093mm
2 号链条张紧器总成	磨损深度	最大值		1.0mm
3 号链条张紧器总成	磨损深度	最大值		1.0mm
链条张紧器导板	磨损深度	最大值		1.0mm
1 号链条振动阻尼器	磨损深度	最大值		1.0mm
2 号链条振动阻尼器	磨损深度	最大值		1.0mm
进气歧管	翘曲度	最大值		0.1mm
排气歧管	翘曲度	最大值		0.7mm
发动机后油封	凸出部分高度	标准		−0.5～0.5mm
直销	凸出部分高度	标准		7.7～8.3mm
凸轮轴轴承盖定位环销	凸出部分高度	标准		2.7～3.3mm
气缸盖	翘曲度	标准	底侧	0.05mm
		标准	进气歧管侧	0.08mm
		标准	排气歧管侧	0.08mm
		最大值		0.10mm
	气门导管衬套孔径	使用标准		10.285～10.306mm
		使用加大尺寸 0.05mm		10.335～10.356mm
进气门	气门杆直径	标准		5.470～5.485mm
	边缘厚度	标准		1.0mm
		最小值		0.5mm
	总长	标准		105.85mm
		最小值		105.35mm
	气门座宽度	标准		1.1～1.5mm
排气门	气门杆直径	标准		5.465～5.480mm
	边缘厚度	标准		1.0mm

续表

项目			数据
排气门	边缘厚度	最小值	0.5mm
	总长	标准	110.40mm
		最小值	109.90mm
	气门座宽度	标准	1.1～1.5mm
内压缩弹簧	自由长度	标准	54.53mm
		最小值	52.43mm
	偏差(参考)	最大值	1.4mm
进气门导管衬套	衬套内径	标准	5.510～5.530mm
	油膜间隙	标准	0.025～0.060mm
		最大值	0.12mm
	衬套孔径	标准	10.333～10.344mm
		加大尺寸 0.05mm	10.383～10.394mm
	凸出部分高度	标准	9.30～9.70mm
排气门导管衬套	衬套内径	标准	5.510～5.530mm
	油膜间隙	标准	0.030～0.065mm
		最大值	0.12mm
	衬套孔径	标准	10.333～10.344mm
		加大尺寸 0.05mm	10.383～10.394mm
	凸出部分高度	标准	9.30～9.70mm
环销	凸出部分高度	标准	2.5～3.5mm
直销	凸出部分高度	标准	17.5～19.5mm
火花塞套管	凸出部分高度	标准	73mm
连杆轴向间隙		标准	0.15～0.40mm
		最大值	0.50mm
连杆油膜间隙		标准	0.045～0.067mm
		最大值	0.070mm
连杆标准直径		标记 1	56.000～56.006mm
		标记 2	56.007～56.012mm
		标记 3	56.013～56.018mm
		标记 4	56.019～56.024mm
标准连杆轴承中心壁厚		标记 1	1.482～1.485mm
		标记 2	1.486～1.488mm
		标记 3	1.489～1.491mm
		标记 4	1.492～1.494mm
气缸体翘曲度		最大值	0.07mm
气缸缸径		参考直径(新零件)	94.000～94.012mm
		最大值	94.130mm
活塞直径		参考直径(新零件)	93.962～93.992mm
		最小值	93.830mm
活塞油膜间隙		参考油膜间隙(新零件)	0.008～0.050mm
		最大值	0.075mm
标准活塞环槽间隙		1 号压缩环	0.020～0.070mm
		2 号压缩环	0.020～0.060mm
		油环	0.070～0.150mm
标准活塞销孔内径		标记 A	21.998～22.001mm
		标记 B	22.002～22.004mm
		标记 C	22.005～22.007mm
标准活塞销直径		标记 A	21.997～22.000mm
		标记 B	22.001～22.003mm
		标记 C	22.004～22.006mm

续表

项目			数据
活塞销油膜间隙		标准	−0.002～0.004mm
		最大值	0.015mm
标准连杆衬套内径		标记 A	22.005～22.008mm
		标记 B	22.009～22.011mm
		标记 C	22.012～22.014mm
连杆衬套油膜间隙		标准	0.005～0.011mm
		最大值	0.030mm
活塞环端隙	1 号压缩环	标准	0.22～0.27mm
		最大值	0.50mm
	2 号压缩环	标准	0.70～0.75mm
		最大值	0.85mm
	油环	标准	0.10～0.35mm
		最大值	0.45mm
曲轴轴向间隙		标准	0.04～0.24mm
		最大值	0.30mm
		止推垫圈厚度	2.43～2.48mm
连杆螺栓直径		标准	7.2～7.3mm
		最小值	7.0mm
曲轴径向跳动		最大值	0.06mm
曲轴主轴颈	锥度和圆度	最大值	0.02mm
曲柄销	曲柄销直径	标准	52.992～53.000mm
	锥度和圆度	最大值	0.02mm
曲轴油膜间隙	1 号轴颈和 4 号轴颈	标准	0.019～0.029mm
	2 号轴颈和 3 号轴颈	标准	0.025～0.035mm
标准曲轴主轴颈直径		标记 00	60.999～61.000mm
		标记 01	60.998～60.999mm
		标记 02	60.997～60.998mm
		标记 03	60.996～60.997mm
		标记 04	60.995～60.996mm
		标记 05	60.994～60.995mm
		标记 06	60.993～60.994mm
		标记 07	60.992～60.993mm
		标记 08	60.991～60.992mm
		标记 09	60.990～60.991mm
		标记 10	60.989～60.990mm
		标记 11	60.988～60.989mm
标准曲轴上轴承中心壁厚(1 号和 4 号轴颈)		标记 1	2.497～2.500mm
		标记 2	2.501～2.503mm
		标记 3	2.504～2.506mm
		标记 4	2.507～2.509mm
		标记 5	2.510～2.512mm
标准曲轴下轴承中心壁厚(1 号和 4 号轴颈)		标记 1	2.478～2.481mm
		标记 2	2.482～2.484mm
		标记 3	2.485～2.487mm
		标记 4	2.488～2.490mm
		标记 5	2.491～2.493mm
标准曲轴上轴承中心壁厚(2 号和 3 号轴颈)		标记 1	2.476～2.479mm
		标记 2	2.480～2.482mm
		标记 3	2.483～2.485mm
		标记 4	2.486～2.488mm
		标记 5	2.489～2.491mm

续表

项目			数据
标准曲轴下轴承中心壁厚(2 号和 3 号轴颈)		标记 1	2.493～2.496mm
		标记 2	2.497～2.499mm
		标记 3	2.500～2.502mm
		标记 4	2.503～2.505mm
		标记 5	2.506～2.508mm
曲轴轴承盖固定螺栓直径		标准	10.8～11.0mm
		最小值	10.7mm
直销	标准凸出部分高度	销(A 级)	23mm
		销(B 级)	6mm
		销(C 级)	11mm
		销(D 级)	9mm
点火正时	主动测试禁用点火提前功能		怠速运转时为 8°～12° BTDC(传动桥应处于空挡或驻车挡)
	主动测试未禁用点火提前功能		怠速运转时为 12°～24° BTDC(传动桥应处于空挡或驻车挡)
发动机怠速转速			650～750r/min(变速器应处于空挡或驻车挡)
压缩压力	标准压缩压力		1400kPa
	最小压缩压力		1050kPa
	各气缸间的压差		200kPa 或更小
正时链条箱油封	凸出部分高度	标准	0～1.0mm
发动机后油封	凸出部分高度	标准	－0.5～0.5mm

2GR 发动机机械部件紧固力矩如表 2-20 所示。

表 2-20　2GR 发动机机械部件紧固力矩

紧固零件			紧固力矩/(N·m)
发动机总成	发动机 1 号吊耳和发动机 2 号吊耳×气缸盖分总成和左侧气缸盖		33
	发动机左侧悬置隔振垫×车身		71
	发动机悬置隔振垫×车身		71
	发动机右侧悬置隔振垫分总成×车身		71
	发动机右侧悬置隔振垫分总成×带支架的制动执行器		19
	发动机右侧悬置隔振垫分总成×冷却器支架		9.8
	发动机后悬置隔振垫×前车架总成		71
	发动机前悬置隔振垫×前车架总成		52
	发动机后悬置隔振垫×发动机后悬置支架		71
	发动机前悬置隔振垫×发动机前悬置支架		87
	车架右侧板分总成和车架左侧板分总成×前车架总成和车身	螺栓(A 级)	85
		螺栓(B 级)和螺母(A 级)	32
	右前悬架横梁支架分总成和左前悬架横梁支架分总成×前车架总成和车身	螺栓(C 级)	85
		螺栓(D 级)和螺母(B 级)	32
	发动机右侧悬置隔振垫分总成×发动机左前 1 号悬置支架	螺栓和螺母(A 级)	71
		螺母(B 级)	40
	发动机右侧 2 号悬置托架×发动机左前 1 号悬置支架和发动机右侧悬置隔振垫分总成		20
	发动机左侧悬置隔振垫×发动机左悬置支架		40
	飞轮壳底罩×自动传动桥壳分总成		10
	变速器油冷却器 1 号软管总成×前车架总成		19.5
	2 号搭铁线×支架		8.4
	带发动机线束的发动机室主线束×蓄电池正极(+)端子		7.6
	发动机线束×发动机左侧悬置隔振垫和车身		8.4
	发动机线束×车身		8.4
	发动机线束×发动机室继电器盒总成		8.4
	空气滤清器支架×发动机左侧悬置隔振垫		8.0
	空气滤清器壳分总成×发动机左侧悬置隔振垫和空气滤清器支架		5.0

续表

紧固零件			紧固力矩/(N·m)
发动机单元	进水管×气缸体分总成		10
	左侧气缸盖×气缸体分总成	第一步	36
		第二步	转动 90°
		第三步	转动 90°
	右侧气缸盖分总成×气缸体分总成	第一步	36
		第二步	转动 90°
		第三步	转动 90°
	发动机后油封座圈×气缸体分总成		10
	传感器线束×左侧气缸盖和气缸体分总成		10
	凸轮轴轴承盖×左侧凸轮轴壳分总成		16
	左侧凸轮轴壳分总成×左侧气缸盖		28
	3 号链条张紧器总成×左侧凸轮轴壳分总成		21
	凸轮轴正时齿轮总成×3 号凸轮轴分总成	A 型	120
		B 型	95
	排气凸轮轴正时齿轮总成×4 号凸轮轴分总成	A 型	120
		B 型	95
	凸轮轴轴承盖×凸轮轴壳分总成		16
	凸轮轴壳分总成×气缸盖分总成		28
	2 号链条张紧器总成×凸轮轴壳分总成		21
	凸轮轴正时齿轮总成×凸轮轴	A 型	120
		B 型	95
	排气凸轮轴正时齿轮总成×2 号凸轮轴	A 型	120
		B 型	95
	1 号链条振动阻尼器×左侧气缸盖和气缸体分总成		22.5
	张紧链轮总成×气缸体分总成		60
	1 号链条张紧器总成×气缸盖分总成		10
	发动机水泵总成×正时链条盖总成		11
	正时链条盖板×正时链条盖总成		11
	1 号油底壳挡板×曲轴轴承盖固定螺栓		10
	双头螺栓×气缸体分总成		10
	双头螺栓×油底壳分总成		4.0
	带机油冷却器:双头螺栓×油底壳分总成		10
	滤油网分总成×正时链条盖总成		10
	双头螺栓×油底壳分总成		4.0
	油底壳分总成×2 号油底壳分总成		10
	油底壳排放螺塞×2 号油底壳分总成		40
	左侧气缸盖罩分总成和 VVT 传感器×左侧凸轮轴壳分总成		10
	V 形气缸组盖 1 号支架×左侧气缸盖罩分总成		10
	气缸盖罩分总成和 VVT 传感器×凸轮轴壳分总成		10
	出水口×气缸盖分总成和左侧气缸盖		10
	带机油冷却器:双头螺栓×机油冷却器 1 号支架		10
	带机油冷却器:机油冷却器管×机油冷却器 1 号支架		21
	带机油冷却器:双头螺栓×气缸体分总成		10
	带机油冷却器:带机油冷却器管的机油冷却器 1 号支架×气缸体分总成和油底壳分总成		21
	双头螺栓×发动机左前 1 号悬置支架		10
	发动机左前 1 号悬置支架×正时链条盖总成		54
	气缸体放水开关分总成×气缸体分总成		25
	气缸体放水螺塞×气缸体放水开关分总成		12.7
	锥螺纹塞×气缸体分总成		25

续表

紧固零件			紧固力矩/(N·m)
发动机单元	双头螺栓×发动机左前 1 号悬置支架		10
	散热器管卡夹×左侧凸轮轴壳分总成		5.5
	线束卡夹支架×凸轮轴壳分总成		13
	排气管 1 号支架×油底壳分总成		21
	半轴轴承支架×气缸体分总成		63.7
	分动器 2 号加强板×气缸体分总成		64
	发动机机油油位计导管×左侧凸轮轴壳分总成		21
	多楔带张紧器总成×正时链条盖分总成		43
	压缩机 1 号安装支架×气缸体分总成		43
	传感器线束×气缸盖分总成		10
气缸盖	双头螺栓×左侧气缸盖	螺栓(A 级和 B 级)	10
		螺栓(C 级)	4.0
	3 号直螺纹塞×左侧气缸盖		65
	2 号直螺纹塞×左侧气缸盖		80
	1 号直螺纹塞×左侧气缸盖		44
气缸体	双头螺栓×气缸体分总成		10
	1 号机油喷嘴分总成×气缸体分总成		9.0
	曲轴轴承盖×气缸体分总成	第一步	61
		第二步	转动 90°
	连杆盖×连杆	第一步	24.5
		第二步	转动 90°
凸轮轴	凸轮轴轴承盖×左侧凸轮轴壳分总成和左侧气缸盖	螺栓(A 级)	28
		螺栓(B 级)	16
	凸轮轴正时齿轮总成×3 号凸轮轴分总成	A 型	120
		B 型	95
	排气凸轮轴正时齿轮总成×4 号凸轮轴分总成	A 型	120
		B 型	95
	3 号链条张紧器总成×左侧凸轮轴壳分总成		21
	凸轮轴轴承盖×凸轮轴壳分总成和气缸盖分总成	螺栓(A 级)	28
		螺栓(B 级、C 级)	16
	凸轮轴正时齿轮总成×凸轮轴	A 型	120
		B 型	95
	排气凸轮轴正时齿轮总成×2 号凸轮轴	A 型	120
		B 型	95
	2 号链条张紧器总成×凸轮轴壳分总成		21
	1 号链条张紧器总成×气缸盖分总成		10

2.14　4.0L 6GR 发动机

2.14.1　发动机正时维修

(1) 将 1 号气缸设定至 TDC 位置

① 暂时安装皮带轮固定螺栓。

② 如图 2-108 所示，顺时针转动曲轴，将曲轴转角信号盘上的正时标记对准右侧缸体孔径中心线。

③ 如图 2-109 所示，检查并确认凸轮轴正时齿轮的正时标记与凸轮轴轴承盖的正时标记对准。如果没有对准，则顺时针转动曲轴 1 圈，并按如上所述对准正时标记。

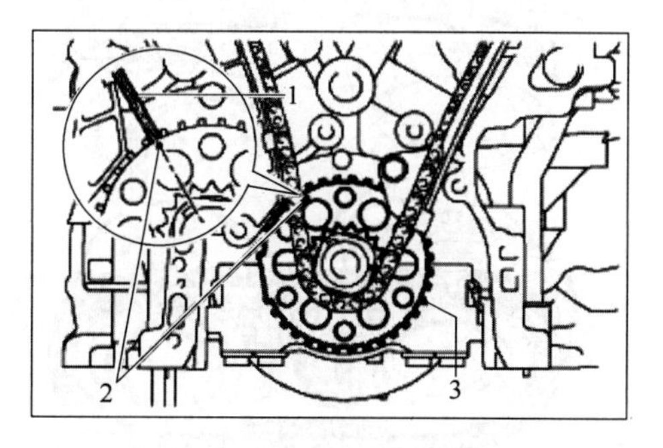

图 2-108　设置曲轴转角信号盘标记位置

1—中心线；2—正时标记；3—信号盘

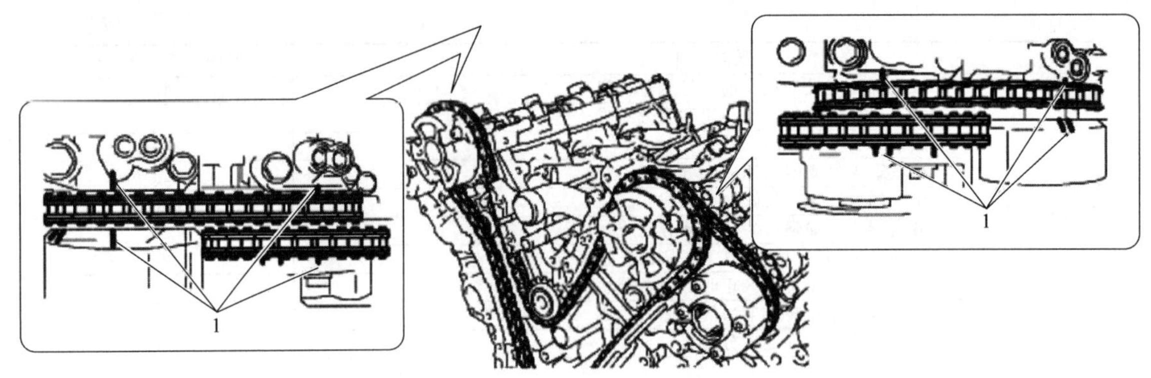

图 2-109 正时标记位置
1—正时标记

(2) 正时链条安装标记

① 如图 2-110 所示，将左侧 2 号链条黄色标记板与凸轮轴正时齿轮正时标记对准。

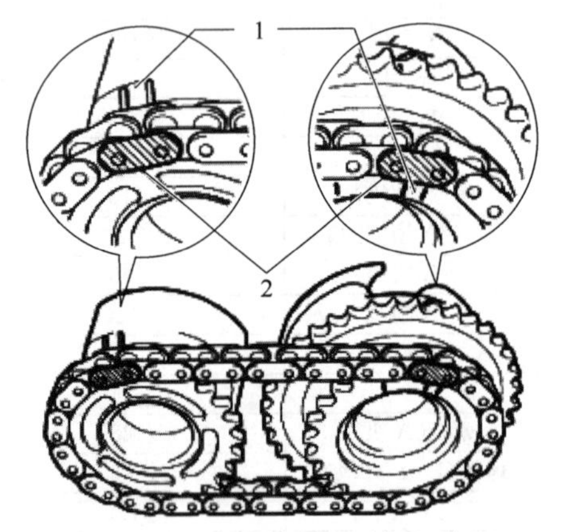

图 2-110 左侧链条正时标记位置
1—正时标记；2—标记板

② 如图 2-111 所示，将右侧 2 号链条黄色标记板与凸轮轴正时齿轮正时标记对准。

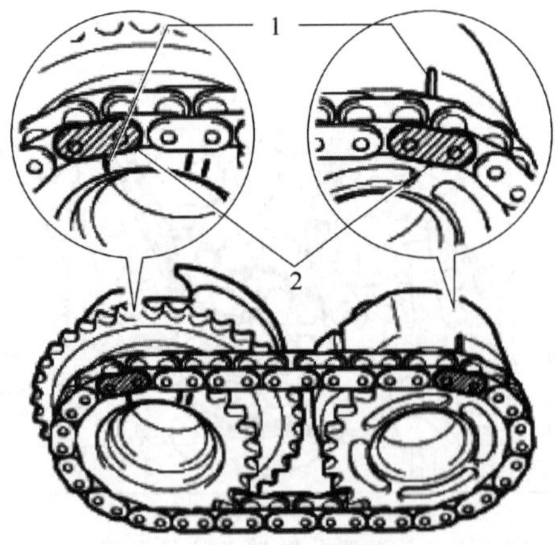

图 2-111 右侧链条正时标记
1—正时标记；2—标记板

③ 如图 2-112 所示，对准正时链条橙色标记板与凸轮轴正时齿轮上的正时标记。

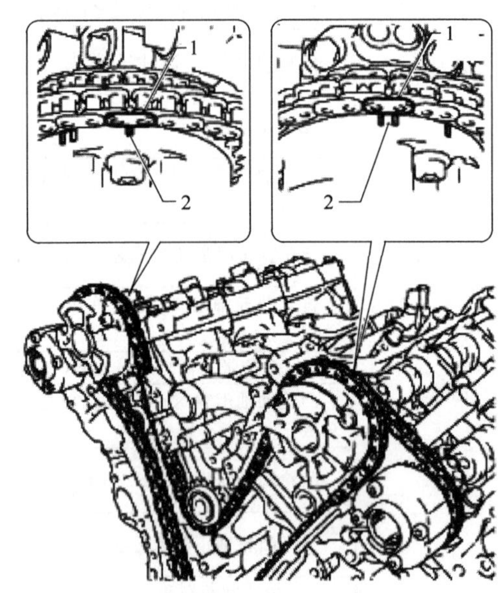

图 2-112 对准主正时链凸轮轴处标记
1—标记板；2—正时标记

④ 如图 2-113 所示，对准正时链条黄色标记板与曲轴链轮上的正时标记。

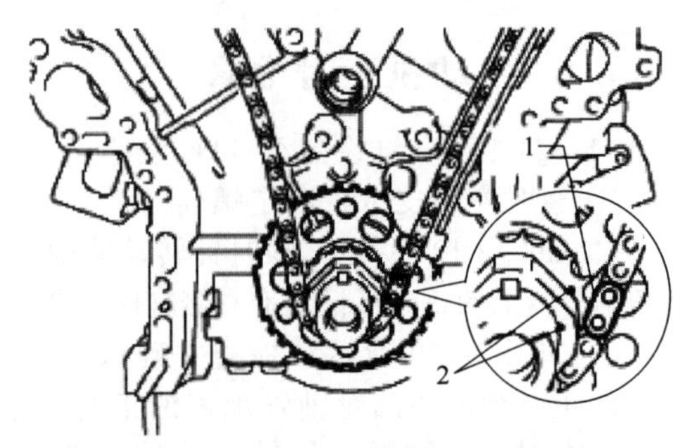

图 2-113 对准主正时链曲轴处标记
1—标记板；2—正时标记

⑤ 顺时针转动曲轴，将其定位至右侧缸体孔径中心线位置，检查并确认各凸轮轴正时标记在如图 2-114 所示位置。

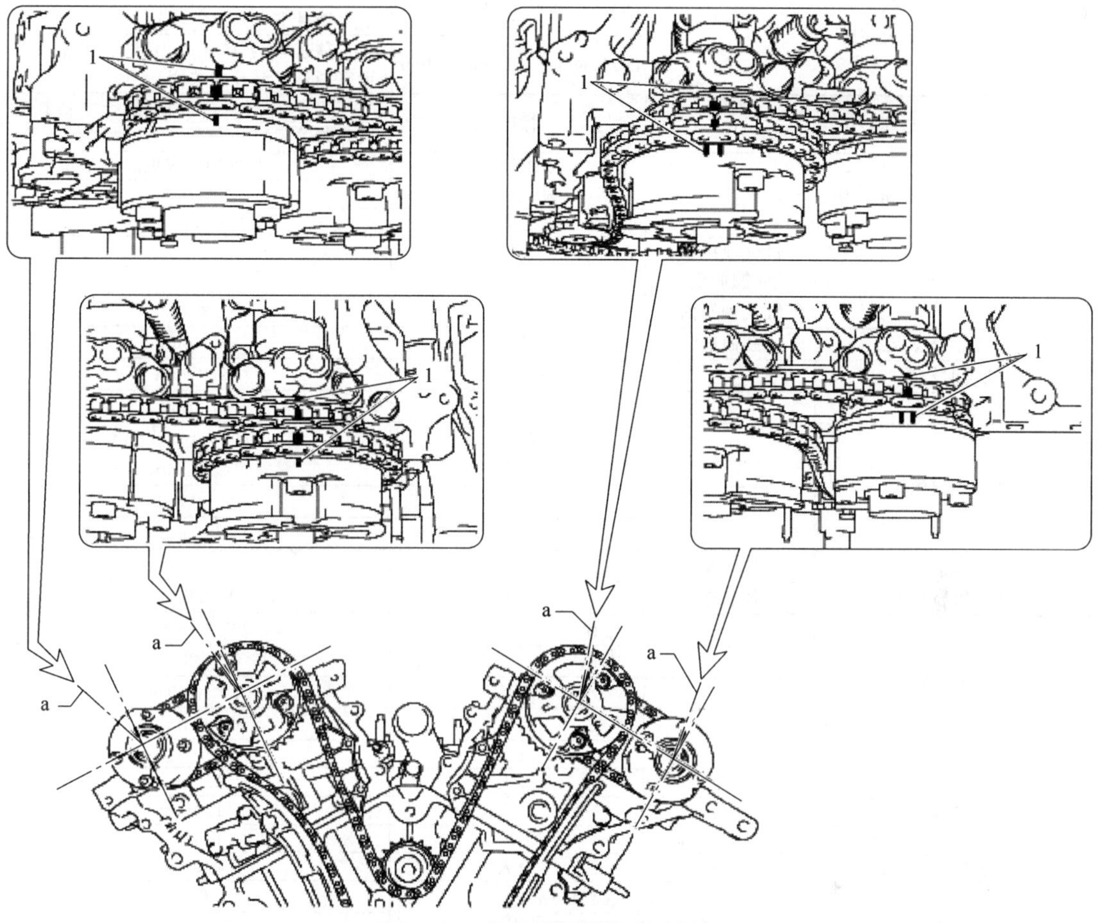

图 2-114　凸轮轴链轮处正时标记

1—正时标记；a—视点

务必在进气凸轮轴侧检查标记 A 是否处于与标记 B、C 和 D 成一条直线的位置，如图 2-115 所示。如果从其他视点检查标记，则不能正确检查。

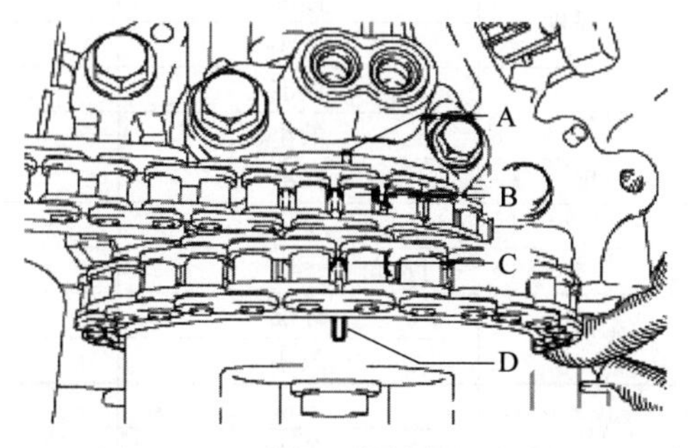

图 2-115　进气凸轮轴侧正时标记

2.14.2　发动机维修数据

6GR 发动机机械维修数据如表 2-21 所示。

表 2-21　6GR 发动机机械维修数据

项目				数据
点火正时	DLC3 的端了 TC 和 CG 连接			在怠速时为 8°～12°BTDC(变速器置于空挡且空调开关关闭)
	DLC3 的端子 TC 和 CG 断开			在怠速时为 7°～24°BTDC(变速器置于空挡且空调开关关闭)
怠速转速	标准			650～750r/min(变速器置于空挡且空调开关关闭)
压缩压力	压缩压力			1400kPa 或更高
	最低压力			1100kPa
	各气缸之间的差值			100kPa 或更小
进气歧管	进气稳压罐侧翘曲度	最大		0.80mm
	气缸盖侧翘曲度	最大		0.20mm
排气歧管分总成	翘曲度	最大		0.70mm
曲轴正时链轮	直径(带链条)			61.0mm
1 号惰轮	直径(带链条)			61.0mm
气缸盖固定螺栓	长度	标准		141.3～142.7mm
		最大		143.77mm
	外径	标准		10.8～11.0mm
		最小		10.7mm
链条分总成	伸长率	最大		136.9mm
2 号链条分总成	伸长率	最大		137.6mm
1 号惰轮轴	直径			22.987～23.000mm
	内径			23.02～23.03mm
	油膜间隙	标准		0.020～0.043mm
		最大		0.093mm
2 号链条张紧器总成	深度	最大		1.0mm
3 号链条张紧器总成	深度	最大		1.0mm
链条张紧器导板	深度	最大		1.0mm
1 号链条振动阻尼器	深度	最大		1.0mm
2 号链条振动阻尼器	深度	最大		1.0mm
气缸盖分总成	翘曲度	气缸体侧	标准	0.05mm
		进气侧	标准	0.08mm
		排气侧	标准	0.08mm
		—	最大	0.10mm
进气门	气门杆直径			5.470～5.485mm
	气门推角			45.5°
	边缘厚度	标准		1.25mm
		最小		0.5mm
	总长	标准		105.85mm
		最小		105.35mm
	宽度	标准		1.1～1.5mm
排气门	气门杆直径			5.465～5.480mm
	气门推角			45.5°
	边缘厚度	标准		1.4mm
		最小		0.5mm
	总长	标准		110.40mm
		最小		109.90mm
	宽度	标准		1.1～1.5mm
内压缩弹簧	偏差	最大		1.0mm
	自由长度	标准		48.63mm
	角度(参考)	最大		2°
	张力	36.9mm 时		235.6～260.4N

续表

项目				数据
进气门导管衬套	内径			5.510～5.530mm
	油膜间隙	标准		0.025～0.060mm
		最大		0.08mm
	孔径	标准		10.285～10.306mm
		O/S 0.05		10.335～10.356mm
	凸出部分高度			9.10～9.90mm
排气门导管衬套	内径			5.510～5.530mm
	油膜间隙	标准		0.030～0.065mm
		最大		0.10mm
	孔径	标准		10.285～10.306mm
		O/S 0.05		10.335～10.356mm
	凸出部分高度			9.10～9.90mm
凸轮轴	轴颈直径	1 号轴颈		35.946～35.960mm
		其他轴颈		25.959～25.975mm
	径向跳动	最大		0.04mm
	凸轮凸角高度	进气	标准	43.890～43.990mm
			最小	43.840mm
		排气	标准	44.262～44.362mm
			最小	44.212mm
	油膜间隙	1 号轴颈	标准	0.032～0.063mm
		其他轴颈		0.025～0.062mm
		1 号轴颈	最大	0.10mm
		其他轴颈		0.09mm
	轴向间隙	标准		0.08～0.13mm
		最大		0.15mm
气缸盖分总成和左侧气缸盖环销	凸出部分高度			2.5～3.5mm
气缸盖分总成和左侧气缸盖直销	凸出部分高度			18.0～19.0mm
气缸盖分总成和左侧气缸盖火花塞套管	凸出部分高度			75.1～76.1mm
衬套长度	进气			41.3～41.7mm
	排气			46.8～47.2mm
连杆	轴向间隙	标准		0.15～0.33mm
		最大		0.35mm
	油膜间隙	标准		0.026～0.046mm
		最大		0.086mm
	大头内径	标记 1		59.000～59.006mm
		标记 2		59.007～59.012mm
		标记 3		59.013～59.018mm
		标记 4		59.019～59.024mm
	标准尺寸轴承中心壁厚	标记 1		1.484～1.487mm
		标记 2		1.488～1.490mm
		标记 3		1.491～1.493mm
		标记 4		1.494～1.496mm
	厚度	标准		20.80～20.85mm
曲轴销直径	标准			55.992～56.000mm
曲轴轴向间隙		标准		0.04～0.24mm
		最大		0.30mm
曲轴止推垫圈厚度		标准		1.93～1.98mm

续表

项目			数据
气缸体主轴颈孔径(A)		标记 00	77.000mm
		标记 01	77.001mm
		标记 02	77.002mm
		标记 03	77.003mm
		标记 04	77.004mm
		标记 05	77.005mm
		标记 06	77.006mm
		标记 07	77.007mm
		标记 08	77.008mm
		标记 09	77.009mm
		标记 10	77.010mm
		标记 11	77.011mm
		标记 12	77.012mm
		标记 13	77.013mm
		标记 14	77.014mm
		标记 15	77.015mm
		标记 16	77.016mm
曲轴主轴颈直径(B)		标记 00	71.999～72.000mm
		标记 01	71.998～71.999mm
		标记 02	71.997～71.998mm
		标记 03	71.996～71.997mm
		标记 04	71.995～71.996mm
		标记 05	71.994～71.995mm
		标记 06	71.993～71.994mm
		标记 07	71.992～71.993mm
		标记 08	71.991～71.992mm
		标记 09	71.990～71.991mm
		标记 10	71.989～71.990mm
		标记 11	71.988～71.989mm
标准轴承中心壁厚		标记 1	2.488～2.491mm
		标记 2	2.491～2.494mm
		标记 3	2.494～2.497mm
		标记 4	2.497～2.500mm
		标记 5	2.500～2.503mm
气缸体翘曲度		最大	0.05mm
气缸缸径		标准	94.000～94.012mm
		最大	94.132mm
活塞	直径		93.955～93.965mm
	油膜间隙	标准	0.035～0.057mm
		最大	0.110mm
连接弯曲度(每 100mm)		最大	0.05mm
连杆扭曲度(每 100mm)		最大	0.15mm
连杆衬套	内径	标记 A	22.005～22.008mm
		标记 B	22.009～22.011mm
		标记 C	22.012～22.014mm
活塞销孔油膜间隙	标准		0.001～0.007mm
	最大		0.040mm
活塞销	直径	标记 A	21.997～22.000mm
		标记 B	22.001～22.003mm
		标记 C	22.004～22.006mm
	孔内径	标记 A	22.001～22.004mm
		标记 B	22.005～22.007mm
		标记 C	22.008～22.010mm

续表

项目				数据
衬套内侧油膜间隙		标准		0.005～0.011mm
		最大		0.050mm
活塞环	环槽间隙	1 号		0.02～0.07mm
		2 号		0.02～0.06mm
		油液		0.07～0.15mm
	端隙	1 号	标准	0.22～0.32mm
		2 号		0.35～0.45mm
		机油（侧轨环）		0.10～0.40mm
		1 号	最大	1.0mm
		2 号		1.1mm
		机油（侧轨环）		1.0mm
连杆螺栓	直径	标准		7.2～7.3mm
		最小		7.0mm
曲轴轴承盖固定螺栓	直径	标准		10.8～11.0mm
		最大		10.8mm
曲轴	径向跳动	最大		0.06mm
主轴颈	直径			71.988～72.000mm
	锥度和圆度	最大		0.02mm
曲柄销	直径			55.992～56.000mm
	锥度和圆度	最大		0.02mm
曲轴	油膜间隙	标准		0.018～0.030mm
		最大		0.080mm
气缸体直销	凸出部分	销 A	标准	22.5～23.5mm
		销 B		10.5～11.5mm
		销 C		8.5～9.5mm
		销 D		5.5～6.5mm
曲轴轴承	轴承盖外缘和下轴承外缘	尺寸 A－B 或 B－A		0～0.7mm
连杆轴承	连杆和轴承盖外缘	尺寸 A－B 或 B－A		0～0.7mm

6GR 发动机机械部件紧固力矩如表 2-22 所示。

表 2-22　6GR 发动机机械部件紧固力矩

紧固零件		力矩/(N・m)
惰轮总成×支架		47
凸轮轴正时齿轮总成(B1)×凸轮轴		100
排气凸轮轴正时齿轮总成(B1)×2 号凸轮轴		100
凸轮轴正时齿轮总成(B2)×3 号凸轮轴		100
排气凸轮轴正时齿轮总成(B2)×4 号凸轮轴		100
3 号链条张紧器总成×左侧凸轮轴壳分总成		21
1 号凸轮轴轴承盖(B1)×气缸盖分总成	螺栓 A	28
	螺栓 B	16
2 号凸轮轴轴承盖(B1)×气缸盖分总成	螺栓 A	28
	螺栓 B	16
5 号凸轮轴轴承盖(B1)×气缸盖分总成	螺栓 A	28
	螺栓 B	16
7 号凸轮轴轴承盖(B1)×气缸盖分总成	螺栓 A	28
	螺栓 B	16
2 号链条张紧器总成×右侧凸轮轴壳分总成		21

续表

紧固零件		力矩/(N·m)
3号凸轮轴轴承盖(B2)×左侧气缸盖	螺栓A	28
	螺栓B	16
4号凸轮轴轴承盖(B2)×左侧气缸盖	螺栓A	28
	螺栓B	16
7号凸轮轴轴承盖(B2)×左侧气缸盖	螺栓A	28
	螺栓B	16
8号凸轮轴轴承盖(B2)×左侧气缸盖	螺栓A	28
	螺栓B	16
1号链条张紧器总成×气缸盖分总成		10
正时链条盖板×正时链条或正时皮带盖分总成		9.0
真空软管总成×左侧气缸盖罩分总成		18
发动机线束×左侧气缸盖罩分总成		8.0
带皮带轮的压缩机总成×带支架的惰轮总成		46
气缸盖分总成×气缸体总成(气缸盖固定螺栓)	第一步	36
	第二步	转动180°
	第三步	转动90°
	第四步	转动90°
左侧气缸盖×气缸体总成(气缸盖固定螺栓)	第一步	36
	第二步	转动180°
	第三步	转动90°
	第四步	转动90°
左侧气缸盖×气缸体总成(除气缸盖固定螺栓外)		30
发动机吊架×气缸盖		33
发动机前悬置隔振垫×发动机左前1号悬置支架		87
线束支架×发动机左前1号悬置支架		8.0
发动机前悬置隔振垫×车身		74
发动机右前1号悬置支架×气缸体总成		43
发动机左前1号悬置支架×气缸体总成		43
手动变速器冷却器管×车身		12
中心臂支架总成×左侧车架分总成		140
惰轮臂支架总成×右侧车架分总成		91
转向中间拉杆总成×左侧横拉杆接头		155
转向中间拉杆总成×右侧横拉杆接头		155
左前稳定杆连杆总成×前稳定杆		74
右前稳定杆连杆总成×前稳定杆		74
稳定杆支架盖		45
转向中间拉杆总成×惰轮臂支架总成		91
转向中间拉杆总成×中心臂支架总成		150
前悬架下横梁分总成×车架分总成		160
动力转向管道×车架分总成	螺栓A	28
	螺栓B	18
飞轮分总成×曲轴	第一步	30
	第二步	转动90°
发动机线束×气缸盖总成		8.0
惰轮总成×气缸体总成		25
真空软管总成×车身		7.5
发动机线束×发动机室主线束		5.0
线束支架×车身		8.0
发动机后检修盖搭扣分总成×车身		5.0
1号空气滤清器软管×空气滤清器总成		4.8

续表

紧固零件			力矩/(N·m)
1 号空气滤清器软管×节气门体			4.8
机油油位计导管×右侧气缸盖罩分总成			10
叶片泵储油罐总成×车身			18
发动机前检修盖板分总成×车身			6.0
地板式换挡杆总成×发动机前检修盖板分总成		螺栓 A	7.5
		螺栓 B	12
变速器控制选挡拉索×地板式换挡杆总成			15
变速器控制换挡拉索×地板式换挡杆总成			15
带防尘套的换挡和选挡杆支架×地板式换挡杆总成			6.0
发动机底罩×车身			18
带皮带轮的压缩机总成×带支架的惰轮总成			46
双头螺栓×油底壳分总成		双头螺栓 A	10
		双头螺栓 B 和 C	4.0
双头螺栓×气缸盖罩分总成			4.0
锥螺纹塞×气缸体总成			30
发动机后油封座圈×气缸体总成			10
1 号链条振动阻尼器×左侧气缸盖和气缸体总成			23
2 号惰轮轴×气缸体总成			60
发动机水泵总成×正时链条或正时皮带盖分总成			11
1 号油底壳挡板×油底壳分总成			10
油底壳放油螺塞×2 号油底壳分总成			40
气缸盖罩分总成×右侧凸轮轴壳分总成		螺栓 A 和 D	10
		螺栓 B 和 C	21
左侧气缸盖罩分总成×左侧凸轮轴壳分总成		螺栓 A 和 D	10
		螺栓 B 和 C	21
后水旁通接头×左侧气缸盖分总成和气缸盖			10
加热器卡夹×水管			3.3
加热器支架×左侧气缸盖			8
加热器卡夹×加热器支架			8
1 号连接电缆×气缸盖罩分总成			8
软管至软管 1 号连接管×左侧气缸盖罩分总成			18
机油加注口盖壳×左侧气缸盖罩分总成			10
气缸体放水开关×气缸体总成			30
气缸体放水螺塞×气缸体放水开关			13
软管至软管 1 号连接管×左侧气缸盖罩分总成			18
压缩机 1 号安装支架			45
接头×气缸盖			15
双头螺栓×气缸盖		螺栓 A	10
		螺栓 B	4.0
2 号直螺纹塞×气缸盖			80
1 号直螺纹塞×气缸盖			44
双头螺栓×气缸体总成		双头螺栓 A 和 C	10
		双头螺栓 B 和 D	4.0
1 号机油喷嘴分总成×气缸体总成			9.0
曲轴轴承盖×气缸体总成	数量:16	第一步	61
		第二步	转动 90°
曲轴轴承盖×气缸体总成		数量:8	26
连杆盖×连杆		第一步	25
		第二步	转动 90°

2.15 5.7L 3UR 发动机

2.15.1 发动机正时维修

（1）设置 1 号气缸于 TDC 位置

① 暂时安装曲轴皮带轮螺栓。

② 旋转曲轴，使正时齿轮键处于如图 2-116 所示位置。然后使用扳手转动每个凸轮轴，使正时标记处于如图所示位置。注意：过度旋转曲轴或凸轮轴时，气门和活塞可能相互干扰。

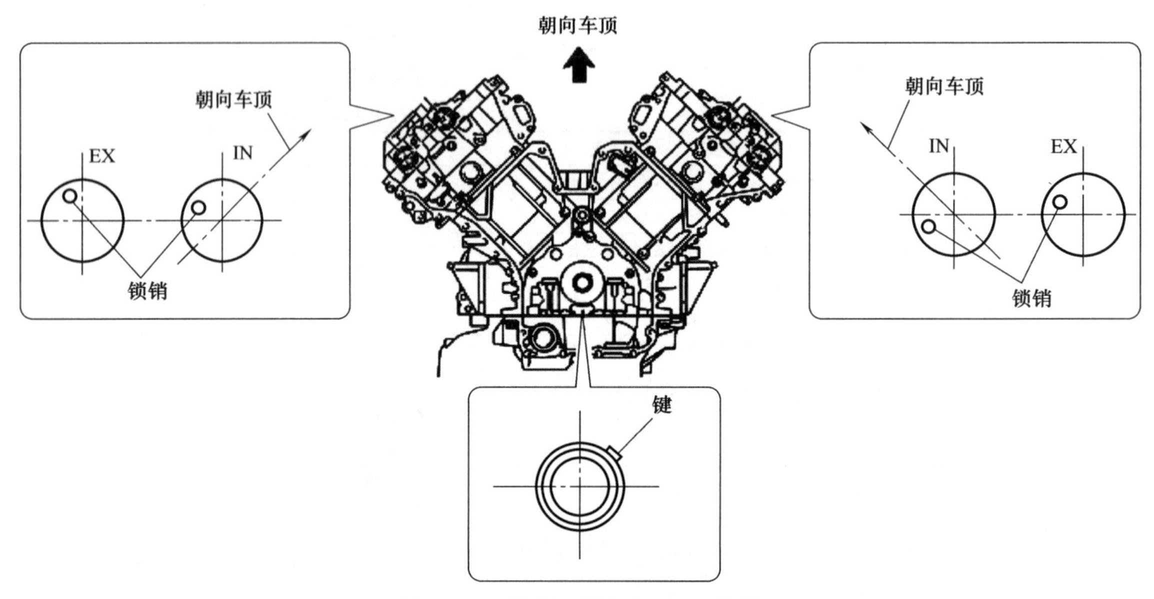

图 2-116 设置 1 号气缸 TDC 位置

③ 拆下曲轴皮带轮螺栓。

（2）安装右侧 1 号链条

① 如图 2-117 所示，将 1 号链条的橙色标记板和凸轮轴正时齿轮的正时标记对准，并将链条安装到齿轮上。

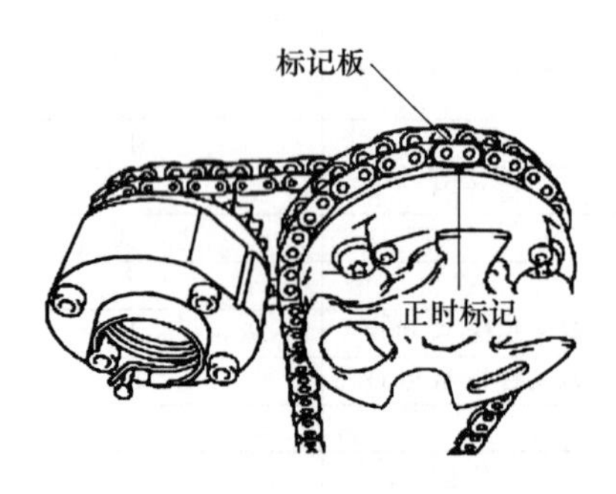

图 2-117 右侧链条凸轮轴处标记

② 如图 2-118 所示，将 1 号链条的橙色标记板和曲轴正时链轮的正时标记对准，并将链条安装到齿轮上。

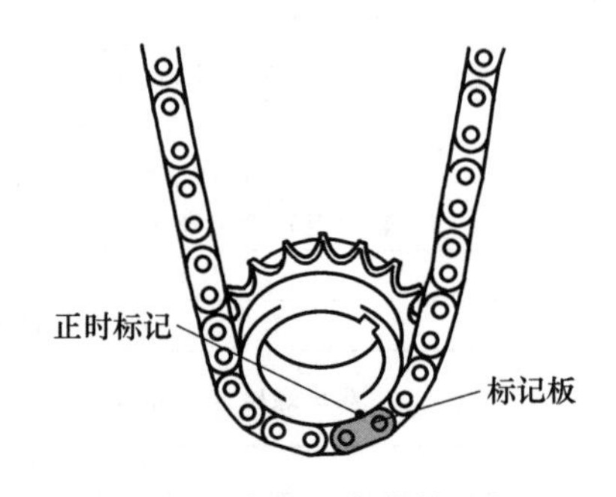

图 2-118 右侧链条曲轴处标记

③ 如图 2-119 所示，将 2 号链条的黄色标记板与凸轮轴正时齿轮总成和排气凸轮轴正时齿轮总成的正时标记对准，并将 2 号链条安装到齿轮上。

注意：排气凸轮轴正时齿轮有 2 个凹槽。将 2 号链条的标记板与第一个凹槽对

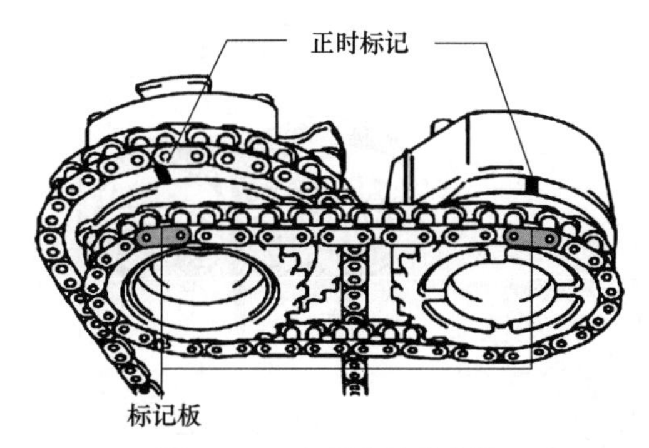

图 2-119　右侧分链条安装

准。右侧曲轴正时链轮和排气凸轮轴正时齿轮应在 1 号和 2 号链条连接到齿轮的情况下进行安装。

④ 将右侧曲轴正时链轮安装到曲轴上。

⑤ 使 1 号凸轮轴的锁销对准凸轮轴正时齿轮的销孔并进行安装。

⑥ 用 2 号凸轮轴的六角部位，将 2 号凸轮轴的锁销和排气凸轮轴正时齿轮的销孔对准并进行安装。

⑦ 从 2 号链条张紧器上拆下销。

⑧ 用扳手固定 1 号凸轮轴的六角部位，暂时安装螺栓。

⑨ 用扳手固定 2 号凸轮轴的六角部位，暂时安装螺栓。

（3）安装左侧 1 号链条

① 如图 2-120 所示，将 1 号链条的橙色标记板和凸轮轴正时齿轮的正时标记对准，并将链条安装到齿轮上。

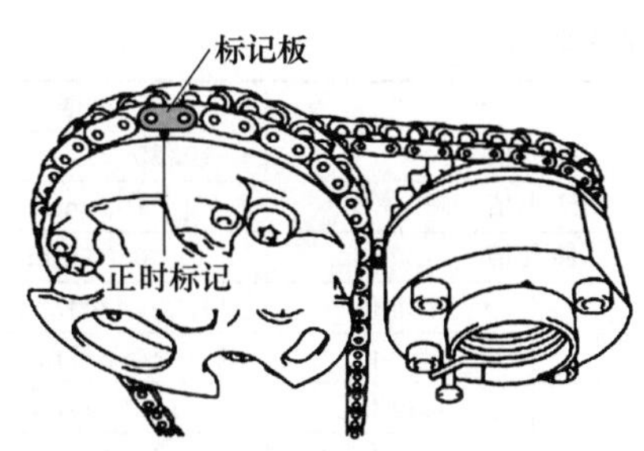

图 2-120　左侧链条凸轮轴处标记

② 如图 2-121 所示，将 1 号链条的橙色标记板和曲轴正时链轮的正时标记对准，并将链条安装到齿轮上。

③ 如图 2-122 所示，将 2 号链条的黄色标记板与凸轮轴正时齿轮总成和排气凸轮轴正时齿轮总成的正时标记对准，并将 2 号链

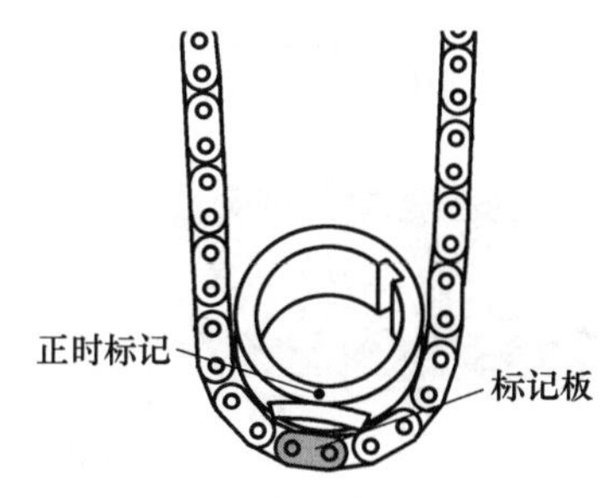

图 2-121　左侧链条曲轴处标记

条安装到齿轮上。注意：排气凸轮轴正时齿轮有 2 个凹槽。将 2 号链条的标记板与第一个凹槽对准。左侧曲轴正时链轮和排气凸轮轴正时齿轮应在 1 号和 2 号链条连接到齿轮的情况下进行安装。

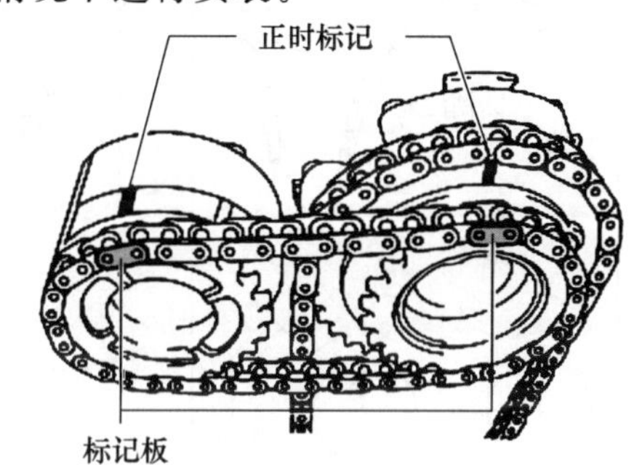

图 2-122　左侧分链条安装

④ 将左侧曲轴正时链轮安装到曲轴上。

⑤ 使 3 号凸轮轴的锁销对准凸轮轴正时齿轮的销孔并进行安装。

⑥ 用 4 号凸轮轴的六角部位，将 4 号凸轮轴的锁销和排气凸轮轴正时齿轮的销孔对准并进行安装。

注意：由于 1 号链条松动可能会使齿轮正时标记移位，所以应使用凸轮轴的六角部位固定 3 号凸轮轴，直到安装好 1 号链条张紧器。

⑦ 从 3 号链条张紧器上拆下销。

⑧ 用扳手固定 3 号凸轮轴的六角部位，暂时安装螺栓。

⑨ 用扳手固定 4 号凸轮轴的六角部位，暂时安装螺栓。

（4）正时检查

① 暂时安装曲轴皮带轮螺栓。

② 顺时针旋转曲轴，检查并确认曲轴正时链轮和凸轮轴正时齿轮上的正时标记位于图 2-123 所示位置。

③ 拆下曲轴皮带轮螺栓。

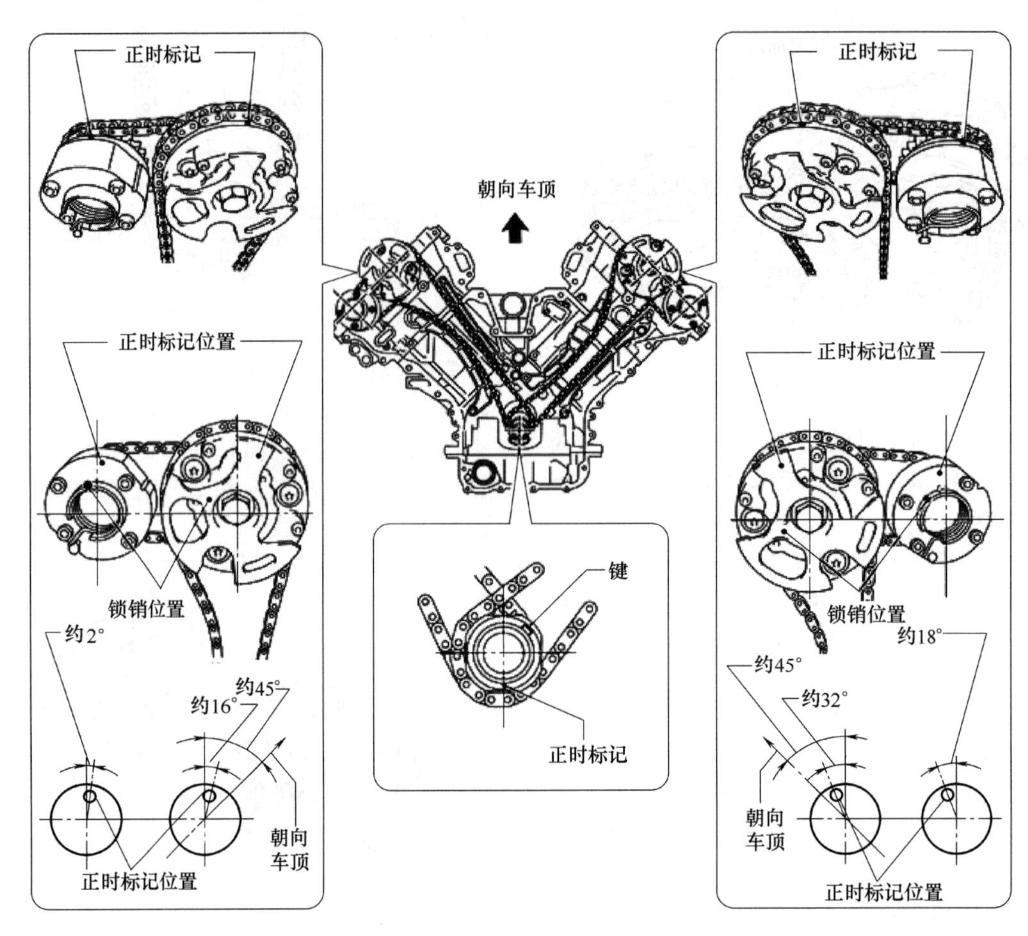

图 2-123　正时检查

2.15.2　发动机维修数据

3UR 发动机机械维修数据如表 2-23 所示。

表 2-23　3UR 发动机机械维修数据

项目				数据
气缸盖固定螺栓	螺纹外径	标准值		10.85～11.00mm
		最小值		10.6mm
凸轮轴	径向跳动	最大值		0.04mm
	凸轮凸角高度	进气	标准值	44.291～44.441mm
			最小值	44.241mm
		排气	标准值	44.196～44.346mm
			最小值	44.146mm
	轴颈直径	1 号轴颈	标准值	29.956～29.970mm
		其他轴颈	标准值	25.959～25.975mm
凸轮轴油膜间隙	1 号轴颈	标准值		0.030～0.065mm
		最大值		0.10mm
	其他轴颈	标准值		0.025～0.062mm
		最大值		0.09mm
正时链条	1 号链条	链条伸长率	最大值	136.9mm
	2 号链条	链条伸长率	最大值	13.6mm

续表

项目			数据
链轮直径(带链条)	右侧曲轴正时链轮	最小值	61.4mm
	左侧曲轴正时链轮	最小值	61.4mm
2号链条张紧器	深度	最大值	0.9mm
3号链条张紧器	深度	最大值	0.9mm
链条张紧器导板	深度	最大值	1.0mm
1号链条振动阻尼器	深度	最大值	1.0mm
排气歧管	翘曲度		0.7mm
环销	凸出部分高度	A级	7.5～8.5mm
		B级	3.6～4.6mm
凸轮轴轴向间隙	标准值		0.08～0.135mm
	最大值		0.15mm
压缩弹簧	自由长度	标准值	49.38～53.38mm
	偏差	最大值	1.0mm
	角度(参考)	最大值	2°
进气门	气门杆直径	标准值	5.470～5.485mm
	边缘厚度	标准值	1.25mm
		最小值	0.50mm
	总长	标准值	105.85mm
		最小值	105.35mm
	宽度	标准值	1.1～1.5mm
排气门	气门杆直径	标准值	5.465～5.480mm
	边缘厚度	标准值	1.4mm
		最小值	0.50mm
	总长	标准值	110.40mm
		最小值	109.90mm
	宽度	标准值	1.1～1.5mm
气门导管衬套	内径	标准值	5.51～5.53mm
气门导管衬套油膜间隙	进气	标准值	0.025～0.060mm
		最大值	0.08mm
	排气	标准值	0.030～0.065mm
		最大值	0.10mm
气缸盖翘曲度	气缸盖下侧	标准值	0.05mm
	进气侧	标准值	0.08mm
	排气侧	标准值	0.05mm
	—	最大值	0.10mm
气门导管衬套	衬套孔径	标准值	10.285～10.306mm
连杆	轴向间隙	标准值	0.15～0.55mm
		最大值	0.70mm
	油膜间隙	标准值	0.025～0.050mm
		最大值	0.070mm
	标准尺寸轴承中心壁厚	标记2	1.489～1.492mm
		标记3	1.492～1.495mm
		标记4	1.495～1.498mm
		标记5	1.498～1.501mm
		标记6	1.501～1.504mm
		标记7	1.504～1.507mm
	大头内径	标记1	59.000～59.006mm
		标记2	59.006～59.012mm
		标记3	59.012～59.018mm
		标记4	59.018～59.024mm
	弯曲度(每100mm)	最大值	0.05mm
	扭曲度(每100mm)	最大值	0.15mm

续表

项目				数据
曲轴销	直径	标记 1		55.994～56.000mm
		标记 2		55.988～55.994mm
		标记 3		55.982～55.988mm
气缸体	翘曲度	最大值		0.07mm
	气缸缸径	标准值		94.000～94.012mm
		最大值		94.200mm
活塞环	环槽间隙	1 号		0.020～0.070mm
		2 号		0.020～0.060mm
		油环		0.070～0.145mm
	端隙	标准值	1 号	0.22～0.32mm
			2 号	0.35～0.45mm
			油环	0.10～0.35mm
		最大值	1 号	0.42mm
			2 号	0.55mm
			油环	0.45mm
活塞	直径	标准值		93.950～93.960mm
		最小值		93.815mm
	油膜间隙	标准值		0.040～0.062mm
		最大值		0.385mm
活塞销	孔内径	标记 A		21.998～22.001mm
		标记 B		22.001～22.004mm
		标记 C		22.004～22.007mm
	直径	标记 A		21.998～22.001mm
		标记 B		22.001～22.004mm
		标记 C		22.004～22.007mm
	油膜间隙	标准值		−0.002～0.004mm
		最大值		0.015mm
连杆衬套	内径	标记 A		22.005～22.008mm
		标记 B		22.008～22.011mm
		标记 C		22.011～22.014mm
	油膜间隙	标准值		0.005～0.011mm
		最大值		0.03mm
曲轴	轴向间隙	标准值		0.020～0.220mm
		最大值		0.30mm
	止推垫圈厚度	标准值		2.44～2.49mm
	径向跳动	最大值		0.06mm
	主轴颈	直径	标准值	66.988～67.000mm
		锥度和圆度	最大值	0.02mm
	曲柄销	直径	标准值	55.982～56.000mm
		锥度和圆度	最大值	0.02mm
	油膜间隙	1 号和 5 号轴颈	标准值	0.017～0.030mm
			最大值	0.050mm
		其他轴颈	标准值	0.024～0.037mm
			最大值	0.060mm
曲轴轴颈轴承中心壁厚（1 号和 5 号轴颈）	上轴承	4		2.501～2.504mm
		5		2.504～2.507mm
		6		2.507～2.510mm
		7		2.510～2.513mm
		8		2.513～2.516mm
		9		2.516～2.519mm

续表

项目				数据
曲轴轴颈轴承中心壁厚（1 号和 5 号轴颈）	下轴承	5		2.488～2.491mm
		6		2.491～2.494mm
		7		2.494～2.497mm
		8		2.497～2.500mm
		9		2.500～2.503mm
轴承中心壁厚（其他轴颈）	上轴承	3		2.482～2.485mm
		4		2.485～2.488mm
		5		2.488～2.491mm
		6		2.491～2.494mm
		7		2.494～2.497mm
		8		2.497～2.500mm
	下轴承	4		2.501～2.504mm
		5		2.504～2.507mm
		6		2.507～2.510mm
		7		2.510～2.513mm
		8		2.513～2.516mm
连杆螺栓	张紧部分直径	标准值		8.5～8.6mm
		最小值		8.3mm
曲轴轴承盖固定螺栓	直径	螺栓 A	标准值	10.5～11.0mm
			最小值	10.4mm
		螺栓 B	标准值	9.5～10.0mm
			最小值	9.4mm
点火正时	DLC3 的端子 TC 和 CG 连接（变速器位于空挡且空调开关关闭）			怠速时为 8°～12°BTDC
	DLC3 的端子 TC 和 CG 断开（变速器位于空挡且空调开关关闭）			怠速时为 7°～24°BTDC
怠速转速（变速器位于空挡且空调开关关闭）				650～750r/min
压缩压力	标准值			1300kPa 或更高
	最小值			1000kPa
	差值			100kPa 或更小

3UR 发动机机械部件紧固力矩如表 2-24 所示。

表 2-24　3UR 发动机机械部件紧固力矩

紧固零件			紧固力矩/(N·m)
发动机总成	发动机吊架×气缸盖		43
	发动机左前 2 号悬置支架×车身		32
	发动机左前悬置隔振垫×发动机左前 1 号悬置支架		72
	发动机右前悬置隔振垫×发动机右前 1 号悬置支架		72
	发动机悬置隔振垫×车身		79
	机油冷却器管×1 号油底壳和支架		14
	2 号水旁通管×右侧气缸盖罩		18
	传动板和齿圈×曲轴	第一步	30
		第二步	转动 90°
	发动机后 1 号悬置隔振垫×自动变速器		59
	发动机右前悬置隔振垫×发动机后 1 号悬置隔振垫		12
	发动机机油油位计导管×右侧气缸盖罩		10
	发动机线束×发动机室接线盒		10
	带二次空气喷射系统：搭铁线×空气喷射控制驱动器支架		8.0
	搭铁线×车身	A 型	8.4
		B 型	10
	发动机线束×蓄电池正极(＋)电缆		5.4
	搭铁线×右侧气缸盖罩		8.0

续表

紧固零件			紧固力矩/(N·m)
发动机总成	带二次空气喷射系统:连接器支架×车身		8.0
	空气滤清器×车身		5.0
	发动机 2 号底罩×车身		29
	发动机 1 号底罩分总成×车身		29
	发动机罩×铰链		13
	发动机罩×发动机罩支撑杆		18
发动机单元	凸轮轴正时齿轮×凸轮轴		100
	排气凸轮轴正时齿轮×凸轮轴		100
	正时链条盖双头螺栓		20
	油底壳双头螺栓(E6 和 E7“TORX”)	双头螺栓 A	5.0
		双头螺栓 B	9.0
	放油管×气缸体		10
	发动机后油封座圈×气缸体		10
	滤油网×油底壳		12
	1 号油底壳挡板×油底壳		12
	1 号油底壳×气缸体	螺栓 A	10
		螺栓 B	35
		螺母	35
	2 号油底壳×1 号油底壳		10
	1 号热交换器盖×气缸体		21
	2 号链条张紧器×右侧气缸盖		10
	右侧 1 号链条振动阻尼器×右侧气缸盖和气缸体		21
	右侧 1 号链条张紧器×右侧气缸盖		10
	3 号链条张紧器×左侧气缸盖		10
	左侧 1 号链条张紧器×气缸体		10
	左侧 1 号链条振动阻尼器×左侧气缸盖和气缸体		21
	气缸盖罩隔振垫×气缸盖罩		10
	凸轮轴机油控制阀×气缸盖罩		10
	曲轴位置传感器×1 号油底壳		10
	曲轴位置传感器防护罩×1 号油底壳		10
	凸轮轴位置传感器×气缸盖罩		10
	VVT 传感器×气缸盖罩		10
	火花塞×气缸盖		18
	机油加注口盖壳×左侧气缸盖罩		10
	静噪滤波器×气缸盖罩		7.0
	点火线圈×气缸盖罩		10
	发动机左前 1 号悬置支架×气缸体		35
	发动机右前 1 号悬置支架×气缸体		35
	气缸体放水开关×气缸体		30
	放水螺塞×放水开关		13
	爆震传感器×气缸体		20
	分离器壳×1 号热交换器盖		10
	水旁通管分总成×右侧气缸盖罩和右侧气缸盖		10
	带二次空气喷射系统:空气管×1 号热交换器盖和气缸体		10
	2 号燃油管×气缸盖罩		10
	进气歧管×气缸盖		21
	线束支架×进气歧管		8.0
	发动机线束×气缸盖		8.5
	搭铁线×1 号油底壳		20

续表

<table>
<tr><th colspan="4">紧固零件</th><th>紧固力矩/(N·m)</th></tr>
<tr><td rowspan="3">气缸盖</td><td>气缸盖双头螺栓</td><td colspan="2">E7 和 E8“TORX”</td><td>9.0</td></tr>
<tr><td colspan="3">2 号直螺纹塞×气缸盖</td><td>85</td></tr>
<tr><td colspan="3">1 号直螺纹塞×气缸盖</td><td>44</td></tr>
<tr><td rowspan="9">气缸体</td><td rowspan="2">连杆×连杆盖</td><td colspan="2">第一步</td><td>40</td></tr>
<tr><td colspan="2">第二步</td><td>转动 90°</td></tr>
<tr><td rowspan="4">曲轴轴承盖×气缸体</td><td rowspan="2">第一步</td><td>内侧位置</td><td>61</td></tr>
<tr><td>外侧位置</td><td>27</td></tr>
<tr><td colspan="2">第二步</td><td>转动 90°</td></tr>
<tr><td colspan="2">气缸体侧位置</td><td>45</td></tr>
<tr><td rowspan="2">气缸体双头螺栓</td><td colspan="2">双头螺栓 A(E8“TORX”)</td><td>20</td></tr>
<tr><td colspan="2">双头螺栓 B(E8“TORX”)</td><td>9.0</td></tr>
<tr><td colspan="3">1 号机油喷嘴×气缸体</td><td>10</td></tr>
<tr><td rowspan="6">凸轮轴</td><td rowspan="2">左侧凸轮轴壳×左侧气缸盖</td><td colspan="2">螺栓 A</td><td>10</td></tr>
<tr><td colspan="2">其他螺栓</td><td>30</td></tr>
<tr><td colspan="3">左侧凸轮轴轴承盖×左侧凸轮轴壳</td><td>16</td></tr>
<tr><td rowspan="2">右侧凸轮轴壳×右侧气缸盖</td><td colspan="2">螺栓 A</td><td>10</td></tr>
<tr><td colspan="2">其他螺栓</td><td>30</td></tr>
<tr><td colspan="3">右侧凸轮轴轴承盖×右侧凸轮轴壳</td><td>16</td></tr>
<tr><td rowspan="8">气缸盖衬垫</td><td rowspan="4">左侧气缸盖×气缸体</td><td colspan="2">第一步</td><td>36</td></tr>
<tr><td colspan="2">第二步</td><td>转动 90°</td></tr>
<tr><td colspan="2">第三步</td><td>转动 90°</td></tr>
<tr><td colspan="2">12mm 螺栓头</td><td>21</td></tr>
<tr><td rowspan="4">右侧气缸盖×气缸体</td><td colspan="2">第一步</td><td>36</td></tr>
<tr><td colspan="2">第二步</td><td>转动 90°</td></tr>
<tr><td colspan="2">第三步</td><td>转动 90°</td></tr>
<tr><td colspan="2">12mm 螺栓头</td><td>21</td></tr>
<tr><td>曲轴前油封</td><td colspan="3">2 号水旁通管分总成×正时链条盖和前水旁通管</td><td>10</td></tr>
</table>

第3章 本田-讴歌汽车

3.1 1.0T P10A3 发动机

3.1.1 发动机正时维修

本田 1.0T P10A3 发动机正时单元部件结构如图 3-1 所示。

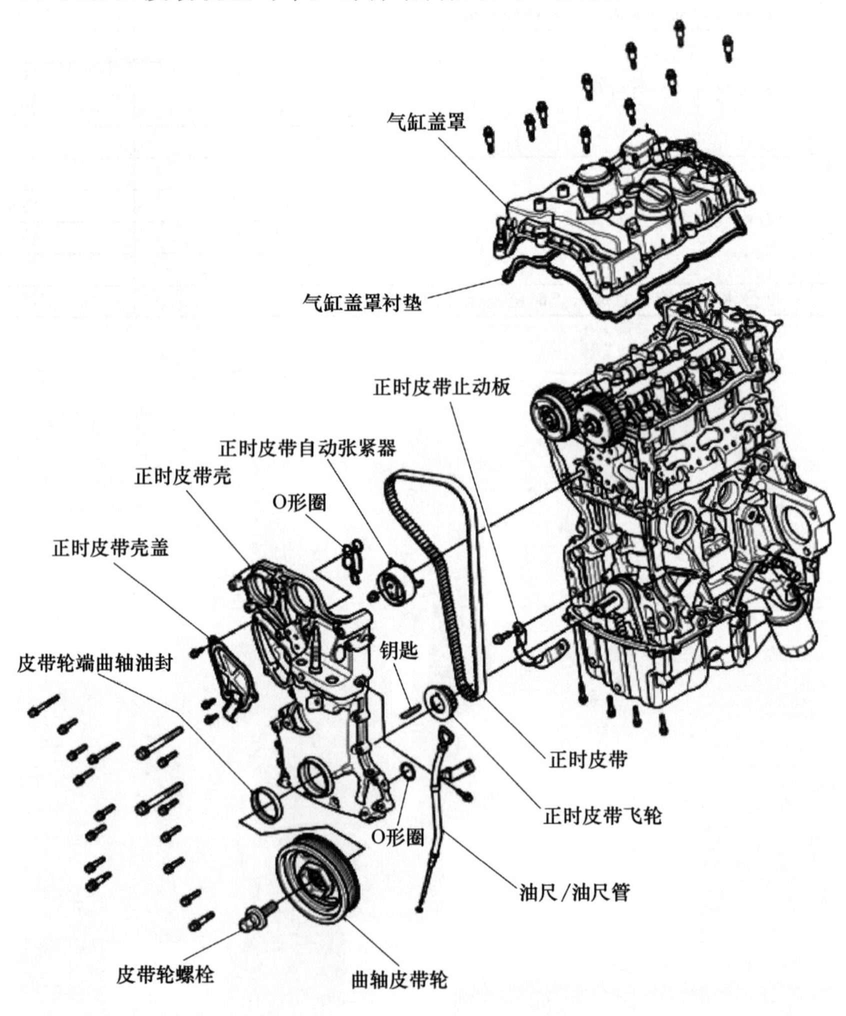

图 3-1 发动机正时单元部件分解

发动机凸轮轴正时检查步骤如下。

① 移动气缸盖罩（不带 EVAP 双通阀），不要拆下软管上的断头箍带。移动前罩板。

② 拆卸右前轮。

③ 拆卸发动机底盖。

④ 检查凸轮轴正时：

a. 转动曲轴，1 号位置在上止点位置（TDC）；使曲轴皮带轮上的白色标记（A）与正时皮带箱的指针（B）对齐，见图 3-2。

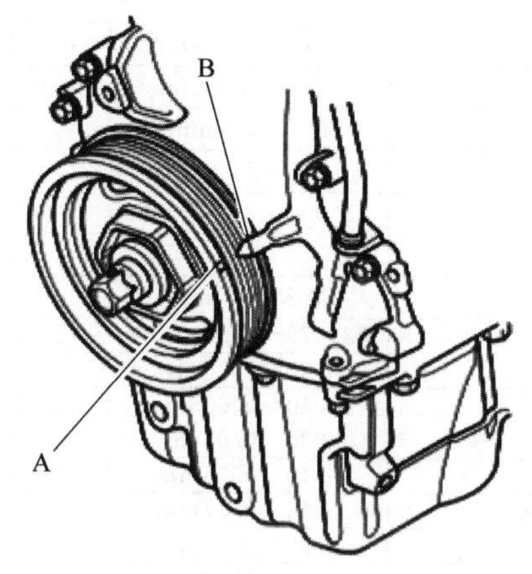

图 3-2　设置 1 缸于 TDC 位置

b. 使 1 号活塞在上止点（TDC）位置，并检查 VTC 执行器 A/B 的“1”标记（C）应在顶部（图 3-3）。注意：如果标记未对准，转动曲轴 360°，并重新检查 VTC 执行器 A/B 标记。

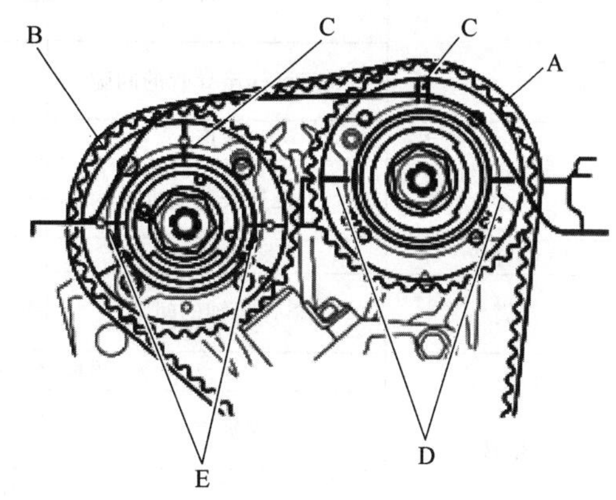

图 3-3　VTC 执行器标记位对齐

c. 检查 VTC 执行器 A 和 1 号凸轮轴固定架表面的标记（D），VTC 执行器 B 和气缸盖表面的标记（E），如图 3-3 所示。注意：如果标记仍未对齐，则拆下正时皮带并重新安装正时皮带到位。

⑤ 按照与拆卸相反的顺序安装所有拆下零件。

3.1.2　发动机维修数据

本田 1.0T P10A3 发动机机械维修数据见表 3-1。

表 3-1　P10A3 发动机机械维修参数

项目			标准值或新车值	维修极限
点火线圈	点火顺序		1—2—3	—
火花塞	间隙		0.7～0.8mm	—
点火正时	怠速时，检查白色标记	M/T 在空挡，CVT 在 N 或 P 位置	0°±2° BTDC	—
传动皮带	张紧度		自动张紧器	—
交流发电机	电刷长度		10.5mm	1.5mm
压缩	压力	最小值	930kPa	—
		最大偏差	200kPa	—
气缸盖	翘曲度		最大 0.08mm	—
	高度		133.9～134.1mm	—
凸轮轴	轴向间隙	进气/排气	0.10～0.25mm	0.40mm
	凸轮轴至保持架油膜的间隙		0.030～0.070mm	0.150mm
	总跳动量		最大 0.02mm	—
	凸轮凸角高度	进气，初级	30.8443mm	—
		进气，中级	33.0706mm	—
		进气，次级	30.8443mm	—
		排气	33.1798mm	—

续表

项目			标准值或新车值	维修极限
气门	间隙(冷态)	进气	0.21～0.25mm	—
		排气	0.27～0.31mm	—
	气门挺杆外径	进气	5.480～5.490mm	5.470mm
		排气	5.450～5.465mm	5.465mm
	气门挺杆至导管的间隙	进气	0.020～0.050mm	0.08mm
		排气	0.045～0.080mm	0.11mm
气门座	宽度	进气/排气	1.25～1.55mm	1.90mm
	挺杆安装高度	进气	46.16～46.46mm	46.66mm
		排气	49.35～49.55mm	49.75mm
气门导管	安装高度	进气/排气	16.65～17.15mm	—
摇臂	摇臂至轴的间隙	进气	0.018～0.064mm	0.080mm
		排气	0.018～0.059mm	0.080mm
气缸体	顶面翘曲度		最大 0.07mm	—
	气缸直径	X	73.000～73.020mm	73.070mm
		Y	73.000～73.015mm	73.070mm
	气缸锥度		—	0.050mm
	镗削极限		最大 0.25mm	—
活塞	离裙部底端 9mm 处的裙部外径		72.979～73.013mm	72.979mm
	与气缸的间隙		−0.013～0.041mm	0.043mm
活塞环	活塞环至环槽的间隙	顶部	0.040～0.065mm	0.085mm
		第二道环	0.030～0.055mm	0.075mm
	环端隙	顶部	0.15～0.25mm	0.25mm
		第二道环	0.25～0.37mm	0.37mm
		油环	0.20～0.50mm	0.50mm
活塞销	O.D.[1]		17.960～17.964mm	17.960mm
	活塞销至活塞的间隙		−0.004～0.004mm	0.006mm
连杆	销至连杆的间隙		0.004～0.016mm	0.020mm
	大端孔径		38.0mm	—
	轴向间隙		0.075～0.275mm	0.375mm
曲轴	连杆轴颈/主轴颈锥度		最大 0.005mm	0.010mm
	连杆轴颈/主轴颈圆度		最大 0.005mm	0.010mm
	轴向间隙		0.10～0.31mm	0.41mm
	总跳动量		最大 0.03mm	0.04mm
曲轴轴瓦	主轴瓦至轴颈的油膜间隙		0.018～0.036mm	0.038mm
	连杆轴瓦至轴颈的油膜间隙		0.019～0.037mm	—
发动机机油	容量	发动机大修	4.5L	—
		包括滤清器在内的机油更换时	3.8L	—
		不包括滤清器在内的机油更换时	3.5L	—
机油泵	机油温度在 100℃时的机油压力	怠速时	100kPa	—
		在 3000r/min 时	120kPa	—
散热器	冷却液容量(包括发动机、加热器、软管和膨胀箱:M/T)	发动机大修	5.9L	—
		更换冷却液	5.0L	—
	冷却液容量(包括发动机、加热器、软管和膨胀箱:CVT)	发动机大修	6.1L	—
		更换冷却液	5.1L	—
	冷却液类型		全天候 2 号防冻剂/冷却液	—
膨胀罐	冷却液容量		0.6L	—
膨胀罐盖	开启压力		93～123kPa	—
节温器	开启温度(12V 时)	开始打开	58℃	—
		全开	98℃	—
	全开时,阀门升程		8.0mm	—

[1] O.D.，即 outside dimension，外径值。

续表

项目			标准值或新车值	维修极限
燃油压力调节器	连接燃油压力表时的压力		480～530kPa	—
发动机怠速	无负载时的怠速转速	M/T 在空挡，CVT 在 N 或 P 位置	(950±50)r/min	—
	电气负载较高时的怠速转速	M/T 在空挡，CVT 在 N 或 P 位置	(1050±50)r/min	—
	怠速 CO 排放浓度		最大 0.1%	—

3.2 1.5T L15BD 发动机

3.2.1 发动机正时维修

与 L15BT 发动机相同，请参考 3.5.1 小节内容。

3.2.2 发动机维修数据

该发动机为不带 VTEC 技术的总成，排气凸轮凸角高度为 33.273mm，其他数据与 L15BN 相同，请参考 3.3.2 小节内容。

3.3 1.5T L15BN 发动机

3.3.1 发动机正时维修

本田 1.5T L15BN 发动机正时单元部分分解如图 3-4 所示。

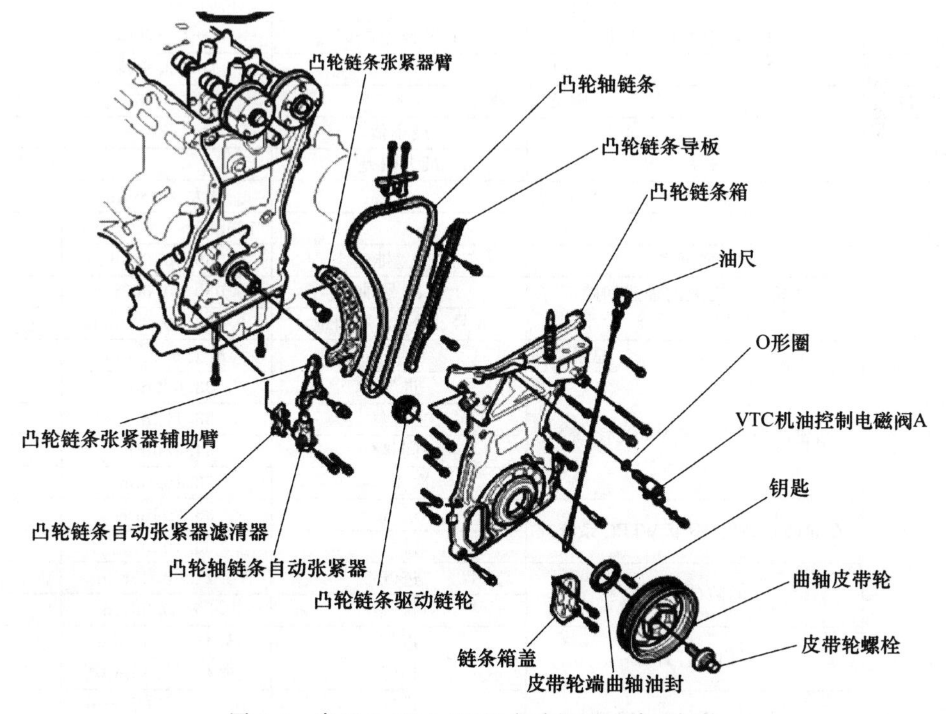

图 3-4 本田 1.5T L15BN 发动机正时单元部件

凸轮轴正时检修步骤如下。

① 拆卸气缸盖罩。

② 拆卸右前轮。

③ 拆卸发动机底盖。

④ 检查凸轮轴正时：

a. 转动曲轴，让1号活塞与上止点（TDC）对齐；曲轴皮带轮上的白色标记（A）与凸轮链条箱上的指针（B）对齐，如图3-5所示。

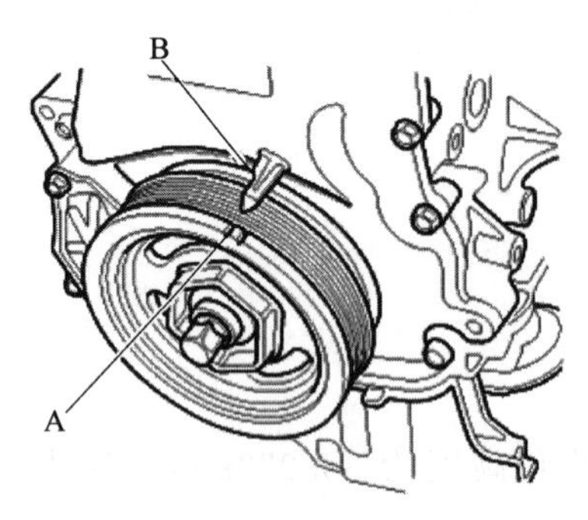

图3-5　设置1号活塞TDC位置

b. 当1号活塞位于上止点（TDC）时，检查VTC执行器A上的“UP”标记（C）是否位于顶部（图3-6）。

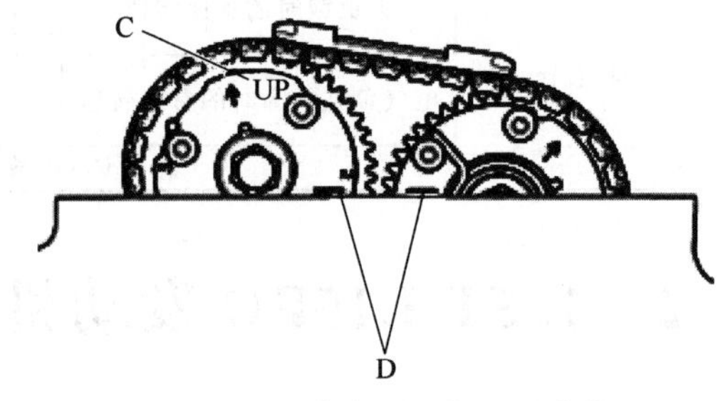

图3-6　VTC执行器上标记对齐位置

c. 检查VTC执行器A和VTC执行器B上的TDC标记（D），这些标记应对齐，如图3-6所示。如果标记未对齐，拆下凸轮链条并重新正确安装凸轮链条。

⑤ 按照与拆卸相反的顺序安装所有拆下零件。

3.3.2　发动机维修数据

本田1.5T L15BN发动机机械检修技术参数见表3-2。

表3-2　L15BN发动机机械检修参数

项目			标准值或新车值	维修极限
点火线圈	点火顺序		1—3—4—2	—
火花塞	间隙		0.70～0.75mm	—
点火正时	怠速时，检查红色标记	在N或P挡时	4°±2° BTDC	—
传动皮带	张紧度		自动张紧器	—
交流发电机	电刷长度		10.5mm	1.5mm
压缩	压力	最小值	—	980kPa
		最大偏差	—	200kPa
气缸盖	翘曲度		最大0.08mm	—
	高度		126.95～127.05mm	—
凸轮轴	轴向间隙	进气/排气	0.065～0.215mm	0.415mm
	凸轮轴至支架的油膜间隙（进气/排气）	1号、2号轴颈	0.030～0.069mm	0.120mm
		3号、4号、5号轴颈	0.060～0.099mm	0.150mm
	总跳动量		最大0.03mm	—
	凸轮凸角高度（带VTEC系统）	进气	33.099mm	—
		主排气	33.102mm	—
		中间排气	34.456mm	—
		次排气	33.102mm	—
	凸轮凸角高度（不带VTEC系统）	进气	33.099mm	—
		排气	33.102mm	—
气门	间隙（冷态）	进气	0.21～0.25mm	—
		排气	0.25～0.29mm	—
	气门挺杆外径	进气	5.48～5.49mm	5.45mm
		排气	5.45～5.46mm	5.42mm
	气门挺杆至导管的间隙	进气	0.025～0.050mm	0.08mm
		排气	0.055～0.080mm	0.11mm

续表

项目			标准值或新车值	维修极限
气门座	宽度	进气/排气	1.25～1.55mm	2.00mm
	挺杆安装高度	进气	53.40～54.40mm	54.60mm
		排气	45.90～46.90mm	47.10mm
气门导管	安装高度	进气	21.25～21.75mm	—
		排气	19.75～20.25mm	—
摇臂	摇臂至轴的间隙(带 VTEC 系统)	进气	0.018～0.059mm	0.080mm
		排气	0.018～0.064mm	0.080mm
	摇臂至轴的间隙(不带 VTEC 系统)	进气/排气	0.018～0.059mm	0.080mm
气缸体	顶面翘曲度		最大 0.07mm	—
	气缸直径	X	73.000～73.020mm	73.065mm
		Y	73.000～73.015mm	73.065mm
	气缸锥度		—	0.050mm
	镗削极限		最大 0.25mm	—
活塞	离裙部底端 10mm 处的裙部外径		72.972～72.979mm	72.962mm
	与气缸的间隙		0.021～0.043mm	0.050mm
活塞环	活塞环到环槽的间隙	顶部	0.040～0.065mm	0.130mm
		第二道环	0.030～0.055mm	0.120mm
	环端隙	顶部	0.15～0.20mm	0.55mm
		第二道环	0.25～0.37mm	0.60mm
		油环	0.20～0.50mm	0.80mm
活塞销	O.D.		19.960～19.964mm	19.960mm
	活塞销至活塞的间隙		−0.004～0.003mm	0.006mm
连杆	销到连杆的间隙		0.004～0.016mm	0.020mm
	大端孔径		43.0mm	—
	轴向间隙		0.15～0.35mm	0.45mm
曲轴	连杆轴颈/主轴颈锥度		最大 0.005mm	0.010mm
	连杆轴颈/主轴颈圆度		最大 0.005mm	0.010mm
	轴向间隙		0.10～0.35mm	0.45mm
	总跳动量		最大 0.03mm	0.040mm
曲轴轴瓦	主轴瓦至轴颈的油膜间隙		0.018～0.036mm	0.050mm
	连杆轴瓦至轴颈的油膜间隙		0.020～0.038mm	—
发动机机油	容量	发动机大修	4.0L	—
		包括滤清器在内的机油更换时	3.5L	—
		不包括滤清器在内的机油更换时	3.2L	—
机油泵	机油温度在 80℃时的机油压力	怠速时	90kPa	—
		在 3000r/min 时	280kPa	—
散热器	冷却液容积(包括发动机、加热器、软管和储液罐)	发动机大修	6.9L	—
		更换冷却液	6.1L	—
	冷却液类型		全天候 2 号防冻剂/冷却液	—
冷却液储液罐	冷却液容量		0.7L	—
散热器盖	开启压力		93～123kPa	—
节温器	开启温度	开始打开	76～80℃	—
		全开	90℃	—
	全开时，阀门升程		10.0mm	—
燃油压力调节器	连接燃油压力表时的压力		390～440kPa	—
发动机怠速	无负载时的怠速转速	在 N 或 P 挡时	(720±50)r/min	—
	电气负载较高时的怠速转速	在 N 或 P 挡时	(720±50)r/min	—
	怠速 CO 排放浓度		最大 0.1%	—

3.4 1.5T L15BM 发动机

3.4.1 发动机正时维修

与 L15BN 发动机相同，请参考 3.3.1 小节内容。

3.4.2 发动机维修数据

与 L15BN 发动机相同，请参考 3.3.2 小节内容。

3.5 1.5T L15BT 发动机

3.5.1 发动机正时维修

① 如图 3-7 所示，安装凸轮轴链条主动链轮（A）和键（B）。注意：检查键的方向，然后按原来相同的方向安装键。

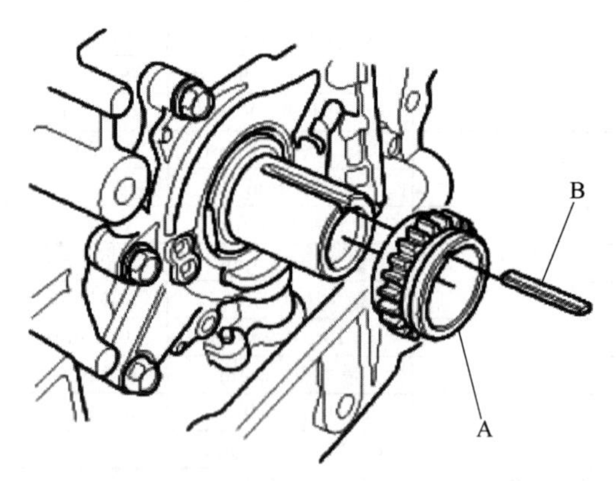

图 3-7 安装凸轮轴主动链轮和键

② 将曲轴置于上止点（TDC）。将凸轮轴链条主动链轮上的 TDC 标记（冲印标记）（A）与机油泵上的指针（B）对齐，如图 3-8 所示。

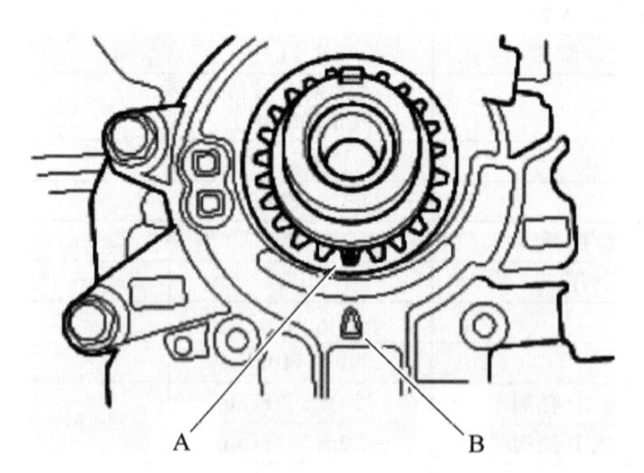

图 3-8 将曲轴置于上止点（TDC）

③ 使 1 号活塞在上止点（TDC）位置。VTC 作动器 A 上的“UP”标记（C）应在顶部，并将 VTC 作动器 A 和 VTC 作动器 B 上的 TDC 标记（D）对齐，如图 3-9 所示。

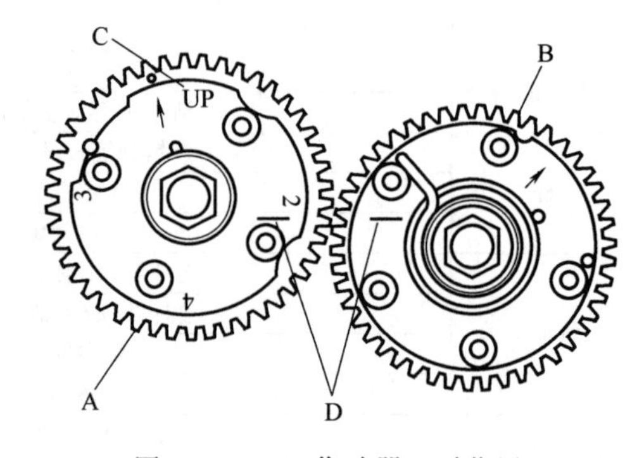

图 3-9 VTC 作动器正时位置

④ 将 5mm 直径销（A）插入凸轮轴保养孔中，如图 3-10 所示。

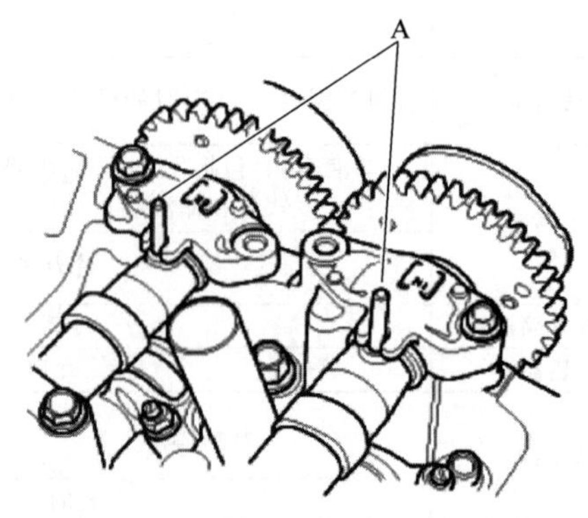

图 3-10 将直销插入到保养孔中

⑤ 将凸轮轴链条安装在凸轮轴链条主动链轮上，使冲印标记（A）与彩色链节板

(B）的中点对齐，如图 3-11 所示。

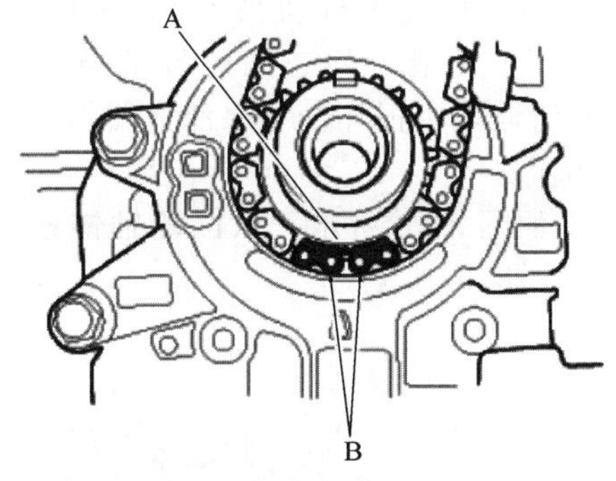

图 3-11　曲轴链轮与正时链安装标记

⑥ 将凸轮轴链条安装在 VTC 作动器 A 和 VTC 作动器 B 上，使冲印标记（C）与彩色链节板（D）的中点对齐（图 3-12）。

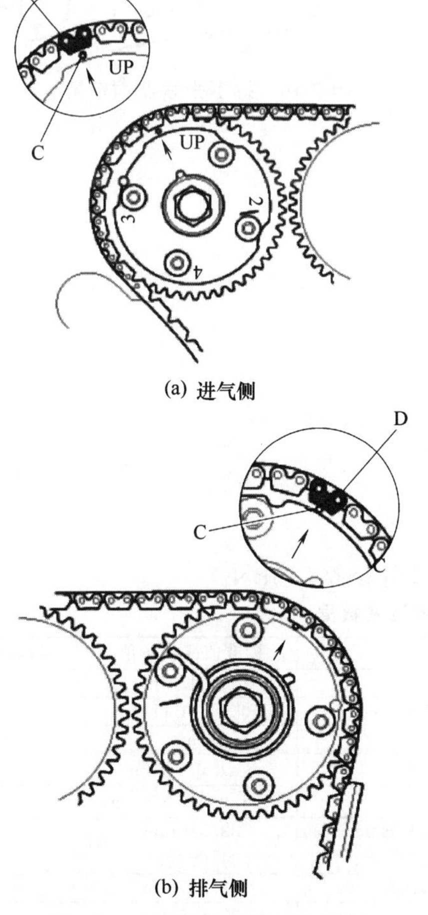

图 3-12　VTC 作动器对齐标记

⑦ 安装凸轮轴链条导板 A、凸轮轴链条张紧器臂 B、凸轮轴链条张紧器子臂 C、凸轮轴链条上导板，如图 3-13 所示。

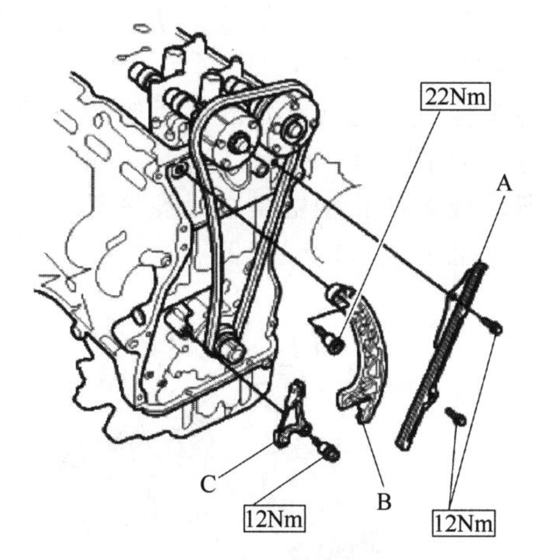

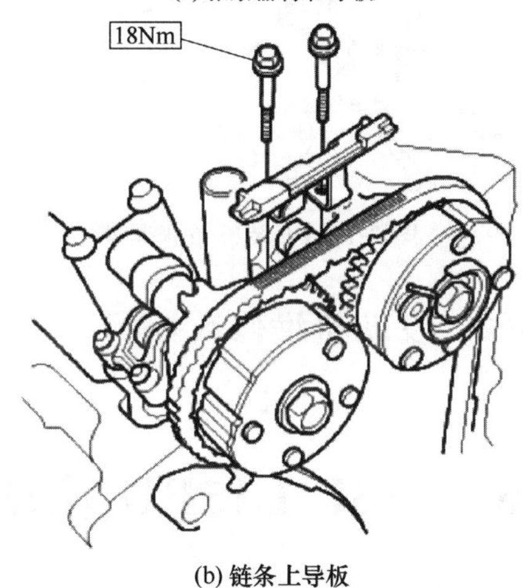

图 3-13　安装各种导轨和导板

⑧ 拆卸直径销 A。

⑨ 更换凸轮轴链条时，压缩凸轮轴链条自动张紧器。从拆卸过程中安装的凸轮轴

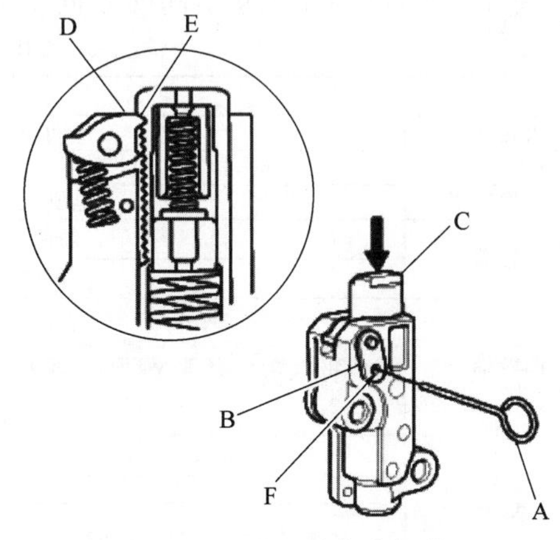

图 3-14　设置链条张紧器

链条自动张紧器上拆下销（A）。逆时针转动板（B）解除锁止状态，然后压下杆（C），将第一个凸轮（D）固定在齿条（E）第一边缘位置。将1.2mm直径销插回到孔（F）中，如图3-14所示。注意：如果没有如上所述放置凸轮轴链条自动张紧器，将会损坏凸轮轴链条自动张紧器。

⑩ 安装凸轮轴链条自动张紧器滤清器（A）和凸轮轴链条自动张紧器（B），如图3-15所示。注意：检查凸轮轴链条自动张紧器滤清器是否损坏。如果滤清器损坏，将其更换。

⑪ 如图3-16所示，从凸轮轴链条自动张紧器上拆下销（A）。

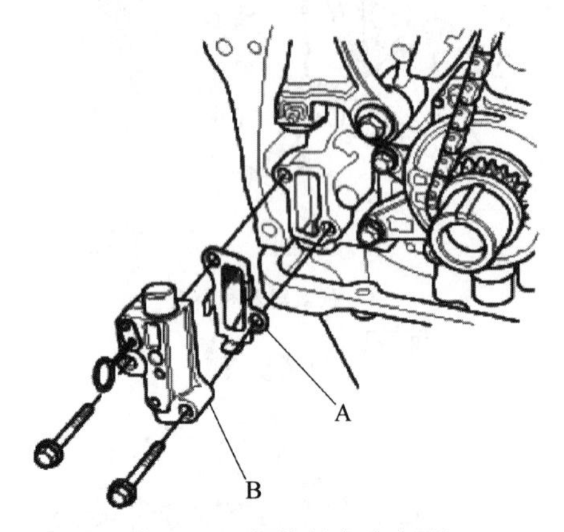

图3-15 安装链条张紧器

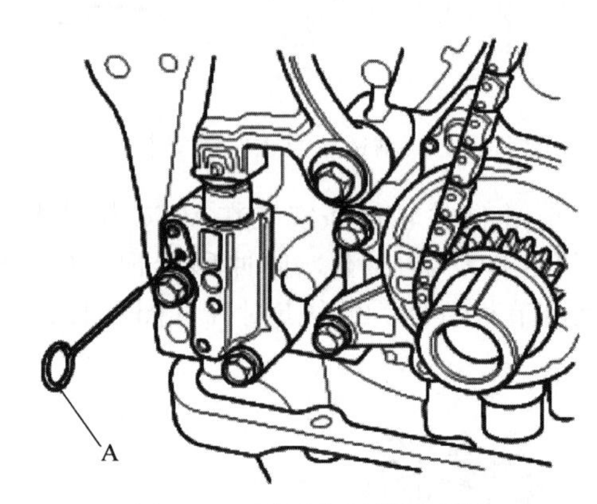

图3-16 拆下张紧器固定销

3.5.2 发动机维修数据

与L15BN发动机相同，请参考3.3.2小节内容。

3.6 1.5L L15BU发动机

3.6.1 发动机正时维修

与L15BN发动机相同，请参考3.3.1小节内容。

3.6.2 发动机维修数据

表3-3为对比L15BN不同的数据，未列出的项目请参考L15BN。

表3-3 L15BU发动机机械维修数据

项目			标准值或新车值	维修极限
火花塞	间隙		1.0～1.1mm	—
点火正时	怠速时，检查白色标记	在N或P挡时	0°±2° BTDC	—
交流发电机	电刷长度		14mm	4.5mm
气缸盖	翘曲度		最大0.05mm	—
	高度		133.9～134.1mm	—
凸轮轴	凸轮凸角高度(带VTEC系统)	进气，初级	33.557mm	—
		进气，中级	34.603mm	—
		进气，次级	33.557mm	—
		排气	33.885mm	—
气门	气门挺杆外径	进气	5.457～5.490mm	5.445mm
		排气	5.445～5.460mm	5.415mm
	气门挺杆至导管的间隙	进气	0.020～0.055mm	0.080mm
		排气	0.050～0.085mm	0.110mm

续表

项目			标准值或新车值	维修极限
气门座	宽度	进气	0.85～1.15mm	1.60mm
		排气	1.25～1.55mm	2.00mm
	挺杆安装高度	进气	50.55～50.95mm	51.25mm
		排气	48.40～48.80mm	49.10mm
气门导管	安装高度	进气/排气	18.65～19.15mm	—
摇臂	摇臂至轴的间隙	进气，初级	0.018～0.064mm	0.080mm
		进气，中级	0.018～0.059mm	0.080mm
		进气，次级	0.018～0.064mm	0.080mm
		排气	0.018～0.059mm	0.080mm
活塞环	活塞环至环槽的间隙	顶部	0.045～0.070mm	0.130mm
		第二道环	0.035～0.060mm	0.120mm
	环端隙	顶部	0.150～0.200mm	0.600mm
		第二道环	0.300～0.420mm	0.650mm
		油环	0.100～0.400mm	0.800mm
活塞销	O. D.		17.960～17.964mm	17.960mm
	活塞销至活塞的间隙		－0.004～0.003mm	0.006mm
连杆	销至连杆的间隙		0.005～0.015mm	0.020mm
	大端孔径		43.0mm	—
	轴向间隙		0.15～0.35mm	0.45mm
发动机机油	容量	发动机大修	4.0L	—
		包括滤清器在内的机油更换时	3.3L	—
		不包括滤清器在内的机油更换时	3.1L	—
机油泵	机油温度在 80℃时的机油压力	怠速时	80kPa	—
		在 3000r/min 时	330kPa	—
散热器	冷却液容积（包括发动机、加热器、软管和储液罐）	发动机大修	4.8L	—
		更换冷却液	4.0L	—
	冷却液类型		推荐本田全天候 2 号防冻剂/冷却液	—
冷却液储液罐	冷却液容量		0.5L	—
节温器	开启温度	开始打开	86～90℃	—
		全开	100℃	—
	全开时，阀门升程		8.0mm	—
燃油压力调节器	连接燃油压力表时的压力		380～430kPa	—
发动机怠速	无负载时的怠速转速	在 N 或 P 挡时	(800±50)r/min	—
	电气负载较高时的怠速转速	在 N 或 P 挡时	(800±50)r/min	—
	怠速 CO 排放浓度		最大 0.1%	—

3.7　1.5T L15BW 发动机

3.7.1　发动机正时维修

与 L15BN 发动机相同，请参考 3.3.1 小节内容。

3.7.2　发动机维修数据

与 L15BN 发动机相同，请参考 3.3.2 小节内容。

3.8 1.5L LEB41 混动发动机

3.8.1 发动机正时维修

（1）正时链条安装

① 如图 3-17 所示，将曲轴置于上止点（TDC）。将曲轴链轮上的 TDC 标记（A）与机油泵上的指针（B）对齐。

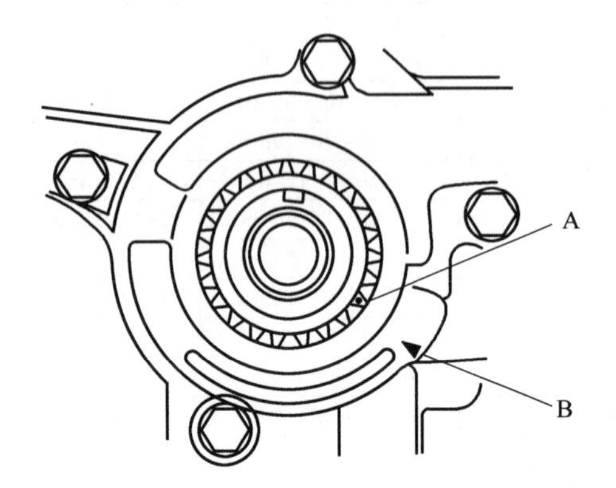

图 3-17 将曲轴置于上止点（TDC）

② 将凸轮轴链条安装在曲轴链轮上，使涂色的链节（A）与曲轴链轮上的标记（B）对准，如图 3-18 所示。

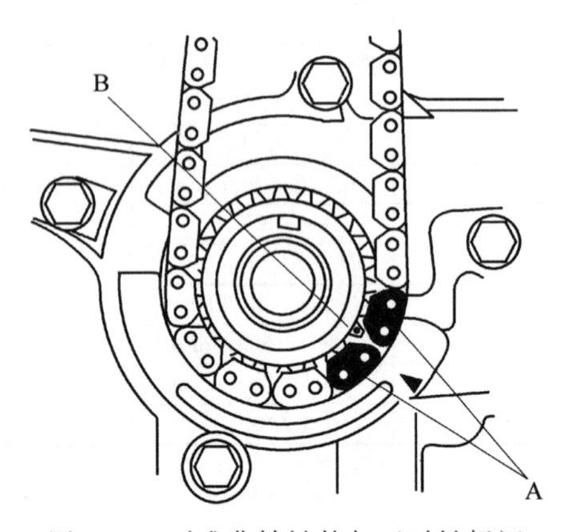

图 3-18 对准曲轴链轮与正时链标记

③ 将凸轮轴链条安装在 VTC 作动器链轮上，使彩色链节板（A）与 VTC 作动器链轮上的标记（B）对准，如图 3-19 所示。注意：凸轮轴侧 VTC 作动器上形成标记。

④ 将凸轮轴链条安装在排气凸轮轴链轮（A）上，使彩色链节板（B）与排气凸轮轴链轮上的标记（C）对准，如图 3-20 所示。

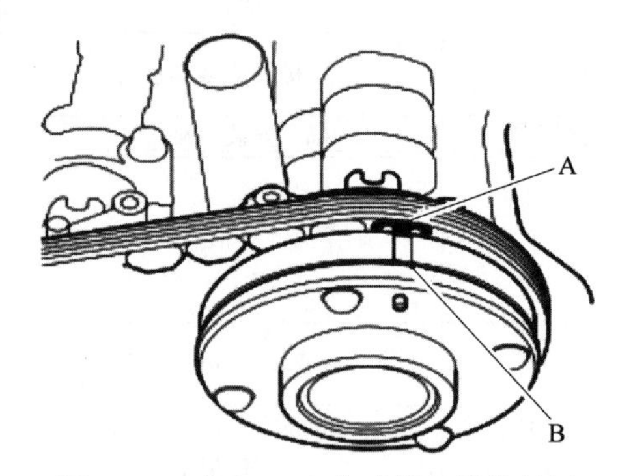

图 3-19 对准 VTC 作动器与链条标记

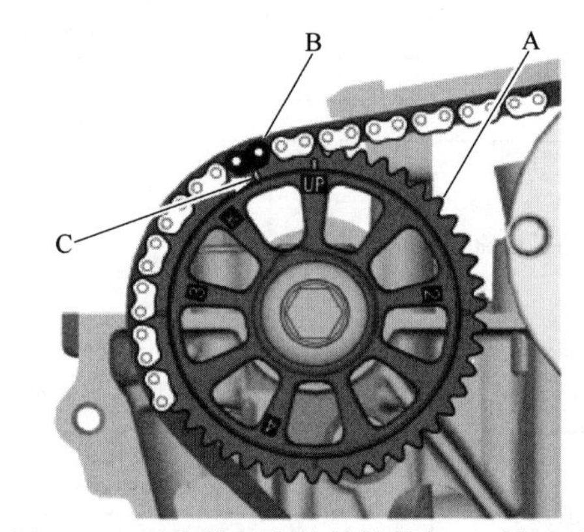

图 3-20 对准排气凸轮轴链轮与正时链标记

（2）链条张紧器安装与检查

① 更换凸轮轴链条时，压缩凸轮轴链条自动张紧器。从拆卸过程中安装的凸轮轴链条自动张紧器上拆下销（A）。逆时针转

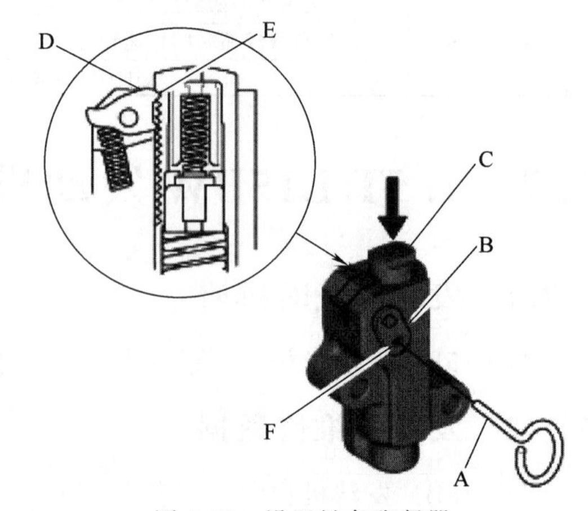

图 3-21 设置链条张紧器

动板（B）解除锁止状态，然后压下杆（C），将第一个凸轮（D）固定在齿条（E）第一边缘位置。将 1.2mm 直径销插回到孔（F）中，如图 3-21 所示。注意：如果没有如上所述放置凸轮轴链条自动张紧器，将会损坏凸轮轴链条自动张紧器。

② 安装凸轮轴链条自动张紧器（A），如图 3-22 所示。

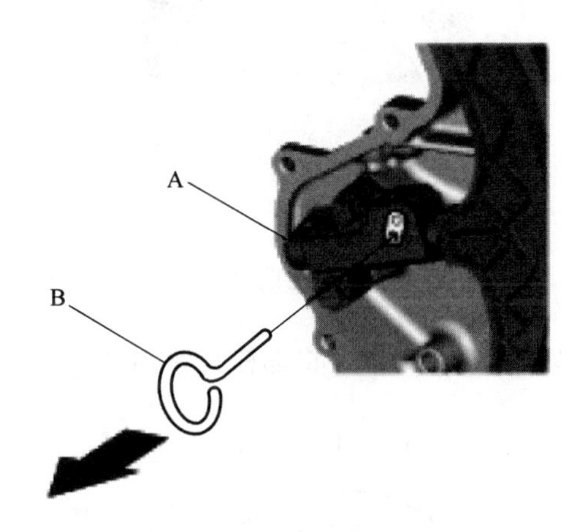

图 3-22　安装张紧器

③ 从凸轮轴链条自动张紧器上拆下销（B），如图 3-22 所示。

④ 测量凸轮轴链条自动张紧器连杆的长度。如图 3-23 所示，凸轮轴链条自动张紧器连杆长度维修极限：23mm。

图 3-23　测量张紧器连杆长度

⑤ 如果长度超过维修极限，则更换凸轮轴链条。更换时，检查曲轴链轮、VTC 作动器和排气凸轮轴链轮上的轮齿是否磨损或损坏。如果有零件磨损或损坏，必要时，予以更换。

⑥ 检查凸轮轴链条自动张紧器上的机油通道是否阻塞。如果凸轮轴链条自动张紧器阻塞，予以更换。

（3）凸轮轴链条箱安装

① 如果皮带轮端曲轴油封损坏，则更换皮带轮端曲轴油封。

② 在链条箱的发动机气缸体和油底壳接合面，以及螺栓孔内缘涂抹密封胶。

③ 将链条箱（A）的边缘固定到油底壳（B）的边缘上，然后将链条箱安装到发动机气缸体（C）上，如图 3-24 所示。清除油底壳和链条箱接合部位多余的密封胶。

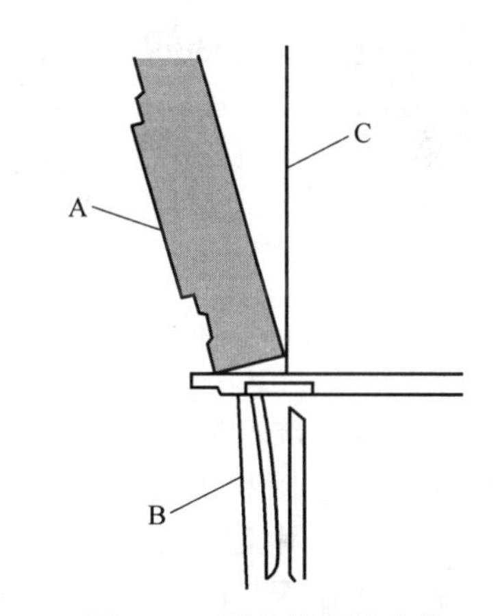

图 3-24　固定链条箱边缘

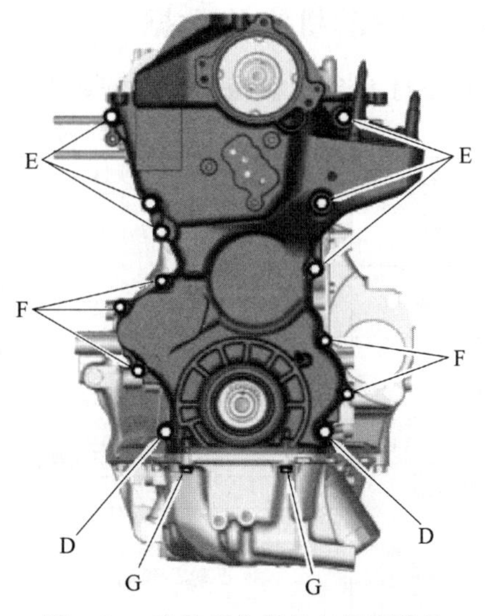

图 3-25　安装定位螺栓与紧固螺栓

④ 松松地安装定位螺栓（D），然后紧固 8mm 螺栓（E）、6mm 螺栓（F），如图 3-25 所示。

⑤ 紧固油底壳螺栓（G），如图 3-25 所示。

⑥ 拧紧定位螺栓。

（4）曲轴皮带轮安装

① 清洁曲轴皮带轮（A）、曲轴（B）、螺栓（C）和垫圈（D）。

② 如图 3-26 所示，用新的发动机机油润滑。

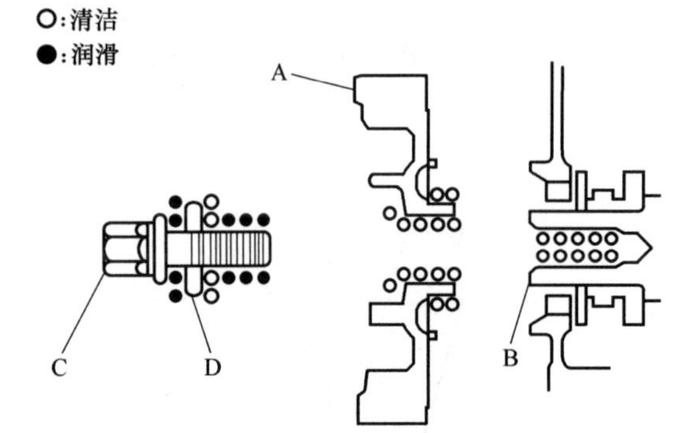

图 3-26　清洁曲轴皮带轮

③ 安装曲轴皮带轮和皮带轮螺栓。

④ 用固定器手柄和皮带轮固定器附件固定曲轴皮带轮，用扭力扳手和 19mm 套筒紧固皮带轮螺栓至 37N·m，如图 3-27 所示。注意：切勿使用冲击扳手。

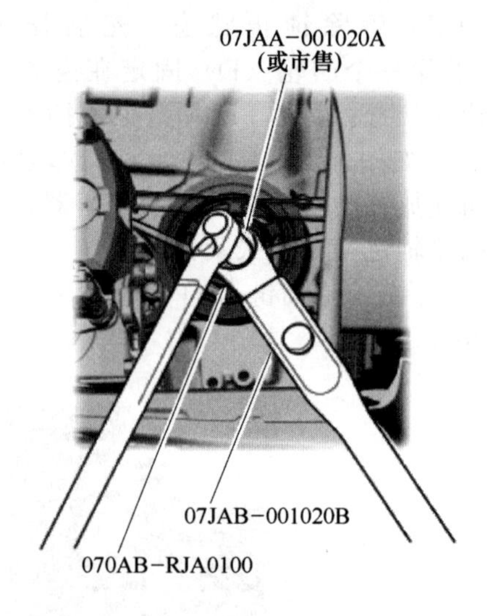

图 3-27　固定曲轴皮带轮

⑤ 如图 3-28 所示，将螺栓再紧固 90°。

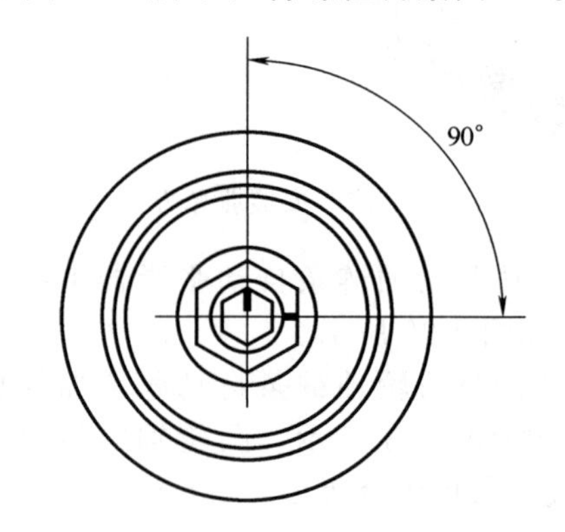

图 3-28　紧固螺栓角度

3.8.2　发动机维修数据

LEB41 发动机机械维修数据如表 3-4 所示。

表 3-4　LEB41 发动机机械维修数据

项目			标准值或新车值	维修极限
压缩	压力	最小值	—	930kPa
		最大偏差	—	200kPa
气缸盖	翘曲度		最大 0.05mm	—
	高度		133.9～134.1mm	—
凸轮轴	轴向间隙		0.065～0.215mm	0.415mm
	凸轮轴至支架的油膜间隙(进气)	1 号轴颈	0.030～0.069mm	0.120mm
		2～5 号轴颈	0.060～0.099mm	0.150mm
	凸轮轴至支架的油膜间隙(排气)		0.060～0.099mm	0.150mm
	总跳动量		最大 0.03mm	—
	凸轮凸角高度	进气,初级	32.376mm	—
		进气,中级	34.342mm	—
		进气,次级	29.340mm	—
		排气	32.948mm	—

续表

项目			标准值或新车值	维修极限
气门	间隙(冷态)	进气	0.21～0.25mm	—
		排气	0.25～0.29mm	—
	气门挺杆外径	进气	5.475～5.490mm	5.445mm
		排气	5.445～5.460mm	5.415mm
	气门挺杆至导管的间隙	进气	0.020～0.055mm	0.080mm
		排气	0.050～0.085mm	0.110mm
气门座	宽度	进气	0.85～1.15mm	1.60mm
		排气	1.25～1.55mm	2.00mm
	挺杆安装高度	进气	50.55～50.95mm	51.25mm
		排气	48.40～48.80mm	49.10mm
气门导管	安装高度	进气/排气	18.65～19.15mm	—
摇臂	摇臂到轴的间隙	进气,初级	0.018～0.064mm	0.080mm
		进气,中级	0.018～0.059mm	0.080mm
		进气,次级	0.018～0.064mm	0.080mm
		排气	0.018～0.059mm	0.080mm
气缸体	顶面翘曲度		最大 0.07mm	—
	气缸直径	X	73.000～73.020mm	73.065mm
		Y	73.003～73.015mm	73.065mm
	气缸锥度		—	0.050mm
活塞	离裙部底端 16mm 处的裙部外径		—	72.970mm
	与气缸的间隙		—	0.050mm
活塞环	活塞环到环槽的间隙	顶部	0.045～0.070mm	0.130mm
		第二道环	0.035～0.060mm	0.120mm
	环端隙	顶部	0.150～0.200mm	0.600mm
		第二道环	0.300～0.420mm	0.650mm
		油环	0.100～0.400mm	0.800mm
活塞销	O. D.		17.960～17.964mm	17.960mm
	活塞销至活塞的间隙		−0.004～0.003mm	0.006mm
连杆	销到连杆的间隙		0.005～0.015mm	0.020mm
	大端孔径		43.0mm	—
	轴向间隙		0.15～0.35mm	0.45mm
曲轴	连杆轴颈/主轴颈锥度		最大 0.005mm	0.010mm
	连杆轴颈/主轴颈圆度		最大 0.005mm	0.010mm
	轴向间隙		0.10～0.35mm	0.45mm
	总跳动量		最大 0.03mm	0.04mm
曲轴轴瓦	主轴瓦至轴颈的油膜间隙		0.018～0.036mm	0.050mm
	连杆轴瓦至轴颈的油膜间隙		0.020～0.038mm	—
发动机机油	容量	发动机大修	4.0L	—
		包括滤清器在内的机油更换时	3.3L	—
		不包括滤清器在内的机油更换时	3.1L	—
机油泵	机油温度在 80℃(176℉)时的机油压力	怠速时	80kPa	—
		3000r/min 时	330kPa	—
散热器	冷却液容量(包括冷却液储液罐)	发动机大修	5.7L	—
		更换冷却液	5.0L	—
	冷却液类型		全天候防冻剂/2 号冷却液	—
冷却液储液罐	冷却液容量		0.6L	—
散热器盖	开启压力		93～123kPa	—

续表

项目			标准值或新车值	维修极限
节温器	开启温度	开始打开	76～80℃	—
		全开	90℃	—
	全开时，阀门升程		10.0mm	—
燃油压力调节器	连接燃油压力表时的压力		320～370kPa	—
发动机怠速	无负载时的怠速转速	在 N 或 P 挡时	(1100±50)r/min	—
	电气负载较高时的怠速转速	在 N 或 P 挡时	(1100±50)r/min	—
点火线圈	点火顺序		1—3—4—2	
火花塞	间隙		1.0～1.1mm	
点火正时	怠速时，检查红色标记	在 N 或 P 挡时	8°±2°BTDC	

3.9　2.0L LFB11 混动发动机

3.9.1　发动机正时维修

本田 2.0L LFB11 混动发动机正时单元部件分解如图 3-29 所示。

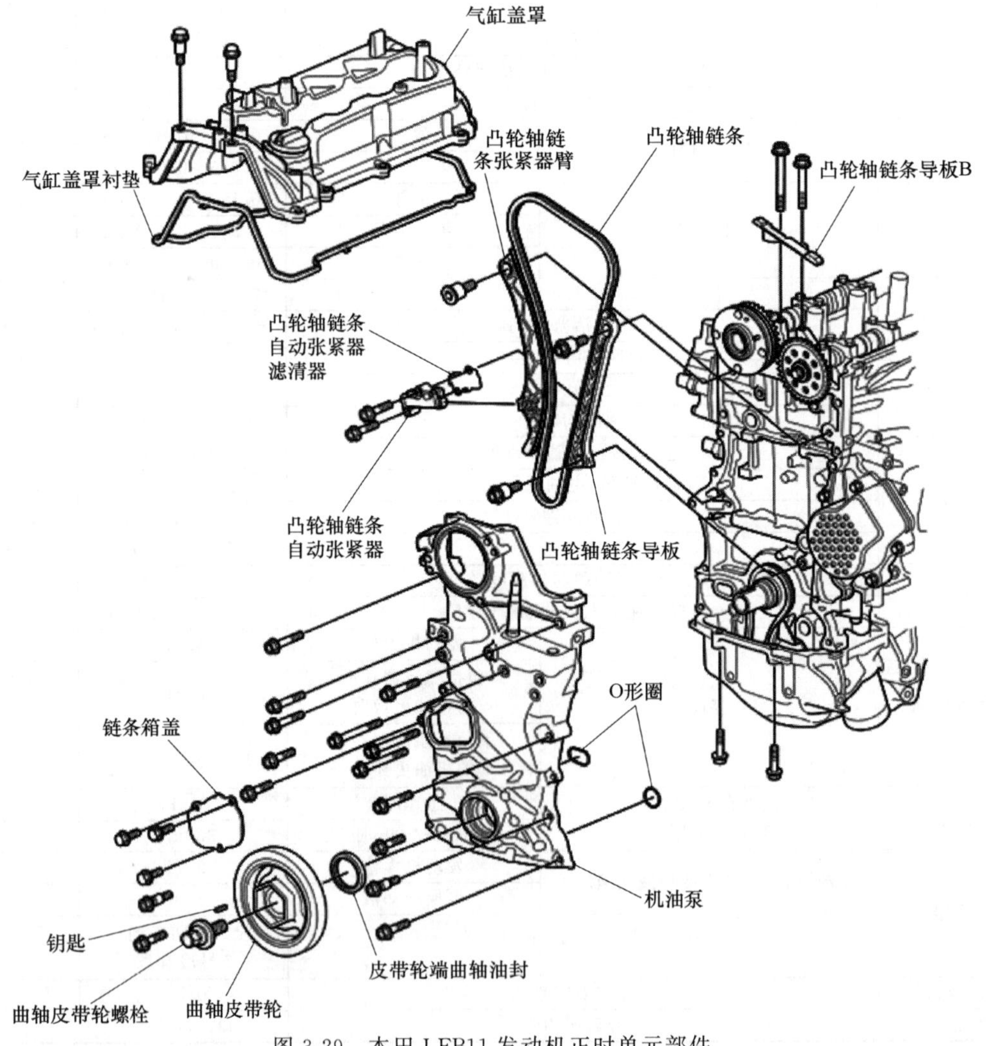

图 3-29　本田 LFB11 发动机正时单元部件

凸轮轴正时检查步骤如下。

① 拆卸气缸盖罩。

② 检查凸轮轴正时：

a. 转动曲轴，1 号活塞在上止点位置（TDC）；使曲轴皮带轮上的白色标记（A）与指针（B）对齐，见图 3-30。

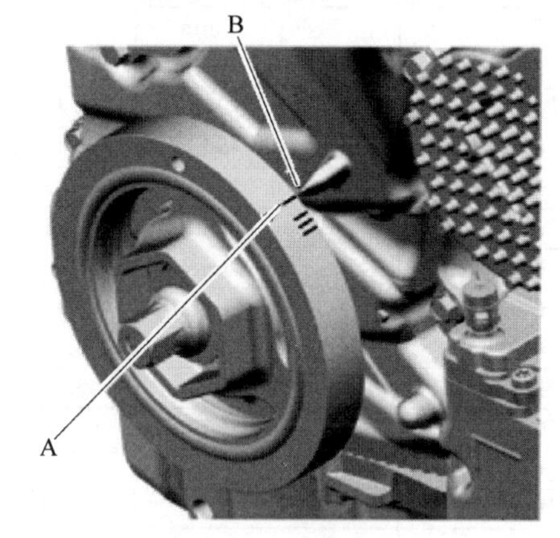

图 3-30　设置 1 号活塞于 TDC 位置

b. 检查 1 号活塞是否在上止点（TDC）位置。排气凸轮轴链轮上的标记（A）应与凸轮轴链条导板 B（B）的标记（C）对齐，如图 3-31 所示。

c. 检查 VTC 执行器上的标记（A）和凸轮轴链条导板 B（B）的标记（C），标记应保持对齐，如图 3-32 所示。如果记号没有对齐，拆下凸轮轴链条并重新正确安装凸轮轴链条。

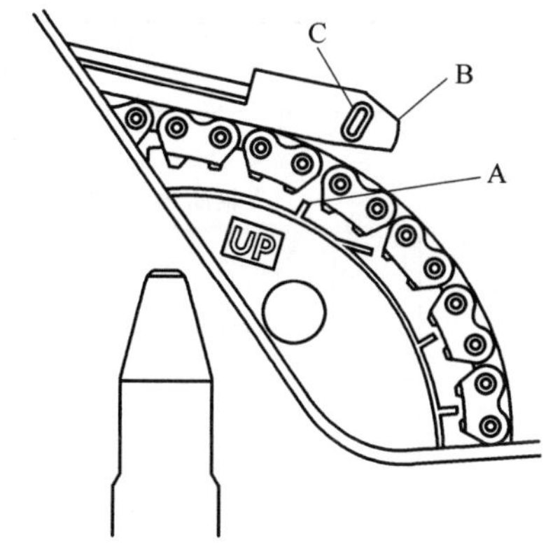

图 3-31　检查排气凸轮轴链轮标记位置

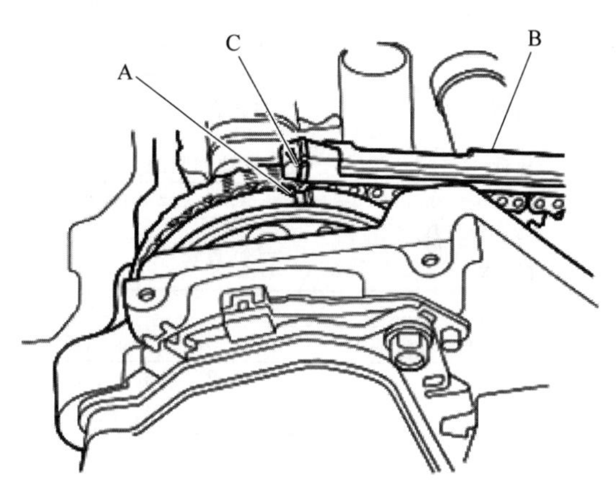

图 3-32　检查 VTC 执行器上标记位置

③ 按照与拆卸相反的顺序安装所有拆下零件。

3.9.2　发动机维修数据

本田 2.0L LFB11 混动发动机机械维修数据见表 3-5。

表 3-5　LFB11 发动机机械维修数据

项目			标准值或新车值	维修极限
点火线圈	点火顺序		1—3—4—2	—
火花塞	间隙		1.0～1.1mm	—
点火正时	怠速时检查红色标记	在 N 或 P 挡时	20°±2°BTDC	—
压缩	压力	最小值	880kPa	—
		最大偏差	200kPa	—
气缸盖	翘曲度		最大 0.05mm	—
	高度		120.95～121.05mm	—
凸轮轴	轴向间隙		0.05～0.25mm	0.4mm
	凸轮轴至支架的油膜间隙(进气)	1 号轴颈	0.034～0.069mm	0.15mm
		2 号轴颈	0.064～0.099mm	0.15mm
		3 号、4 号、5 号轴颈	0.060～0.099mm	0.15mm
	凸轮轴至支架的油膜间隙(排气)	1 号、2 号轴颈	0.064～0.099mm	0.15mm
		3 号、4 号、5 号轴颈	0.060～0.099mm	0.15mm

续表

项目			标准值或新车值	维修极限
凸轮轴	总跳动量		最大 0.03mm	—
	凸轮凸角高度	进气,初级	35.555mm	—
		进气,中级	35.874mm	—
		进气,次级	35.555mm	—
		排气	35.095mm	—
气门	间隙(冷态)	进气	0.18～0.22mm	—
		排气	自动液压挺杆,不用调节	—
	气门挺杆外径	进气	5.475～5.49mm	5.45mm
		排气	5.445～5.46mm	5.42mm
	气门挺杆至导管的间隙	进气	0.02～0.055mm	0.08mm
		排气	0.05～0.085mm	0.11mm
气门座	宽度	进气	0.85～1.15mm	1.6mm
		排气	1.25～1.55mm	2.0mm
	挺杆安装高度	进气	48.65～49.35mm	49.68mm
		排气	44.90～45.60mm	45.93mm
气门导管	安装高度	进气	17.35～17.85mm	—
		排气	17.25～17.75mm	—
摇臂	摇臂到轴的间隙	进气	0.018～0.059mm	0.08mm
气缸体	顶面翘曲度		最大 0.07mm	—
	气缸直径	X	81.000～81.020mm	81.070mm
		Y	81.000～81.015mm	81.070mm
	气缸锥度		—	0.050mm
	镗削极限		—	0.25mm
活塞	离裙部底端 14mm 处的裙部外径		80.98～80.99mm	80.93mm
	与气缸的间隙		0.010～0.035mm	0.05mm
活塞环	活塞环到环槽的间隙	顶部	0.045～0.085mm	0.165mm
		第二道环	0.030～0.055mm	0.125mm
	环端隙	顶部	0.2～0.3mm	0.6mm
		第二道环	0.3～0.42mm	0.7mm
		油环	0.2～0.5mm	0.8mm
活塞销	O.D.		17.96～17.964mm	17.96mm
	活塞销至活塞的间隙		－0.004～0.003mm	0.006mm
连杆	销到连杆的间隙		0.005～0.015mm	0.02mm
	大端孔径		48.0mm	—
	轴向间隙		0.15～0.35mm	0.45mm
曲轴	连杆轴颈/主轴颈锥度		最大 0.005mm	0.01mm
	连杆轴颈/主轴颈圆度		最大 0.005mm	0.01mm
	轴向间隙		0.1～0.35mm	0.45mm
	总跳动量		最大 0.03mm	0.04mm
曲轴轴瓦	主轴瓦至轴颈的油膜间隙		0.017～0.035mm	0.045mm
	连杆轴瓦至轴颈的油膜间隙		0.024～0.042mm	—
平衡轴	轴颈锥度		最大 0.005mm	—
	轴向间隙	前/后	0.07～0.12mm	0.135mm
	曲轴到轴承的间隙(前轴)	1 号轴颈	0.03～0.062mm	0.08mm
		2 号轴颈	0.04～0.10mm	0.13mm
	曲轴到轴承的间隙(后轴)	1 号、2 号轴颈	0.03～0.062mm	0.08mm
		3 号轴颈	0.04～0.10mm	0.13mm
发动机机油	容量	发动机大修	4.5L	—
		包括滤清器在内的机油更换时	3.8L	—
		不包括滤清器在内的机油更换时	3.5L	—

续表

项目			标准值或新车值	维修极限
机油泵	机油温度在 80℃时的机油压力	怠速时(1200r/min)	168.7kPa	—
		在 2000r/min 时	217.7kPa	—
散热器	冷却液容积(包括发动机、加热器、软管和储液罐)	发动机大修	6.9L	—
		更换冷却液	4.9L	—
	冷却液类型		全天候 2 号防冻剂/冷却液	—
冷却液储液罐	冷却液容量		0.7L	—
散热器盖	开启压力		93～123kPa	—
节温器	开启温度	开始打开	80～84℃	—
		全开	95℃(203℉)	—
	全开时,阀门升程		8.0mm	—
燃油压力调节器	连接燃油压力表时的压力		380～430kPa	—
发动机怠速	无负载时的怠速转速	在 N 或 P 挡时	(1200±50)r/min	—
	电气负载较高时的怠速转速	在 N 或 P 挡时	(1200±50)r/min	—

3.10　2.0L LFA11 混动发动机

3.10.1　发动机正时维修

与 LFB11 发动机相同，请参考 3.9.1 小节内容。

3.10.2　发动机维修数据

表 3-6 为与 LFB11 对比不同的数据，未列出来的项目请参考 LFB11。

表 3-6　LFB11 发动机机械维修数据

项目			标准值或新车值	维修极限
凸轮轴	凸轮轴至支架的油膜间隙	1 号轴颈	0.030～0.069mm	0.15mm
		2～5 号轴颈	0.060～0.099mm	0.15mm
气门	气门挺杆外径	进气	5.48～5.49mm	5.45mm
		排气	5.45～5.46mm	5.42mm
气门座	挺杆安装高度	进气	48.53～49.48mm	49.68mm
		排气	45.73～45.78mm	45.93mm
活塞环	活塞环到环槽的间隙	顶部	0.045～0.070mm	0.165mm
		第二道环	0.030～0.055mm	0.125mm
曲轴轴瓦	主轴瓦至轴颈的油膜间隙		0.017～0.035mm	0.045mm
	连杆轴瓦至轴颈的油膜间隙		0.024～0.042mm	—
散热器	冷却液容积(包括发动机、加热器、软管和储液罐)	发动机大修	7.0L	—
		更换冷却液	5.8L	—
	冷却液类型		全天候 2 号防冻剂/冷却液	—
冷却液储液罐	冷却液容量		0.8L	—
节温器	开启温度	开始打开	76～80℃	—
		全开	90℃	—
	全开时,阀门升程		8.0mm	—

3.11 2.0L R20Z4发动机

3.11.1 发动机正时维修

（1）正时链条拆卸

① 1号活塞在上止点位置的设置（曲轴侧）：转动曲轴使其白色标记（A）与指针（B）对齐，见图3-33。

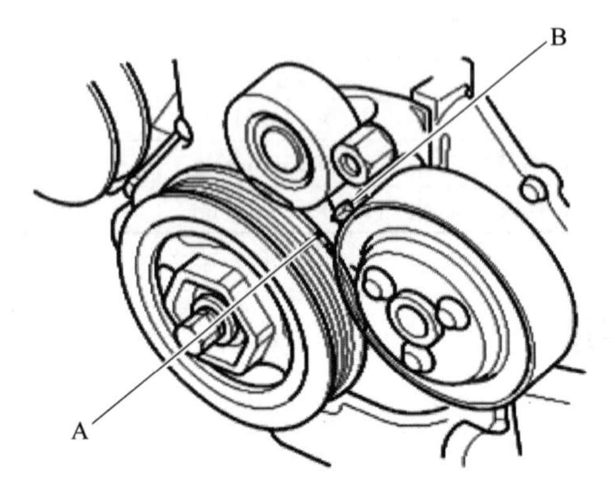

图3-33 对齐曲轴白色标记与指针

② 拆卸气缸盖罩。

③ 检查上止点（TDC）位置的1号活塞。凸轮轴链轮上的“UP”标记（A）应在顶部，并且凸轮轴链轮上的TDC凹槽（B）应与气缸盖的顶部边缘对齐，见图3-34。注意：如果标记未对准，转动曲轴360°，并重新检查凸轮轴皮带轮标记。

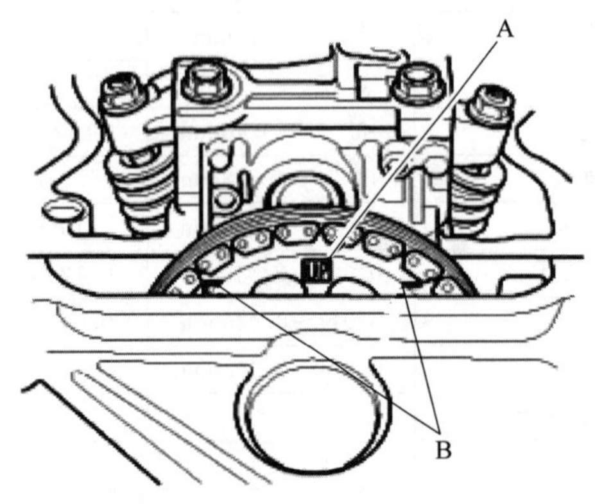

图3-34 检查发动机TDC位置

④ 拆卸右前轮。

⑤ 拆卸发动机底盖。

⑥ 拆卸传动皮带自动张紧器。

⑦ 拆卸曲轴皮带轮。

⑧ 拆卸发动机侧支座。

⑨ 断开PCV软管，拆卸机油泵。

⑩ 测量凸轮轴链条自动张紧器体和张紧器连杆平面部分底部之间的张紧器连杆长度。如果长度超出维修极限，则更换凸轮轴链条。张紧器连杆长度维修极限为14.5mm，见图3-35。

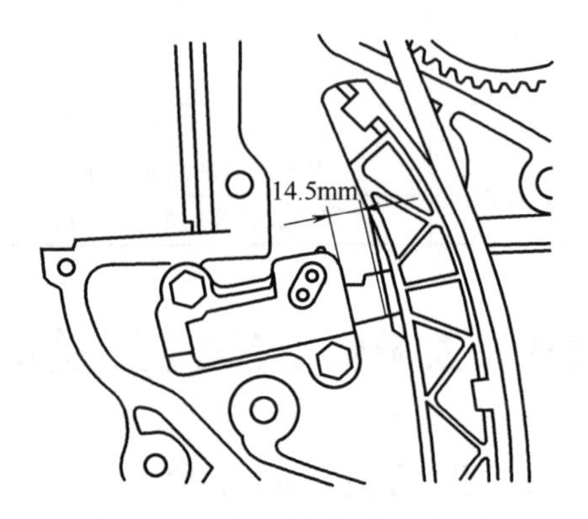

图3-35 测量张紧器连杆长度

⑪ 松松地安装曲轴皮带轮。逆时针旋转曲轴，以压缩凸轮轴链条自动张紧器。逆时针旋转曲轴以便对齐锁（A）和凸轮轴链条自动张紧器（B）上的孔。将1.0mm直径销（C）插入孔中。顺时针转动曲轴以固定销，见图3-36。注意：如果未对齐锁和凸轮轴链条自动张紧器的孔，则继续逆时针旋转曲轴直至孔对齐，然后安装销。拆下凸轮轴链条自动张紧器。拆下曲轴皮带轮。

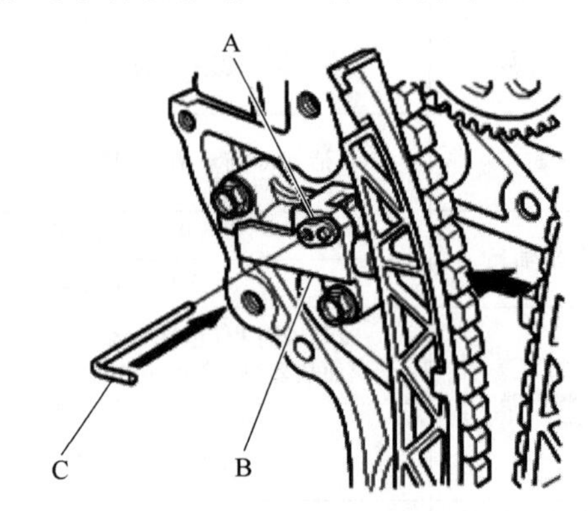

图3-36 插入直销，锁定张紧器以便拆下

⑫ 拆下凸轮轴链条导板和凸轮轴链条张紧器臂。拆卸凸轮轴链条。

(2) 正时链条安装

① 将曲轴置于上止点（TDC）。将曲轴链轮上的TDC标记（A）与发动机气缸体上的指针（B）对准，见图3-37。

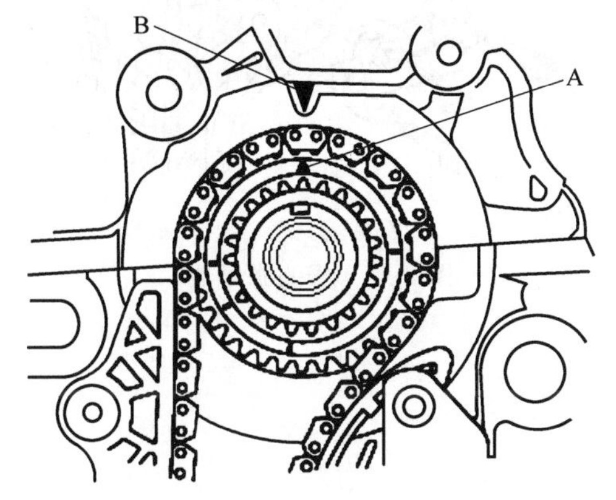

图3-37 将曲轴置于TDC位置

② 将凸轮轴设定到TDC。凸轮轴链轮上的“UP”标记（A）应在顶部，并且凸轮轴链轮上的TDC凹槽（B）应与气缸盖的顶部边缘对齐，见图3-38。

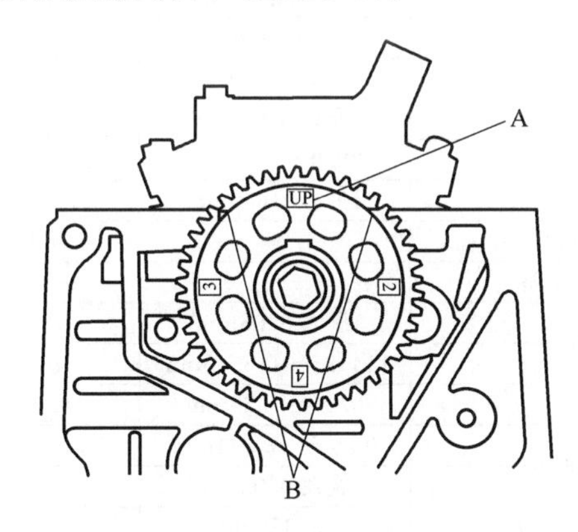

图3-38 凸轮轴正时位置

③ 将凸轮轴链条安装在曲轴链轮上，使涂色的链节（A）与曲轴链轮上的标记（B）对准，见图3-39。

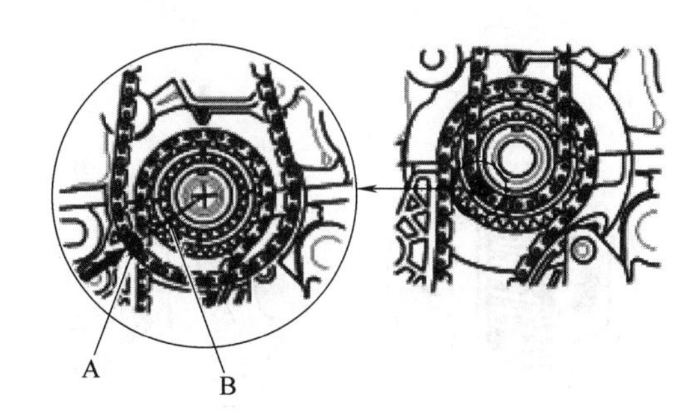

图3-39 曲轴链轮与正时链正时标记

将凸轮轴链条安装在凸轮轴链轮上，使彩色链节板（A）与凸轮轴链轮上的标记（B）对准，见图3-40。

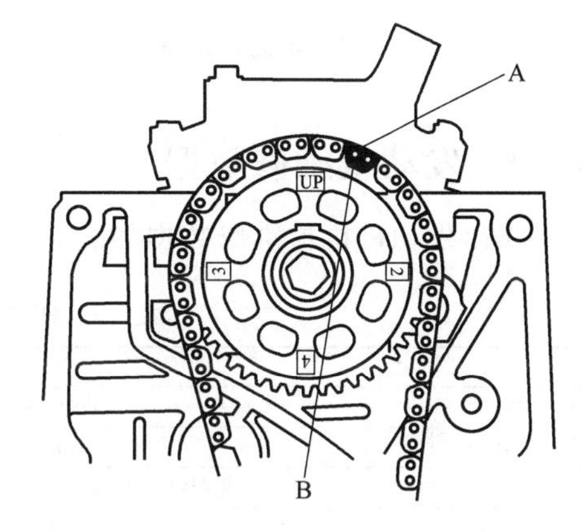

图3-40 凸轮轴链轮与正时链正时标记

④ 安装凸轮轴链条张紧器臂和凸轮轴链条导板，见图3-41。

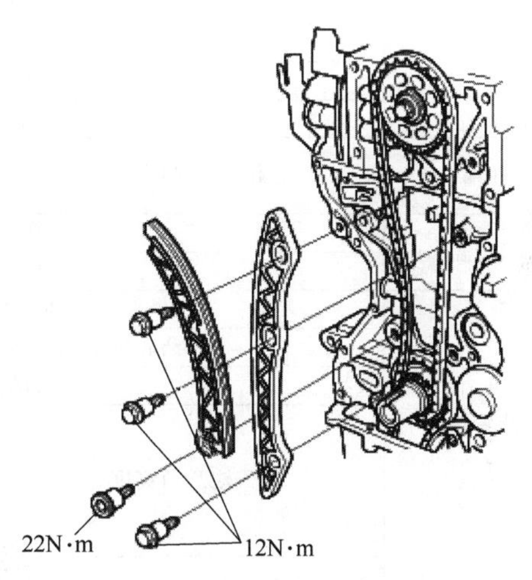

图3-41 安装导轨与张紧器臂

⑤ 更换凸轮轴链条时，压缩凸轮轴链条自动张紧器。从拆卸过程中安装的凸轮轴链条自动张紧器上拆下销（A）。逆时针转动板（B）解除锁止状态，然后压下杆（C），将第一个凸轮（D）固定在齿条（E）第一边缘位置。将1.0mm直径销插回到孔（F）中，见图3-42。注意：如果没有如上所述放置凸轮轴链条自动张紧器，将会损坏凸轮轴链条自动张紧器。

⑥ 安装凸轮轴链条自动张紧器。从凸轮轴链条自动张紧器上拆下销，见图3-43。

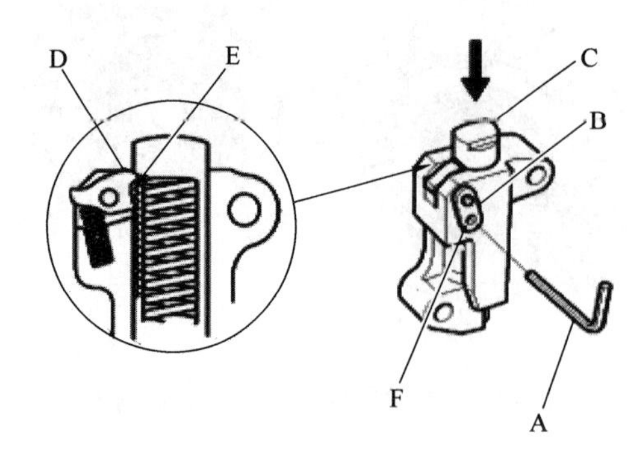

图 3-42　设置张紧器

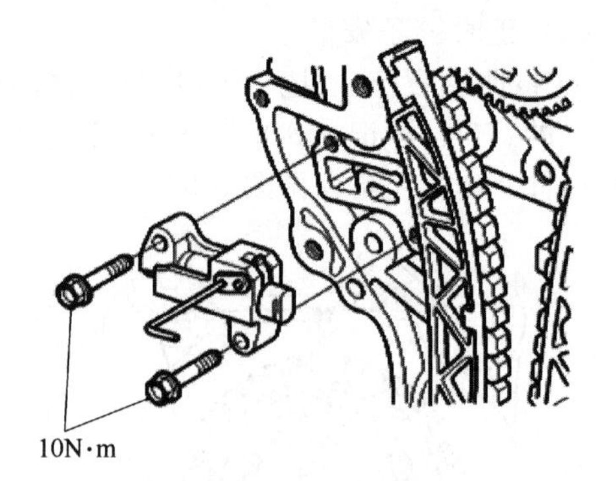

图 3-43　安装张紧器

3.11.2　发动机维修数据

R20Z4 发动机机械维修数据如表 3-7 所示。

表 3-7　R20Z4 发动机机械维修数据

项目			标准值或新车值	维修极限
点火线圈	点火顺序		1—3—4—2	—
火花塞	间隙		1.0～1.1mm	—
点火正时	怠速时，检查红色标记	在 N 或 P 挡时	8°±2° BTDC	—
传动皮带	张紧度		自动张紧器	—
交流发电机	电刷长度		10.5mm	1.5mm
起动机	换向器云母深度		0.50～0.90mm	0.20mm
	换向器跳动量		最大 0.02mm	0.05mm
	转向器外径		28.9～29.0mm	28.0mm
	电刷长度		15.0～16.0mm	9.0mm
压缩	压力（节气门全开时）	最小值	—	880kPa
		最大偏差	—	200kPa
气缸盖	翘曲度		最大 0.08mm	—
	高度		114.95～115.05mm	—
凸轮轴	轴向间隙		0.05～0.25mm	0.4mm
	凸轮轴至保持架的油膜间隙		0.045～0.084mm	0.15mm
	总跳动量		最大 0.03mm	—
	凸轮凸角高度	进气，初级	35.923mm	—
		进气，次级(A)	35.415mm	—
		进气，次级(B)	36.027mm	—
		排气	35.870mm	—
气门	间隙（冷态）	进气	0.18～0.22mm	—
		排气	0.23～0.27mm	—
	气门挺杆外径	进气	5.48～5.49mm	5.45mm
		排气	5.45～5.46mm	5.42mm
	气门挺杆至导管的间隙	进气	0.02～0.05mm	0.08mm
		排气	0.05～0.08mm	0.11mm
气门座	宽度	进气	0.85～1.15mm	1.6mm
		排气	1.25～1.55mm	2.0mm
	挺杆安装高度	进气	50.10～50.60mm	50.90mm
		排气	50.10～50.60mm	50.90mm
气门导管	安装高度	进气	18.25～18.75mm	—
		排气	18.25～18.75mm	—

续表

项目			标准值或新车值	维修极限
摇臂	摇臂至轴的间隙	进气	0.019～0.050mm	0.08mm
		排气	0.019～0.050mm	0.08mm
气缸体	顶面翘曲度		最大 0.07mm	—
	气缸直径		81.000～81.015mm	81.070mm
	气缸锥度		—	0.05mm
	镗削极限		—	0.25mm
活塞	离裙部底端 14mm 处的裙部外径		80.980～80.990mm	80.930mm
	与气缸的间隙		0.010～0.035mm	0.05mm
活塞环	活塞环到环槽的间隙	顶部	0.045～0.070mm	0.13mm
		第二道环	0.035～0.060mm	0.13mm
	环端隙	顶部	0.20～0.35mm	0.60mm
		第二道环	0.40～0.55mm	0.70mm
		油环(非 RIKEN)	0.20～0.70mm	0.80mm
		油环(RIKEN)	0.20～0.50mm	0.55mm
活塞销	O. D.		19.960～19.964mm	19.960mm
	活塞销至活塞的间隙		−0.004～0.003mm	0.006mm
连杆	销至连杆的间隙		0.005～0.015mm	0.02mm
	小端孔径		19.969～19.975mm	—
	大端孔径		48.0mm	—
	轴向间隙		0.15～0.35mm	0.45mm
曲轴	主轴颈直径	1、5 号轴颈	54.980～55.004mm	—
		2～4 号轴颈	54.976～55.000mm	—
	连杆轴颈直径		44.976～45.000mm	—
	连杆轴颈/主轴颈锥度		最大 0.005mm	0.010mm
	连杆轴颈/主轴颈圆度		最大 0.005mm	0.010mm
	轴向间隙		0.10～0.35mm	0.45mm
	总跳动量		最大 0.03mm	0.04mm
曲轴轴瓦	主轴瓦至轴颈的油膜间隙	1、5 号轴颈	0.017～0.033mm	0.048mm
		2～4 号轴颈	0.018～0.034mm	0.040mm
	连杆轴瓦至轴颈的油膜间隙		0.024～0.042mm	0.055mm
平衡轴	轴颈直径	1 号(前和后轴)	19.958～19.970mm	19.94mm
		2 号(前轴)	25.969～25.981mm	25.962mm
		2 号(后轴)	19.958～19.970mm	19.94mm
		3 号(后轴)	25.969～25.981mm	25.962mm
	轴向间隙	前/后	0.07～0.12mm	0.135mm
	曲轴到轴承的间隙	1 号(前和后轴)	0.030～0.062mm	0.08mm
		2 号(前轴)	0.04～0.10mm	0.13mm
		2 号(后轴)	0.030～0.062mm	0.08mm
		3 号(后轴)	0.04～0.10mm	0.13mm
发动机机油	容量	发动机大修	4.5L	—
		包括滤清器在内的机油更换时	3.7L	—
		不包括滤清器在内的机油更换时	3.5L	—
机油泵	机油温度在 80℃(176℉)时的机油压力	怠速时	106kPa(1min 内测量值)	—
		在 2000r/min 时	373kPa(1min 内测量值)	—
散热器	冷却液容量(包括发动机、加热器、软管和储液罐)	发动机大修	7.20L	—
		更换冷却液	6.15L	—
	冷却液类型		全天候 2 号防冻剂/冷却液	—

续表

项目			标准值或新车值	维修极限
冷却液储液罐	冷却液容量		0.64L	—
散热器盖	开启压力		93～123kPa	—
节温器	开启温度	开始打开	80～84℃	—
		全开	95℃	—
	全开时，阀门升程		8.0mm（1min 内测量值）	—
燃油压力调节器	连接燃油压力表时的压力		390～440kPa	—
发动机怠速	无负载时的怠速转速	在 N 或 P 挡时	(750±50)r/min	—
	电气负载较高时的怠速转速	在 N 或 P 挡时	(750±50)r/min	—
	怠速 CO 排放浓度		最大 0.1%	—

3.12 2.0T K20C3 发动机

3.12.1 发动机正时维修

本田 2.0T K20C3 发动机正时单元部件分解如图 3-44 所示。

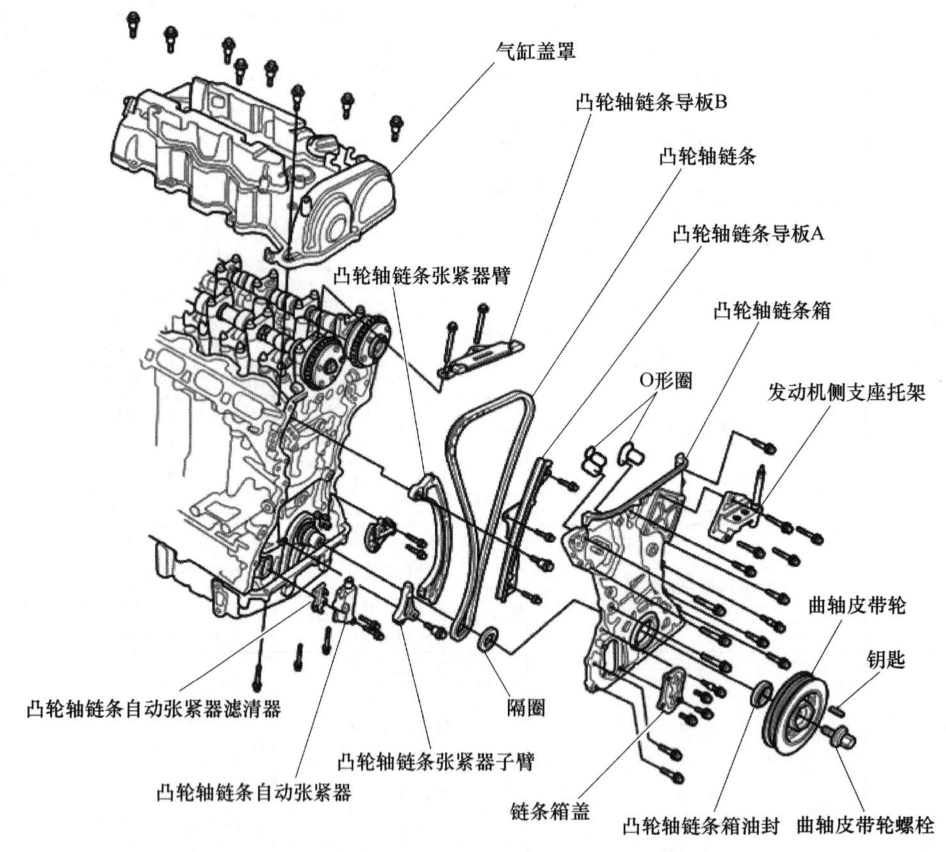

图 3-44 发动机正时单元部件

发动机正时单元安装步骤如下。

① 设置 1 号活塞在上止点位置（曲柄侧）：使曲轴在上止点（TDC）位置。对齐曲轴链轮的 TDC 标记（A）和发动机体的标记（B），如图 3-45 所示。

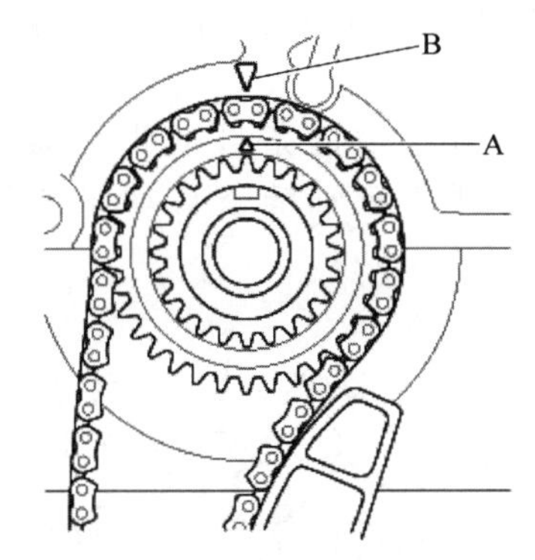

图 3-45 设置曲轴于 TDC 位置

② 如图 3-46 所示，设置 1 号活塞在上止点位置（凸轮侧）。VTC 作动器 B 上的“UP”标记（C）应在顶部。将 VTC 作动器 A 和 VTC 作动器 B 上的 TDC 标记（D）对齐。VTC 作动器 B 上的 TDC 标记（E）应与气缸盖（F）的顶部边缘对齐。

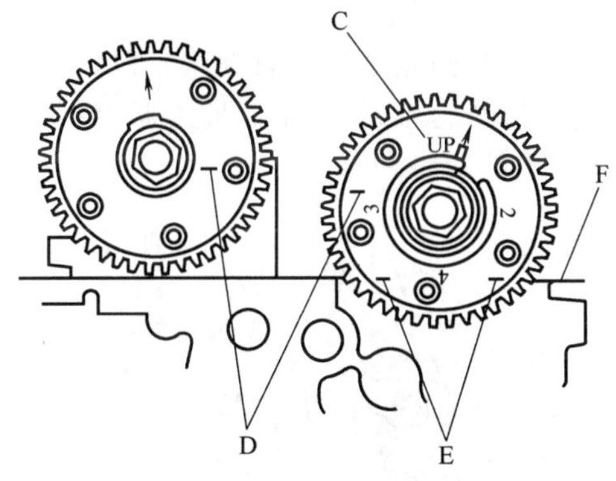

图 3-46 设置 VTC 作动器正时标记位置

③ 如图 3-47 所示，将 5mm 直径销（A）插入凸轮轴保养孔中。

④ 将凸轮轴链条安装在曲轴链轮上，使涂色的链节（A）与曲轴链轮上的标记（B）对准，如图 3-48 所示。

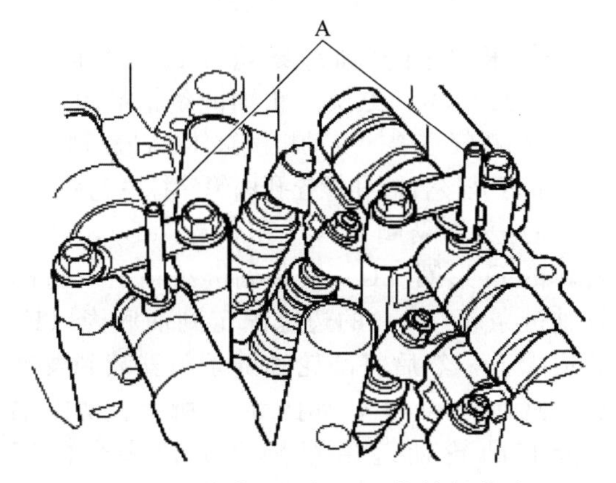

图 3-47 将直径销插入凸轮轴保养孔

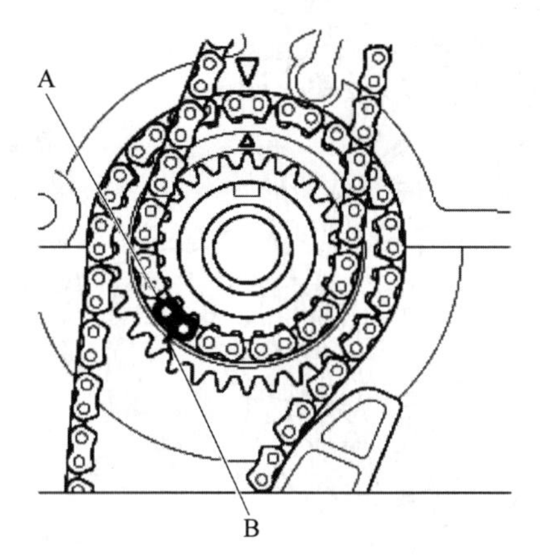

图 3-48 对齐曲轴链轮与正时链标记

⑤ 如图 3-49 所示，将凸轮轴链条安装在 VTC 作动器 A 和 VTC 作动器 B 上，使冲印标记（C）与两个涂色链节（D）的中心对准。

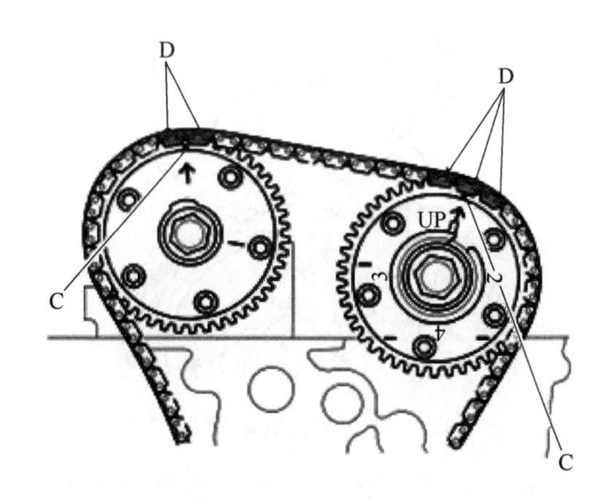

图 3-49 对准 VTC 作动器与链条正时标记

⑥ 安装凸轮轴链条导板 A（A）、凸轮轴链条张紧器臂（B）和凸轮轴链条张紧器子臂（C），见图 3-50。

⑦ 安装凸轮轴链条导板 B，见图 3-51。

⑧ 将 5mm 直径销（A）从凸轮轴保养孔中拆下。

⑨ 更换凸轮轴链条时，压缩凸轮轴链条自动张紧器。从拆卸过程中安装的凸轮轴链条自动张紧器上拆下销（A）。逆时针转动板（B）解除锁止状态，然后压下杆（C），将第一个凸轮（D）固定在齿条（E）第一边缘位置。将 1.2mm 直径销插回到孔

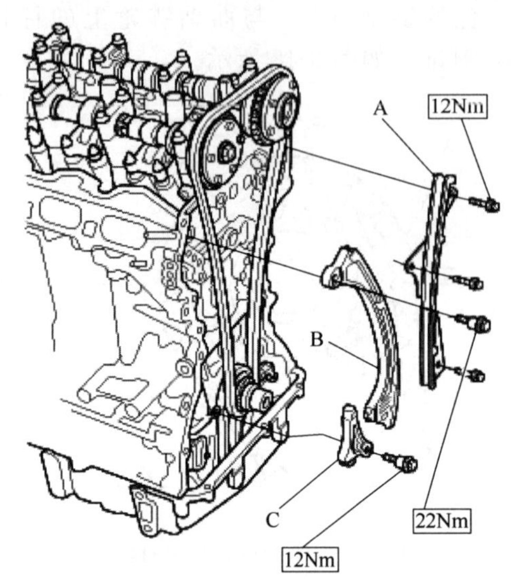

图 3-50 安装张紧器臂与导轨

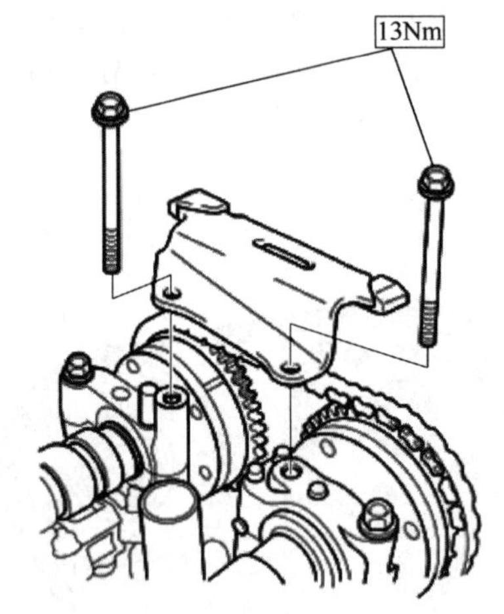

图 3-51 安装链条导板

(F) 中，见图 3-52。注意：如果没有如上所述放置凸轮轴链条自动张紧器，将会损坏张紧器。

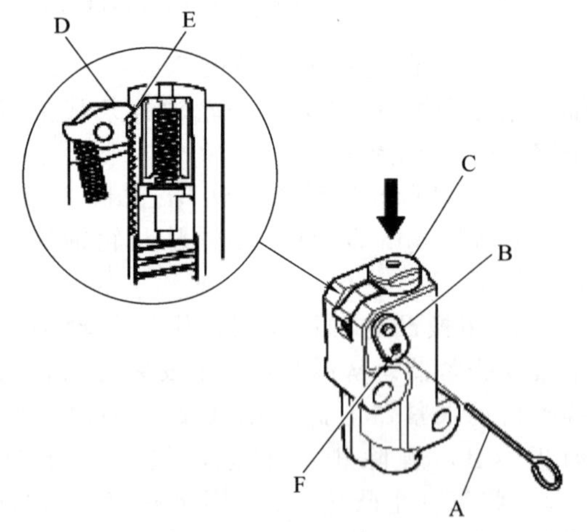

图 3-52 设置链条张紧器状态

⑩ 将凸轮轴链条自动张紧器滤清器(A) 安装到凸轮轴链条自动张紧器 (B) 上，如图 3-53 所示。

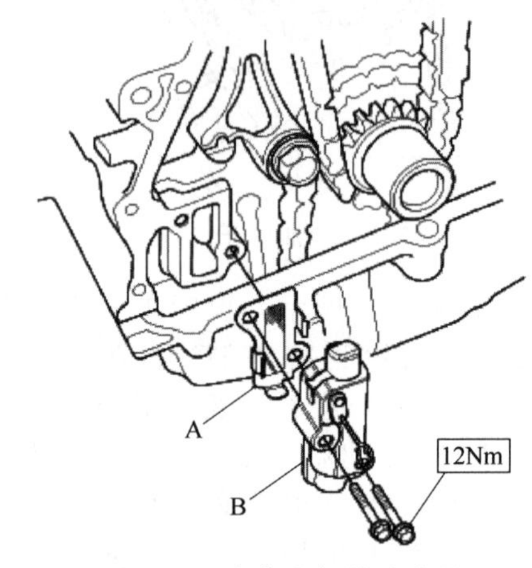

图 3-53 安装张紧器滤清器

⑪ 安装凸轮轴链条自动张紧器。

⑫ 从凸轮轴链条自动张紧器上拆下销(A)，见图 3-54。

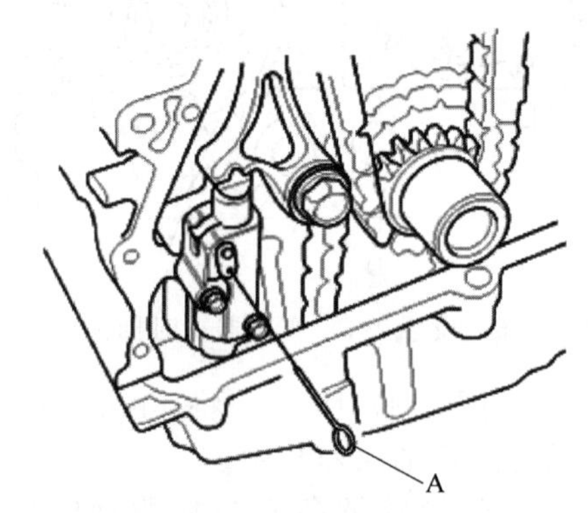

图 3-54 拆下张紧器锁定销

⑬ 检查凸轮轴链条箱油封是否损坏。如果油封损坏，更换凸轮轴链条箱油封。

⑭ 在气缸盖、发动机气缸体、凸轮轴链条箱的油底壳接合面和螺栓孔内缘涂抹密封胶。

⑮ 安装隔圈 (A) 和钥匙 (B)，然后将新的 O 形圈 (C) 安装到链条箱上。将凸轮轴链条箱 (D) 的边缘固定到油底壳 (E) 的边缘上，然后将凸轮轴链条箱安装到发动机气缸体 (F) 上，如图 3-55 所示。清除油底壳和凸轮轴链条箱接合部位多余的密封胶。

注意：安装凸轮轴链条箱时，切勿将底面滑到油底壳安装表面上。

⑯ 安装发动机侧支座托架，见图 3-56。

⑰ 安装线束托架（A）和涡轮增压器旁通控制阀电磁管（B），见图 3-57。

⑱ 按与拆卸相反的顺序安装其他部件。

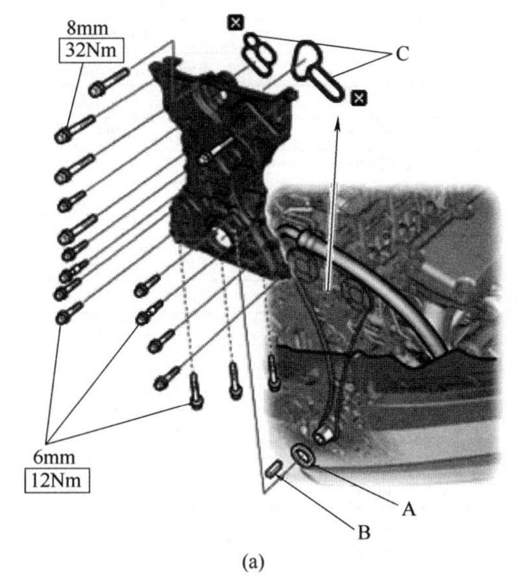

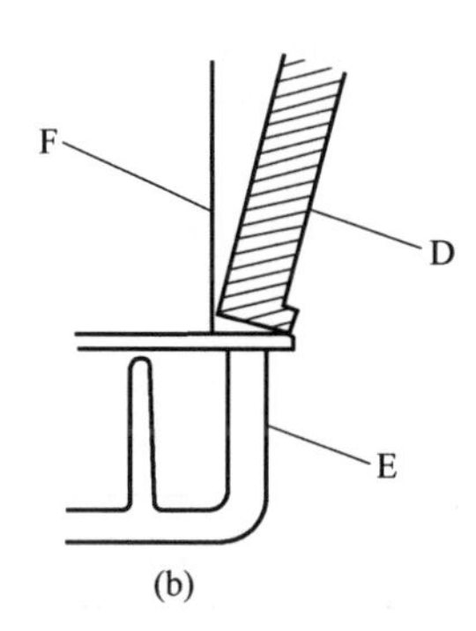

图 3-55　安装正时链条箱盖

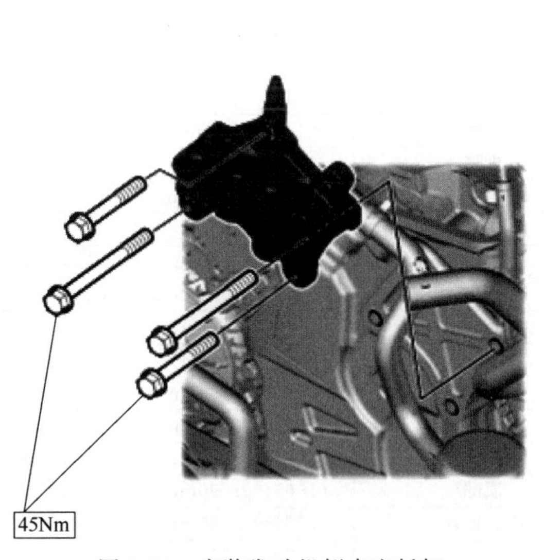

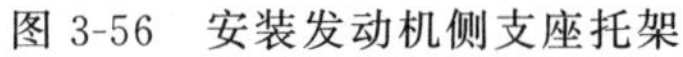

图 3-56　安装发动机侧支座托架

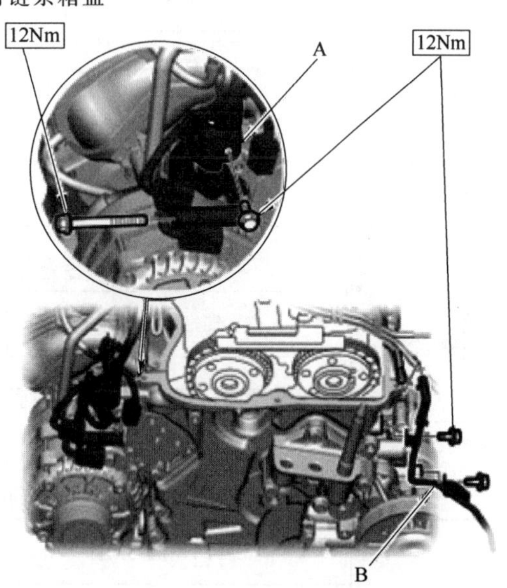

图 3-57　安装线束托架

3.12.2　发动机维修数据

本田 2.0T K20C3 发动机机械维修数据见表 3-8。

表 3-8　K20C3 发动机机械维修数据

项目			标准值或新车值	维修极限
点火线圈	点火顺序		1—3—4—2	—
火花塞	间隙		0.7～0.8mm	—
点火正时	怠速时，检查红色标记	在 N 或 P 挡时	−2°±2° BTDC	—
传动皮带	张紧度		自动张紧器	—

续表

项目			标准值或新车值	维修极限
交流发电机	电刷长度		10.5mm	1.5mm
气缸压力	最小值		930kPa	—
	最大偏差		200kPa	—
气缸盖	翘曲度		最大 0.05mm	—
	高度		111.95～112.05mm	—
凸轮轴	轴向间隙	进气/排气	0.05～0.20mm	0.40mm
	凸轮轴至支架的油膜间隙(进气)	1 号轴颈	0.030～0.069mm	0.150mm
		2～5 号轴颈	0.060～0.099mm	0.150mm
	凸轮轴至支架的油膜间隙(排气)	1、2 号轴颈	0.030～0.069mm	0.150mm
		3～6 号轴颈	0.060～0.099mm	0.150mm
	总跳动量		最大 0.03mm	—
	凸轮凸角高度	进气	34.172mm	
		主排气	33.633mm	
		中间排气	34.519mm	
		次排气	33.633mm	
气门	间隙(冷态)	进气	0.21～0.25mm	—
		排气	0.25～0.29mm	—
	气门挺杆外径	进气	5.475～5.490mm	5.455mm
		排气	5.465～5.475mm	5.440mm
	气门挺杆至导管的间隙	进气	0.025～0.055mm	0.080mm
		排气	0.040～0.065mm	0.080mm
气门座	宽度	进气	1.25～1.55mm	1.90mm
		排气	1.45～1.75mm	2.22mm
	挺杆安装高度	进气	52.75～53.65mm	53.75mm
		排气	50.40～51.30mm	51.40mm
气门导管	安装高度	进气	21.2～22.2mm	—
		排气	19.6～20.6mm	—
摇臂	摇臂到轴的间隙	进气/排气	0.018～0.059mm	0.080mm
气缸体	顶面翘曲度		最大 0.07mm	—
	气缸直径	A 或 Ⅰ	86.010～86.020mm	86.070mm
		B 或 Ⅱ	86.000～86.010mm	86.070mm
	气缸锥度		—	0.05mm
	镗削极限		最大 0.25mm	—
活塞	离裙部底端 11mm 处的裙部外径	字母 A	85.980～85.990mm	85.930mm
		字母 B	85.970～85.980mm	85.920mm
	与气缸的间隙		0.020～0.040mm	0.05mm
活塞环	活塞环到环槽的间隙	顶部	0.065～0.090mm	0.11mm
		第二道环	0.035～0.060mm	0.08mm
	环端隙	顶部	0.20～0.25mm	0.25mm
		第二道环	0.40～0.55mm	0.55mm
		油环	0.20～0.50mm	0.50mm
活塞销	O.D.		21.961～21.965mm	21.951mm
	活塞销至活塞的间隙		0.002～0.010mm	0.020mm
连杆	销到连杆的间隙		0.004～0.016mm	0.020mm
	大端孔径		51.0mm	—
	轴向间隙		0.15～0.35mm	0.40mm
曲轴	主轴颈直径		54.976～55.000mm	—
	连杆轴颈直径		47.976～48.000mm	—
	连杆轴颈/主轴颈锥度		最大 0.005mm	0.010mm
	连杆轴颈/主轴颈圆度		最大 0.004mm	0.010mm

续表

项目			标准值或新车值	维修极限
曲轴	轴向间隙		0.10～0.35mm	0.45mm
	总跳动量		最大0.03mm	0.03mm
曲轴轴瓦	主轴瓦至轴颈的油膜间隙	1号、2号、4号、5号轴颈	0.017～0.041mm	0.050mm
		3号轴颈	0.025～0.049mm	0.055mm
	连杆轴瓦至轴颈的油膜间隙		0.032～0.066mm	—
发动机机油	容量	发动机大修	6.2L	—
		包括滤清器在内的机油更换时	5.0L	—
		不包括滤清器在内的机油更换时	4.6L	—
机油泵	机油温度在80℃时的机油压力	怠速时	100kPa	—
		在3000r/min时	400kPa	—
散热器	冷却液容量(包括发动机、加热器、软管和膨胀罐)	发动机大修	8.5L	—
		更换冷却液	6.0L	—
	冷却液类型		本田全天候2号防冻剂/冷却液	—
膨胀罐	冷却液容量		0.8L	—
膨胀罐盖	开启压力		112～146kPa	—
节温器	开启温度	开始打开	76～80℃	—
		全开	90℃	—
	全开时,阀门升程		10.0mm	—
燃油压力调节器	连接燃油压力表时的压力		500～550kPa	—
发动机怠速	无负载时的怠速转速	在N或P挡时	(720±50)r/min	—
	电气负载较高时的怠速转速	在N或P挡时	(720±50)r/min	—
	怠速CO排放浓度		最大0.1%	—

3.13　2.4L K24W5发动机

3.13.1　发动机正时维修

本田2.4L K24W5发动机正时单元部件分解如图3-58所示。

发动机凸轮轴正时检查步骤如下。

① 拆卸气缸盖罩。

② 检查凸轮轴正时：

a. 转动曲轴，将1号活塞与上止点（TDC）对齐；曲轴皮带轮上的白色标记（A）与指针（B）对齐，见图3-59。

b. 1号活塞在上止点（TDC）位置时，检查并确认VTC作动器上的冲印标记（A）和排气凸轮轴链轮上的冲印标记（B）在顶部，见图3-60。

c. 检查VTC作动器和排气凸轮轴链轮上的TDC标记（C），标记应对齐，见图3-60。如果标记未对齐，拆下凸轮轴链条并重新正确安装凸轮轴链条。

③ 按照与拆卸相反的顺序安装所有拆下零件。

3.13.2　发动机维修数据

本田2.4L K24W5发动机机械维修数据见表3-9。

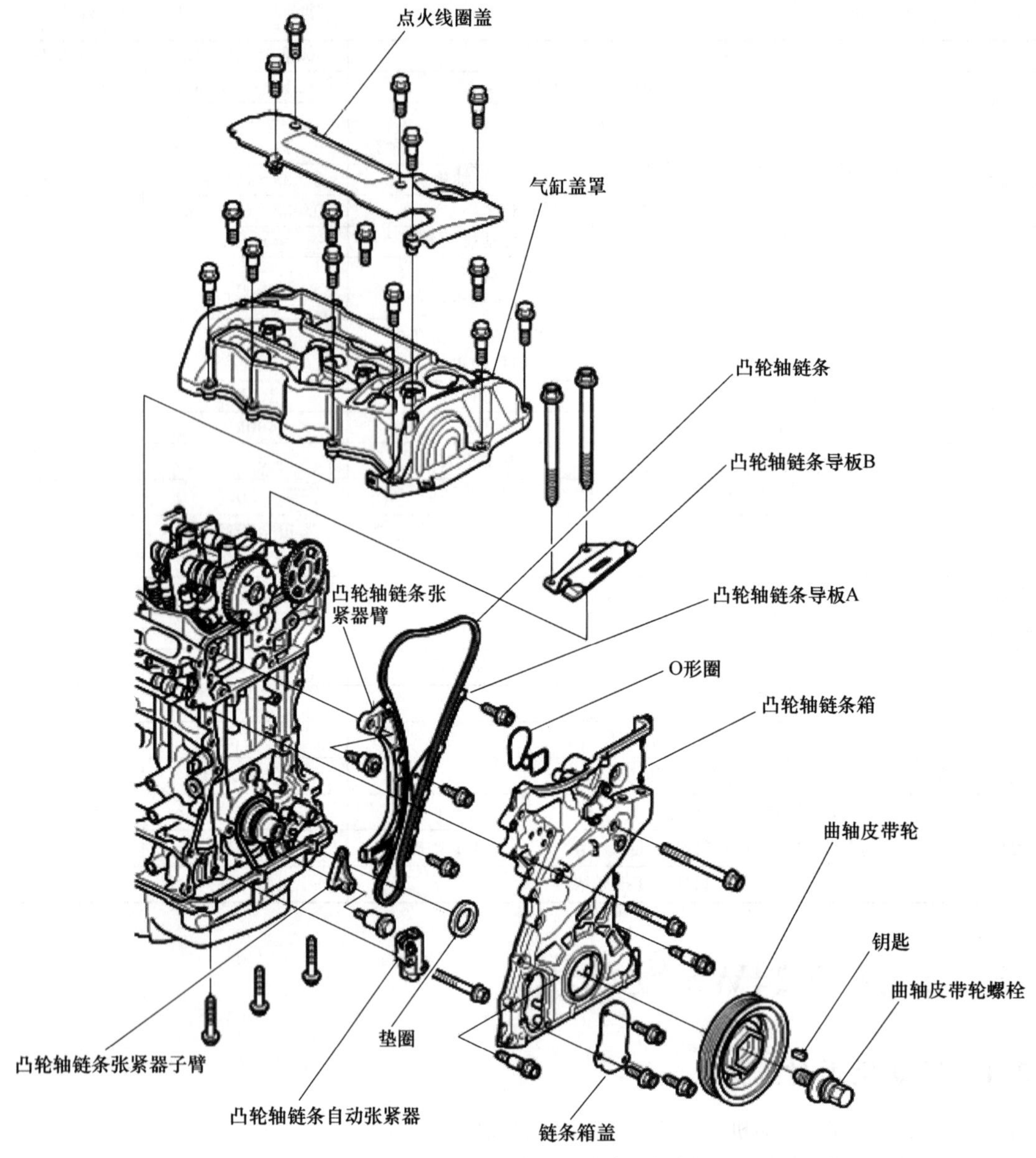

图 3-58　发动机正时单元部件

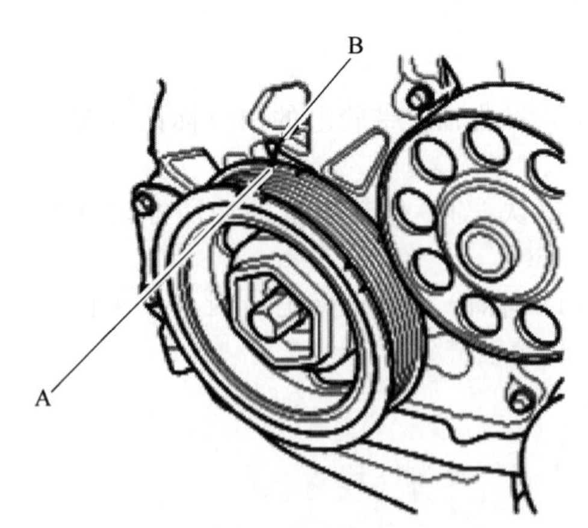

图 3-59　设置 1 号活塞于 TDC 位置

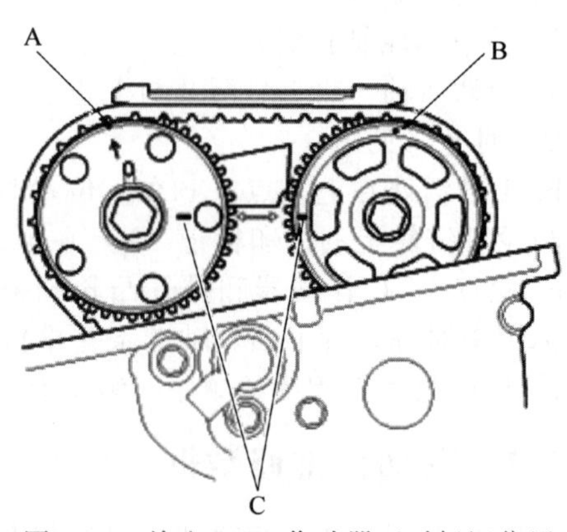

图 3-60　检查 VTC 作动器正时标记位置

表 3-9　K24W5 发动机机械维修数据

项目			标准值或新车值	维修极限
点火线圈	点火顺序		1—3—4—2	—
火花塞	间隙		1.0～1.1mm	—
点火正时	怠速时，检查红色标记	在N或P挡时	8°±2° BTDC	—
传动皮带	张紧度		自动张紧器	—
交流发电机	电刷长度		10.5mm	1.5mm
起动机	换向器云母深度		0.40～0.50mm	0.15mm
	换向器跳动量		最大0.02mm	0.05mm
	转向器外径		28.0～28.1mm	27.5mm
	电刷长度		11.1～11.5mm	4.3mm
气缸压力	最小值		930kPa	—
	最大偏差		200kPa	—
气缸盖	翘曲度		最大0.05mm	—
	高度		111.95～112.05mm	—
凸轮轴	轴向间隙	进气	0.05～0.20mm	0.40mm
		排气	0.05～0.15mm	0.40mm
	凸轮轴到保持架的油膜间隙	1号轴颈	0.030～0.069mm	0.150mm
		2～5号轴颈	0.060～0.099mm	0.150mm
	总跳动量		最大0.03mm	—
	凸轮凸角高度	进气，初级	33.858mm	—
		进气，中级	35.252mm	—
		进气，次级	33.858mm	—
		排气	34.340mm	—
气门	间隙(冷态)	进气	0.21～0.25mm	—
		排气	0.25～0.29mm	—
	气门挺杆外径	进气	5.470～5.485mm	5.445mm
		排气	5.445～5.460mm	5.435mm
	气门挺杆至导管的间隙	进气	0.030～0.055mm	0.08mm
		排气	0.055～0.085mm	0.11mm
气门座	宽度	进气	1.25～1.55mm	1.9mm
		排气	1.25～1.55mm	2.0mm
	挺杆安装高度	进气	52.75～53.65mm	53.75mm
		排气	51.40～52.30mm	52.40mm
气门导管	安装高度	进气	21.2～22.2mm	—
		排气	19.6～20.6mm	—
摇臂	摇臂到轴的间隙	进气	0.018～0.059mm	0.080mm
		排气	0.018～0.056mm	0.080mm
气缸体	顶面翘曲度		最大0.07mm	—
	气缸直径	A或Ⅰ	87.010～87.020mm	87.070mm
		B或Ⅱ	87.000～87.010mm	87.070mm
	气缸锥度		—	0.05mm
	镗削极限		—	0.25mm
活塞	离裙部底端14mm处的裙部外径	无字母或有字母(A)	86.980～86.990mm	86.930mm
		字母B	86.970～86.980mm	86.920mm
	与气缸的间隙		0.020～0.040mm	0.05mm
活塞环	活塞环到环槽的间隙	顶部	0.060～0.085mm	0.13mm
		第二道环	0.035～0.060mm	0.13mm
	环端隙	顶部	0.20～0.28mm	0.50mm
		第二道环	0.29～0.41mm	0.45mm
		油环	0.10～0.40mm	0.6mm
活塞销	O.D.		21.962～21.965mm	21.953mm
	活塞销至活塞的间隙		−0.005～0.001mm	0.005mm

续表

项目			标准值或新车值	维修极限
连杆	销到连杆的间隙		0.005～0.014mm	0.02mm
	小端孔径		21.970～21.976mm	—
	大端孔径		51.0mm	—
	轴向间隙		0.15～0.35mm	0.40mm
曲轴	主轴颈直径	1、2、4、5 号轴颈	54.984～55.008mm	—
		3 号轴颈	54.976～55.000mm	—
	连杆轴颈直径		47.976～48.000mm	
	连杆轴颈/主轴颈锥度		最大 0.004mm	0.010mm
	连杆轴颈/主轴颈圆度		最大 0.005mm	0.010mm
	轴向间隙		0.10～0.35mm	0.45mm
	总跳动量		最大 0.03mm	—
曲轴轴瓦	主轴瓦至轴颈的油膜间隙	1、2、4、5 号轴颈	0.017～0.041mm	0.050mm
		3 号轴颈	0.025～0.049mm	0.055mm
	连杆轴瓦至轴颈的油膜间隙		0.032～0.066mm	0.077mm
发动机机油	容量	发动机大修	5.4L	—
		包括滤清器在内的机油更换时	4.2L	—
		不包括滤清器在内的机油更换时	4.0L	—
机油泵	平衡轴，轴向间隙	前轴和后轴	0.070～0.120mm	0.135mm
	平衡轴，轴至轴承的间隙	1 号轴颈(前轴和后轴)	0.050～0.082mm	0.100mm
		2 号轴颈(前轴和后轴)	0.060～0.120mm	0.150mm
	机油温度在 80℃时的机油压力	怠速时	70kPa	—
		在 3000r/min 时	300kPa	—
散热器	冷却液容量(包括发动机、加热器、软管和储液罐)	发动机大修(带后加热器)	9.74L	—
		发动机大修(不带后加热器)	7.88L	—
		更换冷却液(带后加热器)	6.76L	—
		更换冷却液(不带后加热器)	6.76L	—
	冷却液类型		使用纯正的本田全天候防冻剂/2 号冷却液	—
冷却液储液罐	冷却液容量		0.83L	—
散热器盖	开启压力		93～123kPa	—
节温器	开启温度	开始打开	76～80℃	—
		全开	90℃	—
	全开时，阀门升程		8.0mm	—
燃油压力调节器	连接燃油压力表时的压力		370～430kPa	—
燃油箱	容量		55L	—
发动机怠速	无负载时的怠速转速	在 N 或 P 挡时	(720±50)r/min	—
	电气负载较高时的怠速转速	在 N 或 P 挡时	(720±50)r/min	—
	怠速 CO 排放浓度		最大 0.1%	—

第4章 日产-英菲尼迪汽车

4.1 1.2T HRA2DDT发动机

4.1.1 发动机正时维修

发动机正时机构部件分解如图4-1所示。

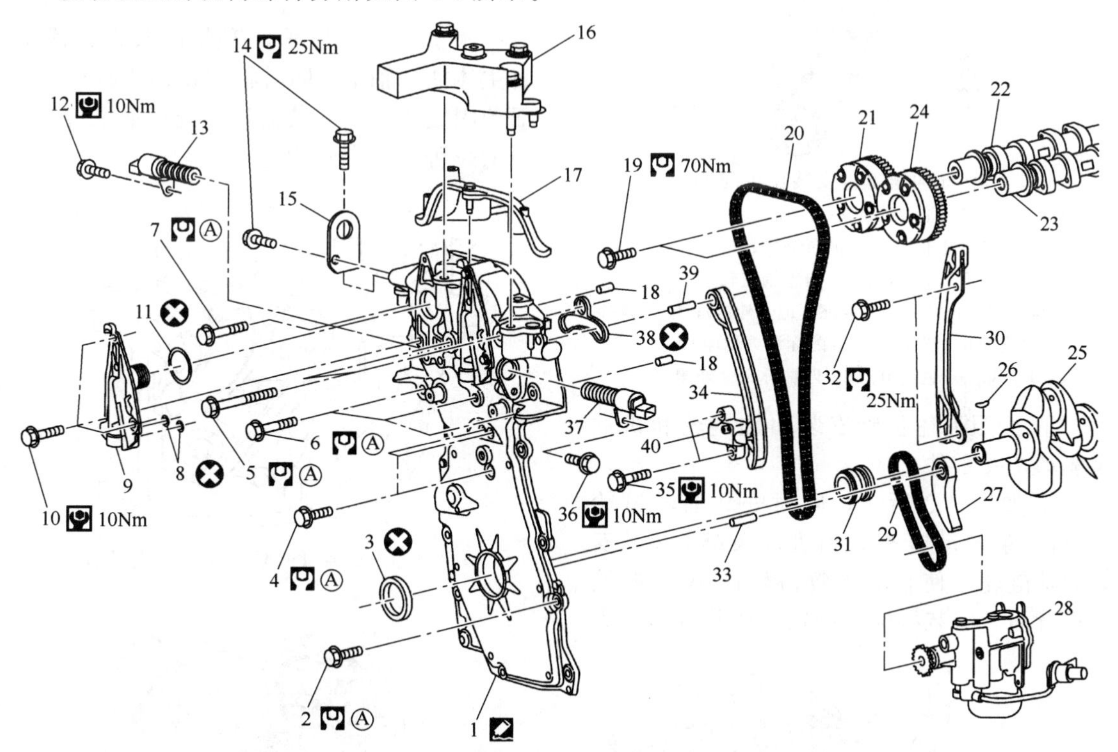

图4-1 发动机正时机构部件分解

1—前盖；2,4～7—前盖螺栓；3—前油封；8—凸轮轴相位器机油盖密封垫；9—凸轮轴相位器机油盖；10—凸轮轴相位器机油盖螺栓；11—凸轮轴相位器机油盖密封件；12—排气门正时控制电磁阀螺栓；13—排气门正时控制电磁阀；14—发动机吊环螺栓；15—发动机吊耳；16—发动机安装支架（右侧）；17—摇臂室盖；18—前盖定位销；19—凸轮轴链轮螺栓；20—正时链条；21—排气凸轮轴链轮；22—排气凸轮轴；23—进气凸轮轴；24—进气凸轮轴链轮；25—曲轴；26—曲轴链轮键；27—机油泵传动链条张紧器；28—机油泵；29—机油泵驱动链条；30—正时链条张紧导轨；31—机油泵链轮；32—正时链条张紧导轨螺栓；33—机油泵链条张紧器轴；34—正时链条松弛导轨；35—正时链条张紧器螺栓；36—进气门正时控制电磁阀螺栓；37—进气门正时控制电磁阀；38—前盖密封件；39—正时链条张紧导轨轴；40—正时链条张紧器；

Ⓐ—拧紧时遵照安装步骤进行操作；[扭矩符号]，[扭矩符号]—紧固力矩；[更换符号]—每次解体后都要更换；[密封符号]—密封点

图 4-2 中显示了部件安装时各正时链条的匹配标记与相应的链轮匹配标记之间的关系。

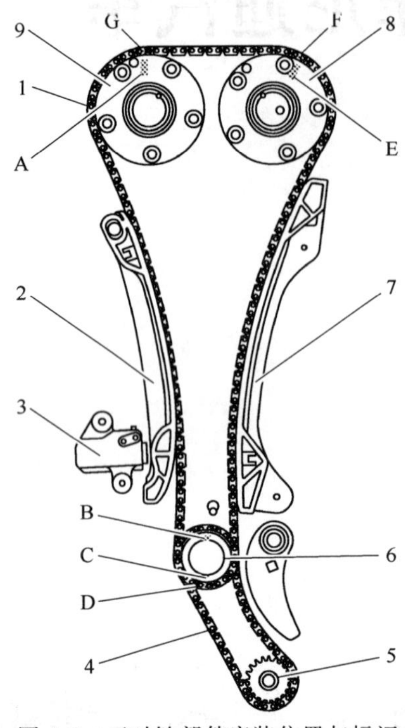

图 4-2 正时链部件安装位置与标记

1—正时链条；2—正时链条松弛导轨；3—链条张紧器；4—机油泵传动链条；5—机油泵链轮；6—曲轴链轮；7—正时链条张紧导轨；8—凸轮轴链轮（进气）；9—凸轮轴链轮（排气）；A—匹配标记（外槽）；B—曲轴键（指向正上方）；C—匹配标记（压印）；D,F,G—彩色链节；E—匹配标记（外槽）

① 按照下述步骤安装曲轴链轮和机油泵驱动相关零件。

a. 如图 4-3 所示，同时安装曲轴链轮 1、机油泵传动链条 2 和机油泵链轮 3。安装曲轴链轮，使它的无效齿轮面 A 朝向发动机背面。安装机油泵链轮，使其六角形表面朝向发动机前部 B。机油泵驱动相关零件上没有匹配标记。

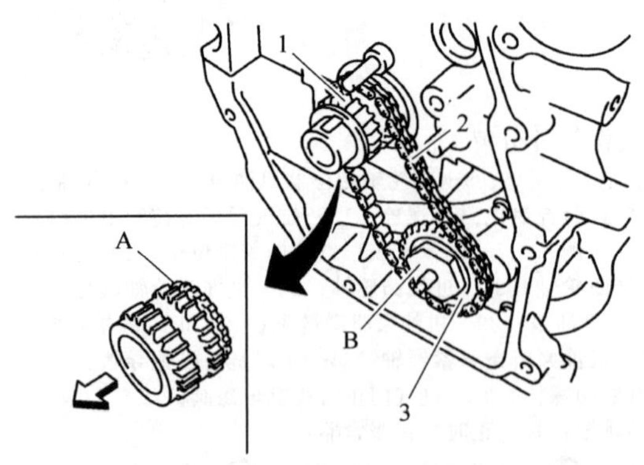

图 4-3 安装曲轴和机油泵链轮

b. 固定住机油泵轴的顶部，然后拧紧机油泵链轮螺母，如图 4-4 所示。

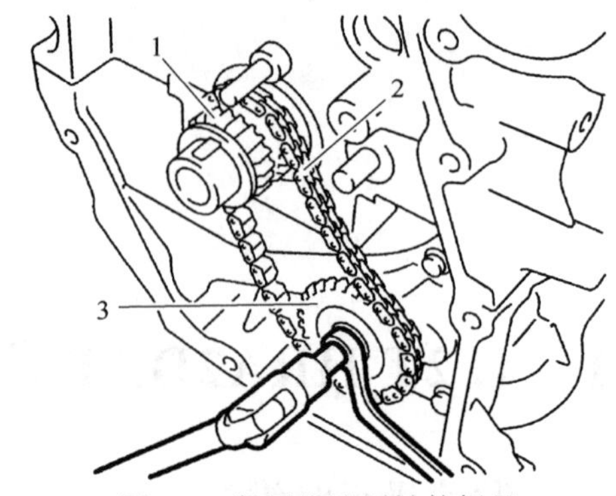

图 4-4 紧固机油泵链轮螺母

1—曲轴链轮；2—机油泵传动链条；3—机油泵链轮

c. 如图 4-5 所示，安装链条张紧器 1。将主体插入轴 B，同时将弹簧插入缸体前表面的固定孔 A。安装后，检查机油泵传动链条上是否施加有张力。

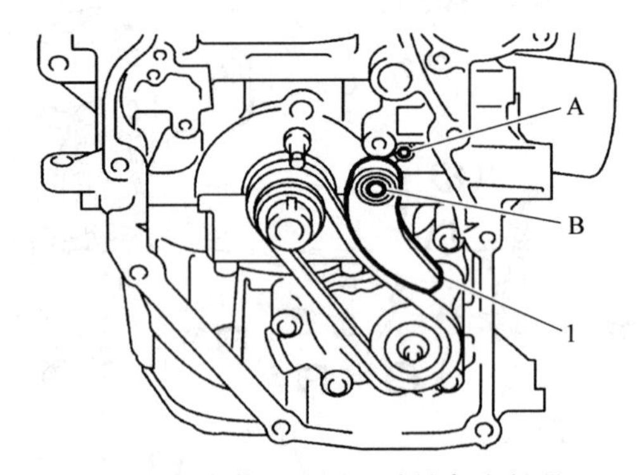

图 4-5 安装机油泵驱动链条张紧器

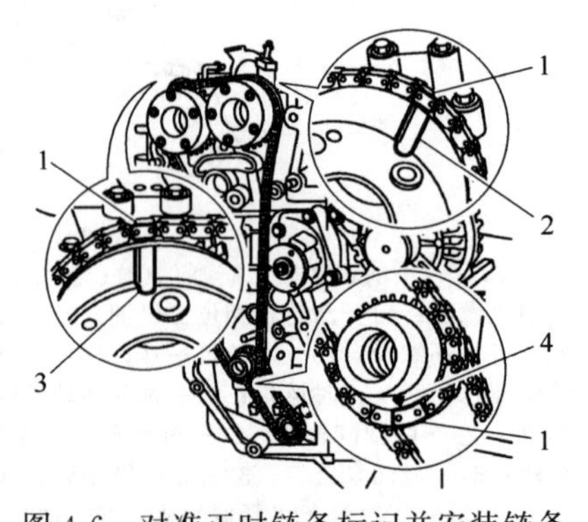

图 4-6 对准正时链条标记并安装链条

1—彩色链节；2—进气匹配标记（外槽）；3—排气匹配标记（外槽）；4—曲轴匹配标记（压印）

② 按照下列步骤安装正时链条。对准各链轮和正时链条上的匹配标记以进行安装，如图 4-6 所示。如果这些匹配标记没有对准，稍微旋转凸轮轴以纠正定位。注意：对准匹配标记后，用手托住它们以保持其对准。为避免齿跳过，安装前盖前不要转动曲轴和凸轮轴。

③ 安装正时链条张紧导轨 2 和正时链条松弛导轨 1，如图 4-7 所示。

④ 安装链条张紧器 1。使用限位销 A 在压入最深位置固定柱塞，然后进行安装。安装链条张紧器后，牢固拉出限位销，如图 4-8 所示。

⑤ 再次检查正时链条和各链轮上的匹配标记位置。

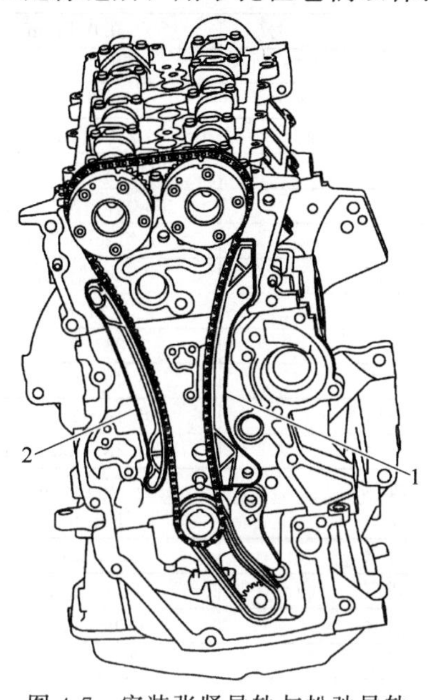

图 4-7　安装张紧导轨与松弛导轨

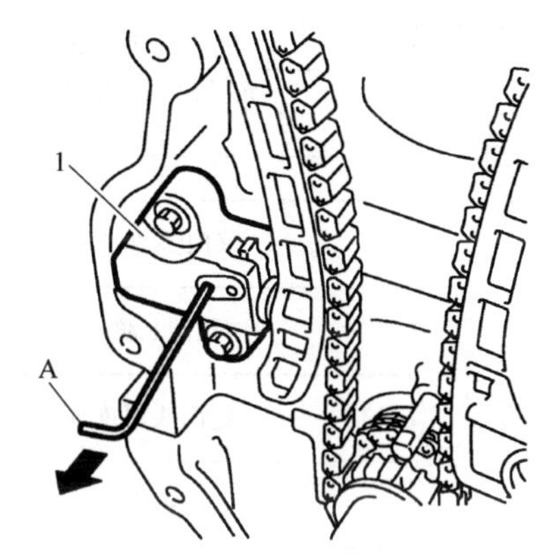

图 4-8　安装链条张紧器并抽出限位销

4.1.2　发动机维修数据

HRA2DDT 发动机机械维修数据如表 4-1 所示。

表 4-1　HRA2DDT 发动机机械维修数据

项目				数据
常规	发动机型号			HRA2DDT
	气缸布置			直列 4 缸
	排量			1197mL
	缸径×行程			72.2mm×73.1mm
	气门布置			DOHC
	点火顺序			1—3—4—2
	活塞环数	压缩		2
		机油		1
	压缩比			9.25
火花塞	制造商			NGK
	型号			ILKAR7F7G
	间隙(额定值)	标准		0.65mm
凸轮轴	凸轮轴轴颈油膜间隙	进气	1 号	0.044～0.142mm
			2～5 号	0.040～0.091mm
		排气	1 号	0.044～0.142mm
			2～6 号	0.040～0.091mm
	凸轮轴支架内径	1 号	标准	28.044～28.076mm
		2～6 号	标准	25.040～25.060mm
	凸轮轴轴颈直径	1 号	标准	27.934～28mm
		2～6 号	标准	24.969～25mm

续表

项目				数据
凸轮轴	凸轮轴轴向间隙			0.203～0.239mm
	凸轮轴凸轮高度	进气		44.322～44.522mm
		排气		43.664～43.864mm
	凸轮轴跳动	进气	1号	0.01mm
			2～5号	0.015mm
		排气	1号	0.01mm
			2～6号	0.015mm
	凸轮轴链轮跳动(总读数)		极限	0.15mm
气门挺杆	气门挺杆外径			29.964～29.987mm
	气门挺杆孔径			30.000～30.021mm
	气门挺杆间隙			0.013～0.057mm
缸盖[图(a)]	缸盖表面变形	极限		0.1mm
	正常缸盖高度 H	标准		124.8mm
气门间隙	进气	冷态		0.26～0.35mm
	排气	冷态		0.46～0.54mm
气门[图(b)]	气门头直径 D	进气		26.48～26.72mm
		排气		23.38～23.62mm
	气门长度 a	进气		100.84mm
		排气		101.69mm
	气门头厚度 b	进气		1.15mm
		排气		1.42mm
	气门杆直径 d	进气		5.4705～5.4855mm
		排气		5.455～5.470mm
	气门座角度 α			45°15′～45°45′
检测位置示意图(一)	图(a) 气缸盖高度检测位置		图(b) 气门检测位置	
气门导管	气门导管间隙	进气		0.015～0.047mm
		排气		0.03～0.063mm
	内径	标准		4.8～5.0mm
气门弹簧	自由高度	进气		45.0～47.0mm
		排气		58.5～60.5mm
	安装高度	进气		32.9mm
		排气		24.4mm
	安装负载	进气		138～152N
		排气		277～303N
	内径			17.6～18.0mm
	导线直径	进气		2.78～2.82mm
		排气		2.58～2.62mm
	弹簧外径上的标记	进气		绿色
		排气		黄色
	气门弹簧垂直度	进气		1.4mm
		排气		1.8mm

续表

项目			数据
气缸体［图(c)］	缸体上表面变形	极限	0.1mm
	缸孔内径	标准	78.000～78.015mm
	圆度（“A”和“B”之间的差值）	极限	0.015mm
	锥度（“C”和“E”之间的差值）		0.010mm
	气缸之间的内径差异	标准	＜0.03mm
检测位置示意图（二）	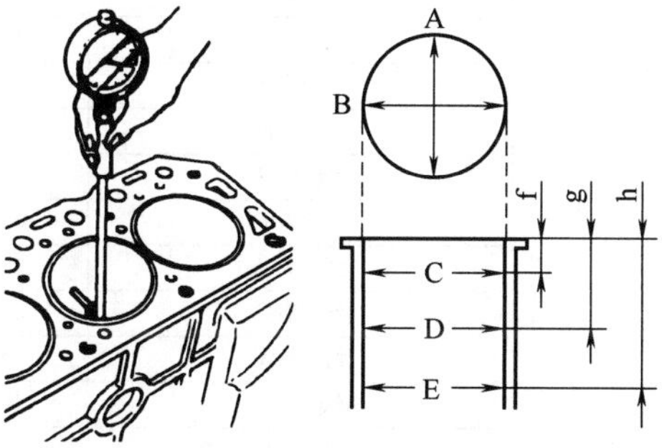 图(c) 气缸检测位置 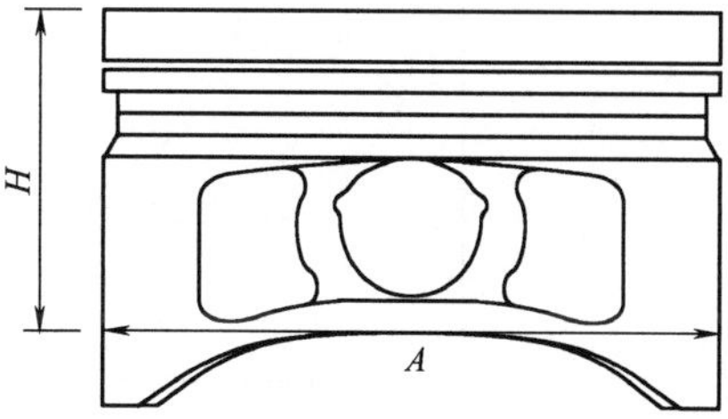　图(d) 活塞检测位置		
活塞［图(d)］	活塞裙直径 A		72.15～72.17mm
	测量点高度 H		36mm
	活塞销孔直径		19.996～20.002mm
	活塞与缸孔间隙		0.030～0.050mm
活塞环	活塞环侧隙	头环	0.030～0.070mm
		第 2 环	0.030～0.050mm
		机油密封圈	0.030mm
	活塞环端隙	头环	0.15～0.30mm
		第 2 环	0.40～0.60mm
		机油(油轨环)	0.20～0.90mm
活塞销	活塞销外径		19.987～19.992mm
	活塞与活塞销的油膜间隙		0.010～0.015mm
检测位置示意图（三）	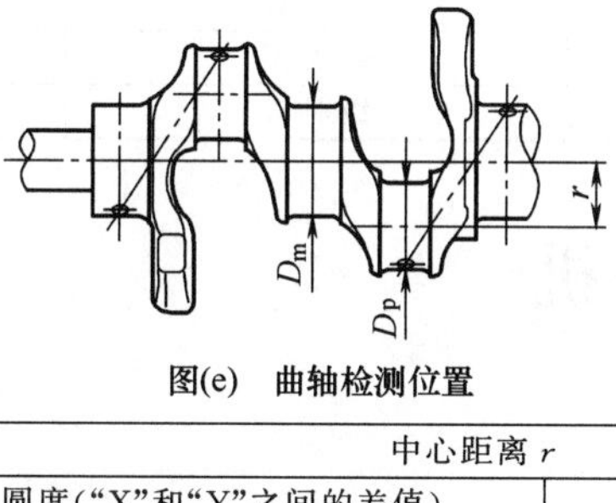 图(e) 曲轴检测位置 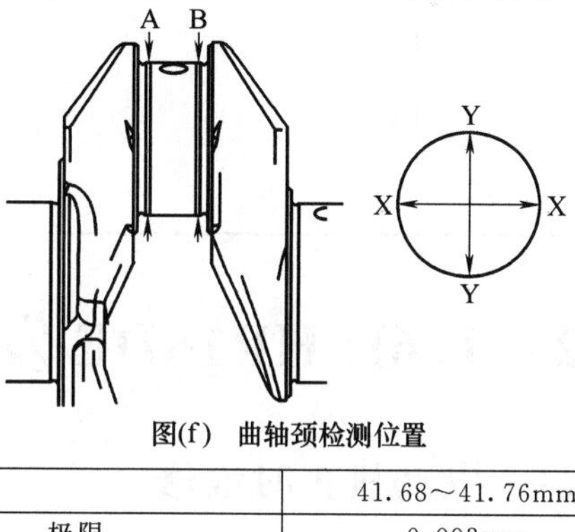　图(f) 曲轴颈检测位置		
曲轴［图(e)、图(f)］	中心距离 r		41.68～41.76mm
	圆度（“X”和“Y”之间的差值）	极限	0.003mm
	锥度（“A”和“B”之间的差值）	极限	0.004mm
	跳动量	极限	0.02mm
	曲轴轴向间隙		0.098～0.3mm
	曲轴销轴颈直径 D_p 等级所对应尺寸	级别 A	42.009～42.010mm
		级别 B	42.008～42.009mm
		级别 C	42.007～42.008mm
		级别 D	42.006～42.007mm
		级别 E	42.005～42.006mm
		级别 F	42.004～42.005mm

续表

项目			数据
曲轴 [图(e)、图(f)]	曲轴销轴颈直径 D_p 等级所对应尺寸	级别 G	42.003～42.004mm
		级别 H	42.002～42.003mm
		级别 J	42.001～42.002mm
		级别 K	42.000～42.001mm
		级别 L	41.999～42.000mm
		级别 M	41.998～41.999mm
		级别 N	41.997～41.998mm
		级别 P	41.996～41.997mm
		级别 R	41.995～41.996mm
		级别 S	41.994～41.995mm
		级别 T	41.993～41.994mm
		级别 U	41.992～41.993mm
		级别 V	41.991～41.992mm
		级别 W	41.990～41.991mm
	曲轴主轴颈直径 D_m 等级所对应尺寸	级别 A	47.979～47.978mm
		级别 B	47.978～47.977mm
		级别 C	47.977～47.976mm
		级别 D	47.976～47.975mm
		级别 E	47.975～47.974mm
		级别 F	47.974～47.973mm
		级别 G	47.973～47.972mm
		级别 H	47.972～47.971mm
		级别 J	47.971～47.970mm
		级别 K	47.970～47.969mm
		级别 L	47.969～47.968mm
		级别 M	47.968～47.967mm
		级别 N	47.967～47.966mm
		级别 P	47.966～47.965mm
		级别 R	47.965～47.964mm
		级别 S	47.964～47.963mm
		级别 T	47.963～47.962mm
		级别 U	47.962～47.961mm
		级别 V	47.961～47.960mm
		级别 W	47.960～47.959mm

4.2 1.6L HR16DE 发动机

4.2.1 发动机正时维修

HR16DE 发动机正时单元部件分解如图 4-9 所示。

说明：本文中指示的旋转方向表示从发动机前方看到的所有方向。

(1) 正时单元拆卸步骤

① 拆下前车轮（右侧）。

② 拆下前翼子板护板（右侧）。

③ 排空发动机机油。

④ 拆下以下零件：摇臂室盖、驱动皮带、水泵皮带轮。

⑤ 使用变速箱千斤顶支撑发动机底面，然后拆下发动机安装支架和隔振垫（右侧）。

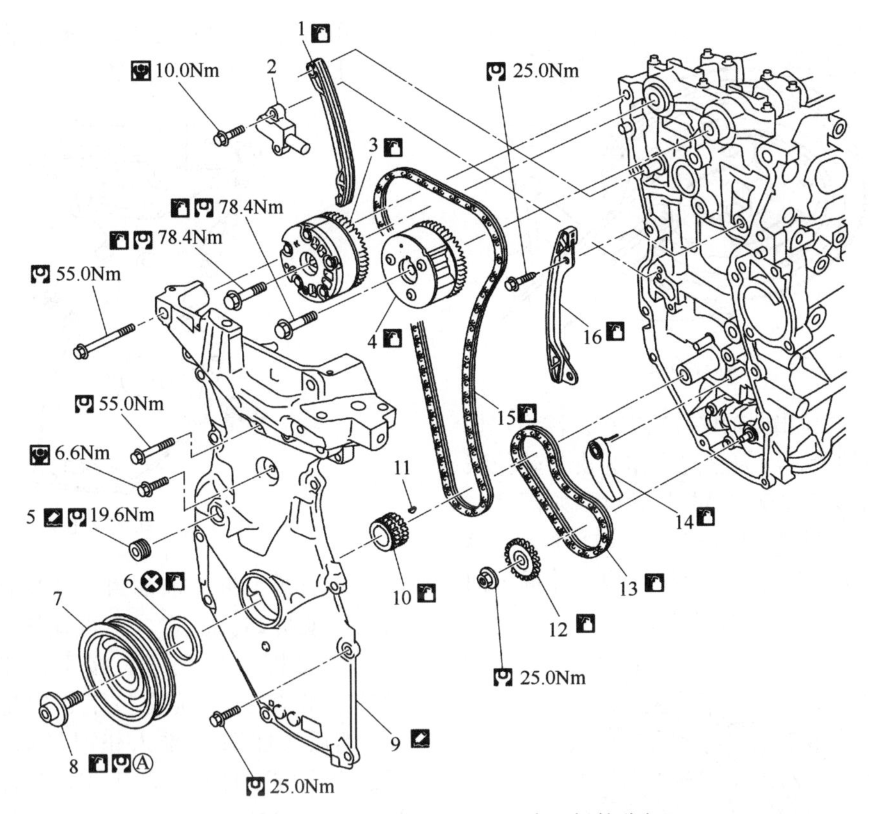

图 4-9　HR16DE 发动机正时单元部件分解

1—正时链条松弛导轨；2—正时链条张紧器；3—凸轮轴链轮（排气）；4—凸轮轴链轮（进气）；5—堵塞；6—前油封；7—曲轴皮带轮；8—曲轴皮带轮螺栓；9—前盖；10—曲轴链轮；11—曲轴链轮键；12—机油泵链轮；13—机油泵传动链条；14—机油泵传动链条张紧器；15—正时链条；16—正时链条张紧导轨；Ⓐ—拧紧时遵照组装步骤进行；■，■—紧固力矩；■—每次解体后都要更换；■—密封点；■—用机油润滑

⑥ 按照下述步骤将 1 号气缸设在其压缩行程的 TDC 处：顺时针旋转曲轴皮带轮 2，并将 TDC 标记（不带涂漆标记）A 与前盖上的正时指示器 1 对准，见图 4-10。图中 B 为白漆标记（不用于维修）。

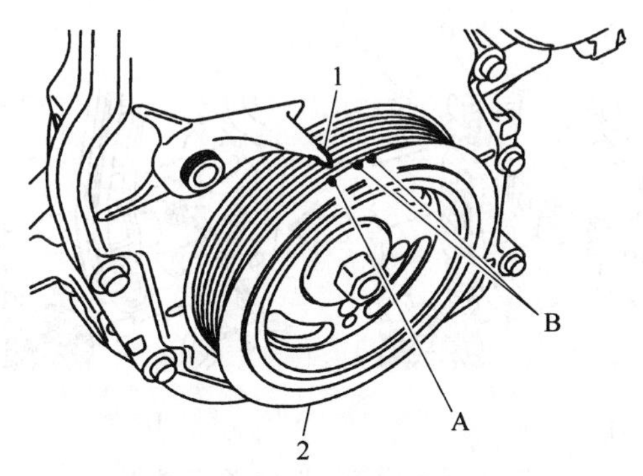

图 4-10　设置 1 号气缸于 TDC 位置

⑦ 检查并确认各凸轮轴链轮上匹配标记的定位如图 4-11 所示。

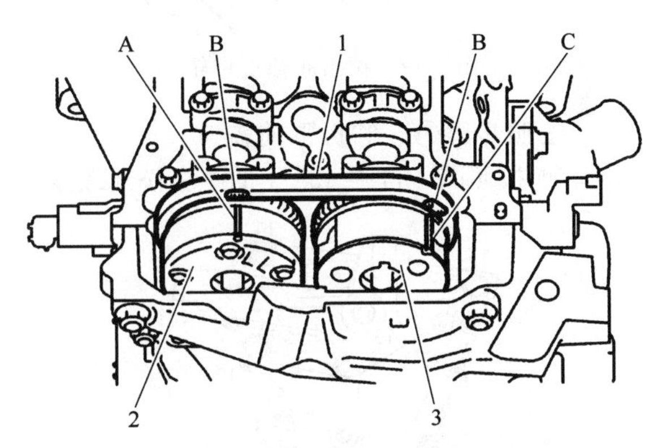

图 4-11　检查凸轮轴链轮匹配标记

1—正时链条；2—凸轮轴链轮（排气）；3—凸轮轴链轮（进气）；A,C—匹配标记（外槽）；B—粉线

如果没有对准，则再转动曲轴皮带轮一圈以将匹配标记与图中所示位置对准。

按照步骤⑧、⑨拆下曲轴皮带轮。

⑧ 如图 4-12 所示，使用皮带轮固定器（通用维修工具）A 固定曲轴皮带轮 1。

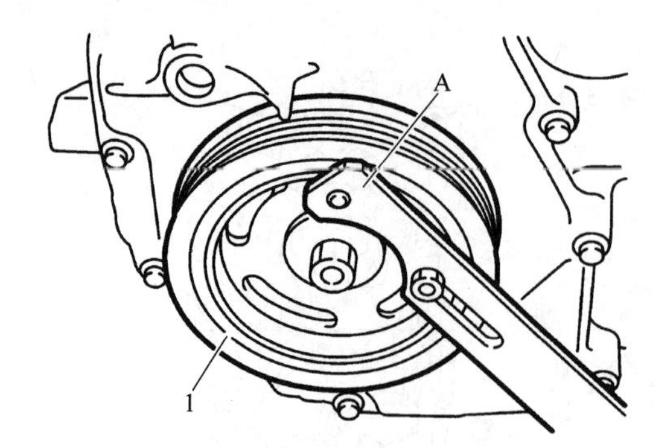

图 4-12　拆卸曲轴皮带轮

⑨ 松开并拉出曲轴皮带轮螺栓。注意：切勿拆卸安装螺栓，因为它们将作为皮带轮拉拔器（SST：KV11103000）的支撑点。如图 4-13 所示，将皮带轮拉拔器（SST：KV11103000）A 安装到曲轴皮带轮的 M6 螺纹孔内，并拆下曲轴皮带轮。图中 B 为 M6 螺栓。

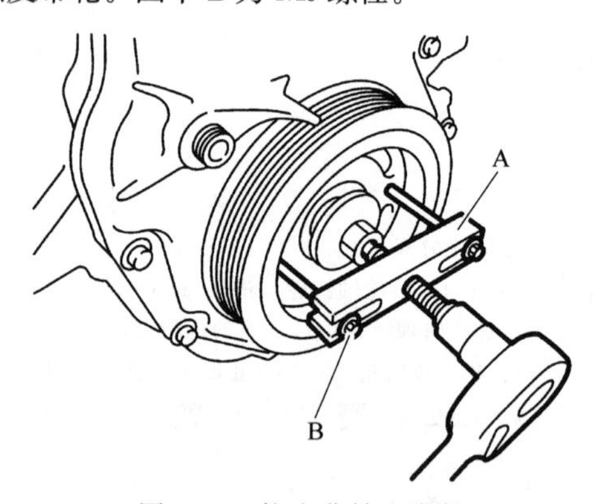

图 4-13　拉出曲轴皮带轮

按照步骤⑩、⑪拆下前盖。

⑩ 按照图 4-14 中 15～1 的顺序松开螺栓。

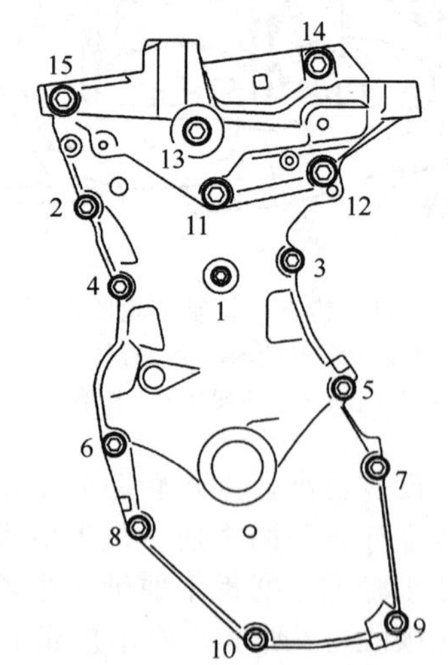

图 4-14　拆下前盖螺栓

⑪ 通过撬动图 4-15 中⬅指向的位置切割密封胶，然后拆下前盖。

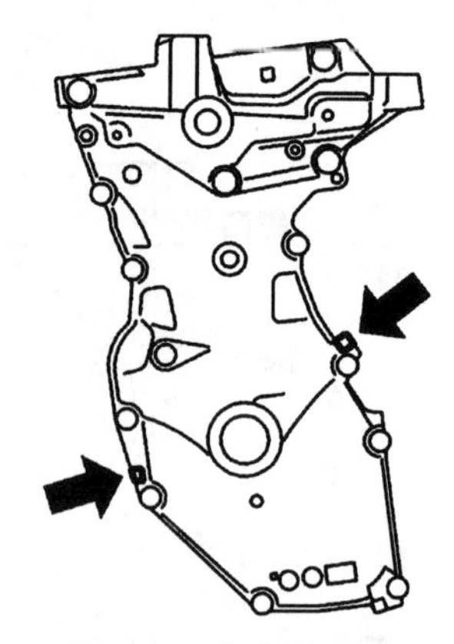

图 4-15　切割密封胶

从前盖上拆下前油封。使用适当的工具抬起以便拆卸。注意：不得损坏前盖。

⑫ 如图 4-16 所示，按下述步骤拆下正时链条张紧器 1。完全按下正时链条张紧杆 A，然后将柱塞 C 推入正时链条张紧器内。通过完全推下杆释放凸舌 B，从而可以移动柱塞。拉起杆，以将杆上的孔位置与主体孔位置对准。当杆孔与主体孔位置对准时，柱塞固定。

当柱塞棘轮和凸舌的凸起部分彼此相对时，两个孔位置没有对准。此时，稍稍移动柱塞，正确接合它们并对准这些孔位置。将限位销 D 穿过杆孔插入主体孔，然后将杆固定在上部位置，见图 4-16。图中为使用 2.5mm 六角扳手的示例。拆下正时链条张紧器。

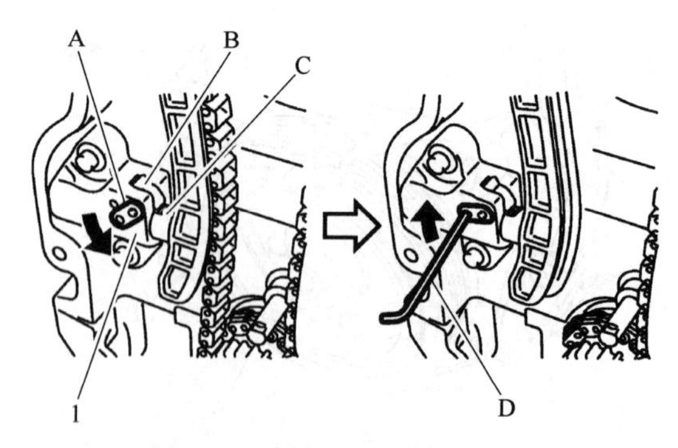

图 4-16　拆卸正时链条张紧器

⑬ 拆下正时链张紧导轨 2 和正时链松弛导轨 1，见图 4-17。

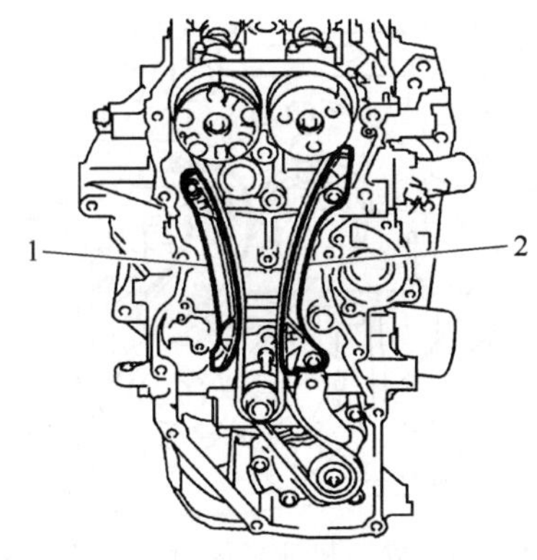

图 4-17 拆下正时链张紧导轨与松弛导轨

⑭ 如图 4-18 所示，拆下正时链条 2。朝凸轮轴链轮（排气）1 拉松正时链条，然后拆下正时链条，并开始从凸轮轴链轮（排气）侧进行拆卸。注意：当拆卸正时链条时，切勿转动曲轴或凸轮轴，否则会导致气门和活塞之间相互干扰。

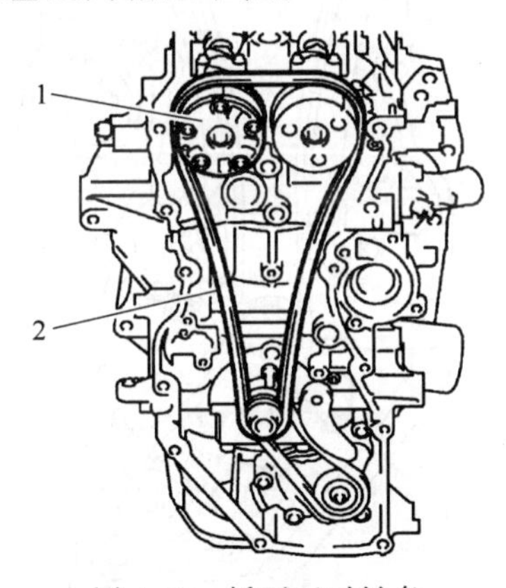

图 4-18 拆下正时链条

按照步骤⑮、⑯拆下曲轴链轮和机油泵驱动相关零件。

⑮ 拆下机油泵传动链条张紧器 1。将张紧器从轴 B 和弹簧固定孔 A 拉出，见图 4-19。

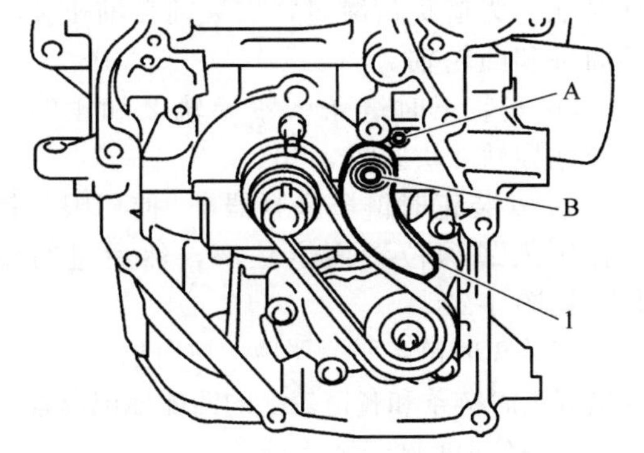

图 4-19 拆下机油泵链条张紧器

⑯ 使用 TORX 套筒（规格：E8）固定机油泵轴顶部，然后松开油泵链轮螺母并将其拆下。同时拆下曲轴链轮 1、机油泵传动链条 2 和机油泵链轮 3，见图 4-20。

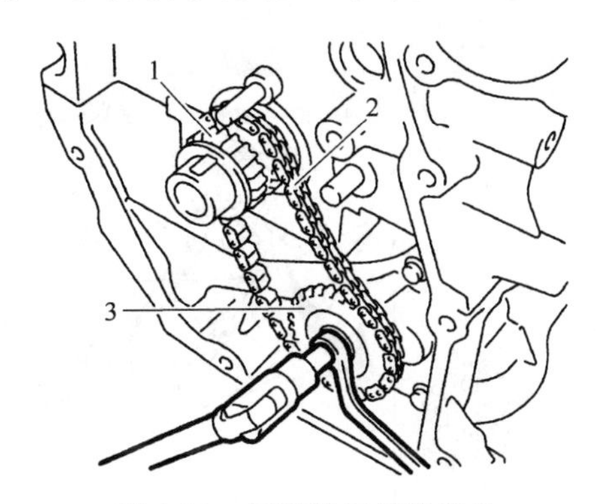

图 4-20 拆下油泵链轮螺母

（2）正时链单元部件安装步骤

图 4-21 中显示了部件安装时各正时链条的匹配标记与相应的链轮匹配标记之间的关系。

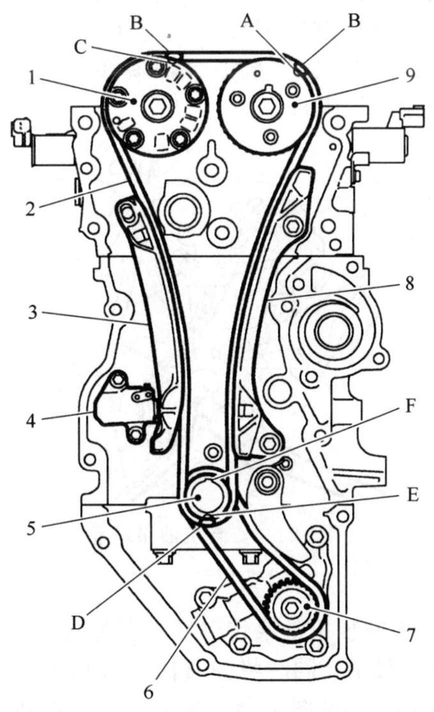

图 4-21 发动机正时配合标记

1—凸轮轴链轮（排气）；2—正时链条；3—正时链条松弛导轨；4—正时链条张紧器；5—曲轴链轮；6—机油泵传动链条；7—机油泵链轮；8—正时链条张紧导轨；9—凸轮轴链轮（进气）；A，C—匹配标记（外槽）；B—粉线；D—橙色线；E—匹配标记（压印）；F—曲轴键（指向正上方）

① 按照下述步骤安装曲轴链轮和机油泵驱动相关零件：同时安装曲轴链轮 1、机油泵传动链条 2 和机油泵链轮 3。安装曲轴链轮 1 时，使它的无效齿轮面 A 朝向发动机背面，见图 4-22。

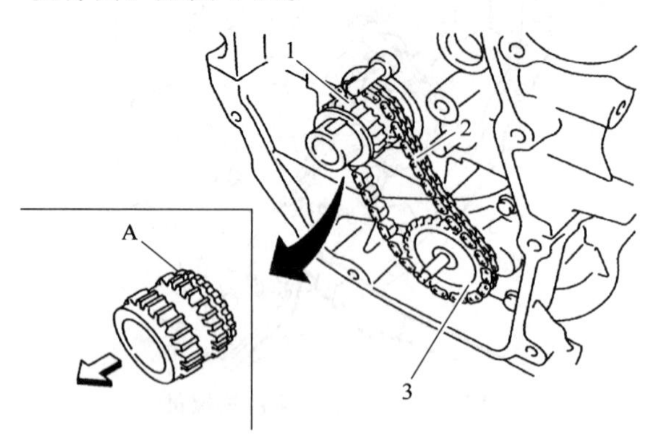

图 4-22 安装机油泵链轮

⇦—发动机前部

② 如图 4-23 所示，安装机油泵链轮，使它的凸起朝向发动机前部。机油泵驱动相关零件上没有匹配标记。使用 TORX 套筒（规格：E8）固定机油泵轴顶部，然后拧紧机油泵链轮螺母。

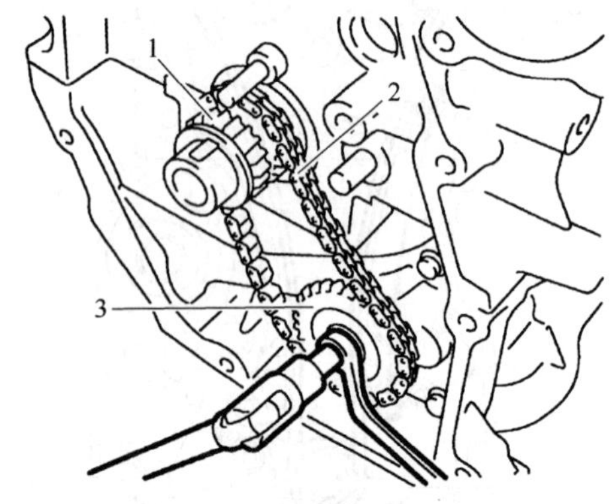

图 4-23 安装机油泵链轮

1—曲轴链轮；2—机油泵传动链条；3—机油泵链轮

③ 安装机油泵传动链条张紧器 1。将主体插入轴 B，同时将弹簧插入缸体前表面的固定孔 A，见图 4-24。安装后，检查机油泵传动链条上是否施加有张力。

④ 按照下述步骤安装正时链条。如图 4-25 所示，对准各链轮和正时链条上的匹配标记以进行安装。如果这些匹配标记没有对准，稍微旋转凸轮轴以纠正定位。

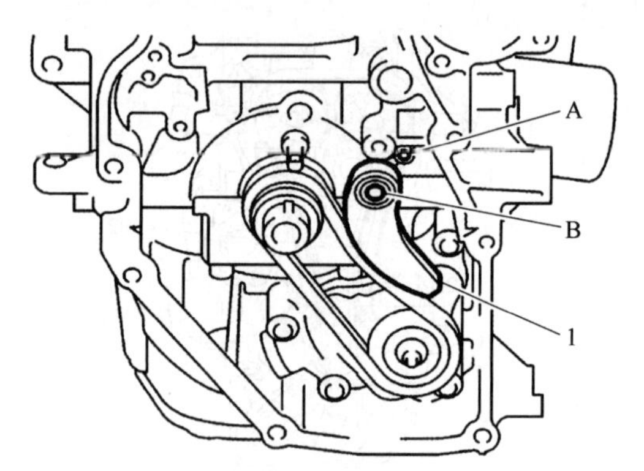

图 4-24 安装机油泵传动链条张紧器

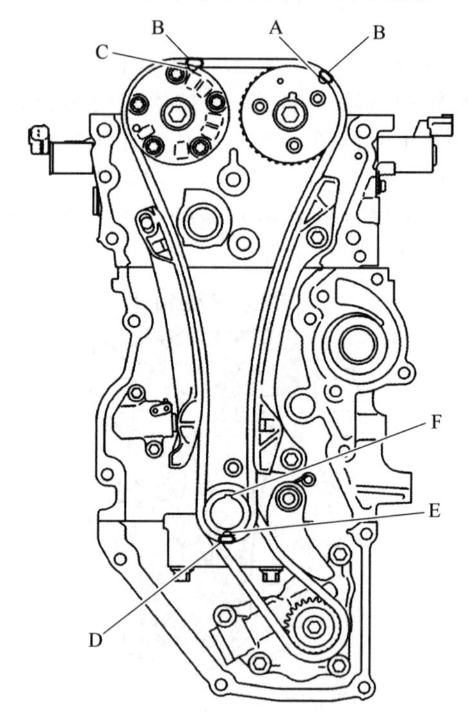

图 4-25 安装正时链条

A，C—匹配标记（外槽）；B—粉线；D—橙色线；E—匹配标记（压印）；F—曲轴键（指向正上方）

对准匹配标记后，用手托住它们以保持其对准。为避免齿跳过，安装前盖前不要转动曲轴和凸轮轴。

⑤ 安装正时链条张紧导轨 2 和正时链条松弛导轨 1，见图 4-26。

⑥ 安装正时链条张紧器 1。使用限位销 A 在压入最深位置固定柱塞，然后进行安装，见图 4-27。

安装正时链条张紧器后，拉出限位销。再次检查正时链条和各链轮上的匹配标记位置。

⑦ 将前油封安装至前盖。

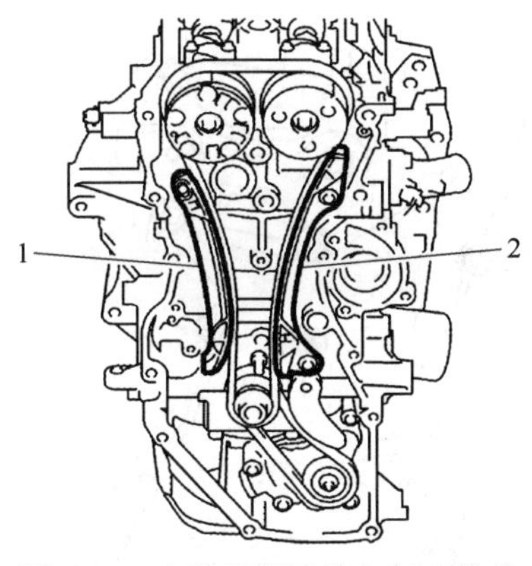

图 4-26　安装张紧导轨与松弛导轨

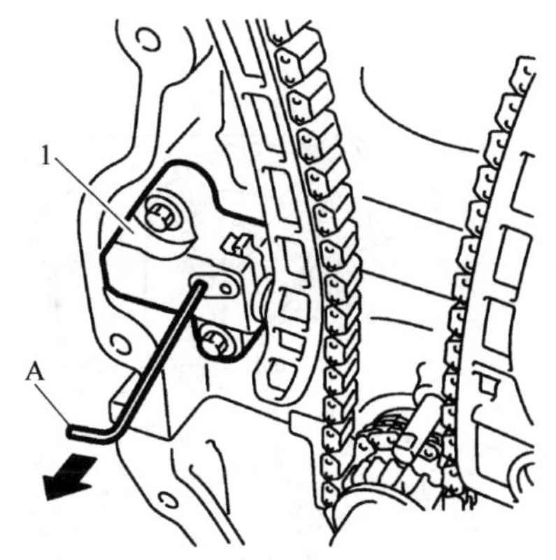

图 4-27　安装正时链条张紧器

⑧ 按照下述步骤安装前盖：如图 4-28 所示，使用管压机（通用维修工具）将密封胶连续地涂覆到前盖上。使用原装密封胶（TB 1217H）或同等产品。

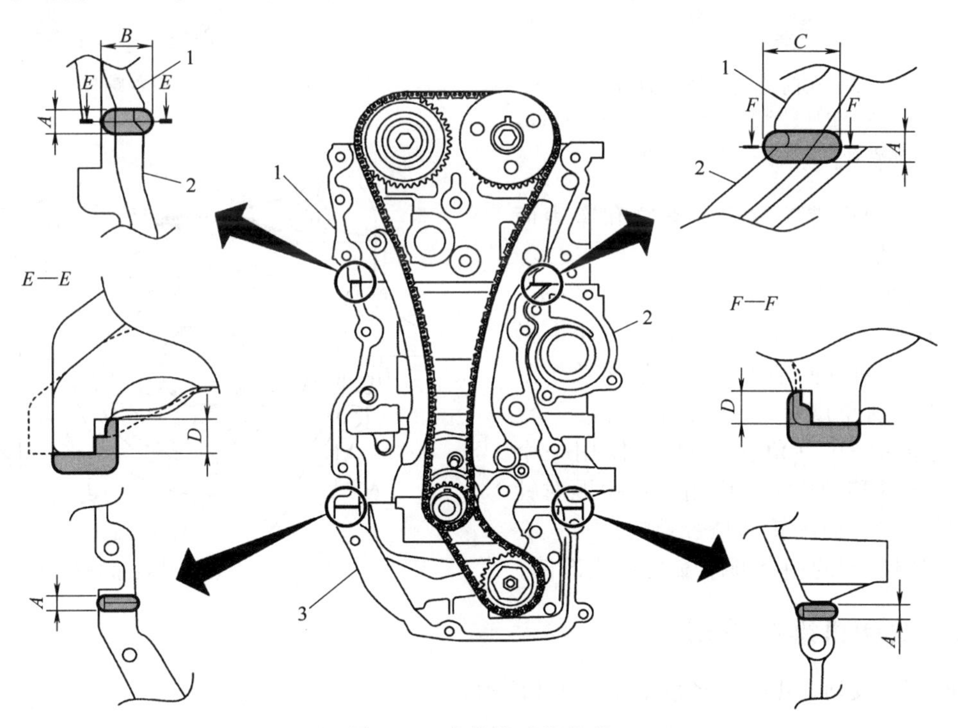

图 4-28　安装发动机前盖

1—缸盖；2—缸体；3—油底壳（上）；A—ϕ5mm；B—11mm；C—13mm；D—6mm

⑨ 如图 4-29 所示，使用管压机（通用维修工具）将密封胶连续地涂覆到前盖上。

使用原装密封胶（TB 1217H）或同等产品。

⑩ 按照图 4-30 中所示的数字顺序拧紧螺栓。

在拧紧所有螺栓后，按照图中 1～15 的顺序再次将螺栓拧紧到规定转矩。注意：确保擦净泄漏到表面的任何多余密封胶。

⑪ 通过对准曲轴链轮键插入曲轴皮带轮。

⑫ 使用塑料锤插入曲轴皮带轮时，轻敲其中央部位（不是周围）。注意：安装时保护前油封唇部不受损坏。

⑬ 按下述步骤拧紧曲轴皮带轮螺栓：用皮带轮固定器（通用维修工具）固定曲轴皮带轮，并紧固曲轴皮带轮螺栓。

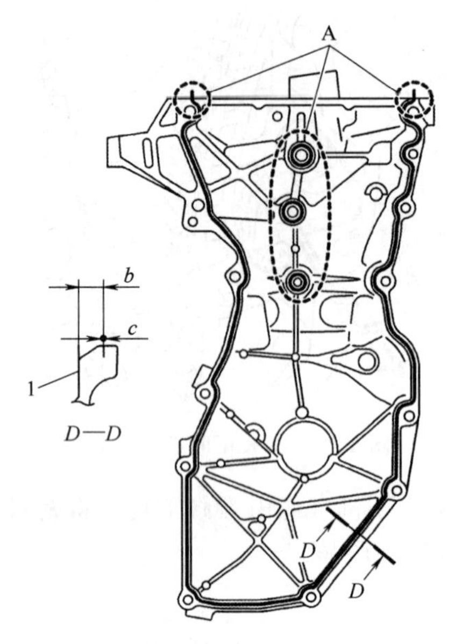

图 4-29 在前盖上涂抹密封胶

1—前盖边缘；A—密封胶涂覆区域；b—4.0～5.6mm；c—密封胶涂覆区域（ϕ3.0～4.0mm）

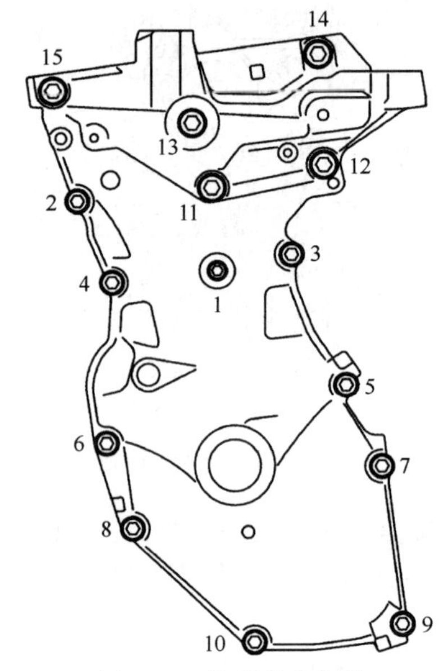

图 4-30 拧紧前盖螺栓

⑭ 在曲轴皮带轮螺栓的螺纹和座表面涂覆新的发动机机油。

⑮ 拧紧曲轴皮带轮螺栓。力矩：35.0N·m。

⑯ 如图 4-31 所示，在曲轴皮带轮上做油漆标记 B，对准曲轴皮带轮螺栓法兰 1 上的 6 个易识别角度标记 A 中的任何一个。顺时针再转动 60°（角度紧固）。使用一个有角度标记的移动检查紧固角。用手顺时针旋转曲轴，检查曲轴转动是否顺畅。

⑰ 按照拆卸的相反顺序安装其他部件。

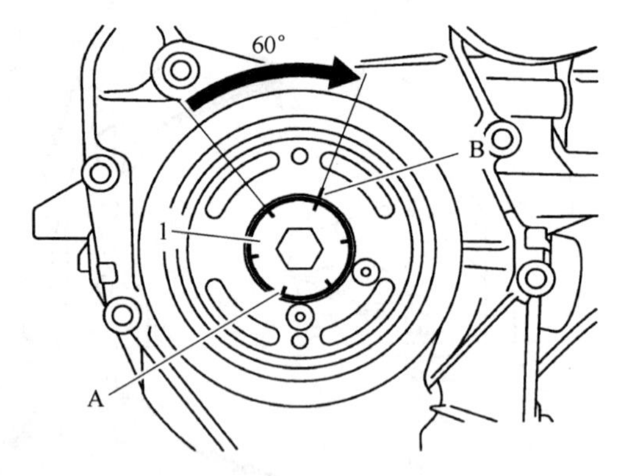

图 4-31 安装曲轴皮带轮螺栓

4.2.2 发动机维修数据

HR16DE 发动机机械维修数据如表 4-2 所示。

表 4-2 HR16DE 发动机机械维修数据

项目			数据
常规	发动机型号		HR16DE
	气缸布置		直列 4 缸
	排量		1598mL
	缸径×行程		78.0mm×83.6mm
	气门布置		DOHC
	点火顺序		1—3—4—2
	活塞环数	压缩	2
		机油	1
	压缩比		9.8
	压缩压力(250r/min 时)	标准	1380kPa
		最小	1280kPa
		气缸间压差的极限值	100kPa

续表

项目				数据
火花塞	制造商			NGK
	型号			LZKAR6AP-11
	间隙(额定值)	标准		1.1mm
排气歧管	表面变形			0.3mm
凸轮轴	凸轮轴轴颈油膜间隙	1号	标准	0.045～0.086mm
			极限	0.15mm
		2、3、4、5号	标准	0.030～0.071mm
			极限	0.15mm
	凸轮轴支架内径	1号	标准	28.000～28.021mm
		2、3、4、5号	标准	25.000～25.021mm
	凸轮轴轴颈直径	1号	标准	27.935～27.955mm
		2、3、4、5号	标准	24.950～24.970mm
	凸轮轴轴向间隙		标准	0.075～0.153mm
			极限	0.2mm
	凸轮轴凸轮高度	进气	标准	41.705～41.895mm
			极限	41.505mm
		排气	标准	40.915～41.105mm
			极限	40.715mm
	凸轮轴跳动(总读数)		标准	0.02mm
			极限	0.1mm
	凸轮轴链轮跳动(总读数)		极限	0.15mm
气门挺杆	气门挺杆外径			29.977～29.987mm
	气门挺杆孔径			30.000～30.021mm
	气门挺杆间隙			0.013～0.044mm
气门间隙	进气	冷态		0.26～0.34mm
		约80℃		0.304～0.416mm
	排气	冷态		0.29～0.37mm
		约80℃		0.308～0.432mm
缸盖	缸盖表面变形		极限	0.1mm
气门[图(a)]	气门头直径 D	进气		31.6～31.9mm
		排气		25.3～25.6mm
	气门长度 a	进气		101.73mm
		排气		102.49mm
	气门头端面厚度 b	进气		1.0mm
		排气		1.0mm
	气门头与气门座接触面厚度 c	进气		2.1～2.8mm
		排气		2.3～3.0mm
	整个气门头厚度 c'	进气		3.0mm
		排气		—
	气门杆直径 d	进气		4.965～4.980mm
		排气		4.955～4.970mm
	气门座角度 α			45°15′～45°45′
检测位置示意图(一)	图(a)　气门检测位置 图(b)　气门导管检测位置			

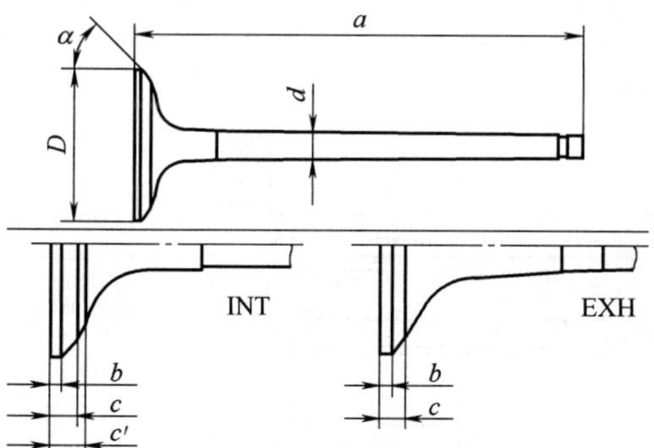

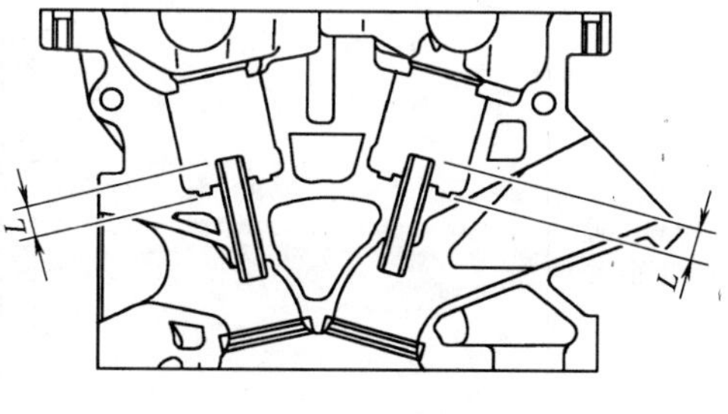

续表

项目				数据
气门导管[图(b)]	外径		标准	9.023～9.034mm
			加大尺寸	9.223～9.234mm
	内径(抛光后的尺寸)		标准	5.000～5.018mm
	缸盖气门导管孔直径		标准	8.975～9.001mm
			加大尺寸	9.175～9.201mm
	气门导管的过盈配合量			0.022～0.059mm
	气门导管间隙	进气	标准	0.020～0.053mm
			极限	0.1mm
		排气	标准	0.030～0.063mm
			极限	0.1mm
	凸起长度 L			11.4～11.8mm
气门座[图(c)]	缸盖凹座直径 D	进气	标准	34.700～34.727mm
			加大尺寸	35.200～35.227mm
		排气	标准	28.700～28.727mm
			加大尺寸	29.200～29.227mm
	气门座外径 d	进气	标准	34.808～34.824mm
			加大尺寸	35.308～35.324mm
		排气	标准	28.808～28.824mm
			加大尺寸	29.308～29.324mm
	气门座过盈配合量			0.081～0.124mm
	直径 d_1	进气		29.6mm
		排气		23.0mm
	直径 d_2	进气		31.2～31.4mm
		排气		24.9～25.1mm
	缸盖凹座直径 D	进气	标准	32.000～32.027mm
			加大尺寸	32.500～32.527mm
		排气	标准	25.900～25.927mm
			加大尺寸	26.400～26.427mm
	气门座外径 d	进气	标准	32.108～32.124mm
			加大尺寸	32.608～～32.624mm
		排气	标准	25.991～26.007mm
			加大尺寸	26.491～26.507mm
	角度 α_1	进气		60°
		排气		45°
	角度 α_2			88°45′～90°15′
	角度 α_3			120°
	接触宽度 W	进气		1.0～1.4mm
		排气		1.2～1.6mm
	高度 h	进气	标准	4.7mm
			加大尺寸	4.15mm
		排气	标准	6.0mm
			加大尺寸	5.43mm
	深度 H	进气		4.7mm
		排气		6.0mm
检测位置示意图(二)	图(c) 气门座检测位置			

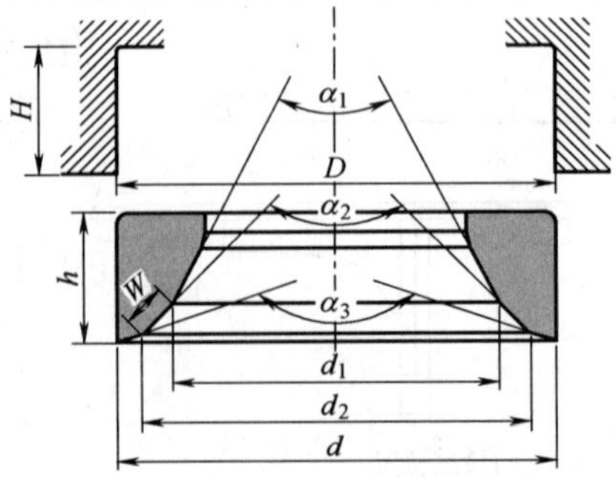

续表

项目				数据
气门弹簧	自由高度			49.25mm
	安装高度			34.06mm
	安装负载			136～154N
	气门开启时的高度			25.06mm
	气门开启时的负载			249～284N
气缸体［图(d)］	缸体上表面变形		极限	0.1mm
	缸孔内径		标准	78.000～78.015mm
	圆度（“X”和“Y”之间的差值）		极限	0.015mm
	锥度（“A”和“C”之间的差值）		极限	0.010mm
检测位置示意图(三)	图(d)　气缸体检测位置 图(e)　活塞检测位置			
活塞［图(e)］	活塞裙直径 *A*			77.966～77.980mm
	测量点 *H*			36mm
	活塞销孔直径			19.008～19.012mm
	活塞与缸孔间隙			0.020～0.050mm
活塞环	活塞环侧隙	头环	标准	0.04～0.08mm
			极限	0.11mm
		第 2 环	标准	0.03～0.07mm
			极限	0.10mm
		机油密封圈	标准	0.045～0.125mm
	活塞环端隙	头环	标准	0.20～0.30mm
			极限	0.50mm
		第 2 环	标准	0.35～0.50mm
			极限	0.66mm
		机油（油轨环）	标准	0.20～0.45mm
			极限	0.77mm
活塞销	活塞销外径			18.996～19.000mm
	活塞与活塞销的油膜间隙			0.010～0.014mm
连杆	中心距			129.84～129.94mm
	弯曲（每 100mm）		极限	0.15mm
	扭曲（每 100mm）		极限	0.30mm
	连杆衬套内径（装连杆上）		标准	18.958～18.978mm
	连杆衬套油膜间隙		标准	−0.044～−0.018mm
	连杆侧隙		标准	0.200～0.352mm
检测位置示意图(四)	图(f)　曲轴检测位置 图(g)　曲轴颈检测位置			

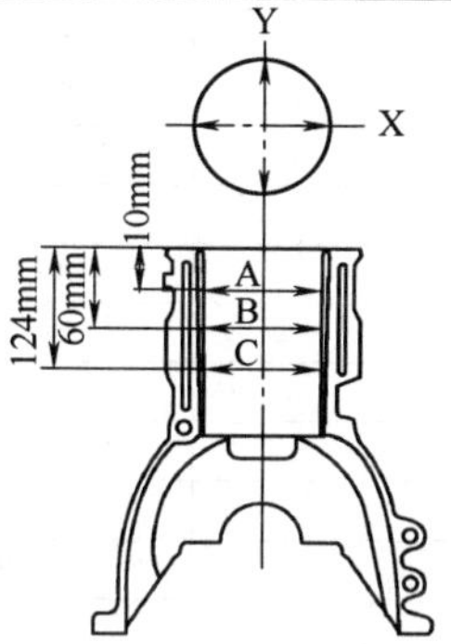

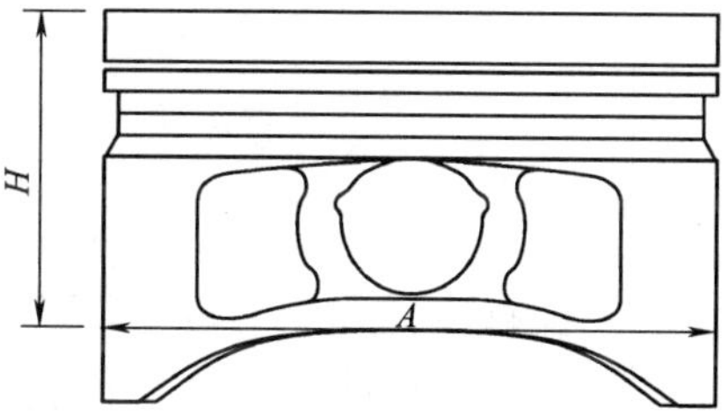

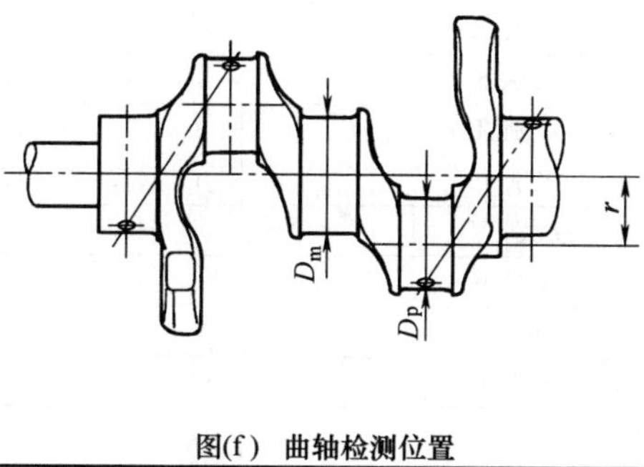

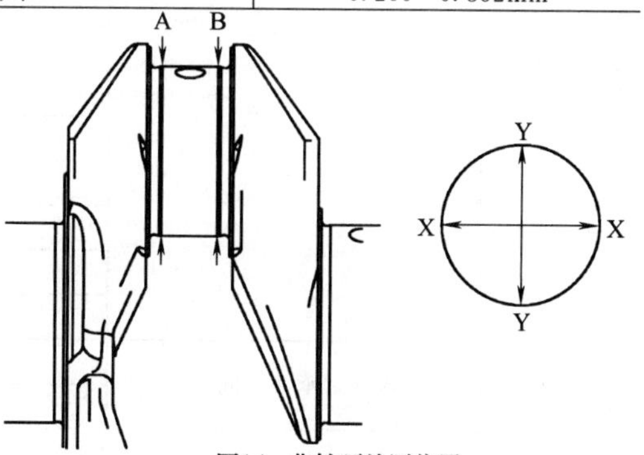

续表

项目			数据
曲轴[图(f)、图(g)]	中心距离 r		41.68~41.76mm
	圆度	极限	0.003mm
	锥度	极限	0.004mm
	跳动量	极限	0.10mm
	曲轴轴向间隙	标准	0.098~0.260mm
		极限	0.35mm
	曲轴销轴颈直径 D_p 等级所对应尺寸	级别 A	39.971~39.970mm
		级别 B	39.970~39.969mm
		级别 C	39.969~39.968mm
		级别 D	39.968~39.967mm
		级别 E	39.967~39.966mm
		级别 F	39.966~39.965mm
		级别 G	39.965~39.964mm
		级别 H	39.964~39.963mm
		级别 J	39.963~39.962mm
		级别 K	39.962~39.961mm
		级别 L	39.961~39.960mm
		级别 M	39.960~39.959mm
		级别 N	39.959~39.958mm
		级别 P	39.958~39.957mm
		级别 R	39.957~39.956mm
		级别 S	39.956~39.955mm
		级别 T	39.955~39.954mm
		级别 U	39.954~39.953mm
	曲轴主轴颈直径 D_m 等级所对应尺寸	级别 A	47.979~47.978mm
		级别 B	47.978~47.977mm
		级别 C	47.977~47.976mm
		级别 D	47.976~47.975mm
		级别 E	47.975~47.974mm
		级别 F	47.974~47.973mm
		级别 G	47.973~47.972mm
		级别 H	47.972~47.971mm
		级别 J	47.971~47.970mm
		级别 K	47.970~47.969mm
		级别 L	47.969~47.968mm
		级别 M	47.968~47.967mm
		级别 N	47.967~47.966mm
		级别 P	47.966~47.965mm
		级别 R	47.965~47.964mm
		级别 S	47.964~47.963mm
		级别 T	47.963~47.962mm
		级别 U	47.962~47.961mm
		级别 V	47.961~47.960mm
		级别 W	47.960~47.959mm
	连杆轴承油膜间隙	标准	0.020~0.030mm
		极限值	0.10mm
	主轴承油膜间隙		0.024~0.034mm

4.3　1.8L MRA8DE 发动机

4.3.1　发动机正时维修

MRA8DE 发动机正时单元部件分解如图 4-32 所示。

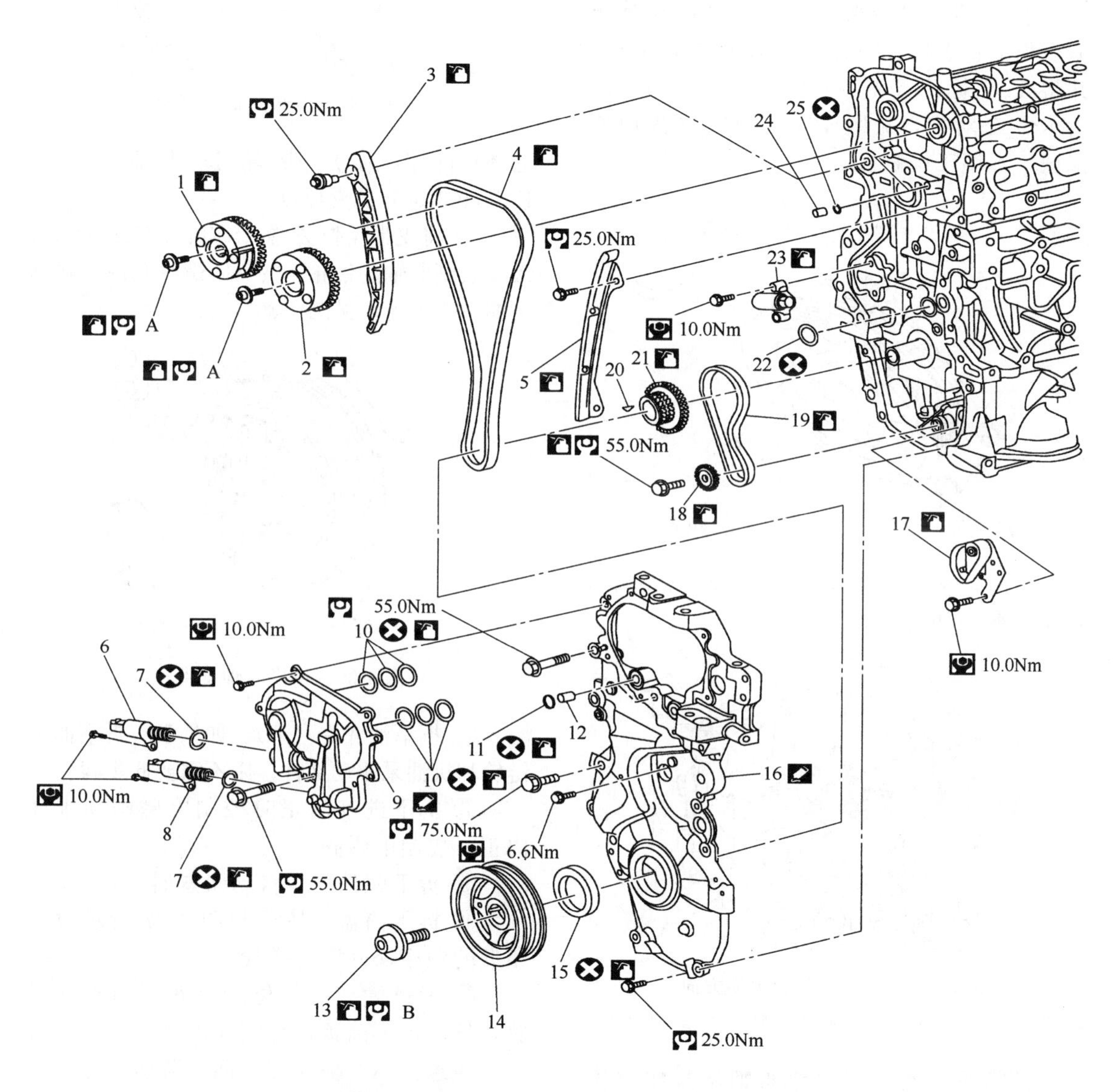

图 4-32　MRA8DE 发动机正时单元部件分解

1—凸轮轴链轮（排气）；2—凸轮轴链轮（进气）；3—正时链条松弛导轨；4—正时链条；5—正时链条张紧导轨；6—气门正时控制电磁阀（排气）；7,10,11,22,25—O 形圈；8—气门正时控制电磁阀（进气）；9—VTC 盖；12,24—VTC 机油滤清器；13—曲轴带轮螺栓；14—曲轴带轮；15—前油封；16—前盖；17—机油泵传动链条张紧器；18—机油泵链轮；19—机油泵传动链条；20—曲轴键；21—曲轴链轮；23—正时链条张紧器；A/B—拧紧时遵照组装步骤进行；

—紧固力矩；—每次分解后必须更换；—用机油润滑；

—密封点；●—表示连接到这些点的零件在实际车辆上符号相同

（1）发动机正时单元部件拆卸方法

注意：文中的旋转方向表示从发动机前方看到的所有方向。

① 将发动机安装至发动机支架。

② 排空发动机机油。

③ 拆下以下零件：进气歧管、摇臂室盖。

④ 按照下述步骤将1号气缸设在其压缩行程上止点处：顺时针转动曲轴皮带轮1并将TDC标记（无漆）B与前盖上的正时指示器A对准，见图4-33。图中C为白漆标记（不用于维修）。

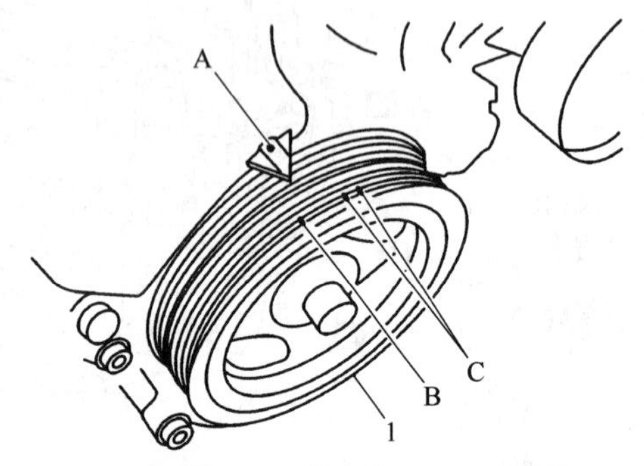

图4-33 设置1号气缸于TDC位置

同时，检查以确认1号气缸凸轮尖端的定位（⬅）如图4-34所示。

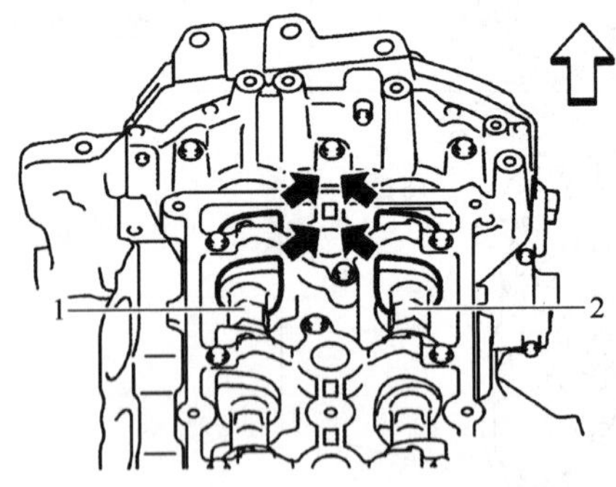

图4-34 1号气缸凸轮尖端方向

1—凸轮轴（进气）；2—凸轮轴（排气）；⇧—发动机前部

如果定位不准，转动曲轴皮带轮一圈（360°）并对准，如图4-33所示。

⑤ 按照下述步骤拆下曲轴皮带轮：使用皮带轮托架（通用维修工具）A固定曲轴皮带轮1，见图4-35，松开曲轴皮带轮螺栓，在螺栓座和表面距离其原始位置10mm的地方做标记。

注意：切勿拆卸曲轴皮带轮螺栓，因为

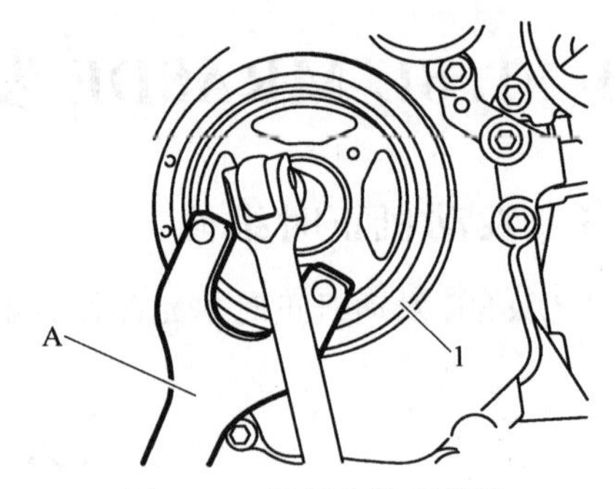

图4-35 拆卸曲轴皮带轮

它们将作为皮带轮拉拔器（SST：KV11103000）的支撑点。

⑥ 将皮带轮拉拔器（SST：KV11103000）A安装到曲轴皮带轮1的M6螺纹孔内，并拆下曲轴皮带轮，见图4-36。

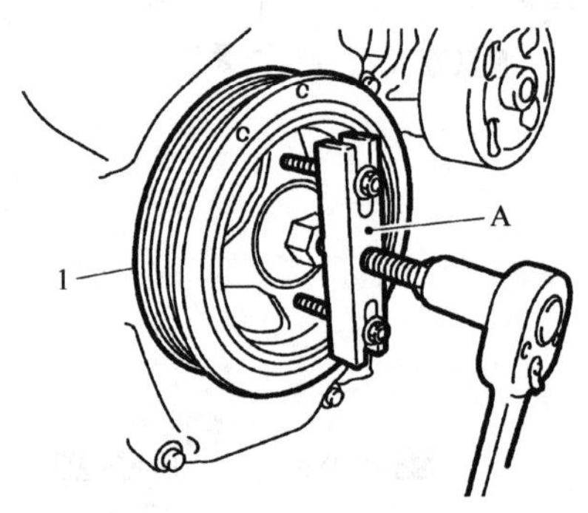

图4-36 拉出曲轴皮带轮

⑦ 拆下油底壳（下）。如果没有拆下曲轴链轮和机油泵驱动部件，则不需要此步骤。

⑧ 拆下进气门正时控制电磁阀和排气门正时控制电磁阀。

⑨ 拆下驱动皮带自动张紧器。

⑩ 拆下前盖：按照与图4-37所示数字相反的顺序松开固定螺栓。

⑪ 通过撬动图示位置（⬅）切割密封胶，然后拆下前盖，见图4-38。

注意：不要损坏配合面。装运时涂覆的密封胶比之前的类型黏度更大，因此不应在指定位置外将其强行脱开。

⑫ 从前盖上拆下前油封。

小心操作，不要损坏前盖。使用螺丝刀抬起前油封。如有必要，拆下气门正时控制盖。按照与图4-39所示数字相反的顺序松开固定螺栓。拆卸时无须顾及数字顺序1。

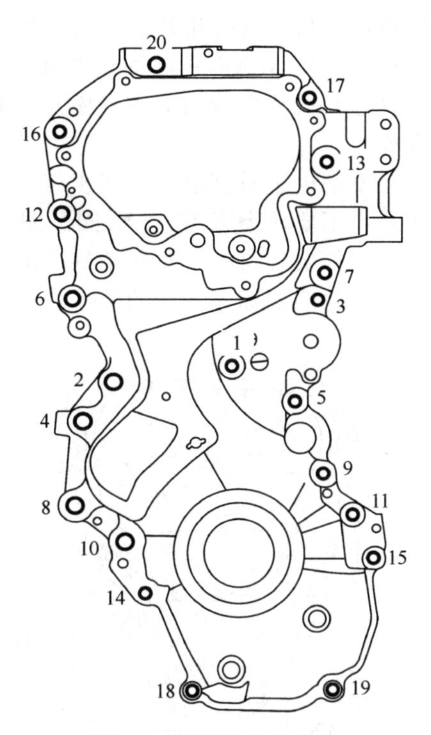

图 4-37　拆卸前盖螺栓

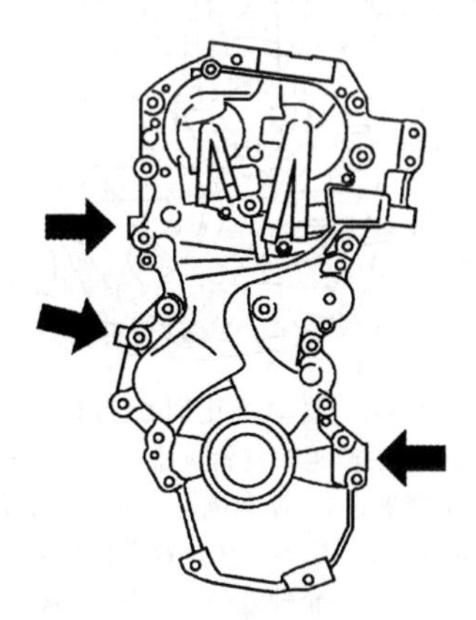

图 4-38　撬开前盖密封胶

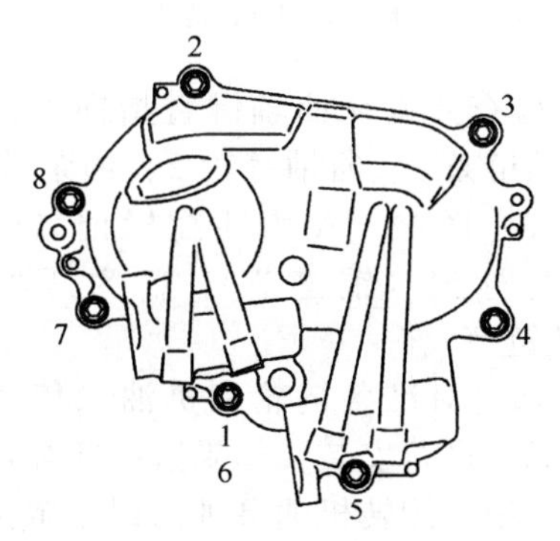

图 4-39　拆下前油封

⑬ 按下述步骤拆下正时链条张紧器。在压下正时链条张紧器柱塞的情况下，将导线 A（例如卡子）插入顶槽。通过插入导线牢固固定正时链条张紧器柱塞。拆下正时链条张紧器 1，见图 4-40。

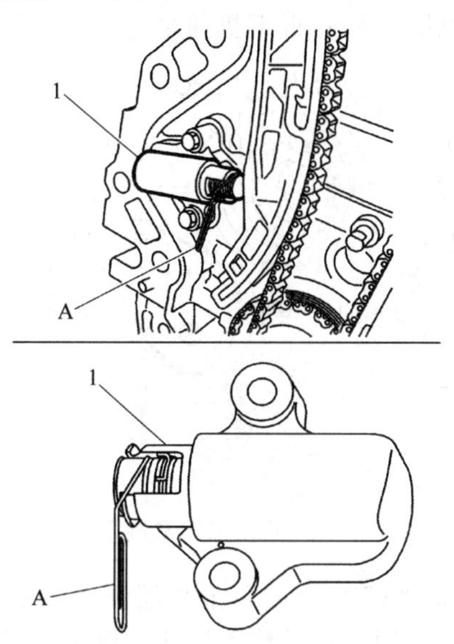

图 4-40　拆卸正时链条张紧器

⑭ 拆下松弛导轨 2、张紧导轨 3 和正时链条 1，见图 4-41。

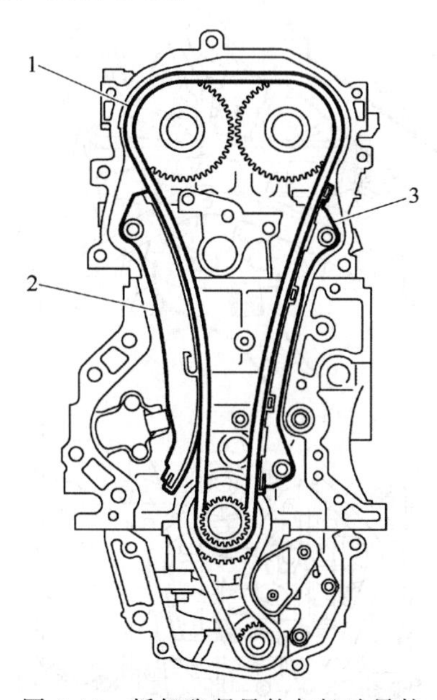

图 4-41　拆卸张紧导轨与松弛导轨

注意：当拆卸正时链条时，切勿单独转动每个曲轴和凸轮轴，这会导致气门和活塞之间相互干扰。

如果正时链条难以拆下，则首先拆下凸轮轴链轮（排气）以拆卸正时链条。

⑮ 按下述步骤拆下曲轴链轮和机油泵驱动部件。沿图示方向推机油泵传动链条张紧器1；将限位销（A）插入泵体孔（B）内，见图4-42；拆下机油泵链条张紧器。

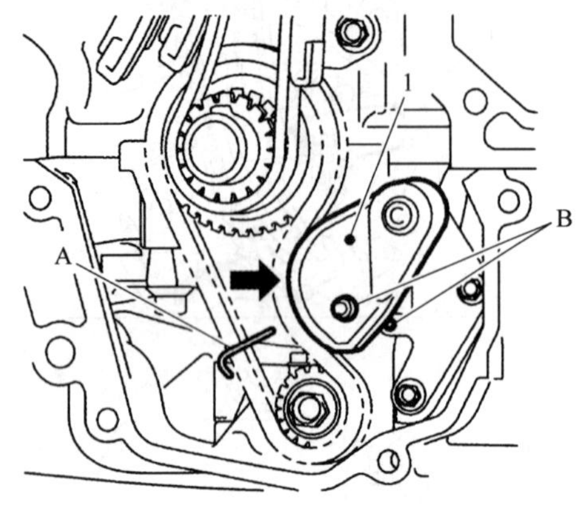

图4-42 拆下机油泵驱动链条张紧器

⑯ 当杆上的孔和张紧器体上的孔不能对准时，通过稍稍移动机油泵链条张紧器松弛导轨将这些孔对准。如图4-43所示，固定机油泵轴（WAF：10mm）A的WAF零件，然后松开机油泵链轮螺栓并将其拆下。

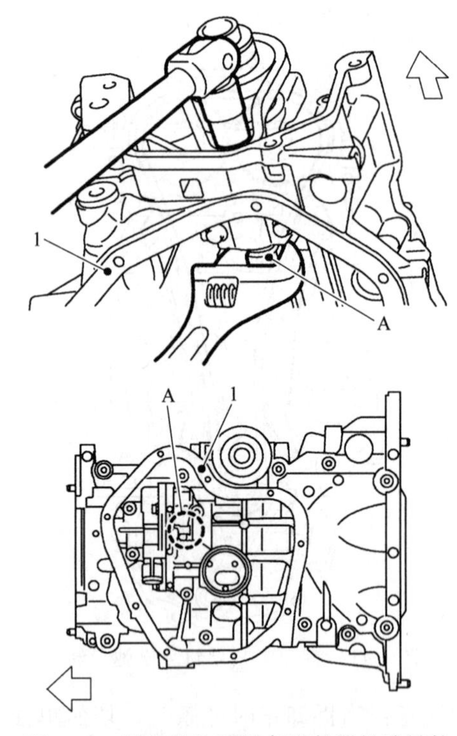

图4-43 调整机油泵链条张紧器松弛导轨

1—油底壳（上）；⇦—发动机前部

注意：使用WAF零件固定机油泵轴。切勿通过拧紧机油泵传动链条来松开机油泵链轮螺栓。

（2）发动机正时链单元安装步骤

注意：不要重复使用O形圈。图4-44中显示了部件安装时各正时链条的匹配标记与相应的链轮匹配标记之间的关系。

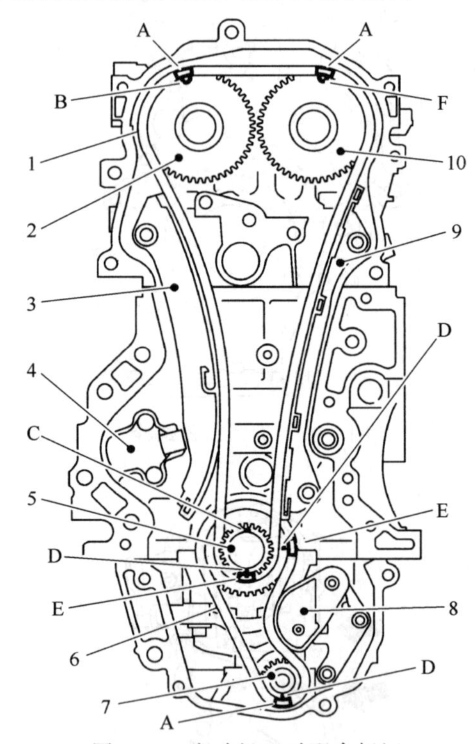

图4-44 发动机正时配合标记

1—正时链条；2—凸轮轴链轮（排气）；3—松弛导轨；4—正时链条张紧器；5—曲轴链轮；6—机油泵传动链条；7—机油泵链轮；8—机油泵传动链条张紧器；9—张紧侧链条导轨；10—凸轮轴链轮（进气）；A—匹配标记（深蓝色链节）；B,F—配合标记（外槽）；C—曲轴键位置（指向正上方）；D—匹配标记（压印）；E—配合标记（铜链节）

① 检查并确认曲轴键直指向上。安装油泵驱动链条1、曲轴链轮2、油泵链轮3，见图4-45。图中，A为匹配标记（压印）；B为配合标记（铜链节）；C为匹配标记（深蓝色链节）。

② 通过对准各链轮和机油泵传动链条的匹配标记进行安装。如果这些匹配标记没有对准，稍微旋转机油泵轴以纠正定位。注意：安装机油泵传动链条后，检查每个链轮

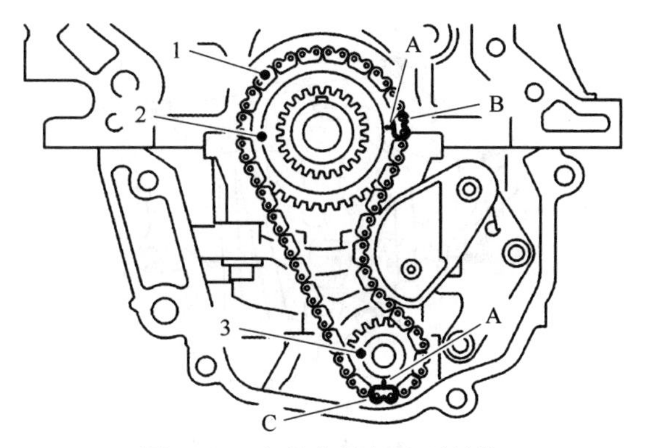

图 4-45　安装曲轴与油泵链轮

的匹配标记位置。

固定机油泵轴（WAF：10mm）A 的 WAF 零件，然后拧紧机油泵轴链轮螺栓。注意：使用 WAF 零件固定机油泵轴。切勿通过拧紧机油泵传动链条来松开机油泵轴链轮螺栓。

③ 安装机油泵链条张紧器 1。使用限位销 A 在压入最深位置固定机油泵张紧器，然后进行安装。安装机油泵链条张紧器后，牢牢拉出（⬅）限位销，见图 4-46。再次检查机油泵传动链条和每个链轮的匹配标记位置。

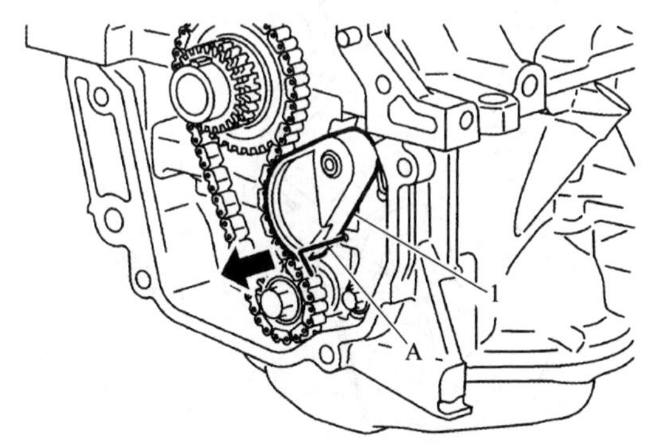

图 4-46　安装机油驱动链条张紧器

④ 将每个链轮的配合标记与正时链条的配合标记对准，见图 4-47。

如果这些匹配标记没有对准，固定六角部分并稍微旋转凸轮轴以纠正定位。注意：安装正时链条后，再次检查每个链轮和正时链条的匹配标记位置。

⑤ 安装松弛导轨 2 和张紧导轨 3，见图 4-48。图中 1 为正时链条。

⑥ 安装正时链条张紧器。使用限位销在压入最深位置固定柱塞，然后进行安装。安装正时链条张紧器后，牢固拉出限位销。

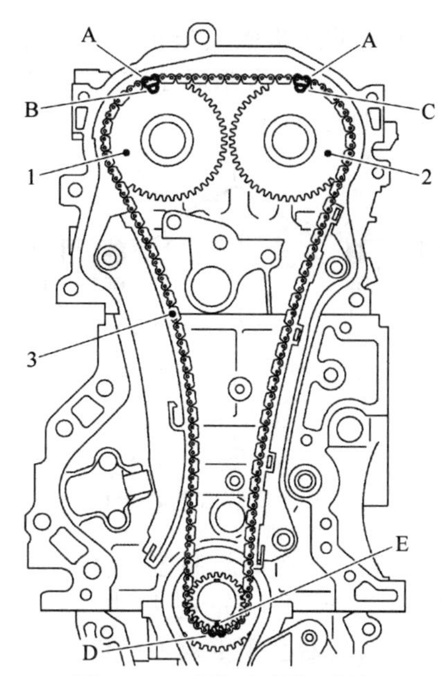

图 4-47　对准正时配合标记

1—凸轮轴链轮（排气）；2—凸轮轴链轮（进气）；3—正时链条；A—匹配标记（深蓝色链节）；B,C—配合标记（外槽）；D—配合标记（铜链节）；E—匹配标记（压印）

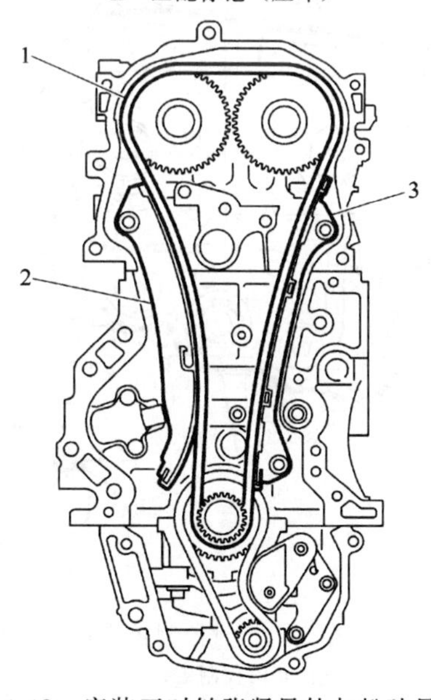

图 4-48　安装正时链张紧导轨与松弛导轨

在没有将张紧器安装到发动机的情况下拉出锁销后，如果柱塞弹出，不要使用张紧器。（如果使用，柱塞将不能平稳滑动。）

张紧器安装后，抬起并朝柱塞端部移动棘轮卡子，并平行于柱塞槽定位张紧器。再次检查正时链条和各链轮上的匹配标记位置。

⑦ 安装前油封。

⑧ 按照下述步骤安装前盖：如果有O形圈被拆下，将新O形圈1安装到VTC盖2的槽上，见图4-49。

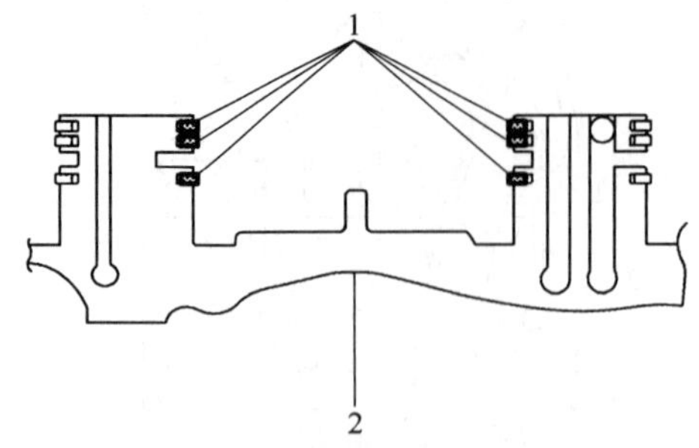

图4-49 安装前盖O形圈

⑨ 安装气门正时控制盖。将VTC机油滤清器安装到气门正时控制盖。注意：VTC机油滤清器必须更换为新件。

⑩ 如图4-50所示，使用管压机（通用维修工具）在气门正时控制盖上涂覆一条连续的密封胶E。

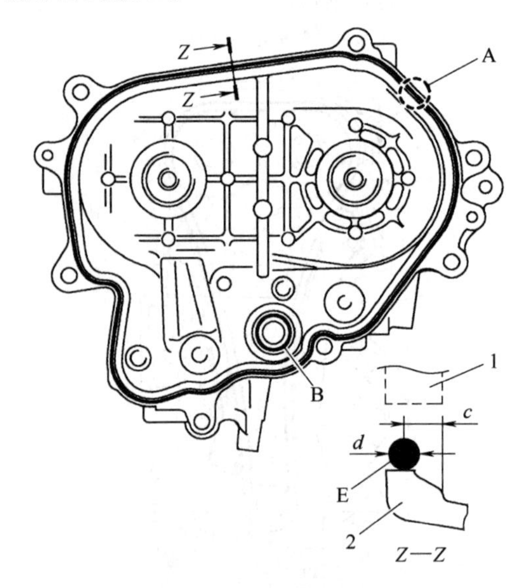

图4-50 在气门正时控制盖涂抹密封胶

1—前盖；2—气门正时控制盖；A—涂覆密封胶的头端和尾端；B—密封胶涂覆区域；c—4.0～5.6mm；d—ϕ3.4～4.4mm；E—连续密封胶

涂覆密封胶的头端和尾端必须彼此重叠5mm或以上。

⑪ 按照图4-51所示的数字顺序拧紧安装螺栓。分两步拧紧螺栓1，数字顺序6显示的是第二步。

⑫ 将新的O形圈安装到缸体上。注意：不要错误对准O形圈。

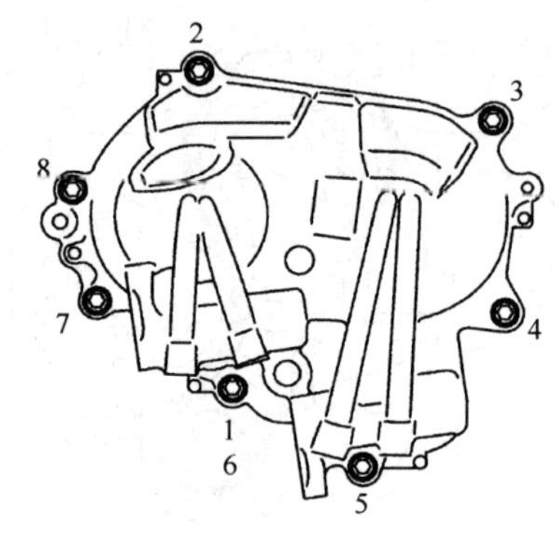

图4-51 气门正时控制盖紧固螺栓顺序

⑬ 如图4-52所示，使用管压机（通用维修工具）在前盖上涂覆一条连续的液态密封垫D。

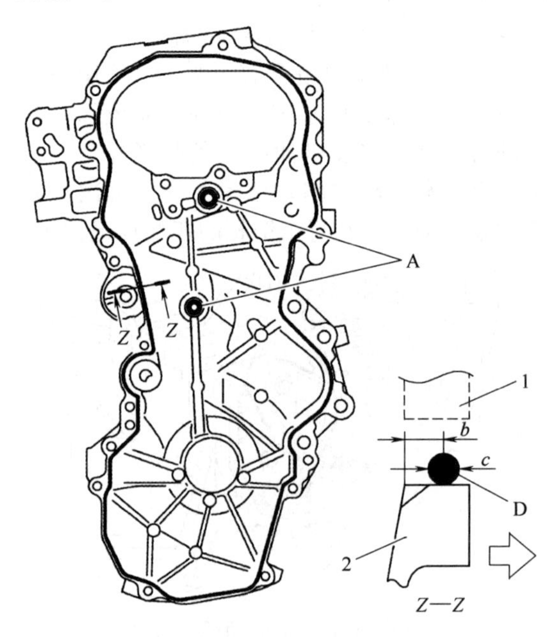

图4-52 涂抹密封胶

1—缸盖；2—前盖；A—密封胶涂覆区域；b—4.0～5.6mm；c—ϕ3.4～4.4mm；D—连续液态密封垫；⇨—发动机外

使用原装密封胶或相当产品。

⑭ 检查并确认正时链条和各链轮的配合标记仍对准。然后，安装前盖。注意：检查并确认缸体上的O形圈安装正常。切勿因为与曲轴前端的干涉而损坏前油封。安装前盖，并按照图4-53中的数字顺序拧紧安装螺栓。

有关螺栓的安装位置，请参考下列内

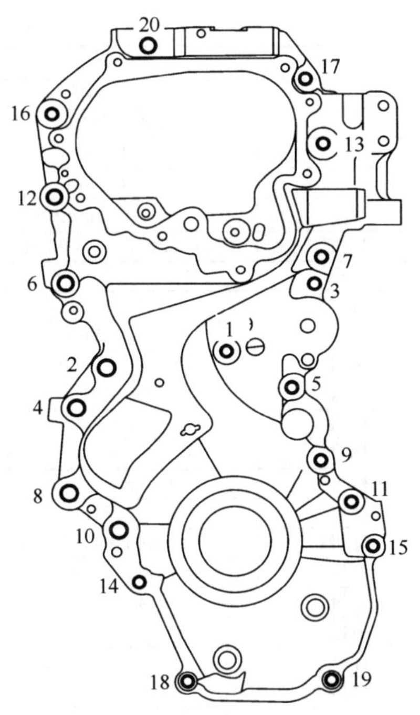

图 4-53　前盖螺栓紧固顺序

容：M6 螺栓，图中 1；M10 螺栓，图中 6、7、12、20；M12 螺栓，图中 2、4、8、10；M8 螺栓，图中其余螺栓。

注意：涂覆密封胶后 5min 内应完成固定。

紧固所有螺栓后，按图中所示的数字顺序将其再紧固至规定转矩。

注意：确保擦净任何泄漏的多余密封胶。

⑮ 按照下述步骤安装曲轴皮带轮：使用塑料锤插入曲轴皮带轮时，轻敲其中央部位（不是周围）。注意：切勿损坏前油封唇部。如图 4-54 所示，使用皮带轮固定器（通用维修工具）A 固定曲轴皮带轮 1。

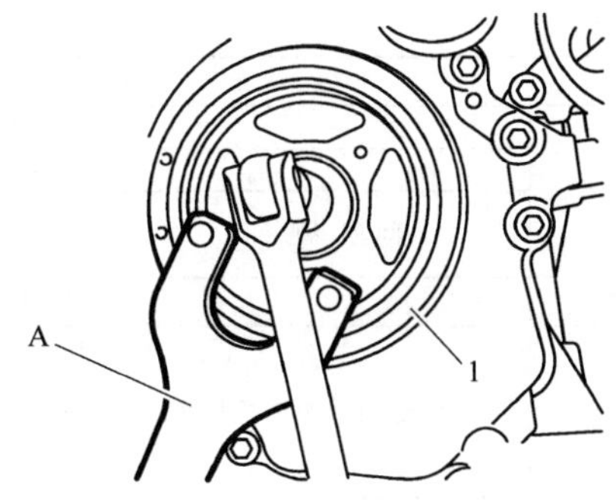

图 4-54　安装曲轴皮带轮

⑯ 在曲轴皮带轮螺栓的螺纹和座表面涂覆新的发动机机油。拧紧曲轴皮带轮螺栓。力矩：29.4N・m。

如图 4-55 所示，在曲轴皮带轮 2 上做油漆标记 B，对准曲轴皮带轮螺栓 1 法兰上的 6 个易识别角度标记 A 中的任何一个。顺时针再转动 60°（角度紧固）。使用一个有角度标记的移动检查紧固角来检查曲轴在顺时针方向是否旋转顺畅。

⑰ 按照与拆卸相反的顺序安装其余零件。

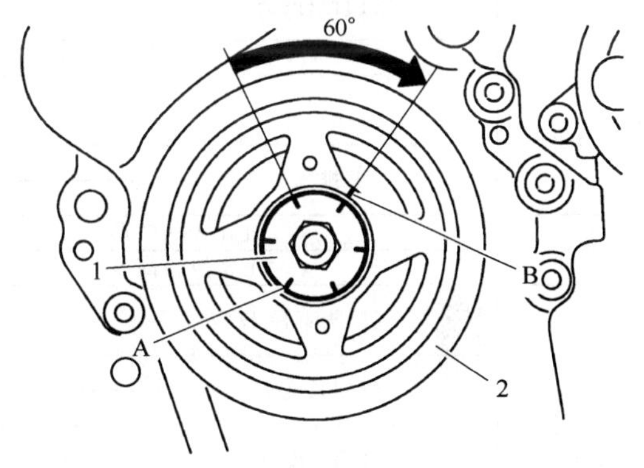

图 4-55　安装曲轴皮带轮螺栓

4.3.2　发动机维修数据

MRA8DE 发动机机械维修数据如表 4-3 所示。

表 4-3　MRA8DE 发动机机械维修数据

项目			数据
常规	发动机型号		MRA8DE
	气缸布置		直列 4 缸
	排量		1798mL
	缸径×行程		79.7mm×90.1mm
	气门布置		DOHC
	点火顺序		1—3—4—2
	活塞环数	压缩	2
		机油	1
	压缩比		9.9
	压缩压力(250r/min 时)	标准	1520kPa
		最小	1220kPa
		气缸间压差的极限值	—

续表

项目				数据
火花塞	制造商			NGK
	型号			LZKAR6AP-11
	间隙(额定值)	标准		1.1mm
		极限		1.4mm
排气歧管	表面变形			0.3mm
凸轮轴	凸轮轴轴颈油膜间隙	1号	标准	0.045～0.086mm
			极限	0.15mm
		2、3、4、5号	标准	0.030～0.071mm
			极限	0.15mm
	凸轮轴支架内径	1号	标准	28.000～28.021mm
		2、3、4、5号	标准	25.000～25.021mm
	凸轮轴轴颈直径	1号	标准	27.935～27.955mm
		2、3、4、5号	标准	24.950～24.970mm
	凸轮轴轴向间隙		标准	0.075～0.153mm
			极限	0.24mm
	凸轮轴凸轮高度	进气	标准	44.565～44.755mm
			极限	44.365mm
		排气	标准	43.145～43.335mm
			极限	42.945mm
	凸轮轴跳动(总读数)		标准	＜0.02mm
			极限	0.05mm
	凸轮轴链轮跳动(总读数)		极限	0.15mm
气门挺杆	气门挺杆外径	排气		29.977～29.987mm
		进气		33.977～33.987mm
	气门挺杆孔径	排气		30.000～30.021mm
		进气		34.000～34.021mm
	气门挺杆间隙			0.013～0.044mm
气门间隙	进气	冷态		0.25～0.33mm
		约80℃		0.304～0.416mm
	排气	冷态		0.28～0.36mm
		约80℃		0.308～0.432mm
缸盖	缸盖表面变形		极限	0.1mm
	正常缸盖高度		标准	130.9mm
气门[图(a)]	气门头直径 D	进气		31.2～31.5mm
		排气		25.6～25.9mm
	气门长度 L	进气		107.08mm
		排气		106.06mm
	气门厚度 T	进气		1.4mm
		排气		1.4mm
	气门杆直径 d	进气		5.465～5.480mm
		排气		5.455～5.470mm
	气门座角度 α			45°15′～45°45′
检测位置示意图(一)	图(a) 气门检测位置；图(b) 气门导管检测位置			

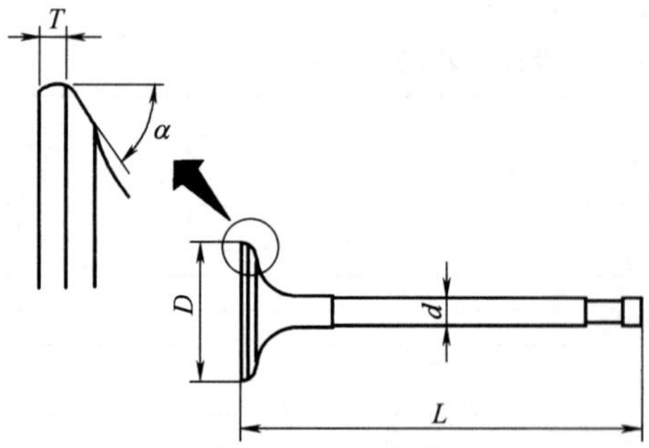

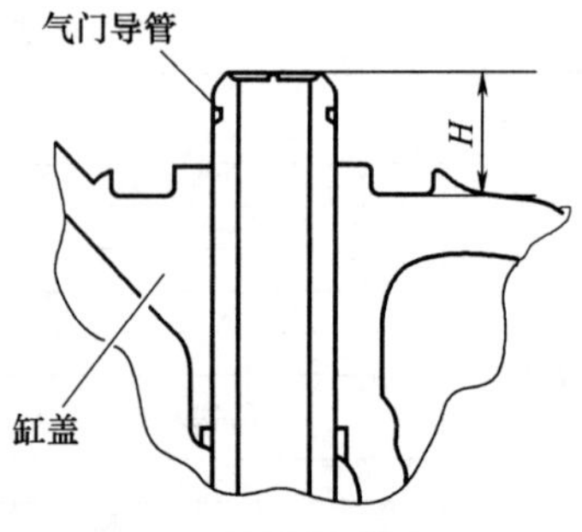

图(a) 气门检测位置

图(b) 气门导管检测位置

续表

项目				数据
气门导管[图(b)]	外径		标准	9.523～9.534mm
			加大尺寸	9.723～9.734mm
	内径(抛光后的尺寸)		标准	5.500～5.518mm
	缸盖气门导管孔直径		标准	9.475～9.496mm
			加大尺寸	9.675～9.696mm
	气门导管的过盈配合量			0.027～0.059mm
	气门导管间隙	进气	标准	0.020～0.053mm
			极限	0.1mm
		排气	标准	0.030～0.063mm
			极限	0.1mm
	凸起长度 H			13.35～13.65mm
气门座[图(c)]	气门座过盈配合量			0.081～0.124mm
	直径 d_1	进气		28.0mm
		排气		23.3mm
	直径 d_2	进气		30.5～31.0mm
		排气		24.9～25.4mm
	缸盖凹座直径 D	进气	标准	—
			加大尺寸	31.900～31.927mm
		排气	标准	—
			加大尺寸	26.300～26.327mm
	气门座外径 d	进气	标准	—
			加大尺寸	31.997～32.013mm
		排气	标准	—
			加大尺寸	26.408～26.424mm
	角度 α_1	进气		70°
		排气		45°
	角度 α_2			88°45′～90°15′
	角度 α_3			120°
	接触宽度 W	进气		1.0～1.4mm
		排气		1.2～1.6mm
	高度 h	进气		5.05～5.15mm
		排气		4.97～5.07mm
	深度 H	进气		6.01mm
		排气		6.07mm
检测位置示意图(二)	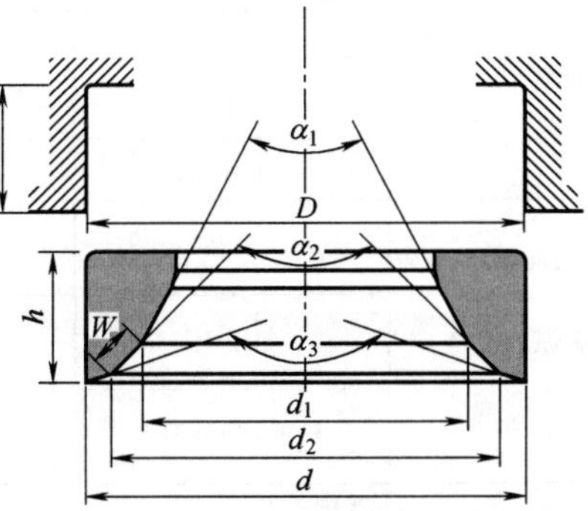 图(c) 气门座检测位置			

续表

项目				数据
气门弹簧	自由高度	进气		49.5mm
		排气		53mm
	安装高度			38.46mm
	安装负载	进气		151～175N
		排气		139～157N
	气门开启时的高度	进气		28.86mm
		排气		30.40mm
	气门开启时的负载	进气		244～292N
		排气		277～311N
	识别颜色	进气		白色
		排气		绿色
气缸体［图(d)］	缸体上表面变形	极限		0.1mm
	缸孔内径	标准	级别 1	79.700～79.710mm
			级别 2	79.710～79.720mm
	圆度("X"和"Y"之间的差值)	极限		0.015mm
	锥度("A"和"C"之间的差值)	极限		0.010mm

检测位置示意图(三)

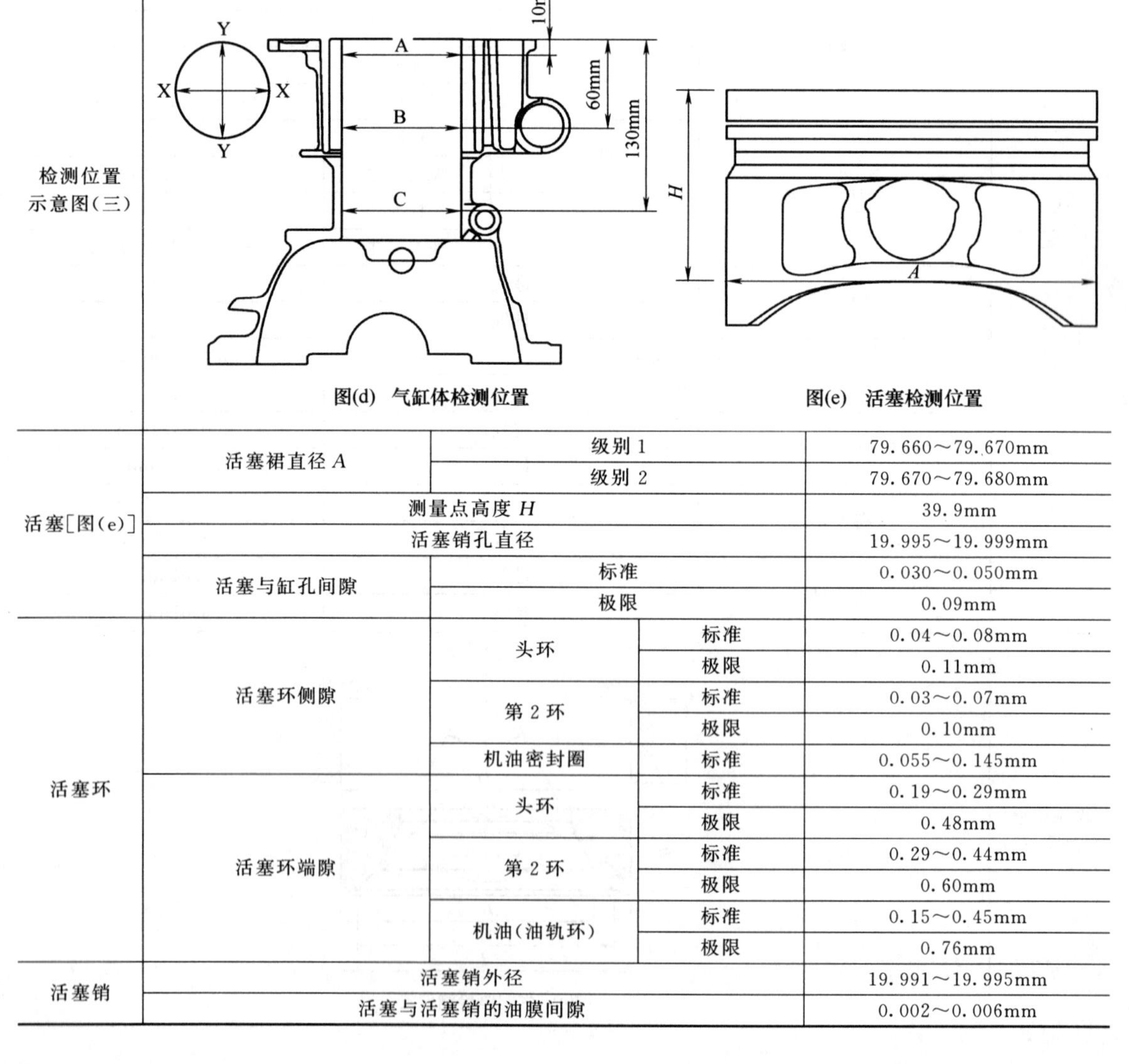

图(d) 气缸体检测位置

图(e) 活塞检测位置

项目				数据
活塞［图(e)］	活塞裙直径 A	级别 1		79.660～79.670mm
		级别 2		79.670～79.680mm
	测量点高度 H			39.9mm
	活塞销孔直径			19.995～19.999mm
	活塞与缸孔间隙	标准		0.030～0.050mm
		极限		0.09mm
活塞环	活塞环侧隙	头环	标准	0.04～0.08mm
			极限	0.11mm
		第 2 环	标准	0.03～0.07mm
			极限	0.10mm
		机油密封圈	标准	0.055～0.145mm
	活塞环端隙	头环	标准	0.19～0.29mm
			极限	0.48mm
		第 2 环	标准	0.29～0.44mm
			极限	0.60mm
		机油(油轨环)	标准	0.15～0.45mm
			极限	0.76mm
活塞销	活塞销外径			19.991～19.995mm
	活塞与活塞销的油膜间隙			0.002～0.006mm

续表

项目			数据
连杆	中心距		139.02mm
	弯曲(每 100mm)	极限	0.15mm
	扭曲(每 100mm)	极限	0.30mm
	连杆衬套内径(装连杆上)	标准	20.000～20.012mm
	连杆衬套油膜间隙	标准	－0.023～0.005mm
		极限	0.03mm
	连杆侧隙	标准	0.20～0.35mm
		极限	0.4mm
检测位置示意图(四)	图(f)　曲轴检测位置　　图(g)　曲轴颈检测位置		
曲轴[图(f)、图(g)]	中心距离 r		40.41～40.49mm
	圆度	极限	0.0035mm
	锥度	极限	0.0035mm
	跳动量	极限	0.05mm
	曲轴轴向间隙	标准	0.10～0.26mm
		极限	0.30mm
	曲轴销轴颈直径 D_p 等级所对应尺寸	级别 A	43.970～43.971mm
		级别 B	43.969～43.970mm
		级别 C	43.968～43.969mm
		级别 D	43.967～43.968mm
		级别 E	43.966～43.967mm
		级别 F	43.965～43.966mm
		级别 G	43.964～43.965mm
		级别 H	43.963～43.964mm
		级别 J	43.962～43.963mm
		级别 K	43.961～43.962mm
		级别 L	43.960～43.961mm
		级别 M	43.959～43.960mm
		级别 N	43.958～43.959mm
		级别 P	43.957～43.958mm
		级别 R	43.956～43.957mm
		级别 S	43.955～43.956mm
		级别 T	43.954～43.955mm
		级别 U	43.953～43.954mm

续表

项目				数据
曲轴[图(f)、图(g)]	曲轴主轴颈直径 D_m 等级所对应尺寸	级别 A		51.978～51.979mm
		级别 B		51.977～51.978mm
		级别 C		51.976～51.977mm
		级别 D		51.975～51.976mm
		级别 E		51.974～51.975mm
		级别 F		51.973～51.974mm
		级别 G		51.972～51.973mm
		级别 H		51.971～51.972mm
		级别 J		51.970～51.971mm
		级别 K		51.969～51.970mm
		级别 L		51.968～51.969mm
		级别 M		51.967～51.968mm
		级别 N		51.966～51.967mm
		级别 P		51.965～51.966mm
		级别 R		51.964～51.965mm
		级别 S		51.963～51.964mm
		级别 T		51.962～51.963mm
		级别 U		51.961～51.962mm
		级别 V		51.960～51.961mm
		级别 W		51.959～51.960mm
	连杆轴承油膜间隙	标准		0.037～0.047mm
		极限		0.07mm
	主轴承油膜间隙	标准	1、4、5 号	0.024～0.034mm
			2、3 号	0.012～0.022mm
		极限		0.065mm

4.4　2.0T KR20DDET 发动机

4.4.1　发动机正时维修

KR20DDET 发动机正时单元部件分解如图 4-56 所示。

发动机正时单元安装步骤如下。

注意：不要重复使用机油泵驱动链条张紧器轴或正时链条机油喷嘴。不要重复使用 O 形圈。图 4-57 中显示了部件安装时各正时链条的配合标记与相应的链轮配合标记之间的关系。

① 将机油泵驱动链条、曲轴链轮和机油泵驱动链轮作为一个总成安装到发动机上。如图 4-58 所示，使用合适的工具，固定机油泵轴 B，并拧紧机油泵螺母 A。

② 将机油泵驱动链条张紧器 1 安装到机油泵驱动链条张紧器轴上，并从缸体的孔 A 中插入弹簧，见图 4-59。图中 2 为机油泵传动链条。

③ 将每个链轮的匹配标记与正时链条的匹配标记对齐。如果这些匹配标记没有对准，固定六角部分并稍微旋转凸轮轴以纠正定位。注意：安装正时链条后，再次检查每个链轮和正时链条的匹配标记位置。如图 4-60 所示，安装正时链条张紧导轨 3 和松弛导轨 2。图中 1 为正时链条。

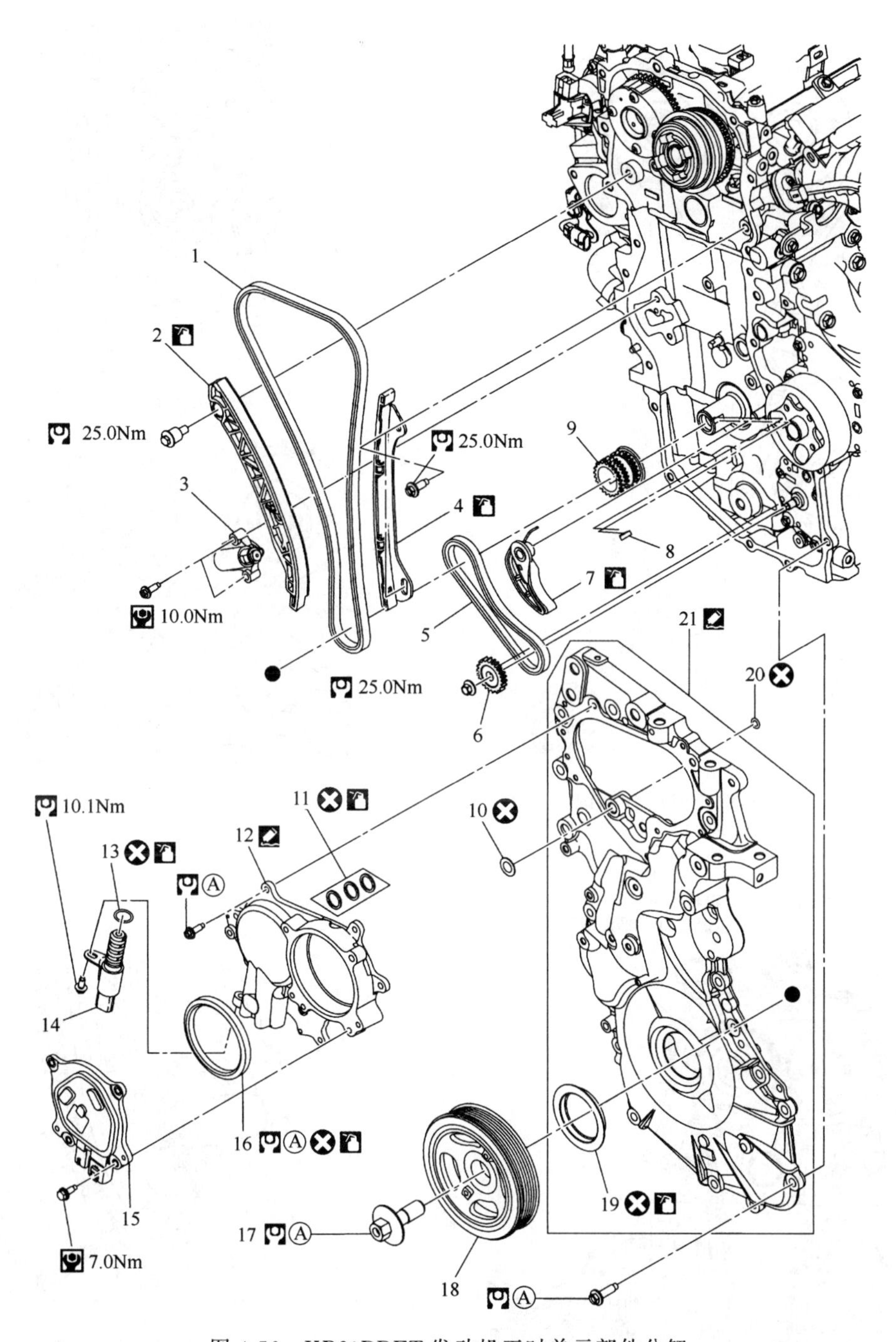

图 4-56　KR20DDET 发动机正时单元部件分解

1—正时链条；2—松弛导轨；3—正时链条张紧器；4—张紧侧链条导轨；5—机油泵传动链条；6—机油泵链轮；7—机油泵传动链条张紧器；8—曲轴键；9—曲轴链轮；10—过滤器；11,13,20—O 形圈；12—气门正时控制盖；14—排气门正时控制电磁阀；15—电子进气门正时控制执行器；16—凸轮轴链轮（进气）油封；17—曲轴皮带轮螺栓；18—曲轴皮带轮；19—前油封；21—前盖；Ⓐ—拧紧时请遵守安装步骤；其余标记含义与图 4-32 相同

④ 安装正时链条张紧器 1。安装正时链条张紧器后，牢固拉出合适的工具。注意：从车辆上拆下张紧器时，不要从正时链条张紧器上拆下适配工具 A，见图 4-61。如果正时链条张紧器柱塞完全伸出，则更换正时链条张紧器。

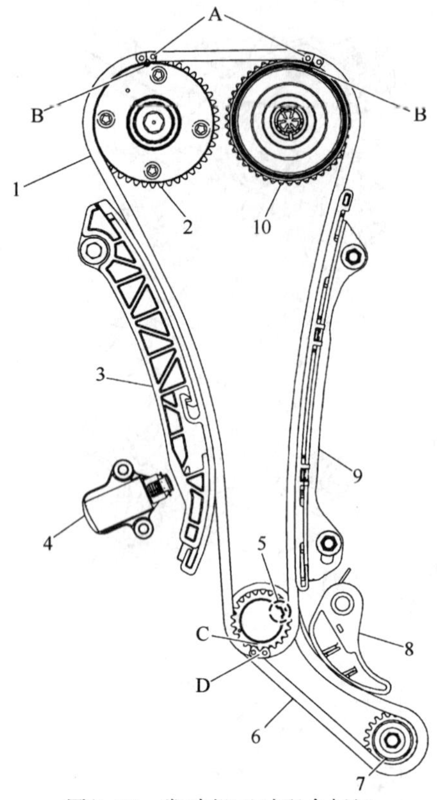

图 4-57 发动机正时配合标记

1—正时链条；2—凸轮轴链轮（排气）；3—松弛导轨；4—正时链条张紧器；5—曲轴键；6—机油泵传动链条；7—机油泵驱动链轮；8—机油泵传动链条张紧器；9—张紧侧链条导轨；10—凸轮轴链轮（进气）；A—配合标记（蓝色线）；B,C—配合标记；D—配合标记（白色线）

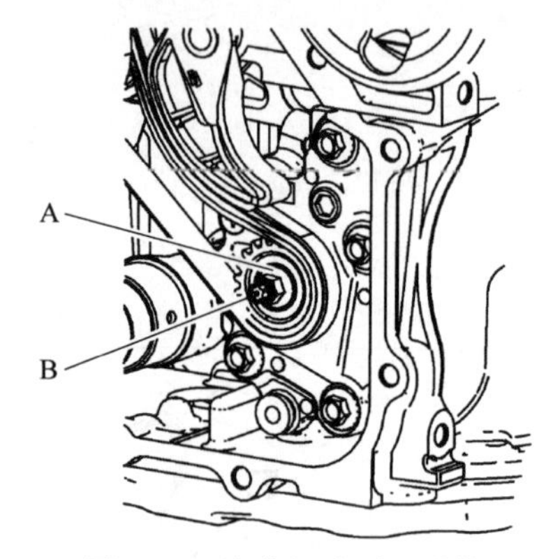

图 4-58 安装机油泵驱动轮

图 4-59 安装机油泵链条张紧器

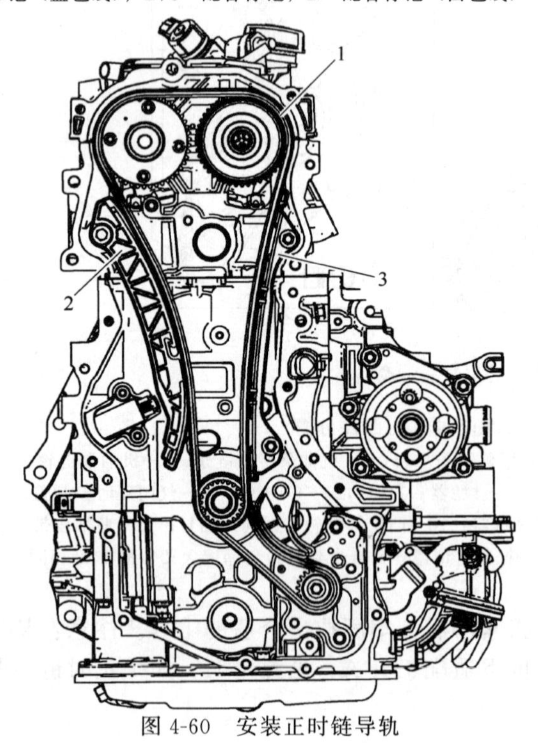

图 4-60 安装正时链导轨

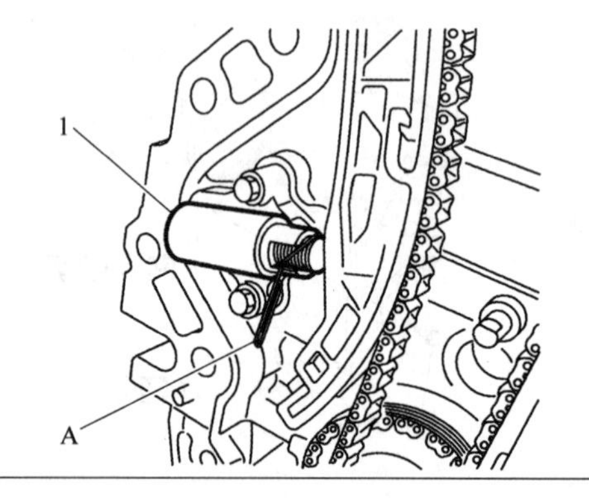

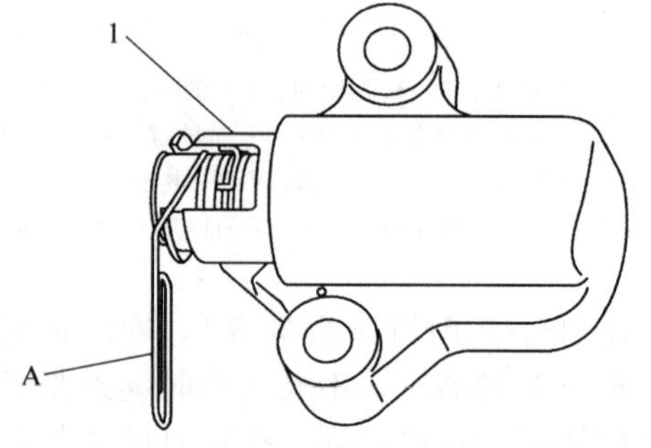

图 4-61 安装正时链条张紧器

⑤ 再次检查正时链条和各链轮上的匹配标记位置。

⑥ 按与拆卸相反的顺序安装其他部件。

4.4.2 发动机维修数据

KR20DDET 发动机机械维修数据如表 4-4 所示。

表 4-4　KR20DDET 发动机机械维修数据

项目				数据
常规	发动机型号			KR20DDET
	气缸布置			直列 4 缸
	排量			1997mL
	缸径×行程	低压缩		84.0mm×90.1mm
		高压缩		84.0mm×88.9mm
	气门布置			DOHC
	点火顺序			1—3—4—2
	活塞环数	压缩		2
		机油		1
	压缩比	低压缩		8.0∶1
		高压缩		14.0∶1
	压缩压力(250r/min 时)	标准		1530kPa
		最小		1280kPa
		气缸间压差的极限值		100kPa
火花塞	制造商			NGK
	型号			DILKAR7N9HG
	间隙(额定值)	标准		0.8～0.9mm
排气歧管	表面变形	涡轮增压器		0.10mm
		每个排气口		0.3mm
		整个零件		0.7mm
凸轮轴	凸轮轴轴颈油膜间隙	1 号	标准	0.045～0.086mm
			极限	0.15mm
		2、3、4、5 号	标准	0.030～0.071mm
			极限	0.15mm
	凸轮轴支架内径	1 号	标准	28.000～28.021mm
		2、3、4、5 号	标准	25.000～25.021mm
	凸轮轴轴颈直径	1 号	标准	27.935～27.955mm
		2、3、4、5 号	标准	24.950～24.970mm
	凸轮轴轴向间隙		标准	0.075～0.153mm
			极限	0.24mm
	凸轮轴凸轮高度	进气	标准	45.265～45.455mm
			极限	45.085mm
		排气	标准	42.575～45.455mm
			极限	42.375mm
	凸轮轴跳动(总读数)		标准	＜0.02mm
			极限	0.05mm
	凸轮轴链轮跳动(总读数)		极限	0.15mm
气门挺杆	气门挺杆外径	进气		33.977～33.987mm
		排气		29.977～29.987mm
	气门挺杆孔径	进气		34.000～34.021mm
		排气		30.000～30.021mm
	气门挺杆间隙			0.013～0.044mm
气门间隙	进气	冷态		0.27～0.35mm
		约 80℃		0.304～0.416mm

续表

项目				数据
气门间隙	排气	冷态		0.28～0.36mm
		约80℃		0.308～0.432mm
缸盖	缸盖表面变形		极限	0.1mm
	正常缸盖高度		标准	130.9mm
气门[图(a)]	气门头直径 D	进气		33.8～34.1mm
		排气		27.6～27.9mm
	气门长度 L	进气		106.42mm
		排气		105.41mm
	气门杆直径 d	进气		5.465～5.480mm
		排气		5.455～5.470mm
	气门座角度 α			45°15′～45°45′
	气门厚度 T	进气		1.2mm
		排气		1.45mm
检测位置示意图(一)	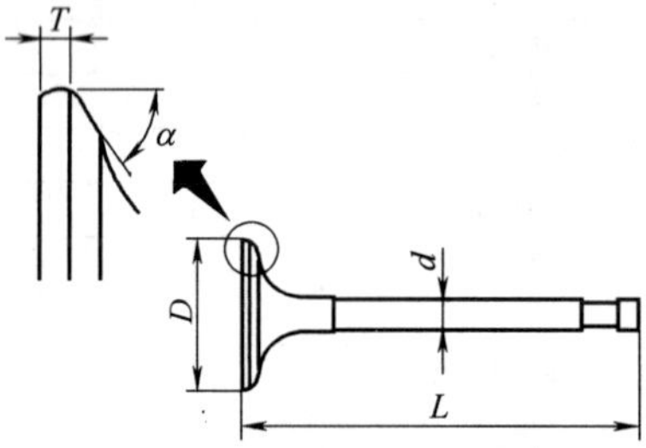 图(a) 气门检测位置		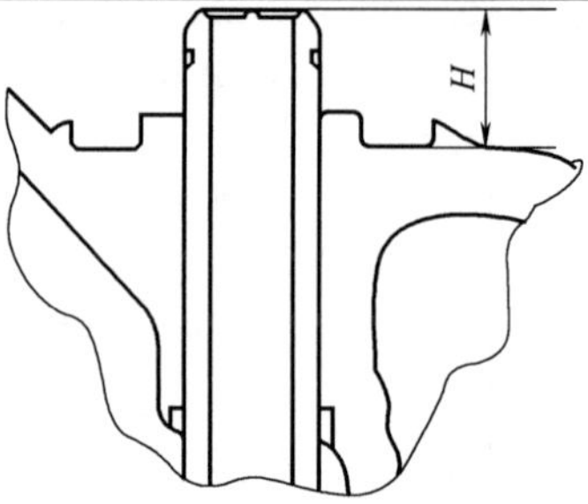 图(b) 气门导管检测位置	
气门导管[图(b)]	外径		标准	9.523～9.534mm
			加大尺寸	9.723～9.734mm
	内径(抛光后的尺寸)		标准	5.500～5.518mm
	缸盖气门导管孔直径		标准	9.475～9.496mm
			加大尺寸	9.675～9.696mm
	气门导管的过盈配合量			0.027～0.059mm
	气门导管间隙	进气	标准	0.020～0.053mm
			极限	0.1mm
		排气	标准	0.030～0.063mm
			极限	0.1mm
	凸起长度 H			13.35～13.65mm
气门座[图(c)]	缸盖凹座直径 D	进气	标准	34.700～34.727mm
			加大尺寸	35.200～35.227mm
		排气	标准	28.700～28.727mm
			加大尺寸	29.200～29.227mm
	气门座外径 d	进气	标准	34.797～34.813mm
			加大尺寸	35.297～35.313mm
		排气	标准	28.808～28.824mm
			加大尺寸	29.308～29.324mm
	气门座过盈配合量	进气		0.070～0.113mm
		排气		0.081～0.124mm
	直径 d_1	进气		31.8mm
		排气		25.3mm
	直径 d_2	进气		33.1～33.6mm
		排气		26.9～27.4mm
	角度 α_1	进气		70°
		排气		45°

续表

项目				数据
气门座[图(c)]	角度 α_2			88°45′～90°15′
	角度 α_3			120°
	接触宽度 W	进气		1.0～1.4mm
		排气		1.2～1.6mm
	高度 h	进气	标准	5.9～6.0mm
			加大尺寸	5.0～5.1mm
		排气	标准	5.9～6.0mm
			加大尺寸	4.95～5.05mm
	深度 H	进气		6.04mm
		排气		6.05mm
检测位置示意图(二)	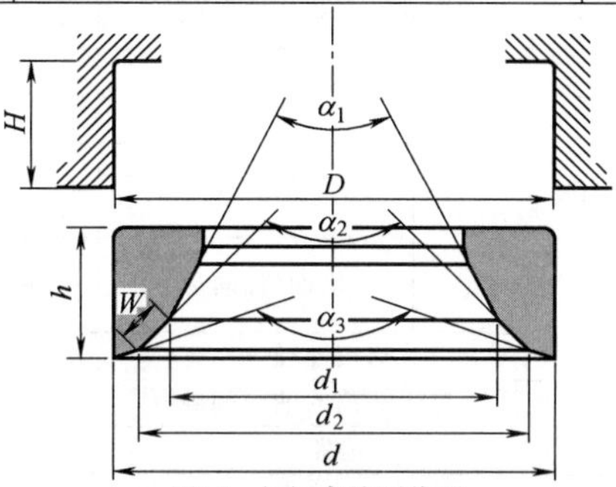 图(c)　气门座检测位置			
气门弹簧	自由高度	进气		49.4～49.6mm
		排气		61.58～61.78mm
	安装高度	进气		38.46mm
		排气		38.46mm
	安装负载	进气		151～175N
		排气		318.362N
	气门开启时的高度	进气		28.86mm
		排气		30.36mm
	气门开启时的负载	进气		344～392N
		排气		459～521N
	识别颜色	进气		白色
		排气		黄色、绿色
	垂直度			1.0mm
气缸体[图(d)]	缸体上表面变形	极限		0.1mm
	缸孔内径	标准		84.000～84.015mm
	圆度	极限		0.015mm
	锥度	极限		0.010mm
检测位置示意图(三)	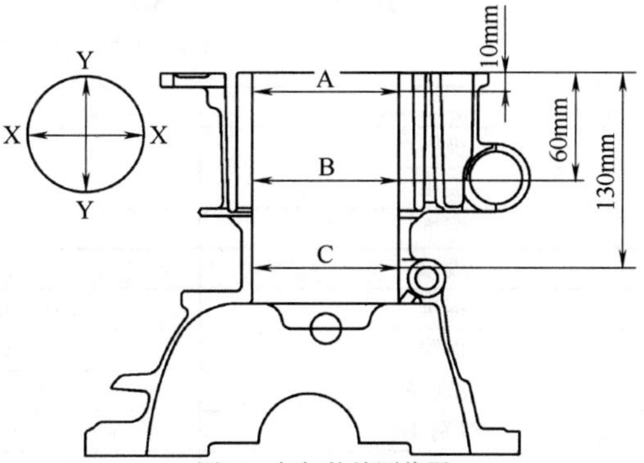 图(d)　气缸体检测位置　图(e)　活塞检测位置	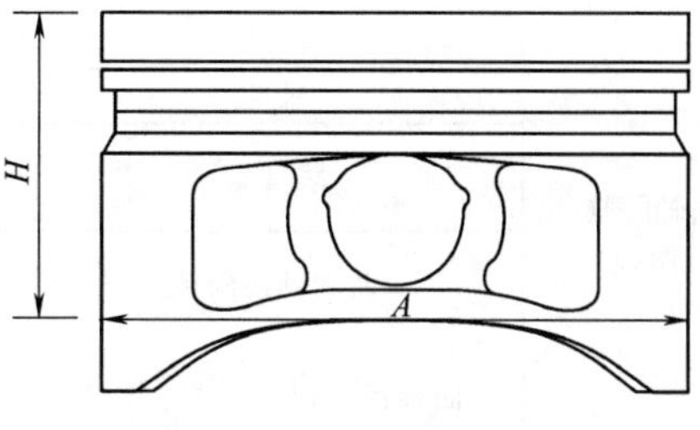		

续表

项目				数据
活塞[图(e)]	活塞裙直径 A	标准	级别 1	83.970～83.980mm
			级别 2	83.980～83.990mm
	测量点高度 H			38.91mm
	活塞销孔直径			19.995～20.000mm
	活塞与缸孔间隙	标准		0.020～0.040mm
		极限		0.08mm
活塞环	活塞环侧隙	头环	标准	0.04～0.08mm
			极限	0.11mm
		第 2 环	标准	0.03～0.07mm
			极限	0.10mm
		机油密封圈	标准	0.055～0.155mm
	活塞环端隙	头环	标准	0.22～0.27mm
			极限	0.46mm
		第 2 环	标准	0.55～0.65mm
			极限	0.81mm
		机油(油轨环)	标准	0.16～0.41mm
			极限	0.72mm
活塞销	活塞销外径			19.990～19.993mm
	活塞与活塞销的油膜间隙			0.002～0.010mm
连杆	中心距			138.97～139.07mm
	弯曲(每 100mm)	极限		0.15mm
	扭曲(每 100mm)	极限		0.30mm
	连杆衬套内径(装连杆上)	标准		20.000～20.012mm
	连杆衬套油膜间隙	标准		0.007～0.022mm
		极限		0.03mm
	连杆侧隙	标准		0.20～0.35mm
		极限		0.4mm
检测位置示意图(四)	图(f) 曲轴检测位置　图(g) 曲轴颈检测位置			
曲轴[图(f)、图(g)]	中心距离 r			44.89～44.97mm
	圆度	极限		0.0035mm
	锥度	极限		
	跳动量	标准		0.03mm
		极限		0.1mm
	曲轴轴向间隙	标准		0.10～0.26mm
		极限		0.3mm
	曲轴销轴颈直径 D_p 等级所对应尺寸	级别 A		43.970～43.971mm
		级别 B		43.969～43.970mm
		级别 C		43.968～43.969mm

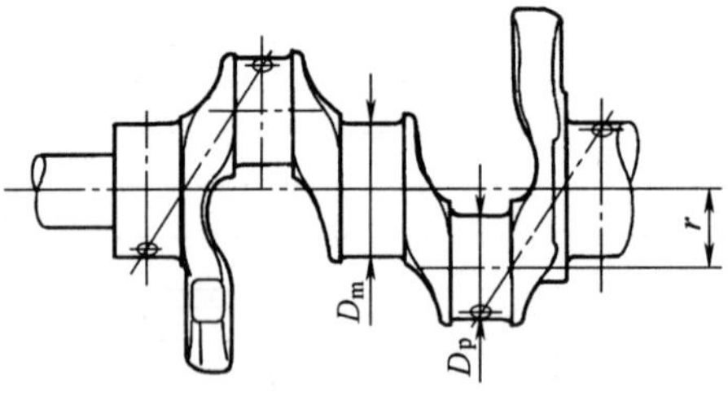

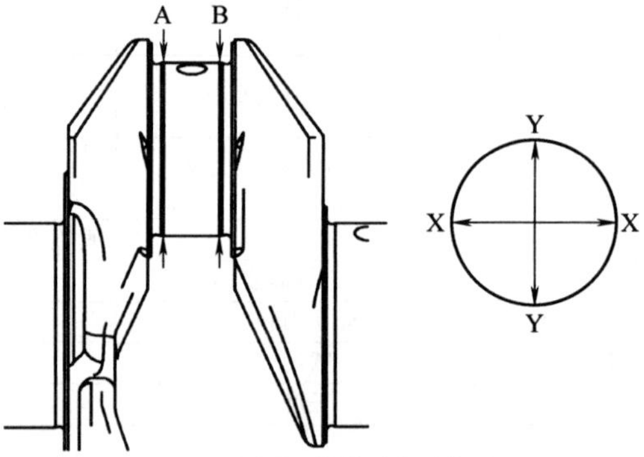

续表

项目				数据
曲轴[图(f)、图(g)]	曲轴销轴颈直径 D_p 等级所对应尺寸	级别 D		43.967～43.968mm
		级别 E		43.966～43.967mm
		级别 F		43.965～43.966mm
		级别 G		43.964～43.965mm
		级别 H		43.963～43.964mm
		级别 J		43.962～43.963mm
		级别 K		43.961～43.962mm
		级别 L		43.960～43.961mm
		级别 M		43.959～43.960mm
		级别 N		43.958～43.959mm
		级别 P		43.957～43.958mm
		级别 R		43.956～43.957mm
		级别 S		43.955～43.956mm
		级别 T		43.954～43.955mm
		级别 U		43.953～43.954mm
	曲轴主轴颈直径 D_m 等级所对应尺寸	级别 A		51.978～51.979mm
		级别 B		51.977～51.978mm
		级别 C		51.976～51.977mm
		级别 D		51.975～51.976mm
		级别 E		51.974～51.975mm
		级别 F		51.973～51.974mm
		级别 G		51.972～51.973mm
		级别 H		51.971～51.972mm
		级别 J		51.970～51.971mm
		级别 K		51.969～51.970mm
		级别 L		51.968～51.969mm
		级别 M		51.967～51.968mm
		级别 N		51.966～51.967mm
		级别 P		51.965～51.966mm
		级别 R		51.964～51.965mm
		级别 S		51.963～51.964mm
		级别 T		51.962～51.963mm
		级别 U		51.961～51.962mm
		级别 V		51.960～51.961mm
		级别 W		51.959～51.960mm
	连杆轴承油膜间隙	标准		0.037～0.047mm；实际：0.047～0.059mm
		极限		0.07mm
	主轴承油膜间隙	1、4 号	标准	0.024～0.034mm；实际：0.043～0.057mm
			极限	0.065mm
		2、3 和 5 号	标准	0.012～0.022mm；实际：0.031～0.045mm
			极限	0.065mm

4.5　2.0L MR20DD 发动机

4.5.1　发动机正时维修

MR20DD 发动机正时单元部件分解如图 4-62 所示。

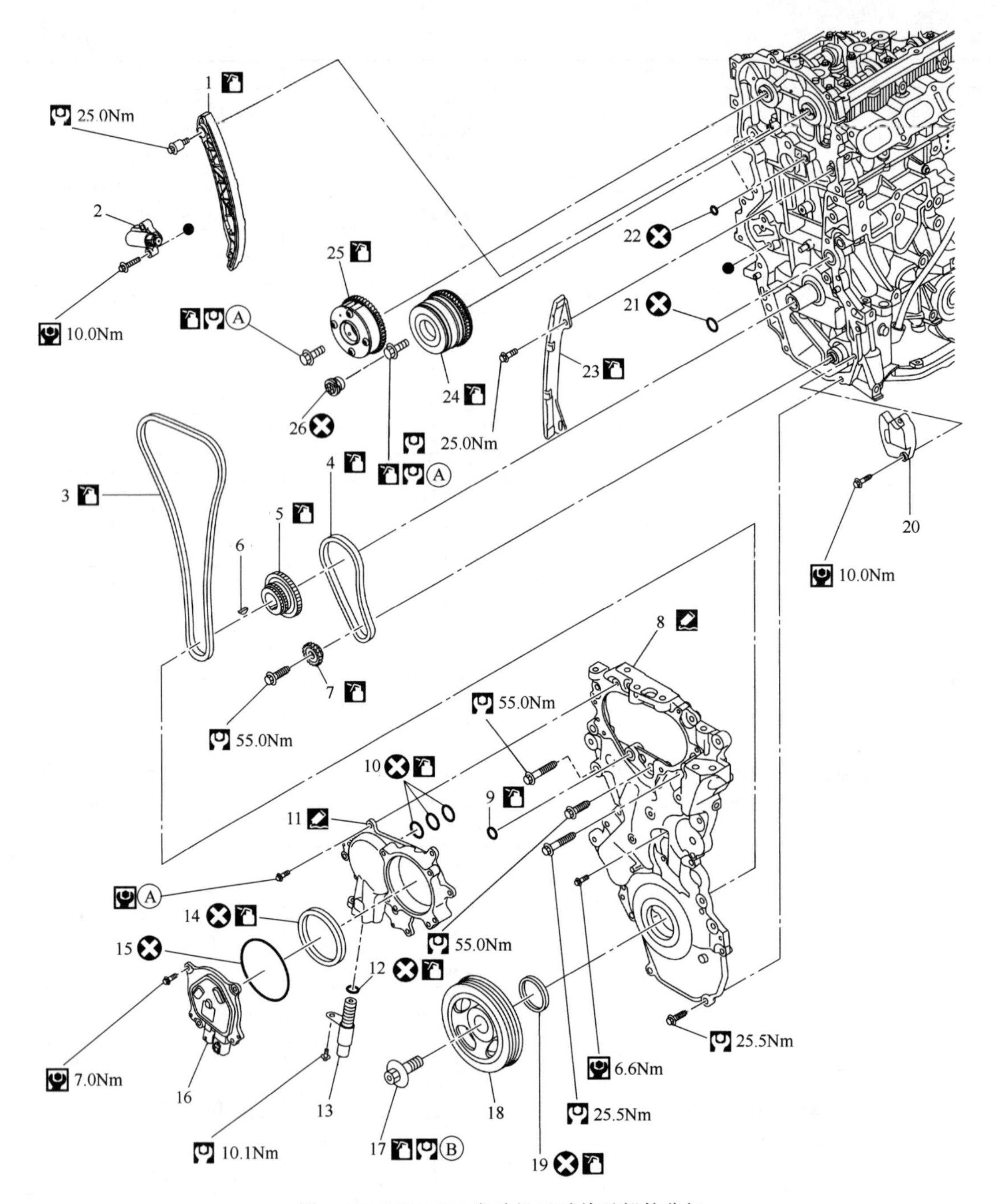

图 4-62 MR20DD 发动机正时单元部件分解

1—松弛导轨；2—正时链条张紧器；3—正时链条；4—平衡器单元正时链条；5—曲轴链轮；6—曲轴键；7—平衡器单元链轮；8—前盖；9,10,12,15,21,22—O 形圈；11—气门正时控制盖；13—排气门正时控制电磁阀；14—气门正时控制盖油封；16—电子进气门正时控制执行器；17—曲轴皮带轮螺栓；18—曲轴皮带轮；19—前油封；20—平衡器单元正时链条张紧器；23—正时链条张紧导轨；24—凸轮轴链轮（进气）；25—凸轮轴链轮（EXT）；26—传感器目标；Ⓐ，Ⓑ—拧紧时遵照安装步骤进行操作；其余标记含义与图 4-32 相同

发动机正时单元部件安装步骤如下。注意：不要重复使用 O 形圈。图 4-63 中显示了部件安装时各正时链条的匹配标记与相应的链轮匹配标记之间的关系。

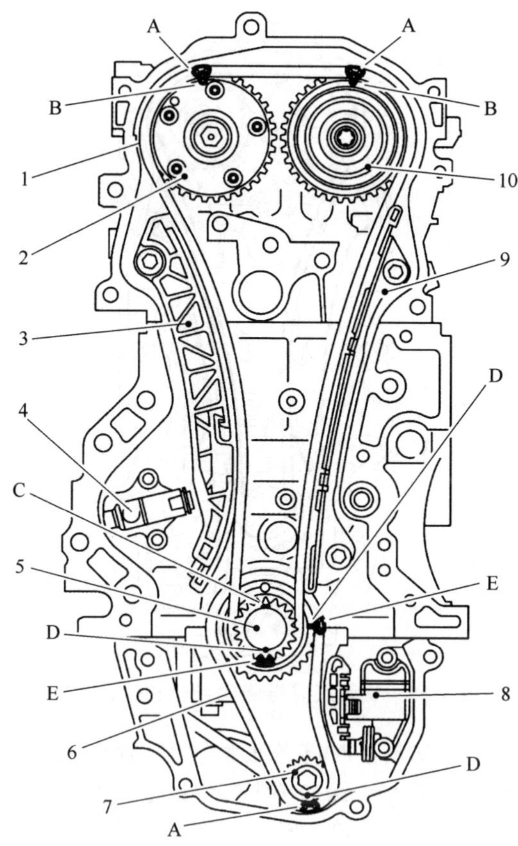

图 4-63　发动机正时配合标记

1—正时链条；2—凸轮轴链轮（排气）；3—松弛导轨；4—正时链条张紧器；5—曲轴链轮；6—平衡器单元正时链条；7—平衡器单元链轮；8—平衡器单元正时链条张紧器；9—张紧侧链条导轨；10—凸轮轴链轮（进气）；A—匹配标记（深蓝色链节）；B，D—匹配标记（压印）；C—曲轴键位置（指向正上方）；E—配合标记（白色线）

图 4-63 中，凸轮轴链轮（进气）10 中有两个外槽。较宽的一个是配合标记。

① 检查并确认曲轴键直指向上，见图 4-64。安装曲轴链轮 2、平衡器单元链轮 3 和平衡器单元正时链条 1。图中，A 为匹配标记（压印）；B 为配合标记（白色线）；C 为匹配标记（深蓝色链节）。

② 通过对准各链轮和平衡器单元正时链条上的配合标记进行安装。如果这些配合标记没有对准，稍微旋转平衡器轴以纠正定位。

注意：安装平衡器单元正时链条后，检查每个链轮的配合标记位置。如图 4-65 所示，

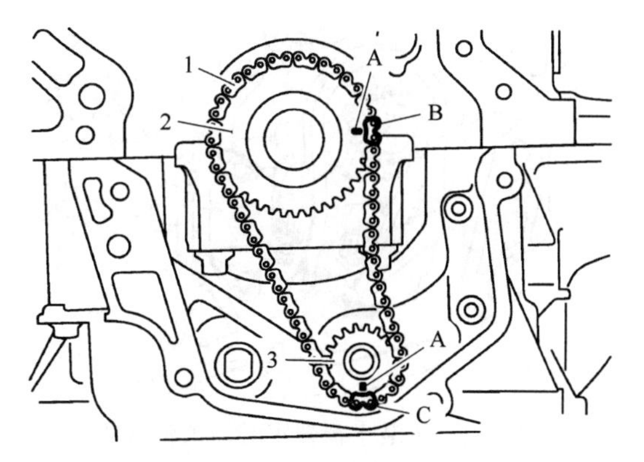

图 4-64　安装平衡器正时链

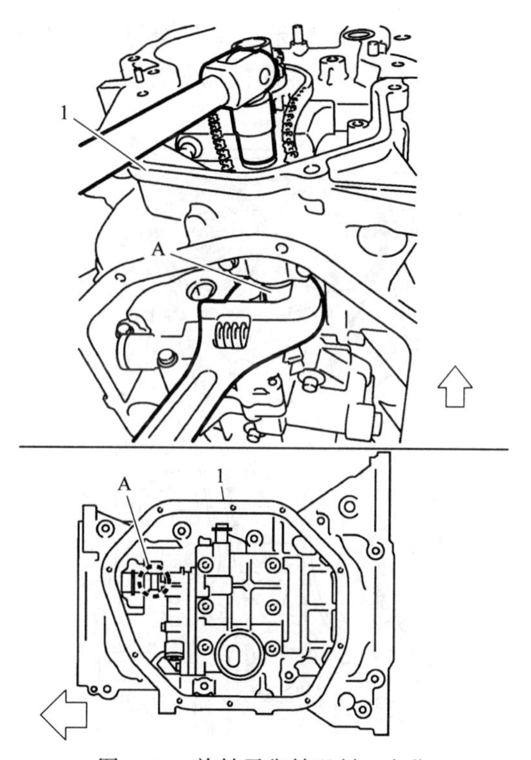

图 4-65　旋转平衡轴以纠正定位

固定平衡器单元轴（WAF：19mm）A 的 WAF 部分，然后拧紧平衡器轴链轮螺栓。图中，1 为油底壳（上）；⇦表示发动机前部。

注意：使用 WAF 零件固定平衡器单元轴。切勿通过拧紧平衡器单元正时链条来松开平衡器轴链轮螺栓。

③ 安装平衡器单元正时链条张紧器 1。使用限位销（A）在压入最深位置固定柱塞，然后进行安装，见图 4-66。安装平衡器单元正时链条张紧器后，牢固拉出（⬅）限位销。再次检查正时链条和各链轮上的匹

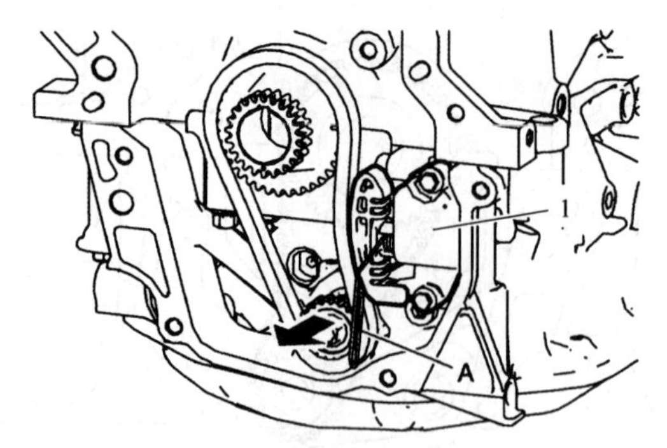

图 4-66　安装平衡器正时链条张紧器

配标记位置。

④ 如图 4-67 所示，将每个链轮的匹配标记与正时链条的匹配标记对齐。

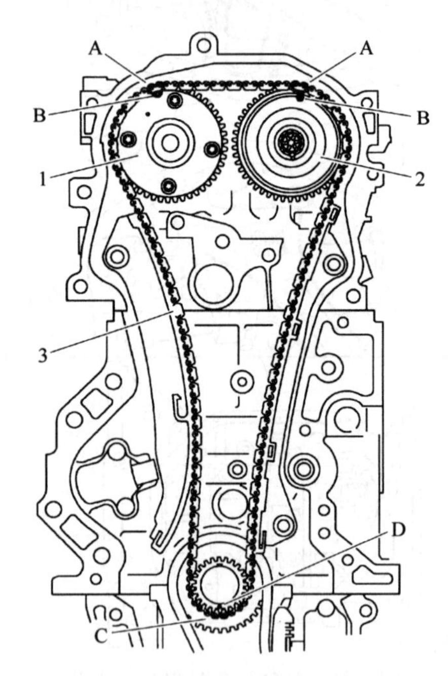

图 4-67　检查正时配合标记

1—凸轮轴链轮（排气）；2—凸轮轴链轮（进气）；
3—正时链条；A—匹配标记（深蓝色链节）；
B,D—匹配标记（压印）；C—配合标记（白色线）

图 4-67 中，凸轮轴链轮（进气）2 中有 2 个外槽。较宽的一个是配合标记。

如果这些匹配标记没有对准，固定六角部分并稍微旋转凸轮轴以纠正定位。注意：安装正时链条后，再次检查每个链轮和正时链条的匹配标记位置。

⑤ 安装张紧导轨 3 和松弛导轨 2，见图 4-68。图中 1 为正时链条。

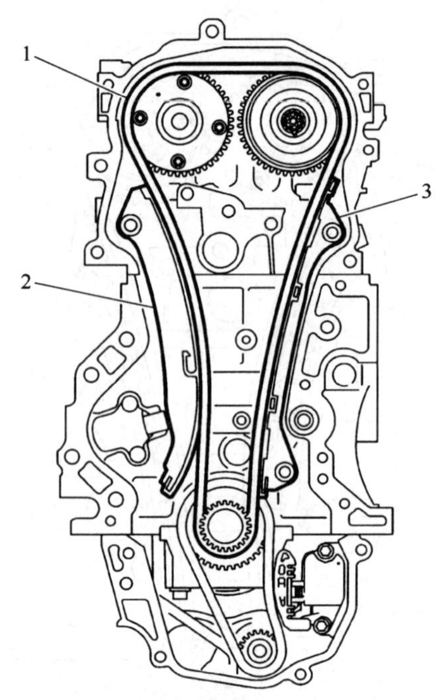

图 4-68　安装正时链张紧导轨和松弛导轨

⑥ 安装正时链条张紧器 1。使用限位销（A）在压入最深位置固定柱塞，然后进行安装，见图 4-69。安装正时链条张紧器后，牢固拉出限位销。再次检查正时链条和各链轮上的匹配标记位置。

⑦ 按与拆卸相反的顺序安装其他部件。

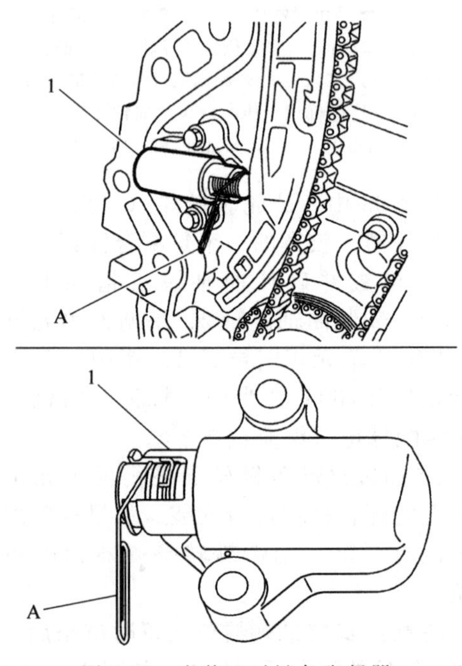

图 4-69　安装正时链条张紧器

4.5.2　发动机维修数据

MR20DD 发动机机械维修数据如表 4-5 所示。

表 4-5　MR20DD 发动机机械维修数据

项目				数据
常规	发动机型号			MR20DD
	气缸布置			直列 4 缸
	排量			1997mL
	缸径×行程			84.0mm×90.1mm
	气门布置			DOHC
	点火顺序			1—3—4—2
	活塞环数	压缩		2
		机油		1
	压缩比			11.7∶1
	压缩压力(250r/min 时)	标准		1315kPa
		最小		1250kPa
		气缸间压差的极限值		100kPa
火花塞	制造商			NGK
	型号			DXE22H11C
	间隙(额定值)	标准		1.1mm
		极限		1.3mm
排气歧管	表面变形	涡轮增压器		0.10mm
		每个排气口		0.3mm
		整个零件		0.7mm
凸轮轴	凸轮轴轴颈油膜间隙	1 号	标准	0.045～0.086mm
			极限	0.15mm
		2、3、4、5 号	标准	0.030～0.071mm
			极限	0.15mm
	凸轮轴支架内径	1 号	标准	28.000～28.021mm
		2、3、4、5 号	标准	25.000～25.021mm
	凸轮轴轴颈直径	1 号	标准	27.935～27.955mm
		2、3、4、5 号	标准	24.950～24.970mm
	凸轮轴轴向间隙		标准	0.075～0.153mm
			极限	0.24mm
	凸轮轴凸轮高度	进气	标准	45.265～45.455mm
			极限	45.065mm
		排气	标准	43.205～43.395mm
			极限	43.005mm
	凸轮轴跳动(总读数)		标准	<0.02mm
			极限	0.05mm
	凸轮轴链轮跳动(总读数)		极限	0.15mm
气门挺杆	气门挺杆外径	进气		33.977～33.987mm
		排气		29.977～29.987mm
	气门挺杆孔径	进气		34.000～34.021mm
		排气		30.000～30.021mm
	气门挺杆间隙			0.013～0.044mm
气门间隙	进气	冷态		0.24～0.32mm
		约 80℃		0.304～0.416mm
	排气	冷态		0.26～0.34mm
		约 80℃		0.308～0.432mm
缸盖	缸盖表面变形		极限	0.1mm
	正常缸盖高度		标准	130.9mm

续表

项目				数据
气门[图(a)]	气门头直径 D	进气		33.8～34.1mm
		排气		27.6～27.9mm
	气门长度 L	进气		106.42mm
		排气		105.41mm
	气门杆直径 d	进气		5.465～5.480mm
		排气		5.455～5.470mm
	气门座角度 α			45°15′～45°45′
	气门厚度 T	进气		1.2mm
		排气		1.4mm
检测位置示意图(一)	图(a) 气门检测位置；图(b) 气门导管检测位置			
气门导管[图(b)]	外径		标准	9.523～9.534mm
			加大尺寸	9.723～9.734mm
	内径(抛光后的尺寸)		标准	5.500～5.518mm
	缸盖气门导管孔直径		标准	9.475～9.496mm
			加大尺寸	9.675～9.696mm
	气门导管的过盈配合量			0.027～0.059mm
	气门导管间隙	进气	标准	0.020～0.053mm
			极限	0.1mm
		排气	标准	0.030～0.063mm
			极限	0.1mm
	凸起长度 H			13.35～13.65mm
气门座[图(c)]	缸盖凹座直径 D	进气	标准	34.700～34.727mm
			加大尺寸	35.200～35.227mm
		排气	标准	28.700～28.727mm
			加大尺寸	29.200～29.227mm
	气门座外径 d	进气	标准	34.808～34.824mm
			加大尺寸	35.308～35.324mm
		排气	标准	28.808～28.824mm
			加大尺寸	29.308～29.324mm
	气门座过盈配合量			0.081～0.124mm
	直径 d_1	进气		31.8mm
		排气		25.3mm
	直径 d_2	进气		33.1～33.6mm
		排气		26.9～27.4mm
	角度 α_1	进气		70°
		排气		45°
	角度 α_2			88°45′～90°15′
	角度 α_3			120°
	接触宽度 W	进气		1.0～1.4mm
		排气		1.2～1.6mm

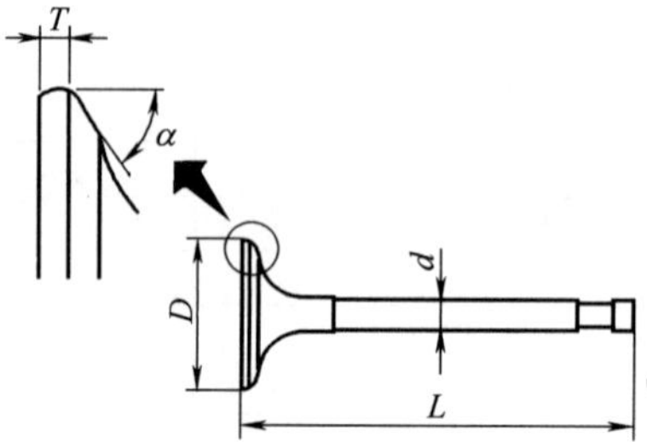

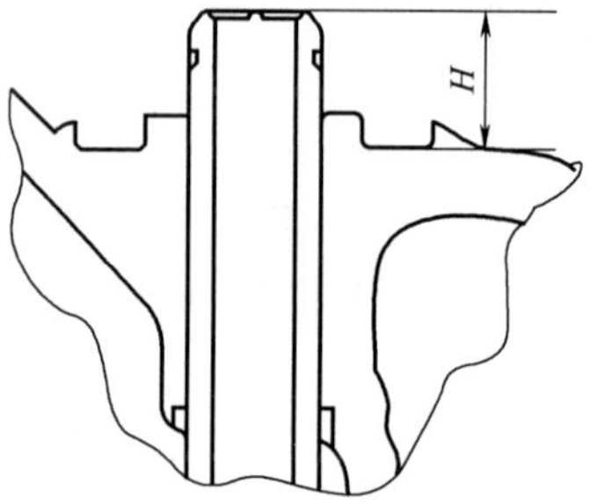

续表

项目				数据
气门座［图(c)］	高度 h	进气	标准	5.9～6.0mm
			加大尺寸	5.03～5.13mm
		排气	标准	5.9～6.0mm
			加大尺寸	4.95～5.05mm
	深度 H	进气		6.04mm
		排气		6.05mm
检测位置示意图(二)	图(c)　气门座检测位置			
气门弹簧	自由高度	进气		49.4～49.6mm
		排气		54.5～54.7mm
	安装高度	进气		38.46mm
		排气		38.46mm
	安装负载	进气		151～175N
		排气		257～289N
	气门开启时的高度	进气		28.86mm
		排气		30.03mm
	气门开启时的负载	进气		344～392N
		排气		409～502N
	识别颜色	进气		白色
		排气		黄色、绿色
	垂直度			1.0mm
气缸体［图(d)］	缸体上表面变形	极限		0.1mm
	缸孔内径	标准	级别 1	84.000～84.010mm
			级别 2	84.010～84.020mm
	圆度	极限		0.015mm
	锥度	极限		0.010mm
检测位置示意图(三)	图(d)　气缸体检测位置；图(e)　活塞检测位置			

续表

项目				数据
活塞[图(e)]	活塞裙直径 *A*	标准	级别 1	83.970～83.980mm
			级别 2	83.980～83.990mm
	测量点高度 *H*			38.91mm
	活塞销孔直径			19.995～20.000mm
	活塞与缸孔间隙	标准		0.020～0.040mm
		极限		0.08mm
活塞环	活塞环侧隙	头环	标准	0.04～0.08mm
			极限	0.11mm
		第 2 环	标准	0.03～0.07mm
			极限	0.10mm
		机油密封圈	标准	0.055～0.155mm
	活塞环端隙	头环	标准	0.22～0.27mm
			极限	0.46mm
		第 2 环	标准	0.55～0.65mm
			极限	0.81mm
		机油(油轨环)	标准	0.16～0.41mm
			极限	0.72mm
活塞销	活塞销外径			19.990～19.993mm
	活塞与活塞销的油膜间隙			0.002～0.010mm
连杆	中心距			138.97～139.07mm
	弯曲(每 100mm)	极限		0.15mm
	扭曲(每 100mm)	极限		0.30mm
	连杆衬套内径(装连杆上)	标准		20.000～20.012mm
	连杆衬套油膜间隙	标准		0.007～0.022mm
		极限		0.03mm
	连杆侧隙	标准		0.20～0.35mm
		极限		0.4mm
检测位置示意图(四)	图(f) 曲轴检测位置 图(g) 曲轴颈检测位置			
曲轴[图(f)、图(g)]	中心距离 *r*			44.89～44.97mm
	圆度	极限		0.0035mm
	锥度	极限		
	跳动量	标准		0.03mm
		极限		0.1mm
	曲轴轴向间隙	标准		0.10～0.26mm
		极限		0.3mm

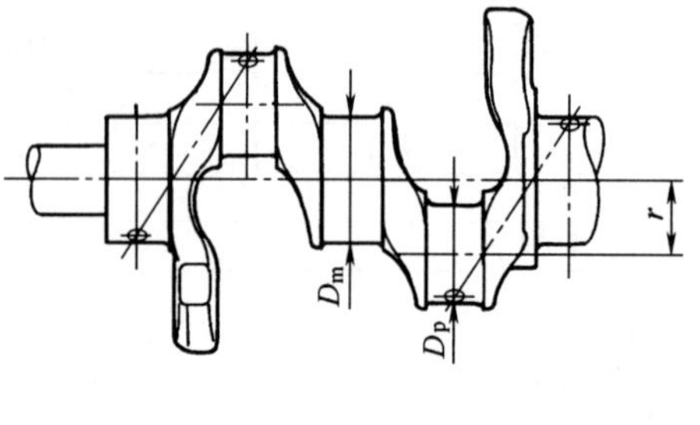

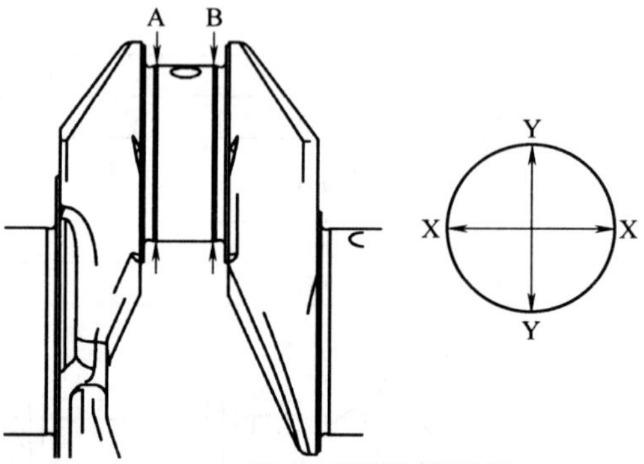

续表

项目				数据
曲轴[图(f)、图(g)]	曲轴销轴颈直径 D_p 等级所对应尺寸	级别 A		43.970～43.971mm
		级别 B		43.969～43.970mm
		级别 C		43.968～43.969mm
		级别 D		43.967～43.968mm
		级别 E		43.966～43.967mm
		级别 F		43.965～43.966mm
		级别 G		43.964～43.965mm
		级别 H		43.963～43.964mm
		级别 J		43.962～43.963mm
		级别 K		43.961～43.962mm
		级别 L		43.960～43.961mm
		级别 M		43.959～43.960mm
		级别 N		43.958～43.959mm
		级别 P		43.957～43.958mm
		级别 R		43.956～43.957mm
		级别 S		43.955～43.956mm
		级别 T		43.954～43.955mm
		级别 U		43.953～43.954mm
	曲轴主轴颈直径 D_m 等级所对应尺寸	级别 A		51.978～51.979mm
		级别 B		51.977～51.978mm
		级别 C		51.976～51.977mm
		级别 D		51.975～51.976mm
		级别 E		51.974～51.975mm
		级别 F		51.973～51.974mm
		级别 G		51.972～51.973mm
		级别 H		51.971～51.972mm
		级别 J		51.970～51.971mm
		级别 K		51.969～51.970mm
		级别 L		51.968～51.969mm
		级别 M		51.967～51.968mm
		级别 N		51.966～51.967mm
		级别 P		51.965～51.966mm
		级别 R		51.964～51.965mm
		级别 S		51.963～51.964mm
		级别 T		51.962～51.963mm
		级别 U		51.961～51.962mm
		级别 V		51.960～51.961mm
		级别 W		51.959～51.960mm
	连杆轴承油膜间隙	标准		0.037～0.047mm；实际：0.047～0.059mm
		极限		0.07mm
	主轴承油膜间隙	1、4 号	标准	0.024～0.034mm；实际：0.043～0.057mm
			极限	0.065mm
		2、3 和 5 号	标准	0.012～0.022mm；实际：0.031～0.045mm
			极限	0.065mm

4.6　2.5L QR25DE 发动机

4.6.1　发动机正时维修

发动机正时部件结构如图 4-70 所示。

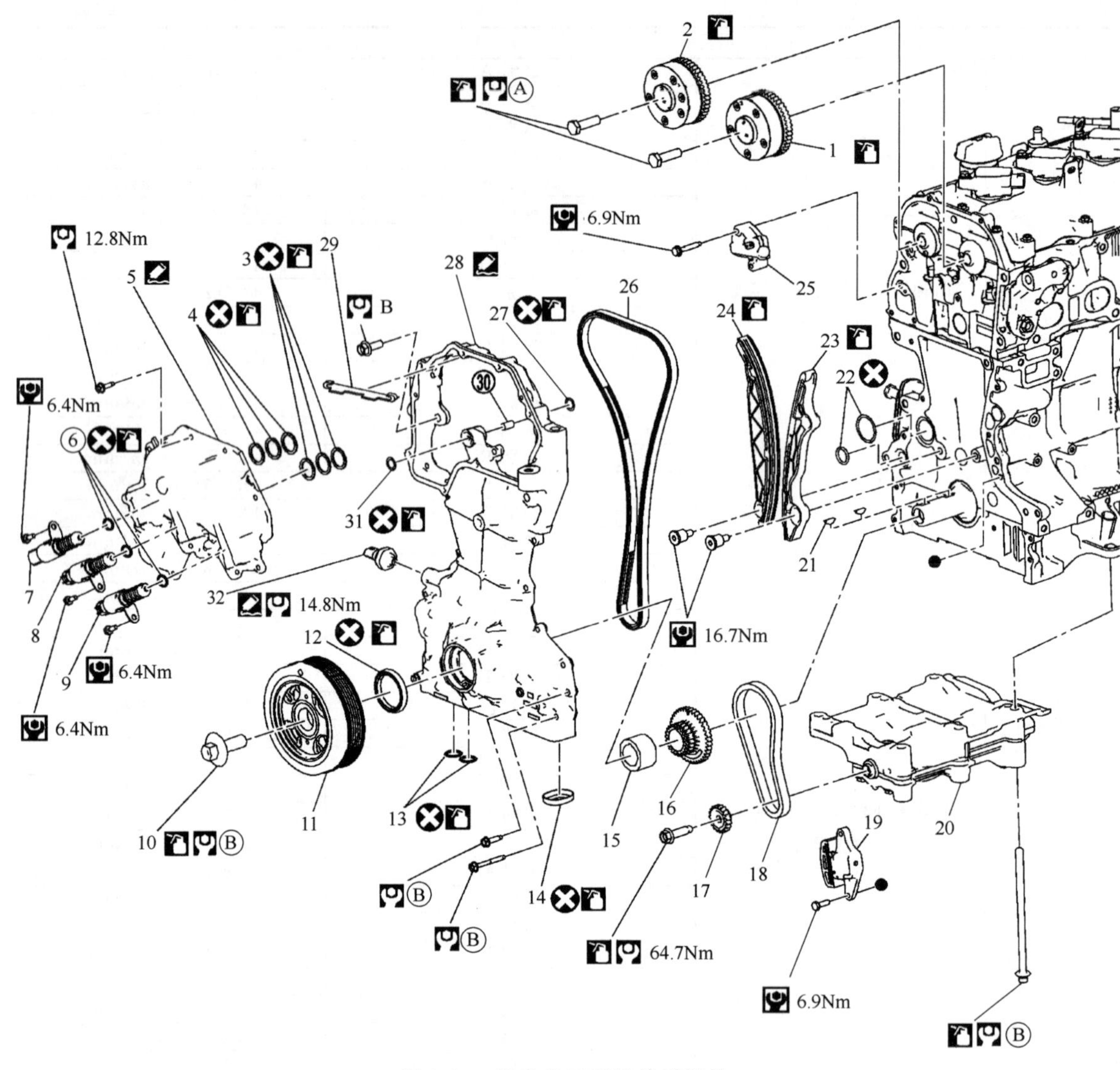

图 4-70　发动机正时链单元部件

1—凸轮轴链轮（排气）；2—凸轮轴链轮（进气）；3，4，6，13，14，22，27，31—O 形圈；5—气门正时控制盖；7—中间气门正时控制电磁阀；8—进气门正时控制电磁阀；9—排气门正时控制电磁阀；10—曲轴皮带轮螺栓；11—曲轴皮带轮；12—前油封；15—机油泵驱动隔套；16—曲轴链轮；17—平衡器单元链轮；18—平衡器单元正时链条；19—平衡器单元正时链条张紧器；20—平衡器单元；21—曲轴键；23—正时链条张紧导轨；24—正时链条松弛导轨；25—链条张紧器；26—正时链条；28—前盖；29—凸轮轴导轨；30—机油滤清器；32—机油压力传感器；Ⓐ，Ⓑ—拧紧时遵照组装步骤进行；，—紧固力矩；
—每次解体后都要更换；—用机油润滑；—密封点；
●—表示连接到这些点的零件在实际车辆上符号相同

（1）正时链单元拆卸

① 拆下以下零件：PCV 软管、进气歧管、点火线圈、驱动皮带、驱动皮带自动张紧器。

② 拆卸发动机底座支架（右）。

③ 拆下摇臂盖。

④ 拆下油底壳（下部）。

⑤ 拆下油底壳（上）和机油集滤器。

⑥ 拆下气门正时控制盖，见图 4-71。切勿松开气门正时控制盖背部的螺钉 A。

⑦ 从前盖将凸轮轴链轮之间的链条导板拉出。

⑧ 按以下步骤将 1 号气缸置于压缩行

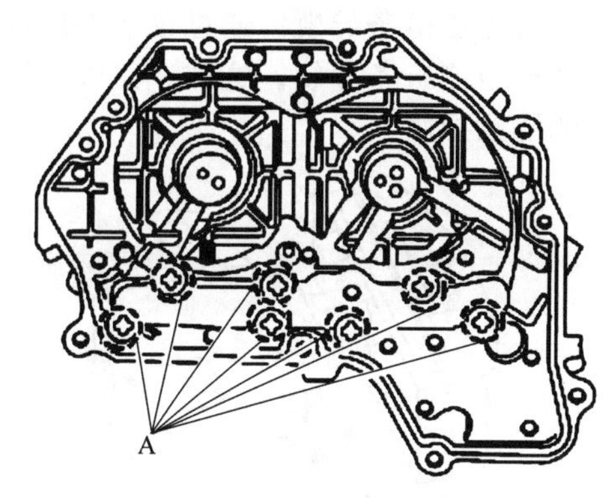

图 4-71　不用拆下的螺钉

程的上止点：

a. 顺时针旋转曲轴皮带轮 1，并将 TDC 标记 B 对准前盖上的正时标记 A，见图 4-72。图中 C 为油漆标记（不用于维修）。

图 4-72　设置 TDC 位置

b. 同时，检查凸轮轴链轮的配合标记是否在图 4-73 位置。如果不对照的话，就再转动曲轴皮带轮一次，使匹配标记 A 与图 4-73 所示位置一致。

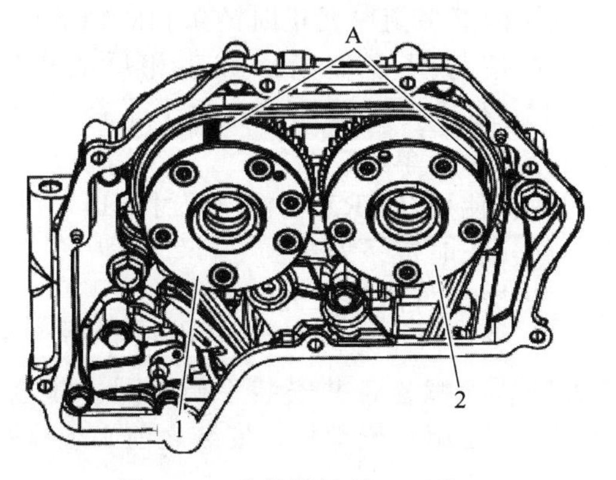

图 4-73　凸轮轴链轮正时位置

1—凸轮轴链轮（进气）；2—凸轮轴链轮（排气）；A—匹配标记

⑨ 按照以下步骤拆下曲轴皮带轮：

a. 用皮带轮固定器（通用维修工具）A 固定曲轴皮带轮 1，松开曲轴皮带轮螺栓，并使螺栓座面偏离其原始位置 10mm，见图 4-74。

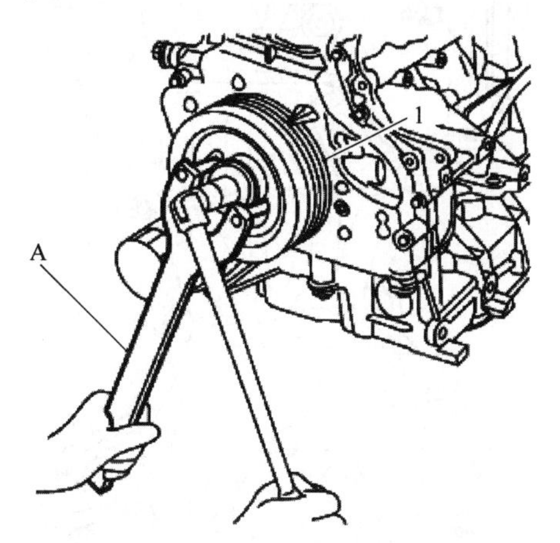

图 4-74　松开曲轴皮带轮螺栓

b. 将皮带轮拔具（SST：KV11103000）A 置于曲轴皮带轮的 M6 螺纹孔处，然后拆下曲轴皮带轮，见图 4-75。

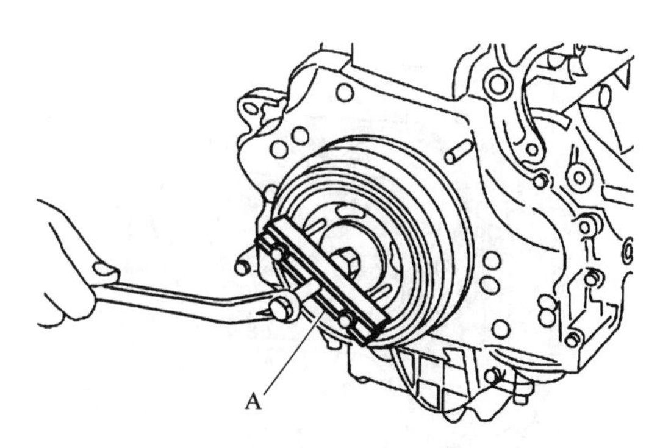

图 4-75　拆下曲轴皮带轮

⑩ 按以下步骤拆下前盖：

按与图 4-76 所示数字相反的顺序（18～1）松开并拆卸装配螺栓。

⑪ 如果前油封需要更换，用合适的工具将其夹起并拆下。小心，切勿损坏前盖。

⑫ 用下列步骤拆下正时链条和凸轮轴链轮：

a. 按下链条张紧器柱塞。将限位销（A）插入链条张紧器体上的孔以固定链条张紧器柱塞并拆下链条张紧器 1（图 4-77）。使用直径大约 0.5mm 的硬金属销作为限位销。

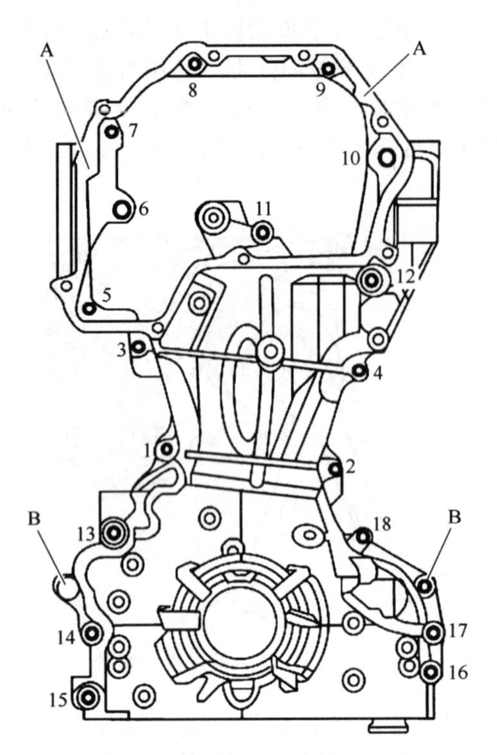

图 4-76　前盖螺栓拆卸顺序（18～1）

A—定位销；B—定位销孔

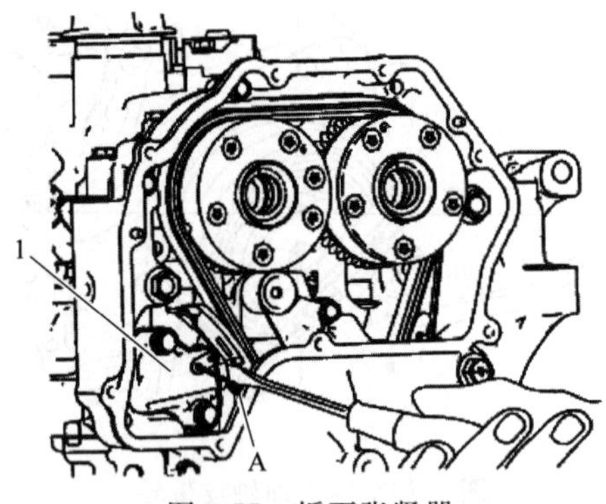

图 4-77　拆下张紧器

b. 用扳手固定凸轮轴的六边形部分。松开凸轮轴链轮装配螺栓并拆下正时链条和凸轮轴链轮。在正时链条拆下时，切勿旋转曲轴或凸轮轴，否则会导致气门和活塞之间相互碰撞。

⑬ 拆下正时链条松弛侧链条导轨、正时链条张紧侧链条导轨和油泵驱动隔套。

⑭ 按照以下步骤拆下平衡单元正时链条张紧器：

a. 在图 4-78 所示方向按下限位器凸耳，朝正时链条张紧器（对于油泵）方向推动正时链条松弛侧链条导轨。通过按下限位器凸耳松开松弛侧链条导轨。这样，便可以移动松弛侧链条导轨。

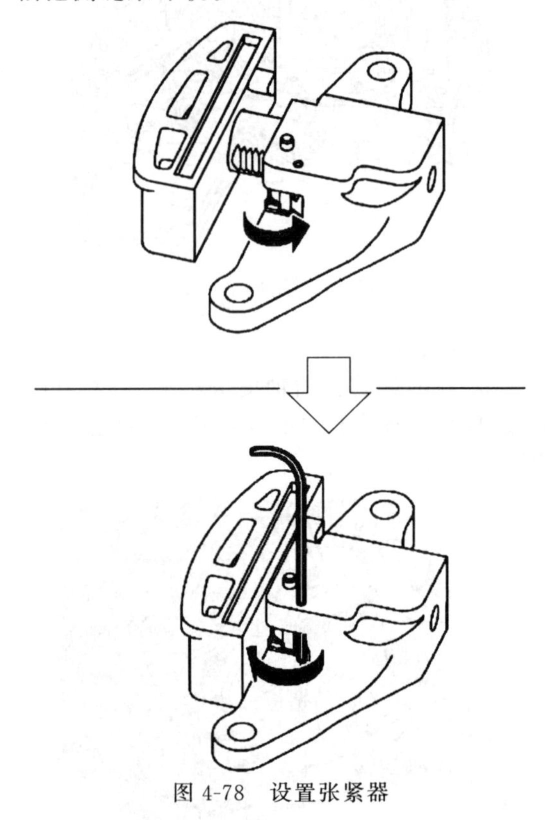

图 4-78　设置张紧器

b. 在张紧器主体孔内插入限位器销，以固定正时链条松弛侧链条导轨。用直径约 1.2mm 的硬金属销作为限位销。

c. 拆下平衡单元正时链条张紧器。当无法对齐杆上的孔和张紧器主体上的孔时，略微移动松弛侧链条导轨与孔对齐。

⑮ 拆下平衡单元正时链条和曲轴链轮。

⑯ 按与图 4-79 所示数字相反的顺序（6～1）松开装配螺栓，并拆下平衡单元。切勿分解平衡单元。

注：使用 TORX 套筒（尺寸 E14）。

（2）正时链条安装

① 检查曲轴键是否朝上。

② 采用以下步骤按图 4-79 所示数字顺序拧紧装配螺栓，并安装平衡单元。注意：如果重复使用装配螺栓，安装之前必须检查其外径。

a. 在螺纹和固定螺栓的底面上涂抹新的发动机机油。

b. 拧紧 1～5 号螺栓。规定转矩：42.0N·m。

c. 拧紧 6 号螺栓。规定转矩：36.0N·m。

d. 顺时针拧紧 1～5 号螺栓 120°（定角度拧紧）。注意使用角度扳手（SST：KV10112100）A 检查拧紧角度。切勿靠目视检查作出判断。

e. 再顺时针旋转 6 号螺栓 90°（定角度拧紧）。

f. 完全松开所有螺栓。注意：在这一步骤中，按与图 4-79 所示数字相反的顺序松开螺栓。

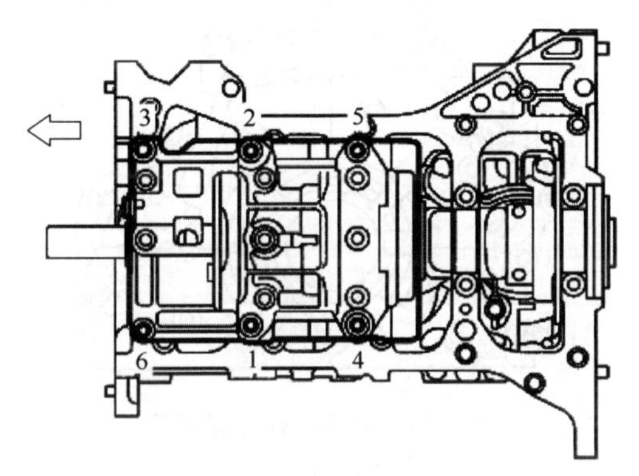

图 4-79　松开平衡单元螺栓（6～1）

g. 重复步骤 b～e。

③ 安装曲轴链轮 1 和平衡单元正时链条 2，见图 4-80。检查曲轴链轮是否位于缸体和曲轴链轮 C 结合顶部的装配标记 A 上。安装时对齐各链轮和平衡单元正时链条上的匹配标记。图中，B 为匹配标记（黄色）；D 为匹配标记；E 为匹配标记（蓝色）。

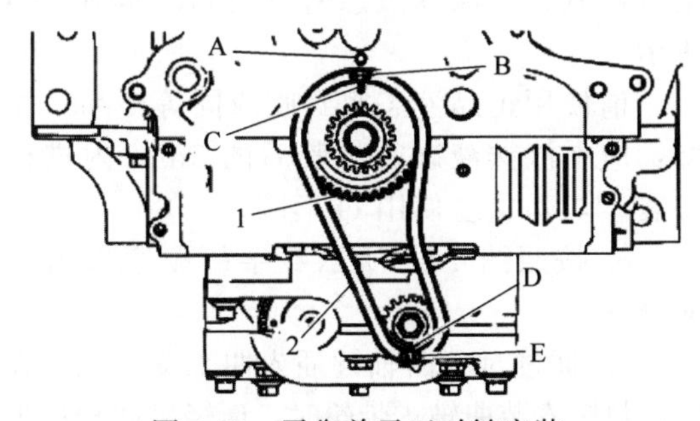

图 4-80　平衡单元正时链安装

④ 安装平衡单元正时链条张紧器。小心，切勿使各链轮和正时链条的匹配标记滑动。安装后，确认匹配标记未滑动，然后拆下限位销并松开张紧器套筒。

⑤ 安装正时链条和相关零件。进行安装时，使每个链轮和正时链条上的匹配标记对齐，见图 4-81。安装链条张紧器之后，再次检查匹配标记是否滑动。安装链条张紧器后，拆下限位销并检查张紧器是否移动自如。

配合标记对准后，用手将其固定从而保持其对准状态。为避免错齿，在前盖安装前，切勿转动曲轴和凸轮轴。安装链条张紧器前，可以改变各链轮上正时链条匹配标记的位置以便对齐。

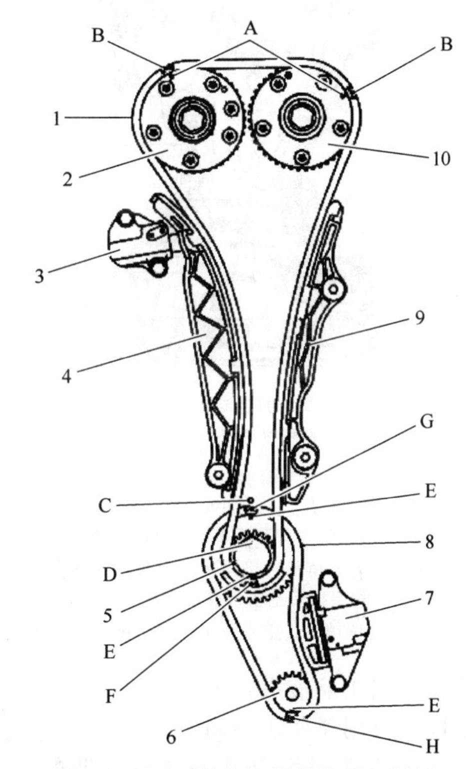

图 4-81　正时链安装部件位置与标记

1—正时链条；2—凸轮轴链轮（进气）；3—链条张紧器；4—正时链条松弛侧链条导轨；5—曲轴链轮；6—平衡单元链轮；7—平衡单元链条张紧器；8—平衡单元正时链条；9—正时链条张紧侧链条导轨；10—凸轮轴链轮（排气）；A—匹配标记（外槽）；B—粉红色链节；C—匹配标记（耳状）；D—曲轴键；E—匹配标记（压印）；F—橙色链节；G—黄色链节；H—蓝色连杆

⑥ 在前盖上安装前油封。

⑦ 按以下步骤安装前盖，注意切勿重复使用 O 形圈。

a. 在缸盖和缸体上安装 O 形圈。

b. 使用胶管挤压器（通用维修工具）以连续点状的方式涂抹液态密封胶到前盖上，如图 4-82 所示。

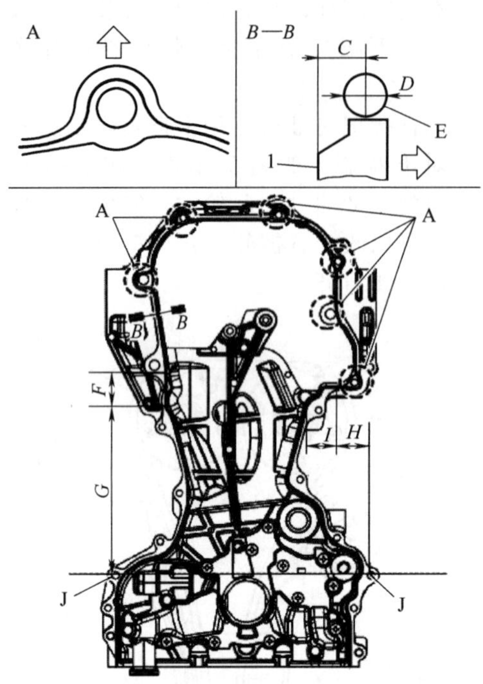

图 4-82　前盖涂抹密封胶

1—前盖；A—在螺栓孔外侧涂抹液态密封胶；
C—2.6～3.6mm；D—ϕ3.4～4.4mm；
E—液态密封胶；F—35.7mm，在区域 C、D、F 内
涂抹液态密封胶 ϕ6.0～7.0mm；G—179.6mm；
H—35.5mm；I—31.3mm，在区域 G、
H、I 内涂抹液态密封胶 ϕ6.0～7.0mm；
J—定位销孔；空心箭头—发动机外侧

请使用正品液态密封胶或同等产品。位置不同，应用说明也不同。

c. 检查正时链条和各链轮的匹配标记是否仍然对齐。然后安装前盖。注意：不要因与曲轴的前端干涉而损坏前油封。

d. 按照图 4-83 所示数字的顺序拧紧装配螺栓。

e. 拧紧所有螺栓后，按如图 4-83 所示的数字顺序重新拧紧至规定转矩。

注意：务必擦干净溢出到表面的液态密封胶以固定油底壳。

拧紧转矩：M10 螺栓，49.0N・m；M6 螺栓，12.7N・m。

⑧ 在凸轮轴链轮之间安装链条导轨。

⑨ 按如下步骤拆卸气门正时控制盖：

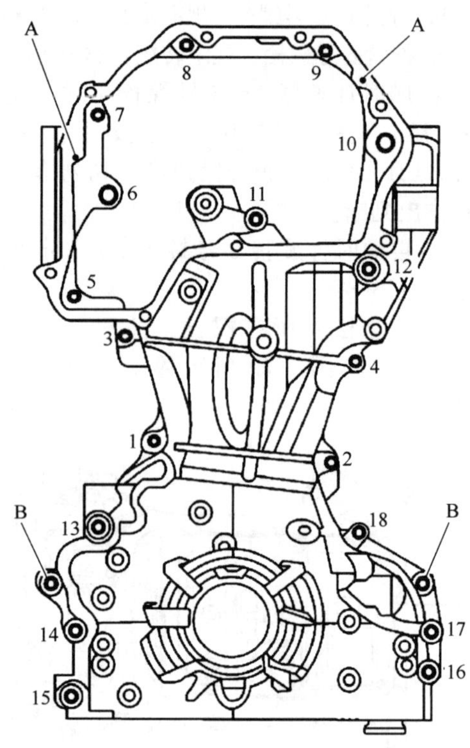

图 4-83　前盖螺栓拧紧顺序

A—定位销；B—定位销孔

a. 如拆卸，则将气门正时控制电磁阀安装至气门正时控制盖上。

b. 将新的油环安装在气门正时控制盖背部的凸轮轴链轮（进气）插入点上。

c. 将新 O 形圈安装到前盖上。

d. 如图 4-84 所示，使用胶管挤压器（通用维修工具）以连续点状的方式在气门正时控制盖上涂抹液态密封胶 D，如图 4-84 所示。

请使用正品液态密封胶或同等产品。注意：应在涂抹液态密封胶后的 5min 内进行安装。切勿重复使用 O 形圈。

e. 按照图 4-85 所示数字的顺序拧紧装配螺栓。

⑩ 通过对齐曲轴键插入曲轴皮带轮。在用塑料锤安装曲轴皮带轮时，请轻敲曲轴皮带轮的中心部位（非四周位置）。注意：安装时请保护前油封唇缘部分，避免任何损坏。

⑪ 拧紧曲轴皮带轮螺栓。用皮带轮固定器（通用维修工具）固定曲轴皮带轮，并拧紧曲轴皮带轮螺栓。

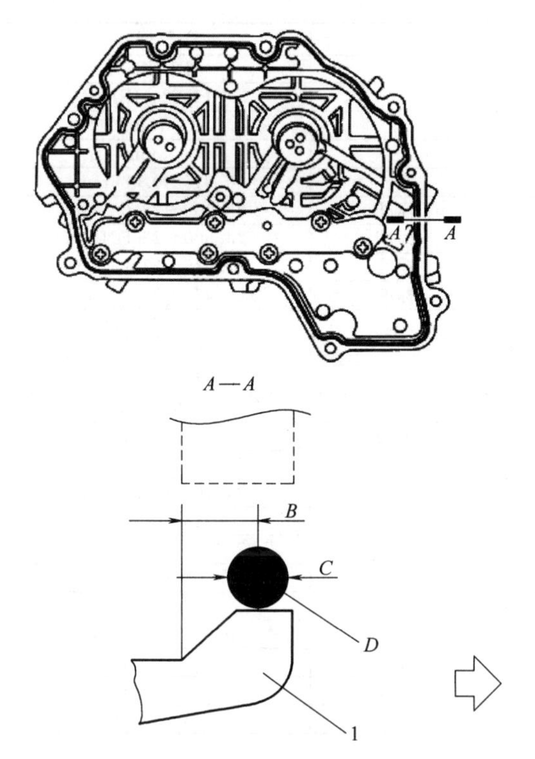

图 4-84　气门正时控制盖上密封胶
1—气门正时控制盖；B—4.3～5.3mm；
C—ϕ3.4～4.4mm；D—液态密封胶；
空心箭头—发动机外侧

按以下步骤执行定角度拧紧。

a. 在曲轴皮带轮螺栓的螺纹和座面上涂抹新的发动机机油。

b. 拧紧曲轴皮带轮螺栓。规定转矩：42.1N·m。

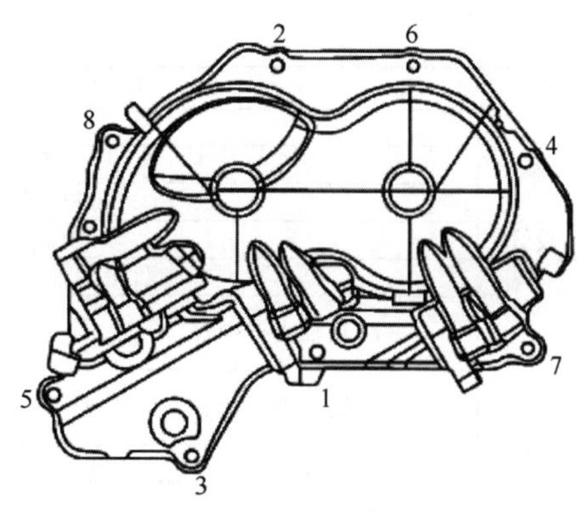

图 4-85　螺栓拧紧顺序

c. 在曲轴皮带轮 2 上做一个油漆标记 A（图 4-86），使其与螺栓法兰上六个容易识别的角度标记都匹配。

d. 再顺时针旋转 60°（角度拧紧）。移动一个角度标记 B 来检查拧紧角度，见图 4-86。图中 1 为曲轴皮带轮螺栓。

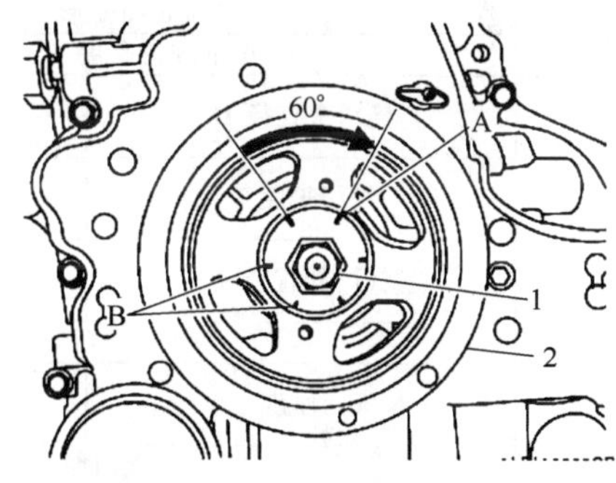

图 4-86　安装曲轴皮带轮

⑫ 按照与拆卸相反的顺序安装所有已拆卸的零件。

4.6.2　发动机维修数据

QR25DE 发动机机械维修数据如表 4-6 所示。

表 4-6　QR25DE 发动机机械维修数据

项目			数据
常规	发动机型号		QR25DE
	气缸布置		直列 4 缸
	排量		2488mL
	缸径×行程		89.0mm×100.0mm
	气门布置		DOHC
	点火顺序		1—3—4—2
	活塞环数	压缩	2
		机油	1
	压缩比		10∶1
	压缩压力(250r/min 时)	标准	1410kPa
		最小	1220kPa
		气缸间压差的极限值	100kPa

续表

项目				数据
火花塞	制造商			DENSO
	型号			FXE20HE11
	间隙(额定值)			1.1mm
排气歧管	表面变形			0.3mm
凸轮轴	凸轮轴轴颈油膜间隙			0.045～0.086mm
	凸轮轴支架内径	1号	标准	28.000～28.021mm
		2、3、4、5号	标准	23.500～23.521mm
	凸轮轴轴颈直径	1号	标准	27.935～27.955mm
		2、3、4、5号	标准	24.435～23.455mm
	凸轮轴轴向间隙			0.115～0.188mm
	凸轮轴凸轮高度	进气		45.865～46.055mm
		排气		44.175～44.365mm
	凸轮轴跳动(总读数)			<0.02mm
	凸轮轴链轮跳动(总读数)		极限	0.15mm
气门挺杆	气门挺杆外径			33.977～33.987mm
	气门挺杆孔径			34.000～34.021mm
	气门挺杆间隙			0.013～0.044mm
气门间隙	进气	冷态		0.24～0.32mm
		约80℃		0.304～0.416mm
	排气	冷态		0.26～0.34mm
		约80℃		0.308～0.432mm
缸盖[图(a)]	缸盖表面变形		极限	0.1mm
	正常缸盖高度 *H*		标准	129.4mm
气门[图(b)]	气门头直径 *D*	进气		35.5～35.8mm
		排气		30.3～30.6mm
	气门长度 *L*	进气		101.72mm
		排气		102.78mm
	气门杆直径 *d*	进气		5.965～5.980mm
		排气		5.955～5.970mm
	气门座角度 α			45°15′～45°45′
	气门厚度 *T*	进气		1.08mm
		排气		1.38mm
	气门厚度 *T* 极限值			0.5mm
	气门杆端面研磨极限值			0.2mm
检测位置示意图(一)	图(a) 气缸盖高度		图(b) 气门检测位置	
气门导管[图(c)]	外径		标准	10.023～10.034mm
			加大尺寸	10.223～10.234mm
	内径(抛光后的尺寸)		标准	6.000～6.018mm
	缸盖气门导管孔直径		标准	9.975～9.996mm
			加大尺寸	10.175～10.196mm
	气门导管的过盈配合量			0.027～0.059mm
	气门导管间隙	进气	标准	0.020～0.053mm
			极限	0.08mm
		排气	标准	0.030～0.063mm
			极限	0.09mm
	凸起长度 *L*		进气	10.1～10.3mm
			排气	10.1～10.4mm

续表

项目				数据
气门座[图(d)]	缸盖凹座直径 D	进气	标准	36.500～36.516mm
			加大尺寸	37.000～37.016mm
		排气	标准	31.500～31.516mm
			加大尺寸	32.000～32.016mm
	气门座外径 d	进气	标准	36.597～36.613mm
			加大尺寸	37.097～37.113mm
		排气	标准	31.600～31.616mm
			加大尺寸	32.100～32.116mm
	气门座过盈配合量	进气		0.081～0.113mm
		排气		0.084～0.116mm
	直径 d_1	进气		33.5mm
		排气		28.0mm
	直径 d_2	进气		34.8～35.3mm
		排气		29.6～30.1mm
	角度 α_1	进气		60°
		排气		60°
	角度 α_2			88°45′～90°15′
	角度 α_3			120°
	接触宽度 W	进气		0.99～1.35mm
		排气		1.19～1.55mm
	高度 h	进气	标准	5.9～6.0mm
			加大尺寸	5.0～5.1mm
		排气	标准	5.9～6.0mm
			加大尺寸	4.91～5.01mm
	深度 H			6.0mm
检测位置示意图(二)	图(c) 气门导管检测位置　图(d) 气门座检测位置			
气门弹簧	自由高度	进气		47.92～48.12mm
		排气		48.65～48.85mm
	安装高度	进气		36.96mm
		排气		36.96mm
	安装负载	进气		151～175N
		排气		151～175N
	气门开启时的高度	进气		26.76mm
		排气		28.46mm
	气门开启时的负载	进气		335～383N
		排气		300～342N
	识别颜色	进气		白色
		排气		浅蓝色
	垂直度			1.0mm

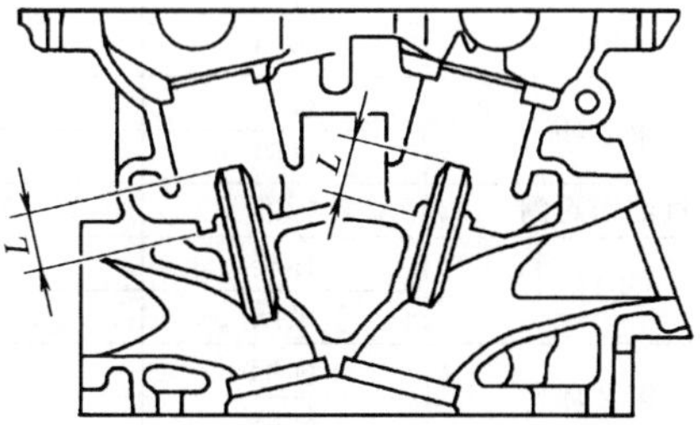

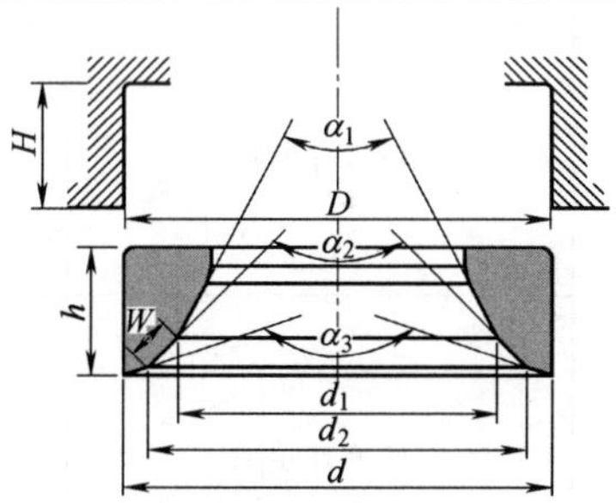

续表

项目				数据
气缸体[图(e)]	缸体上表面变形	极限		0.1mm
	缸孔内径	标准	级别1	89.010～89.020mm
			级别2	89.020～89.030mm
	圆度	极限		0.015mm
	锥度	极限		0.010mm
	气缸之间的内径差异	标准		<0.03mm
检测位置示意图(三)	图(e) 气缸体检测位置	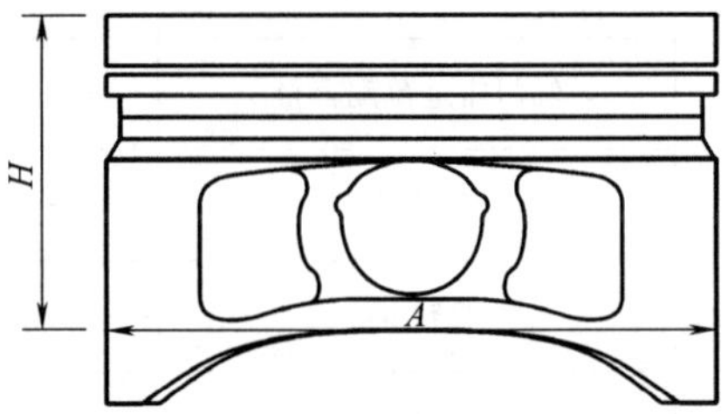	图(f) 活塞检测位置	
活塞[图(f)]	活塞裙直径 A	标准	级别1	88.990～89.000mm
			级别2	89.000～89.010mm
			加大尺寸	89.180～89.210mm
	测量点高度 H			37.5mm
	活塞销孔直径	级别0		19.993～19.999mm
		级别1		19.999～20.005mm
	活塞与缸孔间隙	标准		0.010～0.030mm
		极限		0.08mm
活塞环	活塞环侧隙	头环	标准	0.04～0.08mm
			极限	0.11mm
		第2环	标准	0.03～0.07mm
			极限	0.10mm
		机油密封圈	标准	0.045～0.125mm
	活塞环端隙	头环	标准	0.21～0.31mm
			极限	0.53mm
		第2环	标准	0.37～0.52mm
			极限	0.71mm
		机油(油轨环)	标准	0.20～0.45mm
			极限	0.80mm
活塞销	活塞销外径	级别0		19.989～19.995mm
		级别1		19.995～20.001mm
	连杆衬套油膜间隙			0.005～0.017mm
	活塞与活塞销的油膜间隙			0.005～0.017mm
连杆	中心距			143.00～143.10mm
	弯曲(每100mm)	极限		0.15mm
	扭曲(每100mm)	极限		0.30mm
	连杆衬套内径(装连杆上)	级别0		20.000～20.006mm
		级别1		20.006～20.012mm
	连杆大端内径			48.000～48.013mm
	连杆衬套油膜间隙	标准		0.007～0.022mm
		极限		0.03mm
	连杆侧隙	标准		0.20～0.35mm
		极限		0.5mm

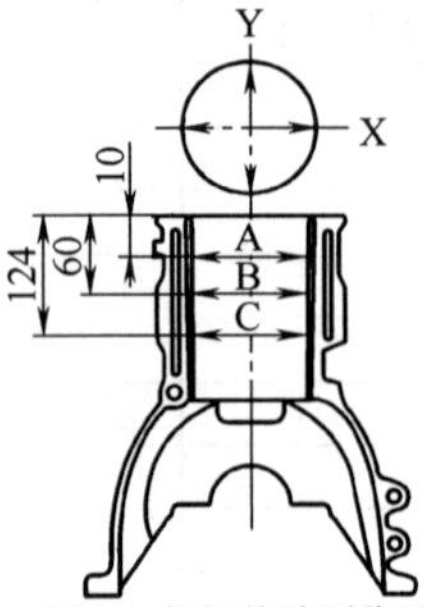

续表

项目			数据
检测位置示意图(四)	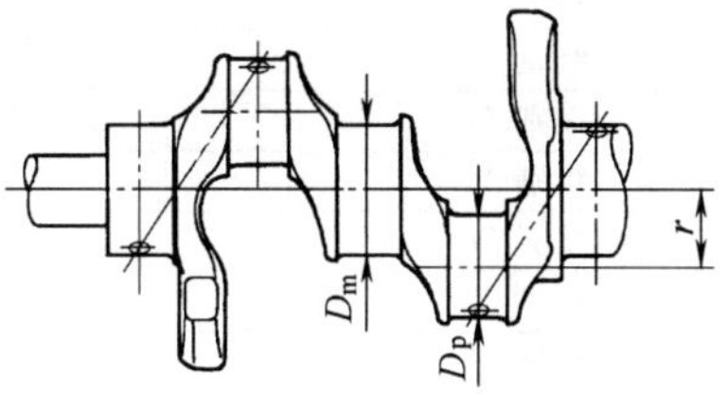 图(g)　曲轴检测位置 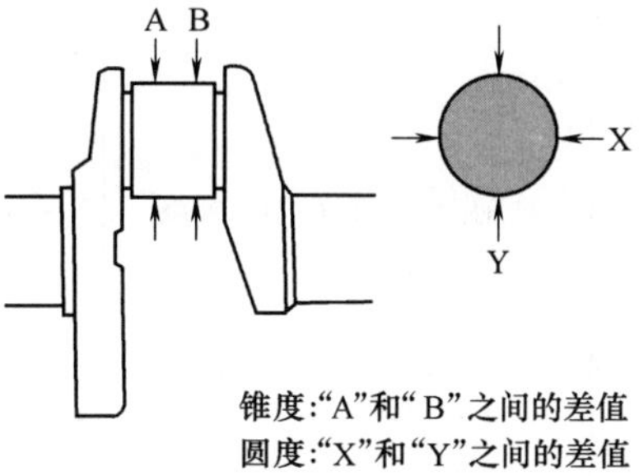 锥度:"A"和"B"之间的差值 圆度:"X"和"Y"之间的差值 图(h)　曲轴颈检测位置		
曲轴[图(g)、图(h)]	中心距离 r		49.96～50.04mm
	圆度	极限	0.005mm
	锥度	极限	
	跳动量	标准	0.05mm
		极限	0.1mm
	曲轴轴向间隙	标准	0.10～0.26mm
		极限	0.3mm
	曲轴销轴颈直径 D_p 等级所对应尺寸	级别 A	44.974～44.973mm
		级别 B	44.973～44.972mm
		级别 C	44.972～44.971mm
		级别 D	44.971～44.970mm
		级别 E	44.970～44.969mm
		级别 F	44.969～44.968mm
		级别 G	44.968～44.967mm
		级别 H	44.967～44.966mm
		级别 J	44.966～44.965mm
		级别 K	44.965～44.964mm
		级别 L	44.964～44.963mm
		级别 M	44.963～44.962mm
		级别 N	44.962～44.961mm
		级别 P	44.961～44.960mm
		级别 R	44.960～44.959mm
		级别 S	44.959～44.958mm
		级别 T	44.958～44.957mm
		级别 U	44.957～44.956mm
	曲轴主轴颈直径 D_m 等级所对应尺寸	级别 A	54.979～54.978mm
		级别 B	54.978～54.977mm
		级别 C	54.977～54.976mm
		级别 D	54.976～54.975mm
		级别 E	54.975～54.974mm
		级别 F	54.974～54.973mm
		级别 G	54.973～54.972mm
		级别 H	54.972～54.971mm
		级别 J	54.971～54.970mm
		级别 K	54.970～54.969mm
		级别 L	54.969～54.968mm
		级别 M	54.968～54.967mm
		级别 N	54.967～54.966mm

续表

项目				数据
曲轴[图(g)、图(h)]	曲轴主轴颈直径 D_m 等级所对应尺寸	级别 P		54.966～54.965mm
		级别 R		54.965～54.964mm
		级别 S		54.964～54.963mm
		级别 T		54.963～54.962mm
		级别 U		54.962～54.961mm
		级别 V		54.961～54.960mm
		级别 W		54.960～54.959mm
		级别 X		54.959～54.958mm
		级别 Y		54.958～54.957mm
		级别 4		54.957～54.956mm
		级别 7		54.956～54.955mm
	连杆轴承油膜间隙	标准		0.035～0.045mm
		极限		0.1mm
	主轴承油膜间隙	标准	1、5 号	0.012～0.022mm
			2、4 号	0.018～0.028mm
			3 号	0.021～0.031mm
		极限		0.1mm

第5章 三菱汽车

5.1 1.6L 4A92发动机

5.1.1 发动机正时维修

（1）正时链条拆卸

① 正时链条张紧器总成。

② 张紧器拉杆总成。

③ 链导槽总成。

④ 正时链条。

⑤ 凸轮轴链轮螺栓。

⑥ 凸轮轴链轮。

⑦ VVT 链轮螺栓。

⑧ VVT 链轮。

以上 8 步所拆卸部件如图 5-1 所示。

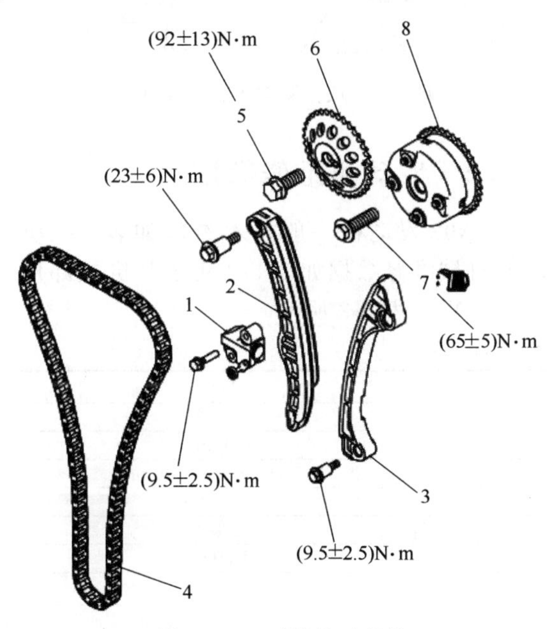

图 5-1 正时链单元部件

1～8—分别对应文中①～⑧步

（2）正时链条安装

① 设置正时链条时使与链条中另外两个蓝色链节分开的那个蓝色链节位于曲轴侧，见图 5-2。

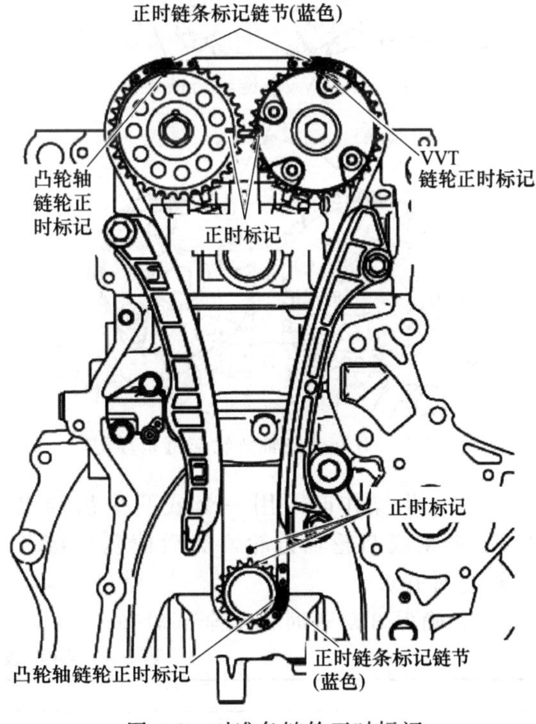

图 5-2 对准各链轮正时标记

② 将正时链条安装到曲轴链轮上，使蓝色链节与链轮上的标记对齐，见图 5-3。

③ 将链条安装到 VVT 链轮上，使蓝色链节与链轮上的标记对齐，见图 5-4。

④ 将链条安装到凸轮轴链轮上，使蓝色链节与链轮上的标记对齐，见图 5-5。

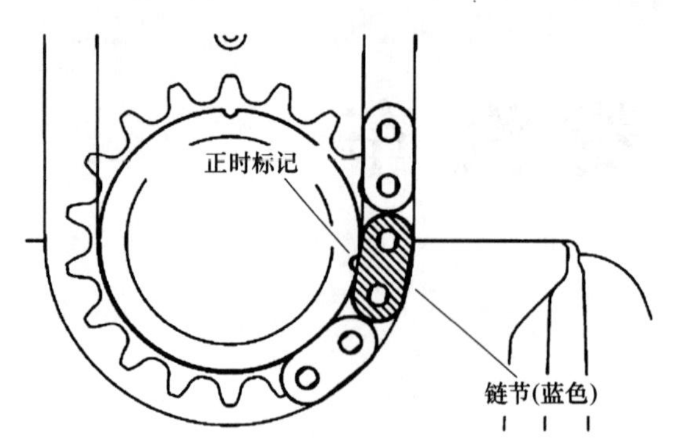

图 5-3 对准曲轴链轮与正时链标记

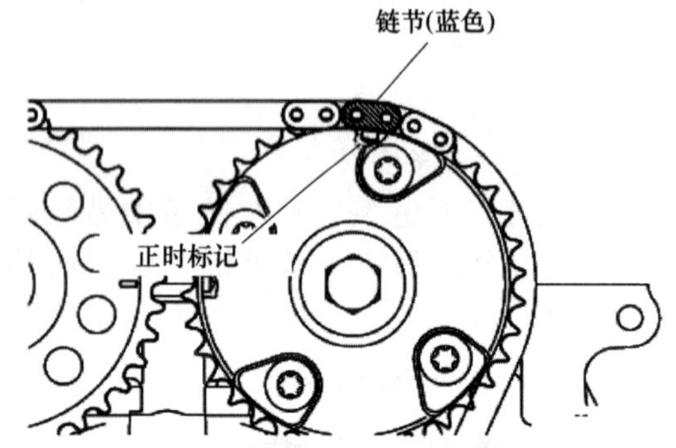

图 5-4 对准 VVT 链轮与链条标记

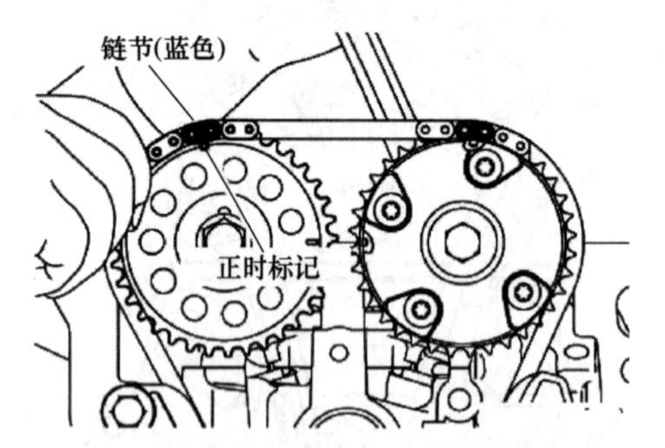

图 5-5 对准凸轮轴链轮与链条标记

进行此操作时，用一个或两个齿转动 VVT 链轮或凸轮轴链轮，然后使蓝色链节与标记对齐。

⑤ 确保 3 对正时标记全部对齐。

⑥ 安装链条导槽和张紧器拉杆。

a. 压入正时链条张紧器的柱塞时，如图 5-6 所示，插入销子以锁住柱塞。

b. 将正时链条张紧器安装到气缸体上，拧紧正时链条张紧器螺栓至规定力矩（9.5±2.5）N·m。

c. 从张紧器上拆下销子，见图 5-7。正时链条应用张紧器拉杆张紧。

图 5-6 压入张紧器柱塞

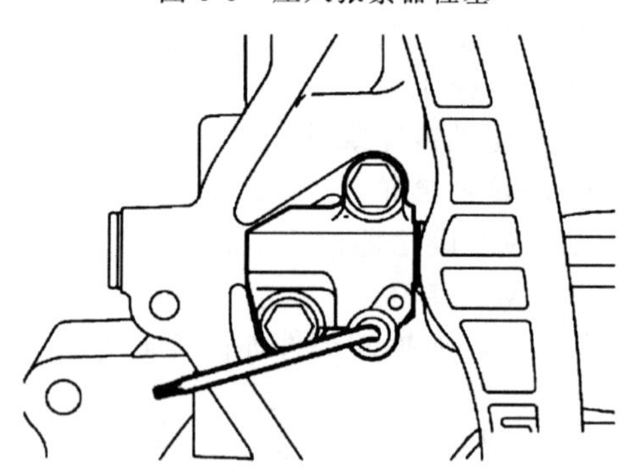
图 5-7 从张紧器上拆下销子

5.1.2 发动机维修数据

4A92 发动机一般技术参数如表 5-1 所示，机械维修数据如表 5-2 所示，机械部件紧固力矩如表 5-3 所示。

表 5-1 4A92 发动机一般技术参数

项目		数据
发动机型号		4A92
总排量		1590mL
缸径×行程		75.0mm×90.0mm
压缩比		11.0∶1
燃烧室		棱顶型
凸轮轴排列		DOHC
气门序号	进气口	2
	排气口	2
气门正时	进气门打开	BTDC 41°～ATDC 9°
	进气门关闭	ABDC 11°～ABDC 61°

续表

项目		数据
气门正时	排气门打开	BBDC 39°
	排气门关闭	ATDC 5°
燃油系统		电子控制多点燃油喷射
摇臂		无
自动间隙调节器		无

表 5-2 4A92 发动机机械维修数据

项目		标准值	限值
正时链			
气门间隙/mm	进气口	0.22±0.04	—
	排气口	0.30±0.04	—
凸轮轴			
凸轮高度/mm	进气口	44.71	44.21
	排气口	44.28	43.78
气缸盖和气门			
气缸盖螺栓的外径差/mm		—	0.15
气缸盖底面变形/mm		≤0.03	—
气缸盖总高/mm		112.9～113.1	—
气门厚度/mm	进气口	1.35	0.85
	排气口	1.85	1.35
气门面角/(°)		45～45.5	—
阀杆与导杆之间的间隙/mm	进气口	0.020～0.047	0.10
	排气口	0.030～0.057	0.15
气门长度/mm	进气口	87.21	86.71
	排气口	88.54	88.04
气门弹簧自由长度/mm		44.1	43.1
气门弹簧偏离直角度/(°)		≤2	4
气门座触点宽度/mm		1.1～1.5	—
活塞和连杆			
活塞外径/mm		75	—
活塞环与活塞环槽的间隙/mm	第1道	0.03～0.07	0.1
	第2道	0.02～0.06	0.1
活塞环端隙/mm	第1道	0.15～0.30	0.8
	第2道	0.20～0.40	0.8
	刮油环	0.10～0.40	1.0
活塞销压装负载(室温)/N		5000～11000	—
曲轴连杆轴颈油隙/mm		0.026～0.064	0.1
连杆螺栓的外径差/mm		—	0.1
连杆大头止推间隙/mm		0.10～0.35	0.4
曲轴和气缸体			
曲轴轴承盖螺栓柄长度/mm		—	75.3
曲轴轴向间隙/mm		0.09～0.27	0.3
曲轴轴颈油隙/mm		0.023～0.043	0.1
气缸体顶上表面变形/mm		0.05	0.1
气缸体顶上表面的磨削限值(气缸盖和气缸体修磨表面总深度)/mm		—	0.2
气缸体总高/mm		280	—
缸径/mm		75	—
柱形/mm		≤0.01	—
气缸盖和气门			
气缸盖加大尺寸气门座孔直径/mm	进气口	0.30 O.S.[1]	31.83～31.85
	排气口	0.30 O.S.	28.32～28.34
气缸盖加大尺寸气门导管孔径/mm		0.05 O.S.	10.55～10.57

[1] O.S.，即 over size，表示加大尺寸。

表 5-3 4A92 发动机机械部件紧固力矩

项目		紧固力矩/(N·m)
交流发电机和点火系统	火花塞	25±5
	点火线圈螺栓	9.5±2.5
	张紧器驱动皮带轮螺栓	49±9
	曲轴皮带轮螺栓	50(并继续转动 60°)
	水泵皮带轮螺栓	11±3
	调节螺栓	5.0±1.0
	交流发电机支架螺栓	37±6
	交流发电机螺母(M8)	23±2
	交流发电机螺母(M10)	47±5
	油位计导向螺栓	11±3
燃料和排放部分	输油管和喷油器螺栓总成	14±3
	进气歧管绝对压力(MAP)传感器螺栓	5.5±1.5
	节气门体螺栓	9.5±2.5
	电磁阀螺母	7.6±0.6
	发动机吊架螺栓	26±6
进气歧管	水管螺栓	11±3
	进水口管接头螺栓	11±3
	发动机冷却液温度传感器	30±9
	曲轴角度传感器螺栓	9.5±2.5
	凸轮轴位置传感器螺栓	9.5±2.5
	爆震传感器螺栓	20±2
	油压开关	10±2
	进气歧管螺栓	19±1
	进气歧管拉紧螺栓	19±1
排气歧管	排气歧管支架 A 螺栓	23±6
	排气歧管支架 B 螺栓	36±9
	排气歧管螺母	34±3
	隔热板螺栓	9.5±2.5
油底壳和正时链条罩	端盖螺栓	9.5±2.5
	正时链条罩螺栓(M10)	42±16
	正时链条罩螺栓(M6)	9.5±2.5
	水泵螺栓	11±3
	滤油网螺栓	8.0±2.0
	油底壳螺栓	11±3
	气缸盖罩螺栓	3.0±1.0→5.5±0.5
	机油滤清器支架螺栓	23±6
	机油滤清器螺柱	27±2
	放油螺栓	39±5
	PCV 阀	2.5±0.4
正时链	VVT 链轮螺栓	65±5
	凸轮轴链轮螺栓	92±13
	张紧器拉杆总成螺栓	23±6
	链导槽螺栓总成	9.5±2.5
	正时链条张紧器总成螺栓	9.5±2.5
凸轮轴	机油控制阀(OCV)螺栓	10±2
	机油控制阀(OCV)滤清器螺栓	44±5
	凸轮轴轴承盖螺栓(M6)	11±1
	凸轮轴轴承盖螺栓(M8)	20±1
气缸盖和气门	气缸盖螺栓	24.5±2.0(并继续转动 180°～184°)
活塞和连杆	连杆盖螺栓	14.7(并继续转动 90°)

续表

项目		紧固力矩/(N·m)
曲轴和气缸体	曲轴感测环螺钉	10
	轴承盖螺栓	35(并继续转动 60°)
	加强板螺栓	26±6
	油封壳螺栓	11±3
	钟形罩盖板螺栓	11±3
	飞轮螺栓	100

5.2　2.0L 4J11/2.4L 4J12 发动机

5.2.1　发动机正时维修

（1）正时链单元拆卸

① 正时链条张紧器拆卸：

准备工作：将平头螺丝刀插入正时链条张紧器的分离孔，以分开锁栓。用手推动张紧器拉杆，将正时链条张紧器柱塞推到底。然后，将 ϕ1.5 的高碳钢丝（钢琴丝或类似物体）或六角扳手（1.5mm）插入柱塞装配孔，见图 5-8。

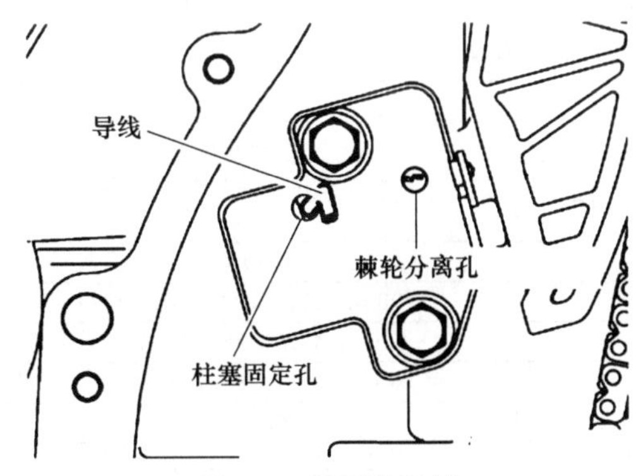

图 5-8　拆下张紧器

拆下正时链条张紧器，见图 5-9。

② 拆下张紧器拉杆。

③ 拆下正时链导槽。

④ 拆下正时链。

（2）正时链条安装

① 将摇臂轴支架的正时标记与 VVT 链轮的一个圆形正时标记对齐，见图 5-10。

② 将曲轴链轮键与图 5-10 所示位置对齐。

③ 使曲轴链轮的正时标记与循环正时链上的链节（橙色）对齐，见图 5-11。

④ 将三个蓝色链节的中心链节与 VVT 链轮的正时标记对齐，然后安装正时链，见图 5-12。

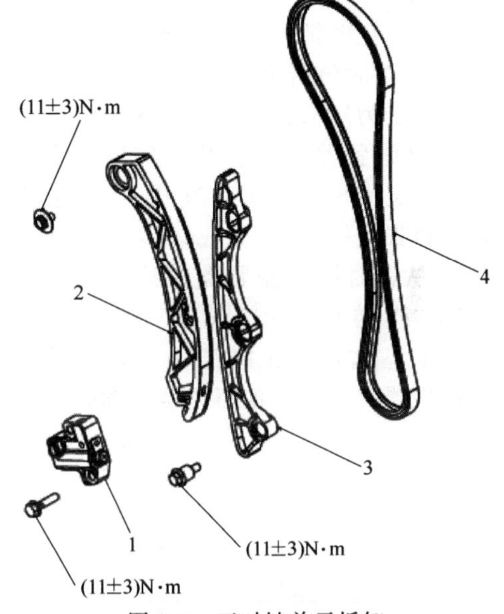

图 5-9　正时链单元拆卸

1～4—分别对应文中①～④步

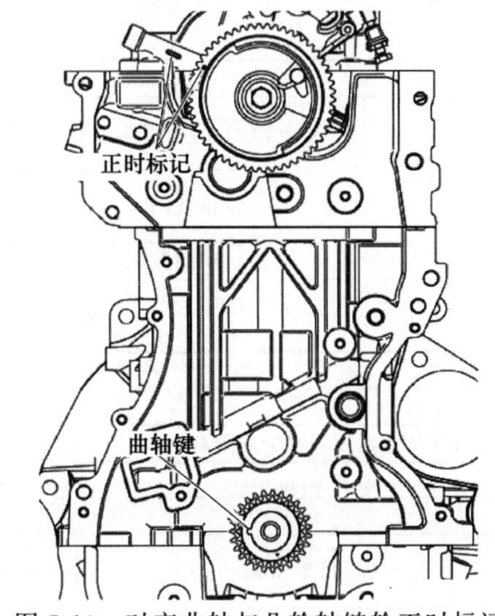

图 5-10　对齐曲轴与凸轮轴链轮正时标记

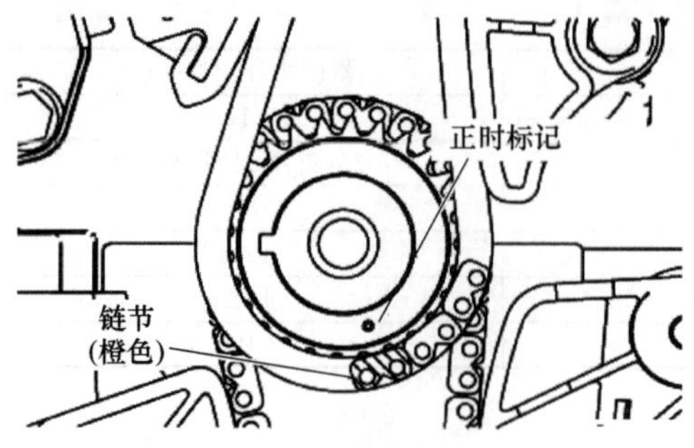

图 5-11　对齐曲轴链轮正时标记

⑤ 确保每个链轮的正时标记在两个位置上都能与正时链的链节对齐。

⑥ 将正时链导板安装到气缸体上，并拧紧至规定力矩 (11±3)N·m。

⑦ 将张紧器拉杆安装到气缸体上，并拧紧至规定力矩 (11±3)N·m。安装正时链导板和张紧器拉杆。

⑧ 从正时链条张紧器上拆下高碳钢丝(钢琴丝或类似物体) ϕ1.5 或六角扳手(1.5mm)。这可使正时链条张紧器的柱塞推动张紧器拉杆，以使正时链张紧。

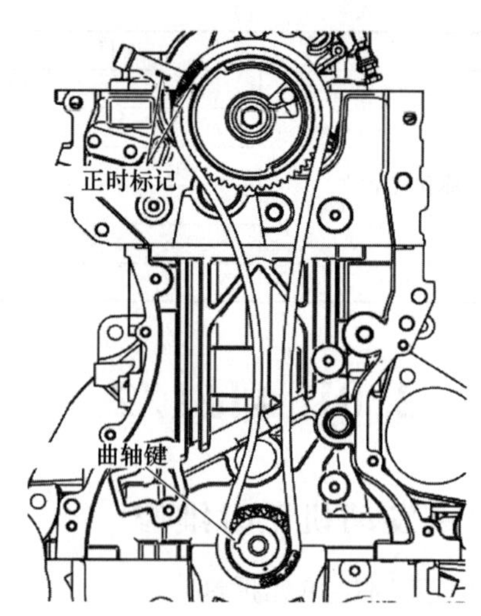

图 5-12　检查链轮与正时链标记对齐

5.2.2　发动机维修数据

4J11/4J12 发动机一般技术参数如表 5-4 所示，发动机机械检修数据如表 5-5 所示，发动机机械部件紧固力矩如表 5-6 所示。

表 5-4　4J11/4J12 发动机一般技术参数

项目			数据
发动机型号			4J11,4J12
类型			直列式单顶置凸轮轴 MIVEC
气缸数			4
燃烧室			棱顶型
总排量			1998mL(4J11),2359mL(4J12)
缸径			86mm(4J11),88mm(4J12)
活塞行程			86mm(4J11),97mm(4J12)
压缩比			10.5∶1
气门正时	进气门(气门升程 0.3mm)	开启	BTDC39°～ATDC50°
		关闭	BBDC75°～ABDC100°
	排气门	开启	BBDC 70°～BBDC 30°
		关闭	ATDC−1°～ATDC 39°
自动间隙调节器			未装配

表 5-5　4J11/4J12 发动机机械检修数据

项目			标准值	限值
活塞和连杆				
活塞环与活塞环槽的间隙/mm	4J12	1 号	0.03～0.06	0.1
活塞环端隙/mm	4J11	1 号	0.15～0.28	0.8
正时链				
气门间隙/mm	进气口		0.15±0.03	—
	排气口		0.20±0.03	—
气缸盖和气门				
气缸盖底部变形/mm			0.05 以内	0.2
气缸盖底部磨削限值/mm			—	0.2

续表

项目			标准值	限值
气缸盖总高/mm			112	—
气门总长/mm	进气口		112.27	111.77
	排气口		113.07	112.57
气门厚度/mm	进气口		1.022	0.522
	排气口		1.094	0.594
气门弹簧自由高度/mm	进气口		51.9	50.9
	排气口		52.0	51.0
气门弹簧垂直度/(°)			≤2	4
气门导管和气门杆的间隙/mm	进气口		0.020～0.047	0.10
	排气口		0.030～0.057	0.15
气门导管压入高度/mm	进气口		15.1～15.7	—
	排气口		19.7～20.3	—
气门座触点宽度/mm	进气口		1.16～1.46	—
	排气口		1.35～1.65	—
活塞和连杆				
活塞销压装载荷/N			7500～17500	—
活塞环与活塞环槽的间隙/mm	1 号		0.03～0.07	0.1
	2 号		0.03～0.07	0.1
活塞环端隙/mm	1 号		0.15～0.25	0.8
	2 号	4J11	0.27～0.42	0.8
		4J12	0.20～0.35	0.8
	机油		0.10～0.35	1.0
连杆大头侧间隙/mm			0.10～0.25	0.4
连杆螺栓的外径/mm			—	0.1
连杆轴承油隙/mm			0.018～0.045	0.1
曲轴和气缸体				
曲轴轴承盖螺栓头部以下长度/mm			75.5～76.5	—
曲轴轴向间隙/mm			0.05～0.25	0.4
曲轴轴颈油隙/mm			0.012～0.030	0.1
气缸体上表面变形/mm			0.05 以内	0.2
气缸体上表面的磨削限值/mm			—	0.2
气缸体缸径/mm	4J11		86	—
	4J12		88	—
气缸体圆柱度/mm			0.15	—
气缸盖和气门				
气缸盖加大尺寸气门座孔直径/mm	进气口		0.30 O.S.	36.22～36.24
	排气口		0.30 O.S.	30.22～30.24
气缸盖加大尺寸气门导管孔径/mm			0.25 O.S.	11.23～11.25

表 5-6 4J11/4J12 发动机机械部件紧固力矩

项目		紧固力矩/(N·m)
交流发电机和点火系统	惰轮螺栓	44±8
	交流发电机螺母	44±10
	交流发电机螺栓	44±10
	驱动皮带自动张紧器螺栓	22±4
	附件支架螺栓	44±8
	曲轴皮带轮中央螺栓	210→0→210
	点火线圈螺栓	10±2
	火花塞	25±5

续表

项目		紧固力矩/(N·m)
节气门体	真空管和软管螺栓	11±1
	节气门体螺栓	9.5±2.5
	净化控制电磁阀螺钉	4.0±1.0
	进气歧管绝对压力(MAP)传感器螺钉	4.0±1.0
进气歧管和燃油系统	喷油器保护器后部螺栓	3.5±1.5→20±2
	输油管螺栓	3.5±1.5→20±2
	进气歧管拉紧螺栓	20±2
	喷油器保护器前部螺栓	3.5±1.5→20±2
	进气歧管螺栓和螺母	3.5±1.5→20±2
	油位计导向螺栓	10±2
	爆震传感器螺栓	20±2
	机油压力开关	10±2
排气歧管	排气歧管支架螺栓(排气歧管侧)	56±8
	排气歧管支架螺栓(气缸体侧)	41±10
	曲轴角度传感器盖螺栓	11±1
	曲轴角度传感器螺栓	11±1
	氧传感器	44±5
	排气歧管盖螺栓	14±1
	排气歧管螺母	49±5
输水软管和水管	发动机冷却液温度传感器	30±9
	出水口管接头螺栓	24±3
	进水口管接头螺栓	24±3
	节温器外壳螺栓	24±3
	水管螺母	24±3
	水泵螺栓	24±3
气门升程控制电机	凸轮轴位置传感器螺栓	11±1
	气门升程控制电机螺栓	9.5±2.5
	电机支架螺栓	21±5
	气门升程传感器螺栓	2.8±0.8
	发动机吊架螺栓	28±8
油底壳和正时链条室	PCV 阀	2.5±0.4
	放油塞	39±5
	机油滤清器	14±2
	滤芯(未装配机油冷却器的车辆)	49±5
	发动机油冷却器螺栓(装配有发动机油冷却器的车辆)	27±2
	气门室盖螺栓	3.0±1.0→5.5±0.5
	油底壳螺栓(M6)	10±2
	油底壳螺栓(M8)	31±2
	正时链条室罩螺栓	10±2
	正时链条室螺栓(M6)	10±2
	正时链条室螺栓(M8)	24±4
	正时链条室螺栓(M10)	35±5
正时链	正时链条张紧器螺栓	11±3
	张紧器拉杆螺栓	11±3
	正时链导向螺栓	11±3
摇臂和凸轮轴总成	加油器控制阀(OCV)螺栓	10±2
	摇臂和凸轮轴总成螺栓	22±3
	锁紧螺母	9.0±1.0
	VVT 链轮螺栓	77±6

续表

项目		紧固力矩/(N·m)
气缸盖和气门	气缸盖螺栓	35±2(并继续分两次各转动90°)
油泵链(4J11)	驱动盘螺栓	40,然后130
	飞轮螺栓	40,然后130
	油泵张紧器拉杆螺栓	10±2
	油泵链轮螺栓	23±2
	机油泵壳体螺栓	28±2
	梯子形车架螺栓	24±2
平衡器正时链(4J12)	平衡器轴链导向螺栓	10±2
	平衡器轴链张紧器螺栓	10±2
	平衡器轴模块螺栓	20→44→0→20(并继续转动135°)
	平衡器轴张紧器拉杆螺栓	10±2
	驱动盘螺栓	40→130
	梯子形车架螺栓	24±2
活塞和连杆	连杆盖螺栓	5.0→20(并继续转动90°)
曲轴和气缸体	曲轴轴承盖螺栓	26.5±2.0(并继续转动45°)
	曲轴感应环螺栓	11±1

5.3　3.0L 6G72发动机

5.3.1　发动机正时维修

(1) 正时链条拆卸

① 使用专用工具曲轴链轮垫圈(MD998769)顺时针转动曲轴，见图5-13，使各正时标记对准并将第1缸调节到压缩上止点，见图5-14。

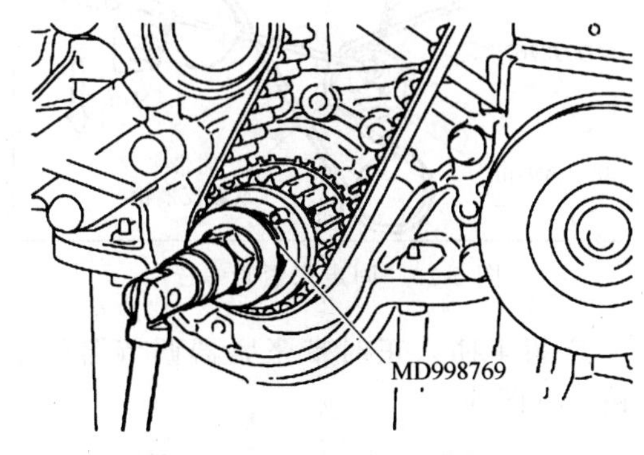

图5-13　顺时针转动曲轴

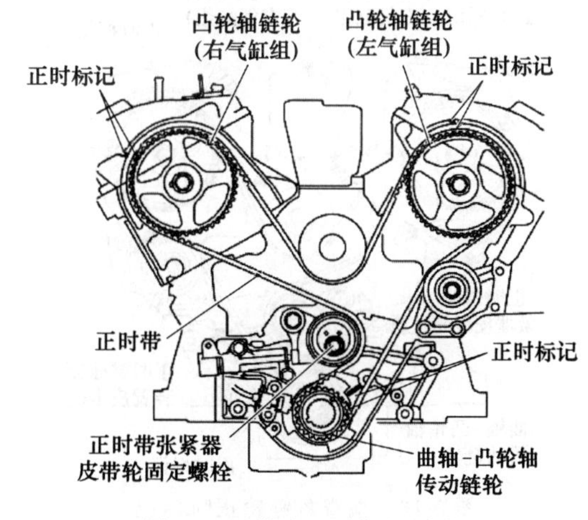

图5-14　检查正时标记对准

② 如果要重复使用正时带，则在皮带的平坦侧用粉笔画一个箭头，指明顺时针方向。

③ 松开正时带张紧器皮带轮固定螺栓，然后拆下正时带。

(2) 正时链条安装

将右气缸组凸轮轴链轮正时标记与气缸盖“R”标记一侧的正时标记对齐。

① 如图5-15所示，将凸轮轴链轮上的正时标记与气门室盖上的正时标记对正，并将曲轴-凸轮轴传动链轮上的正时标记与缸体上的正时标记对齐。

② 按照下列步骤安装正时带，以使正时带中各个链轮和皮带轮之间没有挠度。

a. 曲轴-凸轮轴传动链轮。

b. 正时带张紧装置皮带轮。

c. 凸轮轴链轮(左气缸组)。

d. 水泵皮带轮。

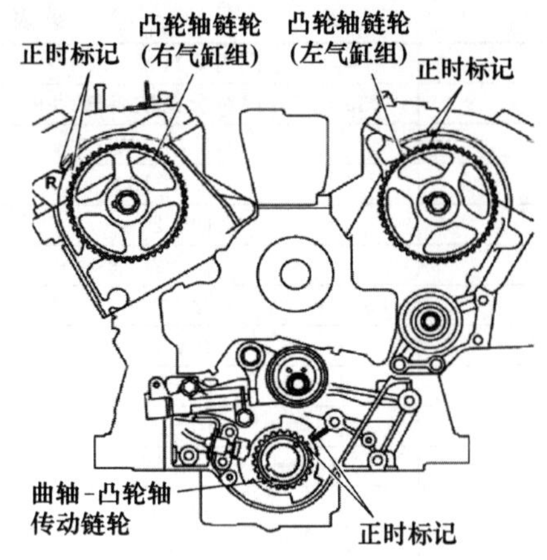

图 5-15 对齐各链轮的正时标记

e. 凸轮轴链轮（右气缸组）。

f. 正时带张紧器皮带轮。

③ 逆时针转动凸轮轴链轮（右气缸组），直到张紧侧的正时带被拉紧。再次检查所有正时标记，见图 5-16。

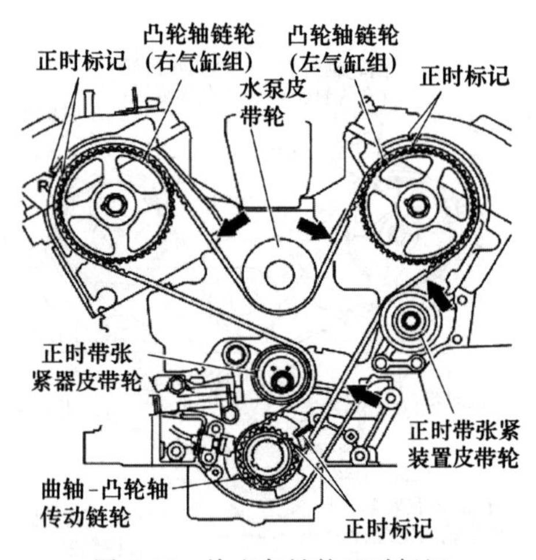

图 5-16 检查各链轮正时标记

④ 使用专用工具张紧轮套筒扳手（MD998767）将正时带张紧器皮带轮推入正时带，然后临时拧紧固定螺栓，见图 5-17。

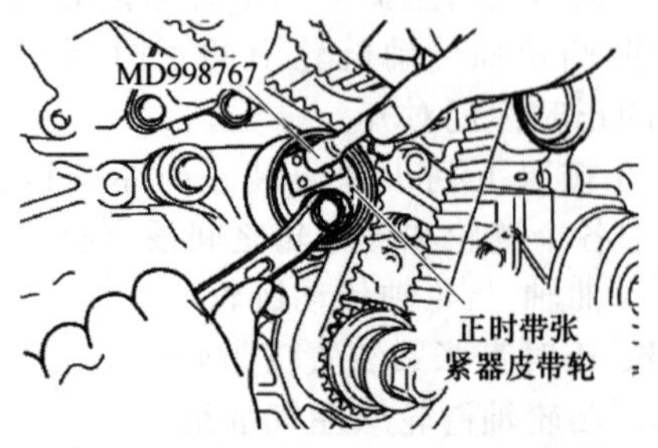

图 5-17 将张紧皮带轮推入正时带

⑤ 使用专用工具曲轴链轮隔圈（MD998769）先逆时针转动曲轴 1/4 圈，然后再顺时针转动，直到对齐正时标记，见图 5-18。

拧紧固定螺栓时，注意不要使正时带张紧器皮带轮随螺栓转动。

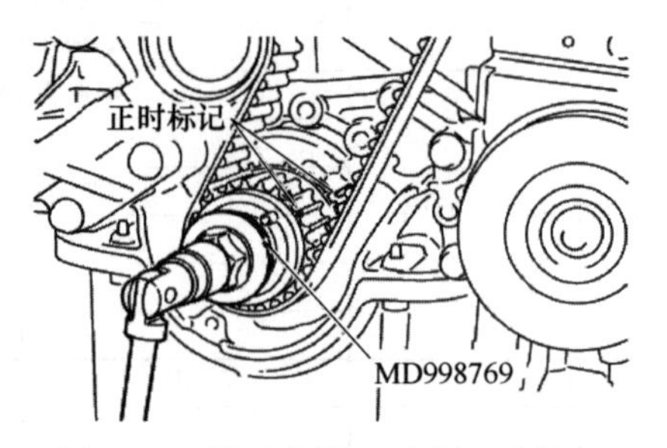

图 5-18 转动曲轴，对齐正时标记

⑥ 松开正时带张紧器皮带轮的固定螺栓。如图 5-19 所示，使用专用工具（MD998767）和扭力扳手向正时带施加张紧力矩。然后将固定螺栓拧紧至规定转矩，见图 5-19。标准值：4.4N・m（正时带张紧力矩）。拧紧转矩：(48±6)N・m。

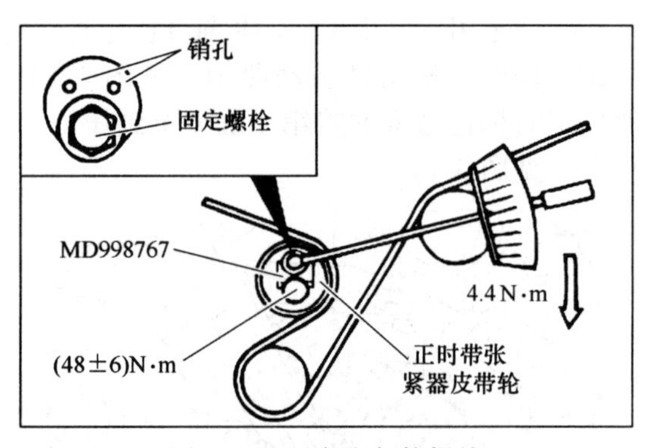

图 5-19 固定张紧轮螺栓

⑦ 拆下插入正时带张紧器调节器的定位销，见图 5-20。

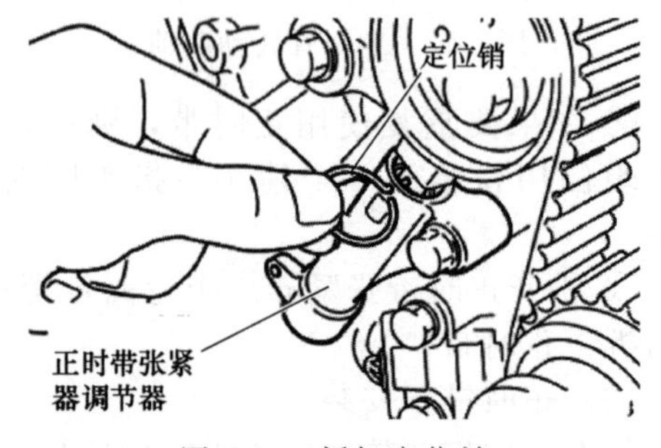

图 5-20 拆卸定位销

⑧ 顺时针转动曲轴两次以对齐正时标记。

⑨ 至少等待 5min，然后检查确认正时带张紧器调节器推杆的伸出量处于标准值范围内，见图 5-21。标准值（A）：4.8～5.5mm。

⑩ 如果未处于标准值范围内，则重复步骤①～⑧中的操作。

⑪ 再次检查链轮的正时标记是否对齐。

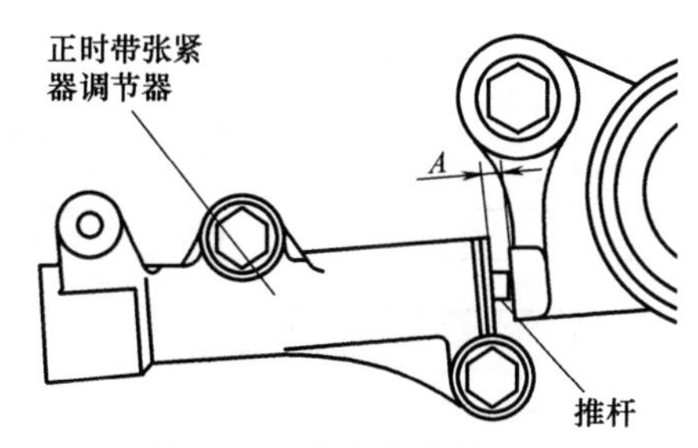

图 5-21　检查柱塞伸出量

5.3.2　发动机维修数据

6G72 发动机机械维修数据如表 5-7 所示，机械部件紧固力矩如表 5-8 所示。

表 5-7　6GT2 发动机机械维修数据

项目				数据
常规	类型			60°V、SOHC
	气缸数			6
	燃烧室			单坡屋脊形
	总排量/mL			2972
	缸径/mm			91.1
	活塞行程/mm			76.0
	压缩比			9.0∶1
	气门正时	进气门	打开	上止点前 11°
			关闭	下止点后 53°
		排气门	打开	下止点前 49°
			关闭	上止点后 15°
	润滑系统			压力供给，全流式过滤
	机油泵形式			摆线式
正时带	自动张紧器推杆长度/mm			4.8～5.5
	自动张紧器推杆伸出长度/mm			11.7～12.3
	自动张紧器推杆的推入量(以 98～196N 的力推时)/mm			≤1.0
摇臂和凸轮轴	凸轮轴凸轮高度/mm		进气门	37.584(最小为 37.080)
			排气门	36.953(最小为 36.450)
	凸轮轴轴颈外径/mm			45
气缸盖和气门	气缸盖密封垫表面的平面度/mm			<0.03(极限值:0.2)
	气缸盖密封垫表面磨削限值(气缸盖和气缸体修磨表面总深度)/mm			0.2
	气缸盖总高/mm			120
	气门头厚度(边缘)/mm		进气门	1.0(最小为 0.5)
			排气门	1.2(最小为 0.7)
	气门总高/mm		进气门	112.00(最小为 111.50)
			排气门	113.81(最小为 113.31)
	气门杆外径/mm		进气门	6.0
			排气门	6.0
	到气门导管间隙的气门厚度/mm		进气门	0.020～0.047(极限值:0.10)
			排气门	0.035～0.062(极限值:0.15)
	气门锥面角/(°)			43.5～44
	气门弹簧自由长度/mm			51.03(最小为 50.03)
	(气门弹簧负荷/安装高度)/(N/mm)			267/44.2
	气门弹簧偏离直角度/(°)			≤2(极限值:4)
	气门座气门接触宽度/mm			0.9～1.3
	气门导管内径/mm			6.0
	气门导管压入高度/mm			13.7～14.3

续表

项目			数据
油底壳和机油泵	机油泵顶部间隙/mm		0.06～0.18
	机油泵侧隙/mm		0.040～0.095
	机油泵外壳间隙/mm		0.100～0.181(极限值:0.35)
活塞和连杆	活塞外径/mm		91.1
	活塞环与环槽的间隙/mm	第一道	0.03～0.07(极限值:0.1)
		第二道	0.02～0.06(极限值:0.1)
	活塞环端隙/mm	第一道	0.30～0.45(极限值:0.8)
		第二道	0.45～0.60(极限值:0.8)
		刮油环刮片	0.20～0.60(极限值:1.0)
	活塞销外径/mm		22.0
	活塞销压入负荷(在室温时)/N		7350～17150
	曲轴连杆轴颈油隙/mm		0.016～0.046(极限值:0.1)
	连杆大头侧间隙/mm		0.10～0.25(极限值:0.3)
曲轴和气缸体	曲轴轴向间隙/mm		0.05～0.25(极限值:0.3)
	曲轴轴颈外径/mm		60.0
	曲轴连杆轴颈外径/mm		50.0
	曲轴轴颈油隙/mm		0.018～0.036(极限值:0.1)
	活塞与气缸的间隙/mm		0.02～0.04
	气缸体密封垫表面的平面度/mm		0.05(极限值:0.1)
	气缸体密封垫表面磨削限值(气缸盖和气缸体表面整修总深度)/mm		0.2
	气缸体内径/mm		91.10～91.13
	圆柱度/mm		0.01
气缸盖和气门	气缸盖上的加大尺寸气门导管孔的直径/mm		0.05mm 加大尺寸:11.050～11.068
			0.25mm 加大尺寸:11.250～11.268
			0.50mm 加大尺寸:11.500～11.518
	气缸盖上的加大尺寸气门座圈孔的直径/mm	进气门	0.3mm 加大尺寸:34.300～34.325
			0.6mm 加大尺寸:34.600～34.625
		排气门	0.3mm 加大尺寸:31.800～31.825
			0.6mm 加大尺寸:32.100～32.125

表 5-8　6GT2 发动机机械部件紧固力矩

项目		紧固力矩/(N·m)
交流发电机和驱动皮带	冷却风扇螺栓	11±1
	风扇离合器螺母	11±1
	冷却风扇支架螺栓	41±8
	张紧装置皮带轮螺栓	44±10
	自动张紧器螺栓 M8	24±4
	自动张紧器螺栓 M10	44±10
	交流发电机螺栓 M8	23±3
	交流发电机螺栓 M10	49±5
	附件支座支撑螺栓 M8	24±4
	附件支座支撑螺栓 M10	49±9
	正时指示器螺栓	11±1
	附件支座螺栓 M10(螺纹距 1.25mm)	44±10
	附件支座螺栓 M10(螺纹距 1.5mm)	41±8
	附件支座螺栓 M12	74±9
	曲轴螺栓	185
排气系统	盖罩螺栓(中国内地版和中国香港版车辆除外)	23±6
	EGR 阀螺栓(中国内地版和中国香港版车辆)	23±6
	净化阀螺栓(中国内地版和中国香港版车辆)	5.0±1.0

续表

项目		紧固力矩/(N·m)
排气系统	真空管和软管螺栓(中国内地版和中国香港版车辆)	11±1
	EGR电磁阀螺栓(中国内地版和中国香港版车辆)	9.5±2.5
	EGR管螺栓(中国内地版和中国香港版车辆)	18±2
进气歧管和点火系统	进气歧管绝对压力传感器螺栓	5.0±1.0
	进气歧管支撑螺栓(M8)	21±2
	进气歧管支撑螺栓(M10)	49±6
	出水口管接头支架螺栓	14±1
	节气门体螺栓	12±2
	空气进口管接头螺栓	21±2
	空气进口管接头螺母	18±2
	进气歧管上部螺栓	21±2
	进气歧管上部螺母	18±2
	点火线圈螺栓	10±2
	火花塞	25±5
正时带	正时带上盖螺栓	14±1
	正时带下盖螺栓	11±1
	曲轴位置传感器螺栓	9.0±1.0
	自动张紧器螺栓	23±3
	张紧器带轮固定螺栓	48±6
	张紧器臂螺栓	44±10
	张紧装置皮带轮螺栓	44±5
	凸轮轴位置传感器螺栓	11±1
	凸轮轴位置传感器支架螺栓	14±1
	凸轮轴位置感应筒螺栓	22±4
	凸轮轴链轮螺栓	88±10
	动力转向油泵支架螺栓	41±8
	正时带后盖螺栓	14±1
水软管和水管	冷却液温度传感器	30±9
	出水口管接头螺栓	12±1
	出水管螺栓	14±1
	进水口管接头螺栓	12±1
	节温器壳体螺栓	9.0±1.0
	管接头螺栓	12±1
	水道螺栓	19±1
	水管螺栓	14±1
进气歧管和燃油系统	进气歧管螺母	22±1
	喷油器和油轨螺栓	12±1
排气歧管	油位计导槽螺栓	14±1
	隔热板螺栓	14±1
	排气歧管螺母	44±5
	水泵螺栓	24±3
摇臂和凸轮轴	气门室盖螺栓	3.5±0.5
	摇臂和轴螺栓	31±3
	止推壳体螺栓	13±2
气缸盖和气门	气缸盖螺栓	108±5→0→108±5
油底壳和机油泵	油压开关	10±2
	机油冷却器旁通路螺栓(中国香港版车辆除外)	23±3
	机油滤清器支架螺栓	23±3
	放泄塞	39±5
	端盖螺栓	10.8±0.9

续表

项目		紧固力矩/(N·m)
油底壳和机油泵	油底壳螺栓	9.0±3.0
	机油挡板螺栓	11±1
	滤油网支撑螺栓	14±1
	机油滤网螺栓	19±3
	减压塞	44±5
	机油泵盖螺栓	10±2
	机油泵壳体螺栓	14±1
活塞和连杆	气缸盖螺栓	27(并继续转动+90°)
曲轴和气缸体	飞轮螺栓(M/T)	73.5±2.0
	驱动盘螺栓(A/T)	74±2
	后部板螺栓	11±1
	油封壳螺栓	11±1
	爆震传感器螺栓	20±2
	爆震传感器支架	28±2
	轴承盖螺栓	93±4
支架	发动机支架托架螺栓(M8)	22±4
	发动机支架托架螺栓(M10)	41±8
	发动机支架托架螺栓(M12)	75±10

第6章 马自达汽车

6.1 1.5L P5发动机

6.1.1 发动机正时维修

与2.0L PE发动机一样，相关内容请参考6.2节。

6.1.2 发动机维修数据

P5/PE/PY发动机机械维修数据如表6-1所示。

表6-1 P5/PE/PY发动机机械维修数据

项目		数据
OCV线圈电阻		6.9～7.5Ω(20℃)
气缸盖密封垫侧的最大变形		0.05mm
歧管侧最大变形	进气侧	0.10mm
	排气侧	0.05mm
歧管侧最大切削长度	进气侧	禁止切削
	排气侧	0.20mm
标准气门弹簧座接触宽度		1.37～1.84mm
气门弹簧座角度		45°
标准气门弹簧座下沉量(SKYACTIV-G 1.5)	进气侧	44.90～46.14mm
	排气侧	44.91～46.15mm
标准气门弹簧座下沉量(SKYACTIV-G 2.0)	进气侧	49.03～50.27mm
	排气侧	49.03～50.27mm
标准气门弹簧座下沉量(SKYACTIV-G 2.5)	进气侧	48.93～50.17mm
	排气侧	48.87～50.11mm
标准气门头部边缘厚度	进气侧	1.75～1.95mm
	排气侧	1.95～2.15mm
标准气门长度(SKYACTIV-G 1.5)	进气侧	103.42～104.02mm
	排气侧	112.93～113.53mm
标准气门长度(SKYACTIV-G 2.0)	进气侧	106.55～107.15mm
	排气侧	116.55～117.15mm
标准气门长度(SKYACTIV-G 2.5)	进气侧	107.00～107.60mm
	排气侧	117.09～117.69mm
最小气门长度(SKYACTIV-G 1.5)	进气侧	103.20mm
	排气侧	112.71mm
最小气门长度(SKYACTIV-G 2.0)	进气侧	106.33mm
	排气侧	116.33mm

续表

项目		数据
最小气门长度(SKYACTIV-G 2.5)	进气侧	106.78mm
	排气侧	116.87mm
标准气门杆直径	进气侧	5.470～5.485mm
	排气侧	5.465～5.480mm
最大气门杆直径	进气侧	5.424mm
	排气侧	5.419mm
标准气门导管内径	进气侧	5.510～5.530mm
	排气侧	5.510～5.530mm
气门杆与导管之间的标准间隙	进气侧	0.025～0.060mm
	排气侧	0.030～0.065mm
气门杆与导管之间的最大间隙		0.10mm
标准气门导管凸出高度(SKYACTIV-G 1.5)	进气侧	13.8～14.4mm
	排气侧	13.8～14.4mm
标准气门导管凸出高度(SKYACTIV-G 2.0,SKYACTIV-G 2.5)	进气侧	16.4～17.0mm
	排气侧	16.4～17.0mm
气门弹簧安装高度(SKYACTIV-G 1.5)	进气侧	以161～179N的力施压时,高度是34.0mm
	排气侧	以209～231N的力施压时,高度是34.0mm
气门弹簧安装高度(SKYACTIV-G 2.0)	进气侧	以190～210N的力施压时,高度是38.0mm
	排气侧	以228～252N的力施压时,高度是38.0mm
气门弹簧安装高度(SKYACTIV-G 2.5,A型)		以228～252N的力施压时,高度是38.0mm
气门弹簧安装高度(SKYACTIV-G 2.5,B型)	进气侧	以195～215N的力施压时,高度是38.0mm
	排气侧	以228～252N的力施压时,高度是38.0mm
最大气门弹簧尺寸偏斜(SKYACTIV-G 1.5)	进气侧	2.0°(3.3mm)
	排气侧	2.0°(3.4mm)
最大气门弹簧尺寸偏斜(SKYACTIV-G 2.0)	进气侧	2.0°(3.5mm)
	排气侧	2.0°(3.6mm)
最大气门弹簧尺寸偏斜(SKYACTIV-G 2.5)	进气侧	2.0°(3.6mm)
	排气侧	2.0°(3.6mm)
最大凸轮轴跳动量		0.030mm
标准凸轮高度(SKYACTIV-G 1.5)	进气侧	41.53mm
	排气侧	40.35mm
标准凸轮高度(SKYACTIV-G 2.0)	进气侧	41.57mm
	排气侧	40.37mm
标准凸轮高度(SKYACTIV-G 2.5)	进气侧	42.34mm
	排气侧	40.37mm
最小凸轮高度(SKYACTIV-G 1.5)	进气侧	41.46mm
	排气侧	40.28mm
最小凸轮高度(SKYACTIV-G 2.0)	进气侧	41.50mm
	排气侧	40.30mm
最小凸轮高度(SKYACTIV-G 2.5)	进气侧	42.27mm
	排气侧	40.30mm
标准凸轮轴轴颈直径		24.96～24.98mm
最小凸轮轴轴颈直径		24.93mm
标准凸轮轴轴颈油膜间隙		0.035～0.080mm
最大凸轮轴轴颈油膜间隙		0.090mm
标准凸轮轴轴向间隙		0.07～0.22mm
最大凸轮轴轴向间隙		0.23mm
气缸体缸盖密封垫侧的最大变形		0.10mm
标准气缸孔径	G 1.5	74.500～74.530mm
	G 2.0	83.500～83.530mm
	G 2.5	89.000～89.030mm

续表

项目		数据
机油喷射阀的开启压力		180～220kPa
标准活塞外径	G 1.5	74.467～74.497mm
	G 2.0	83.465～83.495mm
	G 2.5	88.965～88.995mm
活塞与气缸之间的标准间隙	G 1.5	0.0230～0.0430mm
	G 2.0	0.0250～0.0450mm
	G 2.5	
活塞与气缸之间的最大间隙	G 1.5	0.062mm
	G 2.0	0.063mm
	G 2.5	0.066mm
活塞环与环槽之间的标准间隙	顶部	0.04～0.08mm
	第二环	0.03～0.07mm
	油环	0.04～0.12mm
活塞环与环槽之间的最大间隙	顶部	0.12mm
	第二环	0.10mm
	油环	0.17mm
标准活塞环端隙(SKYACTIV-G 1.5)	顶部	0.12～0.17mm
	第二环	0.17～0.27mm
	油环	0.10～0.35mm
标准活塞环端隙(SKYACTIV-G 2.0，SKYACTIV-G 2.5)	顶部	0.13～0.18mm
	第二环	0.18～0.28mm
	油环	0.10～0.35mm
最大活塞环端隙	顶部	0.35mm
	第二环	0.45mm
	油环	0.52mm
标准活塞销外径	G 1.5	17.995～18.000mm
	G 2.0	20.995～21.000mm
	G 2.5	
标准活塞销孔径	G 1.5	18.004～18.008mm
	G 2.0	21.004～21.008mm
	G 2.5	
活塞销孔径与活塞销外径之间的标准间隙		0.004～0.013mm
标准连杆小头端内径(SKYACTIV-G 1.5)		18.002～18.013mm
标准连杆小头端内径(SKYACTIV-G 2.0)	A 型连杆	21.006～21.017mm
	B 型连杆	21.002～21.013mm
标准连杆小头端内径(SKYACTIV-G 2.5)		21.002～21.013mm
连杆小头端内径与活塞销外径之间的标准间隙(SKYACTIV-G 1.5)		0.002～0.018mm
连杆小头端内径与活塞销外径之间的标准间隙(SKYACTIV-G 2.0)	A 型连杆	0.006～0.022mm
	B 型连杆	0.002～0.018mm
连杆小头端内径与活塞销外径之间的标准间隙(SKYACTIV-G 2.5)		0.002～0.018mm
最大连杆弯曲		0.050mm
最大连杆扭曲		0.050mm
连杆中心距离	G 1.5	149.9mm
	G 2.0	155.2mm
	G 2.5	154.8mm
连杆大头端的标准旁隙		0.14～0.36mm
连杆大头端的最大旁隙		0.465mm
连杆大头端的标准轴承油膜间隙		0.026～0.052mm
连杆大头端的最大轴承油膜间隙		0.10mm

续表

项目		数据
连杆轴承尺寸(SKYACTIV-G 1.5)	STD	1.498～1.517mm
	OS 0.25	1.623～1.626mm
	OS 0.50	1.748～1.751mm
连杆轴承尺寸(SKYACTIV-G 2.0)	STD	1.503～1.520mm
	OS 0.25	1.628～1.631mm
	OS 0.50	1.753～1.756mm
连杆轴承尺寸(SKYACTIV-G 2.5)	STD	1.502～1.519mm
	OS 0.25	1.628～1.631mm
	OS 0.50	1.753～1.756mm
标准曲轴轴向间隙		0.08～0.29mm
最大曲轴轴向间隙		0.30mm
止推轴承尺寸	STD	2.500～2.550mm
	OS 0.25	2.625～2.675mm
最大主轴颈跳动量		0.10mm
标准主轴颈直径	G 1.5	42.980～43.000mm
	G 2.0	46.980～47.000mm
	G 2.5	49.980～50.000mm
主轴颈最大圆度		0.005mm
标准曲柄销直径	G 1.5	42.980～43.000mm
	G 2.0	46.980～47.000mm
	G 2.5	49.980～50.000mm
曲柄销最大圆度		0.005mm
标准主轴颈油膜间隙		0.016～0.039mm
最大主轴颈油膜间隙		0.084mm
主轴承尺寸	STD	2.489～2.510mm
	OS 0.25	2.614～2.617mm
	OS 0.50	2.739～2.742mm
飞轮的最大跳动量		0.10mm
双质量飞轮导销的最大凸出量		11.0～12.0mm
双质量飞轮最大跳动量		1.5mm
标准气缸盖螺栓长度		145.2～145.8mm
最大气缸盖螺栓长度		146.5mm
标准连杆帽螺栓长度	G 1.5	41.7～42.3mm
	G 2.0	43.7～44.3mm
	G 2.5	
最大连杆帽螺栓长度	G 1.5	42.7mm
	G 2.0	45.0mm
	G 2.5	
后油封的压入深度		0～0.5mm
前油封的压入深度		0～1.0mm

6.2 2.0L PE 发动机

6.2.1 发动机正时维修

(1) 正时链条拆卸

① 拆下发动机前罩上的维修孔盲塞(上和下)，见图 6-1。

② 将一个 M6 螺栓（螺纹至端末的长度为 35～60mm）插入维修孔的上部，拧紧直到它触碰到张紧臂，然后拧松约 180°。(固定螺栓，使它在张紧臂略微靠前的位置。)

• 当它插入约 20mm 时，螺栓触碰到

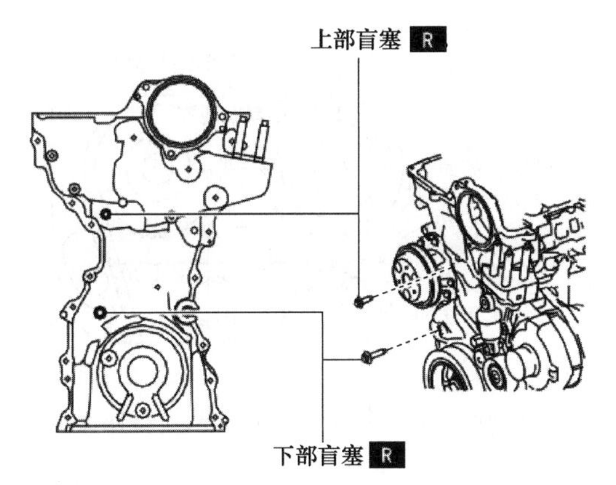

图 6-1　拆下前罩上盲塞

张紧臂，见图 6-2。

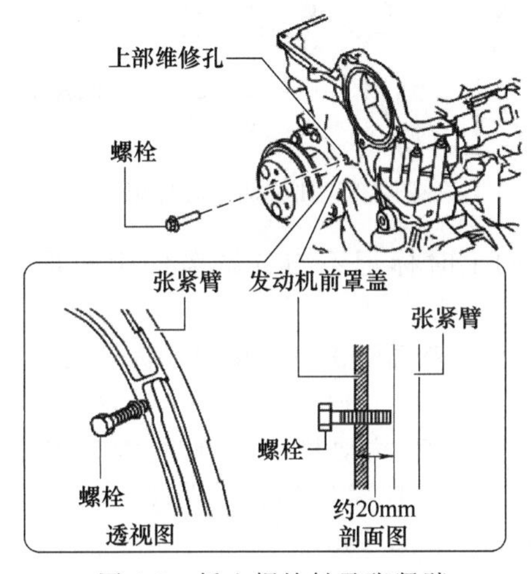

图 6-2　插入螺栓触及张紧臂

• 如图 6-3 所示，在铸造六角螺栓上使用扳手固定排气凸轮轴，前后移动几次。这样可以排出链条张紧器里的油，以便于下面的维修操作。

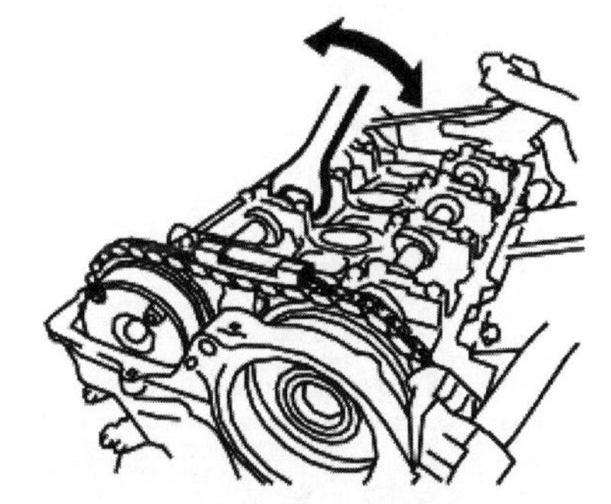
图 6-3　转动排气凸轮轴

③ 将精密螺丝刀插入维修孔下部。

④ 当用扳手夹住六角形铸件沿箭头方向前后移动排气凸轮轴时，请用精密螺丝刀按下正时链条张紧器的连接板，并松开对柱塞的锁定，见图 6-4。

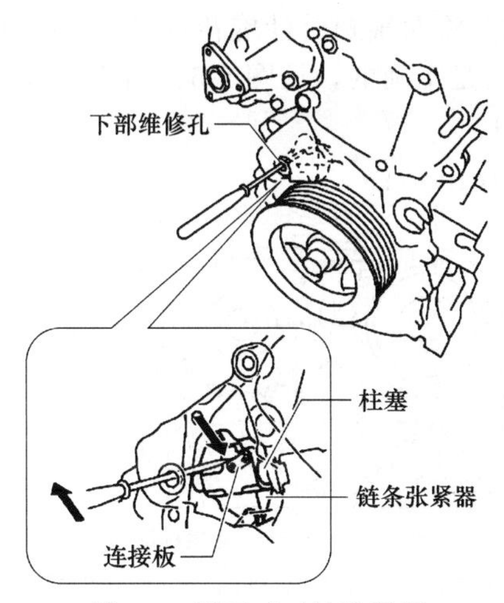

图 6-4　拆下正时链张紧器

• 当前后移动排气凸轮轴时，正时链条推动链条张紧器中的柱塞，使得连接板的作业更容易。

⑤ 释放柱塞锁紧装置，顺时针转动排气凸轮轴，直到正时链条松动，见图 6-5。

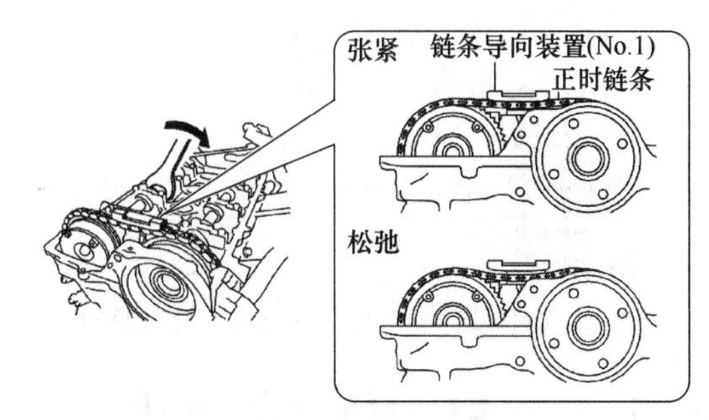

图 6-5　松弛正时链

⑥ 链条松动以后，拧紧维修孔上部的 M6 螺栓，这样螺栓就又插入了约 5mm 以固定张紧臂。

• 如果螺栓不能插入约 5mm，那么链条张紧器的柱塞锁紧装置可能不会释放，或链条可能不足以松动。将螺栓恢复至原来的位置，从③步开始重新进行操作。

• 通过顺时针旋转排气凸轮轴，正时链条推动张紧臂，同时筋的位置偏离了。整个张紧臂可以通过让螺栓钩住偏离筋来固定。

⑦ 固定张紧臂后，拆下链条导板（1 号）。

（2）正时链条安装

① 安装链条导向装置（No. 1）。

② 拆下张紧臂上的紧固螺栓，向正时链条施加压力。

③ 将曲轴顺时针旋转两圈，然后确认气门正时是正确的，见图 6-6、图 6-7、图 6-8、图 6-9。

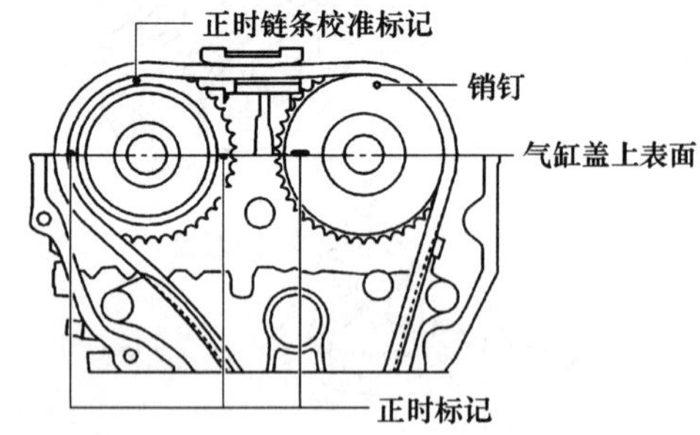

图 6-6　1. 5L 发动机凸轮轴侧正时标记

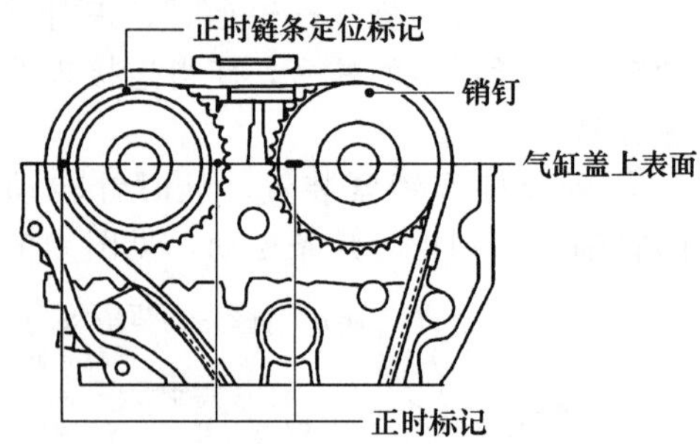

图 6-7　2. 0L 发动机凸轮轴侧正时标记

说明：

• SKYACTIV-G 1. 5 和 SKYACTIV-G 2.5 的正时标记不与气缸盖的上表面完全平行。

SKYACTIV−G 2.5
正时链条定位标记
销钉
气缸盖上表面
正时标记

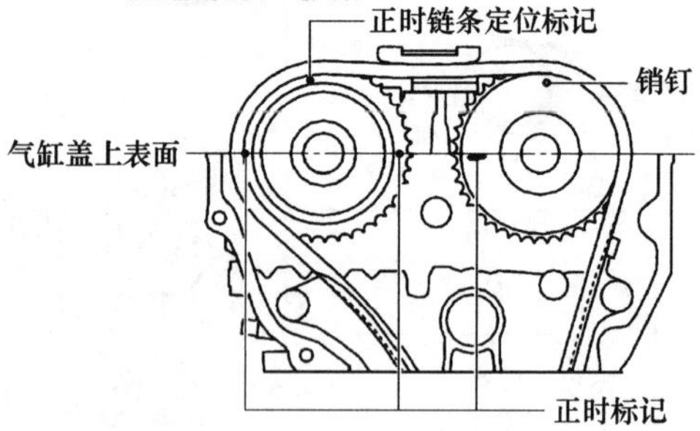

图 6-8　2. 5L 发动机凸轮轴侧正时标记

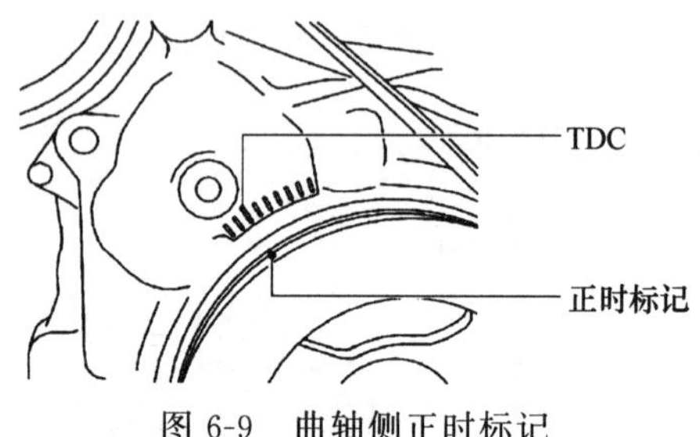

图 6-9　曲轴侧正时标记

• 如果气门正时不正确，拆下发动机前罩，重新安装正时链条到每个链轮。

④ 安装发动机前罩上的维修孔盲塞（上和下）。拧紧转矩：上为 8～11N • m；下为 17～23N • m。

6. 2. 2　发动机维修数据

发动机维修数据如表 6-1 所示。

6. 3　2. 5L PY 发动机

6. 3. 1　发动机正时维修

与 2. 0L SKYACTIV-G 一样，相关内容请参考 6. 2. 1 小节。

6. 3. 2　发动机维修数据

发动机维修数据如表 6-1 所示。

第 7 章　斯巴鲁汽车

7.1　2.0L FA20 发动机

7.1.1　发动机正时维修

与 FB20 发动机相同，请参考 7.2.1 小节内容。

7.1.2　发动机维修数据

FA20 发动机机械维修数据如表 7-1 所示。

表 7-1　FA20 发动机机械维修数据

项目			数据
一般信息	发动机类型		横置，水冷，四缸四冲程汽油发动机
	气门排列		DOHC
	缸径×行程		86mm×86mm
	排气量		1998mL
	压缩率		12.5
	点火顺序		1—3—2—4
	最大输出/转速		AT：147kW/（7000r/min）。 MT：152kW/（7000r/min）
	最大转矩/转速		AT：205Nm/（6400～6600r/min）。 MT：212Nm/（6400～6800r/min）
点火正时	怠速（变速箱处于空挡）时		2°～22°BTDC
怠速	自动变速箱（处于空挡）		600～800r/min
	手动变速箱		550～750r/min
压缩	压缩压力		1150～1750kPa
	各缸之间的压力差异		≤200kPa
凸轮间隙	标准（冷）	进气	0.10～0.15mm
		排气	0.20～0.24mm
凸轮轴	圆跳动	最大	0.020mm
	凸轮凸角高度	进气	40.39～40.49mm
		排气	40.19～40.29mm
		对于燃油泵	38.95～39.05mm
	凸轮基圆	进气	34.0mm
		排气	34.0mm
	轴颈直径		25.946～25.963mm
	轴向间隙		0.068～0.116mm
	油膜间隙		0.037～0.072mm

续表

项目			数据
缸盖副总成	翘曲度	最大	0.020mm
	缸盖高度	标准	98.5mm
		最小	98.4mm
进气门	总长		104.95mm
	边缘厚度		0.8～1.2mm
	气门挺杆直径		5.455～5.470mm
	气门挺杆宽度		0.8～1.6mm
排气门	总长		97.57mm
	边缘厚度		1.0～1.4mm
	气门挺杆直径		5.445～5.460mm
	气门挺杆宽度		1.1～1.7mm
进气门导管衬套	内径		5.500～5.512mm
	油膜间隙		0.030～0.057mm
	凸出部分高度		11.4～11.8mm
排气门导管衬套	内径		5.500～5.512mm
	油膜间隙		0.040～0.067mm
	凸出部分高度		11.4～11.8mm
气门调整垫片	气门挺杆端部直径	进气	5.455～5.470mm
		排气	5.445～5.460mm
	气门调整垫片内径		5.500～5.560mm
	油膜间隙	进气	0.030～0.105mm
		排气	0.040～0.115mm
气门弹簧	自由长度		41.06mm
	偏差	最大	＜1.8mm
	角度	最大	2.5°
缸体	翘曲度	最大	0.025mm
	缸体高度	标准	205.0mm
		最小	204.9mm
	气缸直径	标记 A	86.005～86.015mm
		标记 B	85.995～86.005mm
		最大(镗缸时)	86.505mm
缸径	圆柱度		0.030mm
	圆度		0.030mm
活塞	活塞直径	至活塞头部的距离	39.4mm
		A 级	85.985～85.995mm
		B 级	85.975～85.985mm
		0.25mm 加大尺寸	86.225～86.245mm
		0.50mm 加大尺寸	86.475～86.495mm
	油膜间隙		0.010～0.030mm
活塞销	活塞销油膜间隙		0.004～0.008mm
	连杆衬套油膜间隙		0.006～0.026mm
活塞环	活塞环端部间隙	1 号	0.20～0.25mm
		2 号	0.60～0.70mm
		油环	0.10～0.35mm
	槽间隙	1 号	0.030～0.080mm
		2 号	0.030～0.070mm
连杆	弯曲	最大	0.10mm(每 100mm 长度)
	扭曲	最大	0.10mm(每 100mm 长度)
	轴向间隙		0.070～0.330mm
	油膜间隙		0.025～0.055mm

续表

项目			数据
连杆	轴承尺寸(中心厚度)	标准	1.492～1.508mm
		0.03mm 减小尺寸	1.511～1.515mm
		0.05mm 减小尺寸	1.521～1.525mm
		0.25mm 减小尺寸	1.621～1.625mm
	曲柄销直径	标准	49.976～50.000mm
		0.03mm 减小尺寸	49.946～49.970mm
		0.05mm 减小尺寸	49.926～49.950mm
		0.25mm 减小尺寸	49.726～49.750mm
曲轴	圆跳动	最大	0.035mm
	曲轴销锥度	最大	0.006mm
	曲轴销跳动	最大	0.005mm
	曲轴轴颈锥度	最大	0.006mm
	曲轴轴颈跳动	最大	0.005mm
	曲柄销直径	最小	49.726mm
	曲轴轴颈直径	最小	67.735mm
	连杆轴承厚度(中心处)	标准	1.492～1.508mm
		0.03mm 减小尺寸	1.511～1.515mm
		0.05mm 减小尺寸	1.521～1.525mm
		0.25mm 减小尺寸	1.621～1.625mm
	1～4 号曲轴轴承厚度(中心处)	标准	2.498～2.513mm
		0.03mm 减小尺寸	2.519～2.522mm
		0.05mm 减小尺寸	2.529～2.532mm
		0.25mm 减小尺寸	2.629～2.632mm
	5 号曲轴轴承厚度(中心处)	标准	2.496～2.511mm
		0.03mm 减小尺寸	2.517～2.520mm
		0.05mm 减小尺寸	2.527～2.530mm
		0.25mm 减小尺寸	2.627～2.630mm
	曲柄销外径	标准	49.976～50.000mm
		0.03mm 减小尺寸	49.946～49.970mm
		0.05mm 减小尺寸	49.926～49.950mm
		0.25mm 减小尺寸	49.726～49.750mm
	曲轴轴颈直径	标准	67.985～68.003mm
		0.03mm 减小尺寸	67.955～67.979mm
		0.05mm 减小尺寸	67.935～67.959mm
		0.25mm 减小尺寸	67.735～67.759mm
	轴向间隙		0.130～0.308mm
	油膜间隙		0.013～0.031mm

7.2　2.0L FB20 发动机

7.2.1　发动机正时维修

(1) 正时链条拆卸

① 拆卸右侧正时链条。

注：更换单个零件时，必须在发动机总成已装载在车上时操作。

a. 拆下链罩。

b. 使用 ST（即专用工具：18252AA000，曲轴座）并转动曲轴，将曲轴链轮、右进气凸轮轴链轮和右排气凸轮轴链轮的定位标记对准图 7-1 所示的位置。

如果定位标记与图 7-1 所示的位置对准，则曲轴键位于 6 点钟位置。

c. 按下右链条张紧器杆，将直径 2.5mm 的限位器销或直径 2.5mm 的六角头扳手插入右链条张紧器的限位器销孔中，固定柱塞（A），见图 7-2。

d. 拆下右链条张紧器，然后拆下右链条张紧器杆。

e. 拆下右链条导向装置，然后拆下右正时链条。

如果未安装右正时链条，则右进气凸轮轴和右排气凸轮轴保持在零升程位置。凸轮轴上的所有凸轮均不会压下滚子摇臂（进气

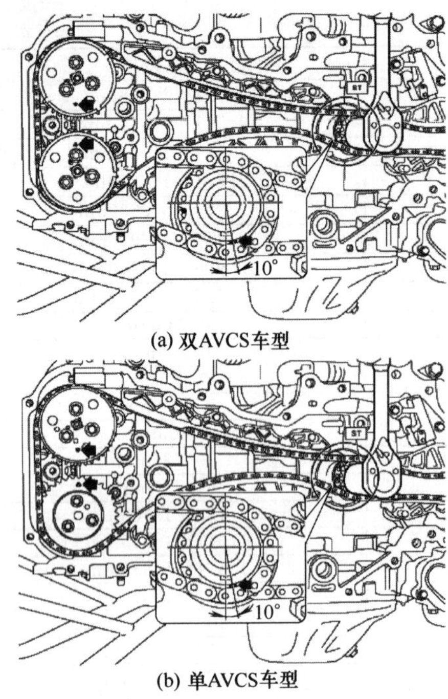

(a) 双AVCS车型

(b) 单AVCS车型

图 7-1　对准右侧正时标记

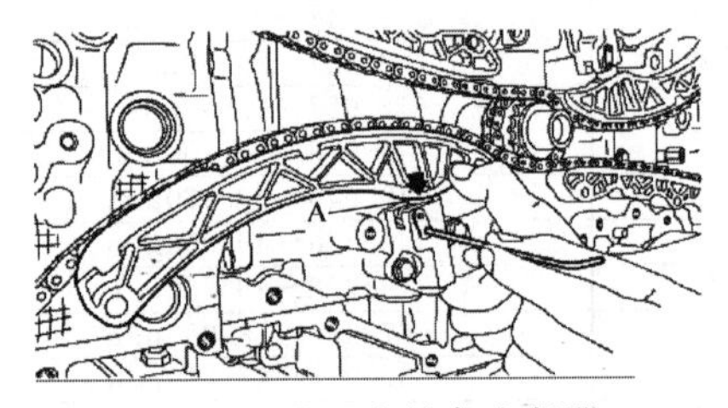

图 7-2　设置右链条张紧器

门和排气门)。(此情况下，所有气门保持没有升起的状态。)

在右正时链条拆下的情况下，可独立旋转右进气凸轮轴和右排气凸轮轴。当进气门和排气门同时上升时，气门头会相互接触，可能导致气门挺杆弯曲。不要将其转至零升程范围（可用手轻微转动的范围）以外。

为避免与左侧混淆，请按顺序保管拆下的零件。

② 拆卸左侧正时链条。

a. 拆下右侧正时链条。

b. 使用 ST（18252AA000，曲轴座）并转动曲轴，将曲轴键、左进气凸轮轴链轮和左排气凸轮轴链轮的定位标记对准图 7-3 所示的位置。

c. 按下左链条张紧器杆，将直径 1.3mm 的限位器销或直径 1.3mm 的六角头扳手插入

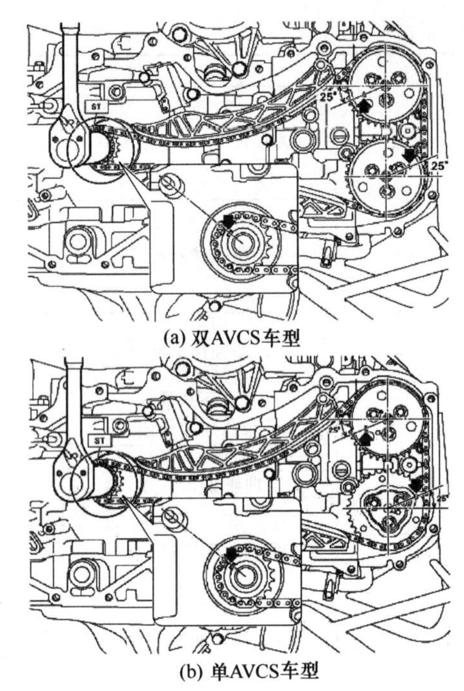

(a) 双AVCS车型

(b) 单AVCS车型

图 7-3　左侧正时链标记对准

左链条张紧器的限位器销孔中，固定柱塞(A)，见图 7-4。

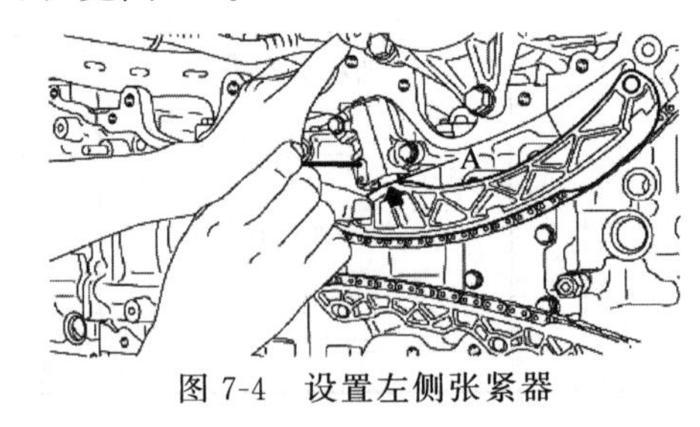

图 7-4　设置左侧张紧器

d. 拆下左链条张紧器，然后拆下左链条张紧器杆。

e. 拆下缸体（左）的 O 形圈。

f. 拆下左链条导向装置，然后拆下左正时链条。

如果未安装左正时链条，则左排气凸轮轴保持在零升程位置。左排气凸轮轴上的所有凸轮均不会压下滚子摇臂（排气门)。(此情况下，排气门保持没有升起的状态。)

左进气凸轮轴保持在升起位置。左进气凸轮轴上的所有凸轮均压下滚子摇臂（进气门)。(此情况下，进气门保持升起的状态。)

在左正时链条拆下的情况下，可独立旋转左进气凸轮轴和左排气凸轮轴。当转动左排气凸轮轴时，气门头会相互接触，可能导

致气门挺杆弯曲。不要将左排气凸轮轴转至零升程范围（可用手轻微转动的范围）以外。

1 号活塞和 4 号活塞位于 TDC 附近。如果转动左进气凸轮轴，气门和活塞可能会接触，从而导致气门挺杆弯曲。此时不要转动左进气凸轮轴。

为避免与右侧混淆，请按顺序保管拆下的零件。

③ 使用 ST（18252AA000，曲轴座）并将曲轴顺时针转动约 200°，使曲轴链轮的定位标记对准图 7-5 所示的位置。

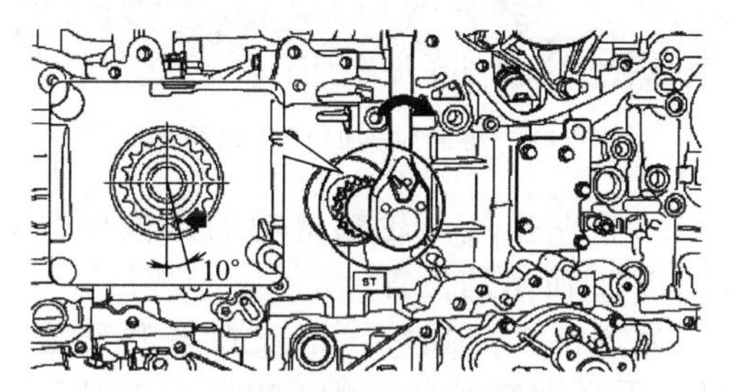

图 7-5　将曲轴顺时针转动约 200°

需要执行此步骤以将所有活塞移至气缸中间位置，防止气门和活塞相互接触。

切勿逆时针转动，因为气门和活塞可能会接触。顺时针转动曲轴链轮定位标记到图 7-5 所示位置附近后，只有在精确调整定位标记时，才可逆时针转动。

④ 使用 ST（ST1-18355AA000，皮带轮扳手；ST2-18334AA020，皮带轮扳手销套）并将左进气凸轮轴链轮转动约 180°，使左进气凸轮轴链轮的定位标记对准图 7-6 所示的位置（零升程位置）。

如此操作后，当进气门和排气门同时上升时，气门头会相互接触，可能导致气门挺杆弯曲。不要将左进气凸轮轴和左排气凸轮轴转至零升程范围（可用手轻微转动的范围）以外。

小心进行操作，因为 ST 易于脱落。

（2）正时链条安装

① 左侧正时链条安装。

注意：在安装过程中不要让异物进入组装的部件，也不要让异物落在上面。在正时链条的所有部件上涂抹机油。

a. 准备安装左链条张紧器。

• 按箭头方向移动连接板（A）以压入

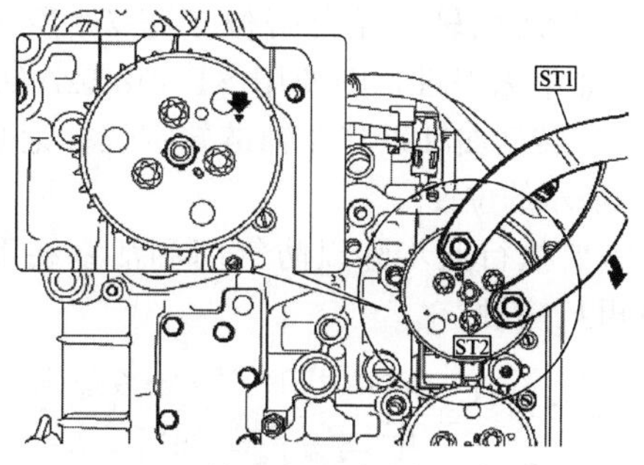

(a) 双AVCS车型

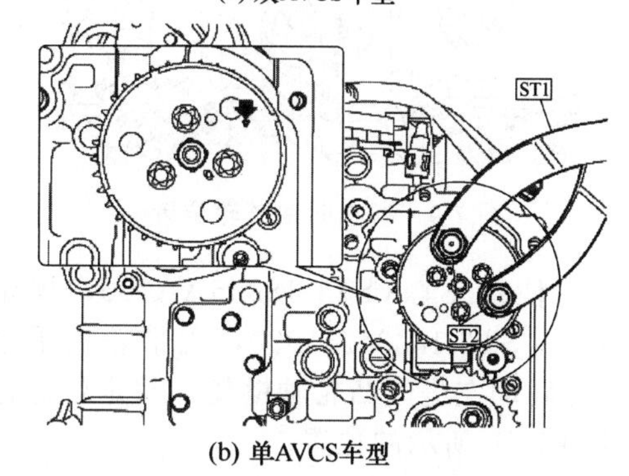

(b) 单AVCS车型

图 7-6　将左进气凸轮轴链轮转动约 180°

柱塞（B），见图 7-7。

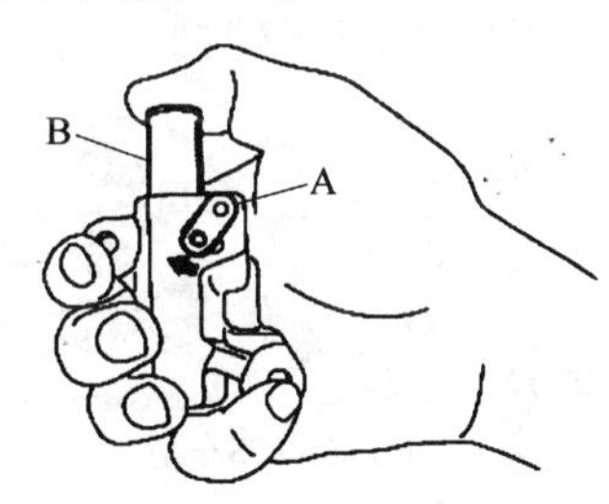

图 7-7　压下张紧器柱塞

• 用直径 1.3mm 的限位器销或直径 1.3mm 六角头扳手插入限位器销孔，固定柱塞。

如果连接板上的限位器销孔和链条张紧器上的限位器销孔没有对准，则检查柱塞齿条（A）的首个槽口是否与限位器齿（B）啮合。如果没有啮合，则稍稍缩回柱塞以使柱塞齿条（A）的首个槽口与限位器齿（B）啮合，见图 7-8。

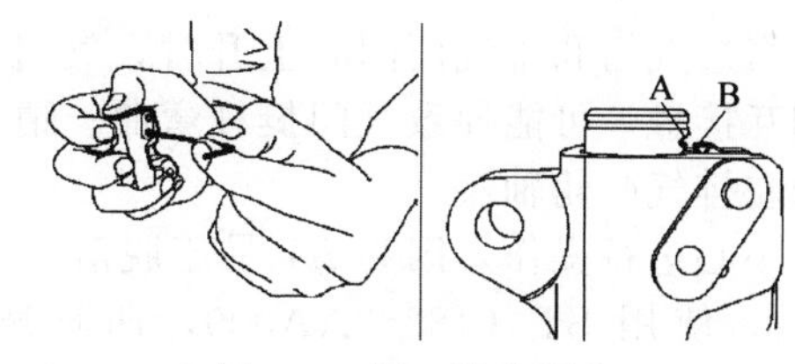

图 7-8　插入限位器销

b. 检查曲轴链轮是否位于图 7-9 所示的位置。如果未对准，则使用 ST（18252AA000，曲轴座）转动曲轴以将曲轴链轮定位标记对准图 7-9 所示的位置。

需要执行此步骤以防气门和活塞在下一步中相互接触。

图 7-9 检查曲轴链轮位置

c. 使用 ST（ST1-18355AA000，皮带轮扳手；ST2-18334AA020，皮带轮扳手销套）并转动左进气凸轮轴链轮，将定位标记对准图 7-10 所示的位置。

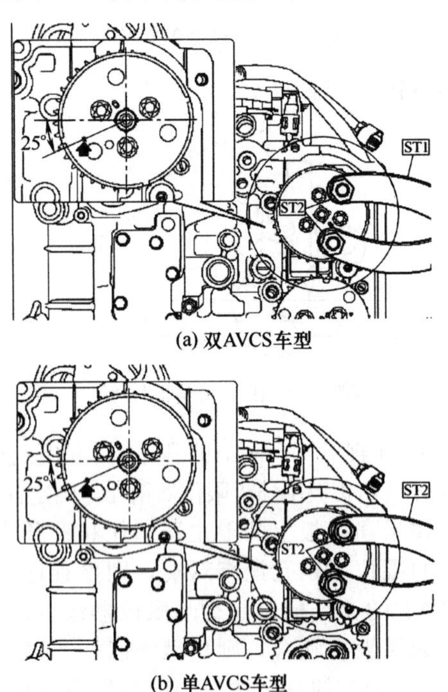

(a) 双AVCS车型

(b) 单AVCS车型

图 7-10 对准左进气凸轮轴链轮标记

当进气门和排气门同时上升时，气门头会相互接触，可能导致气门挺杆弯曲。请勿转动左排气凸轮轴。

小心进行操作，因为 ST 易于脱落。

d. 使用 ST（18252AA000，曲轴座）并将曲轴逆时针转动约 200°，使曲轴键的定位标记对准图 7-11 所示的位置。

切勿顺时针转动，因为气门和活塞可能会接触。逆时针转动曲轴把键带到图 7-11 所示位置附近后，只有在精确调整键位置时，才可顺时针转动。

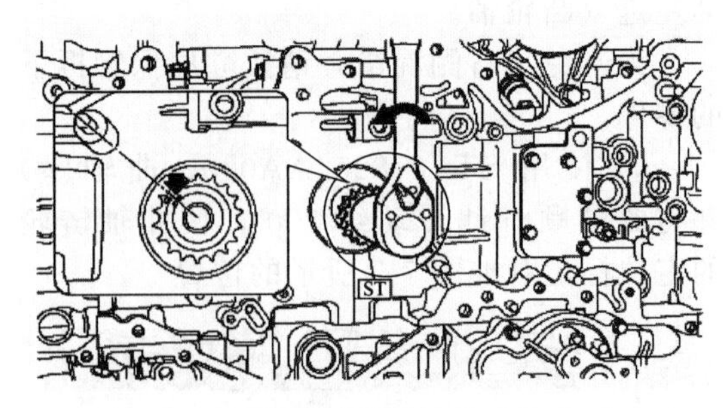

图 7-11 将曲轴逆时针转动约 200°

e. 将左排气凸轮轴链轮的定位标记对准图 7-12 所示的位置。

为防止气门损坏，请仅在零升程范围（可用手轻微转动的范围）内转动左排气凸轮轴链轮。

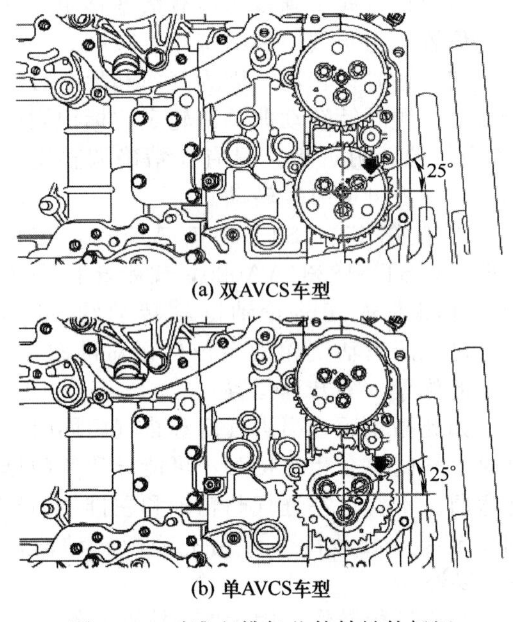

(a) 双AVCS车型

(b) 单AVCS车型

图 7-12 对准左排气凸轮轴链轮标记

f. 安装左正时链条和左正时链条导向装置：

把正时链条标记（蓝色）与曲轴链轮的定位标记相匹配，见图 7-13；

将正时链条标记（粉色）与左进气凸轮轴链轮的正时标记位置相匹配，见图 7-13；

将正时链条标记（粉色）与左排气凸轮轴链轮的正时标记位置相匹配，见图7-13；

安装左正时链条导向装置。拧紧转矩：6.4N·m。

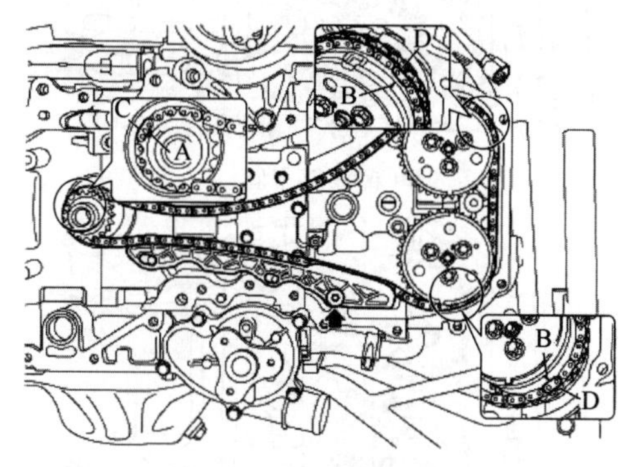

(a) 双AVCS车型

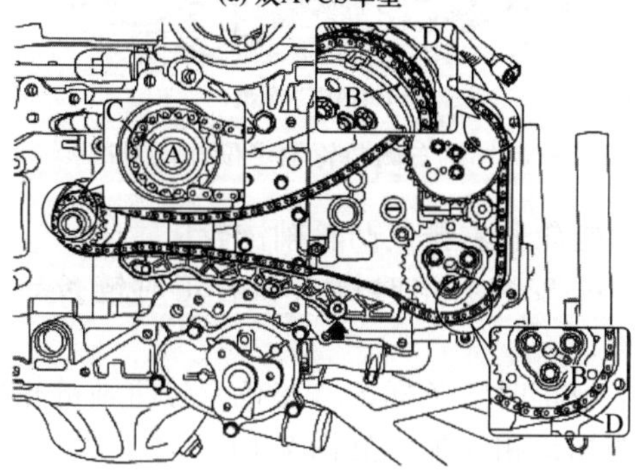

(b) 单AVCS车型

图7-13　安装左正时链条与导向装置

A—定位标记；B—正时标记；C—蓝色；D—粉色

g. 将O形圈安装到缸体（左）内。注：使用新O形圈，见图7-14。

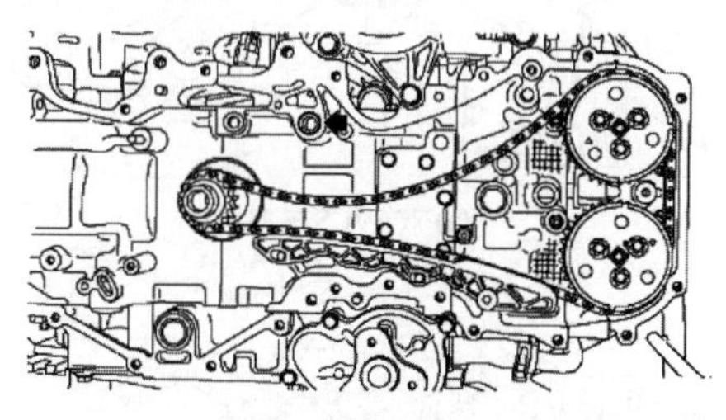

图7-14　安装新的O形圈

h. 安装左链条张紧器杆（A）和左链条张紧器。拧紧转矩：6.4N·m。

i. 从左链条张紧器中拉出限位器销。

注意，请在拉出限位器销之前确认下列项目：

正时链条标记（蓝色）与曲轴链轮的定位标记相匹配；

正时链条标记（粉色）与左进气凸轮轴链轮的正时标记位置相匹配；

正时链条标记（粉色）与左排气凸轮轴链轮的正时标记位置相匹配。

如果不能拆下限位器销，则按图7-15所示抬起左链条张紧器杆进行拆下操作。

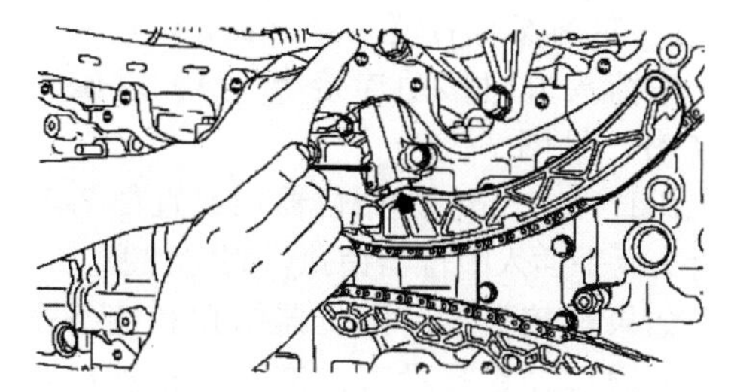

图7-15　拆下张紧器限位器销

j. 使用ST（18252AA000，曲轴座）顺时针转动曲轴，并确保没有异常状况。

注意：始终确保执行此确认。

k. 使用ST（18252AA000，曲轴座）并转动曲轴，将曲轴链轮、左进气凸轮轴链轮和左排气凸轮轴链轮的定位标记对准图7-16所示的位置。

如果定位标记与图7-16所示的位置对准，则曲轴键位于6点钟位置。

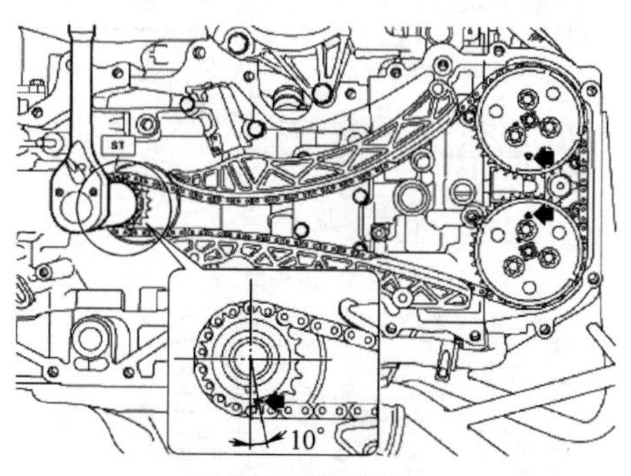

(a) 双AVCS车型

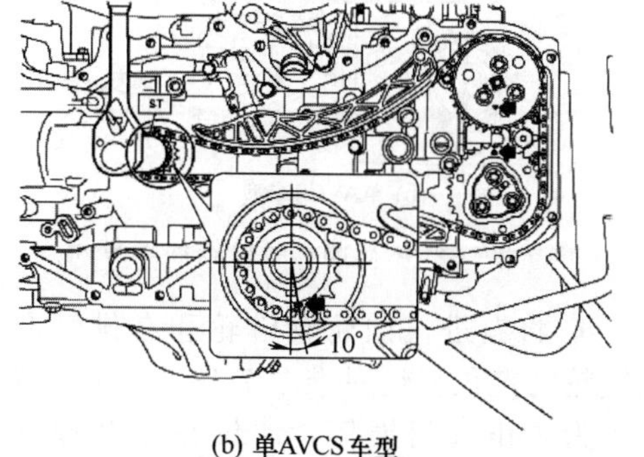

(b) 单AVCS车型

图7-16　对准左侧正时标记

l. 安装右正时链条。

② 右侧正时链条安装。

注意：在安装过程中不要让异物进入组装的部件，也不要让异物落在上面。在正时链条的所有部件上涂抹机油。

a. 安装左正时链条。

b. 准备安装右链条张紧器。

按箭头方向移动连接板（A）以压入柱塞（B），见图 7-7。

用直径 2.5mm 的限位器销或直径 2.5mm 六角头扳手插入限位器销孔，固定柱塞。

如果连接板上的限位器销孔和链条张紧器上的限位器销孔没有对准，则检查柱塞齿条（A）的首个槽口是否与限位器齿（B）啮合。如果没有啮合，则稍稍缩回柱塞以使柱塞齿条（A）的首个槽口与限位器齿（B）啮合，见图 7-8。

c. 确保曲轴链轮、进气凸轮轴链轮（左）和排气凸轮轴链轮（左）的定位标记对准图 7-17 所示的位置。

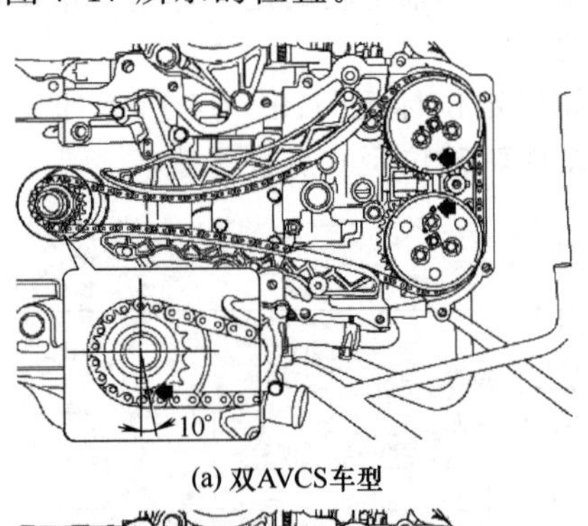

(a) 双AVCS车型

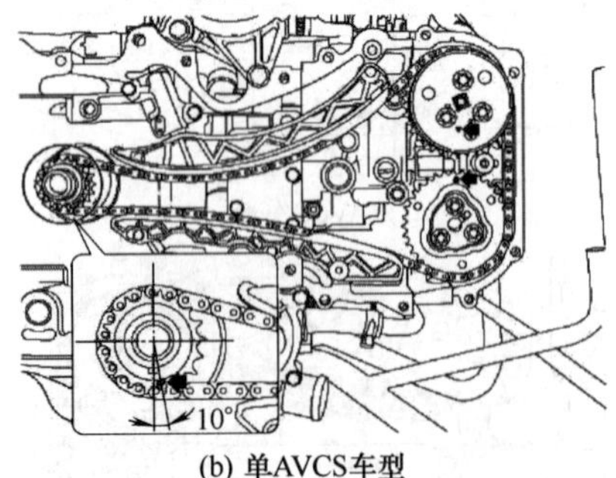

(b) 单AVCS车型

图 7-17 确认左侧正时链各标记对齐

d. 将右进气凸轮轴链轮和右排气凸轮轴链轮的定位标记对准图 7-18 所示的位置。

为防止气门损坏，请仅在零升程范围（可用手轻微转动的范围）内转动右进气凸轮轴链轮和右排气凸轮轴链轮。

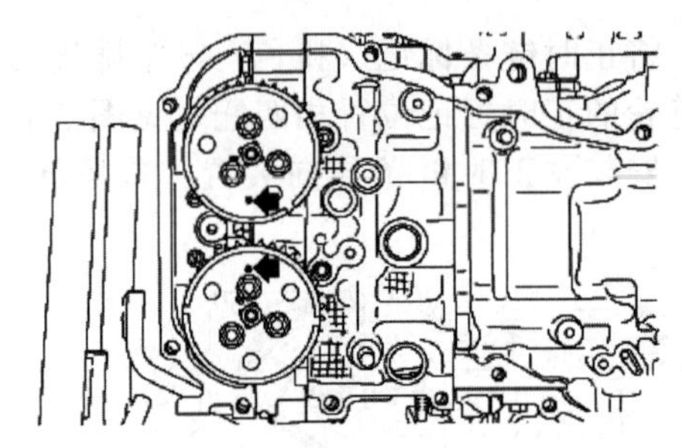

(a) 双AVCS车型

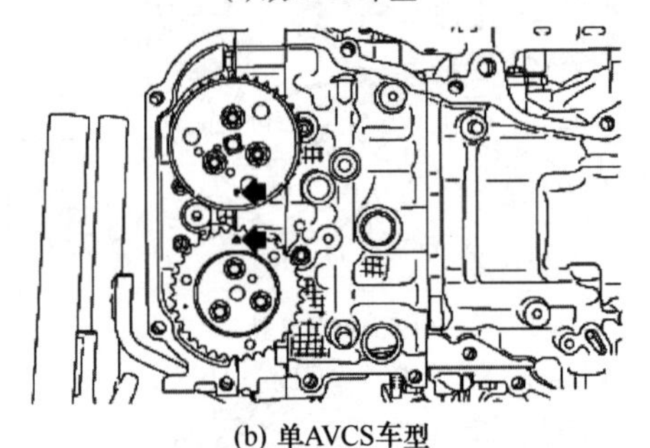

(b) 单AVCS车型

图 7-18 右侧凸轮轴定位标记对准

e. 安装右正时链条和右正时链条导向装置：

把正时链条标记（蓝色）与曲轴链轮的定位标记相匹配，见图 7-19；

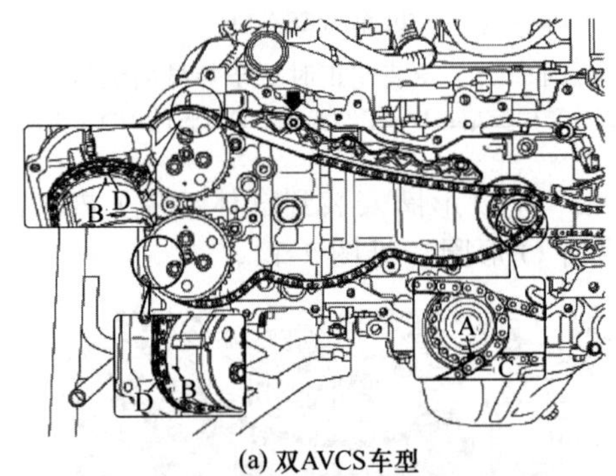

(a) 双AVCS车型

(b) 单AVCS车型

图 7-19 右侧正时标记对准

A—定位标记；B—正时标记；C—蓝色；D—粉色

将正时链条标记（粉色）与右进气凸轮轴链轮的正时标记位置相匹配，见图 7-19；

将正时链条标记（粉色）与右排气凸轮轴链轮的正时标记位置相匹配，见图 7-19；

安装右正时链条导向装置。拧紧转矩：6.4N·m。

f. 安装右链条张紧器杆（A）和右链条张紧器。拧紧转矩：6.4N·m。

g. 从右链条张紧器中拉出限位器销。请在拉出限位器销之前确认下列项目：

正时链条标记（蓝色）与曲轴链轮的定位标记相匹配；

正时链条标记（粉色）与右进气凸轮轴链轮的正时标记位置相匹配；

正时链条标记（粉色）与右排气凸轮轴链轮的正时标记位置相匹配。

③ 确保凸轮轴链轮和曲轴链轮的定位标记对准图 7-20 所示的位置。

④ 使用 ST（18252AA000，曲轴座），顺时针转动曲轴，并确保没有异常状况。注意：始终确保执行此确认。

⑤ 安装链罩。

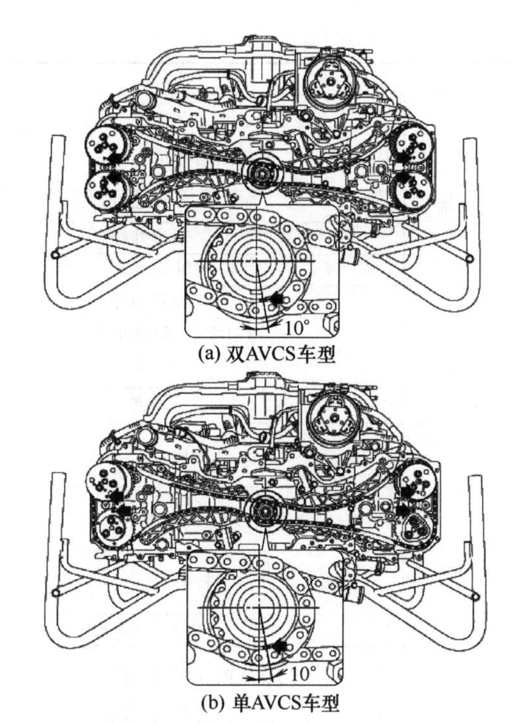

(a) 双AVCS车型

(b) 单AVCS车型

图 7-20　检查发动机正时标记对准情况

7.2.2　发动机维修数据

FB20 发动机机械维修数据如表 7-2 所示。

表 7-2　FB20 发动机机械维修数据

项目				数据
常规	型号			FB20
	气缸排列			横置,水冷,4 缸,4 冲程汽油发动机
	气门系统机构			链条驱动,双顶置凸轮轴,4 气门/缸
	缸径×行程			84.0mm×90.0mm
	排气量			1995mL
	压缩率			10.5
	压缩压力(200～300r/min)		标准	1050～1400kPa
	活塞环编号			压缩环:2。油环:1
	进气门正时	打开	最大缓速	ATDC 25°
			最小提前角	BTDC 43°
		关闭	最大缓速	ABDC 85°
			最小提前角	BBDC 17°
	排气门正时	打开	最大缓速	ABDC 3°
			最小提前角	BBDC 52°
		关闭	最大缓速	ATDC 47°
			最小提前角	BTDC 8°
	凸轮间隙	进气	标准	$0.13^{+0.02}_{-0.03}$mm
		排气	标准	(0.22±0.02)mm
	怠速转速(换挡杆处于 P 或 N 挡)	空载	标准	(650±100)r/min
		空调打开	标准	[(800～900)±50]r/min
	点火顺序			1→3→2→4
	点火正时	BTDC(675r/min 时)	标准	16°±10°

续表

项目					数据
凸轮轴	弯曲			极限	0.020mm
凸轮轴	凸轮凸角高度	进气		标准	40.34～40.44mm
凸轮轴	凸轮凸角高度	排气		标准	39.66～39.76mm
凸轮轴	凸轮基圆直径			标准	34.0mm
凸轮轴	轴颈外径			标准	25.946～25.963mm
凸轮轴	轴向间隙			标准	0.068～0.116mm
凸轮轴	油膜间隙			标准	0.037～0.072mm
缸盖	翘曲度（与缸体的配合面）			极限	0.020mm
缸盖	研磨极限				98.4mm
缸盖	高度			标准	98.5mm
气门和气门导管	气门总长	进气			104.95mm
气门和气门导管	气门总长	排气			96.5mm
气门和气门导管	气门头边缘厚度	进气		标准	0.8～1.2mm
气门和气门导管	气门头边缘厚度	排气		标准	1.0～1.4mm
气门和气门导管	气门挺杆外径	进气		标准	5.455～5.470mm
气门和气门导管	气门挺杆外径	排气		标准	5.445～5.460mm
气门和气门导管	气门导管内径			标准	5.500～5.512mm
气门和气门导管	气门和气门导管的间隙	进气		标准	0.030～0.057mm
气门和气门导管	气门和气门导管的间隙	排气		标准	0.040～0.067mm
气门和气门导管	气门导管伸出量			标准	11.4～11.8mm
气门和气门垫片	气门挺杆端部外径	进气		标准	5.455～5.470mm
气门和气门垫片	气门挺杆端部外径	排气		标准	5.445～5.460mm
气门和气门垫片	气门垫片内径			标准	5.500～5.560mm
气门和气门垫片	气门和气门垫片的间隙	进气		标准	0.030～0.105mm
气门和气门垫片	气门和气门垫片的间隙	排气		标准	0.040～0.115mm
气门座	气门和气门座之间的座面宽度	进气		标准	0.8～1.6mm
气门座	气门和气门座之间的座面宽度	排气		标准	1.1～1.7mm
气门座	气门和气门座之间的座面角				45°
气门座	气门和气门座之间的座面位置				气门面中心
气门弹簧	自由长度（参考）			标准	41.68mm
气门弹簧	张紧力/弹簧高度	设置		标准	182～210N/(33.0mm)
气门弹簧	张紧力/弹簧高度	举升机		标准	502～554N/(22.0mm)
缸体和活塞	缸体翘曲度（与缸盖的配合面）			极限	0.025mm
缸体和活塞	缸体的研磨极限				204.9mm
缸体和活塞	缸体的高度			标准	205.0mm
缸体和活塞	缸套的内径	缸径尺寸标记 A		标准	84.005～84.015mm
缸体和活塞	缸套的内径	缸径尺寸标记 B		标准	83.995～84.005mm
缸体和活塞	缸套的圆柱度			极限	0.030mm
缸体和活塞	缸套的圆度			极限	0.030mm
缸体和活塞	活塞外径	标准尺寸	A级	标准	83.975～83.985mm
缸体和活塞	活塞外径	标准尺寸	B级	标准	83.965～83.975mm
缸体和活塞	活塞外径	0.25OS①		标准	84.215～84.235mm
缸体和活塞	活塞外径	0.50OS		标准	84.465～84.485mm
缸体和活塞	缸套和活塞的间隙			标准	0.020～0.040mm
缸体和活塞	缸套内径镗缸极限（直径）				84.505mm
活塞和活塞销	装配程度				活塞销必须在20℃时用拇指安装入位
活塞和活塞销	活塞和活塞销的间隙			标准	0.004～0.008mm

续表

项目					数据
活塞环	闭合间隙	压缩环	顶环	标准	0.20～0.35mm
			第二道环	标准	0.40～0.50mm
		油环(上导轨和下导轨)		标准	0.10～0.35mm
	压缩环和活塞的间隙		顶环	标准	0.040～0.080mm
			第二道环	标准	0.030～0.070mm
连杆和连杆轴承	每100mm的弯曲或扭曲长度			极限	0.10mm
	轴向间隙			标准	0.070～0.330mm
	连杆轴承厚度(中心处)		标准尺寸	标准	1.492～1.508mm
			0.03US②	标准	1.511～1.515mm
			0.05US	标准	1.521～1.525mm
			0.25US	标准	1.621～1.625mm
	油膜间隙			标准	0.017～0.047mm
活塞销和连杆衬套	活塞销和连杆衬套的间隙			标准	0.004～0.026mm
曲轴和曲轴轴承	弯曲			极限	0.035mm
	曲轴销	圆柱度		极限	0.006mm
		圆度		极限	0.005mm
		研磨极限(直径)			47.726mm
	曲轴轴颈	圆柱度		极限	0.006
		圆度		极限	0.005
		研磨极限(直径)			67.735mm
	曲轴销外径	标准尺寸		标准	47.976～48.000mm
		0.03 US		标准	47.946～47.970mm
		0.05 US		标准	47.926～47.950mm
		0.25 US		标准	47.726～47.750mm
	曲轴轴颈外径	标准尺寸		标准	67.985～68.003mm
		0.03 US		标准	67.955～67.979mm
		0.05 US		标准	67.935～67.959mm
		0.25 US		标准	67.735～67.759mm
	曲轴轴承厚度(中心处)	1～4号	标准尺寸	标准	2.498～2.513mm
			0.03 US	标准	2.519～2.522mm
			0.05 US	标准	2.529～2.532mm
			0.25 US	标准	2.629～2.632mm
		5号	标准尺寸	标准	2.496～2.511mm
			0.03 US	标准	2.517～2.520mm
			0.05 US	标准	2.527～2.530mm
			0.25 US	标准	2.627～2.630mm
	轴向间隙			标准	0.130～0.308mm
	油膜间隙			标准	0.013～0.031mm

① OS：加大尺寸。

② US：缩小尺寸。

7.3　2.5L FB25发动机

7.3.1　发动机正时维修

与FA20发动机相同，请参考7.1.1小节内容。

7.3.2 发动机维修数据

FB25 发动机机械维修数据如表 7-3 所示。

表 7-3 FB25 发动机机械维修数据

项目				数据
常规	型号			2.5L
	气缸排列			横置,水冷,4 缸,4 冲程汽油发动机
	气门系统机构			链条驱动,双顶置凸轮轴,4 气门/缸
	缸径×行程			94.0mm×90.0mm
	排气量			2498mL
	压缩率			10.3
	压缩压力(200～300r/min)		标准	1050～1400kPa
	活塞环编号			压缩环:2。油环:1
	进气门正时	打开	最大缓速	ATDC 16°
			最小提前角	BTDC 39°
		关闭	最大缓速	ABDC 80°
			最小提前角	ABDC 25°
	排气门正时		打开	BBDC 37°
			打开	ATDC 11°
	凸轮间隙	进气	标准	$0.13^{+0.02}_{-0.03}$mm
		排气	标准	(0.22±0.02)mm
	怠速转速(换挡杆处于 P 或 N 挡)	空载	标准	(650±100)r/min
		空调打开	标准	[(800～900)±100]r/min
	点火顺序			1→3→2→4
	点火正时	BTDC(675r/min 时)	标准	11°±10°
凸轮轴	弯曲		极限	0.020mm
	凸轮凸角高度	进气	标准	40.34～40.44mm
		排气	标准	39.66～39.76mm
	凸轮基圆直径		标准	34.0mm
	轴颈外径		标准	25.946～25.963mm
	轴向间隙		标准	0.068～0.116mm
	油膜间隙		标准	0.037～0.072mm
缸盖	翘曲度(与缸体的配合面)		极限	0.020mm
	研磨极限			98.4mm
	高度		标准	98.5mm
气门和气门导管	气门总长	进气		104.95mm
		排气		96.5mm
	气门头边缘厚度	进气	标准	0.8～1.2mm
		排气	标准	1.0～1.4mm
	气门挺杆外径	进气	标准	5.455～5.470mm
		排气	标准	5.445～5.460mm
	气门导管内径		标准	5.500～5.512mm
	气门和气门导管的间隙	进气	标准	0.030～0.057mm
		排气	标准	0.040～0.067mm
	气门导管伸出量		标准	11.4～11.8mm
气门和气门垫片	气门挺杆端部外径	进气	标准	5.455～5.470mm
		排气	标准	5.445～5.460mm
	气门垫片内径		标准	5.500～5.560mm
	气门和气门垫片的间隙	进气	标准	0.030～0.105mm
		排气	标准	0.040～0.115mm
气门座	气门和气门座之间的座面宽度	进气	标准	0.8～1.6mm
		排气	标准	1.1～1.7mm
	气门和气门座之间的座面角			45°
	气门和气门座之间的座面位置			气门面中心
气门弹簧	自由长度(参考)		标准	41.68mm
	张紧力/弹簧高度	设置	标准	182～210N/(33.0mm)
		举升机	标准	502～554N/(22.0mm)

续表

项目					数据
缸体和活塞	缸体翘曲度(与缸盖的配合面)			极限	0.025mm
	缸体的研磨极限				204.9mm
	缸体的高度			标准	205.0mm
	缸套的内径	缸径尺寸标记 A		标准	94.005～94.015mm
		缸径尺寸标记 B		标准	93.995～94.005mm
	缸套的圆柱度			极限	0.030mm
	缸套的圆度			极限	0.030mm
	活塞外径	标准尺寸	A 级	标准	93.980～93.990mm
			B 级	标准	93.970～93.980mm
		0.25OS[1]		标准	94.220～94.240mm
		0.50OS		标准	94.470～94.490mm
	缸套和活塞的间隙			标准	0.015～0.035mm
	缸套内径镗缸极限(直径)				94.505mm
活塞和活塞销	装配程度				活塞销必须在 20℃时用拇指安装入位
	活塞和活塞销的间隙			标准	0.004～0.008mm
活塞环	闭合间隙	压缩环	顶环	标准	0.20～0.25mm
			第二道环	标准	0.25～0.35mm
		油环(上导轨和下导轨)		标准	0.10～0.35mm
	压缩环和活塞的间隙		顶环	标准	0.040～0.080mm
			第二道环	标准	0.030～0.070mm
连杆和连杆轴承	每 100mm 的弯曲或扭曲长度			极限	0.10mm
	轴向间隙			标准	0.070～0.330mm
	连杆轴承厚度(中心处)		标准尺寸	标准	1.492～1.508mm
			0.03US[2]	标准	1.511～1.515mm
			0.05US	标准	1.521～1.525mm
			0.25US	标准	1.621～1.625mm
	油膜间隙			标准	0.017～0.047mm
活塞销和连杆衬套	活塞销和连杆衬套的间隙			标准	0.004～0.026mm
曲轴和曲轴轴承	弯曲			极限	0.035mm
	曲轴销	圆柱度		极限	0.006mm
		圆度		极限	0.005mm
		研磨极限(直径)			47.726mm
	曲轴轴颈	圆柱度		极限	0.006
		圆度		极限	0.005
		研磨极限(直径)			67.735mm
	曲轴销外径	标准尺寸		标准	47.976～48.000mm
		0.03 US		标准	47.946～47.970mm
		0.05 US		标准	47.926～47.950mm
		0.25 US		标准	47.726～47.750mm
	曲轴轴颈外径	标准尺寸		标准	67.985～68.003mm
		0.03 US		标准	67.955～67.979mm
		0.05 US		标准	67.935～67.959mm
		0.25 US		标准	67.735～67.759mm
	曲轴轴承厚度(中心处)	1～4 号	标准尺寸	标准	2.498～2.513mm
			0.03 US	标准	2.519～2.522mm
			0.05 US	标准	2.529～2.532mm
			0.25 US	标准	2.629～2.632mm
		5 号	标准尺寸	标准	2.496～2.511mm
			0.03 US	标准	2.517～2.520mm
			0.05 US	标准	2.527～2.530mm
			0.25 US	标准	2.627～2.630mm
	轴向间隙			标准	0.130～0.308mm
	油膜间隙			标准	0.013～0.031mm

① OS：加大尺寸。
② US：缩小尺寸。

第 8 章 现代-起亚汽车

8.1 1.4L G4LC 发动机

8.1.1 发动机正时维修

发动机正时链单元部件分解如图 8-1 所示。

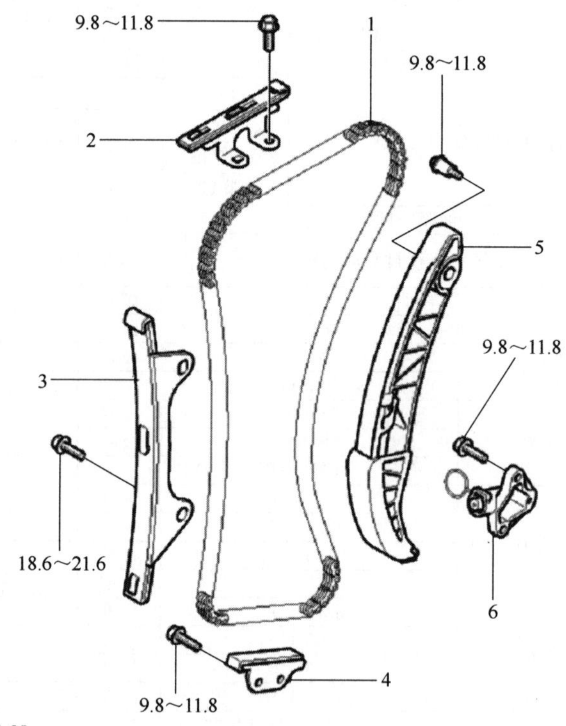

图 8-1 发动机正时链单元部件分解

1—正时链条；2—正时链条凸轮轴导轨；3—正时链条导轨；4—正时链条曲轴导轨；5—正时链条张紧臂；6—正时链条张紧器

① 拆卸气缸盖罩。

② 转动曲轴皮带轮并对正曲轴皮带轮凹槽与正时链条盖的正时标记，如图 8-2 所示，设置 1 号气缸的活塞到压缩行程的上止点。

③ 拆卸正时链条盖。

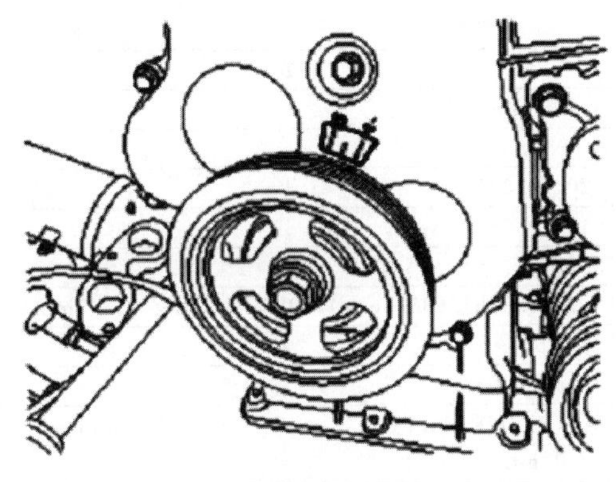

图 8-2 设置曲轴皮带轮正时位置

④ 拆卸正时链条前，在链轮（CVVT）和正时链条上做匹配标记，如图 8-3 所示，因为链条上的原有上止点（TDC）识别标记可能已经看不见。

⑤ 拆卸正时链条凸轮轴导轨。

⑥ 拆卸正时链条张紧器与张紧臂并取下正时链条。

8.1.2 发动机维修数据

G4LC 发动机机械维修数据如表 8-1 所示，机械部件紧固力矩见表 8-2。

图 8-3 标记正时位置

表 8-1 G4LC 发动机机械维修数据

项目			参数
常规	类型		直列式，DOHC
	气缸数		4
	气缸内径		72.0mm
	行程		84.0mm
	总排气量		1368mL
	压缩比		10.5∶1
	点火顺序		1—3—4—2
气门正时	进气门	开启	ATDC 10°～BTDC 40°
		关闭	ABDC 66.6°～ABDC 16.6°
	排气门	开启	BBDC 52.4°～BBDC 12.4°
		关闭	ATDC 3°～ATDC 43°
气缸盖	衬垫表面平面度		在总区域范围内，＜0.05mm；在 100mm×100mm 区域内，＜0.02mm
	进气歧管的平面度		＜0.1mm
	排气歧管装配面平面度		＜0.1mm
凸轮轴	凸轮高度	进气	36.4183mm
		排气	36.1543mm
	轴颈外径(进气/排气 1 号)		36.464～36.478mm
	轴颈外径(进气/排气 2～5 号)		22.964～22.978mm
气门	气门长度	进气	100.94mm
		排气	101.09mm
	气门杆外径	进气	5.465～5.480mm
		排气	5.448～5.460mm

续表

项目			参数
气门	气门头部厚度(边缘)	进气	1.4～1.6mm
		排气	1.65～1.85mm
	气门杆到气门导管的间隙	进气	0.020～0.047mm
		排气	0.040～0.064mm
	气门弹簧自由长度		47.9mm
	负荷		(16.7±0.8)kg/(35.5mm);(9.6±1.0)kg/(27.7mm)
	垂直度		最大 1.5°
缸体	气缸孔内径		72.00～72.03mm
	衬垫表面平面度		在总区域范围内,<0.05mm;在 100mm×100mm 区域内,<0.02mm
活塞	活塞外径		71.97～72.00mm
	活塞至气缸间隙		0.020～0.040mm
	环槽宽度	1号环槽	1.035～1.05mm
		2号环槽	1.23～1.25mm
		油环槽	2.010～2.025mm
活塞环	侧面间隙	1号环	0.05～0.08mm
		2号环	0.04～0.08mm
		油环	0.050～0.125mm
	端隙	1号环	0.13～0.25mm
		2号环	0.30～0.45mm
		油环	0.1～0.4mm
活塞销	活塞销外径		18.000～18.003mm
	活塞销孔内径		18.013～18.017mm
	活塞销孔间隙		0.010～0.017mm
	连杆小头孔内径		17.974～17.985mm
	连杆小头孔间隙		−0.029～0.015mm
	活塞销压入负荷		150～750kg
连杆	连杆大头内径		42.000～42.018mm
	连杆轴承油隙		0.018～0.036mm
	侧面间隙		0.10～0.25mm
曲轴	主轴颈外径		42.942～42.960mm
	连杆轴颈外径		38.954～38.972mm
	主轴承油隙(1～5号曲轴)		0.006～0.024mm
	轴向间隙		0.07～0.25mm
润滑系统	油泵内转子侧面间隙		0.040～0.090mm
	外转子侧面间隙		0.040～0.090mm
	泄压阀弹簧自由长度		58.3mm
	泄压阀弹簧负荷		3.5bar±0.5bar(0.35MPa±0.05MPa)
	机油量总计		3.8L(更换短发动机或缸体总成时)
	油底壳机油容量		3.3L
	机油排放和加注容量		3.5L(包括机油滤清器)
	机油等级(推荐)		API SM&ILSAC GF-4 或以上:5W-20 ACEA A5/B5 或以上:5W-30
	允许使用的机油等级		API SL 或以上 ILSAC GF-3 或以上 ACEA A3 或以上
	机油压力(1000r/min 时)		0.9bar(0.09MPa)或以上,油底壳内机油温度:(110±2)℃
冷却系统	冷却方式		使用水泵强制循环
	冷却水量		MT:Approx. 5.0L。AT:Approx. 5.2L
	节温器类型		石蜡式
	开启温度		(88±1.5)℃
	全开启时温度		100℃
	散热器盖主阀开启压力		93.2～122.6kPa
	散热器盖真空阀开启压力		最大 6.86kPa

表 8-2　G4LC 发动机机械部件紧固力矩

紧固部位		力矩/(N·m)
发动机固定架	发动机装配支架×车身固定螺栓	49.0～63.7
	发动机装配支架×车身固定螺母	49.0～63.7
	发动机固定绝缘体×发动机固定支撑架固定螺母	88.3～107.9
	发动机固定支架×发动机支架固定螺栓	58.8～73.5
	发动机装配支撑支架×发动机吊架固定螺母	58.8～73.5
	变速器装配支架×车身固定螺栓	49.0～63.7
	变速器装配支架×车身固定螺母	49.0～63.7
	变速器固定绝缘垫×变速器支架固定螺栓	107.9～127.5
	滚转杆支架×副车架固定螺栓	49.0～63.7
	滚转杆支架×滚转杆支撑支架固定螺栓	107.9～127.5
缸体	梯形架螺栓	19.6～23.5
	活塞冷却喷嘴螺栓	8.8～12.7
	连杆轴承盖螺栓	10.8～14.7(并继续转动 88°～92°)
	曲轴主轴承盖螺栓	17.7～21.6(并继续转动 90°)
	飞轮螺栓(M/T)	68.6～78.5
	驱动板螺栓(A/T)	68.6～78.5
正时链条	正时链条盖固定螺栓(A)	18.6～23.5
	正时链条盖固定螺栓(B)	44.1～53.9
	正时链条盖固定螺栓(C)	9.8～11.8
	正时链条盖固定螺栓(D)	18.6～23.5
	曲轴皮带轮固定螺栓	65.7～71.6(并继续转动 59°～61°)
	CVVT 固定螺栓	63.7～73.5
	正时链条张紧器固定螺栓	9.8～11.8
	正时链条凸轮轴导轨固定螺栓	9.8～11.8
	正时链条曲轴导轨固定螺栓	9.8～11.8
	正时链条张紧臂固定螺栓	9.8～11.8
	正时链条导轨固定螺栓	18.6～21.6
气缸盖	气缸盖罩螺栓	7.8～9.8
	凸轮轴轴承盖螺栓	11.8～13.7
	凸轮轴前轴承盖固定螺塞	18.6～22.6
	气缸盖螺栓	12.7～16.7(并继续转动 2 次:第 1 次 90°～95°;第 2 次 120°～125°)
	OCV 固定螺栓	9.8～11.8
冷却系统	水泵皮带轮螺栓	12.7～14.7
	水泵螺栓	9.8～11.8
	加热器导管固定螺栓与螺母	19.6～26.5
	节温器壳固定螺栓与螺母	9.8～11.8
	进水管固定螺栓与螺母	18.6～23.5
润滑系统	油滤清器	11.8～15.7
	油泵	9.8～11.8
	油底壳螺栓	9.8～11.8
	油底壳排放塞	34.3～44.1
	滤油网螺栓	9.8～11.8
	机油压力开关	7.8～11.8
进气和排气系统	进气歧管固定螺栓与固定螺母	18.6～23.5
	排气歧管支撑架	39.2～49.0
	排气歧管隔热板	8.8～10.8
	排气歧管固定螺母	29.4～34.3
	排气歧管和前消音器与催化转化器固定螺母	40.0～60.0

8.2　1.6T G4NC 发动机

8.2.1　发动机正时维修

① 顺时针旋转曲轴皮带轮，并对齐凹槽和正时链条盖的正时标记，如图 8-4 所示。

② 拆卸正时链条盖。

③ 如图 8-5 所示，对齐 CVVT 链轮正

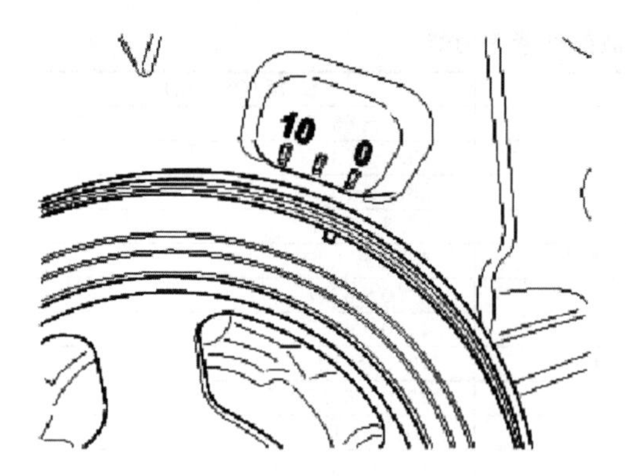

图 8-4　旋转曲轴皮带轮，对齐标记

时标记和气缸盖的上表面，将 1 号气缸设置在 TDC 位置。此刻检查曲轴的定位销是否朝向发动机上方。

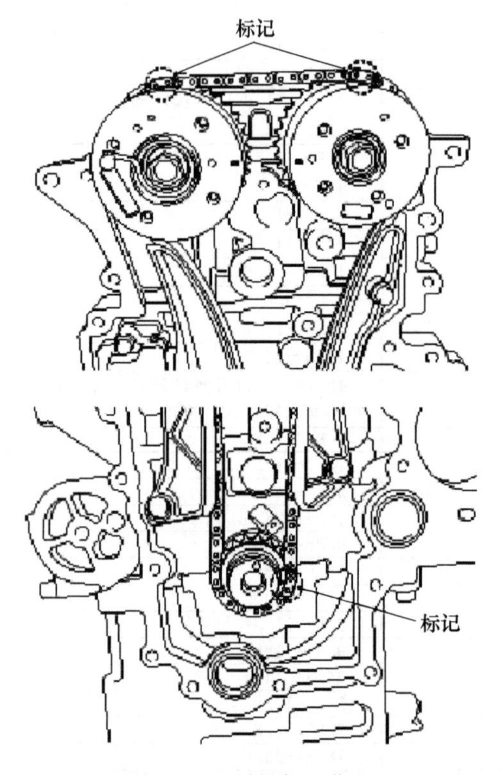

图 8-5　正时链标记位置

④ 如图 8-6 所示，拆卸正时链条自动张紧器（A）。拆卸张紧器前，在压缩位置，把固定销插入到孔（B）内以固定张紧器活塞。

⑤ 拆卸正时链条张紧臂（A）和导轨（B），如图 8-7 所示。

⑥ 拆卸正时链条（A），如图 8-8 所示。

⑦ 安装时曲轴的定位销应与垂直中央线保持 3°，如图 8-9 所示。

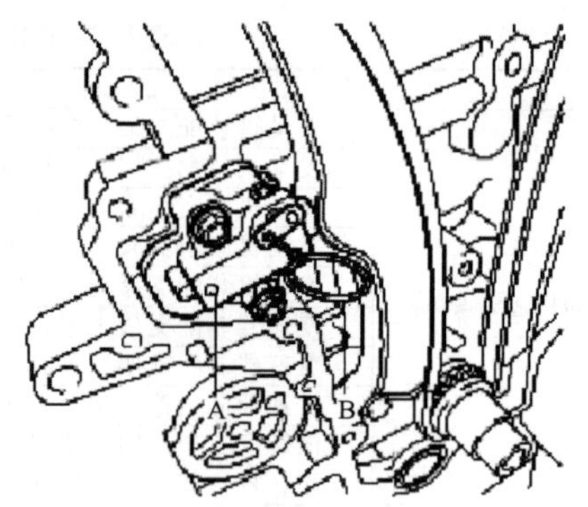

图 8-6　拆卸链条张紧器

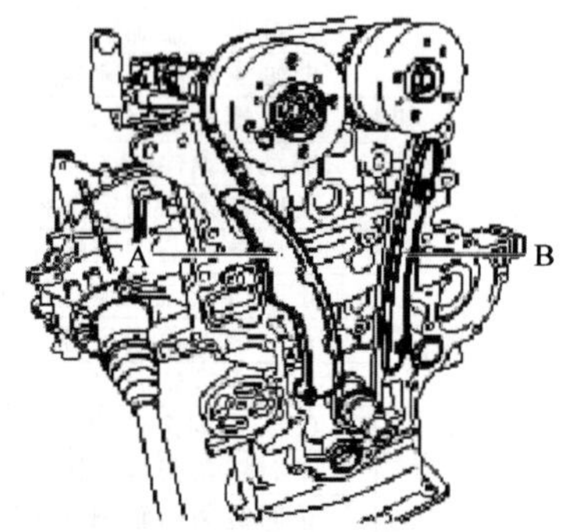

图 8-7　拆卸张紧臂与导轨

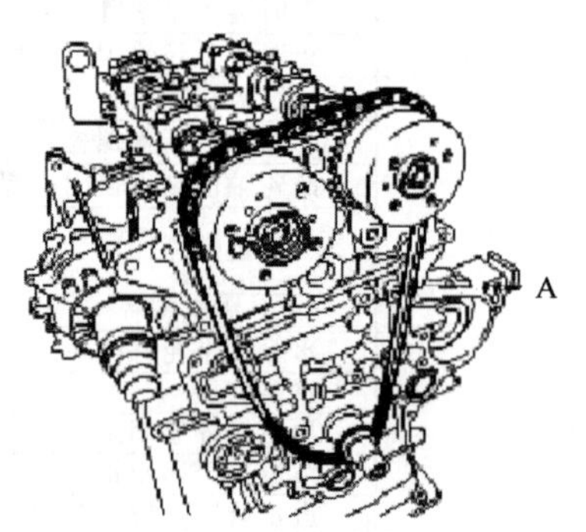

图 8-8　拆卸正时链条

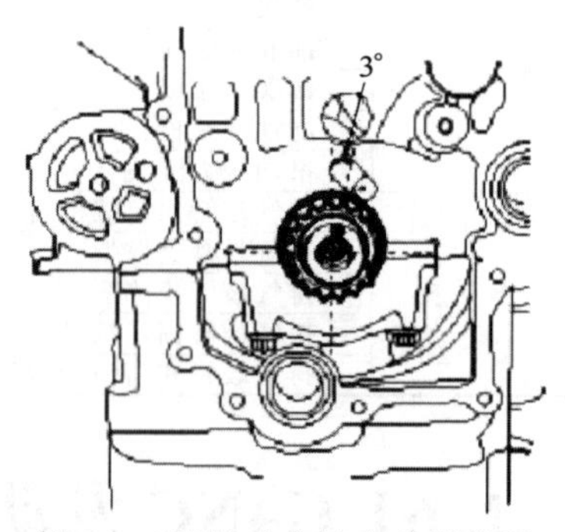

图 8-9　安装时曲轴定位销位置

⑧ 如图 8-10 所示，对齐 CVVT 链轮的 TDC 标记（A）和气缸盖的上表面，将 1 号气缸设置在 TDC 位置。

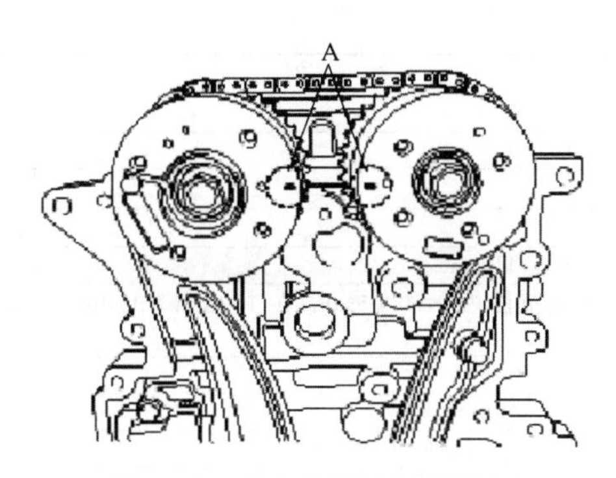

图 8-10　对齐凸轮轴链轮标记

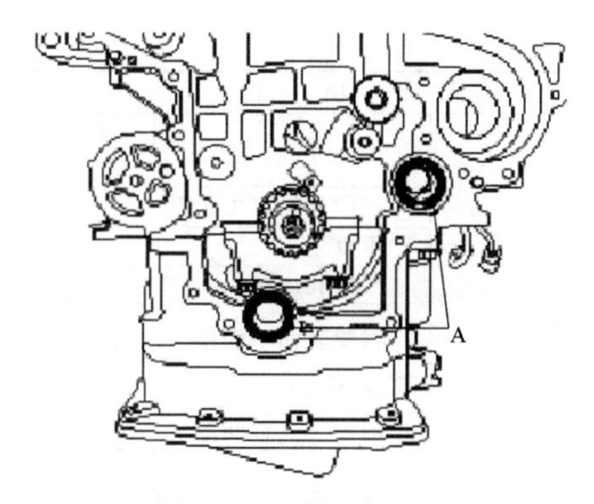

图 8-11　更新 O 形圈

⑨ 安装新 O 形圈（A），见图 8-11。

⑩ 安装正时链条导轨和正时链条。规定转矩：9.8～11.8N・m。安装正时链条时，对齐链轮的正时标记与链条的有色漆链环标记。顺序：曲轴链轮→正时链条导轨→进气 CVVT 链轮→排气 CVVT 链轮。

⑪ 安装链条张紧臂。规定转矩：9.8～11.8N・m。

⑫ 安装正时链条自动张紧器，并拆卸固定销。规定转矩：9.8～11.8N・m。重新检查曲轴和凸轮轴上的上止点（TDC）标记。

⑬ 安装正时链条盖。

8.2.2　发动机维修数据

G4NC 发动机机械维修数据如表 8-3 所示，机械部件紧固力矩见表 8-4。

表 8-3　G4NC 发动机机械维修数据

项　目			数　据
常规	类型		直列式，DOHC
	气缸数		4
	气缸内径		77mm
	行程		85.44mm
	总排气量		1591mL
	压缩比		10.0∶1
	点火顺序		1—3—4—2
气门正时	进气门	开启	ATDC 10°～BTDC 40°
		关闭	ABDC 59°～ABDC 9°
	排气门	开启	BBDC 36°～ABDC 4°
		关闭	ATDC 3°～ATDC 43°
气缸盖	衬垫表面平面度		在总区域范围内，<0.05mm；在 100mm×100mm 区域内，<0.02mm
凸轮轴	凸轮高度	进气	43.55mm
		排气	42.60mm
	轴颈外径（进气、排气）		22.964～22.980mm
	凸轮轴盖油隙		0.027～0.058mm，极限 0.1mm
	轴向间隙		0.10～0.20mm
气门	气门长度	进气	93.15mm
		排气	92.60mm
	气门杆外径	进气	5.465～5.480mm
		排气	5.458～5.470mm
	气门锥角		45.25°～45.75°
	气门头部厚度（边缘）	进气	1.10mm，极限 0.8mm
		排气	1.26mm，极限 1.0mm
	气门杆到气门导管的间隙	进气	0.020～0.047mm，极限 0.10mm
		排气	0.030～0.054mm，极限 0.15mm

续表

项目			数据
气门	气门导管长度	进气	40.3～40.7mm
		排气	40.3～40.7mm
	气门弹簧自由长度		45.1mm
	垂直度		<1.5°
缸体	气缸孔内径		77.00～77.03mm
	衬垫表面平面度		在总区域范围内,<0.05mm;在 100mm×100mm 区域内,<0.02mm
活塞	活塞外径		76.97～77.00mm
	活塞至气缸间隙		0.020～0.040mm
	环槽宽度	1 号环槽	1.23～1.25mm,极限 1.26mm
		2 号环槽	1.53～1.55mm,极限 1.26mm
		油环槽	2.01～2.03mm,极限 2.05mm
活塞环	侧面间隙	1 号环	0.04～0.08mm,极限 0.1mm
		2 号环	0.04～0.08mm,极限 0.1mm
		油环	0.02～0.06mm,极限 0.2mm
	端隙	1 号环	0.14～0.24mm,极限 0.30mm
		2 号环	0.30～0.45mm,极限 0.50mm
		油环	0.20～0.40mm,极限 0.80mm
活塞销	活塞销外径		19.997～20.000mm
	活塞销孔内径		20.004～20.009mm
	活塞销孔间隙		0.004～0.012mm
	连杆小头孔内径		20.005～20.011mm
连杆	连杆大头孔内径		45.000～45.018mm
	连杆轴承油隙		0.030～0.050mm,极限 0.060mm
	侧面间隙		0.10～0.25mm,极限 0.35mm
曲轴	主轴承油隙(1～5 号曲轴)		0.020～0.041mm,极限 0.05mm
	轴向间隙		0.05～0.25mm,极限 0.3mm
润滑系统	机油量总计		4.6L～4.9L(更换短发动机或缸体总成时)
	油底壳机油容量		4.2L
	机油排放和加注容量		4.5L(包括机油滤清器)
	机油等级(推荐)		全部(除了澳大利亚、俄罗斯,以及非洲、一般地区、亚太地区):ACEA A5/5W-30 澳大利亚、俄罗斯,以及非洲、一般地区、亚太地区:ACEA A5/5W-40
	允许使用的机油等级		API SL 或以上;ILSAC GF-3 或以上;ACEA A3 或以上
	机油压力(1000r/min 时)		100kPa 或以上,油底壳内机油温度:(110±2)℃
冷却系统	冷却方式		用冷却风扇强制循环
	冷却水量		约 7.3L
	节温器类型		石蜡式
	开启温度		(82±1.5)℃
	全开启时温度		95℃

表 8-4　G4NC 发动机机械部件紧固力矩

紧固部件		力矩/(N·m)
发动机固定架	发动机固定支架×车身固定螺栓	63.8～83.4
	发动机固定支撑架×发动机固定绝缘体固定螺母	88.3～107.9
	发动机固定支架×发动机支架固定螺栓	88.3～107.9
	发动机固定支架×发动机支架固定螺母	88.3～107.9
	变速器固定支架×车身固定螺栓	63.8～83.4
	变速器固定支架×车身固定螺母	63.8～83.4
	变速器装配绝缘体×变速器装配支撑架固定螺栓	88.3～107.9
	滚转杆支架×副车架固定螺栓	49.0～63.7
	滚转杆绝缘体×滚转杆装配支撑架固定螺母	107.9～127.5
正时系统	正时链条和油泵总成盖螺栓(M6×20)	9.8～11.8
	正时链条和油泵总成盖螺栓(M6×38)	9.8～11.8
	正时链条和油泵总成盖螺栓(M6×70)	9.8～11.8
	正时链条和油泵总成盖螺栓(M8×22)	18.6～23.5

续表

紧固部件		力矩/(N·m)
正时系统	惰轮总成螺栓	42.2～53.9
	正时链条张紧臂固定螺栓	9.8～11.8
	正时链条导轨固定螺栓	9.8～11.8
	曲轴皮带轮固定螺栓	46.1～51.9(并继续转动38°～42°)
	发动机支架固定螺栓	29.4～41.1
	正时链条张紧器固定螺栓	9.8～11.8
气缸盖	点火线圈固定螺栓	9.8～11.8
	气缸盖罩固定螺栓	3.9～5.9→7.8～9.8
	凸轮轴轴承盖螺栓(M6)	11.8～13.7
	凸轮轴轴承盖固定螺栓(M8)	18.6～22.6
	气缸盖固定螺栓	29.4(并继续转动:第1次90°,第2次90°)
	CVVT总成固定螺栓	63.7～73.5
	OCV(机油控制阀)螺栓	9.8～11.8
	排气OCV(机油控制阀)适配器螺栓	9.8～11.8
缸体	发动机支架固定螺栓	29.4～41.2
	梯形架固定螺栓	18.6～23.5
	连杆盖螺栓	17.7～21.6(并继续转动88°～92°)
	曲轴主轴承盖螺栓	17.7～21.6(并继续转动88°～92°)
	外部减振飞轮	71.6～75.5
润滑系统	油滤清器	11.8～15.7
	油底壳螺栓	9.8～11.8
	油底壳排放塞	34.3～44.1
	机油滤网螺母	24.5～31.3
	机油压力开关	7.8～11.8
	机油标尺总成固定螺栓	9.8～11.8
冷却系统	水泵皮带轮固定螺栓	9.8～11.8
	水泵螺栓	9.8～11.8
	水温控制总成固定螺栓	9.8～11.8
	进水管固定螺母	18.6～23.5
	加热器导管固定螺栓(M6)	9.8～11.8
	加热器导管固定螺母	9.8～11.8
	加热器导管固定螺栓(M8)	18.6～23.5
	水温传感器(ECTS)	29.4～39.2
进气和排气系统	进气软管夹具固定螺栓	2.9～4.9
	空气滤清器总成固定螺栓	7.8～9.8
	进气歧管固定螺母	18.6～23.5
	涡轮增压器歧管总成隔热板固定螺栓	9.8～11.8
	气缸盖隔热板固定螺栓	9.8～11.8
	涡轮增压器机油排放管螺栓	9.8～11.8
	涡轮增压器机油排放管螺母	9.8～11.8
	涡轮增压器供油管螺栓	9.8～11.8
	涡轮增压器供油管有眼螺栓	11.7～17.6
	涡轮增压器导管与软管螺栓	9.8～11.8
	涡轮增压器水管与软管有眼螺栓	26.4～32.3
	涡轮增压器歧管总成固定螺母	35.3～41.1
	涡轮增压器耦合器固定螺母	35.3～41.1
	进气管支撑固定螺栓(M8)	18.6～23.5
	进气管支撑固定螺栓(M10)	29.4～34.3
	进气管固定螺栓	29.4～34.3
	进气管固定螺母	35.3～41.1
	中冷器进水管固定螺栓	19.6～26.4
	催化转化器固定螺母	49.0～53.9
	消音器固定螺母	39.2～58.8

8.3 2.0T G4NG 发动机

8.3.1 发动机正时维修

G4NG 发动机正时系统部件分解如图 8-12 所示。

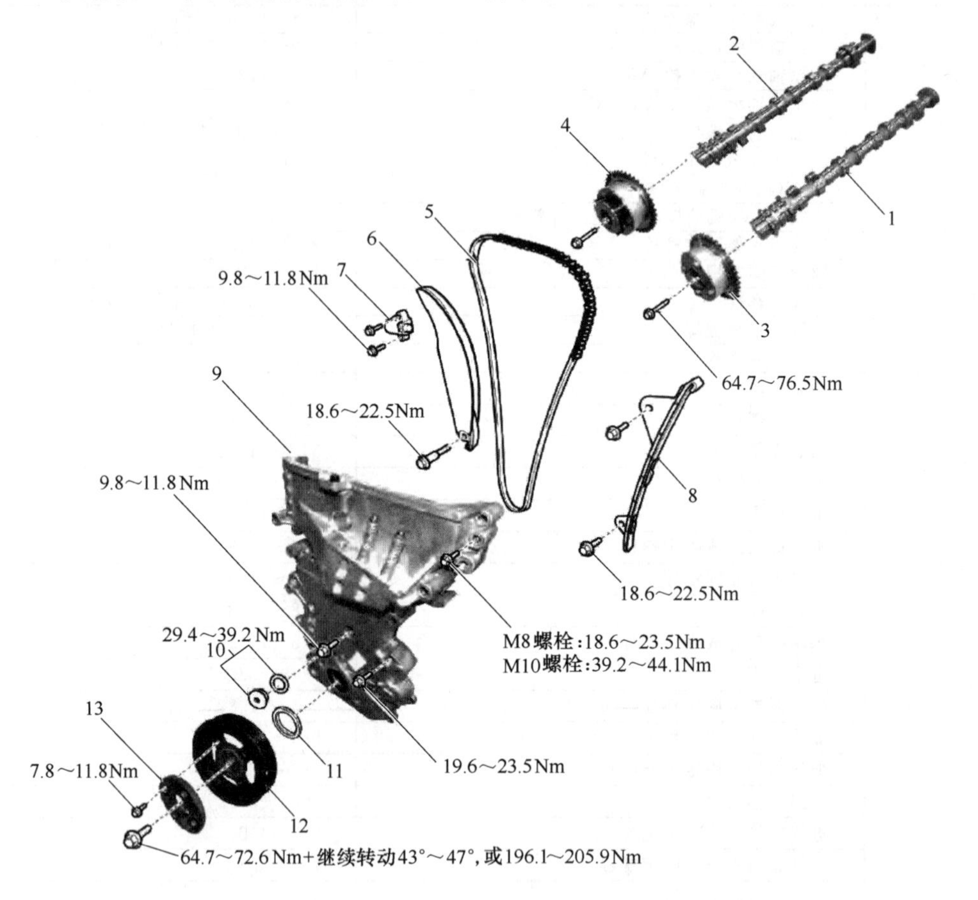

图 8-12 正时系统部件分解

1—进气凸轮轴；2—排气凸轮轴；3—进气 CVVT 总成；4—排气 CVVT 总成；5—正时链条；6—正时链条张紧臂；7—正时链条张紧器；8—正时链条导轨；9—正时链条盖；10—维修塞孔固定螺栓与衬垫；11—前油封；12—曲轴减振皮带轮；13—曲轴减振皮带轮盖

① 拆卸气缸盖罩。

② 将 1 号气缸设置在压缩冲程 TDC（上止点）。

a. 转动曲轴皮带轮，并对齐凹槽和正时链条盖的正时标记，如图 8-13 所示。

b. 如图 8-14 所示，检查进气和排气 CVVT 链轮的 TDC 标记是否与气缸盖表面平齐。如果没有，将曲轴转动 1 圈（360°）。不要逆时针转动曲轴皮带轮。

③ 拆卸正时链条盖。

图 8-13 对齐正时标记

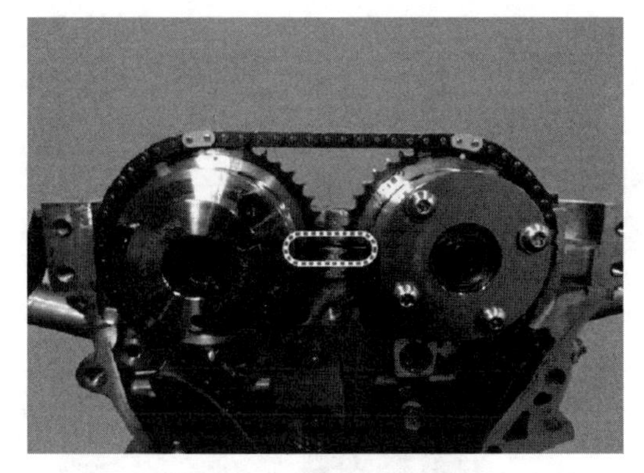

图 8-14　检查凸轮轴链轮标记是否平齐

④ 拆卸正时链条张紧器（A），如图 8-15 所示。不要再次使用已分离的张紧器。如果需要重复使用张紧器，拆卸张紧器，使活塞最大限度地突出，并将活塞按压到末端，然后安装止动销。此时，张紧器固定销的安装方式应与出厂时设置的方式相同，如图 8-16 所示。

图 8-15　拆卸链条张紧器

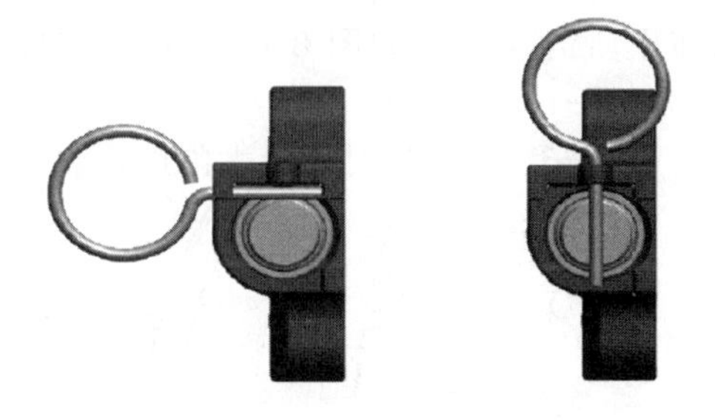

图 8-16　张紧器固定销正常设置状态

⑤ 拆卸正时链条张紧臂（A），如图 8-17 所示。

⑥ 拆卸正时链条（A），如图 8-18 所示。

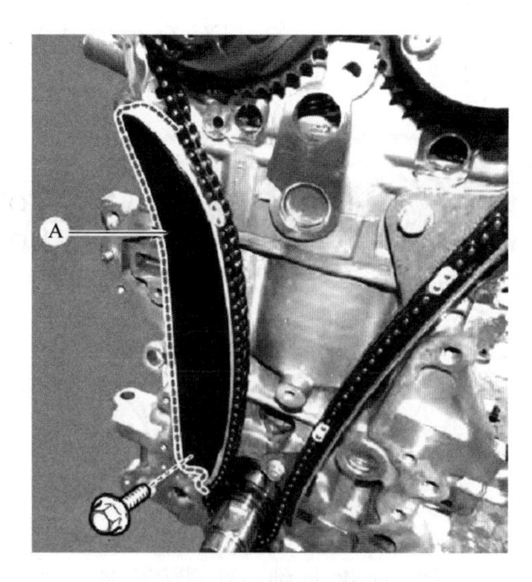

图 8-17　拆卸张紧臂

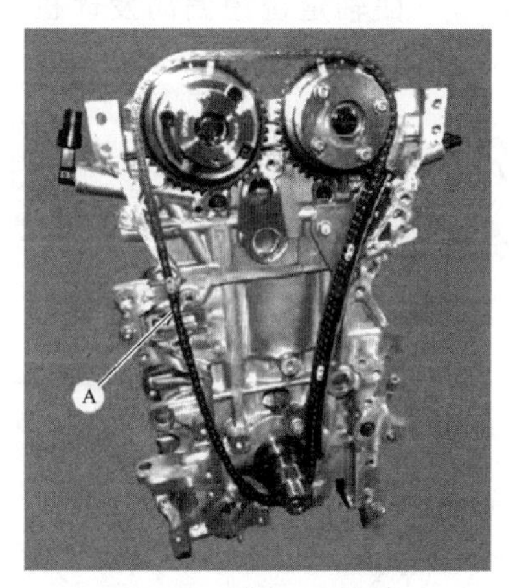

图 8-18　拆卸正时链条

⑦ 拆卸正时链条导轨（A），如图 8-19 所示。

图 8-19　拆卸导轨

⑧ 当拆卸正时链条时，轻微转动进气

和排气 CVVT 链轮的 TDC 标记使其偏离 TDC 位置，如图 8-20 所示。

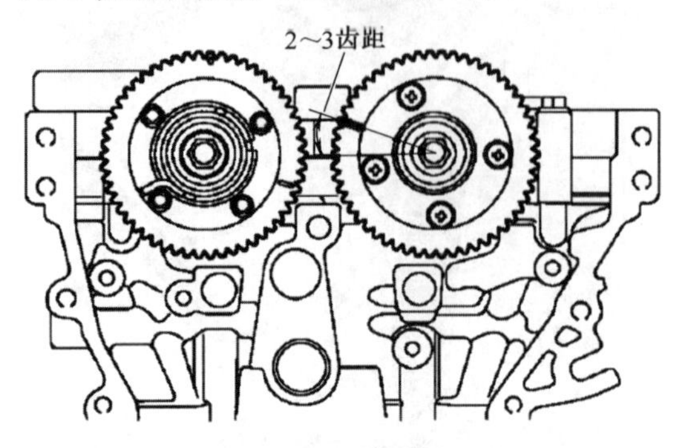

图 8-20　CVVT 链轮转动位置

⑨ 当将进气 CVVT 链轮转离 TDC 位置时，顺时针将曲轴（2～3 齿距）转离 TDC 位置（曲轴定位销偏离发动机垂直线约 3°），如图 8-21 所示。

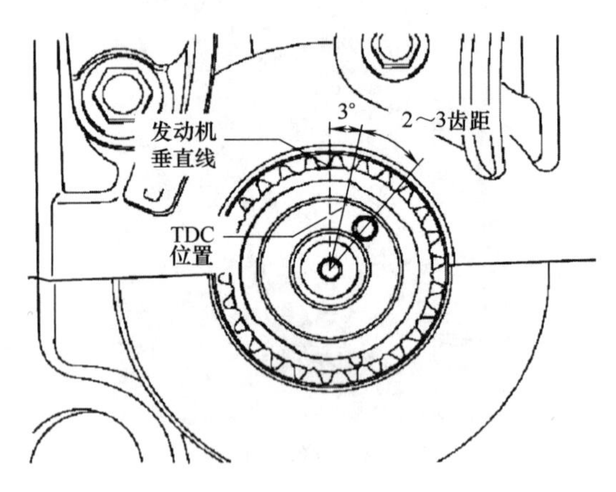

图 8-21　曲轴转动位置

⑩ 安装正时链条导轨。规定转矩：18.6～22.6N·m。

⑪ 安装正时链条张紧臂。规定转矩：18.6～22.6N·m。

⑫ 安装正时链条。安装顺序（如图 8-22 所示）：曲轴链轮（A）→正时链条导轨（B）→进气 CVVT 链轮（C）→排气 CVVT 链轮（D）。

a. 在曲轴链轮和进气 CVVT 链轮之间不松弛地安装正时链条。安装正时链条时应匹配各链轮的正时标记与正时链条的正时标记（有色连杆）。

b. 顺时针转动 CVVT 总成时，在排气 CVVT 链轮上不松弛地安装正时链条。安

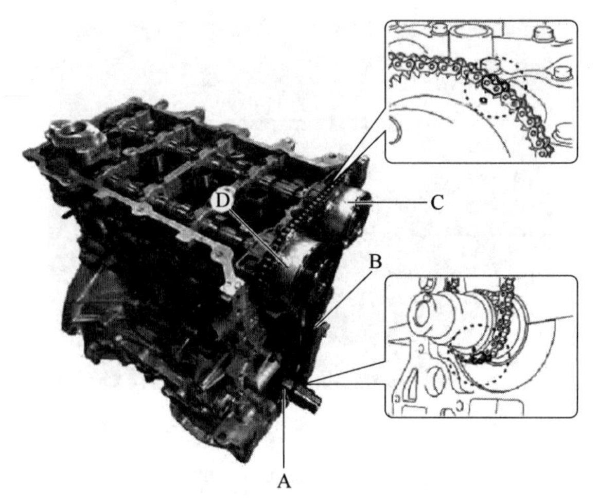

图 8-22　正时链安装顺序

装正时链条时，应匹配排气 CVVT 链轮的正时标记与正时链条的正时标记（有色链环），如图 8-23 所示。在排气 CVVT 链轮上压下正时链条链环，以防止链轮旋转。

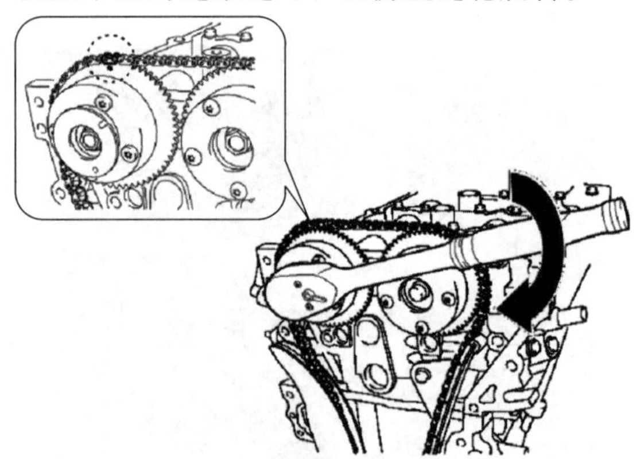

图 8-23　在排气 CVVT 链轮上安装正时链条

⑬ 安装正时链条自动张紧器（A）并拆卸止动销（B），如图 8-24 所示。拧紧力矩：9.8～11.8N·m。

重新安装张紧器时，最大限度地收回张

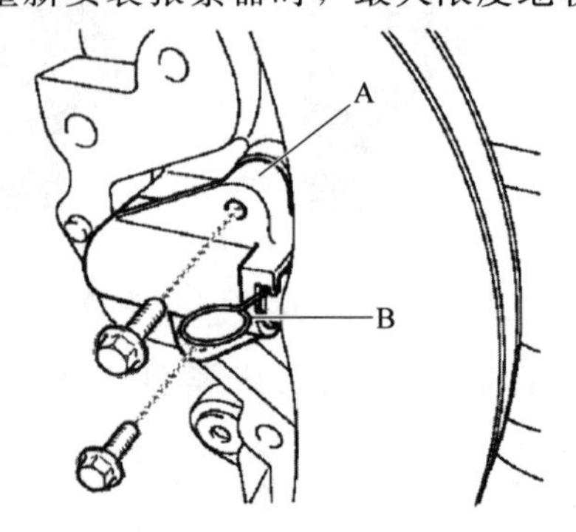

图 8-24　安装张紧器

紧臂（A），拆卸固定销后，检查张紧器棘轮的工作情况，如图 8-25 所示。最大限度地收回时，张紧臂（A）与张紧器壳体（B）之间应相互不干扰。

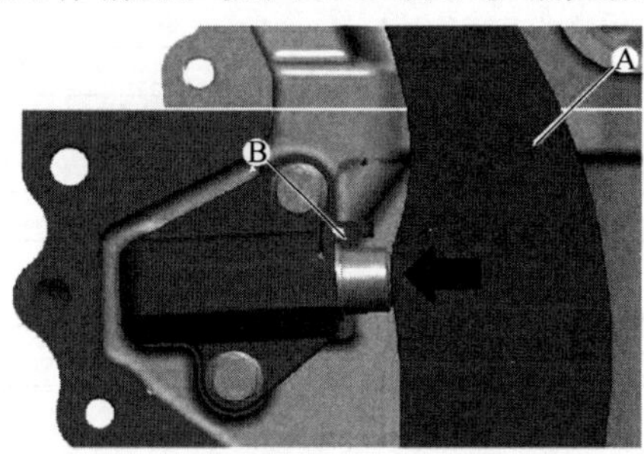

图 8-25　检查张紧器工作情况

⑭ 沿规定方向（从前看为顺时针）转动曲轴 2 圈后，确认进气和排气 CVVT 链轮的 TDC 标记对正气缸盖顶面。

⑮ 安装正时链条盖。

⑯ 安装气缸盖罩。

⑰ 添加必需液体并检查是否泄漏。连接诊断仪（GDS）。检查故障代码并记录，然后删除。重新进行检查。

8.3.2　发动机维修数据

G4NG 发动机机械维修数据如表 8-5 所示，机械部件紧固力矩见表 8-6。

表 8-5　G4NG 发动机机械维修数据

项　目			数　据
常规	类型		直列式,DOHC
	气缸数		4
	气缸内径		81.0mm
	行程		97.0mm
	总排气量		1999mL
	压缩比		(13.5±0.2)∶1
	点火顺序		1—3—4—2
气门正时	进气门	打开	ATDC 13°～BTDC 47°
		关闭	ABDC 104°～ABDC 44°
	排气门	打开	BBDC 58°～ABDC 2°
		关闭	ATDC 5°～ATDC 65°
凸轮轴	凸轮高度	进气	38.1mm
		排气	37.5mm
	轴颈外径	进气	1 号凸轮轴颈:35.959～35.975mm
			2～5 号凸轮轴颈:22.959～22.975mm
		排气	1 号凸轮轴颈:35.959～35.975mm
			2～5 号凸轮轴颈:22.959～22.975mm
	轴承油膜间隙	进气	1 号轴承:0.032～0.062mm
			2～5 号轴承:0.032～0.062mm
		排气	1 号轴承:0.032～0.062mm
			2～5 号轴承:0.032～0.062mm
	轴向间隙		0.10～0.19mm
气门	气门长度	进气	102.22mm,极限 101.97mm
		排气	104.04mm,极限 103.79mm
	气门杆外径	进气	5.465～5.480mm
		排气	5.458～5.470mm
	气门头部面角		45.25°～45.75°
	气门头部厚度(边缘厚度)	进气	1.30mm
		排气	1.26mm
	气门杆到气门导管的间隙	进气	0.020～0.047mm
		排气	0.030～0.054mm
气门导管	长度	进气	43.8～44.2mm
		排气	43.8～44.2mm

续表

项目			数据
气门导管	内径	进气	5.500～5.512mm
		排气	5.500～5.512mm
气门座	气门座接触面宽度	进气	1.05～1.35mm
		排气	1.35～1.65mm
	气门座角度	进气	44°45′～45°6′
		排气	44°45′～45°6′
气门弹簧	自由长度		48.2mm
	负荷		(19.6±0.9)kg/(37.0mm)
			(39.6±1.8)kg/(28.5mm)
	垂直度		<1.5°
气缸盖	衬垫表面平面度		对于总面积,<0.05mm
			对于100mm×100mm的截面,<0.02mm
	歧管装配表面平面度	进气	<0.10mm
		排气	<0.10mm
活塞	活塞外径		80.97～81.00mm
	活塞至气缸间隙		0.02～0.04mm
	环槽宽度	1号环	1.230～1.250mm
		2号环	1.230～1.250mm
		油环	2.010～2.025mm
活塞环	侧面间隙	1号环	0.040～0.080mm
		2号环	0.040～0.080mm
		油环	0.020～0.055mm
	端隙	1号环	0.15～0.30mm
		2号环	0.30～0.45mm
		油环	0.20～0.40mm
活塞销	活塞销外径		19.997～20.000mm
	活塞销孔内径		20.008～20.013mm
	活塞销孔间隙		0.008～0.016mm
	连杆小头孔内径		20.007～20.015mm
	活塞销到连杆衬套油膜间隙		0.007～0.018mm
连杆	连杆大头孔内径		48.000～48.018mm
	连杆轴承油隙		0.024～0.042mm
	侧面间隙		0.10～0.25mm
曲轴	主轴颈外径		54.942～54.960mm
	连杆轴颈外径		44.954～44.972mm
	主轴承油隙		0.016～0.034mm
	轴向间隙		0.07～0.25mm
缸体	气缸孔内径		81.00～81.03mm
	衬垫表面平面度		对于总面积,<0.05mm
			对于100mm×100mm的截面,<0.02mm
发动机机油	机油量	总计	4.6L(更换短发动机或气缸体总成时)
		油底壳	3.8L
		排放和填充	4.1L(包括机油滤清器)
	机油等级	推荐	5W-30,ACEA A5
		可用等级	ACEA A5或以上/5W-30
		SAE黏度等级	推荐SAE黏度编号
	机油压力(1000r/min时)		78.45kPa或以上[油温(油底壳):(110±2)℃]
油泵	安全阀开启压力		1档:114.74～184.36kPa 2档:514.85～585.45kPa
	侧面间隙		0.040～0.090mm

续表

项目			数据
油泵	壳体间隙		0.200～0.292mm
	导管间隙		0.030～0.075mm
冷却系统	冷却方式		用冷却风扇强制循环
	冷却水量		6.8L
	节温器	类型	石蜡式
		打开温度	(90±1.5)℃
		完全打开气门时升程/温度	＞8mm/(100℃)
	散热器盖	主阀开启压力	93.16～122.58kPa
		真空阀开启压力	0～6.86kPa

表 8-6　G4NG 发动机机械部件紧固力矩

项目		紧固力矩/(N·m)
发动机固定架	发动机固定支架到车身固定螺栓	68.6～88.3
	发动机固定支撑架到发动机固定绝缘体固定螺母	88.3～107.9
	发动机固定支架到发动机支架固定螺栓	88.3～107.9
	发动机固定支架到发动机支架固定螺母	88.3～107.9
	变速器固定支架到车身固定螺栓	68.6～88.3
	变速器固定支架到车身固定螺母	68.6～88.3
	变速器固定支撑架到变速器固定绝缘体固定螺栓	107.9～127.5
	滚转杆支架到副车架固定螺栓	49.0～63.7
	滚转杆支架到滚转杆支撑架固定螺栓和螺母	107.9～127.5
正时系统	液压张紧器	18.6～23.5
	机械张紧器	18.6～23.5
	惰轮	39.2～49.0
	曲轴皮带轮固定螺栓	64.7～72.6(并继续转动 43°～47°),或 196.1～205.9
	正时链条盖维修塞螺栓	29.4～39.2
	正时链盖螺栓(M10×40)	39.2～49.0
	正时链盖螺栓(M10×85)	39.2～49.0
	正时链盖螺栓-密封螺栓(M6×38)	9.8～11.8
	正时链盖螺栓-密封螺栓(M8×50)	19.6～23.5
	正时链盖螺栓(M8×50)	18.6～23.5
	正时链条盖固定螺栓(M8×28)	18.6～23.5
	正时链条张紧器固定螺栓	9.8～11.8
	正时链条张紧臂固定螺栓	18.6～22.6
	正时链条导轨固定螺栓	18.6～22.6
气缸盖	发动机盖固定螺栓	7.8～9.8
	点火线圈固定螺栓	9.8～11.8
	气缸盖罩固定螺栓	3.9～5.9→7.8～9.8
	喷油嘴与共轨总成螺栓	18.6～23.5
	CVVT 固定螺栓(左/右)	64.7～76.5
	凸轮轴轴承盖螺栓(M6)	11.8～13.7
	凸轮轴轴承盖固定螺栓(M8)	18.6～22.6
	凸轮轴载体螺栓	18.6～22.6
	气缸盖固定螺栓	32.4～36.3(并继续转动:第 1 次 90°～95°,第 2 次 90°～95°)
	发动机吊挂固定螺栓(前/后)	34.3～39.2
	凸轮轴位置传感器(左/右)	9.8～11.8
	机油控制阀(OCV)固定螺栓(左/右)	9.8～11.8

续表

项目		紧固力矩/(N·m)
缸体	扭振减振器	117.7～127.5
	连杆轴承盖固定螺栓	17.7～21.6(并继续转动 88°～92°)
	下部曲轴箱螺栓	18.6～23.5
	主轴承盖固定螺栓	27.5～31.4(并继续转动 120°～125°)
	曲轴位置传感器信号轮固定螺钉	12.7～13.7
	爆震传感器	18.6～23.5
润滑系统	排放塞	34.3～44.1
	油滤清器	11.8～15.7
	油底壳螺栓	9.8～11.8
	机油滤网螺栓	19.6～26.5
	机油滤网螺母	11.8～13.7
	机油压力开关	9.8～11.8
冷却系统	发动机电动水泵(EEWP)固定螺栓	19.6～23.5
	进水管固定螺母	18.6～23.5
	水温控制总成固定螺栓	9.8～11.8
	加热器管螺栓	19.6～23.5
进气和排气系统	进气软管夹具固定螺栓	2.9～4.9
	空气滤清器总成固定螺栓	7.8～9.8
	电控节气门(ETC)总成固定螺栓	9.8～11.8
	进气歧管支撑杆固定螺栓	18.6～23.5
	进气歧管固定螺栓	18.6～23.5
	进气歧管固定螺母	18.6～23.5
	EGR 冷却器固定螺栓	39.2～49.0
	EGR 冷却器管固定螺栓	18.6～23.5
	氧传感器(前/后)	39.2～49.0
	排气歧管隔热板固定螺栓	9.8～11.8
	排气歧管支撑杆固定螺栓	39.2～49.0
	排气歧管固定螺母	34.3～39.2
	消音器螺母	39.2～58.8

8.4 2.0L G4KD/2.4L G4KE 发动机

8.4.1 发动机正时维修

(1) 正时链条拆卸

① 分离蓄电池负极端子。

② 拆卸发动机盖。

③ 拆卸右前车轮。

④ 拆卸底盖。

⑤ 转动曲轴皮带轮并对正曲轴皮带轮凹槽与正时链盖的正时标记，设置 1 号气缸的活塞到压缩行程的上止点，见图 8-26。

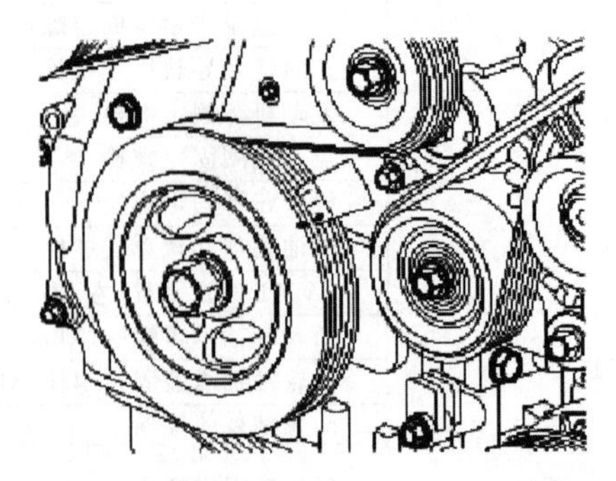

图 8-26 设置曲轴皮带轮于上止点位置

⑥ 排放发动机油，设置千斤顶至油底壳。在千斤顶和发动机油底壳之间放置木块。

⑦ 分离搭铁线，拆卸发动机装配支撑架。

⑧ 逆时针转动驱动皮带张紧器后拆卸

驱动皮带。

⑨ 从支架上分离动力转向油泵。

⑩ 拆卸惰轮和驱动皮带张紧器皮带轮。张紧器皮带轮螺栓有左螺纹。

⑪ 拆卸水泵皮带轮、曲轴皮带轮和发动机支架。安装或拆卸曲轴减振皮带轮时，有两种固定飞轮齿圈的方法。

拆卸起动机后，安装 SST（09231-3K000）固定齿圈，见图 8-27。

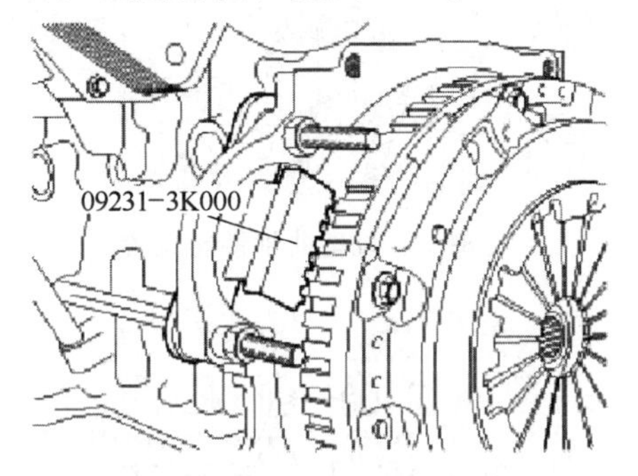

图 8-27　固定飞轮的专用工具

拆卸防尘盖后，安装 SST（09231-3D100），以固定飞轮齿圈。

a. 在梯形架的底部拆卸防尘盖（A），拧下 2 个变速器固定螺栓（B），见图 8-28。

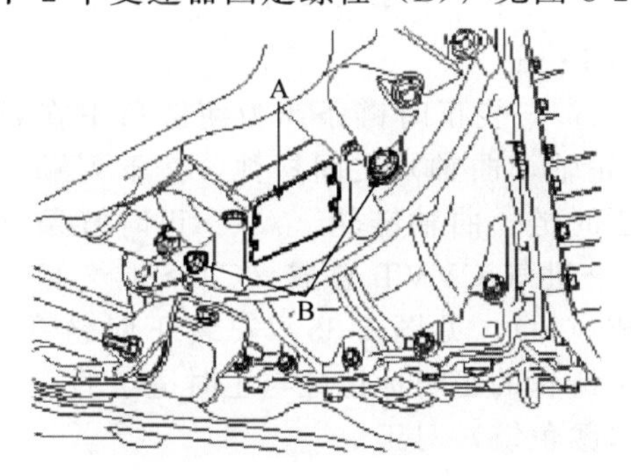

图 8-28　拆卸底部防尘盖

b. 调整支架螺母（A）的长度，以便支架（B）的前板放进飞轮齿圈（C）齿内，见图 8-29。

c. 调整连杆（D）的角度，以便 2 个变速器固定螺栓固定到原来固定孔内，见图 8-29。

d. 使用 2 个变速器固定螺栓和垫圈安装 SST（09231-3D100）。牢固地拧紧支架的螺栓和螺母，见图 8-30。

⑫ 拆卸压缩机下部螺栓和支架。

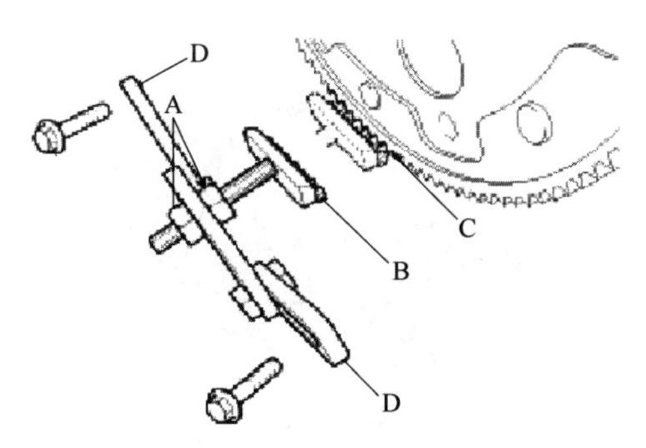

图 8-29　安装固定支架

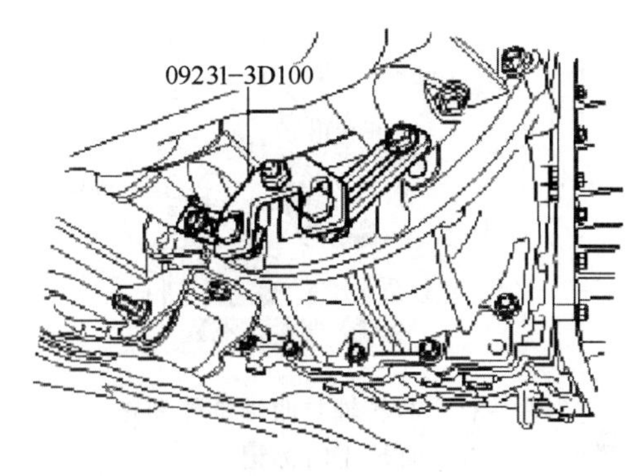

图 8-30　固定飞轮

⑬ 拆卸油底壳。使用 SST（油底壳拆卸工具，09215-3C000）时，注意不要损坏气缸体和油底壳的接触面。不要将 SST 作为撬棍使用。固定工具到位置上（垫圈线），用小锤子轻敲。

⑭ 分离动力转向油压开关连接器和排气 OCV 连接器。

⑮ 拆卸通气软管。

⑯ 分离 PCV 软管。

⑰ 分离点火线圈连接器并且拆卸点火线圈。

⑱ 拆卸气缸盖罩。

⑲ 在正时链条盖和气缸体之间轻轻撬，拆卸正时链条盖。注意：不要损坏气缸体、气缸盖和正时链条盖的接触表面。

⑳ 曲轴键应与主轴承盖的接合面对齐。这样将 1 号气缸的活塞置于压缩冲程的上止点。

拆卸正时链前，根据链轮的位置给正时链做识别标记，因为 TDC（上止点）的链条上的识别标记可能被抹掉，见图 8-31。

㉑ 压缩正时链条张紧器后，安装固定销，见图 8-32。

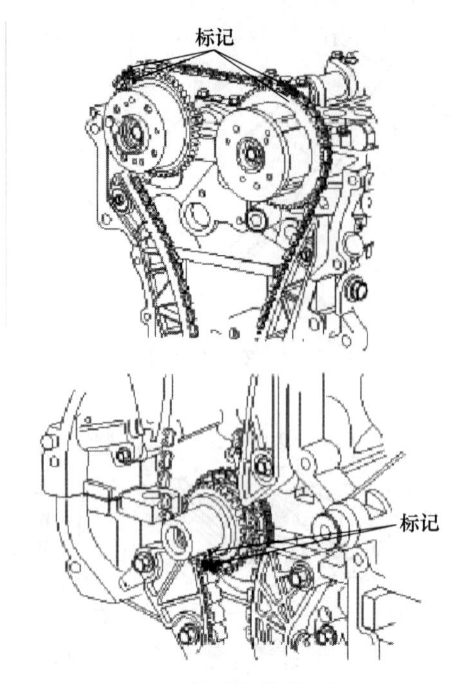

图 8-31　凸轮轴与曲轴链轮和正时链正时标记

图 8-32　设置张紧器

㉒ 拆卸正时链条张紧器和正时链条张紧臂。

㉓ 拆卸正时链条。

㉔ 拆卸正时链条导轨。

㉕ 拆卸正时链条机油喷嘴。

㉖ 拆卸曲轴链轮。

㉗ 拆卸平衡轴链（油泵链）。

（2）正时链条安装

① 安装平衡轴链（油泵链）。

② 安装曲轴链轮。

③ 安装正时链条机油喷嘴（A）。规定转矩：7.8～9.8N・m。

④ 设置曲轴，以便曲轴的键（A）与主轴承盖的接合表面对齐，见图 8-33。安装进气和排气凸轮轴总成，以便进气和排气 CVVT 链轮的 TDC 标记（B）与气缸盖的顶面对齐，见图 8-34。如果是这样，1 缸活塞位于压缩行程的上止点。

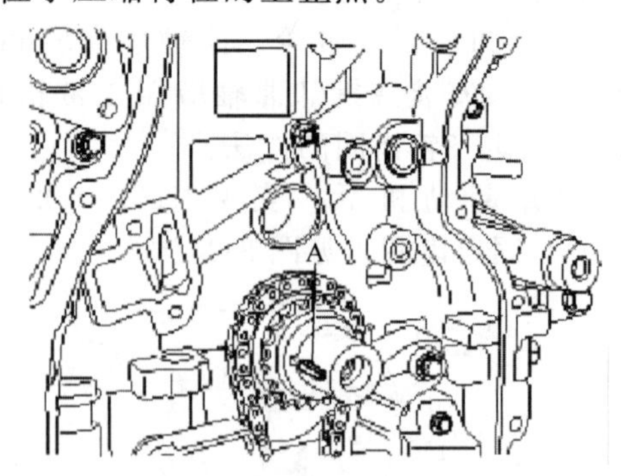

图 8-33　设置曲轴链轮位置

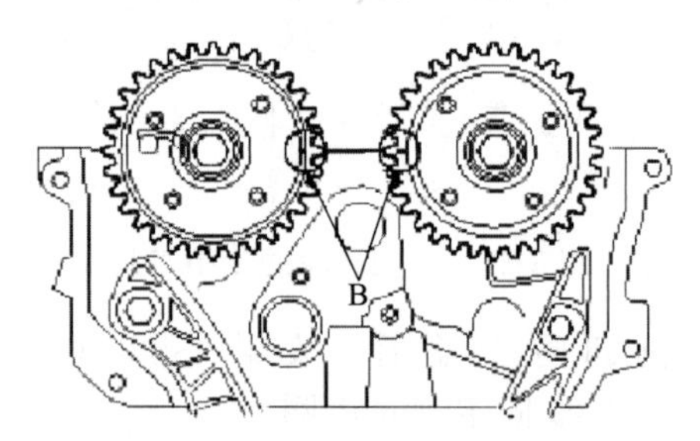

图 8-34　正时链轮正时标记对准

⑤ 安装正时链条导轨。规定转矩：9.8～11.8N・m。

⑥ 安装正时链条。为使链条不在各轴（凸轮轴，曲轴）之间松弛，按下列顺序安装正时链：曲轴链轮（A）→正时链条导轨（B）→进气 CVVT 总成（C）→排气 CVVT 总成（D），见图 8-35。安装正时链条时，每个链轮的正时标记应与正时链条的正时标记（颜色链）对正。

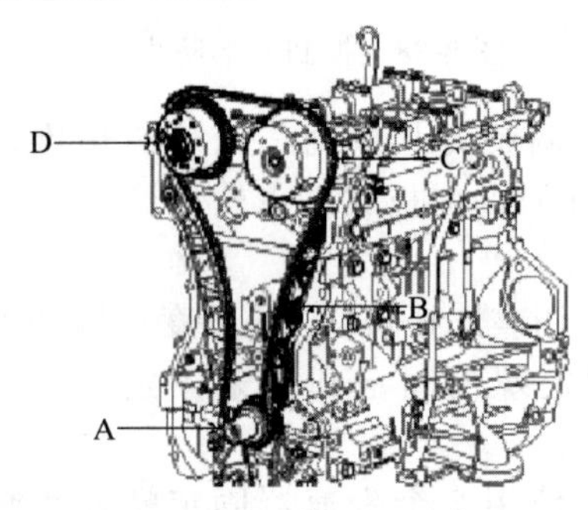

图 8-35　正时链安装顺序

⑦ 安装正时链条张紧臂。规定转矩：9.8～11.8N・m。

⑧ 安装正时链自动张紧器，拆卸固定销。规定转矩：9.8～11.8N·m。

⑨ 按规定方向（顺时针方向）旋转曲轴 2 圈后，确认正时标记对齐，如图 8-36 所示。

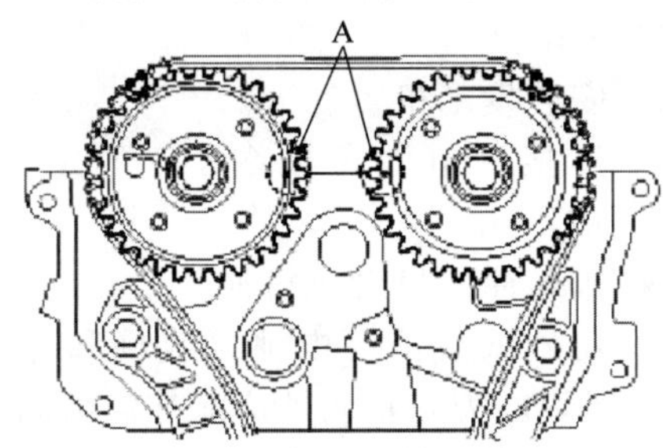

图 8-36　确认正时标记对齐

⑩ 安装正时链条盖。

a. 使用衬垫刮刀，清除衬垫表面上的所有旧衬垫材料。

b. 在链条盖和相对部件（气缸盖、气缸体和梯形架）上的密封胶不能沾上发动机机油等。

c. 装配正时链条盖前，应在气缸盖和气缸体之间的缝隙内涂抹液体密封胶 Loctite 5900H 或 THREEBOND 1217H。涂抹密封胶后 5min 内装配部件。密封胶宽度：2.5mm。

d. 应在正时链盖上涂抹液体密封胶 Loctite 5900H 或 THREEBOND 1217H。涂抹密封胶后在 5min 内装配部件。应不间断地涂抹密封胶。密封胶宽度：3.0mm。

e. 为了精确装配正时链条盖，可以使用气缸体上的定位销和正时链条盖上的孔作为参考。

规定转矩：M6×25 为 7.8～9.8N·m；M6×28 为 18.6～22.5N·m。

f. 装配 30min 后，再运转发动机或执行压力测试。

⑪ 安装油底壳。

a. 使用衬垫刮刀清除衬垫表面上所有旧的密封物。

b. 装配油底壳前，在油底壳上涂抹液体密封胶 Loctite 5900H 或 THREEBOND 1217H。涂抹密封胶后，在 5min 内装配部件。密封胶宽度：2.5mm。涂抹密封胶时，不要让密封胶进入油底壳的内部。在螺栓孔的内部螺纹上涂抹一层密封胶，避免油泄漏。

c. 安装油底壳。均匀地拧紧各螺栓。

规定转矩：M9 为 30.4～34.3N·m；M6 为 9.8～11.8N·m。

d. 装配后，至少等待 30min 后，注入发动机机油。

⑫ 使用 SST 安装曲轴前油封，见图 8-37。

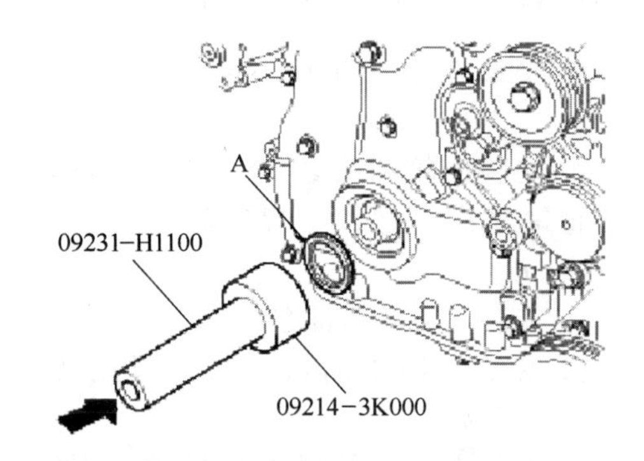

图 8-37　安装曲轴前油封（A）

⑬ 安装水泵皮带轮、曲轴皮带轮和发动机支架。

规定转矩：水泵皮带轮为 7.8～9.8N·m；曲轴皮带轮为 166.6～176.4N·m；支架螺栓中，M10 螺栓为 39.2～44.1N·m，M8 螺栓为 19.6～24.5N·m。

⑭ 安装气门室罩。

a. 装配气缸盖罩前，清除正时链盖和气缸盖之间上部区域的硬化密封胶。

b. 涂抹密封胶（Loctite 5900H）后，5min 内装配部件。密封胶宽度：2.5mm。

c. 装配 30min 后，再运转发动机或执行压力测试。

d. 按下列方法拧紧气缸盖罩螺栓。规定转矩：第一步为 3.9～5.9N·m；第二步为 7.8～9.8N·m，顺序见图 8-38。

切勿再次使用气缸盖罩衬垫。

⑮ 安装通气软管。

⑯ 连接 PCV 软管。

⑰ 安装点火线圈并连接点火线圈连接器。

⑱ 连接动力转向油压开关连接器和排气 OCV 连接器。

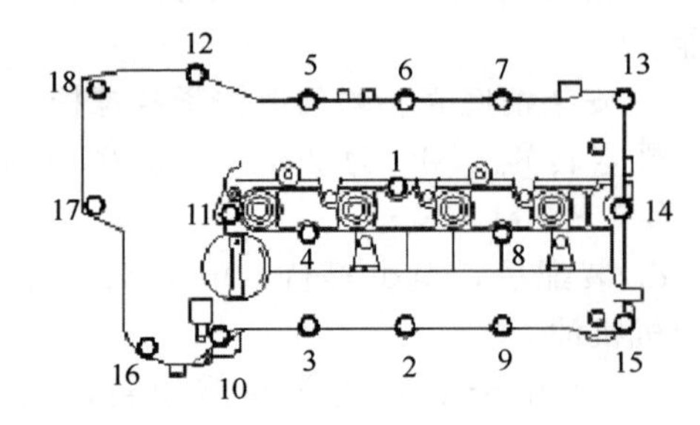

图 8-38 气缸盖螺栓拧紧顺序（1～18）

⑲ 安装驱动皮带张紧器。规定转矩：53.9～63.7N·m。

⑳ 安装惰轮和张紧器皮带轮。张紧器皮带轮螺栓有左螺纹。规定转矩：53.9～63.7N·m。

㉑ 安装动力转向油泵。

㉒ 安装空调压缩机支架。规定转矩：19.6～23.5N·m。

㉓ 拧紧空气压缩机下部螺栓。规定转矩：20.0～32.9N·m。

㉔ 安装驱动皮带。顺序如下：

曲轴皮带轮→空调皮带轮→交流发电机皮带轮→惰轮→动力转向泵皮带轮→惰轮→水泵皮带轮→张紧器皮带轮。

逆时针转动自动张紧器。转动张紧器时，在自动张紧器上安装驱动皮带，然后释放张紧器。

㉕ 安装发动机装配支撑架并连接搭铁线。规定转矩：78.5～98.1N·m。

㉖ 安装底盖。

㉗ 安装前右车轮。规定转矩：88.3～107.9N·m。

㉘ 安装发动机盖。

㉙ 连接蓄电池负极端子。规定转矩：4.0～6.0N·m。

㉚ 重新注入发动机机油。

㉛ 用砂纸清洁蓄电池接线柱和导线端子。装配后，为防止腐蚀应涂抹润滑脂。

㉜ 检查燃油是否泄漏。

a. 装配燃油管路后，将点火开关置于ON位置（不要启动发动机）使燃油泵运转约2s，并加压燃油管路。

b. 重复上述操作两次或三次，在燃油管路的任一点检查是否有燃油泄漏。

㉝ 把发动机冷却水重新注入散热器和储液箱内。

㉞ 从冷却系统放气。

a. 启动发动机并运转它，直到它暖机为止。（直到散热器风扇工作3次或4次。）

b. 停止发动机，让其冷却。检查散热器内的液面，若有需要则添加冷却液。这样做将清除冷却系统内的空气。

c. 牢固地盖上散热器盖，然后再次运转发动机并检查是否泄漏。

8.4.2 发动机维修数据

G4KD/G4KE发动机机械维修数据如表8-7所示，机械部件紧固力矩见表8-8。

表 8-7 G4KD/G4KE 发动机机械维修数据

项目		数据
常规	类型	直列式，顶置双凸轮轴
	气缸数	4
	气缸内径	86mm(排量为2.0L的发动机),88mm(排量为2.4L的发动机)
	行程	86mm(排量为2.0L的发动机),97mm(排量为2.4L的发动机)
	总排气量	1998mL(排量为2.0L的发动机),2359mL(排量为2.4L的发动机)
	压缩比	10.5∶1
	点火顺序	1—3—4—2
气门正时	进气门打开(ATDC/BTDC)	ATDC 7°～BTDC 38°
	进气门关闭(ABDC)	ABDC 67°～22°
	排气门打开(BBDC)	BBDC 44°～4°
	排气门关闭(ATDC)	ATDC 0°～40°

续表

项　目		数　据
气门	进气气门长度	113.18mm,极限112.93mm
	排气气门长度	105.84mm,极限105.59mm
	进气气门杆外径	5.465～5.480mm
	排气气门杆外径	5.458～5.470mm
	气门头部面角	45.25°～45.75°
	进气边缘厚度	1.02mm
	排气边缘厚度	1.09mm
	进气气门杆至气门导管间隙	0.020～0.047mm,极限0.07mm
	排气气门杆至气门导管间隙	0.030～0.054mm,极限0.09mm
气门导管	进气长度	43.8～44.2mm
	排气长度	43.8～44.2mm
气门座	进气气门座接触面的宽度	1.16～1.46mm
	排气气门座接触面的宽度	1.35～1.65mm
	气门座角度	44.75°～45.10°
气门弹簧	自由长度	47.44mm
	负荷	(19.0±0.6)kg/(35.0mm)
	垂直度	负荷为(39.8±1.2)kg/(26.0mm)时,最大1.5°
气门间隙	冷态20℃进气	0.17～0.23mm,极限0.10～0.30mm
	冷态20℃排气	0.27～0.33mm,极限0.20～0.40mm
气缸盖	衬垫表面平面度	最大值0.05mm
	歧管装配表面平面度	最大值0.10mm
气缸体	气缸径	86.00～86.03mm(排量为2.0L的发动机),88.00～88.03mm(排量为2.4L的发动机)
	气缸内径的圆度和锥度	0.05mm以下
	与活塞的间隙(仅限于新部件)	0.015～0.035mm
活塞	外径(仅限于新部件)	85.975～86.0050mm(排量为2.0L的发动机),87.975～88.005mm(排量为2.4L的发动机)
	环槽宽度(1号活塞环)	1.235～1.250mm,极限1.26mm
	环槽宽度(2号活塞环)	1.230～1.250mm,极限1.26mm
	油环环槽宽度	2.01～2.03mm,极限2.05mm
活塞环	侧面间隙(1号)	0.05～0.08mm,极限0.1mm
	侧面间隙(2号)	0.04～0.08mm,极限0.1mm
	侧面间隙(油环)	0.06～0.15mm,极限0.2mm
	端隙(1号)	0.15～0.30mm,极限0.6mm
	端隙(2号)	0.37～0.52mm,极限0.7mm
	端隙(油环侧轨)	0.20～0.70mm,极限0.8mm
连杆	弯曲(每100mm长度)	0.05mm以下
	扭曲(每100mm长度)	0.1mm以下
	连杆大头至曲轴侧间隙	0.100～0.250mm,极限0.35mm
	连杆轴承油膜间隙(仅限于新部件)	0.031～0.045mm,极限0.05mm
凸轮轴	进气凸轮高度	44.20mm
	排气凸轮高度	45.00mm
	进气轴颈外径(1号)	ϕ30mm
	进气轴颈外径(2～5号)	ϕ24mm
	排气轴颈外径(1号)	ϕ36mm
	排气轴颈外径(2～5号)	ϕ24mm
	进气轴承油膜间隙(1号)	0.022～0.057mm,极限0.09mm
	进气轴承油膜间隙(2～5号)	0.045～0.082mm,极限0.12mm
	排气轴承油膜间隙(1号)	0～0.032mm
	排气轴承油膜间隙(2～5号)	0.045～0.082mm,极限0.12mm
	轴向间隙	0.04～0.16mm,极限0.20mm

续表

项目		数据
曲轴	连杆轴径	47.954～47.972mm
	主轴径	51.942～51.960mm
	轴向间隙	0.07～0.25mm
	曲轴轴承油层间隙	0.020～0.038mm
冷却系统	冷却方式	水冷，水泵强制循环式
	散热器盖主阀打开压力	83～110kPa
	真空阀开启压力	－7kPa 以下
	节温器类型	石蜡式，微动阀
	阀门打开时温度	(82±1.5)℃
	全开启时温度	95℃
	冷却水泵	离心式叶轮
	驱动皮带类型	V 带
润滑系统	发动机机油油量总计	4.7L(排量为 2.0L 的发动机)，5.5L(排量为 2.4L 的发动机)(更换短发动机或缸体总成时)
	油底壳	3.8L(排量为 2.0L 的发动机)，4.2L(排量为 2.4L 的发动机)
	排放和再充填	4.1L(排量为 2.0L 的发动机)，4.6L(排量为 2.4L 的发动机)(包括机油滤清器)
	机油等级(推荐)	5W-20/GF4&SM 如果无现货，参考推荐的 API 或 ILSAC 等级和 SAE 年度编号
	机油等级	API SL，SM 或以上；ILSAC GF3，GF4 或以上；满足 API 或 ILSAC 等级的要求
	SAE 黏度等级	推荐 SAE 黏度编号
	油压(1000r/min 时)	108kPa 以上(排量为 2.0L 的发动机)，147kPa 以上(排量为 2.4L 的发动机)
	油底壳内的油温	(110±2)℃

表 8-8 G4KD/G4KE 发动机机械部件紧固力矩

紧固部件	力矩/(N·m)
梯形架螺栓	8.8～9.8→17.7～20.6→27.5～31.4
平衡轴模块螺栓(仅 2.4L 发动机)	22.5～26.5(并继续转动 103°～107°)
油泵螺栓(仅 2.0L 发动机)	7.8～11.8→17.7～21.6→27.5～31.4
正时链盖螺栓(M6×28)	18.6～22.5
正时链盖螺栓(M6×25)	7.8～9.8
正时链盖螺栓(M10×45)	39.2～44.1
正时链盖螺栓(M10×40)	39.2～44.1
油底壳螺栓(M6)	9.8～11.8
油底壳螺栓(M9)	30.4～34.3
凸轮轴轴承盖螺栓(M6)	5.9→10.8～12.7
凸轮轴轴承盖螺栓(M8)	14.7→27.4～31.4
气缸盖螺栓	32.4～36.3(并继续转动：第 1 次 90°～95°，第 2 次 90°～95°)
发动机吊钩螺栓	27.5～31.4
气缸盖螺栓	3.9～5.9→7.8～9.8
曲轴皮带轮螺栓	166.6～176.4
连杆轴承盖螺栓	17.7～21.6(并继续转动 88°～92°)
主轴承盖螺栓	14.7→27.5～31.4(并继续转动 120°～125°)
飞轮螺栓	117.6～127.4
驱动盘螺栓	117.6～127.4
正时链条张紧器螺栓	9.8～11.8
正时链条张紧臂螺栓	9.8～11.8

续表

紧 固 部 件	力矩/(N·m)
正时链条导轨螺栓	9.8～11.8
OCV 螺栓	9.8～11.8
CVVT 螺栓	53.9～63.7
BSM 链条张紧臂螺栓(仅 2.4L 发动机)	9.8～11.8
BSM 链条导轨螺栓(仅 2.4L 发动机)	9.8～11.8
BSM 链条张紧器螺栓(仅 2.4L 发动机)	9.8～11.8
油泵链条导轨(仅 2.0L 发动机)	9.8～11.8
油泵链条张紧器螺栓(仅 2.0L 发动机)	9.8～11.8
机油冷却器软管和管螺栓(仅 2.4L 发动机)	18.6～23.5
水泵螺栓	18.6～23.5
空调压缩机支架螺栓	19.6～23.5
张紧器总成支架螺栓	39.2～44.1
水温控制螺母	18.6～23.5
水温控制螺栓	14.7～19.6
进水管螺栓	9.8～11.8
机油油量表总成螺栓	7.8～11.8
点火线圈螺栓	3.9～5.9
进气歧管螺栓	18.6～23.5
进气歧管螺母	18.6～23.5
进气歧管拉杆螺栓	18.6～23.5
排气歧管隔热板螺栓	7.8～11.8
排气歧管螺母	49.0～53.9
排气歧管支架螺栓(M8)	18.6～27.5
排气歧管支架螺栓(M10)	51.9～57.9
消音器螺栓	39.2～58.8
发动机盖固定支架螺栓	9.8～11.8
氧传感器	34.3～44.1
曲轴位置传感器螺栓	3.9～5.9
爆震传感器	18.6～23.5
凸轮轴位置传感器	9.8～11.8
机油压力开关	7.8～11.8
机油滤清器	11.8～15.7

第9章 大众-奥迪-斯柯达汽车

9.1 1.2T DLS发动机

9.1.1 发动机正时分解

发动机正时机构部件分解如图9-1、图9-2所示。气缸体上止点锁定螺栓安装位置见图9-3。

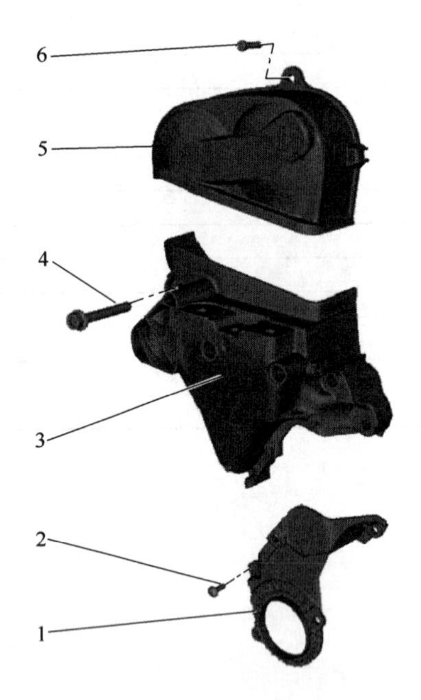

图9-1 正时齿形带护罩

1—齿形皮带下部护罩；2—螺栓，拧紧力矩为8Nm；3—发动机支承；4—螺栓；5—齿形皮带上部护罩；6—螺栓，拧紧力矩为8Nm

气缸体“上止点”锁定螺栓（T10340）只有一个安装位置，见图9-3，提示O形圈损坏时，进行更换。锁定螺栓拧紧力矩：30Nm。

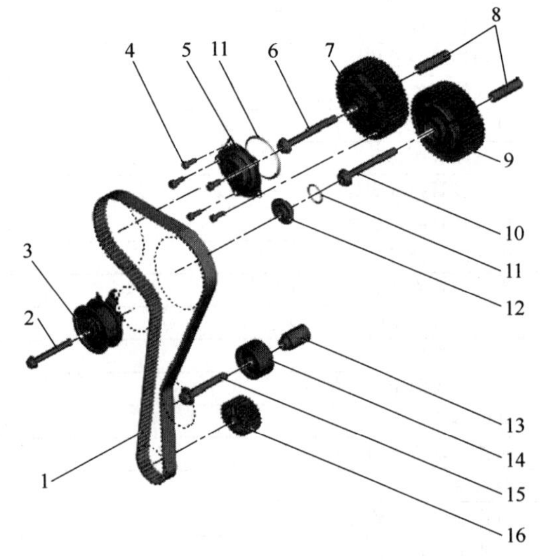

图9-2 发动机正时机构部件分解

1—正时齿形皮带，拆卸皮带时，用粉笔或记号笔标出其运行方向，检查是否磨损；2—螺栓，拧紧力矩为25Nm，使用扭力扳手（5～60Nm，HAZET6290-1CT或V. A. G1331）和13mm特殊环形扳手（CT10500或T10500）拧紧时，拧紧力矩为15Nm；3—张紧轮；4—螺栓，拆后换新，拧紧力矩为8Nm+继续旋转45°；5—密封盖；6—螺栓，拆后换新，拧紧力矩为50Nm+继续旋转135°；7—排气凸轮轴齿形皮带轮，带凸轮轴调节装置；8—导向套；9—进气凸轮轴齿形皮带轮，带凸轮轴调节装置；10—螺栓，拆后换新，拧紧力矩为50Nm+继续旋转135°；11—O形圈，拆后换新；12—密封螺栓，拧紧力矩为20Nm；13—间距套；14—导向轮；15—螺栓，拧紧力矩为45Nm；16—正时齿形皮带轮，正时齿形皮带轮和曲轴皮带轮之间表面上不允许有油脂

9.1.2 发动机正时检查

① 拆卸发动机罩。

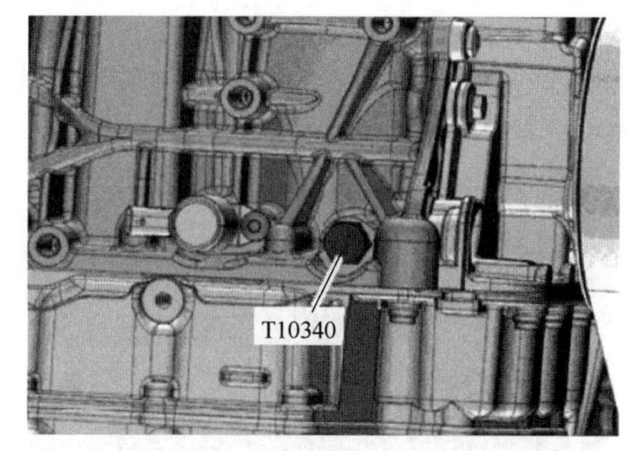

图 9-3　上止点锁定螺栓安装位置

② 松开软管卡箍，拆下上部空气导管。

③ 脱开空气导管上的空气导流软管。

④ 脱开电气连接插头（1），如图 9-4 所示。

图 9-4　拆下空气导管

⑤ 松开卡子（2），拔下真空管（3）。

⑥ 松开卡子（箭头），取下空气导管。

⑦ 脱开曲轴箱通风装置电器插头。

⑧ 拧出螺栓，并取下曲轴箱通风装置。

⑨ 脱开冷却液泵电线束。

⑩ 拧出螺栓，取下冷却液泵齿形皮带护罩。

⑪ 拧出螺栓（箭头），取下密封盖（1），如图 9-5 所示。

⑫ 排出冷却液。

⑬ 拧出螺栓（A～D）并将冷却液调节器盖板（1）压向一侧，如图 9-6 所示。

⑭ 按如下所述，将曲轴转到上止点位置处：

a. 拆下第一缸带功率输出级的点火

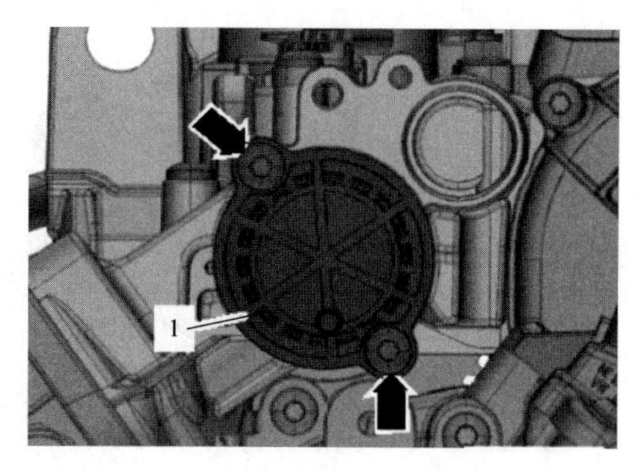

图 9-5　取下密封盖

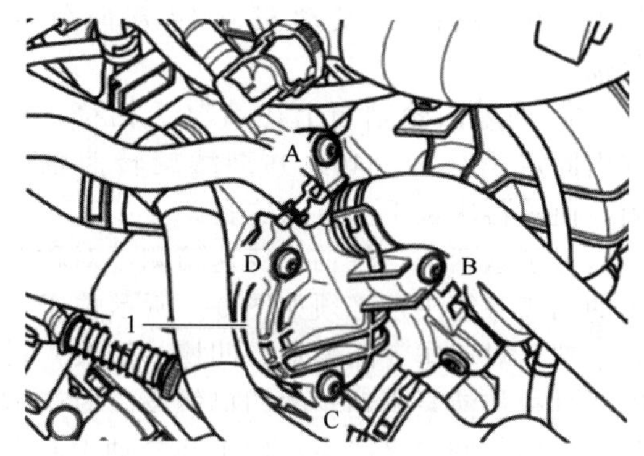

图 9-6　调整冷却液调节器盖板方位

线圈。

b. 用火花塞扳手（3122B）拆下第一缸火花塞。

c. 将千分表适配接头（T10170N）旋入火花塞螺纹孔至限位位置。

d. 将带延长件（FT10170/1T1）的千分表（VAS 6341）插入千分表适配接头中，并拧紧锁止螺母（箭头）。

e. 沿发动机运转方向转动曲轴，直到第一缸上止点，并记下千分表指针位置。

如果曲轴转动超过上止点 0.01mm，则将曲轴逆着发动机运转方向再转动约 45°。接着将曲轴朝发动机运转方向转动到气缸 1 上止点位置，如图 9-7 所示。气缸 1 上止点允许的偏差：±0.01mm。

⑮ 拧出气缸体上“上止点”孔的螺旋塞。

⑯ 将固定销（T10340）拧入气缸体中至限位位置，然后以 30Nm 的力矩拧紧。

⑰ 沿发动机运转方向旋转曲轴至限位位置。紧固销此时位于曲柄臂上。固定销

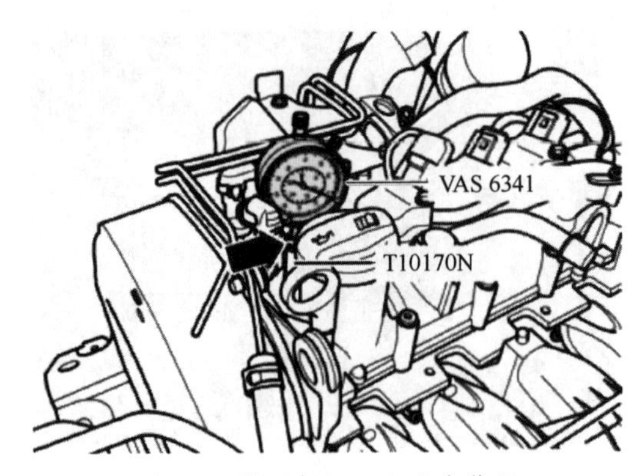

图 9-7　设置气缸 1 上止点位置

（T10340）只能沿发动机运转方向锁定曲轴。

⑱ 如果凸轮轴与上述情况不相符，请拧出固定销（T10340）并继续旋转曲轴一周，使其再次位于上止点位置。

对于这两个凸轮轴，变速箱侧不对称分布的凹槽（箭头）必须如图 9-8 所示位于中心上部。对于排气凸轮轴，凹槽（箭头）可以通过冷却液泵驱动轮的凹口触及。对于进气凸轮轴，凹槽（箭头）位于凸轮轴中心上方，如图 9-8 所示。

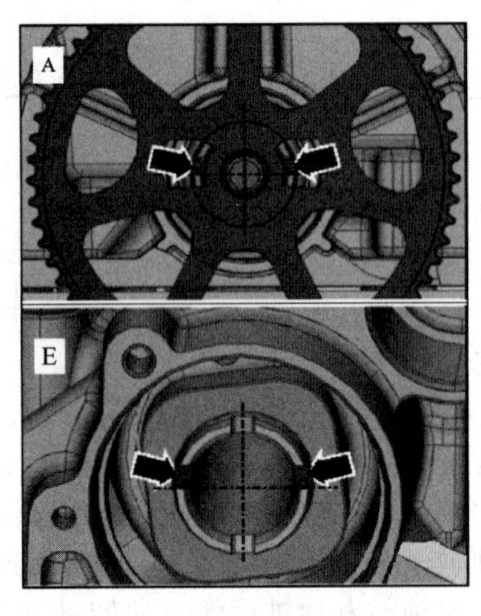

图 9-8　凸轮轴位置

A—排气凸轮轴；E—进气凸轮轴

⑲ 凸轮轴固定装置 T10494（FT10494N）必须可以自行嵌入。不得用敲击工具来安装凸轮轴固定装置。

如果凸轮轴固定装置 T10494（FT10494N）不易自行嵌入，则进行以下操作：

a. 脱开支架上的软管（3）。

b. 拧出螺栓（2）。

c. 松开固定夹（箭头），取下上部齿形皮带护罩（1），如图 9-9 所示。

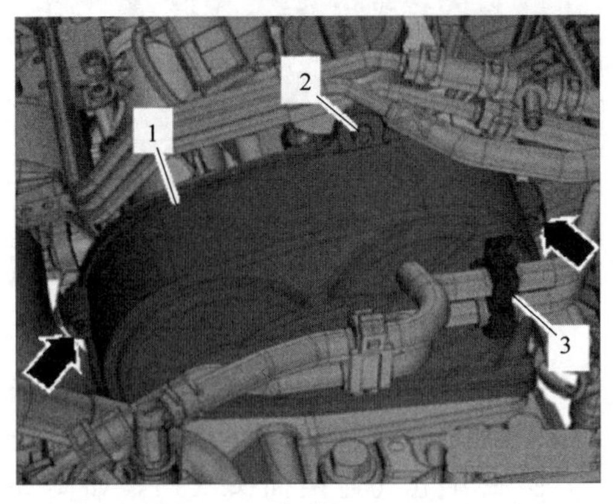

图 9-9　取下上部齿形带罩盖

d. 用安装工具 T10487（FT10487N）沿箭头方向按压齿形皮带，如图 9-10 所示。

图 9-10　按压齿形皮带

e. 同时将凸轮轴固定装置 T10494（FT10494N）推入凸轮轴直至限位位置。

f. 用力拧紧螺栓（箭头），如图 9-11 所示。

图 9-11　安装凸轮轴固定装置

如果凸轮轴固定装置无法插入，则调整正时；如果凸轮轴固定装置可以插入，则正时正常。

⑳ 其余的组装以倒序进行。注意以下事项：

a. 更换通过继续旋转拧紧的螺栓。

b. 更换损坏的螺旋塞O形环。

9.1.3 发动机正时调整

① 拆下减振器。

② 拧出螺栓（箭头），并取下齿形皮带下部护罩，如图9-12所示。

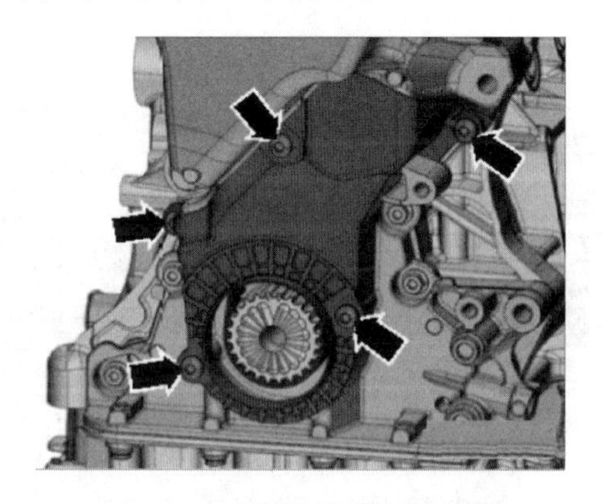

图9-12 取出齿形皮带下部罩盖

③ 使用带转接头（T10172/1）的固定工具（T10172）拧出进气侧凸轮轴齿轮上的螺旋塞（1），如图9-13所示。

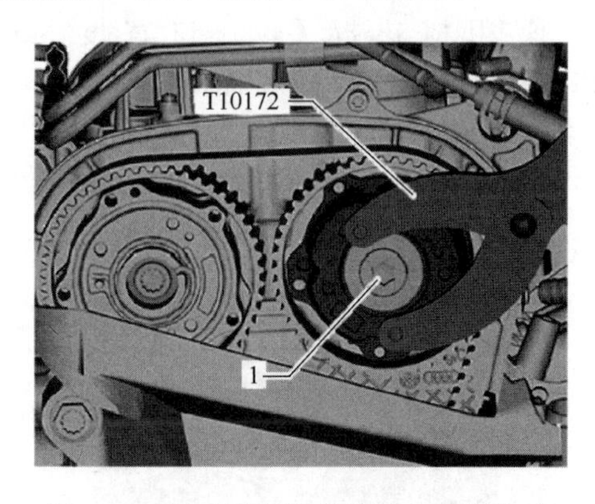

图9-13 拧出进气侧凸轮轴齿轮螺旋塞

④ 使用带转接头（T10172/1）的固定工具（T10172）将螺栓1和2松开大约一圈，如图9-14所示。

⑤ 用扭力扳手接头（T10500）松开螺栓（1），见图9-15。

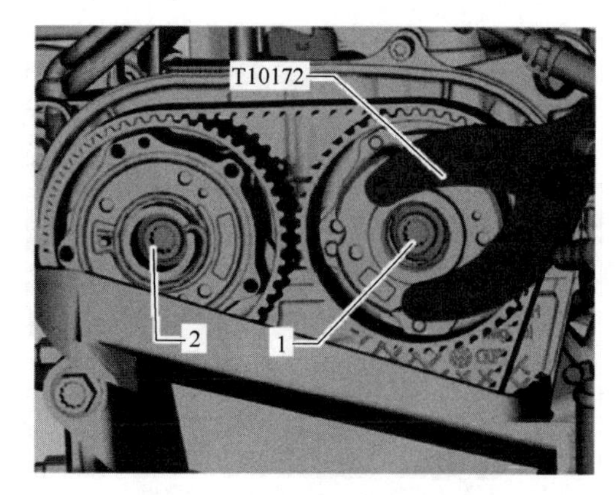

图9-14 用专用工具松开螺栓

⑥ 用梅花扳手，开口宽度30mm（T10499）松开偏心轮（2），使张紧轮松开，如图9-15所示。

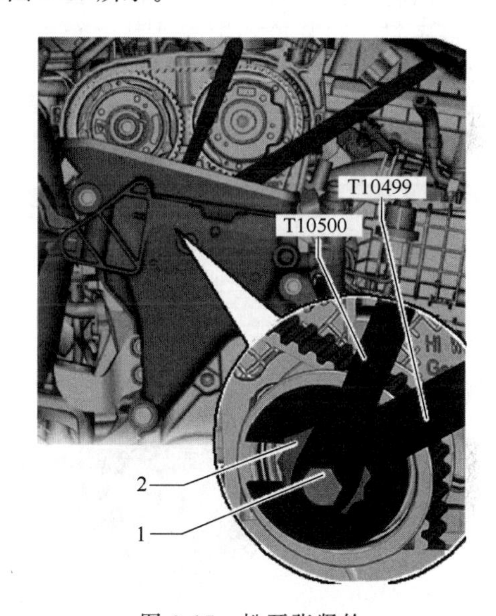

图9-15 松开张紧轮

⑦ 取下齿形皮带。颠倒已运行过的正时齿形皮带的运行方向可能会造成损坏。在拆卸齿形皮带前，先用粉笔或记号笔标记运转方向，便于重新安装。

⑧ 取下曲轴齿形皮带轮1（箭头），如图9-16所示。

⑨ 检查凸轮轴和曲轴的上止点位置：在凸轮轴壳体上安装凸轮轴固定装置T10494（FT10494N）。将固定销（T10340）拧入气缸体中至限位位置，然后以30Nm的力矩拧紧。用固定销（T10340）将曲轴卡止在气缸1的活塞上止点处，使曲

图 9-16　取出曲轴齿形皮带轮

轴不能转动。

⑩ 拧入新的凸轮轴齿轮的螺栓，但不拧紧。凸轮轴齿轮必须可以在凸轮轴上摆动但不得倾斜。张紧轮的钢板凸耳（箭头）必须嵌入气缸盖的铸造凹槽中，如图 9-17 所示。

图 9-17　张紧轮凸耳位置

⑪ 在曲轴上安装曲轴齿形皮带轮。减振器和曲轴齿形皮带轮之间的接触面必须无机油且无油脂。曲轴齿形皮带轮的铣削面（箭头）必须与曲轴轴颈的铣削面对应，如图 9-18 所示。

⑫ 首先将齿形皮带按所做的标记置于曲轴齿形皮带轮上。

⑬ 安装齿形皮带下部护罩。

⑭ 安装减振器。

⑮ 安装齿形皮带时请遵守顺序。向上拉齿形皮带，依次置于导向轮（1）、张紧轮（2）以及排气凸轮轴齿轮（3）和进气凸轮

图 9-18　安装曲轴齿形皮带轮

轴（4）上，如图 9-19 所示。

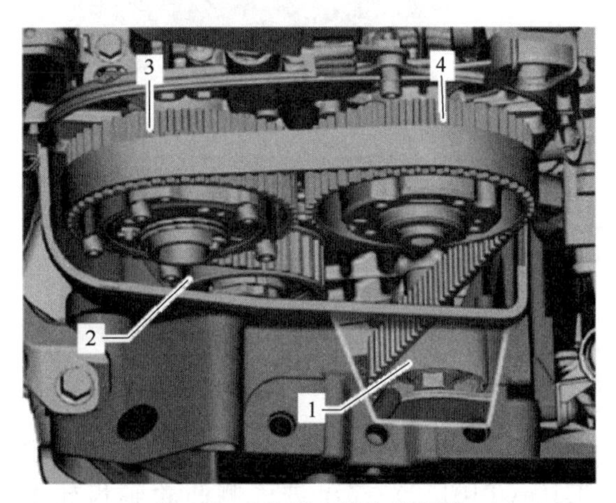

图 9-19　齿形皮带安装顺序

⑯ 用梅花扳手，开口宽度 30mm（T10499）沿箭头方向旋转偏心轮（2），直至调节指针（3）位于调节窗口右侧大约 10mm 处，如图 9-20 所示。

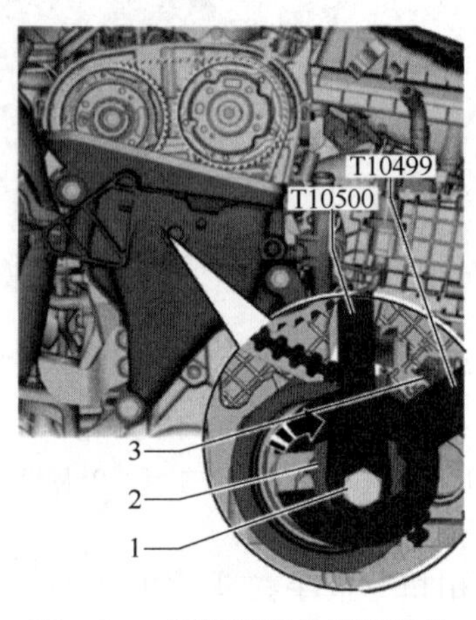

图 9-20　安装齿形皮带张紧轮

⑰ 往回旋转偏心轮，使得调节指针准确地位于调节窗口中。

⑱ 让偏心轮保持在该位置并以25Nm的力矩拧紧螺栓（1），为此使用扭力扳手接头（T10500）以及扭力扳手（VAS6583）。

如果发动机继续旋转或运转，可能导致调节指针（3）相对调节窗口的位置出现偏差。这对齿形皮带张紧无任何影响。

⑲ 使用带转接头（T10172/1）的固定工具（T10172）以50Nm的力矩预拧紧螺栓1、2，如图9-21所示。

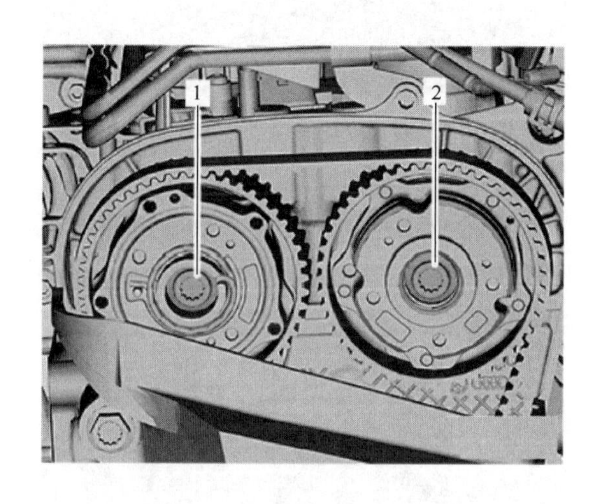

图9-21 预紧凸轮轴皮带轮螺栓

⑳ 拧出固定销（T10340）。

㉑ 拧出螺栓并取下凸轮轴固定装置T10494（FT10494N）。

㉒ 检查正时：沿发动机运转方向将曲轴旋转2圈。检查凸轮轴和曲轴的上止点位置。第1缸活塞必须位于上止点，上止点允许的偏差：±0.01mm。将固定销（T10340）拧入气缸体中至限位位置，然后以30Nm的力矩拧紧。沿发动机运转方向继续旋转曲轴至限位位置。紧固销此时位于曲柄臂上。凸轮轴固定装置T10494（FT10494N）必须可以自行嵌入。不得用敲击工具来安装凸轮轴固定装置。如果可以插入凸轮轴固定装置T10494（FT10494N），则表明正时正常。

㉓ 拧出固定销（T10340）。

㉔ 拧出螺栓并取下凸轮轴固定装置T10494（FT10494N）。

㉕ 使用带转接头（T10172/1）的固定工具（T10172）以规定力矩拧紧凸轮轴皮带轮紧固螺栓。

㉖ 使用带转接头（T10172/1）的固定工具（T10172）拧紧进气侧凸轮轴皮带轮螺旋塞。

㉗ 其余的组装以倒序进行。

9.2 1.4T DJS 发动机

正时机构构造、检查与调整方法与DLS发动机相同，请参考9.1节内容。

9.3 1.4T CSS 发动机

正时机构构造、检查与调整方法与DLS发动机相同，请参考9.1节内容。

9.4 1.4T DSB 发动机

正时机构构造、检查与调整方法与DLS发动机相同，请参考9.1节内容。

9.5 1.4T DUK 发动机

正时机构构造、检查与调整方法与DLS发动机相同，请参考9.1节内容。

9.6 1.5L DLF发动机

9.6.1 发动机正时分解

发动机正时机构部件分解如图 9-22 所示。

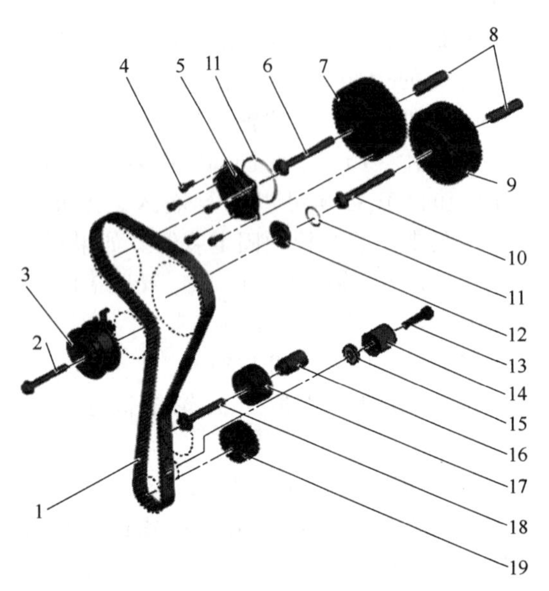

图 9-22 DLF 发动机正时齿形皮带

1—正时齿形皮带，在拆卸之前用粉笔或记号笔记下转动方向，检查是否磨损；2—螺栓，拧紧力矩为 25Nm；3—张紧轮 1；4—螺栓，拆后换新，拧紧力矩为 8Nm＋继续旋转 45°；5—密封盖；6—螺栓，拆后换新，拧紧力矩为 50Nm＋继续旋转 135°；7—排气凸轮轴正时齿形皮带轮，带凸轮轴调节装置；8—导向套；9—进气凸轮轴正时齿形皮带轮，带凸轮轴调节装置；10—螺栓，拆后换新，拧紧力矩为 50Nm＋继续旋转 135°；11—O 形环，拆后换新；12—螺旋塞，拧紧力矩为 20Nm；13—螺栓，拆后换新，拧紧力矩为 25Nm；14—小导向轮；15—垫片，用小导向轮；16—间隔套；17—大导向轮；18—螺栓，拧紧力矩为 20Nm＋继续旋转 25°；19—正时齿形皮带轮，在正时齿形皮带轮和曲轴之间的表面上不允许有机油，只能安装在一个位置上

9.6.2 发动机正时检查

① 拆卸隔音垫。

② 拆卸右前轮罩板前部件。

③ 拆卸空气滤清器。

④ 排出冷却液。

⑤ 拧出螺栓（A、D），接着将冷却液调节器盖板（1）放置一侧，如图 9-23 所示。

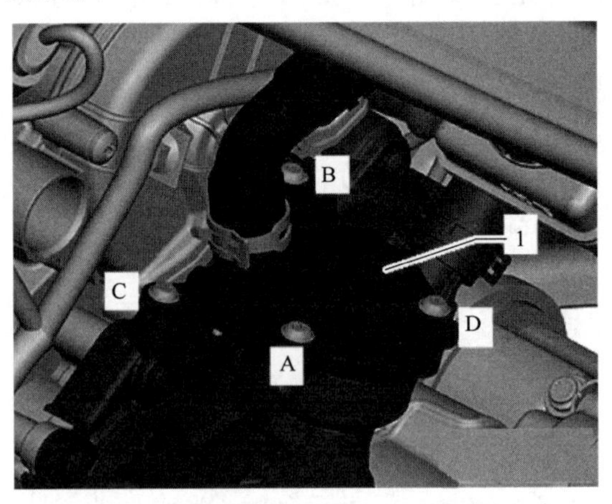

图 9-23 放置冷却液调节器盖板于一侧

⑥ 脱开线束固定卡（箭头）。

⑦ 拧出螺栓（1 和 3），取下冷却液泵齿轮皮带护罩（2），如图 9-24 所示。

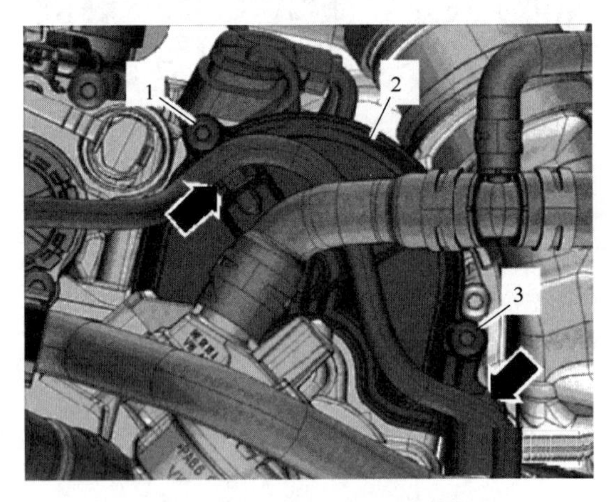

图 9-24 取下冷却液泵齿轮皮带护罩

⑧ 拧出螺栓（箭头），并取下密封盖（1），如图 9-25 所示。

⑨ 拆卸第 1 缸带功率输出级的点火线圈。

⑩ 用火花塞扳手（F3122 BG）拆下第 1 缸火花塞。

⑪ 将千分表适配器（FT10170M）拧入火花塞螺纹孔直至极限位置。

⑫ 将带千分表适配器（FT10170M）的千分表（FVG6079M）插入千分表适配

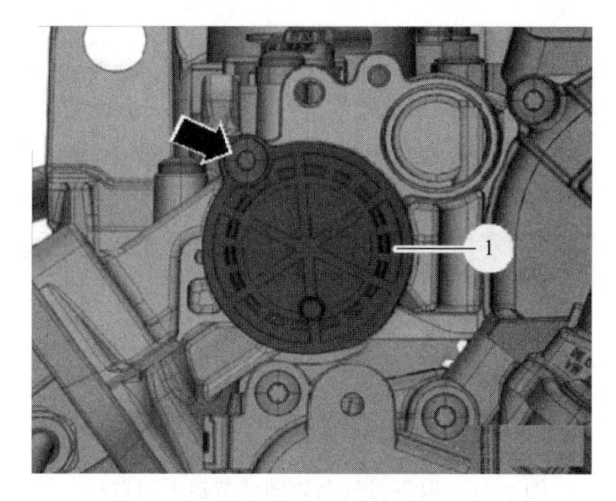

图 9-25 取下密封盖

接头中直至极限位置，并拧紧锁止螺母（箭头），见图 9-26。

⑬ 沿发动机运转方向转动曲轴，直至到达1缸上止点，并记下千分表指针的位置，如图 9-26 所示。如果曲轴转动超过上止点 0.01mm，则将曲轴逆时针转动约 45°，接着将曲轴沿发动机运转方向转到 1 缸上止点。气缸 1 上止点允许的偏差：±0.01mm。

图 9-26 设置气缸 1 上止点位置

⑭ 如图 9-27 所示，飞轮侧的两个凸轮轴上，每个凸轮轴上各有两个不对称的凹槽（箭头）。对于排气凸轮轴，可以通过冷却液泵齿形皮带轮上的孔进入凸轮轴上的两个不对称凹槽（箭头）。对于进气凸轮轴，凹槽（箭头）在凸轮轴十字虚线上方。

⑮ 如果凸轮轴的位置与上述不符，则继续转动曲轴一圈，再次转到上止点处。必须

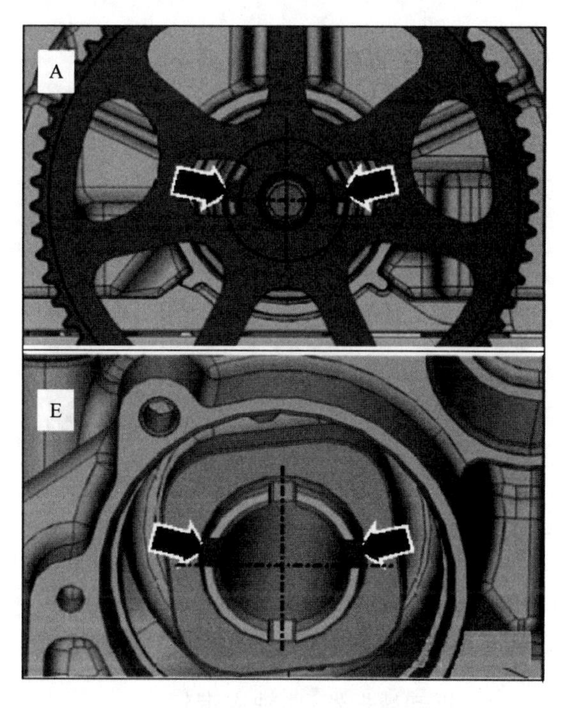

图 9-27 凸轮轴位置

A—排气凸轮轴；E—进气凸轮轴

可以轻易放入凸轮轴固定装置（FT10477N1 或 FT10477G1）。不允许用敲击工具敲入凸轮轴固定装置。

⑯ 将凸轮轴固定装置（FT10477N1 或 FT10477G1）插入凸轮轴的不对称凹槽内，直至限位位置。

⑰ 拧紧螺栓（箭头），如图 9-28 所示。如果无法插入凸轮轴固定装置，则取下凸轮轴上的正时齿形皮带调整配气相位；如果可以插入凸轮轴固定装置，则配气相位正常。

图 9-28 安装凸轮轴固定装置

9.6.3 发动机正时调整

① 拧出螺栓（2），脱开固定卡（3）。

② 松开固定卡（箭头），取下上部正时齿形皮带护罩（1），如图 9-29 所示。

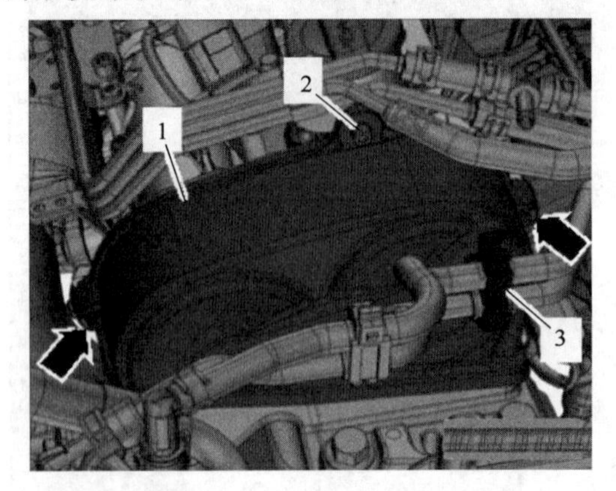

图 9-29 拆下上部正时齿皮带护罩

③ 拆卸减振器/曲轴皮带轮。

④ 拧出螺栓（箭头），并取下下部正时齿形皮带护罩，如图 9-30 所示。

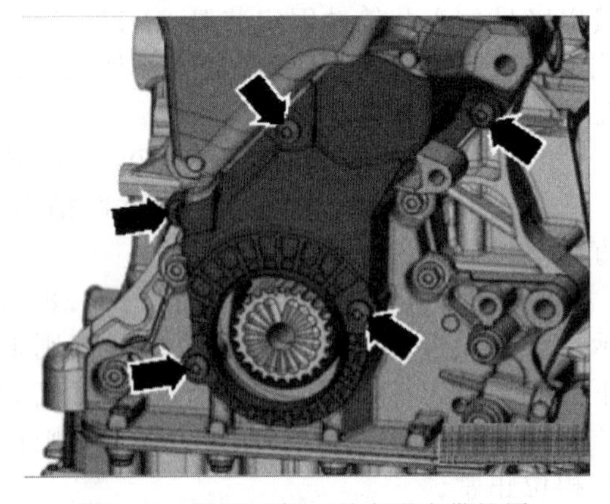

图 9-30 拆下下部正时齿形皮带护罩

⑤ 拧出螺栓（箭头），并取下排气凸轮轴调节器上的盖板，如图 9-31 所示。

⑥ 用固定支架（T10172 或 FT10172M）固定进气凸轮轴齿形皮带轮，拧出螺旋塞（1），如图 9-32 所示。

⑦ 用固定支架（T10172 或 FT10172M）固定凸轮轴齿形皮带轮，拧松螺栓 1 和 2（约 1 圈），如图 9-33 所示。

⑧ 用扳手接头（T10500 或 FT10500G）松开螺栓（1），如图 9-34 所示。

⑨ 用梅花扳手 SW30（T10499）松开

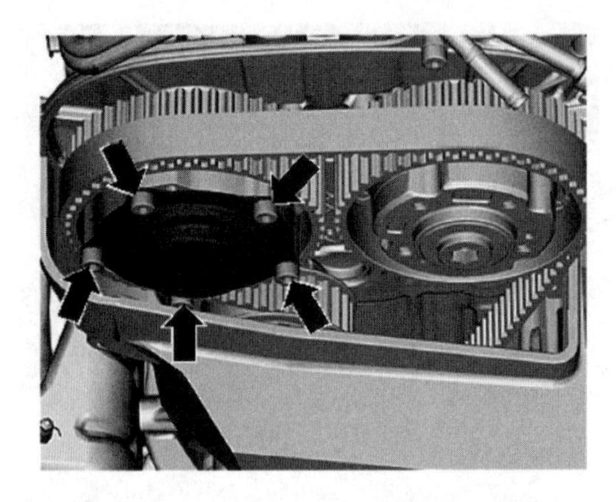

图 9-31 取下排气凸轮轴调节器上的盖板

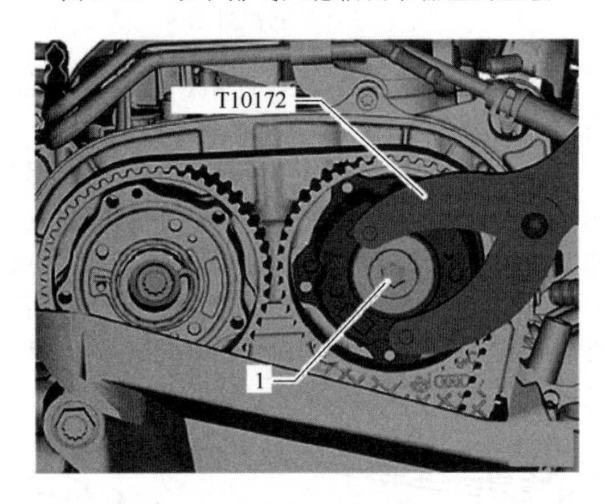

图 9-32 拧出螺旋塞

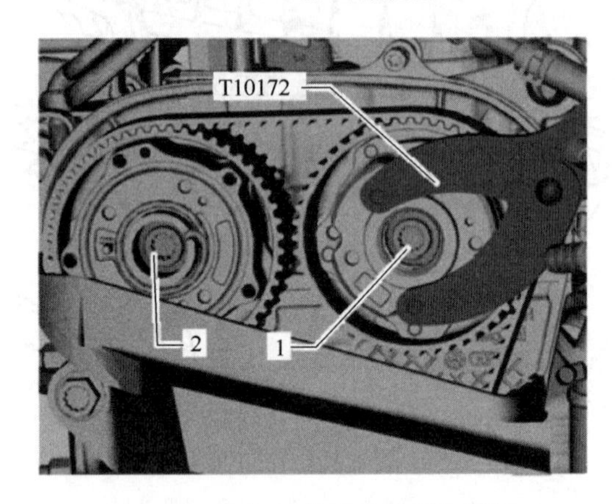

图 9-33 拧松凸轮轴齿轮紧固螺栓

偏心轮（2），使张紧轮松开。

⑩ 拆卸正时齿形皮带和曲轴齿形皮带轮。

⑪ 取下正时齿形皮带轮（1）。

⑫ 检查凸轮轴和曲轴的上止点位置：第 1 缸活塞必须位于上止点，上止点允许偏差为±0.01mm。在凸轮轴箱上安装凸轮轴固定装置（FT10477N1 或 FT10477G1）。

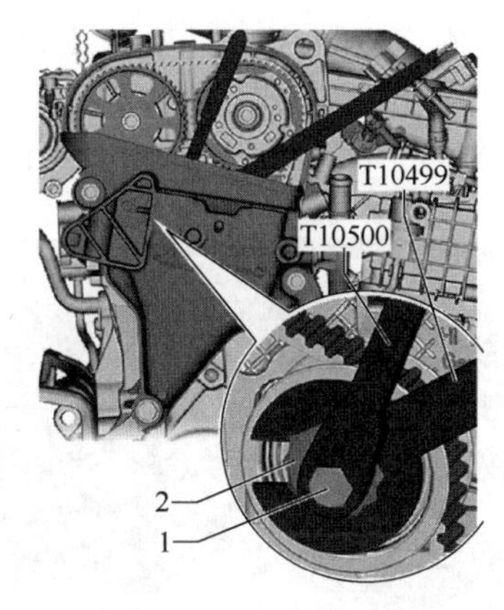

图 9-34　松开偏心轮

如图 9-35 所示，将固定螺栓（T10340 或 FT10340M）拧入气缸体中，直至限位位置，接着用 30Nm 的力矩拧紧。用固定螺栓（T10340 或 FT10340M）将曲轴卡止在气缸 1 的活塞上止点处，使曲轴不能转动。

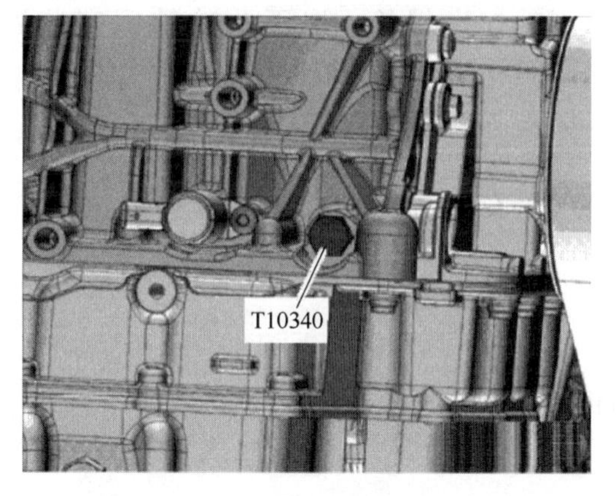

图 9-35　安装曲轴固定螺栓

⑬ 拧入新的凸轮轴齿形皮带轮螺栓，但不拧紧。凸轮轴上的齿形皮带轮必须能转动，但不得翻落。张紧轮的凸缘（箭头）必须嵌入到气缸体的铸造凹坑中，如图 9-36 所示。

⑭ 将曲轴正时齿形皮带轮装到曲轴上。多楔皮带轮和曲轴正时齿形皮带轮之间的表面必须无机油、无油脂。曲轴正时齿形皮带轮上的铣削平面（箭头）必须与曲轴轴颈的铣削平面对应，如图 9-37 所示。

⑮ 安放正时齿形皮带的顺序：向上拉正时齿形皮带，将其置于导向轮（1）、张紧轮（2）、排气凸轮轴齿形皮带轮（3）和进气凸轮轴齿形皮带（4）上，如图 9-38 所示。

⑯ 如图 9-39 所示，用梅花扳手 SW30

图 9-36　张紧轮凸缘位置

图 9-37　安装曲轴皮带轮

图 9-38　正时齿形皮带安装顺序

（T10499）沿箭头方向转动张紧轮的偏心轮（2），直至设定指针（3）向右侧偏离设定窗口约 10mm。

⑰ 沿与箭头相反的方向转动偏心轮（2），直到设定指针（3）正好位于设置

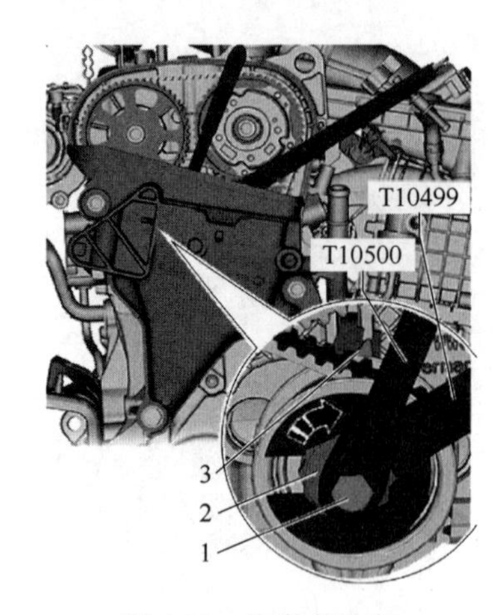

图 9-39 安装偏心轮

窗口。

⑱ 将偏心轮固定在这个位置，用扳手接头（T10500 或 FT10500G）和扭力扳手（V. A. G 1331）拧紧螺栓（1）。一旦继续转动发动机或运行发动机，可能会导致设定指针（3）的位置与设定窗口有稍许偏差。这不会影响正时齿形皮带的张紧度。

⑲ 安装排气侧凸轮轴调节器盖板，按力矩拧紧螺栓。

⑳ 用固定支架（T10172 或 FT10172M）固定凸轮轴正时齿形皮带轮，以 50Nm 的力矩拧紧螺栓（1 和 2），如图 9-40 所示。

图 9-40 安装凸轮轴齿轮紧固螺栓

㉑ 拧出固定螺栓（专用工具型号：T10340 或 FT10340M）。

㉒ 拧出螺栓，取下凸轮轴固定装置（FT10477N1 或 FT10477G1）。

㉓ 安装下部正时齿形皮带护罩。

㉔ 安装减振器/曲轴皮带轮。

㉕ 安装上部正时齿形皮带护罩。

9.7 1.5L DCF 发动机

正时机构构造、检查与调整方法与 DLF 发动机相同，请参考 9.6 节内容。

9.8 1.5L DMB 发动机

正时机构构造、检查与调整方法与 DLF 发动机相同，请参考 9.6 节内容。

9.9 2.0T DPL 发动机

9.9.1 发动机正时分解

发动机正时机构部件分解如图 9-41～图 9-47 所示。

正时链上部盖板拧紧顺序及拧紧要求：将螺栓按 1～6（图 9-42）的顺序用手拧紧，拧紧力矩为 9Nm。

正时链下部盖板拧紧顺序及拧紧要求：将螺栓 1～15（图 9-43）以 8Nm 的力矩拧紧。将螺栓 1、2、4、5 以及 7～15 继续旋转 45°。将螺栓 3 和 6 继续旋转 45°。

提示：在皮带盘安装完成后，方可对螺栓 3 和 6 继续旋转 45°。

曲轴链轮安装位置如图 9-45 所示。两个齿轮上的标记（箭头）必须对准。

轴承座拧紧力矩和拧紧顺序：

如果有张紧套，将其与螺栓 1 一同拉入气缸盖中。按图 9-46 所示顺序分步拧紧螺栓：第一步，拧紧螺栓 1，力矩 3Nm（安装张紧套）；第二步，拧紧螺栓 1～6，力矩 9Nm。

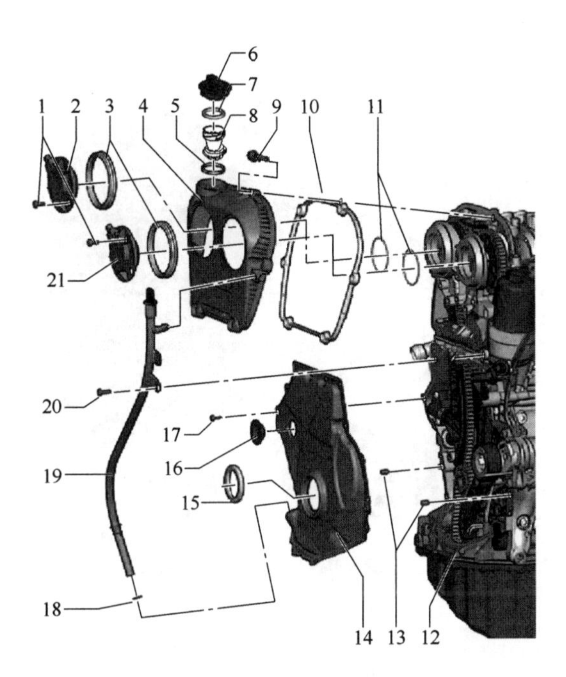

图 9-41　发动机正时罩部件

1—螺栓，拧紧力矩为 9Nm；2—排气凸轮轴调节阀；3—密封环，更换时必须拆下盖板；4—正时链上部盖板；5—密封圈，损坏时更换；6—密封盖；7—O 形圈，损坏时更换；8—机油加注口，损坏时更换；9—螺栓（共 6 个），拧紧顺序见图 9-42，拧紧力矩为 9Nm；10—密封条，损坏时更换；11—O 形圈，拆后换新，用发动机机油润滑；12—发动机；13—固定销，定心盖板；14—正时链下部盖板，带轴密封环，拆后换新；15—轴密封环，用于减振器/曲轴皮带轮，拆后换新；16—密封塞，拆后换新；17—螺栓，拆后换新，带上 15 个螺栓的拧紧顺序见图 9-43；18—O 形圈，拆后换新，安装前上油；19—机油尺导管；20—螺栓，拧紧力矩为 9Nm；21—凸轮轴调节阀

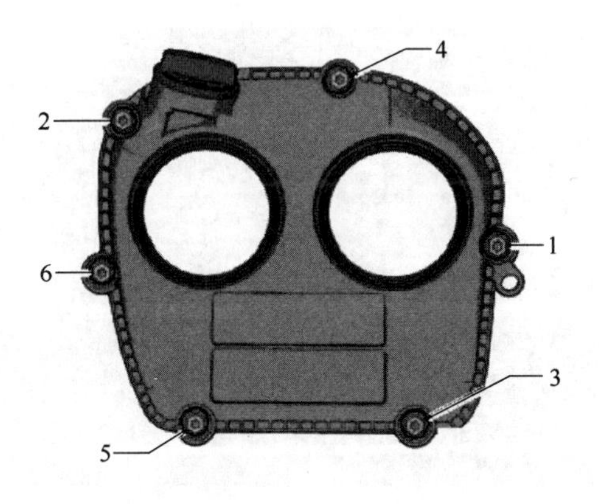

图 9-42　正时链上盖板螺栓拧紧顺序

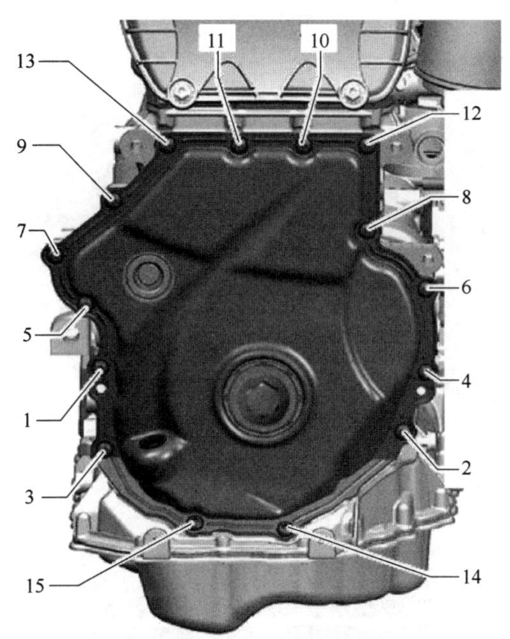

图 9-43　正时链下盖板螺栓拧紧顺序

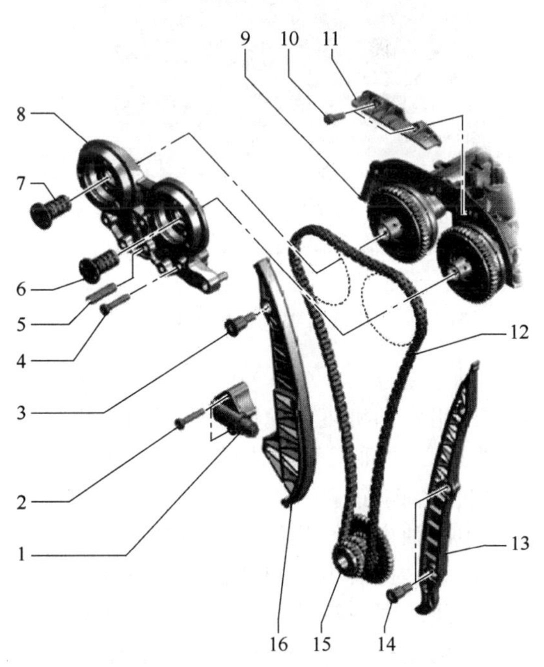

图 9-44　凸轮轴正时链机构部件

1—链条张紧器，处于弹簧压力下，在拆卸之前用锁止工具 CT80014 或锁止工具 CT40267 定位；2—螺栓，拆后换新，拧紧力矩为 4Nm+继续旋转 90°；3—导向螺栓，拧紧力矩为 20Nm；4—螺栓，拆后换新，拧紧顺序见图 9-46；5—张紧套，与紧固螺栓一同拉入气缸中；6—控制阀，左旋螺纹，拧紧力矩为 35Nm，用正时调节装配工具 CT80028 进行拆卸；7—控制阀，左旋螺纹，拧紧力矩为 35Nm，用正时调节装配工具 CT80028 进行拆卸；8—轴承座；9—气缸盖罩；10—螺栓，拧紧力矩为 9Nm；11—凸轮轴正时链上部导轨；12—凸轮轴正时链，拆卸前用彩色笔标记转动方向；13—凸轮轴正时链导轨；14—导向螺栓，拧紧力矩为 20Nm；15—曲轴链轮；16—凸轮轴正时链导轨

图 9-45　曲轴链轮安装位置

图 9-46　轴承座螺栓拧紧顺序（1～6）

轴承销安装（图 9-48）：更换 O 形圈（1）并用发动机机油润滑；轴承销的定位销（箭头）必须插入气缸体的孔中；安装前用机油润滑轴承销。

中间轴齿轮安装位置如图 9-49 所示。

注意：拆后中间轴齿轮必须更换，否则啮合齿间的间隙将无法达到要求，而有损坏发动机的危险。新的中间轴齿轮外部有涂层，当工作一段时间之后涂层将会磨损，啮合齿侧的间隙将会自动达到要求。

进气凸轮轴侧的平衡轴上的标记必须位于新中间轴齿轮上的标记（箭头）之间。按照下述步骤拧紧新的固定螺栓（1）：用扭力扳手预紧至 10Nm；旋转中间轴齿轮（中间轴齿轮不允许有间隙，否则须再次松开并重新拧紧）；用扭力扳手拧紧至 25Nm；继续将螺栓旋转 90°。

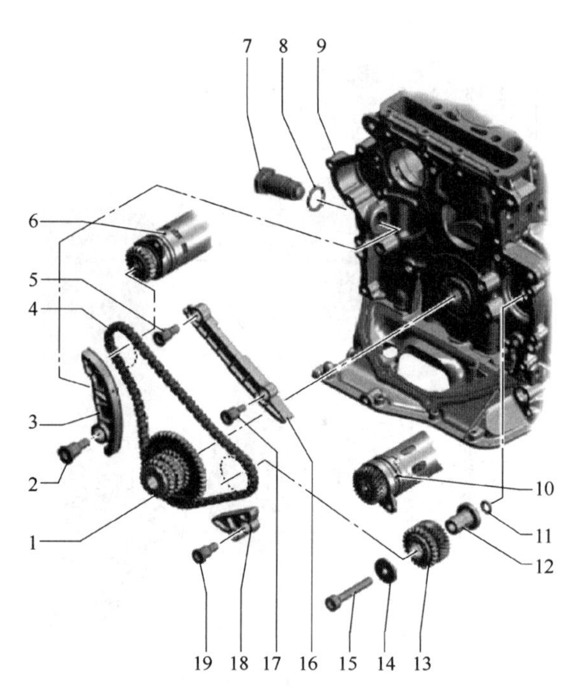

图 9-47　平衡轴正时链机构部件

1—曲轴链轮；2，5，19—导向螺栓，拧紧力矩为 20Nm；3—导轨，用于平衡轴正时链；4—平衡轴正时链；6—排气凸轮轴侧的平衡轴，用机油润滑轴承，一旦拆卸须更换；7—链条张紧器，拧紧力矩为 85Nm；8—O 形圈，拆后更换，涂抹密封剂 D154103A1；9—气缸体；10—进气凸轮轴侧的平衡轴，用机油润滑轴承，一旦拆卸须更换；11—O 形圈，用发动机机油润滑；12—轴承销，用发动机机油润滑，安装位置见图 9-48；13—中间轴齿轮，一旦螺栓被拧松，须更换中间轴齿轮；14—垫片；15—螺栓，拧紧顺序见图 9-49，一旦螺栓被拧松，须更换中间轴齿轮；16，18—导轨，用于平衡轴正时链；17—导向螺栓，拧紧力矩为 12Nm

图 9-48　轴承销安装位置

图 9-49 中间轴齿轮安装位置

9.9.2 发动机正时拆装

(1) 发动机凸轮轴正时链单元拆装

① 排空发动机机油。

② 拆卸发动机支撑件。

③ 拆卸正时链上部盖板。

④ 使用止动工具（T10355 或 CT10355）将皮带盘旋转到 1 缸上止点位置。凸轮轴链轮上的标记（1）必须与气缸盖上的标记（2 和 3）对齐。皮带盘上的切口必须对准正时链下部盖板上的箭头标记（图中箭头）（约为 4 点钟方向），见图 9-50。

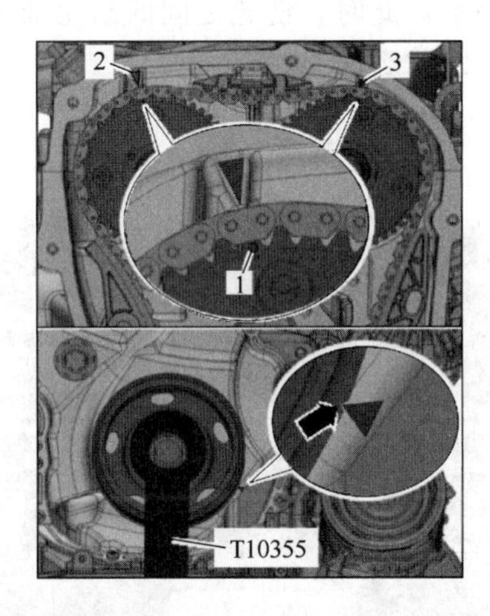

图 9-50 设置 1 缸上止点位置

⑤ 使用正时调节装配工具（CT80028）沿箭头方向拆下进/排气凸轮轴控制阀，见图 9-51。提示：控制阀是左旋螺纹。

⑥ 旋出轴承座的 6 个螺栓，取下轴承座。

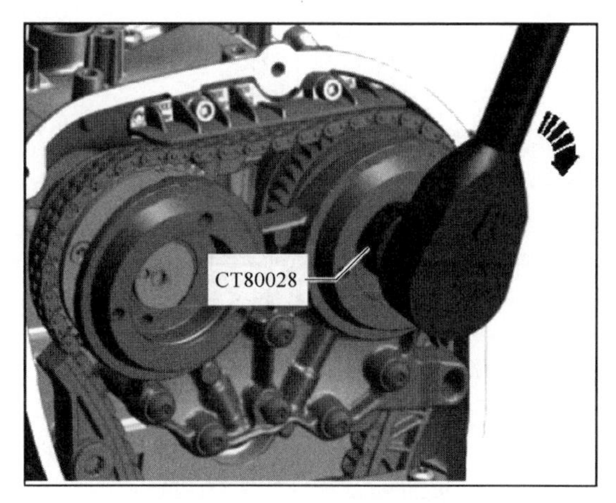

图 9-51 拆下凸轮轴控制阀

⑦ 拆卸皮带盘。

⑧ 拆卸正时链下部盖板。

⑨ 旋出螺栓（箭头），见图 9-52。

图 9-52 拆出标示处螺栓

⑩ 安装拉杆（T40243 或 CT40243），拧紧螺栓（箭头）。按压链条张紧器卡簧（1）并保持，使其直径增大。缓慢沿箭头方向推动拉杆（T40243 或 CT40243），并保持该位置，见图 9-53。

⑪ 锁定链条张紧器：

状态 1：使用锁止工具（T40267 或 CT40267）锁定链条张紧器，见图 9-54。

状态 2：使用锁止工具（CT80014）锁定链条张紧器，见图 9-55。

拆下拉杆（T40243 或 CT40243）。

⑫ 将凸轮轴锁止工具（T40271/2 或 CT 40271/2）用螺栓固定至气缸盖，并沿

图 9-53　用专用工具设置张紧器于压缩位置

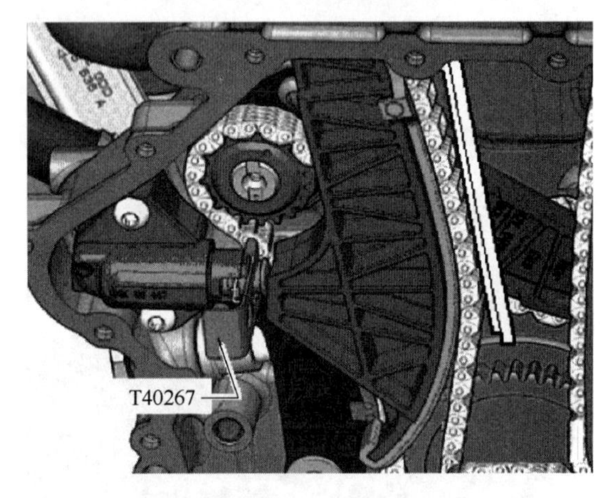

图 9-54　使用锁止工具锁定张紧器（一）

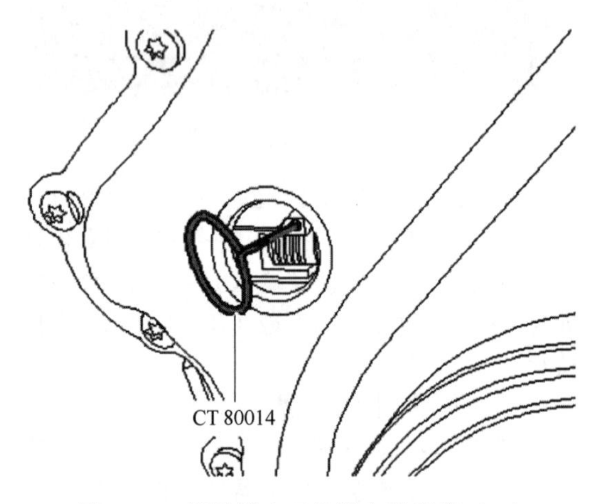

图 9-55　使用锁止工具锁定张紧器（二）

箭头 2 方向按压，使其上齿能够与进气凸轮轴链轮齿啮合，见图 9-56。如有必要，可使用凸轮轴位置调整工具（CT 40266 B 或 T40266 B）沿箭头 1 方向稍微旋转进气凸轮轴。

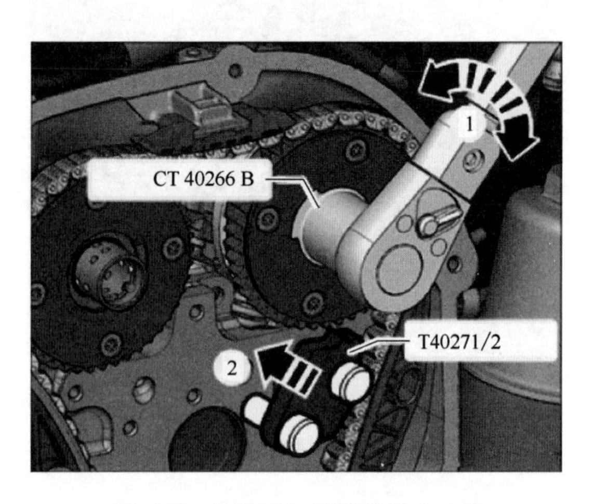

图 9-56　安装进气凸轮轴锁止工具

⑬ 沿箭头 A 方向把持住排气凸轮轴，旋出导向螺栓（1），拆下凸轮轴正时链导轨（2），见图 9-57。将凸轮轴锁止工具（T40271/1 或 CT 40271/1）用螺栓固定至气缸盖，并沿箭头 B 方向按压凸轮轴锁止工具（T40271/1 或 CT 40271/1），使其上齿能够与排气凸轮轴链轮齿啮合（箭头 C）。如有必要，可使用凸轮轴位置调整工具（CT 40266 B 或 T40266 B）稍微沿箭头 A 方向旋转排气凸轮轴。

提示：此时，链轮之间的凸轮轴正时链处于松弛状态。

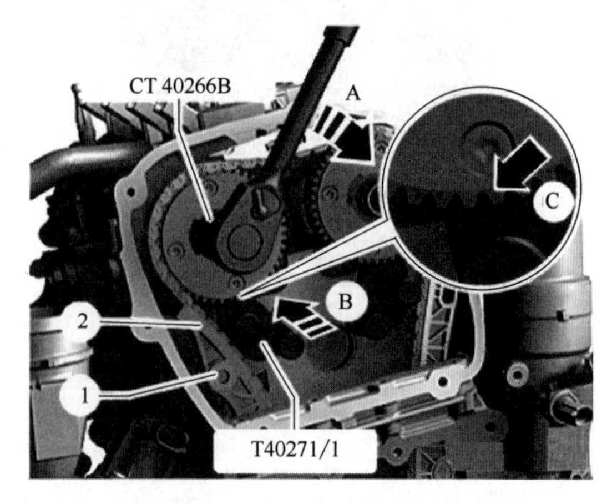

图 9-57　安装排气凸轮轴锁止工具

⑭ 旋出上部导轨 2 个螺栓，取下上部导轨。

⑮ 旋出 2 个导向螺栓，拆下凸轮轴正

时链导轨。

⑯ 按压机油泵链条张紧导轨上的张紧弹簧（箭头）。旋出导向螺栓（1），拆下机油泵链条张紧导轨（2），见图 9-58。

图 9-58　拆下机油泵链条张紧导轨

⑰ 取下机油泵链条。

⑱ 拆下凸轮轴正时链。

⑲ 接下来是安装步骤。首先检查曲轴是否位于 1 缸上止点位置。检查有色链节是否与链轮上的标记对齐（箭头），见图 9-59。

图 9-59　正时链条对齐标记位置（一）

提示：安装凸轮轴正时链时，其有色链节必须分别与凸轮轴链轮、曲轴齿轮标记对准（箭头），见图 9-60。

⑳ 将正时链安装在进气凸轮轴上。

㉑ 将正时链安装在排气凸轮轴上。

㉒ 将正时链安装在曲轴上，并保持在该位置。

图 9-60　正时链条对齐标记位置（二）

㉓ 安装凸轮轴正时链导轨（2），并拧紧导向螺栓（1），见图 9-61。

图 9-61　安装正时链导轨

㉔ 安装上部导轨（1），并拧紧螺栓（箭头），见图 9-62。

㉕ 使用凸轮轴位置调整工具（CT 40266 B 或 T40266 B）缓慢地沿箭头 A 方向稍微转动排气凸轮轴，直至凸轮轴锁止工具（T40271/1 或 CT 40271/1）可以沿箭头 B 方向移出，见图 9-63。

安装凸轮轴正时链导轨（2），拧紧导向螺栓（3），见图 9-63。图中，1 为正时链上导板，C 为逆时针方向。安装凸轮轴正时链

图 9-62　安装正时链上部导轨

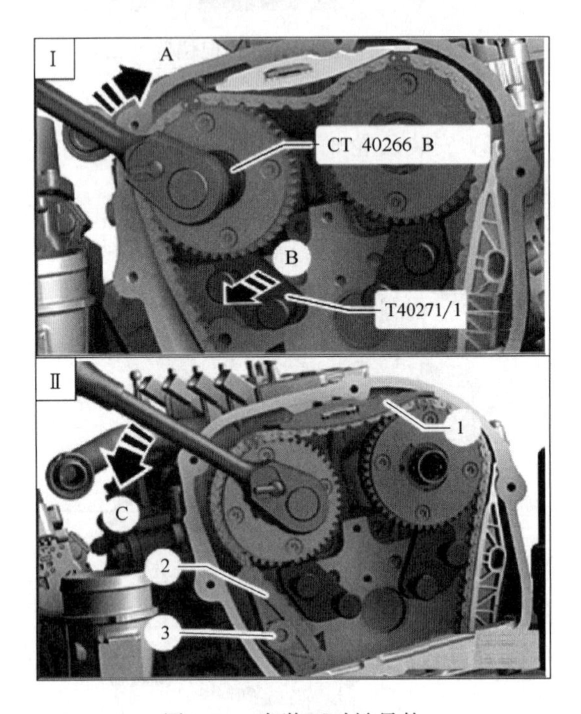

图 9-63　安装正时链导轨

导轨前，必须检查有色链节是否仍与曲轴齿轮标记对准。

拆下排气凸轮轴锁止工具（T40271/1 或 CT 40271/1）。

㉖ 安装机油泵传动链条及其张紧导轨，拧紧导向螺栓。将张紧弹簧嵌入上部油底壳的凹槽中。

㉗ 移出凸轮轴锁止工具（T40271/2 或 CT 40271/2）。如有必要，可使用凸轮轴位置调整工具（CT 40266 B 或 T40266 B）稍微旋转进气凸轮轴。拆下凸轮轴锁止工具（T40271/2 或 CT 40271/2）。检查有色链节是否与凸轮轴链轮标记、平衡轴链轮标记、曲轴齿轮标记对齐（箭头），见图 9-64。

图 9-64　检查凸轮轴正时链正时标记

㉘ 如图 9-65 所示，安装拉杆（T40243 或 CT40243），并沿箭头方向按压。

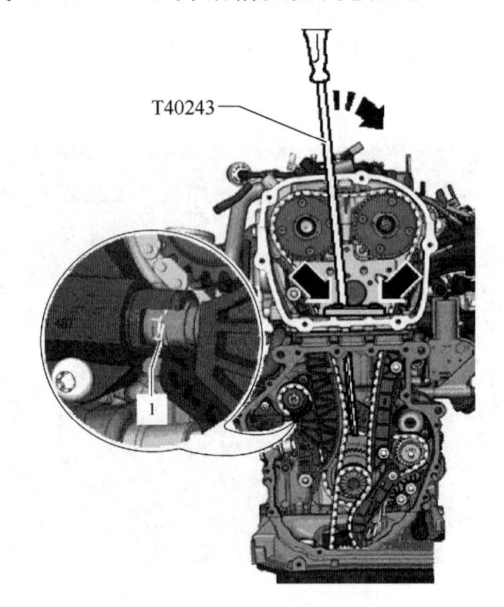

图 9-65　安装拉杆

㉙ 拆下锁止工具：

状态 1：拆下锁止工具 T40267 或 CT40267。

状态 2：拆下锁止工具 CT80014。

㉚ 拆下拉杆（T40243 或 CT40243），拧入并拧紧螺栓（箭头），见图 9-66。

图 9-66　安装标示处螺栓

㉛ 小心地安装轴承座。确保轴承座安装之后没有处于倾斜状态！用手拧紧螺栓。以额定要求拧紧轴承座的螺栓。

㉜ 安装控制阀。

㉝ 安装正时链下部盖板。

㉞ 安装皮带盘。

㉟ 进一步的安装以与拆卸相反的顺序进行，同时注意下列事项：由于传动比原因，发动机转动后，有色链节不易与凸轮轴链轮标记对准，因此，必须使用千分表检查气门正时。

㊱ 将发动机曲轴沿工作时的运转方向旋转 2 圈并检查气门正时。

㊲ 安装正时链上部盖板。

㊳ 安装发动机支撑件。

㊴ 加注发动机机油。

㊵ 维修作业结束后，请对发动机控制单元按如下要求进行自适应学习：

控制单元列表；

右击一发动机电控系统；

引导型功能；

维修链条传动机构后的调校；

执行。

(2) 发动机平衡轴正时链拆卸

① 拆卸凸轮轴正时链。

前提条件：曲轴位于 1 缸上止点上，即曲轴链轮上的 V 形缺口位于凸轮轴链轮之间的中心位置［垂直点画线（箭头）中心］，见图 9-67。使用夹紧销（CT10531/2 或 T10531/2）锁定曲轴链轮。

② 旋出螺栓（4），取下链条张紧器。旋出链条张紧器（3）。旋出导向螺栓（1 和

图 9-67　曲轴位于 1 缸上止点位置

5），拆下导轨（2 和 6），见图 9-68。

图 9-68　拆下平衡轴链条导轨和张紧轨

③ 取下平衡轴正时链。

(3) 发动机平衡轴正时链安装

安装以与拆卸相反的顺序进行，同时注意下列事项：

① 安装平衡轴正时链，如图 9-69 所示，使平衡轴正时链上的有色链节分别对准进/排气凸轮轴侧的平衡轴链轮上的标记（箭头）。

② 安装导轨，旋入导向螺栓。

③ 如图 9-70 所示，曲轴链轮上的标记必须与平衡轴正时链上的有色链节（箭头）对齐。安装导轨（2），旋入导向螺栓（1）。

④ 拧紧链条张紧器。

图 9-69 平衡轴正时链对齐标记

图 9-70 曲轴链轮与平衡轴正时链的正时标记

⑤ 再次检查：平衡轴正时链上的有色链节必须与进/排气凸轮轴侧的平衡轴链轮上的标记和曲轴链轮上的标记对齐（箭头），见图 9-71。

⑥ 安装凸轮轴正时链。

9.9.3 发动机正时检查

① 拆卸正时链上部盖板。

② 拆卸发动机舱底部隔音板。

③ 用止动工具（T10355 或 CT10355）缓慢地转动皮带盘直至凸轮轴链轮上的标记（1 和 2）接近指向上方，见图 9-72。

④ 拆卸第 1 缸火花塞。

⑤ 尽可能地将千分表适配器（T10170 或 T10170A）拧入火花塞中，见图 9-73。

图 9-71 检查平衡轴正时链安装标记

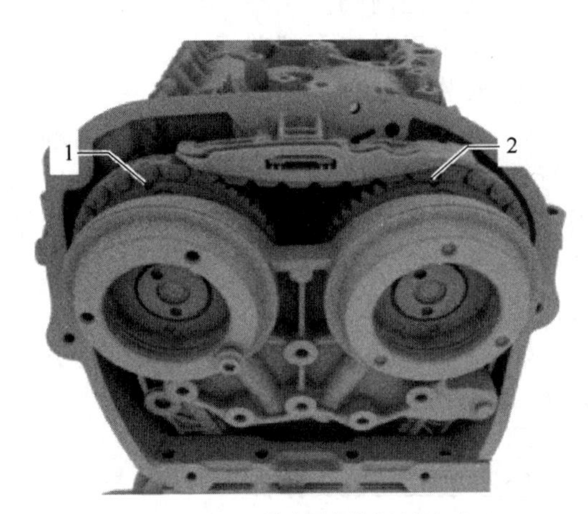

图 9-72 凸轮轴链轮标记向上

将延长件（T10170/1 或 T10170A/1）尽可能地插入千分表（V/35.1），并使用自锁螺母（箭头）将其固定到位。

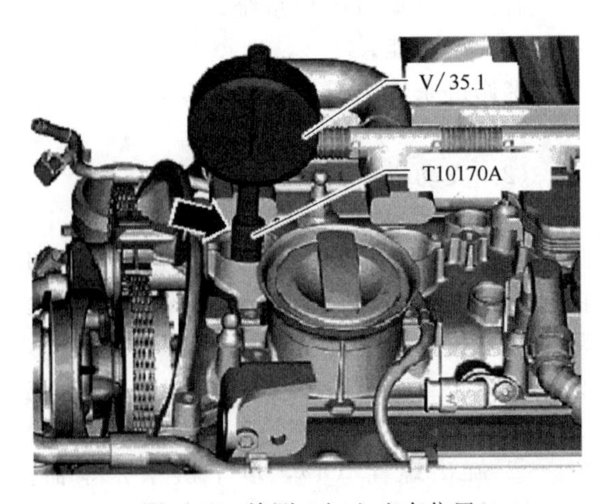

图 9-73 检测 1 缸上止点位置

⑥ 缓慢地以发动机工作时曲轴运转方向旋转曲轴，直至千分表（V/35.1）指针达到最大偏转位置。一旦指针达到最大偏转位置（若继续转动曲轴，千分表将以相反的方向回转），则活塞处于 1 缸上止点。

如果曲轴已被旋转至超过 1 缸上止点，应以发动机工作时的曲轴运转方向转动曲轴 2 圈，禁止以与其工作运转相反的方向回转曲轴！

此时曲轴皮带盘以及凸轮轴链轮应当满足如下要求：皮带盘上的切口必须对准正时链下部盖板上的箭头标记（约为 4 点钟方向）。凸轮轴链轮上的标记（1）必须与气缸盖上的标记（2 和 3）对齐，见图 9-74。

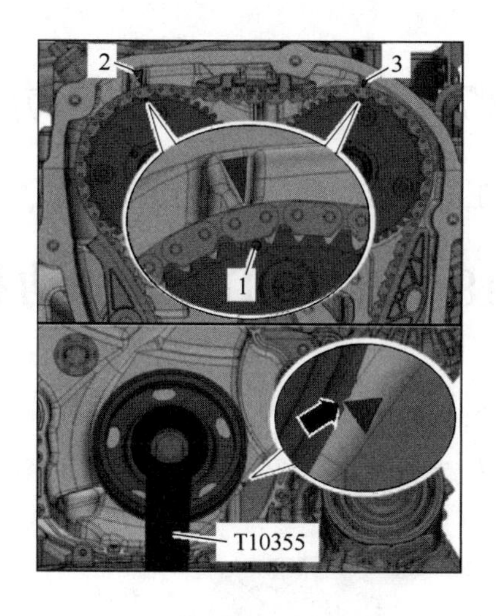

图 9-74　正时标记对齐位置

9.10　2.0T DKW 发动机

正时机构构造、检查与调整方法与 DPL 发动机相同，请参考 9.9 节内容。

9.11　2.0T DKX 发动机

正时机构构造、检查与调整方法与 DPL 发动机相同，请参考 9.9 节内容。

9.12　2.0T DTA 发动机

正时机构构造、检查与调整方法与 DPL 发动机相同，请参考 9.9 节内容。

9.13　2.0T DLH 发动机

正时机构构造、检查与调整方法与 DPL 发动机相同，请参考 9.9 节内容。

9.14　2.0T DMS 发动机

正时机构构造、检查与调整方法与 DPL 发动机相同，请参考 9.9 节内容。

9.15　2.0T DNE 发动机

正时机构构造、检查与调整方法与 DPL 发动机相同，请参考 9.9 节内容。

9.16　2.0T DJH 发动机

正时机构构造、检查与调整方法与 DPL 发动机相同，请参考 9.9 节内容。

9.17 2.0T DPM 发动机

正时机构构造、检查与调整方法与 DPL 发动机相同，请参考 9.9 节内容。

9.18 2.5T DPK 发动机

9.18.1 发动机正时分解

发动机正时盖罩部件分解如图 9-75 所示。

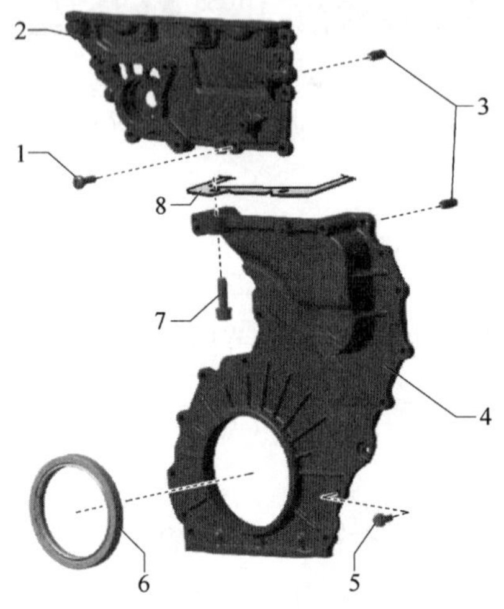

图 9-75 发动机正时盖罩部件

1—螺栓（共 6 处），拧紧顺序见图 9-76；2—正时链上部盖板；3—定位销；4—正时链下部盖板；5—螺栓，见图 9-77（1）；6—O 形圈，拆后换新；7—螺栓，拆后换新，见图 9-77（2）；8—气缸盖密封垫，拆后换新

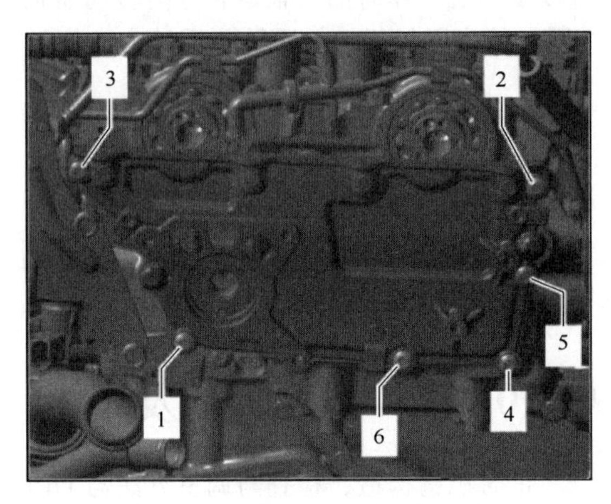

图 9-76 上部盖板螺栓拧紧顺序

正时链上部盖板螺栓拧紧顺序及拧紧要求：将螺栓 1～6（图 9-76）依次以 8Nm 的力矩拧紧。

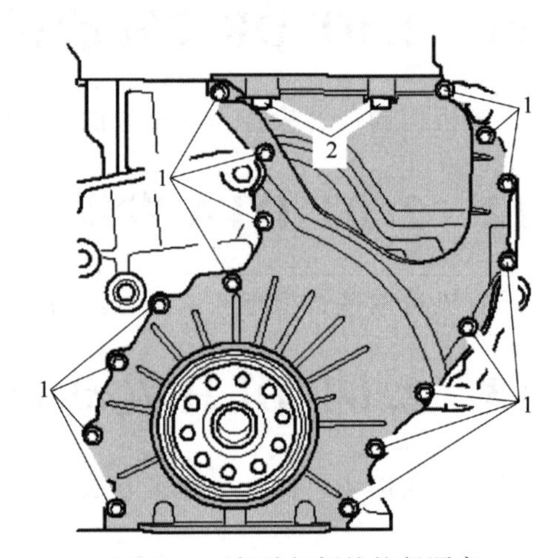

图 9-77 下部盖板螺栓拧紧顺序

正时链下部盖板螺栓拧紧顺序及拧紧要求（图 9-77）：将螺栓 1 以 5Nm 的力矩拧紧；将螺栓 2 以 23Nm 的力矩拧紧；将螺栓 1 以 10Nm 的力矩拧紧。

提示：更换螺栓 2。

9.18.2 发动机正时拆装

（1）凸轮轴正时链拆卸

① 拆卸变速箱。

② 拆卸双质量飞轮。

③ 拆卸正时链上部盖板。

④ 拆卸油底壳。

⑤ 拆卸正时链下部盖板。

⑥ 使用定位扳手（CT10172 或 T10172）和连接工具（CT10172/1 或 T10172/1）沿发动机的运转方向（箭头 B）旋转皮带盘。使曲轴上的驱动链轮的磨平齿（箭头 A）与轴承盖和气缸体的接合缝对齐，见图 9-78。使机油泵驱动链轮上的标记（箭头 B）与机油泵上的标记对齐，见图 9-79。

提示：每旋转曲轴 4 圈才能到达此

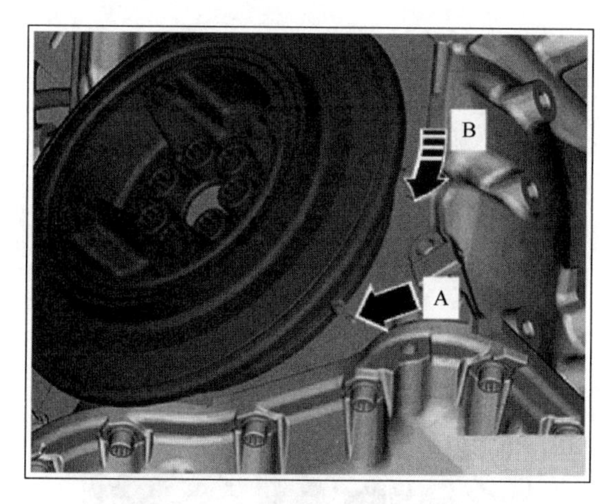

图 9-78 曲轴驱动链轮对齐标记

图 9-79 机油泵驱动链轮对齐标记

位置。

⑦ 如图 9-80 所示，凸轮轴 1 缸上的凸轮（A）必须朝上相对。

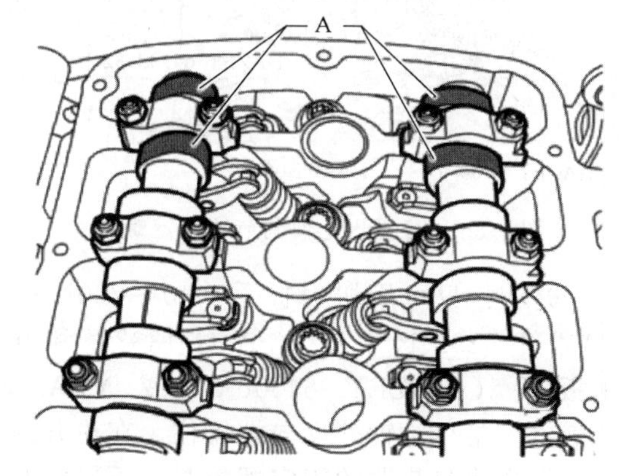

图 9-80 1 缸凸轮（A）朝上

⑧ 拆卸凸轮轴调节器。

⑨ 旋出螺栓（1 和 2），取下正时链导轨（A），见图 9-81。

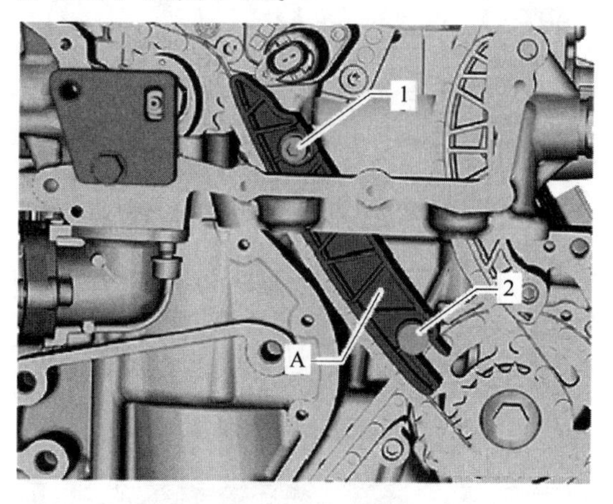

图 9-81 拆下正时链导轨

⑩ 取下凸轮轴正时链。

⑪ 安装需要更换密封圈。更换以角度控制方式（例如：拧紧力矩 30Nm＋继续旋转 90°）拧紧的螺栓。更换涂有防松剂的螺栓。

（2）凸轮轴正时链安装

安装以与拆卸相反的顺序进行，同时注意下列事项。

前提条件：曲轴位于 1 缸上止点的位置。高压泵传动链轮用锁止工具（CT10363 或 T10363）固定，见图 9-82。凸轮轴已用凸轮轴锁止工具（CT80029）固定，见图 9-83。

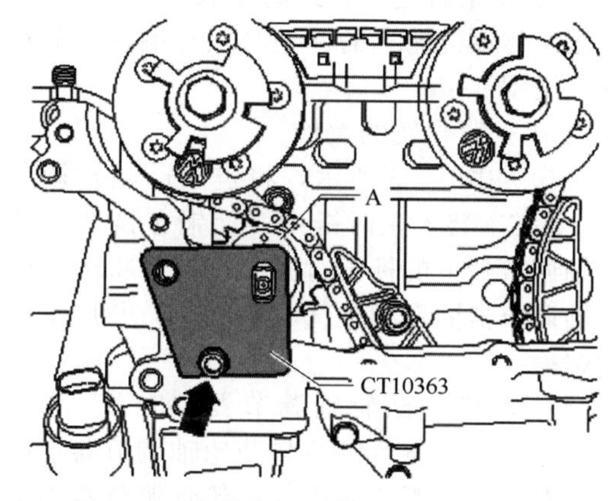

图 9-82 安装高压泵传动链轮锁止工具

① 从上方装入正时链。安装导轨，并且只拧紧螺栓。

② 将正时链安装到机油泵链轮上。机油泵链轮上的标记必须与中间的铜色链节（A）对齐，见图 9-84。

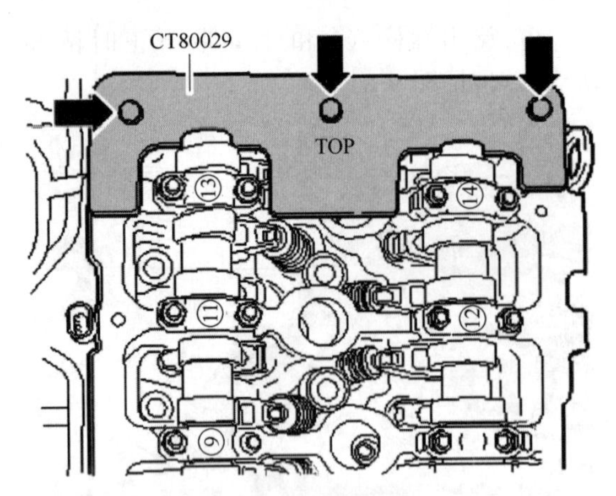

图 9-83　安装凸轮轴锁止工具

图 9-84　对齐机油泵链轮标记

③ 将正时链安装到高压泵传动链轮上。高压泵传动链轮上的标记必须与铜色链节对齐，见图 9-85。

④ 拧紧导轨的螺栓。

⑤ 如图 9-85 所示，将进气凸轮轴调节器“24E”装入正时链中，使铜色链节与凸轮轴调节器上的标记对齐。用螺栓将进气凸轮轴调节器固定到进气凸轮轴上，并用手拧紧螺栓。

⑥ 将排气凸轮轴调节器“32A”装入正时链中，使铜色链节与凸轮轴调节器上的标记对齐。用螺栓将排气凸轮轴调节器固定到排气凸轮轴上，并用手拧紧螺栓。

⑦ 检查所有铜色链节相对调节标记的位置是否正确。

提示：一旦旋转过曲轴，铜色链节就不再与各标记对齐。

⑧ 安装凸轮轴正时链张紧器。拧紧力

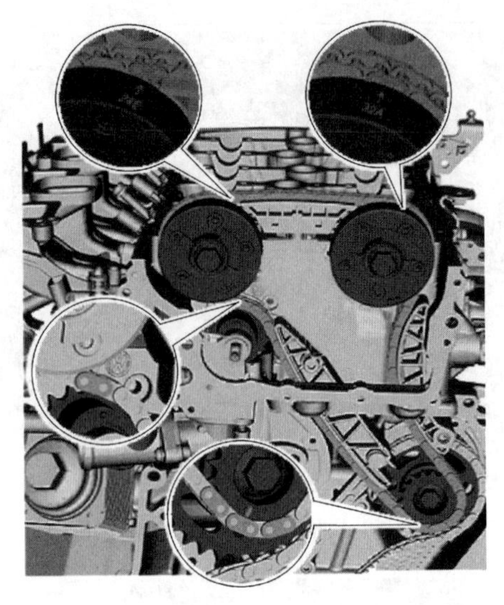

图 9-85　对齐高压泵传动链轮与凸轮轴链轮标记

矩：50Nm。

⑨ 拆下凸轮轴锁止工具（CT80029），并将新的凸轮轴调节器的固定螺栓（图 9-86）拧紧至额定要求。拧紧力矩为 60Nm＋继续旋转 90°。

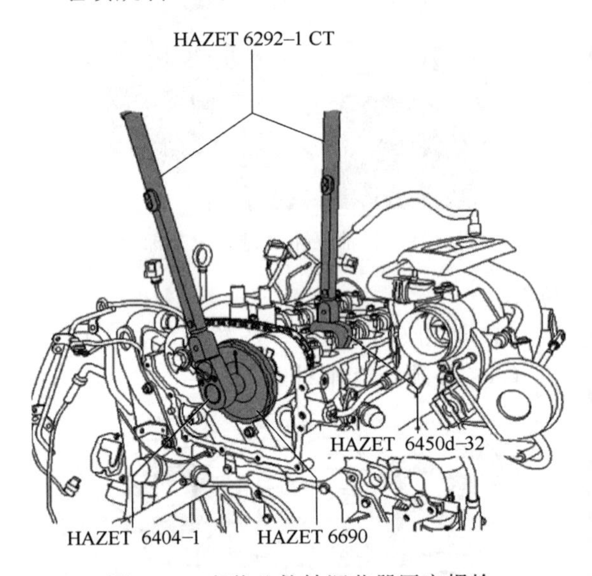

图 9-86　安装凸轮轴调节器固定螺栓

提示：只可用扭力扳手（40～200Nm，HAZET 6292-1CT 或 V.A.G 1332）和开口扳手（HAZET 6450d-32 或 V.A.G 1332/6）在凸轮轴处反向把持住。在松开或拧紧凸轮轴调节器的固定螺栓时，不要安装凸轮轴锁止工具（CT80029）。

⑩ 进一步的安装以与拆卸相反的顺序

进行。

（3）发动机机油泵链条拆装

① 拆卸正时链下部盖板。

② 旋出凸轮轴正时链张紧器。

③ 旋出螺栓，拆下链条张紧器支架。

④ 将凸轮轴正时链从驱动链轮上拆下，并将其放置一旁。

⑤ 在曲轴上的驱动链轮的磨平齿（箭头A）与机油泵链条相对位置做出标记，见图9-87。在机油泵驱动链轮上的标记（箭头B）与机油泵链条的相对位置做出标记，以便安装。

图9-87 机油泵驱动链轮标记

⑥ 使用定位扳手（CT10172 或 T10172）反向把持住减震盘/皮带轮。将链轮的螺栓松开约1圈。

⑦ 如图9-88所示，用3mm内六角扳手（A）锁定链条张紧导轨。

⑧ 旋出链条张紧导轨的螺栓（箭头）。

⑨ 标记链条运转方向。

⑩ 将机油泵链轮和机油泵链条一起取下。

⑪ 安装时先将曲轴置于1缸上止点的位置。曲轴上的驱动链轮的磨平齿（箭头）必须与轴承盖和气缸体的接合缝对齐，见图9-89。

旋转机油泵轴（1），使平面侧（箭头）与机油泵上的标记（2）对齐，见图9-90。提示：对于已经运转过的曲轴正时链，请注意运转方向的标记。

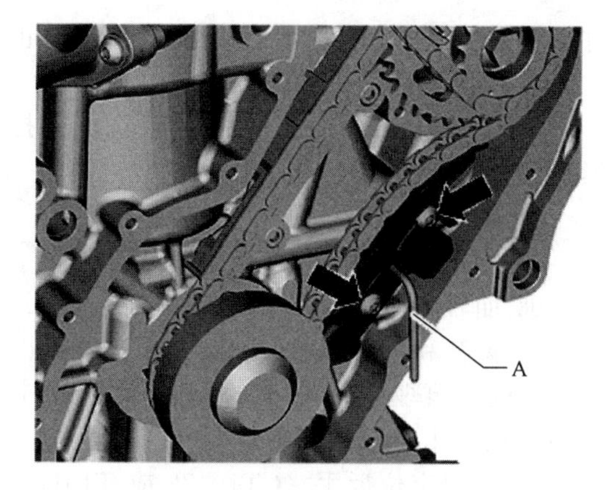

图9-88 锁定链条张紧导轨

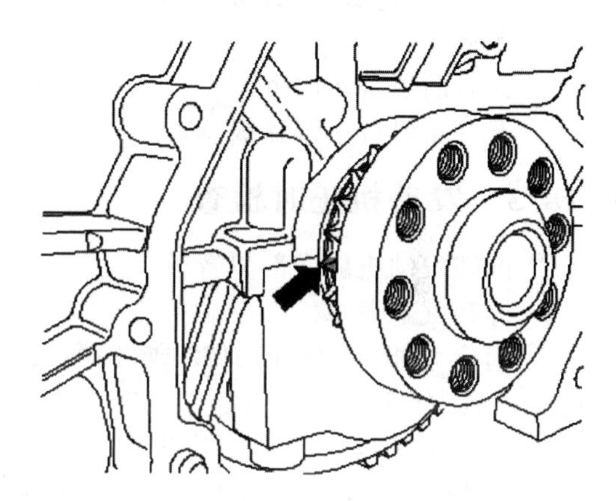

图9-89 曲轴驱动链轮标记位置

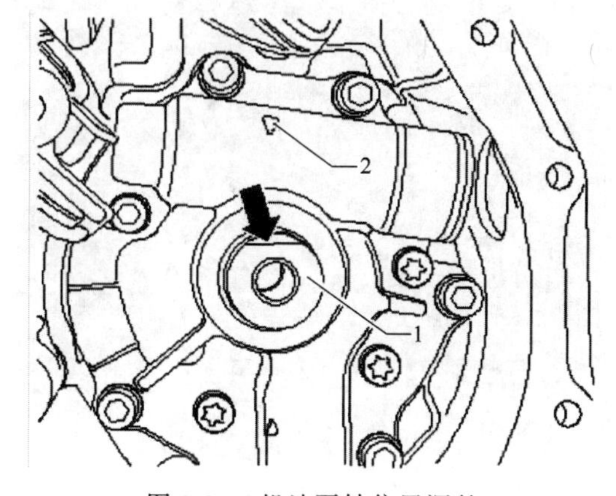

图9-90 机油泵轴位置调整

⑫ 将机油泵链条放入导轨中，并装在曲轴上。

⑬ 将机油泵链条装入机油泵大链轮上，使带标记的孔（箭头B）与机油泵上的标记对齐，见图9-87。

⑭ 将机油泵链轮安装到机油泵轴上，

并用手拧紧新螺栓。如果不能安装机油泵正时链轮，稍微转动机油泵轴。

⑮ 安装机油泵链条的张紧导轨，并拧紧螺栓至额定要求。

⑯ 拆下内六角扳手。

⑰ 检查定位标记。

⑱ 曲轴上的驱动链轮的磨平齿（箭头）应与轴承盖和气缸体的接合缝对齐，见图9-90。机油泵驱动链轮上的标记（箭头 B）应与机油泵上的标记对齐，见图 9-87。

⑲ 使用定位扳手（CT10172 或 T10172）反向固定住皮带盘，并拧紧链轮的新螺栓（箭头）至额定要求。

⑳ 安装凸轮轴正时链。

㉑ 安装正时链下部盖板。

9.18.3 发动机正时检查

① 拆卸发动机舱底部隔音板。

② 拆卸气缸盖罩。

③ 用定位扳手（CT10172 或 T10172）和连接工具（CT10172/1 或 T10172/1）沿箭头 B 方向旋转皮带盘，使皮带盘上的切口标记与密封法兰上的 1 缸上止点标记（箭头 A）对齐，见图 9-91。

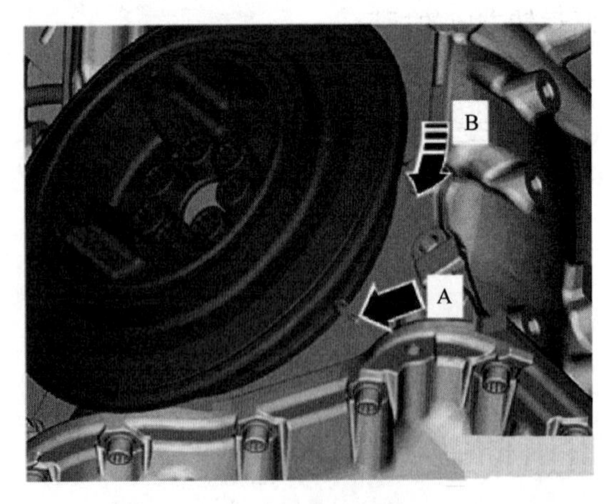

图 9-91 对齐皮带盘上标记

如图 9-92 所示，凸轮轴 1 缸上的凸轮（A）必须朝上相对。

④ 凸轮轴锁止工具（CT80029）上的“TOP”标记向上放置。如图 9-93 所示，将凸轮轴锁止工具（CT80029）插入两个凸轮轴的凹槽中，并用螺栓（箭头）固定。

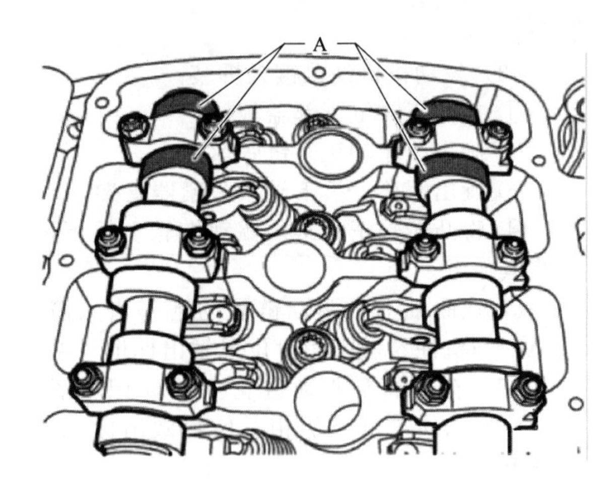

图 9-92 凸轮轴 1 缸凸轮位置

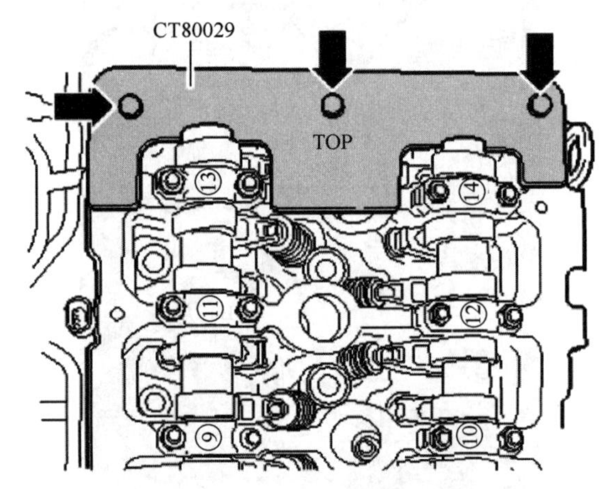

图 9-93 安装凸轮轴锁止工具

提示：由于凸轮轴调节器的功能，两个凸轮轴的凹槽可能不是完全水平。因此，在插入凸轮轴调整工具（CT80029）时，如有必要，使用扭力扳手（40 ～ 200Nm，HAZET 6292-1CT 或 V. A. G 1332）和开口扳手（HAZET 6450d-32 或 V. A. G 1332/6）稍微转动凸轮轴。

⑤ 如图 9-94 所示，此时进气凸轮轴调节器上的标记“24E→”（1）与凸轮轴盖（大）上印有材料信息的长方形结构边缘（2）几乎对齐，允许略有错位。

⑥ 如图 9-95 所示，排气凸轮轴调节器上的标记“32A→”（1）与凸轮轴盖（大）螺栓孔壁面边缘（2）几乎对齐，允许略有错位。进气凸轮轴调节器上的标记“24E→”正对的齿与排气凸轮轴调节器上的标记“32A→”正对的齿之间刚好有 16 个链节。

图 9-94 进气凸轮轴调节器标记对齐位置

图 9-95 排气凸轮轴调节器标记对齐位置

9.19 2.5T DME 发动机

正时系统结构、检查、调整及拆装与 DPK 发动机相同，请参考 9.18 节内容。

9.20 2.5T DAZ 发动机

9.20.1 发动机正时分解

发动机正时机构部件分解如图 9-96～图 9-102 所示。

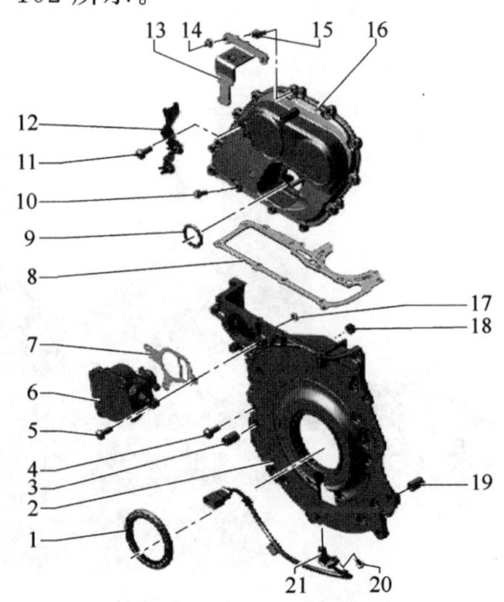

图 9-96 正时链盖板

1—变速箱侧曲轴密封环；2—正时链下部盖板，抹防松剂后安装；3—空心定位销；4—螺栓，拧紧顺序见图 9-98；5—螺栓；6—真空泵；7—密封件，用于真空泵；8—气缸盖密封垫；9—密封环；10，15—螺栓/螺纹销，拧紧顺序见图 9-97；11—螺栓，拧紧力矩为 9Nm；12—支架，用于电插头连接；13—支架；14—螺母，拧紧力矩为 9Nm；16—正时链上部盖板；17—O 形环，拆卸后更换；18—密封套，拆卸后更换；19—空心定位销；20—螺栓；21—发动机转速传感器

按图 9-97 所示顺序分步拧紧螺栓（表 9-1）。

图 9-97 正时链上部盖板螺栓拧紧顺序

表 9-1 螺栓拧紧步骤（一）

步骤	螺栓(图 9-97)	拧紧力矩
1	1～12	用手拧入至紧贴
2	1～12	9Nm

拆卸后更换那些拧紧时需要继续旋转一个角度的螺栓。分多步拧紧螺栓（表 9-2）。

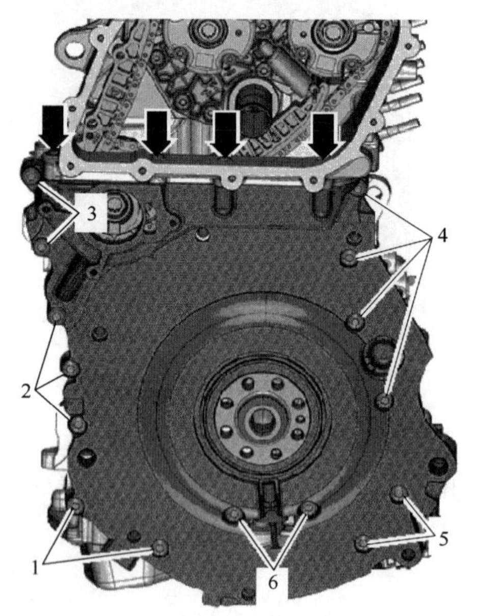

图 9-98　正时链下部盖板螺栓拧紧顺序

表 9-2　螺栓拧紧步骤（二）

步骤	螺栓(图 9-98)	拧紧力矩
1	1～6 和箭头	用手拧入至紧贴
2	箭头	5Nm
3	1～6	8Nm(十字交叉)
4	箭头	8Nm
5	1～6	继续拧紧 45°
6	箭头	继续拧紧 90°

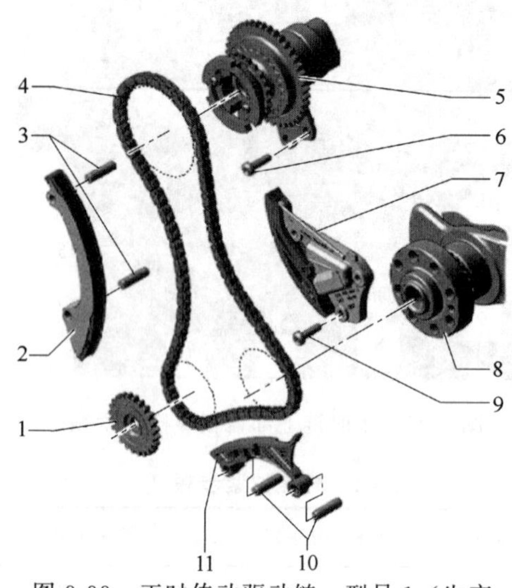

图 9-99　正时传动驱动链，型号 1（生产截至 2017 年 4 月 23 日）

1—驱动链轮，用于机油泵，不允许拆下；2—滑轨；3—导向销；4—控制机构驱动链，拆卸前用颜色标记转动方向；5—驱动链轮，用于正时链，不允许拆下，不允许分解；6—螺栓，拧紧力矩为 20Nm；7—链条张紧器；8—曲轴；9—螺栓，拧紧力矩为 9Nm；10—导向销；11—滑轨

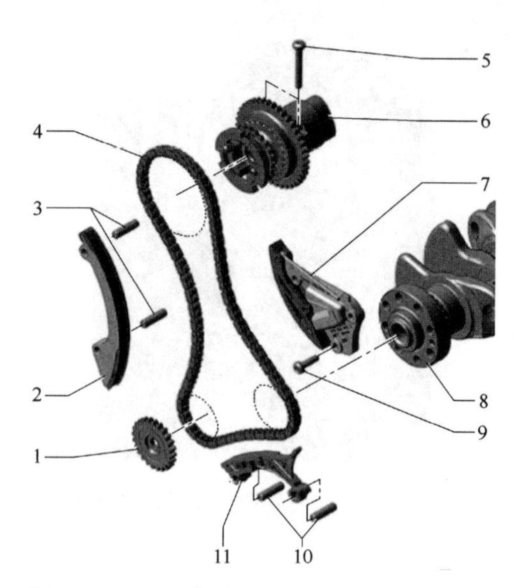

图 9-100　正时传动驱动链，型号 2（生产自 2017 年 4 月 24 日起）

1—驱动链轮，用于机油泵，不允许拆下；2—滑轨；3—导向销；4—控制机构驱动链，拆卸前，用颜色标记转动方向；5—螺栓，拧紧顺序见图 9-101；6—驱动链轮，用于正时链，不允许分解；7—链条张紧器；8—曲轴；9—螺栓，拧紧力矩为 9Nm；10—导向销；11—滑轨

安装驱动链轮：将驱动链轮（1）置于安装位置。

按图 9-101 所示顺序分步拧紧螺栓（表 9-3）。

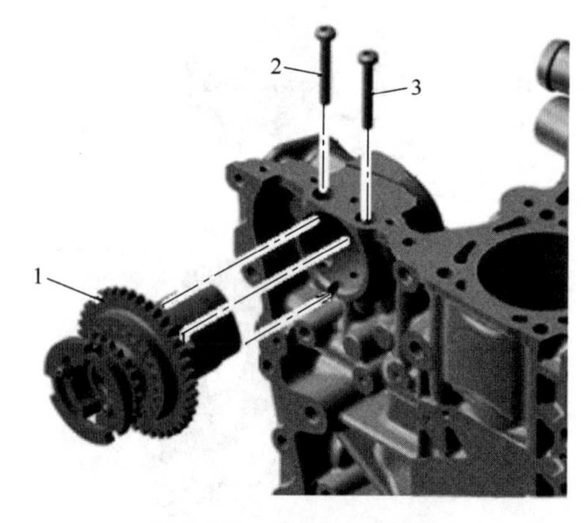

图 9-101　安装驱动链轮

表 9-3　螺栓拧紧步骤（三）

步骤	螺栓(图 9-101)	拧紧力矩
1	2、3	用手拧入至紧贴
2	2、3	2Nm
3	2、3	9Nm

凸轮轴正时链部件如图 9-102 所示。

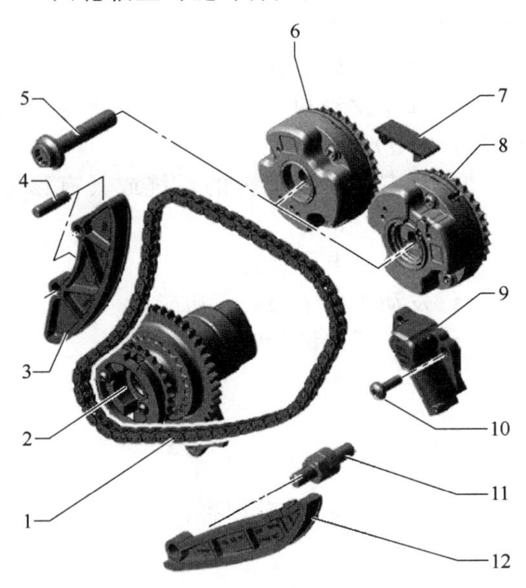

图 9-102　凸轮轴正时链部件

1—凸轮轴正时链，拆卸前用颜色标记转动方向；2—驱动链轮，用于正时链；3—滑轨；4—导向销；5—螺栓，拆卸后更换，拧紧力矩为 60Nm＋继续旋转 90°；6—进气侧凸轮轴调节装置，标记“IN”；7—滑块，拆卸后更换；8—排气侧凸轮轴调节装置，标记“EX”；9—链条张紧器；10—螺栓，拧紧力矩为 9Nm；11—轴承螺栓，拧紧力矩为 40Nm；12—张紧轨

9.20.2　发动机正时拆装

（1）控制机构驱动链拆装

① 拆卸凸轮轴正时链。

② 用螺丝刀压回滑轨（箭头），用定位销（T03006）卡住驱动链的链条张紧器柱塞，如图 9-103 所示。

③ 拧出螺栓（3），取下链条张紧器，

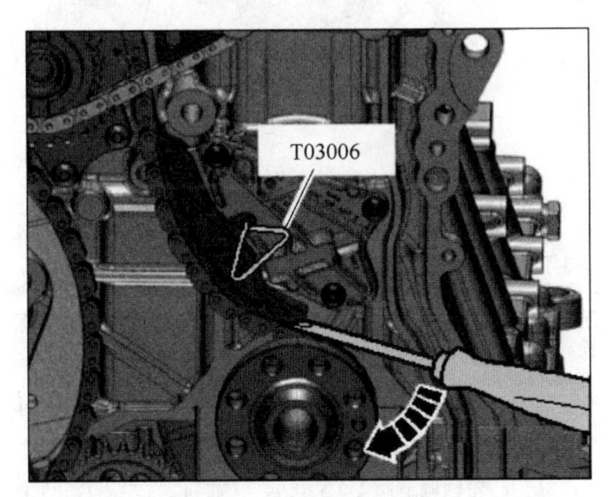

图 9-103　插入定位销

见图 9-104。

图 9-104　拆下驱动链条

④ 取下滑轨（1、4）。

⑤ 取下正时驱动系统的驱动链（2）。

⑥ 拆卸后更换那些拧紧时需要继续旋转一个角度的螺栓。

⑦ 按照拆卸时所做的标记将正时驱动系统的驱动链（2）置于安装位置。

⑧ 将滑轨（1、4）置于安装位置。

⑨ 安装链条张紧器，拧紧螺栓（3）。

⑩ 用螺丝刀压回驱动链链条张紧器的滑轨，取下定位销（T03006）。

⑪ 后续安装以倒序进行。

⑫ 安装凸轮轴正时链。

（2）凸轮轴正时链拆装

① 拆下气缸盖。

② 拆下正时链下部盖板。对于用过的驱动链，转动方向相反时有损坏的危险。

③ 拆卸前用颜色标记的箭头标出转动方向和配置。重新安装时注意转动方向。

④ 取下凸轮轴正时链。

⑤ 安装以倒序进行，见图 9-105，同时要注意下列事项：

a. 将凸轮轴正时链（2）放到驱动链轮（1）上并捆绑在高处。

b. 安装正时链下部盖板。

c. 安装气缸盖。

⑥ 拆卸或更换链条传动部件后，必须重新匹配链条延伸学习值。

a. 连接→车辆诊断测试器。

b. 选择运行模式“诊断”并启动“诊断功能”。

图 9-105　安装凸轮轴正时链

c. 选择“选择自检”选项卡并依次选择以下树形结构：

- 驱动（显示取决于车型）；
- 选择发动机标识字母和电机（显示取决于车型）；
- 具有自诊断能力的系统或具有诊断能力的系统；
- 发动机电子装置；
- 发动机电子装置，功能；
- 链条延伸诊断匹配。

9.21　2.9T DEC 发动机

该发动机正时构造、拆装方法与 DLZ 发动机相同，请参考 9.23 节内容。

9.22　2.9T DKM 发动机

该发动机正时构造、拆装方法与 DLZ 发动机相同，请参考 9.23 节内容。

9.23　3.0T DLZ 发动机

9.23.1　发动机正时分解

发动机正时机构部件分解如图 9-106～图 9-112 所示。

按图 9-107 所示数字顺序用 9Nm 的力矩拧紧螺栓 1～8。

按图 9-108 所示数字顺序用 9Nm 的力矩拧紧螺栓 1～8。

正时链下部盖板螺栓拧紧顺序如图 9-109 所示。

可能安装铝螺栓或钢螺栓，视制造状态而定。

a. 钢螺栓：拆卸后更换那些拧紧时需要继续旋转一个角度的螺栓。将螺栓分步按如表 9-4 所示方式拧紧。

b. 铝螺栓：拆卸后更换那些拧紧时需要继续旋转一个角度的螺栓。将螺栓分步按如表 9-5 所示方式拧紧。

9.23.2　发动机正时拆装

（1）凸轮轴正时链拆装

① 拆下正时链下部盖板。

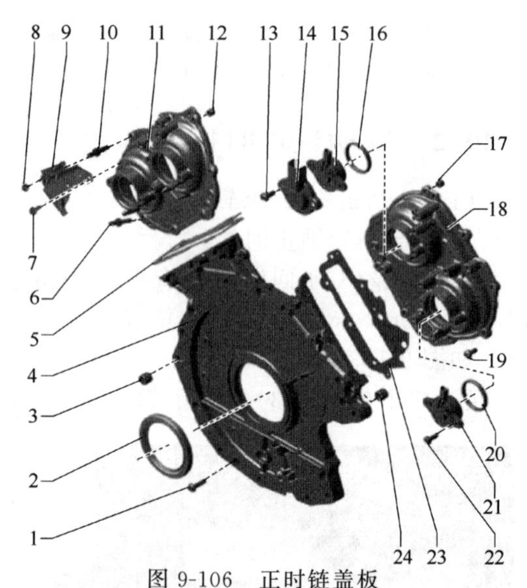

图 9-106　正时链盖板

1—螺栓，拆卸后更换，拧紧顺序见图 9-107；2—密封环，用于变速箱侧曲轴；3,12,17,24—空心定位销，2 件；4—正时链下部盖板；5—气缸列 2（左侧）气缸盖密封件；6—双头螺栓；7,13,22—螺栓，拧紧力矩为 9Nm；8—螺母，拧紧力矩为 9Nm；9—支架，有无视制造状态而定；10—双头螺栓，拧紧顺序见图 9-108；11—气缸列 2（左侧）正时链上部盖板；14—隔热板；15—排气凸轮轴调节阀 1（N318），气缸列 2（左侧），排气凸轮轴调节阀 2（N319）；16—密封件，拆卸后更换；18—气缸列 1（右侧）正时链的右侧盖板；19—螺栓，拧紧顺序见图 9-107；20—密封件，拆卸后更换；21—凸轮轴调节阀 1（N205），气缸列 2（左侧），凸轮轴调节阀 2（N208）；23—气缸列 1（右侧）气缸盖密封件

图 9-107　气缸列 1（右侧）正时链盖板螺栓拧紧顺序

图 9-108　气缸列 2（左侧）正时链盖板螺栓拧紧顺序

图 9-109　正时链下部盖板螺栓拧紧顺序

表 9-4　螺栓拧紧步骤（四）

步骤	螺栓(图 9-109)	拧紧力矩/继续旋转角度
1	箭头	3Nm
2	1～6	8Nm
3	箭头	8Nm
4	1～6	继续拧紧 90°
5	箭头	继续拧紧 90°

表 9-5　螺栓拧紧步骤（五）

步骤	螺栓(图 9-109)	拧紧力矩/继续旋转角度
1	箭头	3Nm
2	1～6	3Nm
3	箭头	8Nm
4	1～6	继续拧紧 90°
5	箭头	继续拧紧 90°

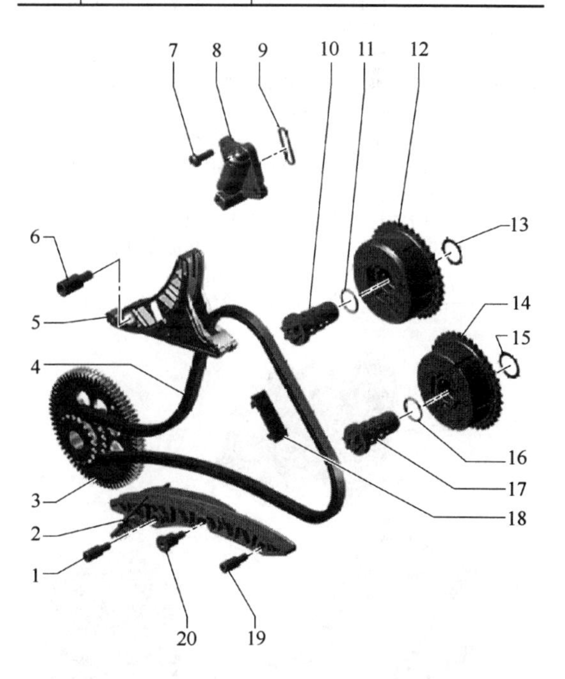

图 9-110　气缸列 1（右侧）凸轮轴正时链

1,19,20—导向销，拆卸后更换，拧紧力矩 5Nm＋继续旋转 45°；2—滑轨；3—齿轮，带凸轮轴正时链的链轮；4—凸轮轴正时链；5—张紧轨；6—轴承螺栓，拧紧力矩为 23Nm；7—螺栓，拧紧力矩为 9Nm；8—链条张紧器；9—密封件，拆卸后更换；10,17—控制阀，用于凸轮轴调节器；11,16—O 形环，拆卸后更换；12—凸轮轴调节器，用于排气凸轮轴；13,15—摩擦垫圈（金刚石垫圈），用于保证凸轮轴调节器和凸轮轴轴端之间的连接安全性，拆卸后更换，小心地将新的摩擦垫圈（金刚石垫圈）置于安装位置，不要折弯；14—凸轮轴调节器，用于进气凸轮轴；18—滑块，拆卸后更换

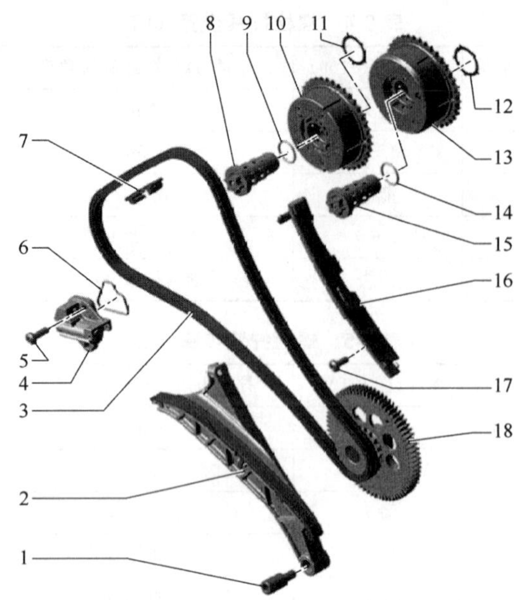

图 9-111 气缸列 2（左侧）凸轮轴正时链

1—轴承螺栓，拧紧力矩为 23Nm；2—张紧轨；3—凸轮轴正时链，为了能够重新安装，要用颜色标出转动方向；4—链条张紧器；5,17—螺栓，拧紧力矩为 9Nm；6—密封件，拆卸后更换；7—滑块，拆卸后更换；8,15—控制阀，用于凸轮轴调节器；9,14—O 形环，拆卸后更换；10—凸轮轴调节器，用于进气凸轮轴；11,12—摩擦垫圈（金刚石垫圈），用于保证凸轮轴调节器和凸轮轴轴端之间的连接安全性，拆卸后更换，小心地将新的摩擦垫圈（金刚石垫圈）置于安装位置，不要折弯；13—凸轮轴调节器，用于排气凸轮轴；16—滑轨；18—齿轮，带凸轮轴正时链的链轮

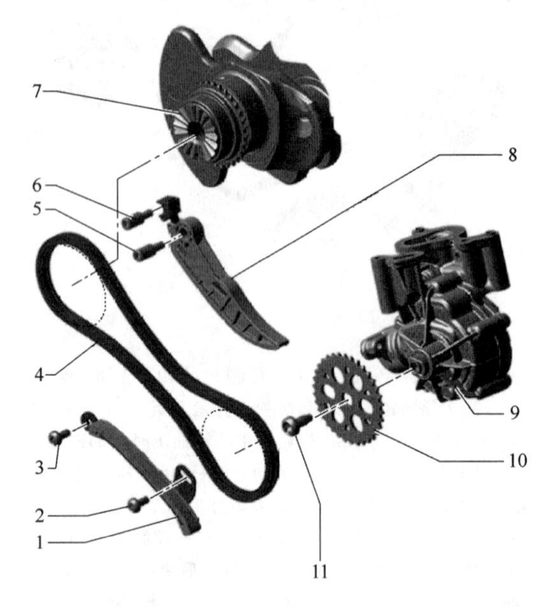

图 9-112 机油泵驱动链

1—滑轨；2,3—螺栓，拧紧力矩为 9Nm；4—驱动链，用于机油泵；5,16—导向销，拆卸后更换，拧紧力矩为 5Nm+继续旋转 45°；7—曲轴，带机油泵驱动链的链轮；8—张紧轨；9—机油泵；10—链轮，用于机油泵；11—螺栓

② 气缸列 2（左侧）凸轮轴正时链：已使用过的凸轮轴正时链如果颠倒了转动方向会导致损坏。拆卸前用颜色标记的箭头标出转动方向和配置。重新安装时注意转动方向。

③ 将凸轮轴正时链从气缸列 2（左侧）凸轮轴上取下。

④ 拧出导向销（箭头），将张紧轨（1）向下取下，如图 9-113 所示。

图 9-113 拆下正时链 2

⑤ 向上取下凸轮轴正时链（2）。

⑥ 气缸列 1（右侧）凸轮轴正时链：气缸列 2（左侧）凸轮轴正时链已拆下，将凸轮轴正时链从气缸列 1（右侧）凸轮轴上取下。

⑦ 拧出螺栓（箭头），取下链条张紧器（4），如图 9-114 所示。

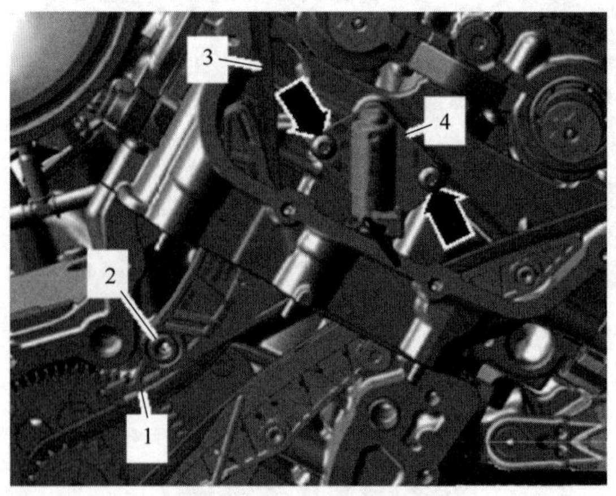

图 9-114 拆下正时链 3

⑧ 拧出轴承销（2），取下凸轮轴正时链（3）和张紧轨（1）。

⑨ 凸轮轴正时链不允许从张紧轨上脱开。

⑩ 后续安装以倒序进行，同时要注意下列事项：

a. 拆卸后更换密封件。

b. 将凸轮轴正时链放到凸轮轴上。

c. 安装正时链下部盖板。

d. 如果对正时链驱动做了改动或者更换了部件，则要执行在引导功能“0001-发动机机械机构功能”中的相关匹配→车辆诊断测试器。

(2) 链条张紧器拆装

① 仅朝发动机运转方向转动发动机。如图 9-115 所示，用棘轮环形扳手（开口度 21°，代号 T40263）和适配器（T40314）转动曲轴（箭头），直至减振器位于下止点。(以 3.0L 发动机为例展示。)

图 9-115　顺时针转动曲轴

② 气缸列 1（右侧）链条张紧器：凸轮轴调节器上的标记（1）必须与凸轮轴外壳上所涉及的浇口（箭头）偏置 180°，如图 9-116 所示。必要时继续转动曲轴一圈。

③ 将链条张紧器（3）的柱塞用螺丝刀（1）压回至限位位置（箭头），然后用定位销（T03006）卡住链条张紧器，见图 9-117。提示：柱塞采用机油阻尼，只能均匀用力缓慢压回。

④ 拧出螺栓（2、4），取下链条张紧器，如图 9-117 所示。绝对不能在凸轮轴正时链拆下的情况下转动曲轴，否则气门和活塞头有损坏的危险。

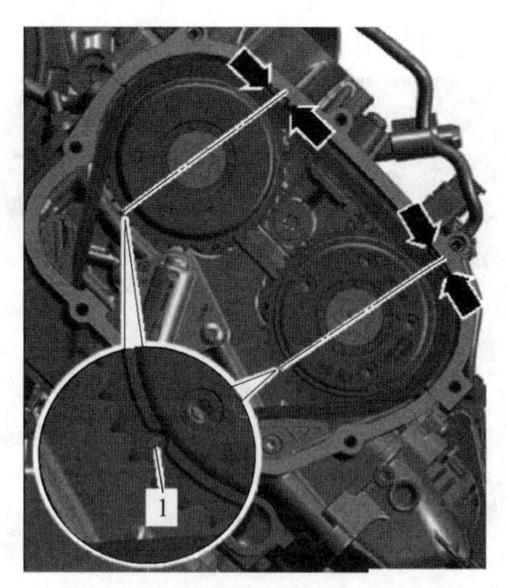

图 9-116　凸轮轴调节器标记对齐位置

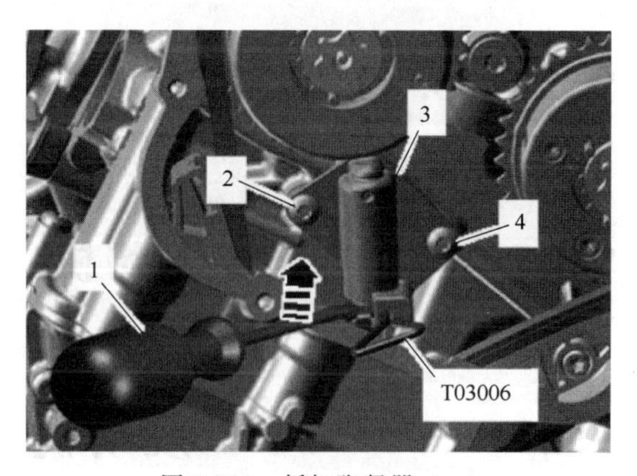

图 9-117　拆卸张紧器（一）

⑤ 气缸列 2（左侧）链条张紧器：凸轮轴调节器上的标记（1）必须与凸轮轴外壳上所涉及的浇口（箭头）偏置 180°，如图 9-118 所示。必要时继续转动曲轴一圈。

图 9-118　凸轮轴调节器标记对齐位置

⑥ 将滑轨（3）压回（箭头），然后将链条张紧器（1）的柱塞用定位销（T03006）卡住，见图 9-119。提示：柱塞采用机油阻

尼，只能均匀用力缓慢压回。

图 9-119　拆卸张紧器（二）

⑦ 拧出螺栓（2、4），取下链条张紧器，如图 9-119 所示。仅朝发动机运转方向转动发动机，避免机构跳动过大时损坏发动机的危险。

⑧ 安装以倒序进行，同时要注意下列事项：

a. 拆卸后更换密封件。

b. 安装正时链上部盖板。

c. 如果对正时链驱动做了改动或者更换了部件，则要执行在引导功能“0001-发动机机械机构功能”中的相关匹配→车辆诊断测试器。

9.24　3.0T CZS 发动机

该发动机正时构造、拆装方法与 DLZ 发动机相同，请参考 9.23 节内容。

9.25　3.0T DCB 发动机

该发动机正时构造、拆装方法与 DLZ 发动机相同，请参考 9.23 节内容。

9.26　3.0T CWG 发动机

该发动机正时构造、拆装方法与 DLZ 发动机相同，请参考 9.23 节内容。

9.27　4.0T CXY 发动机

该发动机正时构造、拆装方法与 DLZ 发动机相同，请参考 9.23 节内容。

9.28　4.0T CWW 发动机

该发动机正时构造、拆装方法与 DLZ 发动机相同，请参考 9.23 节内容。

9.29　4.0T DJP 发动机

该发动机正时构造、拆装方法与 DLZ 发动机相同，请参考 9.23 节内容。

9.30　5.2T DMW 发动机

9.30.1　发动机正时分解

发动机正时机构部件分解如图 9-120～图 9-128 所示。

按图 9-121 所示顺序 1～8 分 2 步按如下方式拧紧螺栓：①用 5Nm 的力矩预紧。

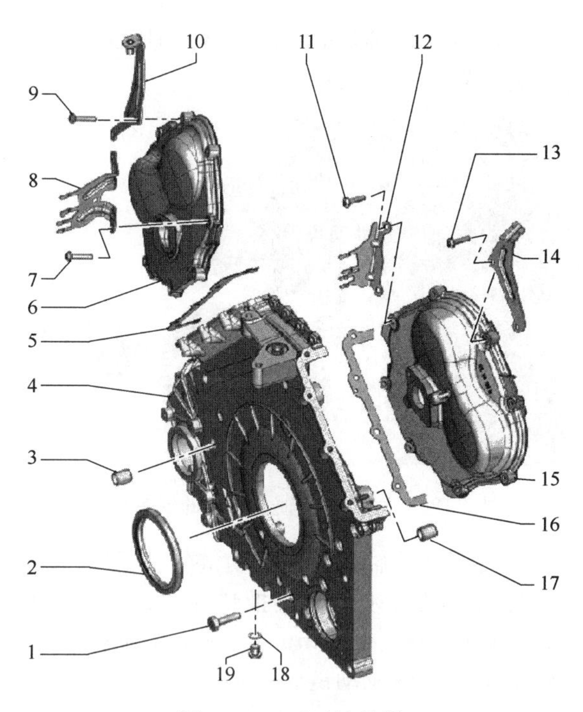

图 9-120　正时链盖罩

1—螺栓，更新 M6 螺栓，拧紧顺序见图 9-123；2—变速箱侧曲轴密封环；3,17—空心定位销，2 件；4—正时链下部盖板；5—左侧气缸盖密封垫；6—正时链左侧盖板；7—螺栓；8,14—电导线束支架；9—螺栓，拧紧顺序见图 9-121；10,12—电插头支架；11,13—螺栓，拧紧顺序见图 9-122；15—正时链右侧盖板；16—右侧气缸盖密封垫；18—密封环，拆卸后更换；19—放油螺栓，拧紧力矩为 12Nm

②用 9Nm 的力矩拧紧。

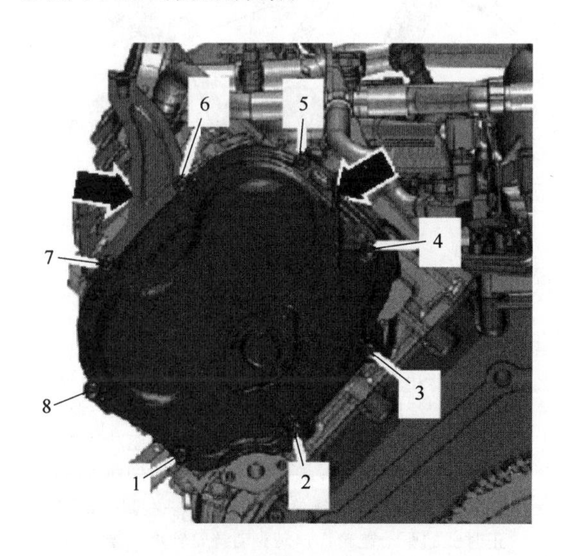

图 9-121　正时链左侧盖板螺栓拧紧顺序

按图 9-122 所示顺序 1～8 分 2 步按如下方式拧紧螺栓：①用 5Nm 的力矩预紧。②用 9Nm 的力矩拧紧。

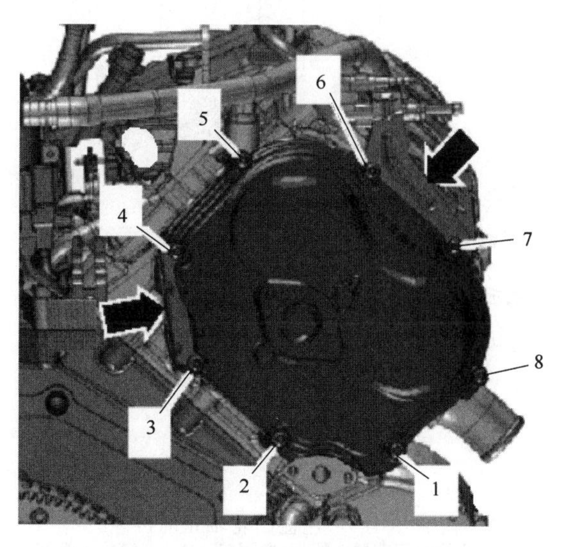

图 9-122　正时链右侧盖板螺栓拧紧顺序

拆卸后更换那些拧紧时需要继续旋转一个角度的螺栓。按图 9-123 所示数字顺序分步拧紧螺栓（表 9-6）。

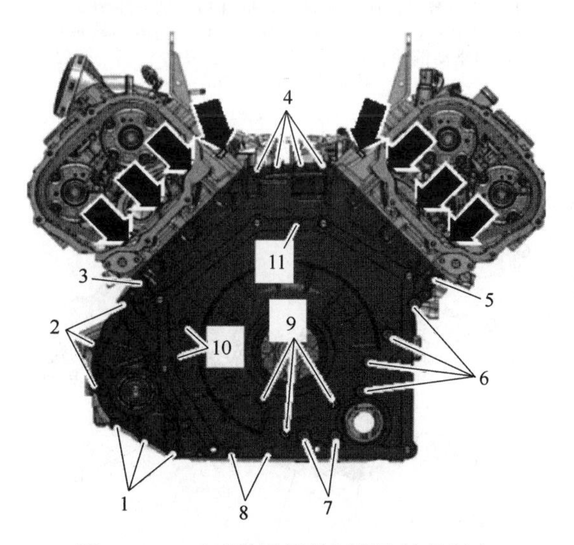

图 9-123　正时链下部盖板螺栓拧紧顺序

表 9-6　螺栓拧紧步骤（六）

步骤	螺栓(图 9-123)	拧紧力矩/继续旋转角度
1	图中箭头	5Nm
2	1～11	以交叉方式用 8Nm 的力矩
3	图中箭头	11Nm
4	6、7	22Nm
5	1、5 和 8、11	继续拧紧 90°
6	图中箭头	继续拧紧 90°

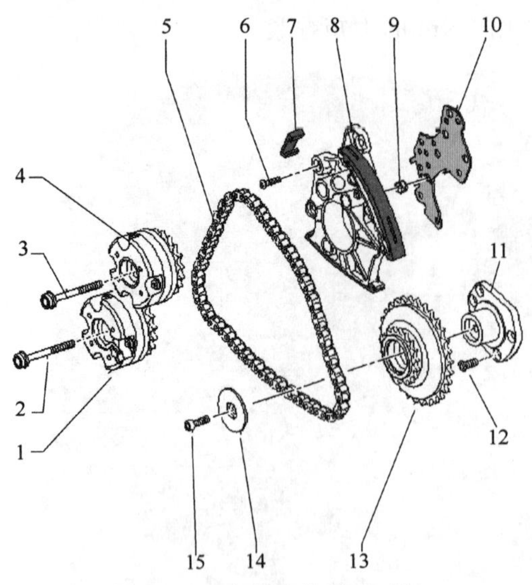

图 9-124 左侧凸轮轴正时链

1—排气凸轮轴调节器，标记“排气”；2,3—螺栓，拆卸后更换，预紧力矩为 60Nm，最终拧紧力矩为 80Nm＋继续旋转 90°；4—进气凸轮轴调节器，标记“进气”；5—左侧凸轮轴正时链，拆卸前用颜色标记转动方向；6,12—螺栓，拆卸后更换，拧紧力矩为 5Nm＋继续旋转 90°；7—滑块；8—左侧凸轮轴正时链的链条张紧器；9—油滤网，装在张紧器上，安装时外圈上的止动凸缘必须卡入链条张紧器上的凹槽中；10—密封件，拆卸后更换，卡到链条张紧器上；11—驱动链轮支撑座；13—左侧凸轮轴正时链的驱动链轮；14—驱动链轮止推垫片；15—螺栓，拧紧力矩为 22Nm

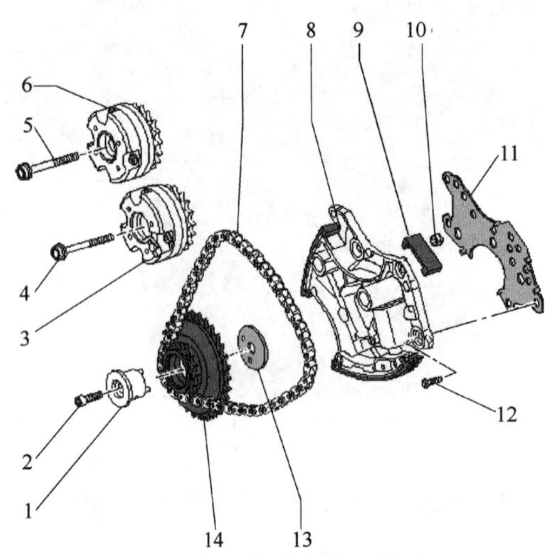

图 9-125 右侧凸轮轴正时链

1—驱动链轮轴承螺栓，用于右侧凸轮轴正时链，结构不对称；2—螺栓，拧紧力矩为 42Nm；3—排气凸轮轴调节器，标记“排气”；4,5—凸轮轴螺栓，拆卸后更换，预紧力矩为 60Nm，最终拧紧力矩为 80Nm＋继续旋转 90°；6—进气凸轮轴调节器，标记“进气”；7—右侧凸轮轴正时链，拆卸前用颜色标记转动方向；8—右侧凸轮轴正时链的链条张紧器；9—滑块；10—油滤网，装在张紧器上，安装时外圈上的止动凸缘必须卡入链条张紧器上的凹槽中；11—密封件，拆卸后更换，卡到链条张紧器上；12—螺栓，拆卸后更换，拧紧力矩为 5Nm＋继续旋转 90°；13—驱动链轮止推垫片；14—右侧凸轮轴正时链的驱动链轮

右侧凸轮轴正时链驱动链轮轴承螺栓的安装位置如图 9-126 所示。

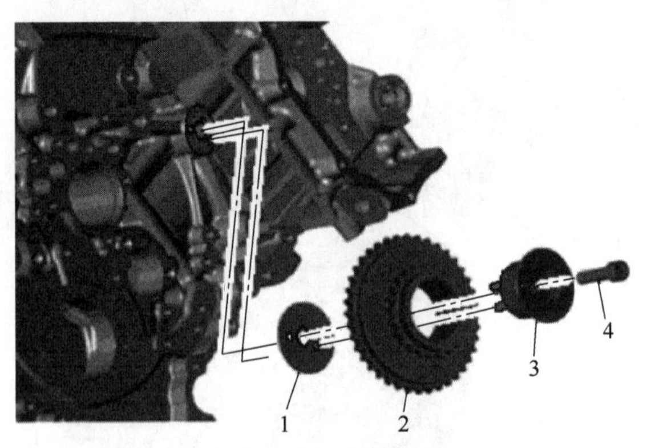

图 9-126 驱动链轮轴承螺栓的安装位置

右侧凸轮轴正时链驱动链轮轴承销（3）内的固定销必须卡入止推垫片（1）的孔内和气缸体的孔内。图 9-126 中，2 为右侧凸轮轴正时链的驱动链轮；4 为螺栓。

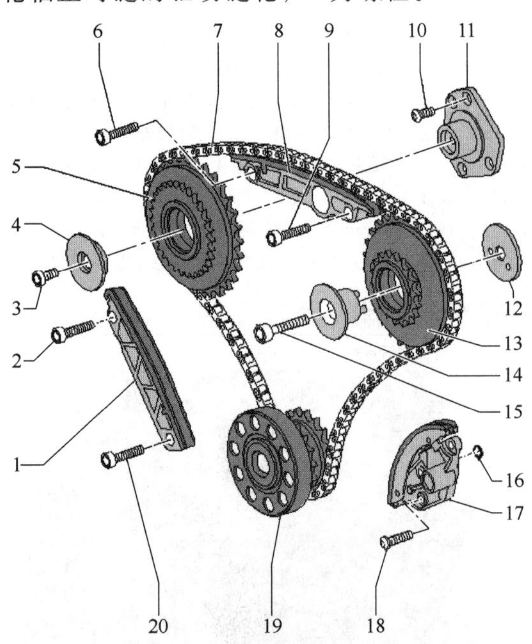

图 9-127 正时驱动装置驱动链

1—滑轨；2,6,9,20—螺栓，拆卸后更换，拧紧力矩为 17Nm＋继续旋转 90°；3,10,15—螺栓；4,12—驱动链轮止推垫片；5—左侧凸轮轴正时链的驱动链轮；7—控制机构驱动链，拆卸前用颜色标记转动方向；8—滑轨；11—驱动链轮支撑座；13—右侧凸轮轴正时链的驱动链轮；14—驱动链轮轴承螺栓，用于右侧凸轮轴正时链，结构不对称；16—O 形环，图示与车内型号不符，拆卸后更换，用发动机机油浸润；17—链条张紧器；18—螺栓，拆卸后更换，拧紧力矩为 5Nm＋继续旋转 90°；19—曲轴

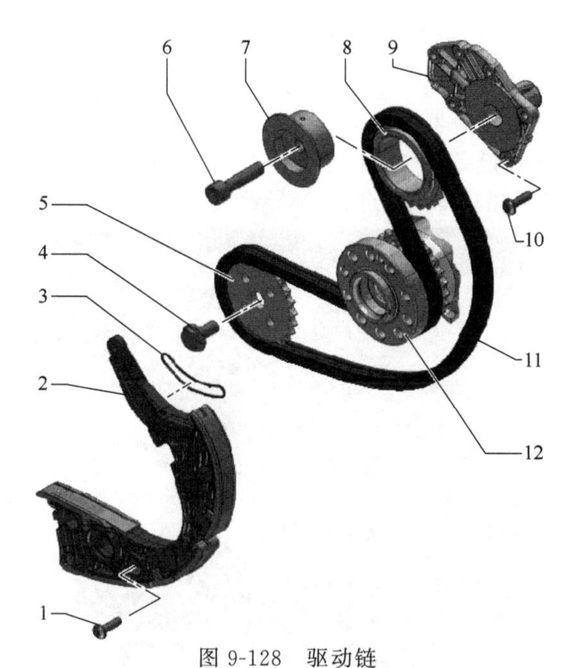

图 9-128 驱动链

1,10—螺栓，拆卸后更换，拧紧力矩为5Nm+继续旋转90°；2—滑轨；3—密封件，拆卸后更换；4—螺栓，拧紧力矩为64Nm；5—取力器驱动链轮；6—螺栓，拧紧力矩为42Nm；7—导向链轮轴承销；8—转向链轮；9—导向链轮支撑座；11—辅助传动装置驱动链，拆卸前用颜色标记转动方向；12—曲轴

9.30.2 发动机正时拆装

（1）凸轮轴正时链拆装

① 左侧凸轮轴正时链：旋出螺栓1和2，取下左侧链条张紧器和左侧凸轮轴正时链，如图9-129所示。

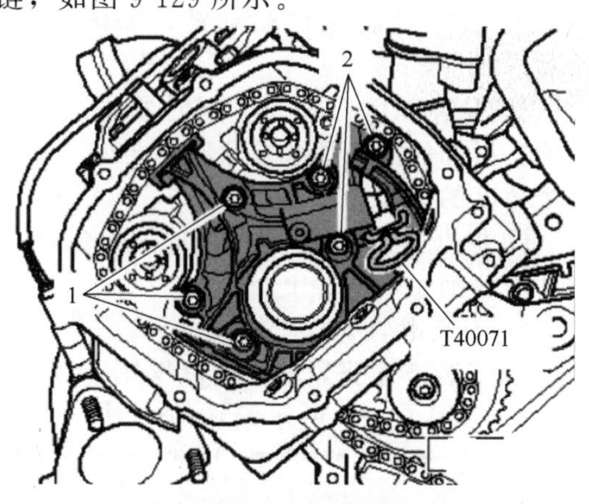

图 9-129 拆卸左侧正时链

② 右侧凸轮轴正时链：沿箭头方向按压凸轮轴正时链链条张紧器的滑轨并用定位销（T40071）卡住链条张紧器，如图9-130所示。将凸轮轴正时链驱动链轮的螺栓（1）松开约1.5圈，不要拧出螺栓。

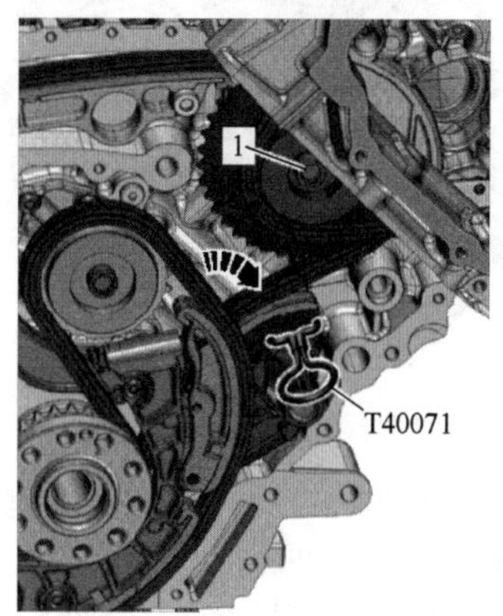

图 9-130 设置张紧器

③ 拧出螺栓1和2，取下右侧链条张紧器和右侧凸轮轴正时链，如图9-131所示。

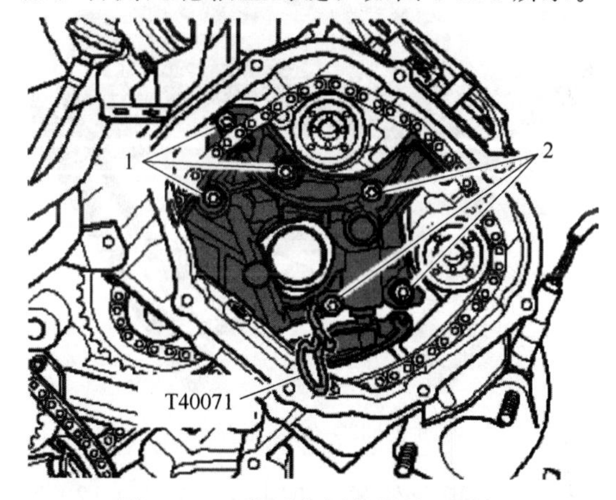

图 9-131 取下右侧凸轮轴正时链

提示：

a. 如果取下了链条张紧器的张紧元件，那么请注意安装位置：壳体底部的孔指向链条张紧器，活塞指向张紧轨。

b. 拆卸后更换那些拧紧时需要继续旋转一个角度的螺栓。

c. 拆卸后更换链条张紧器的密封件。

④ 确保转动凸轮轴时不会有活塞停在上止点。

⑤ 将左侧和右侧凸轮轴正时链的链条张紧器滑轨向内按压（箭头）至极限位置，并用定位销（T40071）锁定链条张紧器，如图9-132所示。

⑥ 必要时清洁两个链条张紧器内的滤

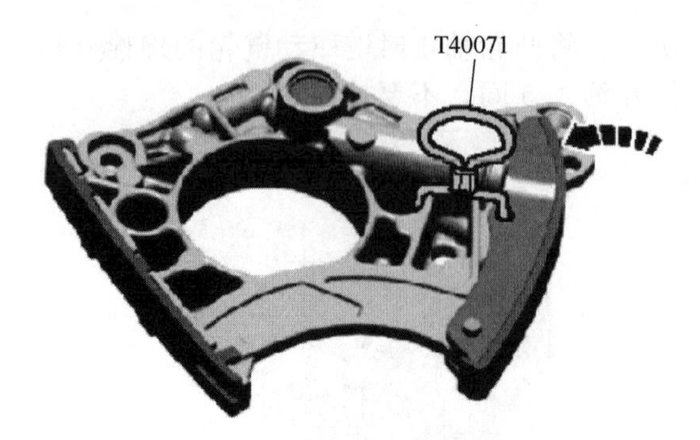

图 9-132 设置张紧器

油网（2），见图 9-133。在装入滤油网时注意链条张紧器上的凹槽。

⑦ 将后部密封件（3）放到链条张紧器（1）上并夹紧，如图 9-133 所示。

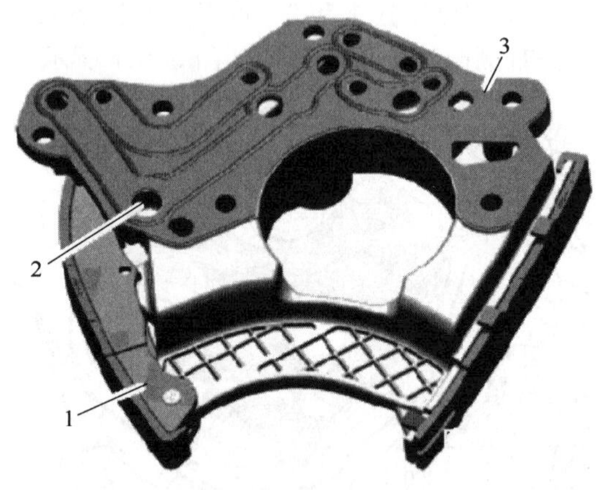

图 9-133 安装密封件

⑧ 左侧凸轮轴正时链：如图 9-129 所示，将左侧凸轮轴正时链放到拆卸时记下的标记上。拧紧螺栓 1 和 2。

⑨ 右侧凸轮轴正时链：如图 9-131 所示，安装右侧气缸盖上的链条张紧器，并按照拆卸时所做标记安放凸轮轴正时链拧紧螺栓 1 和 2。

⑩ 拧紧右侧凸轮轴正时链驱动链轮的螺栓（1）。两侧的后续操作：拆除定位销（T40071）。

⑪ 后续安装以倒序进行，安装过程中请注意以下事项：将凸轮轴正时链放到凸轮轴上。

⑫ 安装正时链下部盖板。

（2）控制机构驱动链拆装

① 拆卸凸轮轴正时链。

② 拆卸取力器驱动链。

③ 沿图 9-134 所示箭头方向按压驱动链链条张紧器的滑轨，然后用定位销（T40071）卡住链条张紧器。已使用过的凸轮轴正时链如果颠倒了转动方向，会导致损坏。

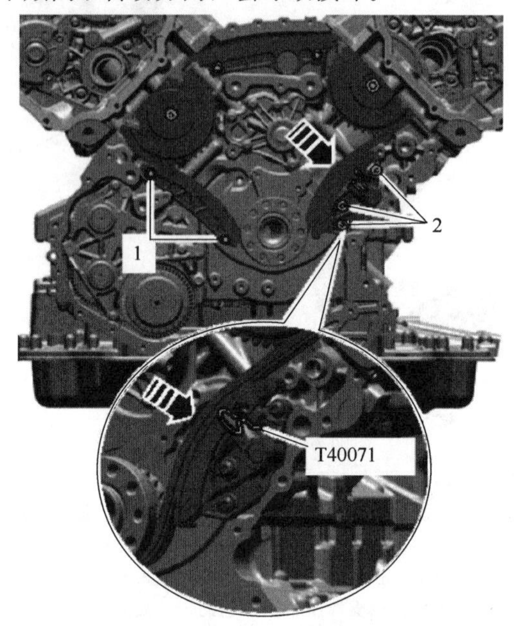

图 9-134 拆卸驱动链

④ 拆卸前用颜色标记的箭头标出转动方向和配置。

⑤ 重新安装时注意转动方向。

⑥ 旋出螺栓 1 并取下滑轨。

⑦ 旋出螺栓 2 并取下链条张紧器。

⑧ 取下控制机构驱动链，如图 9-134 所示。

⑨ 安装以倒序进行，同时要注意下列事项：拆卸后更换那些拧紧时需要继续旋转一个角度的螺栓。

a. 根据拆卸时记下的标记把控制机构驱动链放到驱动链轮上。

b. 安装滑轨并拧紧螺栓（1）。

c. 安装链条张紧器并拧紧螺栓（2）。

d. 沿图 9-134 所示箭头方向按压驱动链的链条张紧器滑轨并取下定位销（T40071）。

e. 安装取力器驱动链，如图 9-134 所示。

f. 安装凸轮轴正时链。

（3）辅助驱动链拆装

① 将旋转工具（T40257）插在扳手 SW 21（T40263）上。

② 将旋转工具安放在减振器螺栓上。旋转工具（T40257）只能采用一种位置，如图 9-135 所示。

图 9-135　设置上止点位置

③ 将曲轴沿发动机运转方向（箭头）转动到上止点。

④ 将废油收集和抽吸装置（VAS 6622A）放在下面。

⑤ 如图 9-136 所示，将用于上止点标记的螺旋塞（箭头）从进气模块上拧出。

图 9-136　取出螺旋塞

⑥ 将固定螺栓（T40237）用 20Nm 的力矩拧入固定凹槽中，如图 9-137 所示。如果需要，略微来回转动曲轴使固定螺栓完全居中。

⑦ 拆下正时链下部盖板。

⑧ 对于用过的驱动链，转动方向相反时有损坏的危险。拆卸前用颜色标记的箭头

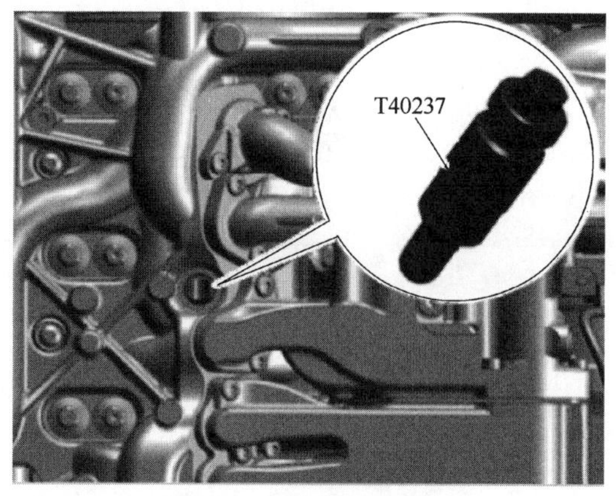

图 9-137　安装固定螺栓

标出转动方向和配置。重新安装时注意转动方向。

⑨ 沿图 9-138 所示箭头方向按压张紧轨并用定位销（T40071）卡住链条张紧器。

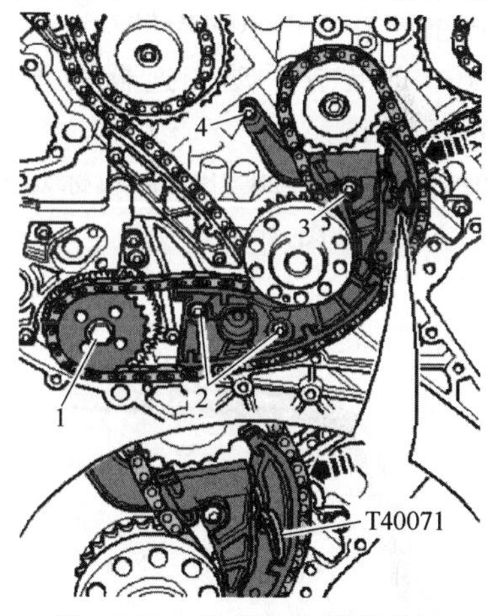

图 9-138　取出取力器驱动链

⑩ 旋出螺栓 1 并取下取力器驱动链轮。

⑪ 旋出螺栓 2、3、4 并取下链条张紧器。

⑫ 取下取力器驱动链，如图 9-138 所示。

⑬ 安装以倒序进行，同时要注意下列事项：

a. 拆卸后更换密封件。

b. 按照拆卸时所做标记安放取力器驱动链。

c. 安装链条张紧器，拧紧螺栓 2、3、4。

d. 将驱动链装在附属驱动装置的驱动链轮上并拧紧螺栓 1，如图 9-138 所示。

e. 安装正时链下部盖板。

第 10 章　宝马汽车

10.1　1.5T B38A15A 发动机

10.1.1　发动机正时工具

如果曲轴已正确拔下，则减振器上的电机既不向前转动，也不向后转动！

A 类，即装有手动变速器的车辆：尺寸（X）=56mm。

将专用工具 2 288 380 插入标定孔中直至尺寸（X），见图 10-1。

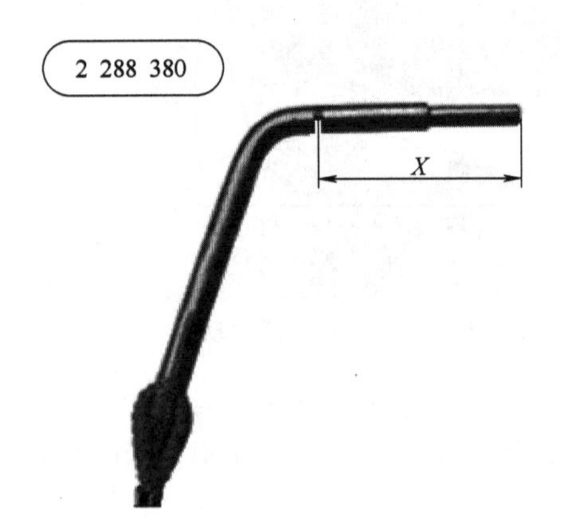

图 10-1　手动变速器型车辆专用工具

装有手动变速器的车辆：专用工具 2 288 380 定位正确，见图 10-2。发动机在第一个气缸处于上止点。

装有手动变速器的车辆：专用工具 2 288 380 定位错误，见图 10-3。未达到第一个气缸上止点位置。

B 类，即装有自动变速器的车辆：尺寸（Y）=66mm，如图 10-4 所示。将专用工具 2 288 380 插入标定孔中直至尺寸（Y）。

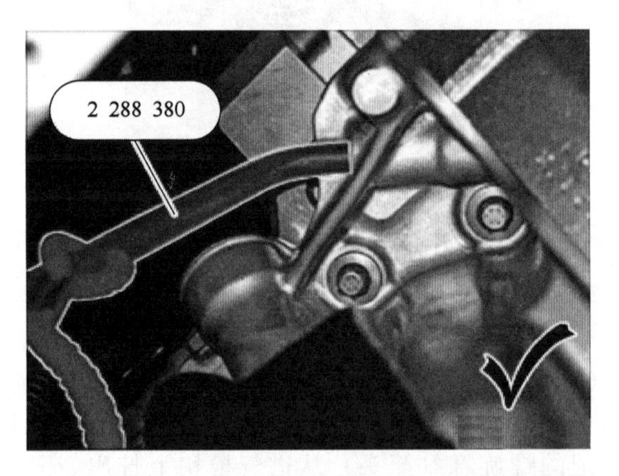

图 10-2　手动变速器型车辆专用工具正确用法

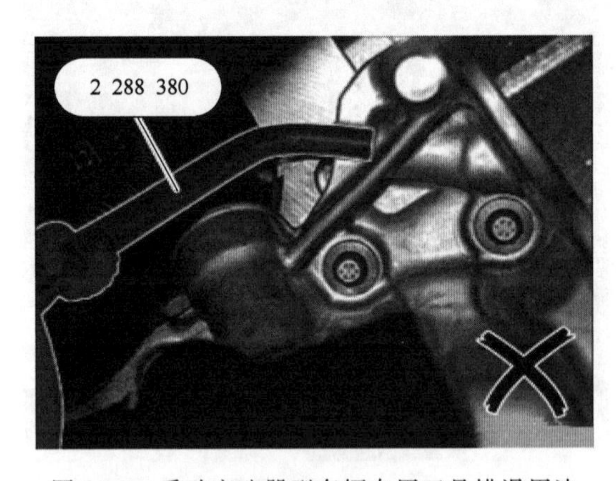

图 10-3　手动变速器型车辆专用工具错误用法

装有自动变速器的车辆：专用工具 2 288 380 定位正确，见图 10-5。发动机在第一个气缸处于上止点。

装有自动变速器的车辆：专用工具 2 288 380 定位错误，见图 10-6。未达到第一个气缸上止点位置。

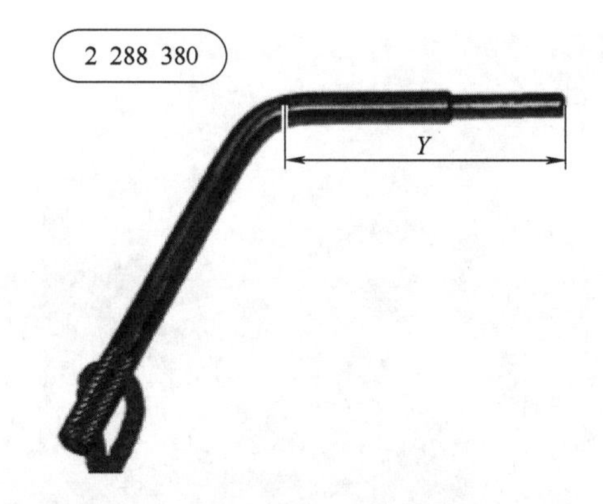

图 10-4 自动变速器型车辆专用工具

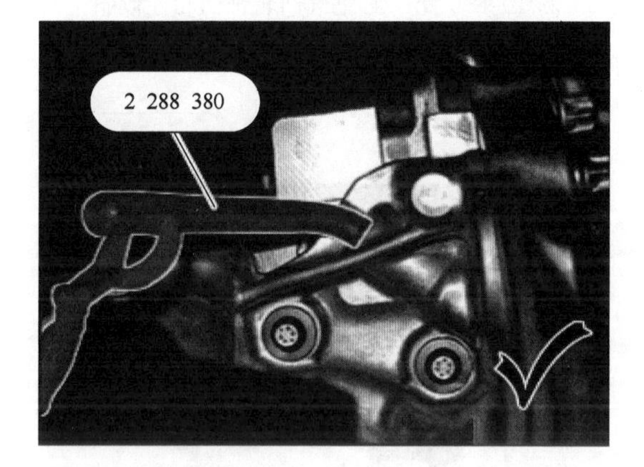

图 10-5 自动变速器型车辆专用工具正确用法

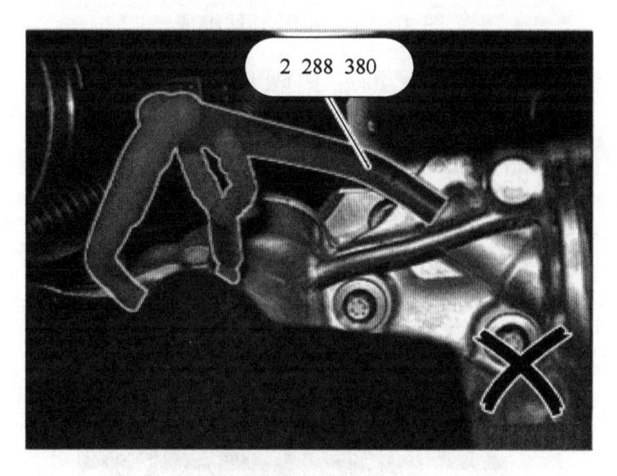

图 10-6 自动变速器型车辆专用工具错误用法

10.1.2 发动机正时检查

需要做的准备工作：拆下气缸盖罩、火花塞、右前轮罩饰板。

如果曲轴已正确拔下，则减振器上的电机既不向前转动，也不向后转动！

① 装有手动变速器的车辆按上一小节A类说明正确设置专用工具；装有自动变速器的车辆按上一小节B类说明正确设置专用工具。

② 用专用工具 11 6 480 将发动机旋转到气缸 1 点火上止点位置。不要往回旋转发动机，见图 10-7。

图 10-7 转动曲轴，设置上止点

③ 取下油底壳上的饰盖（1），见图 10-8。

图 10-8 取出饰盖

④ 用专用工具 11 6 480 在中心螺栓处旋转发动机。针对带手动变速器的车辆：标定孔前还有一个可能与标定孔混淆的孔。

⑤ 专用工具 2 288 380 必须滑入油底壳的曲柄。

用专用工具 2 288 380 将曲轴卡在气缸 1 点火上止点位置上。

⑥ 进气和排气凸轮轴上的标记（1）可以从上方读取，见图 10-9。

⑦ 当凸轮轴扭转 180°时，也可以安装专用工具。进气和排气凸轮轴上的三个平台（1）中位于中间的平台必须朝上，见图 10-10。

图 10-9　进、排气凸轮轴标记

图 10-10　进、排气凸轮轴三平台中间朝上

⑧ 第一缸排气凸轮轴的凸轮向右倾斜并指向内部，见图 10-11。

图 10-11　第一缸排气凸轮轴凸轮右倾向内

⑨ 第一缸进气凸轮轴的凸轮向左倾斜，见图 10-12。

⑩ 专用工具 2 358 122 由多个部件构成：底架（1）、气缸盖上的底架螺栓（2）、固定排气凸轮轴的量规（3）、固定进气凸轮轴的量规（4）、底架上的量规螺栓（5），见

图 10-12　第一缸进气凸轮轴凸轮左倾斜

图 10-13。

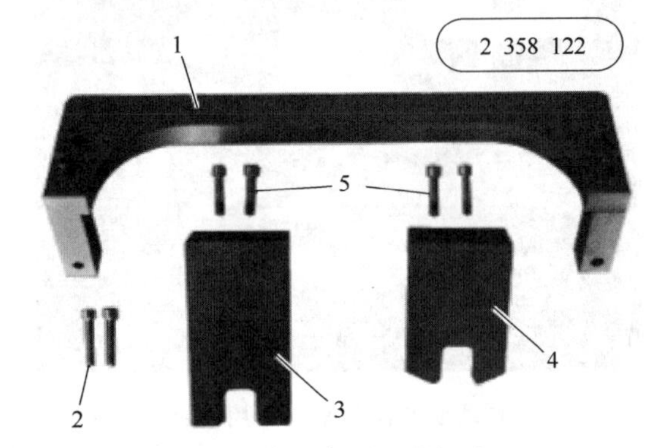

图 10-13　专用工具组成

⑪ 将底架（1）用螺栓（2）固定在气缸盖上。量规（3）利用凹口定位在排气凸轮轴的双平面段上。量规（3）利用螺栓（5）固定在底架上。量规（4）利用凹口定位在进气凸轮轴的双平面段上。量规（4）利用螺栓（5）固定在底架上。安装见图 10-14。

图 10-14　安装专用工具到气缸盖上

⑫ 如有必要，调整配气相位。

⑬ 所需的修整：拆下所有专用工具，安装火花塞，安装气缸盖罩，安装右前轮罩饰板。

10.1.3　发动机正时调整

需要做的准备工作：拆下废气催化转化器，检查配气相位。

① 装有自动变速器的车辆：松开链条张紧器（1），见图10-15。随时准备好抹布。松开螺栓连接之后，会流出少量机油。安装说明：必须在链条张紧器装配时安装一个新密封环。

图10-15　松开链条张紧器

② 将专用工具11 9 340旋入气缸盖，见图10-16。用专用工具00 9 460将正时链预紧至0.3Nm。

图10-16　安装专用工具到气缸盖

③ 如果不能安装专用工具2 358 122（图10-17），那么必须重新调整配气相位。

用开口扳手将排气凸轮轴固定在相应的双平面段上并松开排气侧的VANOS中央阀。

用开口扳手将进气凸轮轴固定在相应的双平面段上并松开进气侧的VANOS中央阀。

图10-17　安装凸轮轴固定工具

④ 将两个凸轮轴旋转到位。进气和排气凸轮轴上的标记（1）可以从上方读取，见图10-9。

⑤ 当凸轮轴扭转180°时，也可以安装专用工具。进气和排气凸轮轴上的三个平台（1）中位于中间的平台必须朝上，见图10-10。

⑥ 如图10-14所示，将底架（1）用螺栓（2）固定在气缸盖上。量规（3）利用凹口定位在排气凸轮轴的双平面段上。量规（3）利用螺栓（5）固定在底架上。量规（4）利用凹口定位在进气凸轮轴的双平面段上。量规（4）利用螺栓（5）固定在底架上。

⑦ 拧紧进气调整装置VANOS中央阀（1），见图10-18。

图10-18　紧固VANOS中央阀

⑧ 拧紧排气调整装置VANOS中央阀。

⑨ 移开专用工具 2 288 380 和 2 358 122。

⑩ 用专用工具 11 6 480 沿发动机运转方向将发动机曲轴转动两次。不往回旋转发动机曲轴。

⑪ 所需的修整：检查凸轮轴的配气相位；安装链条张紧器柱塞；安装废气催化转化器；安装气缸盖罩；安装右前轮罩饰板。

10.2 1.5T B38A15C 发动机

该发动机正时维修步骤与 B38A15A 相同，请参考 10.1 节内容。

10.3 2.0T B48A20A 发动机

10.3.1 发动机正时检查

需要做的准备工作：拆下气缸盖罩；拆下火花塞；拆下前部机组防护板；拆下前部隔音板；对于带自动变速器的车型还要拆下启动电机。

① 用专用工具 11 6 480 将发动机旋转到气缸 1 点火上止点位置，如图 10-19 所示。不要让发动机反向旋转。

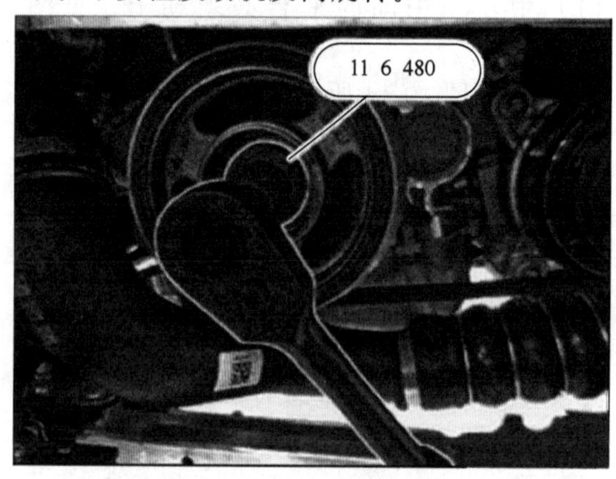

图 10-19 顺时针转动曲轴

② 卡住曲轴。

a. 装有自动变速器的车辆：定位安放专用工具 2 365 488 并用螺栓固定；使用专用工具 2 288 380 在气缸 1 点火上止点位置上卡住曲轴，见图 10-20。

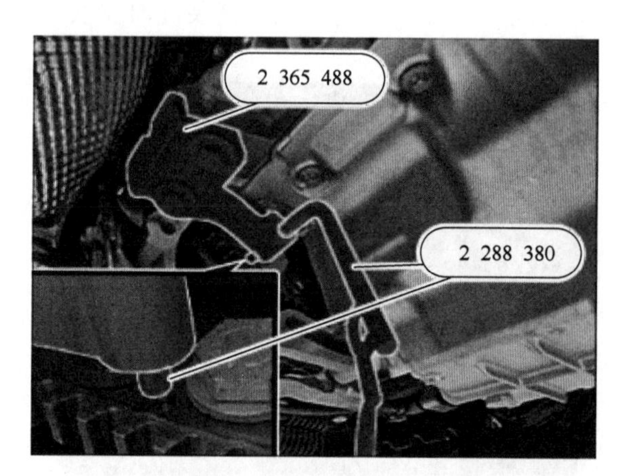

图 10-20 卡住曲轴（AT 车型）

b. 带手动变速器的车辆：拆下油底壳上的饰盖（1）；用专用工具 11 6 480 在中心螺栓处旋转发动机；使用专用工具 2 288 380 在气缸 1 点火上止点位置上卡住曲轴，见图 10-21。

图 10-21 卡住曲轴（MT 车型）

③ 进气（E）和排气（A）凸轮轴上的标记（1）可以从上方读取，见图 10-22。

当凸轮轴扭转 180°时，也可以安装专用工具。进气和排气凸轮轴上的三个平台（1）中位于中间的平台必须朝上，见图 10-23。

第一缸排气凸轮轴（1）的凸轮向右倾斜并指向内部，见图 10-24。

第一缸进气凸轮轴（1）的凸轮向左倾

图 10-22　曲轴标记读取

图 10-23　凸轮轴中间平台朝上

图 10-24　第一缸排气凸轮轴凸轮向右内斜，如图 10-25 所示。

④ 专用工具 2 358 122 由多个部件构成（图 10-26）：底架（1）；气缸盖上的底架螺栓（2）；固定排气凸轮轴的量规（3）；固定进气凸轮轴的量规（4）；底架上的量规螺栓（5）。

如图 10-27 所示，将底架（1）用螺栓（2）固定在气缸盖上。量规（3）利用凹口

图 10-25　第一缸进气凸轮轴凸轮向左

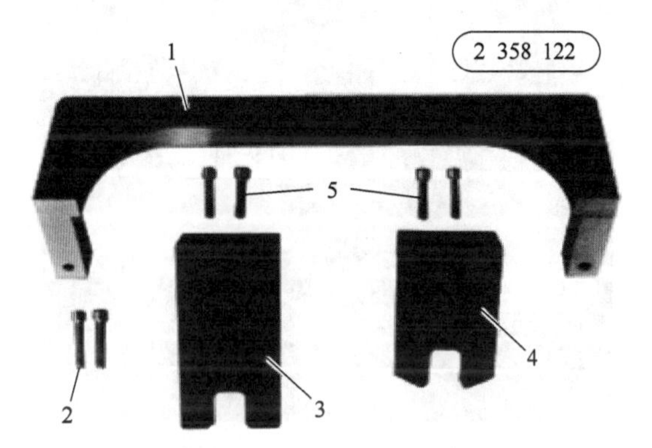

图 10-26　专用工具组成

定位在排气凸轮轴的双平面段上。量规（3）利用螺栓（5）固定在底架上。量规（4）利用凹口定位在进气凸轮轴的双平面段上。量规（4）利用螺栓（5）固定在底架上。

图 10-27　安装专用工具

⑤ 如有必要，调整配气相位。

⑥ 拆下所有专用工具。

⑦ 安装火花塞。

⑧ 安装气缸盖罩。

⑨ 安装前部机组防护板。

⑩ 安装前部隔音板。

⑪ 对于带自动变速器的车型还要安装启动电机。

10.3.2 发动机正时调整

需要做的准备工作：检查配气相位；拆下链条张紧器。

① 将专用工具 11 9 340 旋入气缸盖。用专用工具 00 9 460 将正时链预紧至 0.3Nm，见图 10-28。

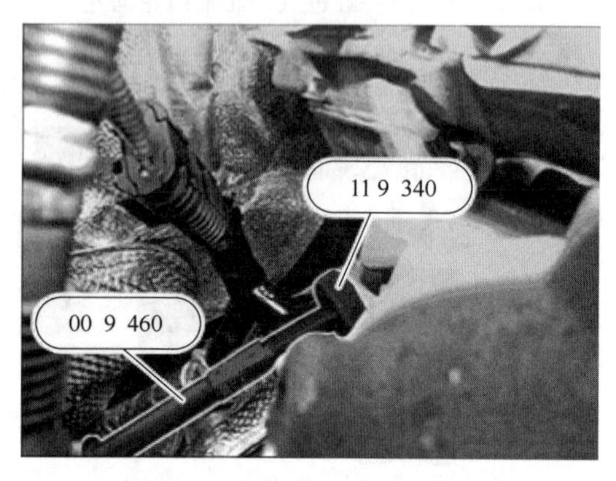

图 10-28 安装专用工具到气缸盖

如果不能安装专用工具 2 358 122，那么必须重新调整配气相位。

② 用开口扳手在各个凸轮轴的双面段上固定住。将 VANOS 中央阀（1）用专用工具 0 496 855 松开，如图 10-29 所示。

图 10-29 松开中央阀

③ 将两个凸轮轴旋转到位。进气和排气凸轮轴上的标记（1）可以从上方读取，见图 10-22。

当凸轮轴扭转 180°时，也可以安装专用工具。

进气和排气凸轮轴上的三个平台（1）中位于中间的平台必须朝上，见图 10-23。

④ 如图 10-27 所示，将底架（1）用螺栓（2）固定在气缸盖上。量规（3）利用凹口定位在排气凸轮轴的双平面段上。量规（3）利用螺栓（5）固定在底架上。量规（4）利用凹口定位在进气凸轮轴的双平面段上。量规（4）利用螺栓（5）固定在底架上。

⑤ 用专用工具 0 496 855 拉紧进气调整装置（1）的 VANOS 中央阀，见图 10-30。

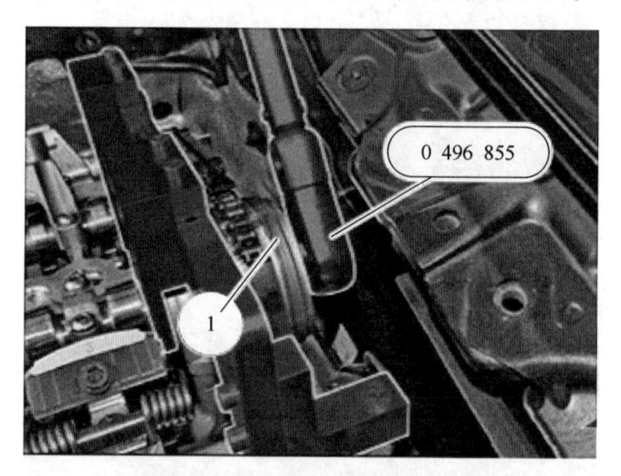

图 10-30 安装进气调整装置中央阀

⑥ 用专用工具 0 496 855 拉紧排气调整装置的 VANOS 中央阀。

⑦ 移开专用工具 2 288 380 和 2 358 122。

⑧ 用专用工具 11 6 480 沿发动机运转方向将发动机曲轴转动两次。不往回旋转发动机曲轴。

⑨ 检查凸轮轴的配气相位。

⑩ 安装链条张紧器。

⑪ 安装气缸盖。

10.4 2.0T B48A20C 发动机

该发动机正时维修步骤和 B48A20A 相同，请参考 10.3 节内容。

10.5　2.0T B48B20A 发动机

10.5.1　发动机正时检查

① 准备专用工具组 2 456 372，如图 10-31 所示。

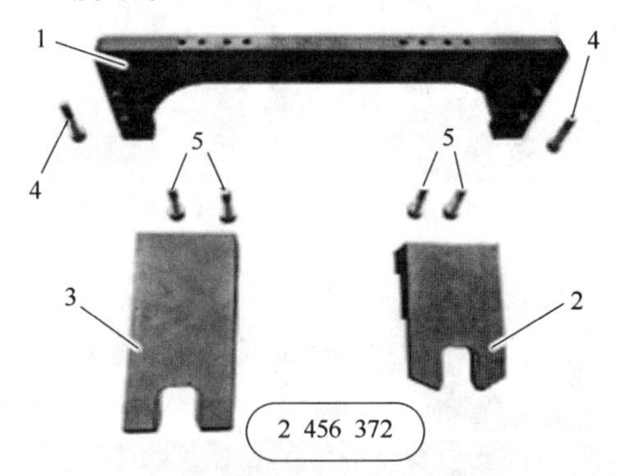

图 10-31　凸轮轴调节量规

1—底架；2—用于调整进气凸轮轴的调节量规；3—用于调整排气凸轮轴的调节量规；4—气缸盖上的底架螺栓；5—底架上的量规螺栓

② 检查专用工具组 2 358 122 中的基准量规是否完整，见图 10-32。

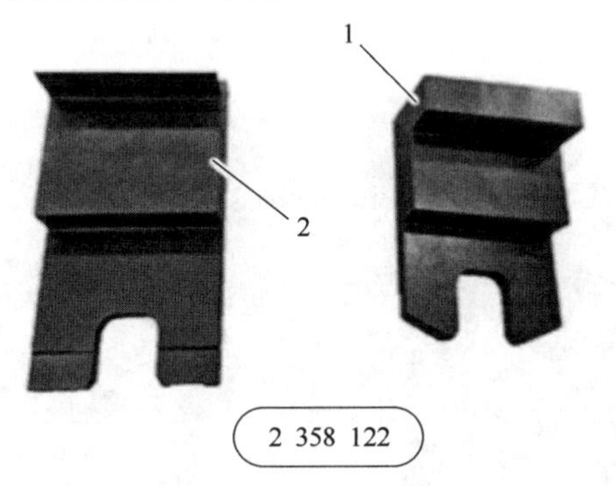

图 10-32　基准量规

1—用于固定进气凸轮轴的基准量规；2—用于固定排气凸轮轴的基准量规

③ 将发动机沿箭头方向用专用工具 0 493 380（11 6 480）转动至第 1 个气缸的点火上止点位置，如图 10-33 所示。只能用手沿正确的旋转方向旋转发动机：沿顺时针方向，面向减振器；或者沿逆时针方向，面向链条传动（仅当安装了后部正时链时才适用）。如果用手沿错误旋转方向旋转发动机，可能损坏发动机。

图 10-33　旋转发动机到 1 缸上止点位置

a. 从凸轮轴表面能看到进气凸轮轴（E）和排气凸轮轴（A）上的标记（1），如图 10-34 所示。

图 10-34　凸轮轴上的标记位置

b. 气缸 1 排气凸轮轴上的凸轮（1）必须稍微斜向右指向内部，如图 10-35 所示。

c. 气缸 1 进气凸轮轴上的凸轮（1）必须斜着指向左侧，如图 10-36 所示。

d. 进气和排气凸轮轴上的平台（1）必须指向上部，如图 10-37 所示。

④ 将专用工具组 2 456 372 中的底架（1）定位在气缸盖上，如图 10-38 所示。

⑤ 如图 10-39 所示，在底架（1）上拧紧专用工具组 2 456 372 中的螺栓（2）。底架安装到气缸盖上，2 个 M6 螺栓的拧紧力矩为 8Nm。

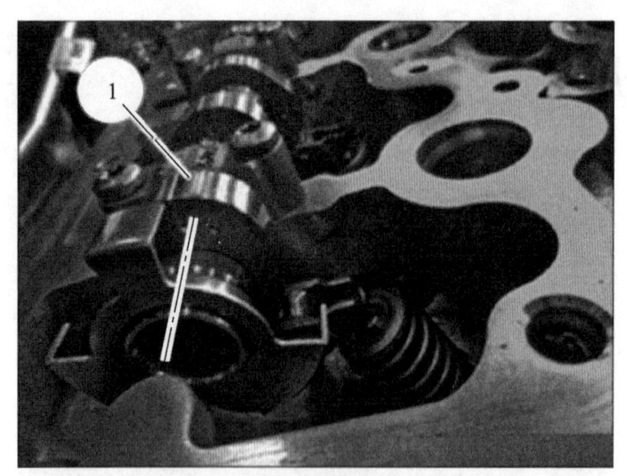

图 10-35　排气凸轮轴凸轮位置

图 10-36　进气凸轮轴凸轮位置

图 10-37　凸轮轴上的平台位置

图 10-38　将专用工具定位在气缸盖上

图 10-39　安装专用工具底架到气缸盖上

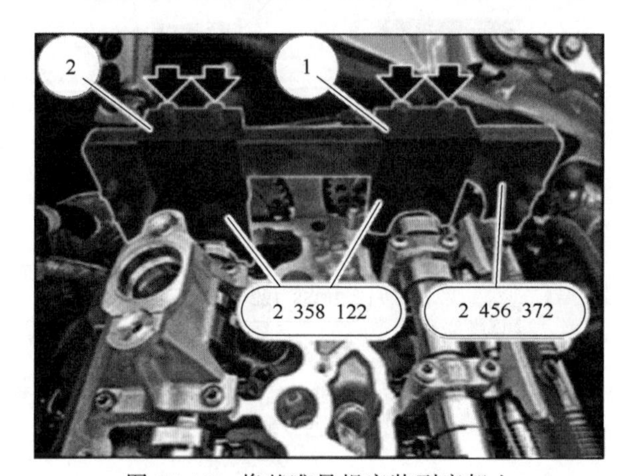

图 10-40　将基准量规安装到底架上

⑥ 如图 10-40 所示，将专用工具组 2 358 122 中的基准量规 1 定位在进气凸轮轴和专用工具组 2 456 372 中的底架之间。将专用工具组 2 358 122 中的基准量规 2 定位在排气凸轮轴和专用工具组 2 456 372 中的底架之间。拧紧螺栓（箭头）。基准量规安装到底架上的 M6 螺栓拧紧力矩为 8Nm。

⑦ 抽出并拆卸密封盖（1），如图 10-41 所示。

⑧ 装有自动变速器的车辆：尺寸（X）= 66mm。带手动变速器的车辆：尺寸（X）= 62mm。专用工具 2 288 380 必须插入标定孔，直至达到尺寸（X），如图 10-42 所示。

定位专用工具 2 288 380 正确安装位置

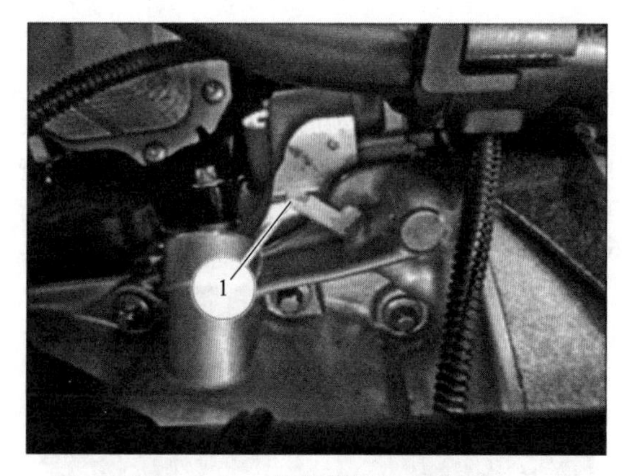

图 10-41　抽出并拆卸密封盖

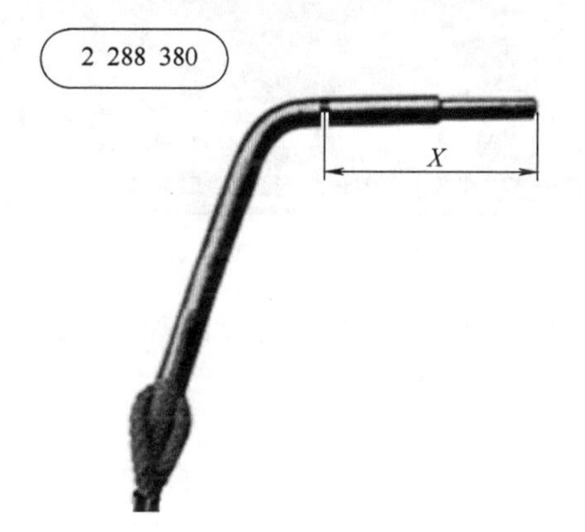

图 10-42　插入标定孔的位置长度

如图 10-43 所示。此时发动机位于第 1 个气缸的点火上止点位置。

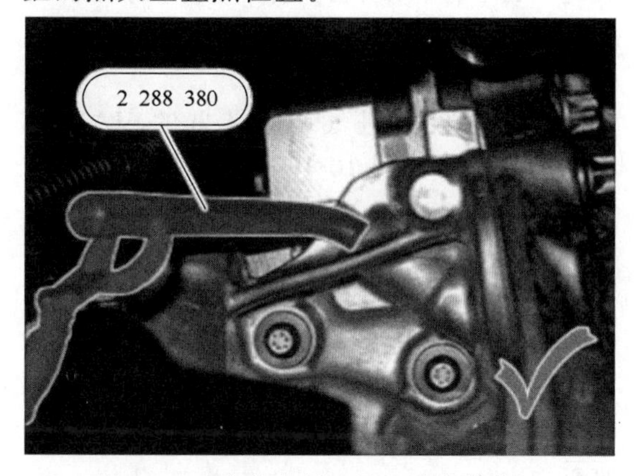

图 10-43　定位专用工具正确安装位置

10.5.2　发动机正时调整

① 将发动机用专用工具 0 493 380 (11 6 480) 朝顺时针方向转动至气缸 1 的点火上止点上。将曲轴在气缸 1 的点火上止点位置卡住。

② 拆下链条张紧器：用普通工具松开链条张紧器（1），如图 10-44 所示；拆卸链条张紧器（1）时，会流出少量发动机油，准备好抹布。

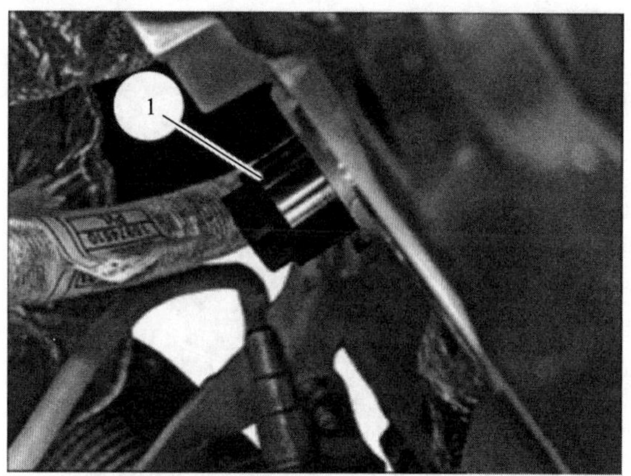

图 10-44　抽出并拆卸链条张紧器

③ 将专用工具组 2 456 372 中的底架（1）定位在气缸盖上，见图 10-45。

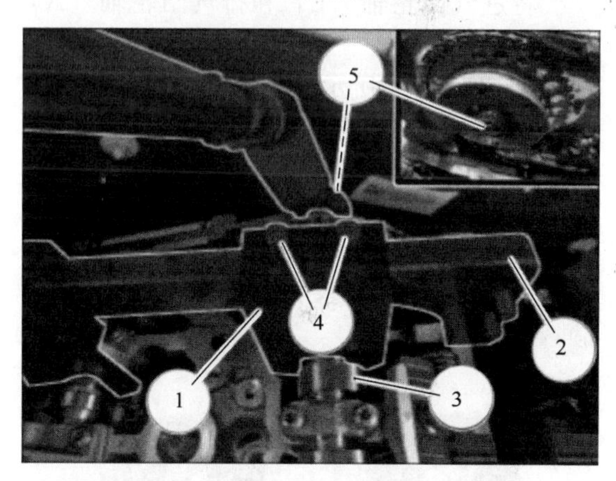

图 10-45　安装调节量规到底架（进气侧）

④ 在底架（1）上拧紧专用工具组 2 456 372 中的螺栓（2）。

⑤ 将专用工具组 2 456 372 中的 0.7°调节量规（1）定位在专用工具组 2 456 372 中的底架（2）和进气凸轮轴（3）之间，如图 10-45 所示。必要时，用专用工具 0 493 380 (11 6 480) 旋转发动机的曲轴。拧紧专用工具组 2 456 372 中的螺栓（4）。松开进气调整装置的 VANOS 中央阀（5）。

⑥ 将专用工具组 2 456 372 中的 0.5°调节量规（1）定位在专用工具组 2 456 372 中的底架（2）和排气凸轮轴（3）之间，如图

10-46 所示。必要时，用专用工具 0 493 380（11 6 480）旋转发动机的曲轴。拧紧专用工具组 2 456 372 中的螺栓（4）。松开排气调整装置的 VANOS 中央阀（5）。

图 10-46 安装调节量规到底架（排气侧）

⑦ 进气和排气凸轮轴上的平台（1）必须指向上部，如图 10-37 所示。

将进气凸轮轴（E）和排气凸轮轴（A）旋转到正确位置，确保从上面可以看见标记（1），如图 10-34 所示。

气缸 1 排气凸轮轴上的凸轮（1）必须稍微斜向右指向内部，如图 10-35 所示。

气缸 1 进气凸轮轴上的凸轮（1）必须斜着指向左侧，如图 10-36 所示。

⑧ 安装排气调整装置的 VANOS 中央阀（图 10-47）：

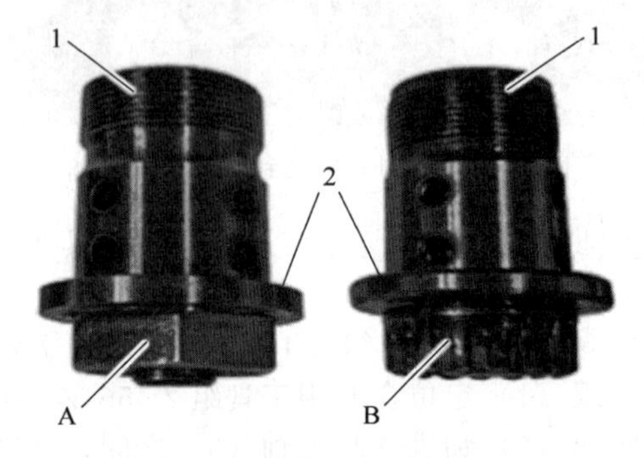

图 10-47 带螺纹的 VANOS 中央阀

带螺纹 M22 的 A 型号：用新鲜的发动机机油浸润 VANOS 中央阀（A）的螺纹（1）；用新鲜的发动机机油浸润 VANOS 中央阀（A）的接触面（2）。

带螺纹 M21 的 B 型号：用新鲜的发动机机油浸润 VANOS 中央阀（B）的螺纹（1）；用新鲜的发动机机油浸润 VANOS 中央阀（B）的接触面（2）。

穿入并安装排气调整装置的 VANOS 中央阀（1），如图 10-48 所示。用手拧紧排气调整装置的 VANOS 中央阀。将排气调整装置的 VANOS 中央阀沿图中箭头方向松开 60°。

图 10-48 安装排气侧 VANOS 中央阀

⑨ 安装进气调整装置的 VANOS 中央阀（图 10-47）：

带螺纹 M22 的 A 型号：为 VANOS 中央阀（A）的螺纹（1）涂抹新鲜的发动机机油；为 VANOS 中央阀（A）的接触面（2）涂抹新鲜的发动机机油。

带螺纹 M21 的 B 型号：为 VANOS 中央阀（B）的螺纹（1）涂抹新鲜的发动机机油；为 VANOS 中央阀（B）的接触面（2）涂抹新鲜的发动机机油。

穿入并安装进气调整装置的 VANOS 中央阀（1），如图 10-49 所示。用手拧紧进气调整装置的 VANOS 中央阀。将进气调整装置的 VANOS 中央阀沿图中箭头方向松开 60°。

⑩ 将正时链用专用工具预紧：正时链要正确地用专用工具 2 455 654 预紧。销子（1）必须与壳体（2）齐平，如图 10-50 所示。

⑪ 拧紧进气调整装置的 VANOS 中央阀（1），见图 10-51。

M21 螺纹和接触面上的 VANOS 中央阀必须用发动机机油浸润：接合力矩为 50Nm；拧紧力矩为 140Nm。

M22 螺纹和接触面上的 VANOS 中央阀必须用发动机机油浸润：接合力矩为

图 10-49　安装进气侧 VANOS 中央阀

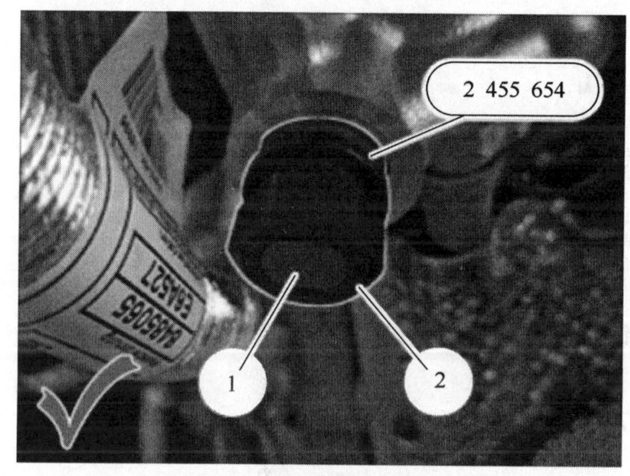

图 10-50　安装正时链专用工具

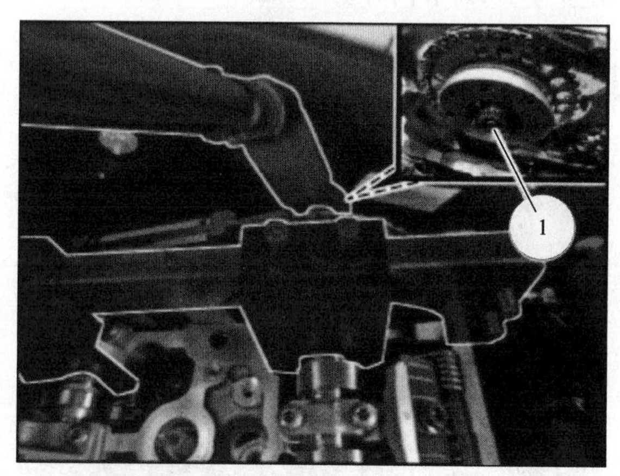

图 10-51　拧紧进气侧 VANOS 中央阀

50Nm；拧紧力矩为 140Nm。

⑫ 拧紧排气调整装置的 VANOS 中央阀（1），见图 10-52。

M21 螺纹和接触面上的 VANOS 中央阀必须用发动机机油浸润：接合力矩为 50Nm；拧紧力矩为 140Nm。

M22 螺纹和接触面上的 VANOS 中央阀必须用发动机机油浸润：接合力矩为 50Nm；拧紧力矩为 140Nm。

图 10-52　拧紧排气侧 VANOS 中央阀

⑬ 拆除所有专用工具。

⑭ 安装链条张紧器：

重新使用链条张紧器时，清空链条张紧器内的油室。将链条张紧器置于平整的垫块上，缓慢地沿箭头方向挤压并重新松开，如图 10-53 所示。盛接排出的发动机油并妥善处理。重复这个过程 2 次。

图 10-53　清空链条张紧器内油室

更新密封套（1）。将密封套（1）插入到链条张紧器（2）上并安装，见图 10-54。

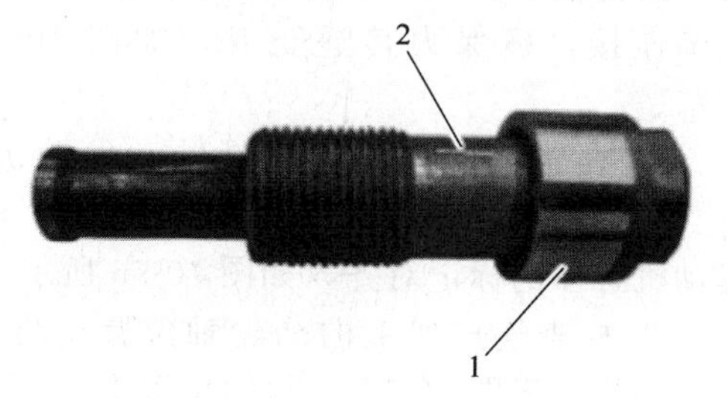

图 10-54　安装链条张紧器

⑮ 检查凸轮轴的配气相位。

10.6　2.0T B48B20B 发动机

该发动机正时维修步骤与 B48B20A 相同，请参考 10.5 节内容。

10.7　2.0T B48B20C 发动机

该发动机正时维修步骤与 B48B20A 相同，请参考 10.5 节内容。

10.8　2.0T B48B20D 发动机

该发动机正时维修步骤与 B48B20A 相同，请参考 10.5 节内容。

10.9　2.0T B48B20O1 发动机

该发动机正时维修步骤与 B48B20A 相同，请参考 10.5 节内容。

10.10　3.0T B58B30C 发动机

该发动机正时维修步骤与 B48B20A 相同，请参考 10.5 节内容。

10.11　3.0T S58B30A 发动机

该发动机正时维修步骤与 B48B20A 相同，请参考 10.5 节内容。

10.12　4.4T N63B44D 发动机

10.12.1　右侧凸轮轴正时检查

① 检查气缸列 1 的 VANOS 调整装置（图 10-55）：检查进气和排气调整装置的锁止件。将开口扳手（1）定位在凸轮轴的六角段处。将开口扳手轻轻沿箭头方向来回运动。凸轮轴必须与 VANOS 调整装置（2）正确连接，确保力传递正常，如图 10-55 所示。

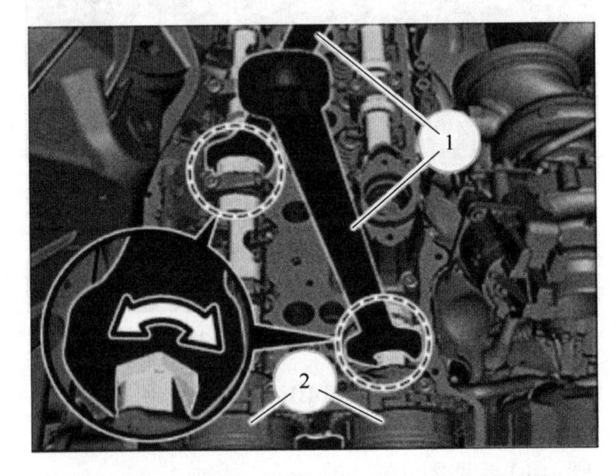

图 10-55　检查气缸列 1 的 VANOS 调整装置

② 在中心螺栓处顺时针转动发动机，直到减振器的安装位置（MP，图中 1）与发动机缸体的标记对齐，如图 10-56 所示。

③ 检查气缸列 1 的凸轮轴位置。凸轮（1）必须位于图 10-57 所示的位置上。信号齿轮（2）必须分别和排气凸轮轴轴承盖以及进气凸轮轴轴承盖形成一条直线，如图 10-57 所示。

确保凸轮轴的打磨表面指向上方。确保钝圆的表面向下指向气缸盖。

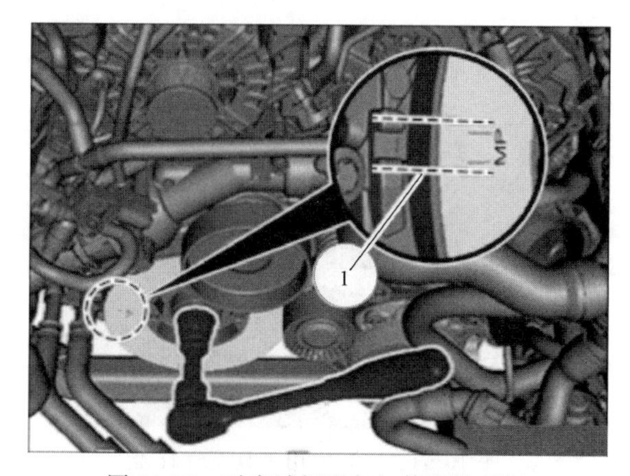

图 10-56 对齐减振器与缸体安装标记

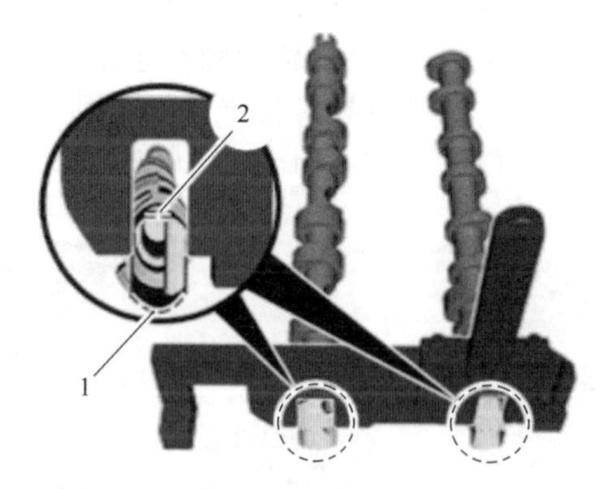

图 10-57 检查气缸列 1 的凸轮轴位置

④ 松开气缸列 1 上的链条张紧器，以检查或调整配气相位：同时在发动机中心螺栓和 VANOS 中央排气门上对链条传动加负荷。此时必须观察链条张紧器柱塞的运动情况。在另一名人员的帮助下沿顺时针方向将 VANOS 中央排气门保持应力，如图 10-58 所示。VANOS 中央排气门不得扭转。在中心螺栓处沿逆时针方向转动发动机。释放气缸列 1 的液压链条张紧器，如图 10-59 所示。

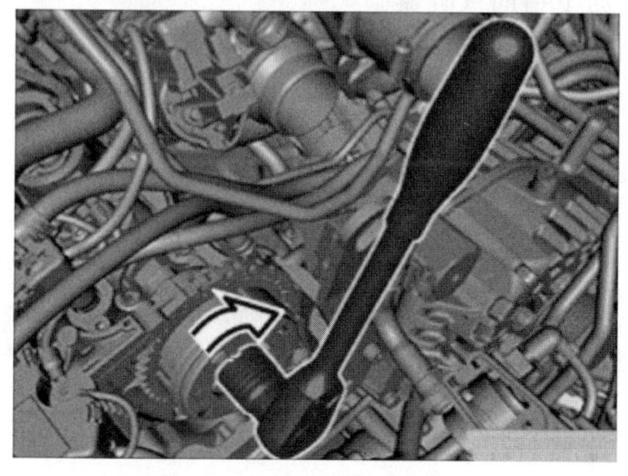
图 10-58 转动发动机（一）

图 10-59 转动发动机（二）

⑤ 在孔中定位专用工具 0 491 012（11 4 120，图中 1），并且固定链条张紧器柱塞，如图 10-60 所示。

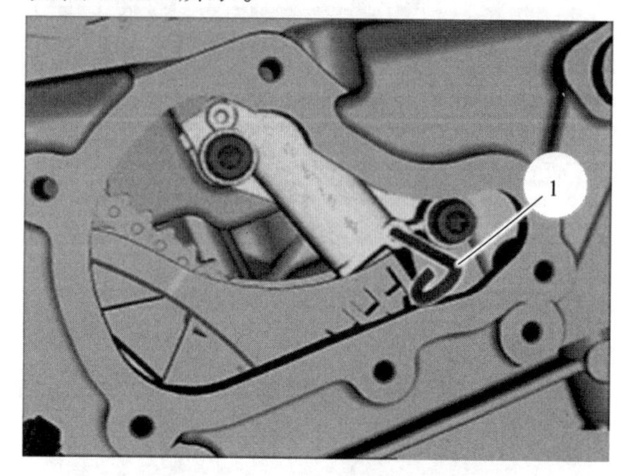

图 10-60 固定链条张紧器柱塞

⑥ 同时在发动机中心螺栓和 VANOS 中央排气门上对链条传动卸载。将链条传动在中心螺栓处沿顺时针方向卸载，如图 10-61 所示。将链条传动在 VANOS 中央排气门上沿逆时针方向卸载，如图 10-62 所示。

⑦ 松开螺栓（1）。抽出并拆卸液压链条张紧器（2），如图 10-63 所示。

⑧ 如图 10-64 所示，拧出螺栓（2），直至专用工具 2 249 162 松开。将专用工具 2 249 162 定位在气缸盖上，并手动拧紧螺栓（1）。将正时链（特殊工具 2 249 162）在六角螺栓处（2）用特殊工具 0 496 778（00 9 460）以 0.6Nm 力矩预紧。

图 10-61　在中心螺栓处沿顺时针方向卸载

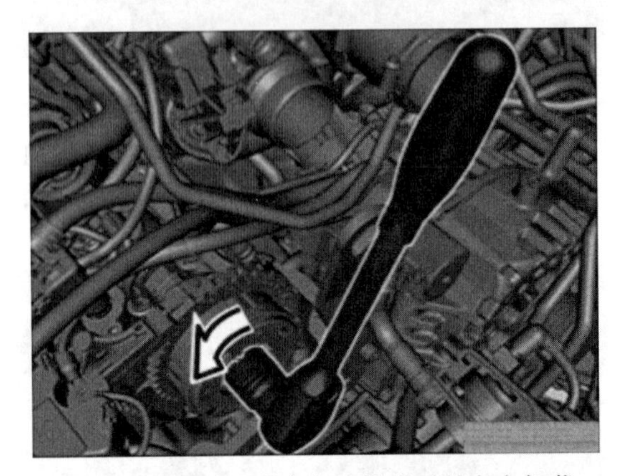

图 10-62　在中央排气门上沿逆时针方向卸载

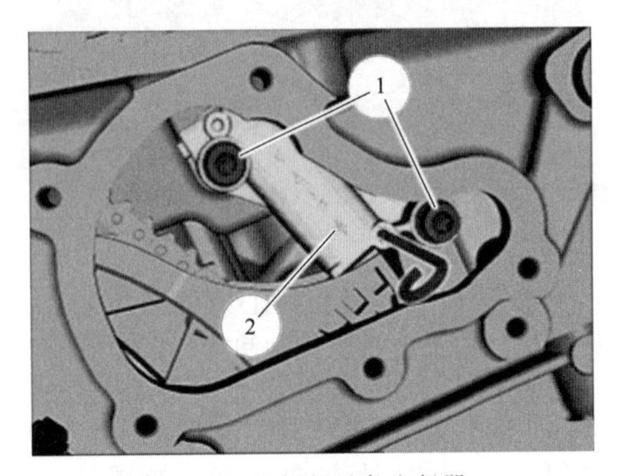

图 10-63　拆卸链条张紧器

⑨ 如图 10-65 所示，将专用工具 0 496 366（11 8 570，图中 3）定位在减振器上。将专用工具 0 493 882（11 9 190，图中 1）定位到专用工具 0 496 366（11 8 570）中。不得将专用工具 0 493 882（11 9 190，图中 2）推得过远，否则在转动曲轴时会碰撞其他部件。定位转换棘轮。在中心螺栓上顺时针转动发动机，直至专用工具与发动机缸体的标记对齐。将专用工具 0 496 366（11 8 570，图中 3）用皮带轮的螺栓手动在减振器上拧紧。将曲轴在安装位置用专用工具 0 493 882（11 9 190，图中 1）在标记上推入并且固定。

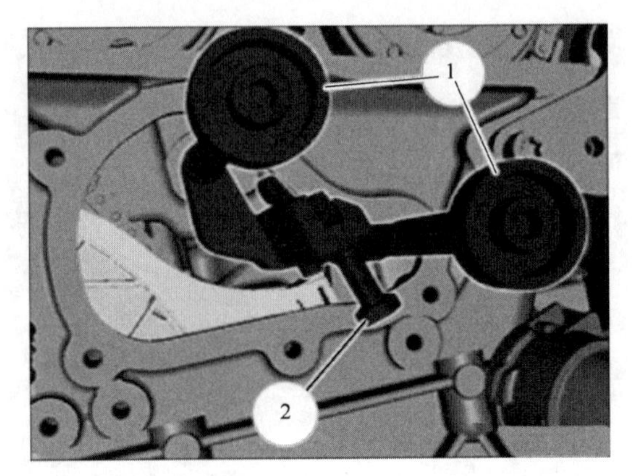

图 10-64　安装专用工具至气缸盖

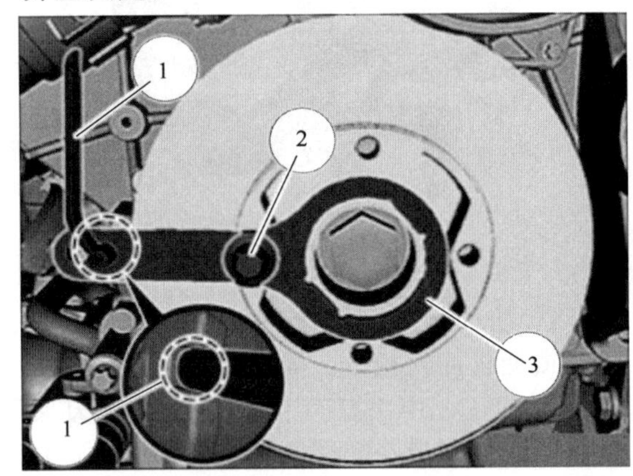

图 10-65　安装专用工具至减振器

⑩ 重新检查和评价配气相位。确保凸轮轴的打磨表面指向上方。确保钝圆的表面向下指向气缸盖。

⑪ 检查气缸列 1 的凸轮轴位置。凸轮（1）必须位于图 10-66 所示的位置上。增量齿轮（2）必须与排气凸轮轴轴承盖和进气凸轮轴轴承盖对齐。凸轮轴的磨光面必须朝上。

如果凸轮轴位置正确，继续后面的步骤。如果凸轮轴位置不正确，拆除并取出专用工具 0 496 366（11 8 570）和 0 493 882（11 9 190）；将发动机在曲轴的中心螺栓上旋转 360°，直至减振器的安装位置（MP）与发动机缸体的标记对齐；使用专用工具 0

图 10-66　重新检查配气相位

496 366（11 8 570）和 0 493 882（11 9 190）在上止点位置重新固定发动机。

⑫ 如图 10-67 所示，将专用工具 2 249 117（1）定位在气缸列 1 的凸轮轴上。检查是否能够用专用工具 2 249 117（1）固定凸轮轴。检查是否能够用两个气缸盖罩螺栓（2）使专用工具 2 249 117 紧贴气缸盖。

图 10-67　在气缸列 1 的凸轮轴上安装专用工具

如果凸轮轴可固定，松开螺栓（2），取下专用工具 2 249 117（1）。如果凸轮轴无法固定，调整气缸列 1 的配气相位。

⑬ 在六角螺栓上放松专用工具 2 249 162 上的正时链。将专用工具 2 249 162 在六角段区域松开并拆卸。

⑭ 穿入液压链条张紧器并定位。拧紧螺栓。

⑮ 链条张紧器安装到气缸盖上，螺栓拧紧力矩为 13Nm。

⑯ 拆卸专用工具 0 491 012（11 4 120）。

⑰ 拆卸用于固定曲轴的专用工具：拆卸专用工具 0 493 882（11 9 190）。松开皮带轮的螺栓。拆卸专用工具 0 496 366（11 8 570）。

10.12.2　右侧凸轮轴正时调整

① 在中心螺栓处顺时针转动发动机，直到减振器的安装位置（MP，图中 1）与发动机缸体的标记对齐，如图 10-56 所示。

② 检查气缸列 1 的凸轮轴位置。凸轮必须位于图 10-57 所示的位置上。信号齿轮必须分别和排气凸轮轴轴承盖及进气凸轮轴轴承盖形成一条直线。

③ 重新检查和评价配气相位：确保凸轮轴经过打磨的表面朝上。确保钝圆的表面向下指向气缸盖。

④ 如图 10-68 所示，将螺栓（1）在专用工具 2 249 137（来自专用工具组 2 249 117）上松开。取下专用工具 2 249 140（2）。

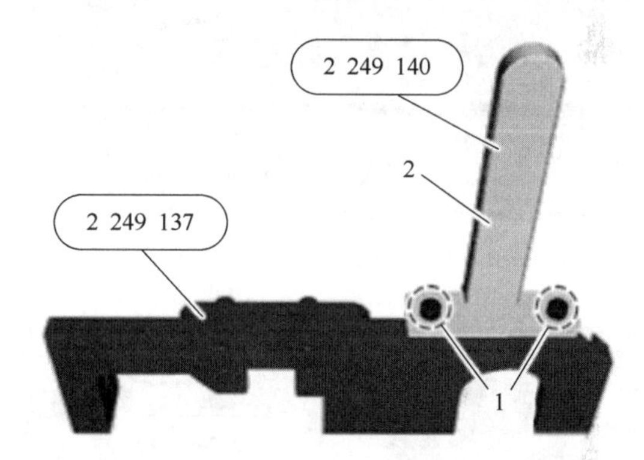

图 10-68　凸轮轴固定专用工具

⑤ 必须用专用工具组 2 249 117 中的专用工具固定 VANOS 中央阀。在中心螺栓上旋转发动机，直至专用工具 2 249 137（2）可以定位在进气凸轮轴上，见图 10-69。将专用工具 2 249 137（2）用气缸盖罩的螺栓（3）拧紧。螺栓 M6 拧紧力矩为 10Nm。松开 VANOS 中央阀（1）。VANOS 中央阀（1）不允许被完全拧出。将 VANOS 中央阀（1）用手贴近接触面。

⑥ 在中心螺栓上旋转发动机，直至专用工具 2 249 140（1）可以定位在排气凸轮轴上，见图 10-70。

⑦ 将螺栓（1）在专用工具组 2 249 117 中的专用工具 2 249 140 上拧紧，如图 10-71 所示。螺栓 M6 拧紧力矩为 10Nm。

图 10-69 专用工具定位于进气凸轮轴上

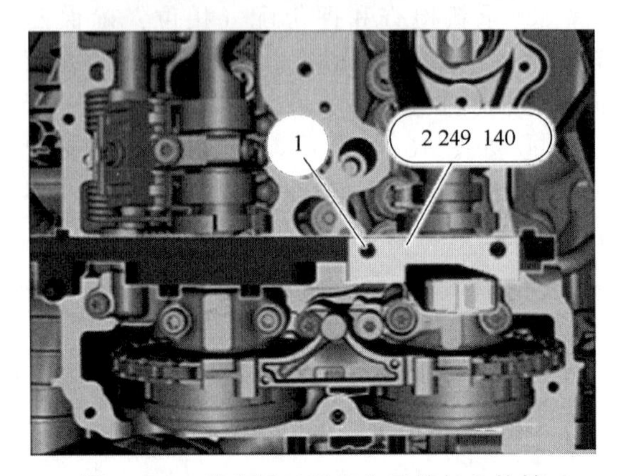

图 10-70 将专用工具定位于排气凸轮轴

图 10-71 安装专用工具的紧固螺栓

⑧ 松开 VANOS 中央阀（1），如图 10-72 所示。VANOS 中央阀（1）不允许被完全拧出。将 VANOS 中央阀（1）用手贴近接触面。必须用专用工具组 2 249 117 中的专用工具固定 VANOS 中央阀。专用工具 2 249 117（2）必须用气缸盖罩（3）的螺栓固定。

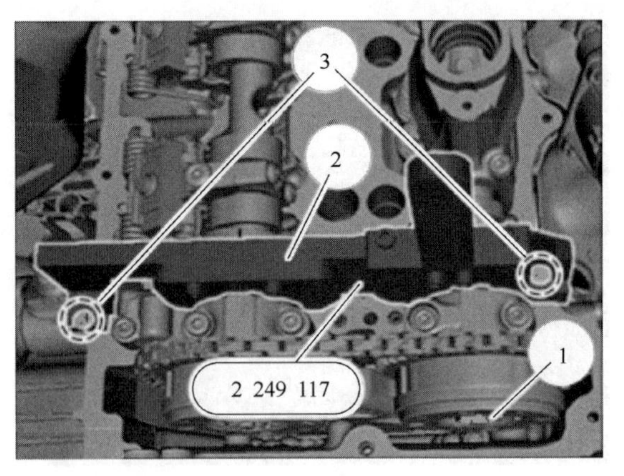

图 10-72 安装专用工具（一）

⑨ 在 VANOS 中央阀（1）上和 VANOS 调整装置（2）上的六角段区域内安装直线标记；角度（两直线夹角）必须为 60°，如图 10-73 所示。

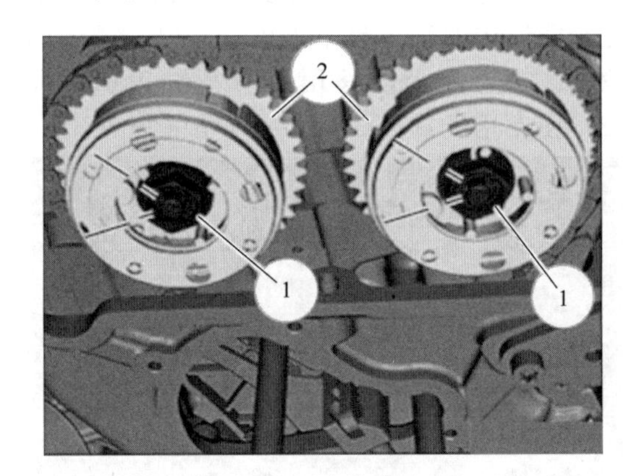

图 10-73 安装中央阀

⑩ 将 VANOS 中央阀（1）在六角段区域沿逆时针方向松开，直至 VANOS 中央阀的上部标记和下部标记对齐；扭转角度为 60°，如图 10-74 所示。

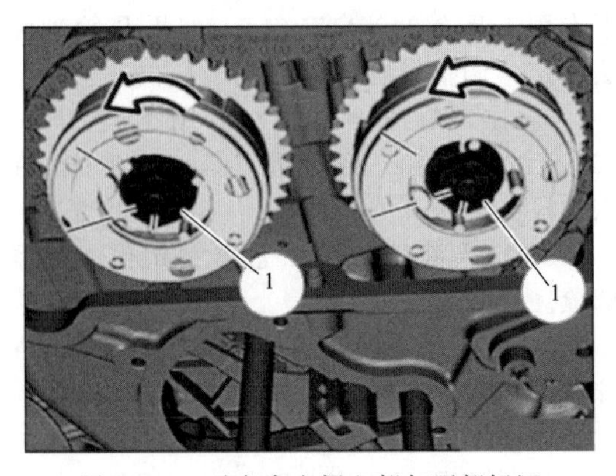

图 10-74 对齐中央阀上部与下部标记

⑪ 在中心螺栓上将发动机沿逆时针方向转动90°。确保专用工具0 493 882（11 9 190，图中1）和0 496 366（11 8 570，图中2）不和其他部件发生碰撞，如图10-75所示。拆除专用工具0 496 366（11 8 570，图中2）。

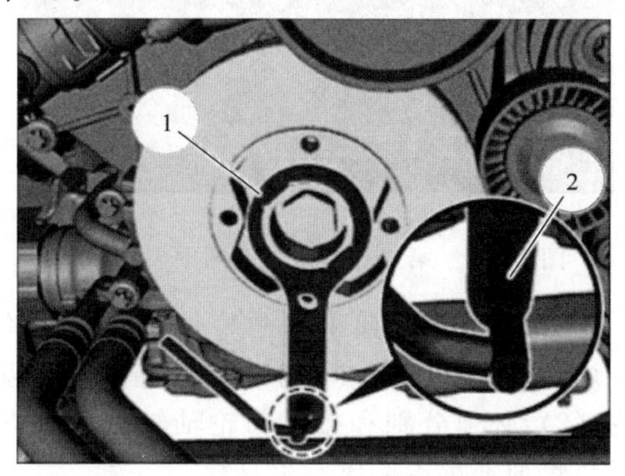

图10-75　安装专用工具（二）

⑫ 如图10-76所示，将专用工具0 493 882（11 9 190，图中1）定位在发动机缸体上的凹口中。在中心螺栓上朝顺时针方向旋转发动机，直至专用工具0 493 882（11 9 190，图中1）紧靠在专用工具0 496 366（11 8 570，图中2）上。将专用工具0 496 366（11 8 570，图中2）用皮带轮（3）的螺栓手动在减振器上拧紧。拆除专用工具0 493 882（11 9 190）。

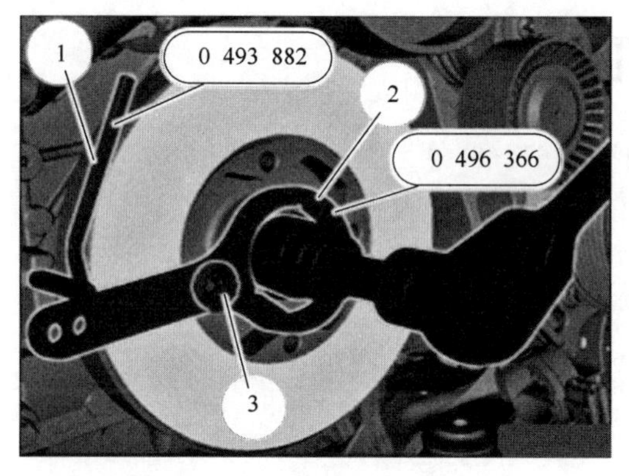

图10-76　安装专用工具（三）

⑬ 检查是否已手动拧紧螺栓（1）；将正时链（特殊工具2 249 162）在六角螺栓处（2）用特殊工具0 496 778（00 9 460）以力矩0.6Nm进行检查，如图10-64所示。预紧正时链拧紧力矩为0.6Nm。

⑭ 拧紧VANOS中央阀（1），如图10-77所示。初步拧紧VANOS中央阀，VANOS中央阀接合力矩为5Nm。

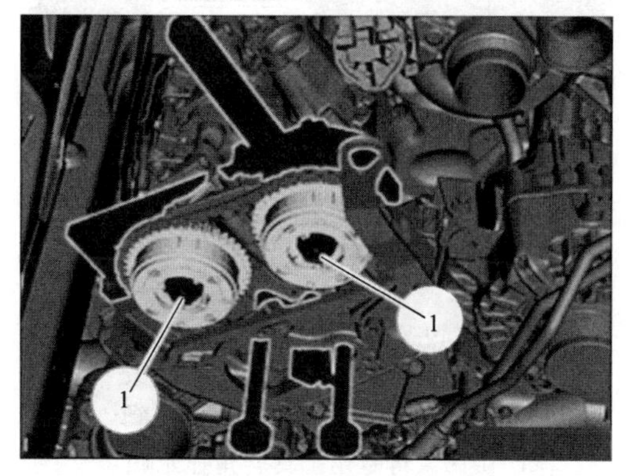

图10-77　拧紧VANOS中央阀

⑮ 在中心螺栓上旋转发动机，直至专用工具和发动机缸体的筋边对齐。将专用工具0 496 366（11 8 570，图中3）用皮带轮的一个螺栓（2）固定在减振器上；将曲轴在安装位置用专用工具0 493 882（11 9 190，图中1）在筋边上推入并且固定，如图10-65所示。

⑯ 拧紧VANOS中央阀。二次拧紧VANOS中央阀，VANOS中央阀接合力矩为30Nm；紧固力矩为50Nm。

⑰ 将专用工具0 490 504（00 9 120，图中1）定位在进气侧的VANOS中央阀上；专用工具0 490 504（00 9 120）的磁性底脚必须被放置在发动机室内的一个磁性部件上，如图10-78所示。专用工具0 490 504（00 9 120，图中1）的柔性元件不允许和其他部件发生碰撞。

图10-78　将专用工具定位于进气侧中央阀

⑱ 将专用工具 0 490 504（00 9 120）上的转角显示归零（箭头），如图 10-79 所示。

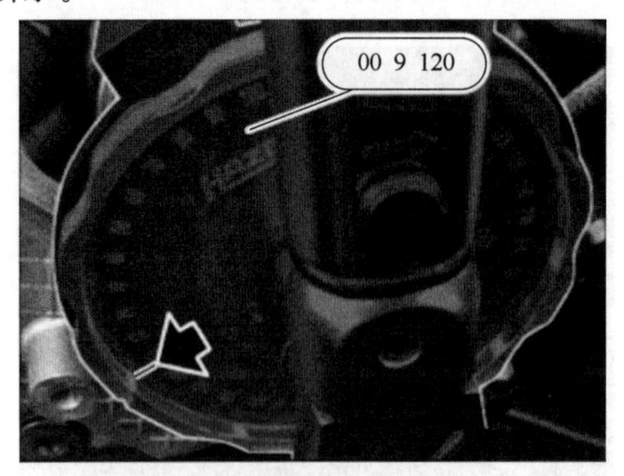

图 10-79 将专用工具转角显示归零

⑲ 第三次拧紧进气侧 VANOS 中央阀，直至专用工具 0 490 504（00 9 120）上的指针位于 30°处（箭头），如图 10-80 所示。

⑳ 将专用工具 0 490 504（00 9 120）定位在排气侧的 VANOS 中央阀上，用同样的方法第三次拧紧排气侧的 VANOS 中央阀。

㉑ 松开螺栓（2）；拆除专用工具 2 249 117（1），如图 10-67 所示。

㉒ 如图 10-65 所示，拆卸专用工具 0 493 882（11 9 190，图中 1）。松开皮带轮的螺栓。拆卸专用工具 0 496 366（11 8 570，图中 3）。

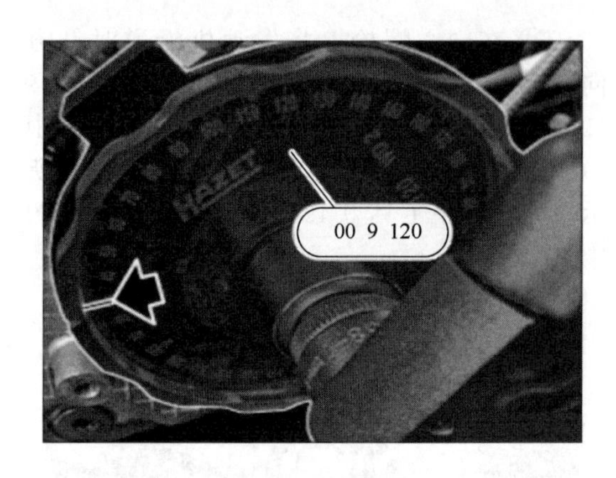

图 10-80 第三次拧紧进气侧中央阀 30°

㉓ 检查气缸列 1 的凸轮轴位置。凸轮（1）必须位于图 10-66 所示位置上。信号齿轮（2）必须分别和排气凸轮轴轴承盖及进气凸轮轴轴承盖形成一条直线。

确保凸轮轴经过打磨的表面朝上。确保钝圆的表面向下指向气缸盖。

10.12.3 左侧凸轮轴正时检查

方法、步骤与右侧凸轮轴相同，请参考 10.12.1 小节内容。

10.12.4 左侧凸轮轴正时调整

方法、步骤与右侧凸轮轴相同，请参考 10.12.2 小节内容。

10.13 4.4T S63B44B 发动机

与 N63B44D 发动机相同，请参考 10.12 节内容。

第11章 奔驰汽车

11.1 1.3T 282.914发动机

11.1.1 发动机正时拆卸

① 拆下火花塞。

② 拆下气缸盖罩进气口。

③ 拆下气缸盖罩出气口。

④ 将固定锁从起动机齿圈上拆下。

⑤ 拧入曲轴皮带轮的螺栓，直到发动机可沿发动机转动方向转动。

⑥ 在曲轴处沿发动机运转方向将发动机转动至1号气缸的点火上止点（TDC）位置。进气凸轮轴调节器（6）和排气凸轮轴调节器（8）上的标记（3）必须垂直向上（图中右上位置2个箭头），曲轴齿轮上的标记（4）必须垂直向下（图中右下位置箭头），如图11-1所示。

⑦ 将定位工具依次安装到凸轮轴和曲轴上。

⑧ 拆下曲轴皮带轮的螺栓。

图11-1 发动机正时部件与标记位置

1—正时链；2—链条张紧器；3,4—标记；5—张紧轨；6—进气凸轮轴调节器；7—曲轴齿轮；8—排气凸轮轴调节器；9,12—滑轨；10—排气凸轮轴控制阀；11—进气控制阀；13—滑轨固定螺栓

⑨ 拆下曲轴和凸轮轴上的定位工具。

11.1.2 发动机正时安装

① 安装气缸盖罩出气口。先不要安装正时箱盖罩。

② 安装气缸盖罩进气口。

③ 安装正时箱盖。

④ 安装火花塞。

⑤ 检查发动机油液位，如有必要，则进行校正。

⑥ 执行发动机试运行，检查发动机是否正常工作及其密封性。

⑦ 安装发动机舱底部饰板。

⑧ 安装上部发动机罩。

11.2 1.5T 264.915 发动机

11.2.1 发动机正时检查

① 拆下凸轮轴的位置传感器。

② 拆下增压空气冷却器，并在保持管路连接的情况下将其放在前方。

③ 通过曲轴中央螺栓沿着发动机运转方向转动发动机曲轴，直至1号气缸的点火上止点（TDC）处。皮带轮上的上止点标记必须与正时齿轮室盖罩上的定位缘对齐。

④ 检查凸轮轴的基本位置，如图11-2所示。检查排气凸轮轴位置时，脉冲轮（1）的边缘（1a）必须在霍尔传感器开口的中心处可见。检查进气凸轮轴位置时，脉冲轮（2）的轴承槽（2a）必须在霍尔传感器开口的中心处可见。如果基本位置不正确，则设定凸轮轴的基本位置。

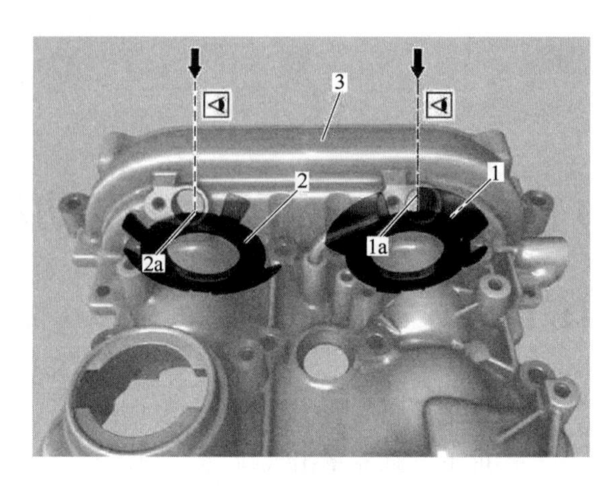

图11-2　凸轮轴基本位置检查
1,2—脉冲轮；1a—边缘；2a—轴承狭槽；3—气缸盖罩

⑤ 按照与拆卸相反的顺序进行安装。

11.2.2 发动机正时设置

以下步骤涉及部件及标记位置如图11-3所示。

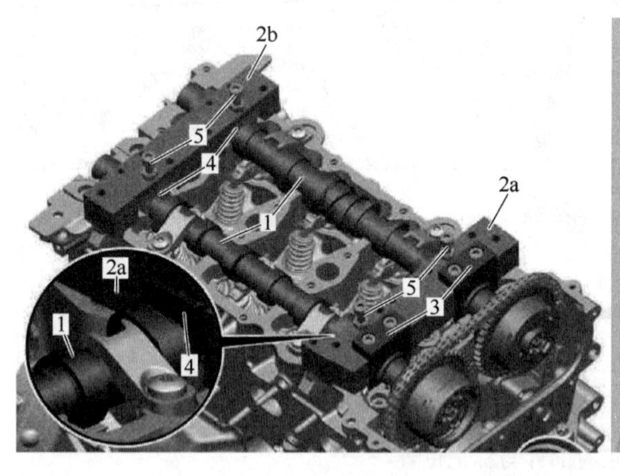

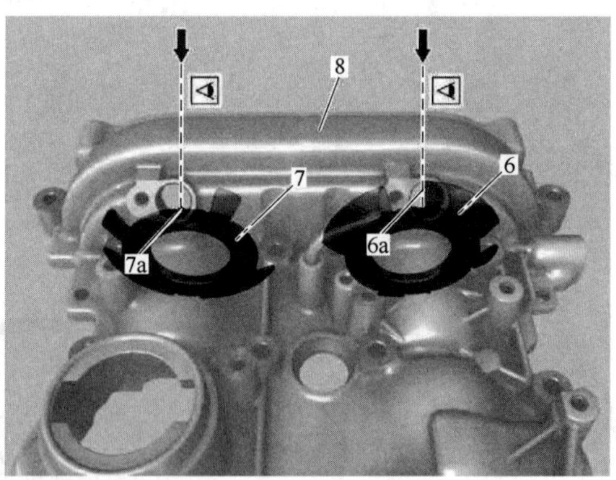

图11-3　凸轮轴基本位置设置
1—凸轮轴；2a,2b—压紧工具；3—支架；4—轴承座；5—螺栓；6,7—脉冲轮；6a—边缘；7a—轴承狭槽；8—气缸盖罩

① 拆下右侧增压空气管路和增压空气冷却器，在保持管路连接的情况下进行安装，使其无张力。

② 通过曲轴中央螺栓沿着发动机运转方向转动发动机曲轴，直至1号气缸的点火上止点（TDC）处。皮带轮上的上止点标记必须与正时箱盖罩上的定位缘对齐。

③ 拆下气缸盖罩（8）。

④ 安装压紧工具（2a，2b）并拧入螺栓（5），直到轴承座（4）平放在气缸盖上。

⑤ 拆下凸轮轴调节器。

⑥ 拆下支架（3）。注意：压紧工具（2a）仍安装在气缸盖上。

⑦ 将凸轮轴（1）转动到基本位置。如果脉冲轮6的边缘（6a）和脉冲轮7的轴承槽（7a）竖直朝上，则表明凸轮轴（1）位于基本位置。

⑧ 安装支架（3）。固定装置不适用于将凸轮轴（1）调节入位，否则会损坏支架（3）并造成正时错误。凸轮轴（1）仅可使用套筒扳手的套筒或螺栓（N 000000 005561）搭配盘（A 604 990 00 40）一起转动，否则会损坏凸轮轴（1）。必须可以无压力地安装支架（3），否则会损坏凸轮轴（1）并导致正时错误。

⑨ 安装凸轮轴调节器和正时链，然后用手稍稍拧紧控制阀。安装凸轮轴调节器和正时链时，确保曲轴不会扭转。用发动机油润滑控制阀的螺纹和螺栓头接触面。

⑩ 安装链条张紧器。

⑪ 拧紧控制阀。

⑫ 将支架（3）从压紧工具（2a）上拆下。压紧工具（2a，2b）仍安装在气缸盖上。

⑬ 松开螺栓（5），直到凸轮轴（1）可旋转。压紧工具（2a，2b）仍安装在气缸盖上。

⑭ 通过曲轴中央螺栓沿着发动机运转方向转动发动机曲轴，直至达到1号气缸的点火上止点（TDC）处。皮带轮上的上止点标记必须与正时箱盖罩上的定位缘对齐。

⑮ 拧入螺栓（5），直到轴承座（4）平放到气缸盖上。

⑯ 检查凸轮轴（1）的基本位置，为此，将支架（3）安装到压紧工具（2a）上。必须可以无压力地安装支架（3），否则会损坏凸轮轴（1）并导致正时错误。如果无法安装支架（3），从操作步骤⑤开始重复作业步骤。

⑰ 拆下支架（3）和压紧工具（2a，2b）。

⑱ 安装气缸盖罩（8）。

⑲ 安装增压空气冷却器并安装右侧增压空气管路。

11.3　2.0T 264.920 发动机

与264.915发动机相同，请参考11.2节内容。

11.4　2.0T 260.920 发动机

11.4.1　发动机正时检查

① 拆下进气凸轮轴的霍尔传感器。

② 拆下排气凸轮轴的霍尔传感器。

③ 拆下右前翼子板内衬。

④ 在曲轴中央螺栓处沿发动机运转方向将发动机转动至1号气缸的点火上止点（TDC）位置。皮带轮/减振器上的上止点（TDC）标记必须与正时箱盖罩上的定位缘对齐。

⑤ 检查凸轮轴的基本位置（图11-4、图11-5）。通过在气缸盖罩（3）的霍尔传感器开口上进行目视确定来确定凸轮轴的基本位置。要检查排气凸轮轴调节，扇形盘（1）部分扇形的边缘（1a）在霍尔传感器开口中央必须可见。若要检查进气凸轮轴调节，扇形盘（2）的轴承狭槽（2a）必须位于霍尔传感器开口（如图11-4、图11-5所示）的中央。如果基本设置不正确，则设定凸轮轴的基本位置。

⑥ 按照与拆卸相反的顺序进行安装。

11.4.2　发动机正时设置

以下步骤涉及部件及标记位置如图11-6所示。

① 拆下气缸盖罩（6）。

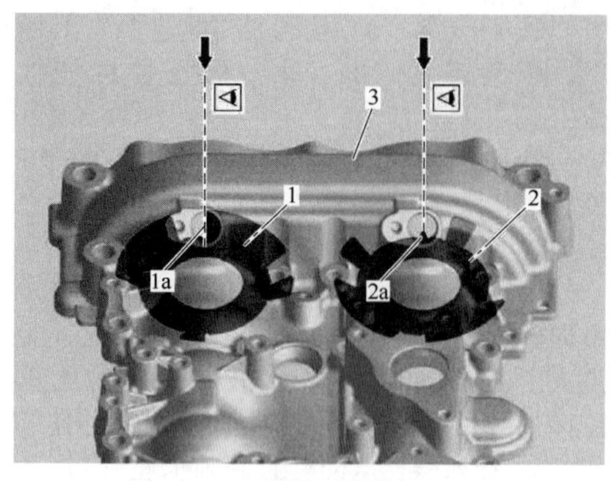

图 11-4 凸轮轴基本位置（一）

1,2—扇形盘；1a—边缘；2a—轴承狭槽；3—气缸盖罩

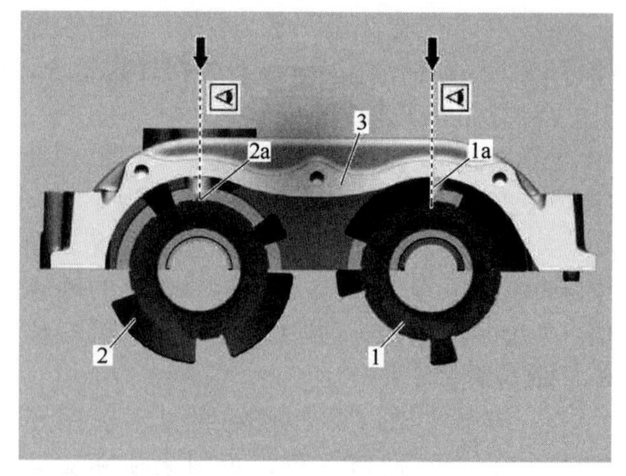

图 11-5 凸轮轴基本位置（二）

1,2—扇形盘；1a—边缘；2a—轴承狭槽；3—气缸盖罩

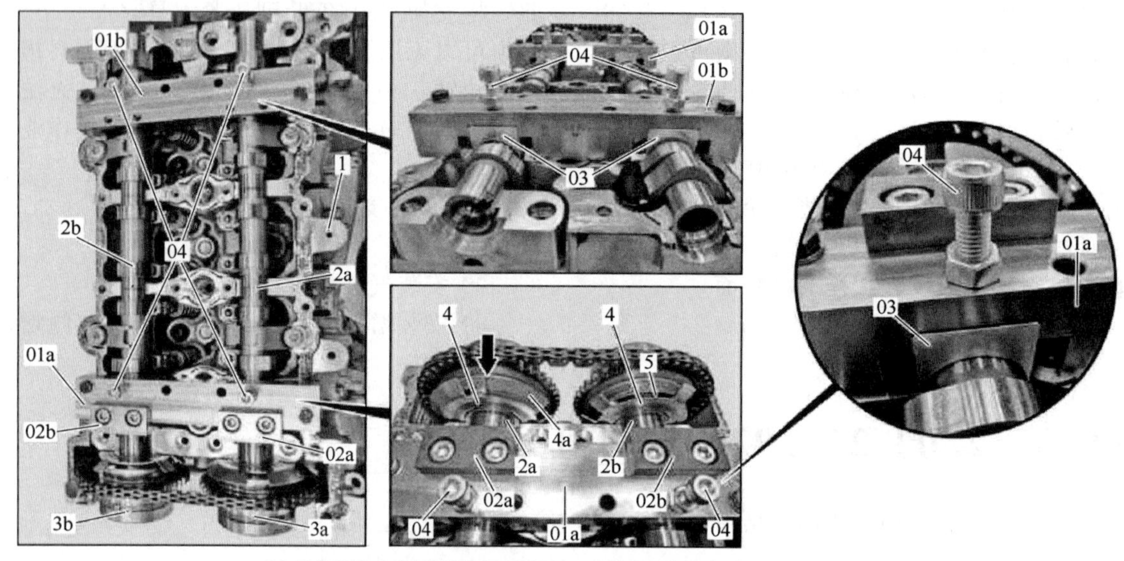

(a) 凸轮轴基本位置设置(发动机260，未装配可变气门升程系统)

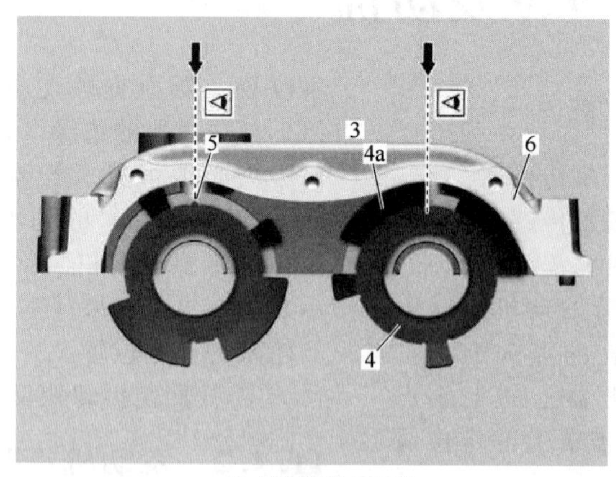

(b) 凸轮轴基本位置

图 11-6 发动机正时设置

01a,01b—压紧装置；02a,02b—支架；03—轴承座；04—螺栓；1—气缸盖；2a—排气凸轮轴；2b—进气凸轮轴；3a,3b—凸轮轴调节器；3—凸轮轴链轮罩盖；4—扇形盘；4a—扇形段；5—轴承狭槽；6—气缸盖罩

② 拆下右前翼子板内衬。

③ 通过曲轴中央螺栓沿发动机运转方向转动发动机曲轴，直到位于 1 号气缸的点火上止点（TDC）。排气凸轮轴（2a）的扇形段（4a）和进气凸轮轴（2b）的轴承狭槽（5）的边缘朝上。以下操作中要确保曲轴未被转动。

④ 拆下凸轮轴调节器（3a，3b）。

⑤ 安装压紧装置（01b）。拧入螺栓（04），直到轴承座（03）平放到气缸盖（1）上。

⑥ 拆下支架（02a，02b）。压紧装置（01a）仍安装在气缸盖（1）上。

⑦ 将排气凸轮轴（2a）和进气凸轮轴（2b）转动到基本位置。转动排气凸轮轴（2a）和进气凸轮轴（2b）时，只能使用套筒扳手的套筒或将螺栓（N 000000 005561）与垫圈（A 604 990 00 40）配套使用，否则会损坏排气凸轮轴（2a）和进气凸轮轴（2b）。排气凸轮轴（2a）的扇形段（4a）和进气凸轮轴（2b）的轴承狭槽（5）的边缘必须垂直朝上。

⑧ 安装支架（02a，02b）。转动排气凸轮轴（2a）和进气凸轮轴（2b）时，只能使用套筒扳手的套筒或将螺栓（N 000000 005561）与垫圈（A 604 990 00 40）配套使用，否则会损坏排气凸轮轴（2a）和进气凸轮轴（2b）。必须可以无压力地定位和安装支架（02a，02b），否则会损坏支架（02a，02b）并造成正时错误。固定装置不适用于将凸轮轴（2a，2b）移入位，否则会损坏排气凸轮轴（2a）、进气凸轮轴（2b）并造成正时错误。

⑨ 安装凸轮轴调节器（3a，3b），然后用手稍稍拧紧控制阀。装配凸轮轴调节器（3a，3b）或正时链时，确保曲轴未转动。安装链条张紧器后先将控制阀完全拧紧。凸轮轴调节器（3a，3b）必须能够自由转动到排气凸轮轴（2a）和进气凸轮轴（2b）上。

⑩ 安装链条张紧器。

⑪ 将凸轮轴调节器（3a，3b）的控制阀拧紧至最终拧紧力矩。

⑫ 拆下支架（02a，02b）。压紧装置（01a，01b）留在气缸盖（1）上。

⑬ 将螺栓（04）从压紧装置（01a，01b）处松开，直至可以转动凸轮轴（2a，2b）。压紧装置（01a，01b）留在气缸盖（1）上。

⑭ 通过曲轴中央螺栓沿发动机运转方向转动发动机曲轴两圈，直到位于 1 号气缸的点火上止点（TDC）。

⑮ 拧入螺栓（04），直到轴承座（03）平放到气缸盖（1）上。

⑯ 重新安装支架（02a，02b），然后检查排气凸轮轴（2a）和进气凸轮轴（2b）的基本位置。必须可以无压力地定位和安装支架（02a，02b），否则会损坏支架（02a，02b）并造成正时错误。如果无法安装支架（02a，02b），从操作步骤③开始重复作业步骤。

⑰ 拆下支架（02a，02b）和压紧装置（01a，01b）。

⑱ 安装右前翼子板内衬。

⑲ 安装气缸盖罩（6）。

11.5 2.0L 274.920 发动机

以下操作步骤涉及部件及标记位置如图 11-7、图 11-8 所示。

① 拆下气缸盖罩（3）。

② 拆下凸轮轴调节器。

③ 通过曲轴中央螺栓沿发动机运转方向转动发动机曲轴，直到位于 1 号气缸的点火上止点（TDC），皮带轮/减振器上的上止点（TDC）标记必须与正时箱盖罩上的定位缘对齐。

④ 将凸轮轴转至基本位置，如果排气凸轮轴的扇形盘（1）上的边缘（1a）垂直朝上且扇形盘（2）上的定位标记（2a）垂直朝上，则说明凸轮轴处于基本位置。

⑤ 安装压紧工具（01a，01b）。装配期间，拧入螺钉/螺栓（04），直到轴承座（03）平放在气缸盖上。

图 11-7 凸轮轴基本位置设置

01a,01b—压紧工具；02a,02b—支架；03—轴承座；04—螺栓

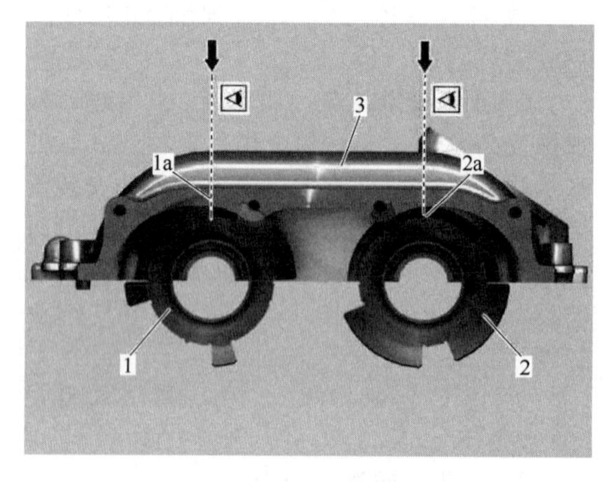

图 11-8 凸轮轴基本位置

1,2—扇形盘；1a—边缘；2a—轴承狭槽；3—气缸盖罩

⑥ 安装支架（02a，02b）。固定装置不适用于将排气凸轮轴或进气凸轮轴固定就位，若强行使用则会导致支架（02a，02b）发生损坏并且可能导致正时不正确。只能使用套筒或螺钉/螺栓（N 000000 005561）和盘（A604990 0040）转动排气凸轮轴和进气凸轮轴，否则会损坏排气凸轮轴和进气凸轮轴。凸轮轴必须也处于上止点（TDC）位置，使支架（02a，02b）在定位和安装时无压力。

⑦ 安装凸轮轴调节器，然后用手拧紧控制阀。安装链条张紧器后先将控制阀完全拧紧。安装凸轮轴调节器或正时链时，确保曲轴不会转动。

⑧ 安装链条张紧器。

⑨ 将控制阀拧紧至最终力矩。

⑩ 将支架（02a，02b）从压紧工具（01a）上拆下，压紧工具（01a，01b）仍安装在气缸盖上。

⑪ 松开压紧工具（01a，01b）处的螺钉/螺栓（04），直到可以转动凸轮轴，压紧工具（01a，01b）仍安装在气缸盖上。

⑫ 通过曲轴中央螺栓沿发动机运转方向转动发动机曲轴两圈，直到1号气缸到达点火上止点（TDC），皮带轮/减振器上的上止点（TDC）标记必须与正时箱盖罩上的定位缘对齐。

⑬ 在压紧工具（01a，01b）上定位螺钉/螺栓（04），拧入螺钉/螺栓（04），直到轴承座（03）平放到气缸盖上。

⑭ 检查凸轮轴的基本位置，为此，将支架（02a，02b）安装到压紧工具（01a）上。用手将支架（02a，02b）安装到凸轮轴的六角部位，不要使用工具，直到支架

(02a，02b)平放在压紧工具(01a)上；否则会损坏支架(02a，02b)，从而导致正时设置不正确。如果无法安装支架(02a，02b)，从操作步骤②开始重复作业程序。

⑮ 拆下支架(02a，02b)和压紧工具(01a，01b)。

⑯ 安装气缸盖罩(3)。

11.6　2.5T 256.925发动机

11.6.1　发动机正时检查

以下步骤涉及部件及标记位置如图11-9所示。

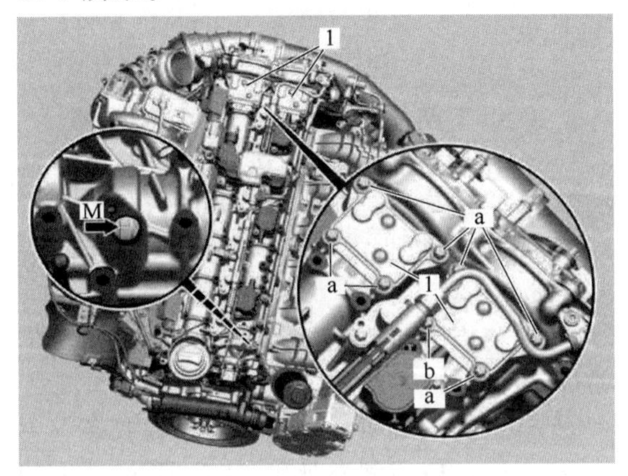

图11-9　设置1号气缸于TDC位置

a,b—螺栓；1—保养盖；M—标记

① 拆下上部检修盖。

② 拆下排气凸轮轴的霍尔传感器。

③ 拆下进气凸轮轴的霍尔传感器。

④ 沿发动机运转方向将发动机转至1号气缸的点火上止点(TDC)，并安装曲轴的固定锁。如果标记(M)不可见，则1号气缸的活塞未置于点火上止点(TDC)处。

⑤ 拆下空气滤清器对应的发动机进气道。

⑥ 拆下前部隔噪装置。

⑦ 将全负荷排气管路从油分离器上拆下。

⑧ 拆下后部隔噪装置。

⑨ 拆下螺栓(a)。松开和拧紧螺栓(a)时，不要损坏燃油高压管路，否则会出现泄漏。

⑩ 松开螺栓(b)。松开和拧紧螺栓(b)时，不要损坏燃油高压管路，否则会出现泄漏。

⑪ 拆下保养盖(1)。确保密封件正确安装，否则会损坏密封件。

⑫ 将定位工具安装到检修孔中以检查凸轮轴的基本位置。必须以拆解的方式插入检修孔中。如果无法插入定位工具，则设定凸轮轴的基本位置。

⑬ 按照与拆卸相反的顺序进行安装。

11.6.2　发动机正时设置

① 将凸轮轴移动至基本位置。

② 将后护盖从气缸盖上拆下。

③ 拆下进气凸轮轴的凸轮轴调节器。

④ 拆下排气凸轮轴的凸轮轴调节器。

⑤ 拆下定位工具。

⑥ 转动进气凸轮轴和排气凸轮轴，直至脉冲轮上的标记(M)可见。

⑦ 安装定位工具。将已分解的定位工具插入检修孔中。如有必要，进一步用套筒扳手的套筒转动凸轮轴，直至可插入定位工具。

⑧ 安装排气凸轮轴的凸轮轴调节器。

⑨ 安装进气凸轮轴的凸轮轴调节器。

⑩ 拆下曲轴固定锁的定位销。

⑪ 拆下定位工具。

⑫ 拆下凸轮轴调节器的定位销。

⑬ 沿发动机运转方向转动发动机两圈，并将1号气缸的活塞设置到点火上止点(TDC)处。

⑭ 通过凸轮轴外壳处的传感器开口执行目视检查。脉冲轮上的标记(M)必须可见。如果标记(M)不可见，则1号气缸的活塞未置于点火上止点(TDC)处。

⑮ 安装曲轴固定锁的定位销。

⑯ 安装定位工具。将已分解的定位工具插入检修孔中。如果无法插入定位工具，则重复调整。

⑰ 拆下定位工具。

⑱ 安装进气凸轮轴和排气凸轮轴的检修盖（1）。拧紧螺栓（a，b）时，检修盖与螺栓位置如图 11-9 所示，不要损坏燃油高压管路，否则会出现泄漏。

⑲ 安装气缸盖的后护盖。

⑳ 安装排气凸轮轴的霍尔传感器。

㉑ 安装进气凸轮轴的霍尔传感器。

㉒ 拆下曲轴固定锁。

㉓ 执行发动机试运行，然后检查发动机的密封性及是否正常工作。

㉔ 安装中央和前部发动机舱底部饰板。

㉕ 安装上部发动机盖。

11.7　3.0T 256.930 发动机

与 256.925 发动机相同，请参考 11.6 节内容。

11.8　3.0T 276.821 发动机

11.8.1　发动机正时检查

以下步骤涉及部件及标记位置如图 11-10～图 11-13 所示。

图 11-10　定位标记（图示为带 53°标记的发动机）

1—皮带轮/减振器；2—定位缘（冷却液泵）

图 11-11　定位标记（图示为不带 53°标记的发动机）

1—皮带轮/减振器；2—定位缘（冷却液泵）；3—胶条（更换标记）

① 拆下凸轮轴上的所有霍尔传感器。

② 在保持管路和冷却液软管连接的情况下分开增压空气冷却器，然后放到一旁。

③ 检查皮带轮/减振器（1）上是否有 53°标记。

④ 将有 53°标记的替换标记粘贴到皮带轮/减振器（1）上。皮带轮/减振器（1）上不带 53°标记的发动机：将 17mm 长的胶条（更换标记）(3) 粘贴到皮带轮/减振器（1）上的 40°标记处。胶条（更换标记）(3) 的末端标记出皮带轮/减振器（1）上缺失的 53°标记。

⑤ 分两种情况：

a. 对于带 53°标记的发动机，通过曲轴中央螺栓沿发动机运转方向将发动机转到 1 号气缸点火上止点（TDC）后 53°曲轴转角（CKA）处。皮带轮/减振器（1）上带 53°标记的发动机：不得沿与发动机运转方向相反的方向转动发动机，否则会使发动机正时链跳齿。通过曲轴沿发动机运转方向转动发动机，直至皮带轮/减振器（1）上的 53°标记与定位缘（冷却液泵）(2) 对齐。定位缘（冷却液泵）(2) 位于冷却液泵上。减振器与标记位置如图 11-10 所示。

b. 对于不带 53°标记的发动机：通过曲轴中央螺栓沿发动机运转方向将发动机转到胶条（替换标记）(3) 末端［1 号气缸点火上止点（TDC）后 53°曲轴转角（CKA）］。皮带轮/减振器（1）上不带 53°标记的发动机：不得沿与发动机运转方向相反的方向转动发动机，否则正时链会跳齿并导致发动机损坏。通过曲轴沿发动机运转方向转动发动机，直至皮带轮/减振器（1）上的53°标记与定位缘（冷却液泵）(2) 对齐。定位缘(冷却液泵)(2) 位于冷却液泵上。减振器与标记位置如图 11-11 所示。

⑥ 如图 11-12、图 11-13 所示，检查凸轮轴的基本位置：通过对左侧气缸盖罩（2l）和右侧气缸盖罩（2r）上的霍尔传感器开口进行目视来检查凸轮轴的基本位置。在左侧气缸盖罩（2l）和右侧气缸盖罩（2r）上从霍尔传感器开口的中间必须能够看到扇形盘（1）扇形段（a）的边缘（图 11-13）。如果基本设置不正确，设置凸轮轴的基本位置。

⑦ 按照与拆卸相反的顺序进行安装。

图 11-12　凸轮轴基本位置（图示为不带 53° 标记的发动机 276.9）

a—扇形段；1—皮带轮/减振器；2l—左侧气缸盖罩；2r—右侧气缸盖罩；3—胶条（更换标记）

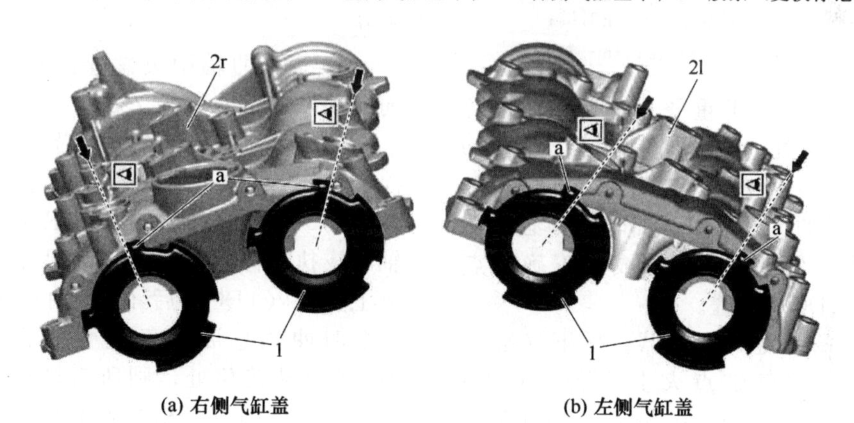

图 11-13　凸轮轴基本位置

1—扇形盘；a—扇形段；2l—左侧气缸盖罩；2r—右侧气缸盖罩

11.8.2　发动机正时设置

以下步骤涉及部件与标记位置如图 11-14 所示。

① 拆下离心机。

② 拆下右侧气缸盖罩。

③ 拆下左侧气缸盖罩。

④ 检查扇形盘（4）上是否有标记(4m)。

⑤ 拆下凸轮轴（1）[如果扇形盘（4）上没有标记（4m)]。

⑥ 在扇形盘（4）上添加标记（4m）[如果扇形盘（4）上没有标记（4m)]。

⑦ 安装凸轮轴（1）[如果扇形盘（4）上没有标记（4m)]。

⑧ 将压紧装置（0）安装到凸轮轴（1）上。

⑨ 分开增压空气冷却器并将其与连接的管路和冷却液软管一起放到一旁。

⑩ 通过曲轴中央螺栓沿发动机运转方向将发动机转到 1 号气缸点火上止点（TDC）后 40°曲轴转角（CKA）处。对曲轴总成执行修理作业后，确保发动机位于点火上止点（TDC）后 40°曲轴转角处。如果

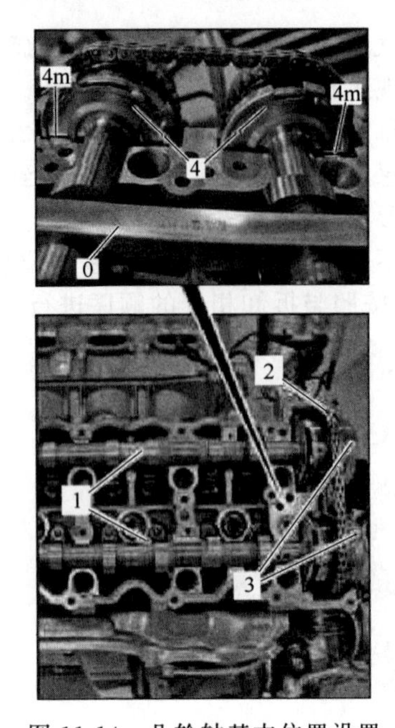

图 11-14 凸轮轴基本位置设置
(图示为发动机 278)
0—压紧工具;1—凸轮轴;2—正时链;
3—凸轮轴调节器;4—扇形盘;4m—标记

装配时曲轴总成位于重叠上止点(TDC)后40°曲轴转角处,则所有凸轮轴(1)都与基本设置的位置相差约1/2齿。如果在已拆下次级链条的情况下转动曲轴,则必须转动720°,以再次到达曲轴总成上正确的点火上止点(TDC)位置。

⑪ 拆下两个链条张紧器。拆下气缸盖罩后,可在1号气缸点火上止点(TDC)后40°曲轴转角(CKA)处拆下两个链条张紧器。要拆下右侧链条张紧器,需要助手转动已拆下的离心机的排气凸轮轴以松开张紧轨。

⑫ 拆下右侧排气凸轮轴的凸轮轴调节器(3)。要松开和拧紧右侧凸轮轴调节器(3)上的控制阀,必须请助手反向固定凸轮轴(1)。

⑬ 将正时链(2)从凸轮轴调节器(3)上拆下。要松开张紧轨,应请助手将凸轮轴(1)固定在基本位置。

⑭ 将凸轮轴(1)转入基本位置。必须请助手使用合适的工具将凸轮轴(1)固定在基本位置。

⑮ 检查左侧气缸盖上的正时链(2)是否正确落座。检查正时链(2)是否靠在两个凸轮轴调节器(3)上及是否与齿正确啮合。如果并非如此,则必须转动相应的凸轮轴(1),直至正时链(2)正确靠上。

⑯ 检查凸轮轴(1)的安装位置是否正确:扇形盘(4)上的标记(4m)必须与气缸盖的边缘对准。

⑰ 安装右侧排气凸轮轴的凸轮轴调节器(3),同时将正时链(2)铺设在右侧气缸列的两个凸轮轴调节器(3)上。要拧紧右侧凸轮轴调节器(3)上的控制阀及要松开张紧轨时,应请助手将凸轮轴(1)固定在其基本位置。

⑱ 安装两个链条张紧器。拆下气缸盖罩后,可在1号气缸点火上止点(TDC)后40°曲轴转角(CKA)处安装两个链条张紧器。要拆下右侧链条张紧器,需要助手转动已拆下的离心机的排气凸轮轴以松开张紧轨。

⑲ 通过曲轴中央螺栓沿发动机运转方向转动发动机曲轴约720°。

⑳ 通过曲轴中央螺栓沿发动机运转方向将发动机转到1号气缸点火上止点(TDC)后40°曲轴转角(CKA)处。对曲轴总成执行修理作业后,确保发动机位于点火上止点(TDC)后40°曲轴转角处。如果装配时曲轴总成位于重叠上止点(TDC)后40°曲轴转角处,则所有凸轮轴(1)都与基本设置的位置相差约1/2齿。如果在已拆下次级链条的情况下转动曲轴,则必须转动720°,以再次到达曲轴总成上正确的点火上止点(TDC)位置。

㉑ 检查发动机气门正时。发动机曲轴必须位于1号气缸点火上止点(TDC)后40°曲轴转角(CKA)处(皮带轮/减振器上的标记),且扇形盘(4)上的标记(4m)必须与气缸盖的边缘对齐。如果发动机正时不正确,则再次从操作步骤⑨开始执行工作流程。

㉒ 安装增压空气冷却器。

㉓ 拆下凸轮轴(1)上的压紧工具(0)。

㉔ 安装右侧气缸盖罩。

㉕ 安装左侧气缸盖罩。

㉖ 安装离心机。

㉗ 执行发动机试运行，检查发动机是否正常工作及其密封性。

11.9　4.0T 176.980 发动机

11.9.1　发动机正时检查

以下步骤涉及部件与标记位置如图 11-15 所示。

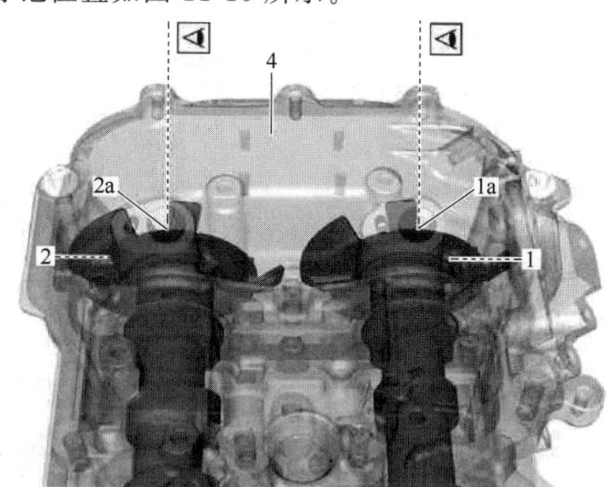

(a) 气缸1上止点位置[图示为左侧气缸盖，1号气缸点火上止点(TDC)后53°曲轴转角]

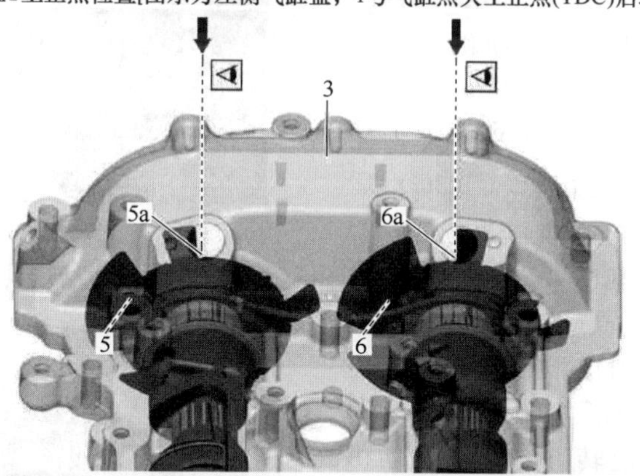

(b) 凸轮轴基本位置[图示为右侧气缸盖，1号气缸点火上止点(TDC)后53°曲轴转角]

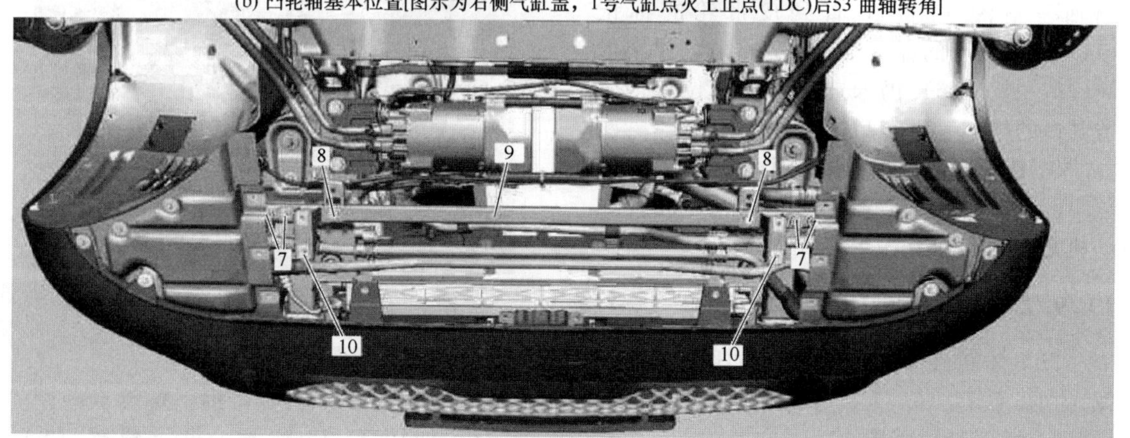

(c) 外围部件位置

图 11-15

(d) 带轮与油底壳上的标记

图 11-15 发动机正时检查

1,2,5,6—扇形盘；1a,2a,5a,6a—边缘；3,4—气缸盖罩；7—螺母；8—螺栓；9—支杆；10—支架；11—带轮标记；12—油底壳上的标记

① 拆下凸轮轴的位置传感器。

② 拆下前部和中央发动机舱底部饰板。

③ 拆下螺母（7）。

④ 拆下螺栓（8），然后将支杆（9）连同支架（10）一起拆下。不同车型外围部件稍有不同，此处以 G500 6B2A10 车型为例。

⑤ 通过曲轴中央螺栓沿发动机运转方向转动发动机曲轴，直到皮带轮的标记（11）与油底壳的标记（12）齐平。皮带轮标记（11）与1号气缸上止点（TDC）后的53°曲轴转角对应。

⑥ 检查凸轮轴的基本位置：扇形盘（1，2，5，6）部分扇形段的边缘（1a，2a，5a，6a）必须可见，大约位于凸轮轴位置传感器开口的中间。如果扇形盘（1，2，5，6）未置于中间，沿发动机运转方向转动发动机曲轴一整圈（360°），直到皮带轮的标记（11）与油底壳的标记（12）齐平。如果扇形盘（1，2，5，6）仍未置于凸轮轴位置传感器开口的中间，设定凸轮轴的基本位置。

⑦ 按照与拆卸相反的顺序进行安装。

⑧ 执行发动机试运行。同时，检查发动机是否正常工作及其密封性。

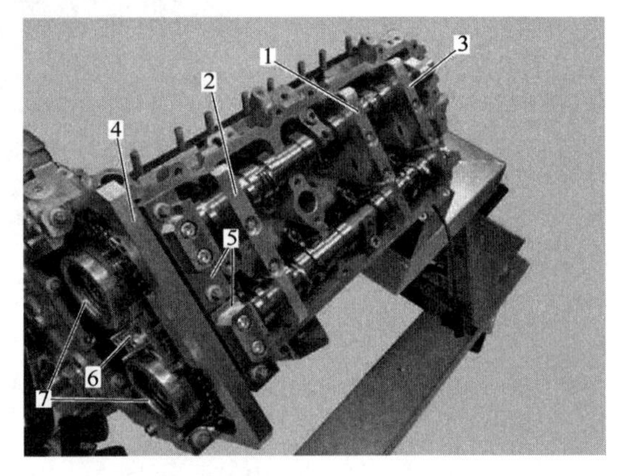

图 11-16 左侧气缸列凸轮轴位置设置

1,2,3,4—支架；5—带校准器的支架；6—固定装置；7—凸轮轴调节器

图 11-17 左侧气缸列专用工具安装

11.9.2 发动机正时设置

以下步骤涉及部件和工具如图 11-16～图 11-18 所示。

① 拆下气缸盖罩。

② 安装支架（1，2，3）。

③ 升起车辆。

④ 如图 11-15 所示，拆下螺母（7）。

⑤ 如图 11-15 所示，拆下螺栓（8），然后将支杆（9）连同支架（10）一起拆下。

图 11-18　左侧气缸列张紧轨位置

A—张紧轨

⑥ 通过曲轴中央螺栓沿发动机运转方向转动发动机两整圈，然后将 1 号气缸处的发动机置于 1 号气缸的点火上止点后 40°曲轴转角（CKA）处，并用冲子进行标记。

⑦ 拆下左侧次级链条传动装置的链条张紧器。拆下链条张紧器后不要转动发动机，否则会发生损坏。进行拆下左侧次级链条传动装置的链条张紧器操作时切勿定位曲轴。

⑧ 拆下右侧次级链条传动装置的链条张紧器。拆下链条张紧器后不要转动发动机，否则会发生损坏。进行拆下右侧次级链条传动装置的链条张紧器操作时切勿定位曲轴。

⑨ 安装凸轮轴调节器（7）之间的固定装置（6）。

⑩ 将凸轮轴调节器（7）从左侧气缸列的凸轮轴上松开，然后连同固定装置（6）一起拆下。

⑪ 将凸轮轴调节器（7）从右侧气缸列的凸轮轴上松开，然后连同固定装置（6）一起拆下。

⑫ 将凸轮轴转动到基本位置。凸轮轴的边缘（箭头所示）必须如图 11-17 所示朝上。

⑬ 安装带校准器的支架（5）。必须可以在不施力的情况下安装带校准器的支架（5），否则会发生损坏。不能用带校准器的支架（5）将凸轮轴移入位，否则会损坏凸轮轴。

⑭ 将凸轮轴调节器（7）放到左侧气缸列的凸轮轴上；用手稍稍拧紧控制阀，然后松开 90°。使用新的凸轮轴调节器（7）和控制阀。

⑮ 将凸轮轴调节器（7）放到右侧气缸列的凸轮轴上；用手稍稍拧紧控制阀，然后松开 90°。使用新的凸轮轴调节器（7）和控制阀。

⑯ 安装支架（4）。

⑰ 检查次级链条传动装置的张紧轨（A）是否在中央落座，必要时对正。

⑱ 安装右侧次级链条传动装置的链条张紧器，操作时切勿定位曲轴。

⑲ 安装左侧次级链条传动装置的链条张紧器，操作时切勿定位曲轴。

⑳ 安装凸轮轴调节器（7）之间的固定装置（6）。

㉑ 拧紧右侧气缸列的凸轮轴调节器（7）的控制阀。连接脉冲轮/凸轮轴调节器的控制阀到凸轮轴。

㉒ 拧紧左侧气缸列的凸轮轴调节器（7）的控制阀。连接脉冲轮/凸轮轴调节器的控制阀到凸轮轴。

㉓ 拆下固定装置（6）。

㉔ 拆下带校准器的支架（5）。

㉕ 将冲子从带轮上拆下。

㉖ 通过曲轴中央螺栓沿发动机运转方向转动发动机两整圈，然后将 1 号气缸处的发动机置于 1 号气缸的点火上止点（TDC）后 40°曲轴转角处，并用冲子进行标记。

㉗ 安装带校准器的支架（5）。在不施力的情况下安装带校准器的支架（5），否则会发生损坏。如果只有在施加更大力的情况下才能安装带校准器的支架（5），则再次设定凸轮轴的基本位置。

㉘ 拆下带校准器的支架（5）。

㉙ 拆下支架（4）。

㉚ 将冲子从皮带轮上拆下。

㉛ 如图 11-15 所示，定位支杆（9）和支架（10），然后拧紧螺栓（8）。

㉜ 如图 11-15 所示，拧紧螺母（7）。

㉝ 拆下支架（1，2，3）。

㉞ 安装气缸盖罩。

11.10 4.0T 177.980 发动机

与 176.980 发动机相同，请参考 11.9 节内容。

第 12 章　通用别克-雪佛兰-凯迪拉克汽车

12.1　1.0T LJI 发动机

12.1.1　发动机正时维修

（1）正时链拆卸步骤

① 拆下凸轮轴盖。

② 拆下发动机前盖。

③ 如图 12-1 所示，拆下气缸盖堵塞（1），以接近正时链条左右导板的螺栓。

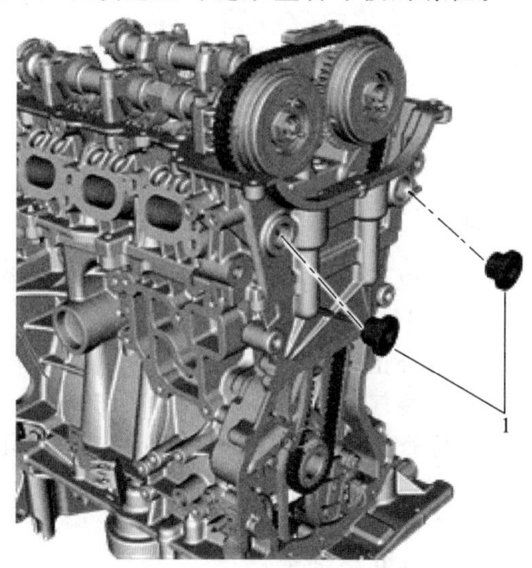

图 12-1　拆下气缸盖堵塞

④ 拆下正时链条上导板紧固件（1），然后拆下正时链条上导板（2），如图 12-2 所示。

⑤ 拆下正时链条张紧器紧固件（1）、张紧器（2）和衬垫（3），如图 12-3 所示。注意：使张紧器柱塞复位，检查操作是否正确；报废衬垫。

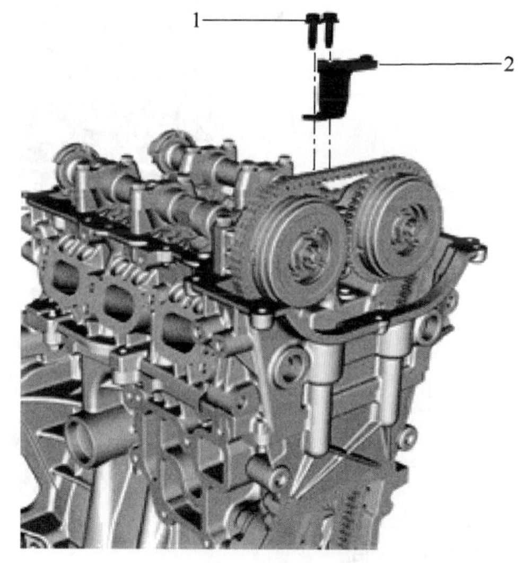

图 12-2　拆下上导板

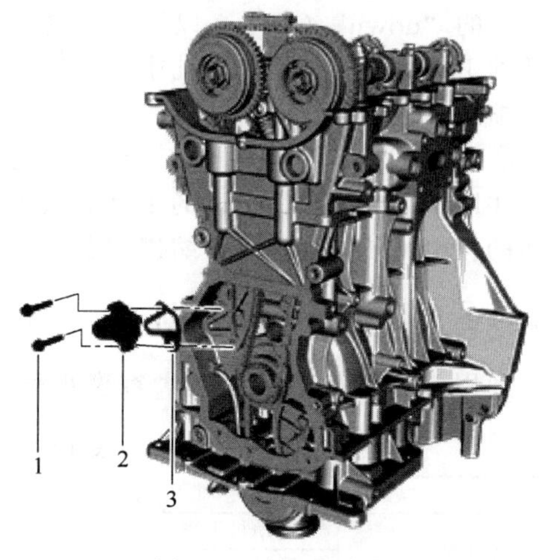

图 12-3　拆下张紧器

⑥ 拆下正时链条（1），如图 12-4 所示。

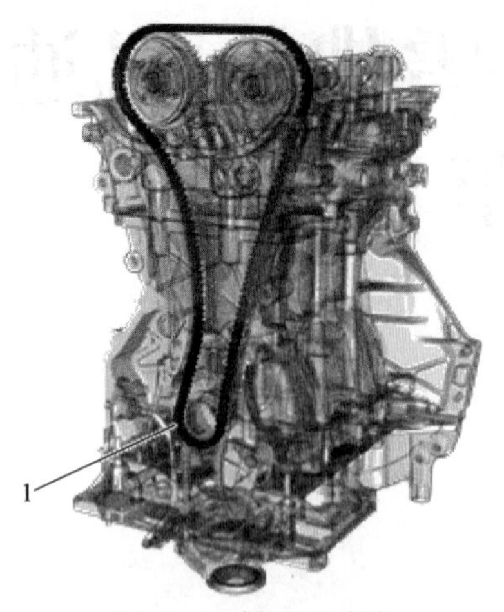

图 12-4　拆下正时链

（2）正时链安装顺序

① 如图 12-5 所示，将第一个正时链节对准进气执行器正时标记（1）。将第二个正时链节对准排气执行器正时标记（2）。将最后一个正时链节对准曲轴链轮正时标记（3）。确保正时链条机油喷嘴清洁，没有碎屑。确保执行器正时标记和曲轴链轮键槽处于 12 点钟位置。确保正确的正时链节对准正时标记。执行器正时链节具有相同颜色，曲轴链轮正时链节具有唯一颜色。

② 定位正时链条张紧器和衬垫，然后用手初步拧紧紧固件。紧固至 10Nm。安装新的衬垫。注意：安装前，确保张紧器完全缩回。根据张紧器的不同型号，压下并锁止柱塞的程序不同。

图 12-5　正时对正标记

③ 如果张紧器的前部有一个杆，则按下杆上的“down”（向下）以压下柱塞。将合适的工具插入张紧器体的孔中，使柱塞保持在缩进位置。

④ 如果张紧器有一个固定卡扣，则按下卡扣以压下柱塞。将合适的工具插入张紧器体的孔中，使柱塞保持在缩进位置。

⑤ 定位正时链条上导板，然后用手初步拧紧紧固件。紧固至 10Nm。

⑥ 接合正时链条张紧器。

⑦ 安装气缸盖堵塞，紧固至 75Nm。

⑧ 检查正时链条标记，确认它们在正时链条张紧器接合后仍对齐。

⑨ 安装发动机前盖。

⑩ 安装凸轮轴盖。

12.1.2　发动机维修数据

通用 1.0T LJI 发动机技术参数见表 12-1。

表 12-1　LJI 发动机技术参数

项　目		参　数
基本数据	发动机类型	直列式三缸
	型号	LJI

续表

项　　目		参　　数
基本数据	气门数量	12
	排量	0.999L
	缸径	72.95～73.25mm
	行程	80.4mm
	压缩比	9.5∶1
	最大额定功率	92kW
	最大额定功率对应最大转矩	170Nm
	怠速转速	860r/min
	点火顺序	1—2—3
	火花塞间隙	0.7～0.8mm
	发动机质量	100kg
气缸体	活塞顶面高度	1.352mm
	气缸孔直径	72.615mm
	气缸孔锥度	0°
	气缸孔圆度	0.008μm
	曲轴主轴承孔直径	48.866～48.884mm
	气缸体顶面平面度(整体)	0.1mm
	气缸体顶面平面度(每 100mm×100mm)	0.05mm
凸轮轴	凸轮轴轴向间隙	0.047～0.227mm
	凸轮轴轴颈间隙	0.050～0.086mm
	进气凸轮轴桃高	35.351～35.551mm
	排气凸轮轴桃高	34.179～34.379mm
	凸轮轴跳动量	0.025mm
	凸轮轴轴颈(1 号)直径	36.935～36.950mm
	凸轮轴轴颈(2、3 号)直径	22.935～22.950mm
	凸轮轴止推宽度	28.87～29.27mm
曲轴	曲轴主轴承间隙	−0.047～0.023mm
	曲轴轴向间隙(1～4 号曲轴主轴)	0.081～0.311mm
	曲轴主轴颈直径	43.991～44.009mm
	曲轴连杆轴颈直径	41.991～42.009mm
	曲轴连杆轴颈圆度	0.005mm
	曲轴主轴承轴颈圆度	0.005mm
	曲轴主轴颈跳动量(相对于前后主轴颈中心连线)	0.04mm
	曲轴止推轴承间隙	0.081～0.311mm
气缸盖	气缸盖下平面平面度(如果下平面超出规格,则更换气缸盖。不要加工气缸盖)	0.1mm 0.05mm(每 100mm×100mm)
	进气门座宽度	1.26～1.66mm
	排气门座宽度	1.44～1.84mm
	气门挺柱孔径	12.019mm
	座合面气门座锥角	89°～91°
	底切面气门座锥角	129°～131°
	进气门导管孔径	5mm
	排气门导管孔径	5mm
	气门座最大跳动量	0.08mm
连杆	连杆轴承至曲柄销间隙	0.025～0.059mm
	连杆孔径(轴承端)	45.189～45.205mm
	连杆孔径(活塞销端,带衫套)	19.006～19.016mm
	连杆侧隙	0.09～0.35mm
	连杆最大弯曲度	0.017mm
	连杆最大扭曲度	0.04mm

续表

项目			参数
活塞环	活塞环开口间隙(第一道压缩环)		0.15～0.3mm
	活塞环开口间隙(第二道压缩环)		0.3～0.45mm
	活塞环开口间隙(油环-刮片)		0.2～0.7mm
	活塞环至环槽的间隙(第一道压缩环-轴向)		0.025～0.075mm
	活塞环至环槽的间隙(第二道压缩环-轴向)		0.02～0.06mm
	活塞环至环槽的间隙(油环-轴向)		0.04～0.12mm
	活塞环厚度(第一道压缩环)		0.97～0.99mm
	活塞环厚度(第二道压缩环)		0.97～0.99mm
	活塞环厚度(油环-刮片)		0.385～0.425mm
	活塞环厚度(油环-垫片)		1.70～1.80mm
活塞和活塞销	销	活塞销至连杆孔的间隙	0.006～0.021mm
		活塞销至活塞销孔的间隙	0.005～0.015mm
		活塞销直径	18.995～19.000mm
	活塞	活塞直径(向上12mm)	72.543～72.557mm
		活塞销孔直径	19.005～19.010mm
		活塞环槽宽度(油环)	2.01～2.03mm
		活塞环槽宽度(第二道)	1.01～1.03mm
		活塞环槽宽度(顶部)	1.015～1.045mm
		活塞至气缸孔的间隙(不带聚合物)	0.05～0.08mm
气门系统	气门	气门锥角	45.5°～46°
		气门锥面跳动量(最大值)	0.05mm
	进气门气门杆直径		4.965～4.975mm
	排气门气门杆直径		4.956～4.970mm
	进气门气门杆至导管的间隙		0.021～0.055mm
	排气门气门杆至导管的间隙		0.03～0.064mm
	进气门气门头直径		28.07～28.33mm
	排气门气门头直径		24.17～24.43mm
	气门弹簧安装高度		33.8～35.8mm
	进气气门弹簧压缩高度为24.3mm时载荷量		421.4～461.4N
	排气气门弹簧压缩高度为35.8mm时载荷量		190～210N
冷却系统	节温器热敏控制温度		81～85℃
	节温器全开温度		97℃
润滑系统	机油压力[最小值(怠速时)]		40kPa

12.2 1.0T LIV发动机

12.2.1 发动机正时维修

(1) 正时链拆卸步骤

① 拆下起动机。

② 拆下凸轮轴盖。

③ 如图12-6所示，拆下正时链条上导板。

④ 拆下正时链条张紧器(1)，如图12-7所示。

⑤ 拆下初级正时链条导板(3)，如图12-8所示。

图12-6 拆卸上导板

图 12-7　拆卸张紧器

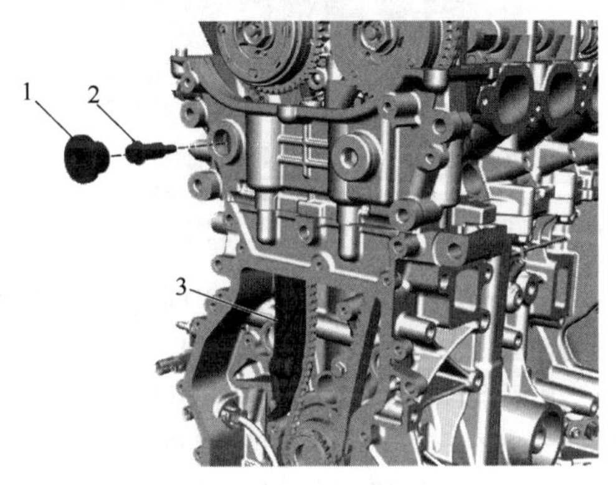

图 12-8　拆下正时链条导板

1—堵盖；2—固定螺栓；3—正时链条导板

⑥ 如图 12-9 所示，拆下正时链条（1）。

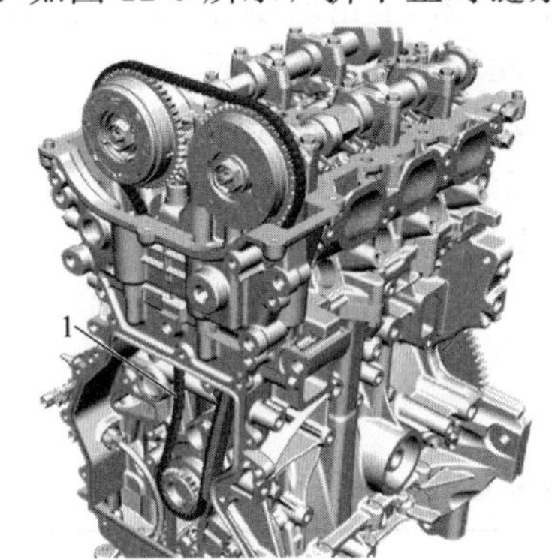

图 12-9　拆下正时链条

（2）正时链安装步骤

① 转动曲轴（1），使前端的定位槽向下转到 6 点钟位置，如图 12-10 所示。

② 安装 EN-52572 凸轮轴固定工具（1），如图 12-11 所示。注意：在安装专用工具过程中需要避免磕碰，保护缸盖密封面。在使用专用扳手转动凸轮轴时，不能触碰凸轮轴精加工定位面，避免定位面划伤/变形。安装凸轮轴工具时，凸轮轴六角上的二维码应朝向斜上方（斜向排气侧）。

图 12-10　将曲轴定位槽转到 6 点钟位置

图 12-11　安装凸轮轴固定工具

③ 拧松进气和排气凸轮轴链轮螺栓（1，3），确保进气和排气凸轮轴链轮（2，4）可相对凸轮轴自由转动，如图 12-12 所示。

图 12-12　拧松凸轮轴链轮螺栓

④ 转动曲轴（1），使前端的定位槽向下转到 4 点钟位置，如图 12-13 所示。

图 12-13 将曲轴定位槽转到 4 点钟位置

⑤ 如图 12-14 所示，将 EN-52476 飞轮固定工具（1）安装至挠性盘（2）。注意：确保专用工具的正时销装置位于正确的定位孔内。

图 12-14　安装飞轮固定工具

⑥ 安装正时链条。

⑦ 安装初级正时链条导板。

⑧ 安装正时链条张紧器。

⑨ 拆下 EN-52765 正时链条张紧器固定工具并松开弹簧，确保弹簧端部与正时链条导板接触。

⑩ 如图 12-15 所示，安装 EN-52571 正时链条固定工具（1），并在缸体和初级正时链条导板之间插入滑块。

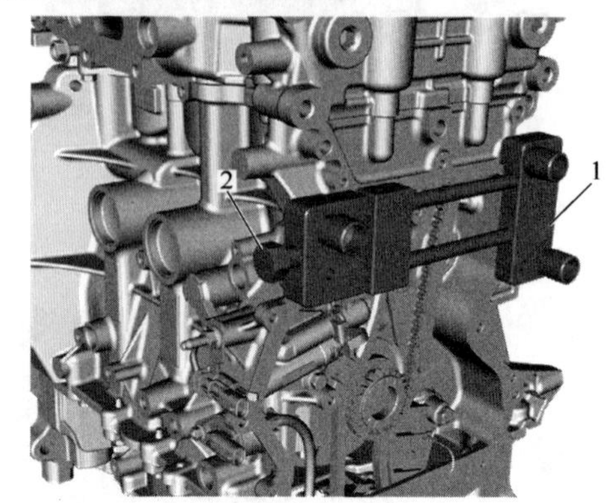

图 12-15　安装正时链条固定工具

⑪ 手动拧紧 EN-52571 正时链条固定工具的螺栓（2），滑块将推动臂以紧固链条。

⑫ 紧固排气凸轮轴链轮螺栓和进气凸轮轴链轮螺栓。注意：先拧紧排气侧凸轮轴链轮螺栓，再拧紧进气侧凸轮轴链轮螺栓。

⑬ 安装正时链条上导板。

⑭ 从发动机上拆下 EN-52476 飞轮固定工具、EN-52571 正时链条固定工具和 EN-52572 凸轮轴固定工具。

⑮ 安装发动机前盖。

⑯ 安装凸轮轴盖。

⑰ 安装起动机。

12.2.2　发动机维修数据

LIV 发动机机械维修数据如表 12-2 所示。

表 12-2　LIV 发动机机械维修数据

项　目		参　数
基本数据	发动机类型	直列式三缸
	型号	LIV
	气门数量	12
	排量	0.999L
	缸径	72.6mm
	行程	80.4mm
	压缩比	10.5∶1
	最大额定功率	92kW
	最大额定功率对应最大转矩/转速	180Nm/(1350～4500r/min)
	怠速转速	1000r/min
	点火顺序	1—2—3
	火花塞间隙	0.6～0.8mm
	发动机质量	93kg

续表

项目			参数
气缸体	活塞顶面高度		0.243mm
	气缸孔直径		72.607～72.623mm
	气缸孔锥度		0.013mm
	气缸孔圆度		0.008μm
	曲轴主轴承孔直径		48.866～48.884mm
	气缸体顶面平面度		0.1mm
	气缸体顶面平面度(150mm×150mm以内)		0.05mm
凸轮轴	凸轮轴轴向间隙		0.040～0.660mm
	凸轮轴轴颈间隙		0.050～0.086mm
	进气凸轮轴桃高		34.871mm
	排气凸轮轴桃高		34.901mm
	排气凸轮轴升程(油泵凸轮)		24.5mm
	凸轮轴跳动量		0.025mm
	凸轮轴轴颈(1号)直径		36.935～36.950mm
	凸轮轴轴颈(2、3号)直径		22.935～22.950mm
	凸轮轴止推宽度		28.87～29.27mm
曲轴	曲轴主轴承间隙		−0.047～0.023mm
	曲轴轴向间隙(1～4号曲轴主轴)		0.081～0.311mm
	曲轴主轴颈直径		43.991～44.009mm
	曲轴连杆轴颈直径		39.991～40.009mm
	曲轴连杆轴颈圆度		0.005mm
	曲轴主轴承轴颈圆度		0.005mm
	曲轴主轴颈跳动量(相对于前后主轴颈中心连线)		0.04mm
	曲轴止推轴承间隙		0.081～0.311mm
气缸盖	气缸盖下平面平面度		0.1mm
			0.05mm(每100mm×100mm)
	进气门座宽度		1.56～1.60mm
	排气门座宽度		1.62～1.66mm
	气门挺柱孔径		12.019mm
	座合面气门座锥角		90°
	气门座锥角(进气端面)		114°
	气门座锥角(排气端面)		130°
	进气门导管孔径		5～5.02mm
	排气门导管孔径		5～5.02mm
	气门座最大跳动量		0.08mm
连杆	连杆轴承至曲柄销间隙		0.014～0.048mm
	连杆孔径(轴承端)		47.186～47.202mm
	连杆孔径(活塞销端,带衬套)		18.007～18.017mm
	连杆侧隙		0.09～0.35mm
	连杆最大弯曲度		0.017mm
	连杆最大扭曲度		0.04mm
活塞环	活塞环开口间隙(第一道压缩环)		0.15～0.25mm
	活塞环开口间隙(第二道压缩环)		0.30～0.45mm
	活塞环开口间隙(油环-刮片)		0.2～0.7mm
	活塞环至环槽的间隙(第一道压缩环-轴向)		0.04～0.08mm
	活塞环至环槽的间隙(第二道压缩环-轴向)		0.03～0.07mm
	活塞环至环槽的间隙(油环-轴向)		0.04～0.12mm
	活塞环厚度(第一道压缩环)		0.97～0.99mm
	活塞环厚度(第二道压缩环)		0.97～0.99mm
	活塞环厚度(油环-刮片)		0.385～0.425mm
	活塞环厚度(油环-垫片)		1.70～1.80mm
活塞和活塞销	销	活塞销至连杆孔的间隙	0.006～0.021mm
		活塞销至活塞销孔的间隙	0.006～0.015mm
		活塞销直径	17.995～18.000mm
	活塞	活塞直径(向上12mm)	72.528～72.542mm
		活塞销孔直径	18.006～18.010mm
		活塞环槽宽度(油环)	1.51～1.53mm
		活塞环槽宽度(第二道)	1.02～1.04mm
		活塞环槽宽度(顶部)	1.03～1.05mm
		活塞至气缸孔的间隙(不带聚合物)	0.035～0.065mm

续表

项目			参数
气门系统	气门	气门锥角	45.5°～46°
		气门锥面跳动量(最大值)	0.05mm
	进气门气门杆直径		4.965～4.979mm
	排气门气门杆直径		4.956～4.970mm
	进气门气门杆至导管的间隙		0.035～0.041mm
	排气门气门杆至导管的间隙		0.026～0.032mm
	进气门气门头直径		28.07～28.33mm
	排气门气门头直径		24.17～24.43mm
	气门弹簧安装高度		33.8mm
	进气气门弹簧压缩高度为 24.3mm 时载荷量		400～415N
	排气气门弹簧压缩高度为 35.8mm 时载荷量		200～260N
润滑系统	机油压力[最小值(怠速时)]		40kPa

12.3 1.0T LIW 发动机

12.3.1 发动机正时维修

与 LJI 发动机相同，请参考 12.1.1 小节内容。

12.3.2 发动机维修数据

通用 1.0T LIW 发动机维修技术参数见表 12-3。

表 12-3 LIW 发动机维修技术参数

项目		参数
基本数据	发动机类型	直列式三缸
	型号	LIW
	气门数量	12
	排量	0.999L
	缸径	72.95～73.25mm
	行程	80.4mm
	压缩比	10∶1
	最大额定功率	92kW
	最大额定功率对应最大转矩	170Nm
	怠速转速	860r/min
	点火顺序	1—2—3
	火花塞间隙	0.7～0.8mm
	发动机质量	100kg
气缸体	活塞顶面高度	1.352mm
	气缸孔直径	72.615mm
	气缸孔锥度	0°
	气缸孔圆度	0.008μm
	曲轴主轴承孔直径	48.866～48.884mm
	气缸体顶面平面度	0.1mm
	气缸体顶面平面度(每 100mm×100mm)	0.05mm
凸轮轴	凸轮轴轴向间隙	0.047～0.227mm
	凸轮轴轴颈间隙	0.050～0.086mm
	进气凸轮轴桃高	35.351～35.551mm
	排气凸轮轴桃高	34.179～34.379mm
	凸轮轴跳动量	0.025mm
	凸轮轴轴颈(1 号)直径	36.935～36.950mm
	凸轮轴轴颈(2、3 号)直径	22.935～22.950mm
	凸轮轴止推宽度	28.87～29.27mm
曲轴	曲轴主轴承间隙	−0.047～0.023mm
	曲轴轴向间隙(1～4 号曲轴主轴)	0.081～0.311mm
	曲轴主轴颈直径	43.991～44.009mm

续表

项　目			参　数
曲轴		曲轴连杆轴颈直径	41.991～42.009mm
		曲轴连杆轴颈圆度	0.005mm
		曲轴主轴承轴颈圆度	0.005mm
		曲轴主轴颈跳动量(相对于前后主轴颈中心连线)	0.04mm
		曲轴止推轴承间隙	0.081～0.311mm
气缸盖		气缸盖下平面平面度	0.1mm
			0.05mm(每 100mm×100mm)
		进气门座宽度	1.26～1.66mm
		排气门座宽度	1.44～1.84mm
		气门挺柱孔径	12.019mm
		座合面气门座锥角	89°～91°
		底切面气门座锥角	129°～131°
		进气门导管孔径	5mm
		排气门导管孔径	5mm
		气门座最大跳动量	0.08mm
连杆		连杆轴承至曲柄销间隙	0.025～0.059mm
		连杆孔径(轴承端)	45.189～45.205mm
		连杆孔径(活塞销端,带衬套)	19.006～19.016mm
		连杆侧隙	0.09～0.35mm
		连杆最大弯曲度	0.017mm
		连杆最大扭曲度	0.04mm
活塞环		活塞环开口间隙(第一道压缩环)	0.15～0.3mm
		活塞环开口间隙(第二道压缩环)	0.3～0.45mm
		活塞环开口间隙(油环-刮片)	0.2～0.7mm
		活塞环至环槽的间隙(第一道压缩环-轴向)	0.025～0.075mm
		活塞环至环槽的间隙(第二道压缩环-轴向)	0.02～0.06mm
		活塞环至环槽的间隙(油环-轴向)	0.04～0.12mm
		活塞环厚度(第一道压缩环)	0.97～0.99mm
		活塞环厚度(第二道压缩环)	0.97～0.99mm
		活塞环厚度(油环-刮片)	0.385～0.425mm
		活塞环厚度(油环-垫片)	1.70～1.80mm
活塞和活塞销	销	活塞销至连杆孔的间隙	0.006～0.021mm
		活塞销至活塞销孔的间隙	0.005～0.015mm
		活塞销直径	18.995～19.000mm
	活塞	活塞直径(向上 12mm)	72.543～72.557mm
		活塞销孔直径	19.005～19.010mm
		活塞环槽宽度(油环)	2.01～2.03mm
		活塞环槽宽度(第二道)	1.01～1.03mm
		活塞环槽宽度(顶部)	1.015～1.045mm
		活塞至气缸孔的间隙(不带聚合物)	0.05～0.08mm
气门系统	气门	气门锥角	45.5°～46°
		气门锥面跳动量(最大值)	0.05mm
		进气门气门杆直径	4.965～4.975mm
		排气门气门杆直径	4.956～4.970mm
		进气门气门杆至导管的间隙	0.021～0.055mm
		排气门气门杆至导管的间隙	0.03～0.064mm
		进气门气门头直径	28.07～28.33mm
		排气门气门头直径	24.17～24.43mm
		气门弹簧安装高度	33.8～35.8mm
		进气气门弹簧压缩高度为 24.3mm 时载荷量	421.4～461.4N
		排气气门弹簧压缩高度为 35.8mm 时载荷量	190～210N
润滑系统		机油压力[最小值(怠速时)]	40kPa

12.4 1.3T L3Z发动机

12.4.1 发动机正时维修

(1) 正时机构部件安装

发动机正时链单元部件分解如图12-16所示。

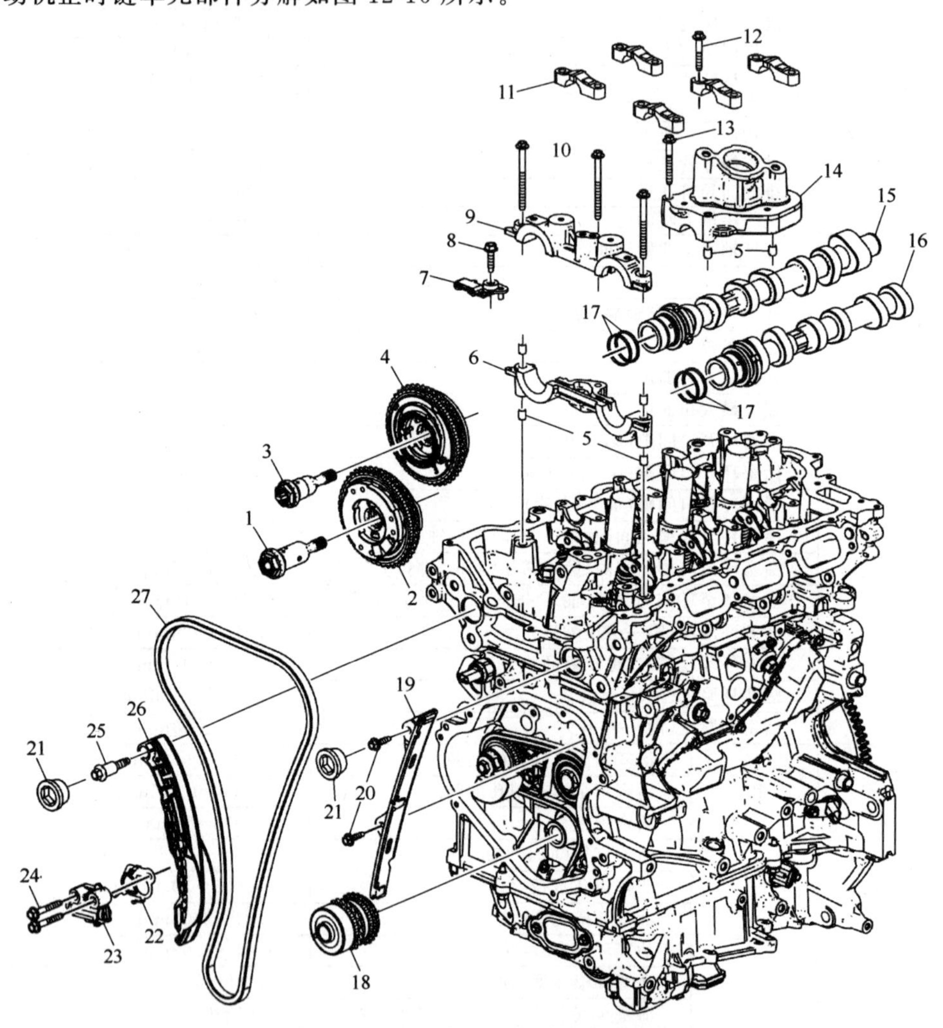

图12-16 发动机正时机构部件分解

1,3—凸轮轴位置执行器电磁阀；2—凸轮轴位置执行器（排气）；4—凸轮轴位置执行器（进气）；5—凸轮轴轴承盖定位销（6个）；6—凸轮轴轴承下前盖；7,19,26—正时链条导板；8—正时链条导板螺栓；9—凸轮轴轴承上前盖；10—凸轮轴轴承盖螺栓（3个）；11—凸轮轴轴承盖（5个）；12—凸轮轴轴承盖螺栓（10个）；13—凸轮轴轴承盖螺栓（4个）；14—凸轮轴轴承后盖；15—排气凸轮轴；16—进气凸轮轴；17—凸轮轴链轮油封环（4个）；18—曲轴链轮；20—正时链条导板螺栓（2个）；21—发动机缸体冷却液孔塞（2个）；22—正时链条张紧器衬垫；23—正时链条张紧器；24—正时链条张紧器螺栓（2个）；25—正时链条导板螺栓；27—正时链条

凸轮轴正时链条部件的安装步骤如下。

① 分别将一个扳手安装在进气凸轮轴(1)和排气凸轮轴(2)上并旋转，以安装EN-52484凸轮轴锁止工具(3)从而将凸轮轴固定在正时位置，见图12-17。

② 确保EN-52476飞轮固定工具(2)

图 12-17　安装凸轮轴锁止工具

安装至自动变速器挠性盘（1），如图 12-18 所示。

图 12-18　安装飞轮固定工具

③ 在凸轮轴链轮的安装期间，正时销必须在接合位置。

④ 安装排气凸轮轴位置执行器（2），见图 12-19。

图 12-19　安装排气凸轮轴位置执行器螺栓

⑤ 在凸轮轴位置执行器电磁阀背面的垫圈部位涂抹发动机机油。

⑥ 安装排气凸轮轴位置执行器电磁阀螺栓（1）新件并用手拧紧，见图 12-19。

⑦ 安装进气凸轮轴位置执行器（2），见图 12-20。

⑧ 在凸轮轴位置执行器电磁阀背面的垫圈部位涂抹发动机机油。

⑨ 安装进气凸轮轴位置执行器电磁阀螺栓（1）新件并用手拧紧，见图 12-20。

图 12-20　安装进气凸轮轴位置执行器螺栓

⑩ 如图 12-21 所示，安装正时链条（1）。

图 12-21　安装正时链条

⑪ 安装 2 个 EN-52461-300 适配器凸轮相位器扭矩反作用工具（1），见图 12-22。

图 12-22　安装凸轮轴相位适配器

⑫ 将 EN-52461 凸轮相位器扭矩反作用工具（1）安装至 2 个 EN-52461-300 适配器凸轮相位器扭矩反作用工具（2），如图 12-23 所示。

图 12-23　安装凸轮相位器扭矩反作用工具

⑬ 安装正时链条导板（2），见图 12-24。

⑭ 如图 12-24 所示，安装正时链条导板螺栓（1）新件并紧固至 15Nm。

图 12-24　安装正时链条导板

⑮ 安装正时链条导板（1），见图 12-25。

⑯ 如图 12-25 所示，安装正时链条导板螺栓（2）并用手拧紧（2 个）。

⑰ 确保正时链条正确放置在所有链轮上。

⑱ 安装正时链条张紧器衬垫（1），见图 12-26，使用新衬垫。切勿重复使用旧衬垫。

⑲ 通过将柱塞扭转至壳体内，确保张紧器复位。

图 12-25　安装正时链条导板

⑳ 安装正时链条张紧器（2）EN-955-10-A 锁销工具。

㉑ 如图 12-26 所示，安装正时链条张紧器螺栓（3）（2 个）并紧固至 15Nm。

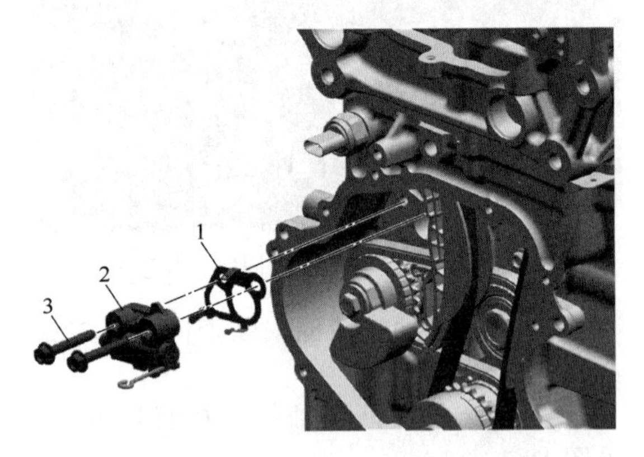

图 12-26　安装正时链条张紧器

㉒ 如图 12-27 所示，安装 EN-52461-1 固定工具（1）至进气凸轮轴链轮的孔内。

㉓ 检查并确保 EN-52461-1 固定工具（1）正确就位于凸轮轴链轮的孔内。

㉔ 顺时针转动 EN-52461-1 固定工具（1）。

㉕ 在将 EN-52461-1 固定工具固定至逆时针位置时紧固力矩为 6Nm；紧固螺栓（3），使得刚好能够将 EN-52461-1 固定工具固定到位。

㉖ 紧固进气凸轮轴位置执行器电磁阀螺栓（2）：第一遍，紧固力矩为 30Nm；最后一遍，继续旋转 45°，使用 EN-45059 角度测量仪。

㉗ 检查并确保 EN-52461-1 固定工具（1）正确就位在排气凸轮轴链轮的孔内。

㉘ 紧固 EN-52461-1 固定工具（1）。逆时针转动 EN-52461-1 固定工具。

㉙ 在将 EN-52461-1 固定工具固定至逆时针位置时紧固力矩为 6Nm，紧固螺栓（3、4），使得刚好能够将 EN-52461-1 固定工具固定到位。

㉚ 紧固排气凸轮轴位置执行器电磁阀螺栓（2）：第一遍，紧固力矩为 30Nm；最后一遍，继续旋转 45°，使用 EN-45059 角度测量仪，如图 12-27 所示。

图 12-27　安装进、排气凸轮轴位置执行器电磁阀螺栓

㉛ 松开螺栓 1、2（2 个），见图 12-28。

㉜ 将 2 个 EN-52461-1 固定工具滑出凸轮轴链轮。

㉝ 松开 EN-52461 凸轮相位器扭矩反作用工具的 2 个螺栓（3，4）。

㉞ 如图 12-28 所示，拆下 EN-52461 凸轮相位器扭矩反作用工具。

图 12-28　拆下扭矩反作用工具

㉟ 拆下 EN-52461-300 适配器凸轮相位器扭矩反作用工具（1），见图 12-29。

㊱ 按图 12-29 箭头所示，将螺栓放回工具内。

图 12-29　拆下螺栓

㊲ 如图 12-30 所示，将一个扳手安装在进气凸轮轴（1）和排气凸轮轴（2）上并旋转，以释放 EN-52484 凸轮轴锁止工具（3）上的压力，从而可将其拆下。

图 12-30　拆下凸轮轴锁止工具

㊳ 如图 12-31 所示，紧固正时链条导板螺栓 2（2 个）至 15Nm。图中 1 为导板。

㊴ 拆下 EN-955-10-A 锁销工具。

㊵ 如图 12-32 所示，安装并紧固凸轮轴壳体孔塞 1（2 个）至 20Nm。

（2）正时机构部件检查

以下步骤涉及部件如图 12-33 所示。

① 检查正时链条导板（2，5，7）是否开裂或磨损。

② 如果正时链条导板表面磨损深度超

图 12-31 紧固导板螺栓

图 12-32 安装并紧固壳体孔塞

图 12-33 发动机正时机构部件

过 1.12mm，则更换正时链条导板。

③ 检查正时链条张紧器（1）蹄片是否磨损。

④ 如果链条导板表面上的蹄片磨损深度超过 1.12mm，则更换正时链条张紧器。

⑤ 检查正时链条（6）和执行器（3，4）是否磨损。

⑥ 检查凸轮轴执行器工作面是否有移动迹象。

⑦ 检查凸轮轴执行器齿和链条是否有过度磨损、剥落或正时链条链节卡死的迹象。

⑧ 检查曲轴链轮（8）是否过度磨损或削平。

（3）平衡轴正时的校对

① 确保 EN-52476 飞轮固定工具（1）从自动变速器挠性盘上分离，见图 12-34。

图 12-34 安装发动机飞轮固定工具

② 将发动机转动至正时位置，将 EN-52476 飞轮固定工具上的销（2）接合至自动变速器挠性盘上的正确位置，如图 12-34 所示。

③ 使用 2 个发动机前盖螺栓安装 EN-52487 平衡轴配重固定工具。注意：平衡轴配重将装入 EN-52487 平衡轴配重固定工具的槽内。

④ 如图 12-35 所示，紧固平衡轴固定件螺栓（1），力矩：36Nm。

⑤ 拆下 EN-52487 平衡轴配重固定工具。

⑥ 确保 EN-52476 飞轮固定工具上的正时销从自动变速器挠性盘上分离。

⑦ 将 EN-52476 飞轮固定工具（1）接合回自动变速器挠性盘，以在转动曲轴扭转减振器螺栓（2）时固定自动变速器挠性盘，见图 12-36。

图 12-35　安装平衡轴配重固定工具

图 12-36　装回飞轮固定工具

12.4.2　发动机维修数据

通用 1.3T L3Z 发动机维修技术参数见表 12-4。

表 12-4　L3Z 发动机维修技术参数

项　目			参　数
一般信息	发动机类型		直列 3 缸
	排量		1.35L
	型号		L3Z
	缸径		79mm
	行程		91.2mm
	压缩比		10∶1
	点火次序		1—2—3
	火花塞间隙		0.65～0.75mm
发动机缸体	发动机缸体高度		228mm
	发动机缸体顶面跳动量		0.025mm
	连杆长度(中心至中心)		146.65～146.75mm
	曲轴主轴承孔直径		56.028mm
	缸径(直径)		92.25
	缸径圆度(最大值)		0.013mm
曲轴	连杆轴颈直径		43.992～44.008mm
	连杆轴颈圆度		0.005mm(最大)
	连杆轴颈锥度		0.008mm(最大)
	连杆轴颈宽度	出厂件	21.72～21.88mm
		维修	21.72～21.88mm
	曲轴轴向间隙		0.084～0.316mm
	曲轴主轴承间隙		0.035～0.055mm
	曲轴主轴颈直径		43.992～44.008mm
	曲轴主轴颈圆度		0.005mm(最大)
	曲轴主轴颈锥度		0.008mm(最大)
	曲轴主轴颈止推壁	跳动量	0.04mm
		垂直度	0.01mm
	曲轴主轴颈(2、4号)宽度	出厂件	21.7～21.9mm
		维修	21.7～21.9mm
	曲轴主轴颈(3号)宽度	出厂件	23.274～23.326mm
		维修	23.274～23.326mm
	曲轴导向轴承孔直径		20.97～21.00mm
	曲轴后法兰跳动量		0.025mm
	曲轴中间主跳动量		0.035mm
	曲轴止推面直径		65.5～66.5mm

续表

项目			参数
连杆	连杆轴承间隙		0.028～0.062mm
	连杆孔径(轴承端)		47.186～47.202mm
	连杆孔径(活塞销端-生产)		19.007～19.017mm
	连杆孔径(活塞销端-维修最大值)		19.025mm
	连杆长度(中心至中心)		135.02～135.12mm
	连杆侧隙		0.095～0.355mm
	连杆宽度(轴承端)	出厂件	21.57～21.58mm
		维修	21.57～21.58mm
	连杆宽度(活塞销端)	出厂件	21.57～21.58mm
		维修	21.57～21.58mm
润滑系统	机油压力(压力传感器,1500r/min,20℃)		125～185kPa
	机油压力(机油滤清器适配器,1500r/min,20℃)		135～195kPa
活塞环	活塞环开口间隙	第一道压缩环(标称)	0.2～0.3mm
		第一道压缩环(最大值,孔内环)	0.325mm
		第二道压缩环(标称)	0.45～0.60mm
		第二道压缩环(最大值,孔内环)	0.475mm
		油环	0.15～0.55mm
	活塞环至环槽间隙	第一道压缩环	0.04～0.08mm
		第二道压缩环	0.03～0.07mm
		油环	0～0.33mm
	活塞环厚度	第一道压缩环	1.17～1.195mm
		第二道压缩环	0.97～0.995mm
		油环	1.34～1.50mm
活塞	活塞直径(超过裙部涂层的测量值)		78.952～78.987mm
	活塞直径(维修最小极限值)		79.017mm
	活塞销孔直径		19.005～19.010mm
	活塞环槽宽度(第一道压缩环)		1.23～1.25mm
	活塞环槽宽度(第二道压缩环)		1.02～1.04mm
	活塞环槽宽度(油环)		1.51～1.53mm
	活塞至孔间隙(出厂件;裙部涂层的测量值)		0.005～0.055mm
	活塞至孔间隙(维修最大值)		0.070mm
活塞销	活塞销至连杆孔间隙(出厂件)		0.005～0.02mm
	活塞销至连杆孔间隙(维修最大值)		0.025mm
	活塞销至活塞销孔间隙(出厂件)		0.005～0.013mm
	活塞销至活塞销孔间隙(维修最大值)		0.02mm
	活塞销直径		18.997～19.00mm
	活塞销长度		47.0～47.2mm
缸盖	气门座锥角		90°(±1°)
	上气门座锥角		50°(±4°)
	下气门座锥角		130°(±4°)
气门系统	排气阀长度		103.18mm
	进气阀长度		112.04mm
	气门座锥角(座合面)		90°
	气门座圆度(最大值)		0.018mm
	气门座锥角(最大值)(加工厚度,余同)		0.08mm
	进气气门杆直径		5.955mm
	排气气门杆直径		5.965mm
	气门锥面宽度(排气)		不可研磨,更换气门
	气门锥面宽度(进气)		不可研磨,更换气门

12.5　1.3T LIY 发动机

12.5.1　发动机正时维修

正时部件位置如图 12-37 所示，各部件安装注意事项见下文说明。

发动机正时链条与张紧器安装步骤如下。

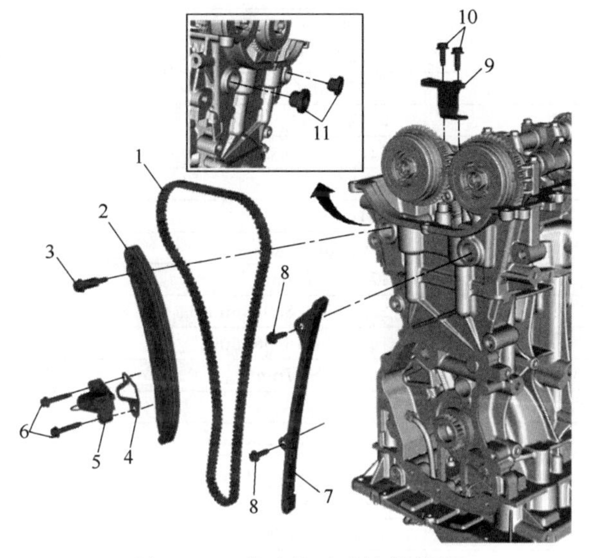

图 12-37　发动机正时链条部件

1—正时链条；2—张紧轨；3—张紧轨固定螺栓；4—张紧器衬垫；5—张紧器；6,8,10—螺栓；7—导轨；9—上导板；11—堵盖

① 安装正时链条：安装时注意确保正确的正时链节对准正时标记，确保执行器正时标记和曲轴链轮键槽处于 12 点钟位置。执行器正时链节具有相同颜色，曲轴链轮正时链节具有唯一颜色。将第一个正时链节对准进气执行器正时标记。将第二个正时链节对准排气执行器正时标记。将最后一个正时链节对准曲轴链轮正时标记。

② 安装初级正时链条导板。

③ 安装初级正时链条导板螺栓：紧固力矩为 10N·m。

④ 安装正时链条张紧器衬垫：安装新的衬垫。

⑤ 安装正时链条张紧器：在安装前，确保张紧器完全缩回。根据张紧器的不同型号，压下并锁止柱塞的程序不同。如果张紧器的前部有一个杆，则按下杆上的“down”（向下）以压下柱塞。将合适的工具插入张紧器体的孔中，使柱塞保持在缩进位置。如果张紧器有一个固定卡扣，则按下卡扣以压下柱塞。将合适的工具插入张紧器体的孔中，使柱塞保持在缩进位置。

⑥ 安装正时链条张紧器螺栓（数量：2）：紧固力矩为 10N·m。

⑦ 安装次级正时链条导板。

⑧ 安装次级正时链条导板螺栓（数量：2）：紧固力矩为 10N·m。

⑨ 安装正时链条上导板。

⑩ 安装正时链条上导板螺栓（数量：2）：紧固力矩为 10N·m。

⑪ 安装气缸盖堵塞（数量：2）：紧固力矩为 75N·m。

12.5.2　发动机维修数据

通用 1.3T LIY 发动机维修技术参数见表 12-5。

表 12-5　LIY 发动机维修技术参数

项　　目		参　　数
基本数据	发动机类型	直列式三缸
	型号	LIY
	气门数量	12
	排量	1.349L
	缸径	80mm
	行程	89.4mm
	压缩比	10∶1
	最大额定功率	120kW

续表

项　目		参　数
基本数据	最大净功率	115kW
	最大净转矩	230N·m
	最大额定功率所对应转速	5500r/min
	最大净功率所对应转速	5500r/min
	怠速转速	830r/min
	点火顺序	1—2—3
	火花塞间隙	0.7～0.8mm
	发动机质量	86kg
气缸体	活塞顶面高度	2.043mm
	气缸孔直径(止推面)	79.992～80.008mm
	气缸孔直径(非止推面)	79.989～80.011mm
	气缸孔锥度	0.013mm
	气缸孔圆度	0.025mm
	曲轴主轴承孔直径	48.866～48.884mm
	两缸之间最大压力差	100kPa
	气缸体顶面平面度	0.1mm
	气缸体顶面平面度(每 100mm×100mm)	0.05mm
平衡轴	平衡轴轴向间隙	175～204μm
	平衡轴后轴承轴颈直径	25.015～25.028mm
	平衡轴前轴承轴颈直径	16.983～16.994mm
	平衡轴前轴承内径	16.993～17mm
	平衡轴前轴承外径	39.991～40mm
凸轮轴	凸轮轴轴向间隙	0.047～0.202mm
	凸轮轴轴颈间隙	0.050～0.086mm
	凸轮轴跳动量	0.025mm
	进气凸轮轴桃高	35.00～35.20mm
	排气凸轮轴桃高	34.45～34.65mm
	凸轮轴轴颈(1 号)直径	37mm
	凸轮轴轴颈(2、3 号)直径	23mm
曲轴	曲轴主轴承间隙	0.023～0.047mm
	曲轴轴向间隙(1～4 号曲轴主轴)	0.081～0.311mm
	曲轴主轴颈直径	43.991～44.009mm
	曲轴连杆轴颈直径	43.991～44.009mm
	曲轴连杆轴颈圆度	0.005mm
	曲轴主轴承轴颈圆度	0.005mm
	曲轴主轴颈跳动量(相对于前后主轴颈中心连线)	0.025mm
	曲轴止推轴承间隙	0.081～0.311mm
气缸盖	气缸盖下平面平面度	0.1mm
		0.05mm(每 100mm×100mm)
	进气门座宽度	1.36～1.56mm
	排气门座宽度	1.54～1.74mm
	气门挺柱孔径	12.009～12.029mm
	座合面气门座锥角	45°
	铲削面气门座锥角	进气 30°;排气 25°
	进气门导管孔径	5～5.02mm
	排气门导管孔径	5～5.02mm
	气门座最大跳动量	0.08mm
连杆	连杆轴承至曲柄销间隙	0.025～0.059mm
	连杆孔径(轴承端)	47.189～47.205mm
	连杆孔径(活塞销端,带衬套)	19.007～19.017mm

续表

项目			参数
连杆	连杆侧隙		0.09～0.35mm
	连杆最大弯曲度		0.017mm
	连杆最大扭曲度		0.04mm
活塞环	活塞环开口间隙(第一道压缩环)		0.2～0.35mm
	活塞环开口间隙(第二道压缩环)		0.35～0.55mm
	活塞环开口间隙(油环-刮片)		0.2～0.7mm
	活塞环至环槽的间隙(第一道压缩环-轴向)		0.02～0.07mm
	活塞环至环槽的间隙(第二道压缩环-轴向)		0.02～0.06mm
	活塞环至环槽的间隙(油环-轴向)		0.03～0.16mm
	活塞环厚度(第一道压缩环)		1.17～1.19mm
	活塞环厚度(第二道压缩环)		0.97～0.99mm
活塞和活塞销	销	活塞销至连杆孔的间隙	0.007～0.022mm
		活塞销至活塞销孔的间隙	0.004～0.012mm
		活塞销直径	18.995～19.000mm
	活塞	活塞直径(向上 11mm)	79.930～79.940mm
		活塞销孔直径	19.004～19.008mm
		活塞环槽宽度(油环)	2.01～2.03mm
		活塞环槽宽度(第二道)	1.01～1.03mm
		活塞环槽宽度(顶部)	1.21～1.24mm
		活塞至气缸孔的间隙(不带聚合物)	0.052～0.078mm
气门系统	气门	气门锥角	进气 22°;排气 23°
		气门锥面跳动量(最大值)	0.05mm
	进气门气门杆直径		4.972mm
	排气门气门杆直径		4.963mm
	进气门气门杆至导管的间隙		0.028mm
	排气门气门杆至导管的间隙		0.037mm
	进气门气门头直径		31.35mm
	排气门气门头直径		28.65mm
	排气气门弹簧安装高度		33.8mm
	排气气门弹簧压缩高度为 24.3mm 时载荷量		441.4N
	排气气门弹簧压缩高度为 35.8mm 时载荷量		240N
	进气气门弹簧安装高度		33.8mm
	进气气门弹簧压缩高度为 24.3mm 时载荷量		520N
	进气气门弹簧压缩高度为 35.8mm 时载荷量		260N
润滑系统	机油压力[最小值(怠速时)]		65kPa

12.6　1.5T LFV 发动机

12.6.1　发动机正时维修

（1）凸轮轴正时检查

专用工具：EN-51367 凸轮轴定位器。

① 移除凸轮轴盖。

② 如图 12-38 所示，将发动机调整到气缸 1 燃烧行程的上止点（TDC）位置。朝发动机运转方向转动曲轴，直到标记（1、2）在一条线上。在曲轴扭转减振器螺栓（3）处转动。

③ 安装 EN-51367 固定工具（1），见图 12-39。图中 2、3 分别为进、排气凸轮轴调节器。注意：凸轮轴位置执行器上的标记必须位于 12 点钟位置。

④ 如果可以安装 EN-51367 固定工具（1），表明发动机正时调整正确。

⑤ 如果不能安装 EN-51367 固定工具（1），则参见凸轮轴正时链条的调整。

图 12-38 设置 TDC 位置

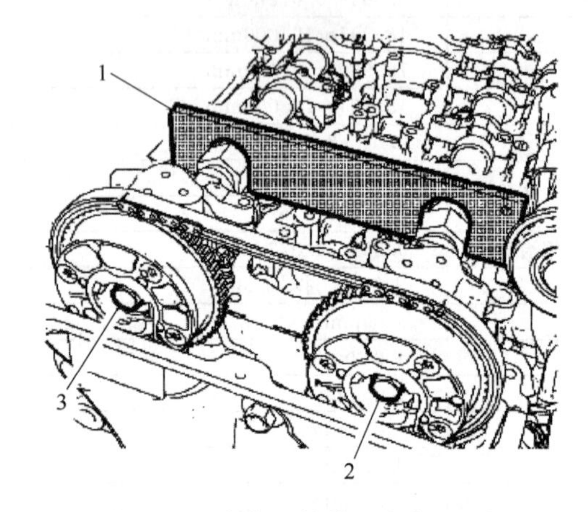

图 12-39 安装凸轮轴固定专用工具

⑥ 拆下 EN-51367 固定工具（1）。

⑦ 安装凸轮轴盖。

（2）凸轮轴正时调整（拆卸程序）

专用工具：EN-45059 角度测量仪；EN-51367 凸轮轴定位器；EN-51397-1 正时链条固定器；EN-51397-2 正时链条固定器。

拆卸程序如下。

① 移除空气滤清器总成。

② 移除凸轮轴盖。

③ 移除前轮罩衬板。

④ 调整发动机，使活塞达气缸 1 燃烧行程的上止点（TDC）。朝发动机运转方向转动曲轴，直到标记（1，2）在一条线上。在曲轴扭转减振器螺栓（3）处转动，见图 12-38。

⑤ 安装 EN-51367 固定工具。注意：凸轮轴位置执行器上的标记必须位于约 12 点钟位置。

⑥ 如果可以安装 EN-51367 固定工具，表明发动机正时调整正确。

⑦ 如果不能安装 EN-51367 固定工具，则转动曲轴，直到可以安装 EN-51367 固定工具。

⑧ 检查曲轴的位置。曲轴必须设置达上止点（曲轴扭转减振器上的箭头 1 和箭头 2，见图 12-38）。

⑨ 如果箭头（1，2）未对齐，则将发动机设置至上止点，参见步骤②，见图 12-38。

⑩ 拆下 EN-51367 固定工具。

⑪ 更换、移除正时链条上导板。

⑫ 举升和顶起车辆。

⑬ 从发动机前盖（3）上拆下发动机前盖孔塞（1），见图 12-40。

图 12-40 拆下发动机前盖孔塞

⑭ 拆下密封圈（2）。

⑮ 将 EN-51397-2 固定器（2）预安装到凸轮轴正时链条（3）的进气侧，见图 12-41。

⑯ 将 EN-51397-1 固定器（5）安装到凸轮轴正时链条的排气侧。

⑰ 用手牢牢拧紧拨轮（1，4）。

⑱ 将螺栓（6）拧紧至 5Nm。

⑲ 如图 12-42 所示，检查、安装正时链条张紧器的发动机前盖孔塞孔（2）。

⑳ 通过杆（3）来识别正时链条张紧器类型 1。

㉑ 通过释放卡扣（1）来识别正时链条张紧器类型 2。

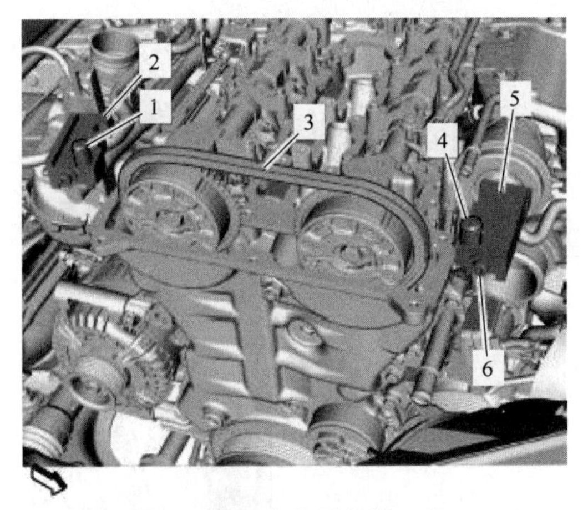

图 12-41　安装固定器工具

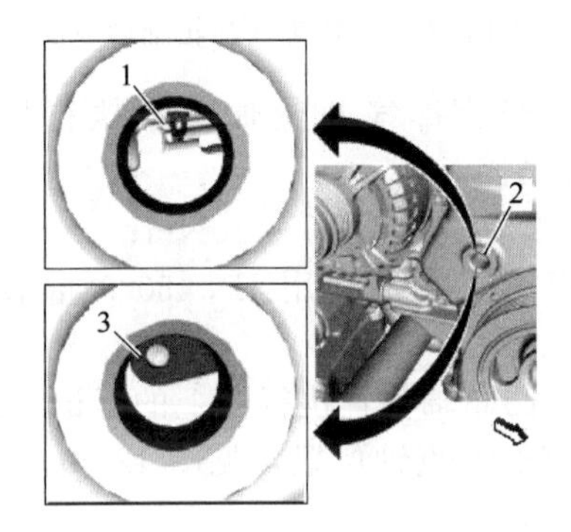

图 12-42　检查孔塞盖

a. 略微解除活塞（2）的张力，直到杆（1）可以通过朝箭头方向旋转杆（3）而解锁，见图 12-43。

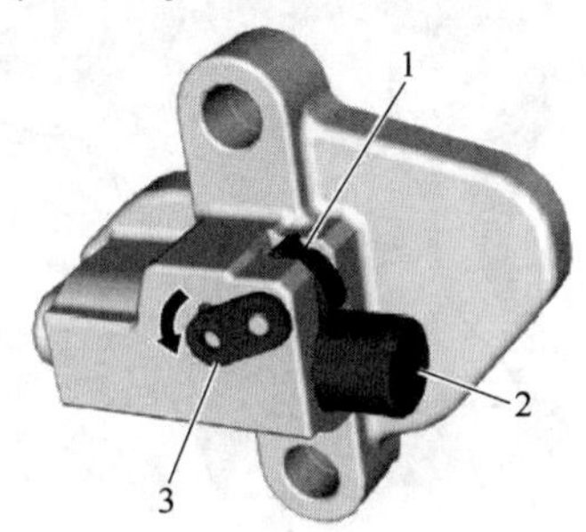

图 12-43　设置张紧器（一）

b. 将活塞（1）整个推回张紧器中，直至旋转杆（2）不可锁止在该位置，见图 12-44。

c. 松开活塞（1），释放其张力，直到三个棘爪松开。听到“咔嗒”声表明三个棘爪已松开，见图 12-45。

d. 向活塞施加张力，直到旋转杆（1）转回到锁止位置，此时旋转杆上的孔与张紧

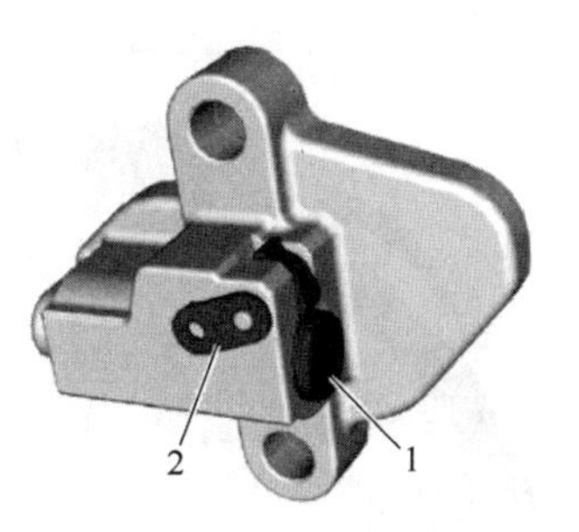

图 12-44　设置张紧器（二）

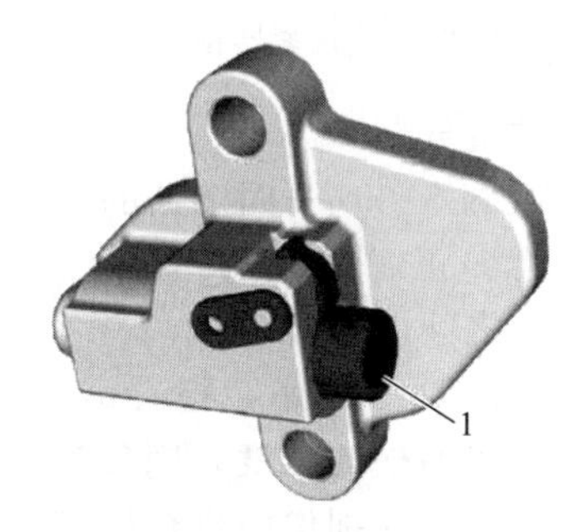

图 12-45　设置张紧器（三）

器壳体上的孔对齐，见图 12-46。

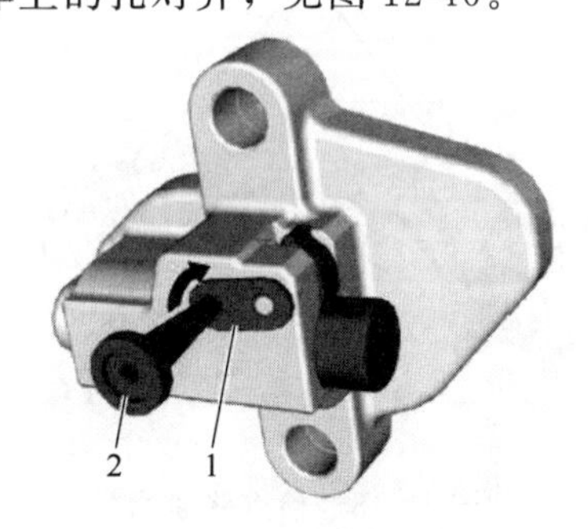

图 12-46　设置张紧器（四）

e. 使用合适的固定销（2）将杆固定在此位置。

㉒ 将一个合适的扳手安装到进气凸轮轴上。注意：使用张紧器类型 1 旋转进气凸轮轴时，请遵循步骤㉑。紧固力必须轻轻施加在扳手上。用力过大将导致正时链条重叠，造成严重的发动机损坏。

㉓ 略微地顺时针转动进气凸轮轴，向链条张紧器施加张力。

㉔ 拆下扳手。注意：正时链条张紧器现在有了锁定位置（1），见图 12-47。

㉕ 如图 12-47 所示，使用合适的 3mm 固定销来固定正时链条张紧器。

㉖ 将 EN-51397-2 固定器固定到凸轮轴

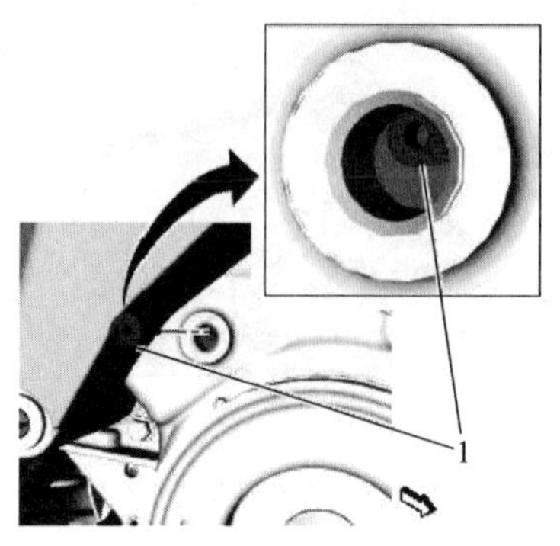

图 12-47 张紧器锁定位置

正时链条的进气侧。

㉗ 将 EN-51397-2 固定器的螺栓紧固至 5Nm。注意：正时链条可以在两个凸轮轴位置执行器之间上下移动。

㉘ 如图 12-48 所示，检查链条松弛度，如果未达到足够松的程度，则参考步骤⑳～㉖的链条张紧器详细说明进行操作。向链条张紧器施加、解除张紧力。

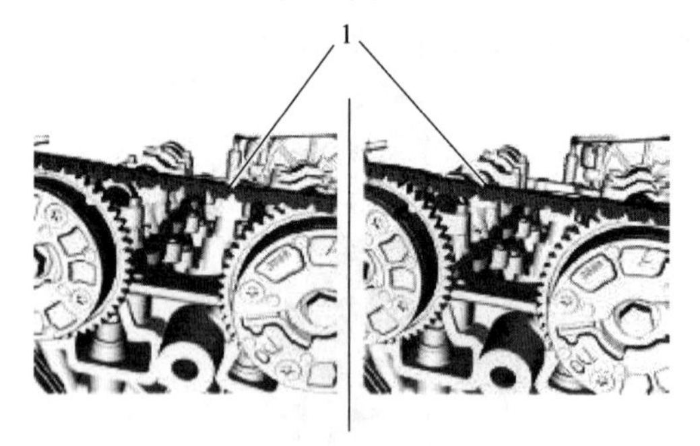

图 12-48 检查张紧力

1—正时链条

㉙ 拆下并报废进气凸轮轴位置执行器螺栓。注意：凸轮轴正时链条将由 EN-51397-1 固定器进行固定。

㉚ 拆下进气凸轮轴位置执行器。

㉛ 调整凸轮轴位置执行器，直到可以安装 EN-51367 固定工具。

（3）凸轮轴正时调整（安装程序）

安装所涉及专用工具与拆卸相同。安装程序如下。

① 安装排气凸轮轴位置执行器（1），见图 12-49。

② 如图 12-49 所示，重新调节凸轮轴，直到定位销（2）与凸轮轴（3）接合。注意：使用一个合适的工具固定住凸轮轴。

图 12-49 安装排气凸轮轴调节器

③ 安装排气凸轮轴位置执行器螺栓（4）并紧固：

a. 第一遍，紧固至 20Nm；

b. 第二遍，利用 EN-45059 量表再旋转 90°。

④ 凸轮轴位置执行器上的标记（2）必须位于约 12 点钟位置，见图 12-50。图中 1 为正时链条。

图 12-50 凸轮轴执行器标记在 12 点钟位置

⑤ 如图 12-51 所示，松开螺栓 6（2 个）。

⑥ 松开螺栓 1，4（2 个）。

⑦ 拆下 EN-51397-2 固定器（2）。

⑧ 拆下 EN-51397-1 固定器（5）。图 12-51 中，3 为正时链条。

⑨ 拆下 EN-51367 固定工具。

⑩ 将销钉从正时链条张紧器上拆下，位置见图 12-47。

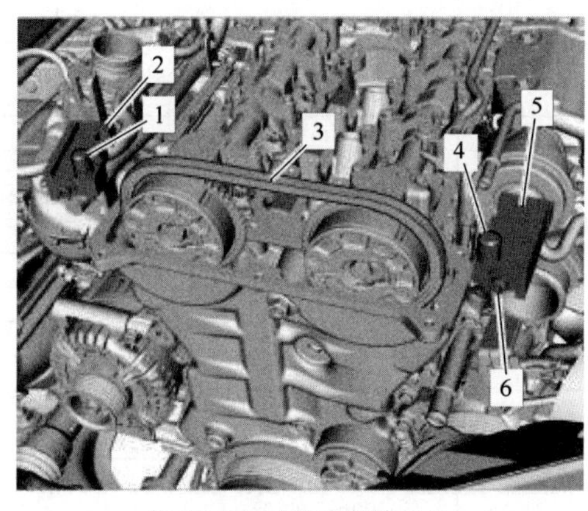

图 12-51　拆下固定工具

⑪ 通过曲轴扭转减振器螺栓朝发动机运转方向将曲轴转动 720°。

⑫ 将发动机调整到气缸 1 燃烧行程的上止点（TDC）位置。朝发动机运转方向转动曲轴，直到标记（1、2）在一条线上。在曲轴扭转减振器螺栓（3）处转动，见图 12-38。

⑬ 安装 EN-51367 固定工具。

⑭ 如果可以安装 EN-51367 固定工具，表明发动机正时调整正确。

⑮ 拆下 EN-51367 固定工具。

⑯ 安装密封圈。

⑰ 安装发动机前盖孔塞并紧固至 50Nm。

⑱ 降低车辆。

⑲ 安装正时链条上导板。

⑳ 安装前轮罩衬板。

㉑ 安装凸轮轴盖。

㉒ 安装空气滤清器总成。

12.6.2　发动机维修数据

LFV 发动机机械维修数据如表 12-6 所示。

表 12-6　LFV 发动机机械维修数据

项目		参数
一般信息	发动机类型	直列 4 缸
	排量	1.5L
	气门数量	16
	气缸直径	74mm
	行程	86.6mm
	压缩比	10.0∶1
	火花塞间隙	0.60～0.70mm
	点火次序	1—3—4—2
气缸	曲轴主轴承孔直径	51.868～51.882mm
	气缸孔直径	73.992～74.008mm
	最大缸径圆度	0.013mm
	气缸盖顶面平面度(在 25mm 长度内)	0.025mm
	气缸盖顶面平面度(在 150mm 长度内)	0.050mm
	发动机气缸体至底板总体平面度	0.1mm
	发动机气缸体至底板平面度	0.050～0.100mm
	活塞顶面高度(顶面以下)	0.74～0.94mm
凸轮轴	凸轮轴轴向间隙	0.040～0.660mm
	凸轮轴轴颈间隙	0.040～0.085mm
	凸轮轴轴颈直径(轴颈 1)	30.935～30.960mm
	凸轮轴轴颈直径(轴颈 2～6)	23.935～23.960mm
	凸轮轴止推宽度(凸轮轴带安装的相位器)	33.175～33.525mm
	凸轮轴止推宽度(气缸盖)	32.865～33.135mm
连杆	连杆轴承至曲柄销间隙	0.013～0.068mm
	连杆孔径(轴承端)	47.186～47.202mm
	连杆孔径(活塞销端,带衬套)	18.007～18.017mm
	连杆侧隙	0.090～0.350mm
	连杆最大弯曲度	0.017mm
	连杆最大扭曲度	0.040mm

续表

项目			参数
曲轴		连杆轴颈直径	43.992～44.008mm
		连杆轴颈圆度	0.005mm
		曲轴轴向间隙	0.15～0.38mm
		曲轴主轴承间隙(1 号轴承)	0.011～0.070mm
		曲轴主轴承间隙(2、3、4 和 5 号轴承)	0.012～0.067mm
		曲轴主轴颈直径	46.992～47.008mm
		曲轴主轴颈圆度	0.005mm
气缸盖		平面平面度(缸体顶面,25mm 内)	0.025mm
		平面平面度(缸体顶面,150mm 内)	0.050mm
		缸体顶平面平面度(螺栓之间)	0.030mm
		缸体顶平面总体平面度	0.100mm
		排气气门导管孔	5.000～5.020mm
		进气气门导管孔	5.000～5.020mm
		气门挺柱孔径(固定式间隙调节器)	12.008～12.030mm
		铲削面气门座锥角	50°
		座合面气门座锥角	90°
		底切面气门座锥角	120°
		气门座最大跳动量	0.080mm
润滑系统		机油压力(在 1500r/min,100℃时)	200～250kPa
活塞环		活塞环开口间隙(顶部)	0.25～0.40mm
		活塞环开口间隙(第二道)	0.40～0.60mm
		活塞环开口间隙(油环)	0.25～0.75mm
		活塞环至环槽间隙(顶部)	0.03～0.08mm
		活塞环至环槽间隙(第二道)	0.03～0.07mm
		活塞环至环槽间隙(油环)	0.050～0.190mm
		活塞环厚度(顶部)	1.17～1.19mm
		活塞环厚度(第二道)	1.17～1.19mm
		活塞环厚度(油环-刮片)	0.045～0.047mm
		活塞环厚度(油环-垫片)	1.67～1.79mm
活塞和活塞销	销	活塞销至连杆孔的间隙	0.007～0.020mm
		活塞销至活塞销孔的间隙	0.002～0.010mm
		活塞销直径	17.997～18.000mm
		活塞销轴向间隙	0.18～0.79mm
	活塞	活塞直径(在距离活塞顶 38mm 的位置测量)	73.957～73.971mm
		活塞销孔直径	18.002～18.010mm
		活塞环槽宽度(顶部)	1.23～1.25mm
		活塞环槽宽度(第二道)	1.23～1.25mm
		活塞环槽宽度(油环)	2.03～2.05mm
		活塞至气缸孔的间隙(带聚合物)	－0.017～0.029mm
气门系统	气门	气门锥角	90°
		气门锥面跳动度(最大值)	0.050mm
		气门座跳动量(最大值)	0.080mm
		气门座球面标高(排气)	8.85～9.09mm
		气门座球面标高(进气)	9.47～9.71mm
		排气门气门杆直径	4.945～4.965mm
		进气门气门杆直径	4.955～4.975mm
		排气门气门杆至导管的间隙	0.035～0.075mm
		进气门气门杆至导管的间隙	0.025～0.065mm
		气门间隙调节器直径(固定式间隙调节器)	11.986～12.000mm
		气门间隙调节器至孔的间隙(固定式间隙调节器)	0.008～0.044mm
		气门弹簧安装高度	34.50～35.50mm
		排气气门弹簧压缩高度为 35mm 时载荷量	225～245N
		进气气门弹簧压缩高度为 26.5mm 时载荷量	405～445N

12.7　1.5L L2B发动机

12.7.1　发动机正时维修

（1）正时机构拆卸步骤

① 拆下凸轮轴罩盖。

② 拆下发动机前盖。

③ 拆下正时链条张紧器（4）、进气侧导板（1），如图12-52所示。图中2、5为螺栓，3为衬垫。

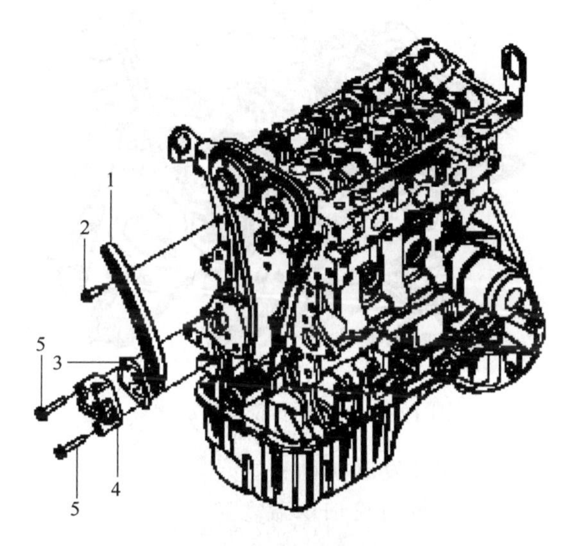

图12-52　拆下张紧器与导板

④ 拆下正时链条导板螺栓（1）和排气侧正时链条导板（2），如图12-53所示。

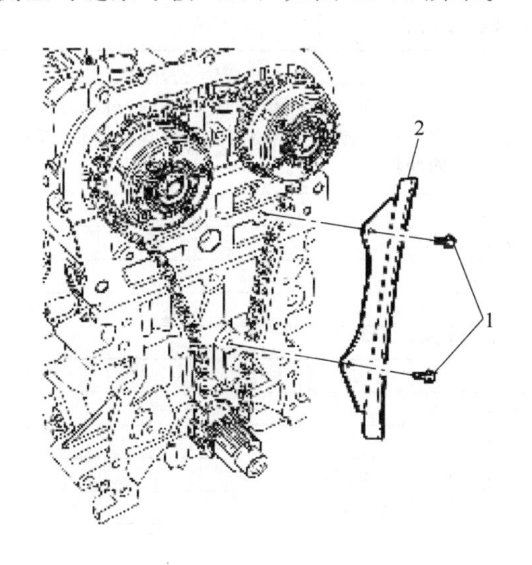

图12-53　拆下链条导板

⑤ 拆下正时链条。

⑥ 拆下进/排气凸轮轴链轮（5，6），如图12-54所示。

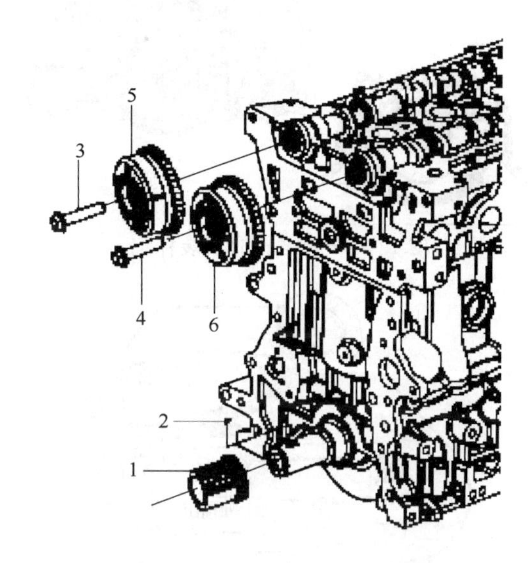

图12-54　拆下凸轮轴与曲轴链轮

⑦ 拆下曲轴链轮（1），小心取下半圆键（2）。

（2）正时机构安装步骤

① 安装凸轮轴链轮到凸轮轴上，安装时要根据凸轮轴上的定位销定位。

② 预紧凸轮轴链轮螺栓（3）和（4），见图12-54。

③ 彻底清洁正时链条，用新机油预润滑正时链条。

④ 安装正时链条到凸轮轴链轮、曲轴链轮上，安装时正时链条正时标记（深色链条）应与凸轮轴链轮正时标记（圆凹点）、曲轴链轮正时标记（圆凹点）分别对齐，如图12-55所示。注意：在未安装正时链条时不能旋转曲轴。

⑤ 捏紧正时链条张紧器限位卡簧的同时，压缩张紧器活塞至最大压缩状态，使用合适直径的工具锁住正时链条张紧器位置，以防止活塞回弹，如图12-56所示。

⑥ 安装正时链条张紧器，拧紧张紧器螺

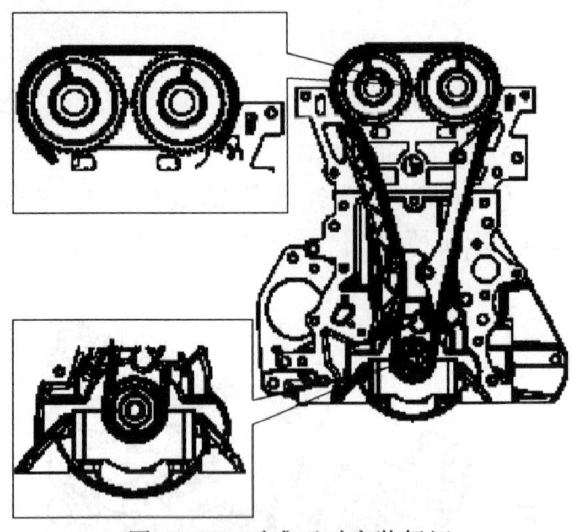

图 12-55　对准正时安装标记

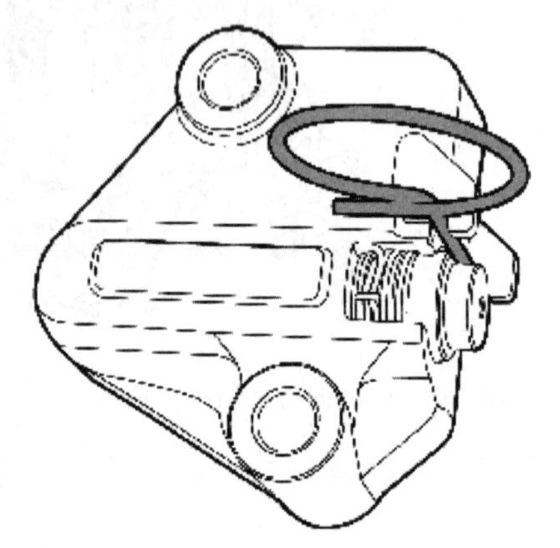

图 12-56　设置张紧器

栓，紧固到 10Nm。

⑦ 安装进气侧导板，拧紧导板螺栓，紧固到 10Nm。

⑧ 安装正时链条导板螺栓和排气侧正时链条导板，紧固到 10Nm。

⑨ 拧紧凸轮轴链轮螺栓，拧紧时需要用活动扳手固定凸轮轴，如图 12-57 所示，并紧固到 55Nm。

图 12-57　拧紧凸轮轴链轮螺栓

⑩ 安装发动机前盖。

⑪ 安装凸轮轴罩盖。

12.7.2 发动机维修数据

L2B 发动机机械维修数据如表 12-7 所示。

表 12-7　L2B 发动机机械维修数据

项目		参数
基本数据	发动机类型	直列四缸，水冷，双顶置式凸轮轴，十六气门，可变进气长度进气歧管，多点顺序燃油电控喷射和独立点火模块，双可变正时系统，四冲程
	排量	1.485L
	缸径×行程	74.7mm×84.7mm
	压缩比	10.2∶1
	额定功率/转速	83kW/(6000r/min)
	最大转矩/转速	141Nm/(4000r/min)
	点火顺序	1—3—4—2
	火花塞间隙	0.8～0.9mm
	怠速转速	675r/min
	发动机质量	110.8kg 或 111.5kg
气缸体	气缸直径	74.697～74.723mm
	缸孔圆度	0.005mm
	缸孔圆柱度	0.008mm

续表

项　目		参　数
凸轮轴	轴颈跳动量	0.04mm
	凸轮轴轴颈直径(前端)	31.934～31.950mm
	凸轮轴轴颈直径(其他)	22.939～22.960mm
曲轴	曲轴端隙	0.08～0.29mm
	曲轴主轴承间隙	0.018～0.050mm
	曲轴主轴承轴颈圆度	0.005mm
	曲轴连杆轴颈圆度	0.005mm
	曲轴主轴承轴颈锥度	0.005mm
	曲轴主轴承轴颈跳动量	0.03mm
	曲轴连杆轴颈直径	39.983～39.995mm
	曲轴主轴颈直径	48.983～48.995mm
	曲轴主轴颈宽度	23.0～23.3mm
	连杆轴颈宽度	22.1～22.2mm
	曲轴止推轴承间隙	0.08～0.29mm
气缸盖	气缸盖下平面平面度	0.1mm
		0.05mm(每100mm×100mm)
		如果下平面超出规格，则更换气缸盖。不要加工气缸盖
活塞	与气缸孔间隙	0.015～0.034mm
	活塞直径	74.656～74.670mm
活塞销	活塞销直径	17.997～18.000mm
	一环闭口间隙与侧隙	0.15～0.30mm
	二环闭口间隙与侧隙	0.30～0.45mm
	油环闭口间隙与侧隙	0.20～0.70mm
	一环至环槽间隙	0.04～0.08mm
	二环至环槽间隙	0.03～0.07mm
	油环至环槽间隙	0.04～0.12mm
连杆	连杆孔径(活塞销端)	18.006～18.014mm
	连杆小头与活塞销间隙	0.006～0.017mm
	连杆轴瓦间隙	0.018～0.050mm
气门	气门间隙(进气)	0.075～0.125mm
	气门间隙(排气)	0.245～0.295mm
气门弹簧	气门弹簧自由长度	44.2mm
	气门弹簧垂直度	2°
润滑系统	机油容量(带机滤器)	3.5L

12.8　2.0T LSY发动机

12.8.1　发动机正时维修

(1) 正时链部件分解

发动机正时链部件分解如图12-58、图12-59所示。

(2) 正时链部件拆装

① 使用油漆笔或同等工具，从螺栓中央向上标记（1）两个执行器凸轮、正时链条和凸轮轴壳体盖，如图12-60所示，以辅助安装。

② 拆下凸轮轴壳体孔塞（1）（2个），见图12-61。

③ 安装EN-52462-A凸轮轴工具（1），如图12-62所示。

④ 如果发动机正时设置正确，EN-52462-A凸轮轴工具（1）的销将就位至凸轮轴外壳的孔内，确保凸轮轴保持在正时位置。

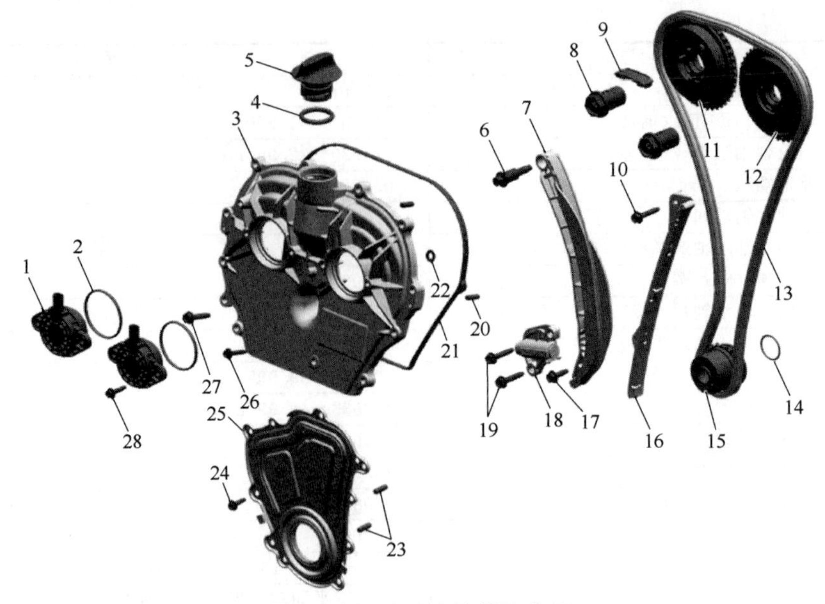

图 12-58 正时链条部件分解

1—凸轮轴位置执行器电磁阀（2 个）；2—凸轮轴位置执行器电磁阀密封件（2 个）；3—正时链条上前盖；4—机油加注口盖密封件；5—机油加注口盖；6—正时链条张紧器蹄片螺栓；7—正时链条张紧器蹄片；8—凸轮轴链轮螺栓（2 个）；9—正时链条上导板；10—正时链条导板螺栓；11—排气凸轮轴链轮；12—进气凸轮轴链轮；13—正时链条；14—曲轴前油封；15—曲轴链轮；16—正时链条导板；17—正时链条导板螺栓；18—正时链条张紧器；19—正时链条张紧器螺栓（2 个）；20—正时链条上盖定位销（2 个）；21—正时链条上前盖密封垫；22—正时链条上前盖密封圈；23—发动机前盖定位销（2 个）；24—发动机前盖螺栓（9 个）；25—发动机前盖；26，27—正时链条上盖螺栓（11 个）；28—凸轮轴位置执行器电磁阀螺栓（2 个）

图 12-59 发动机平衡轴链条部件

1—曲轴后油封壳体螺栓（13 个）；2—曲轴后油封壳体；3—曲轴后油封壳体定位销（2 个）；4—平衡链条张紧器；5—平衡链条；6—平衡链条导板；7—平衡轴链轮；8—平衡链条导板螺栓（2 个）；9—平衡轴链轮螺栓；10—平衡链条张紧器螺栓（2 个）

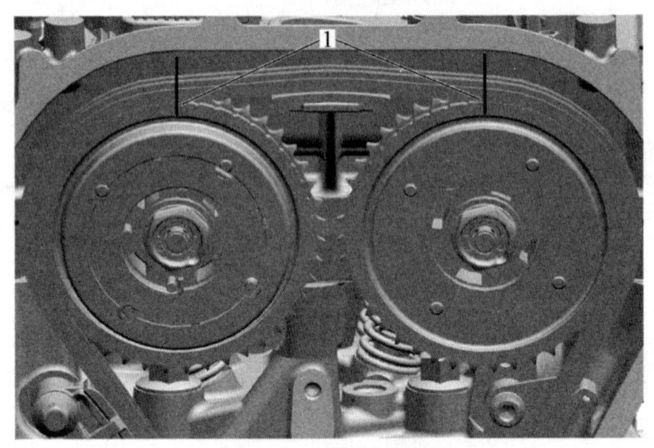

图 12-60 做正时标记

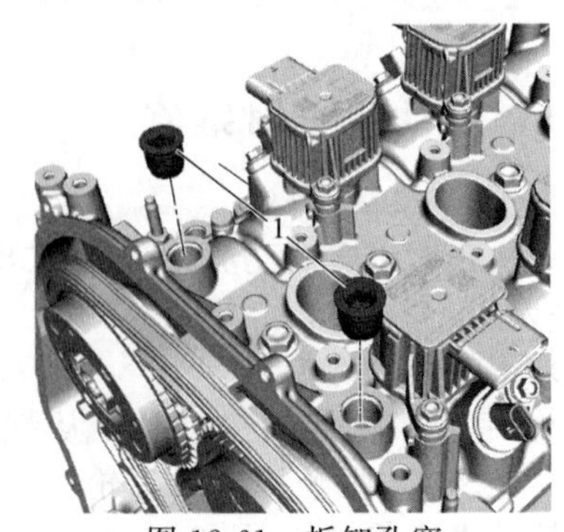

图 12-61 拆卸孔塞

图 12-62 安装凸轮轴工具

⑤ EN-52462-A 凸轮轴工具（1）将顶住凸轮轴，外壳齐平。

⑥ 使用螺栓（2）锁止 EN-52462-A 凸轮轴工具（1），见图 12-63。

图 12-63 锁止凸轮轴工具

⑦ 如果 EN-52462-A 凸轮轴工具（1）不能固定在凸轮轴的孔内，则执行步骤⑧～⑩。

⑧ 来回转动发动机，直至 EN-52462-A 凸轮轴工具在凸轮轴内完全正确就位。

⑨ EN-52462-A 凸轮轴工具（1）将顶住凸轮轴，外壳齐平。

⑩ 使用螺栓（2）锁止 EN-52462-A 凸轮轴工具（1）。

⑪ 按图 12-64 箭头方向转动杆，锁止 EN-52462-A 凸轮轴工具（1）。

⑫ 将 EN-52461 凸轮相位器扭矩反作用工具（2）安装至 2 个 EN-52461-100 适配器凸轮相位器扭矩反作用工具（3），见图 12-65。

⑬ 紧固 EN-52461 凸轮相位器扭矩反作用工具的 2 个螺栓（1，4）。

⑭ 将 EN-52461 凸轮相位器扭矩反作用工具（5）连同 2 个 EN-52461-100 适配器凸轮相位器扭矩反作用工具（2，3）安装至凸轮轴托架，见图 12-66。

图 12-64 锁止凸轮轴

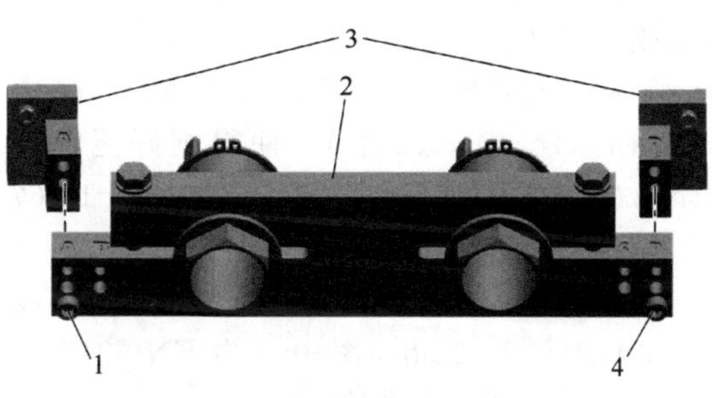

图 12-65 安装扭矩反作用工具适配器

图 12-66 安装扭矩反作用工具

⑮ 紧固 EN-52461-100 适配器凸轮相位器扭矩反作用工具的 2 个螺栓（1，4）。

⑯ 将 EN-52461-1 固定工具（1）安装至凸轮轴链轮内的孔，见图 12-67。

⑰ 检查并确认 EN-52461-1 固定工具（1）正确就位在凸轮轴链轮的孔内。

⑱ 为保持执行器的张力并松开正时链条，逆时针转动排气侧，然后以 6Nm 力矩紧固螺栓（3），使得刚好能够将 EN-52461-

图 12-67 安装固定工具

1 固定工具固定到位。

⑲ 逆时针转动进气侧，然后以 6Nm 力矩紧固螺栓（4）（2 个），使得刚好能够将 EN-52461-1 固定工具固定到位，如图 12-67 所示。图中 2 为凸轮轴链轮螺栓。

⑳ 拆下凸轮轴链轮螺栓（1）并报废（2 个），见图 12-68。图中 2 为 EN-52461-1 固定工具，3、4 为螺栓。

图 12-68 拆下凸轮轴链轮螺栓

㉑ 松开螺栓（3，4）（2 个），见图 12-69。图中 1 为 EN-52461-1 固定工具，2 为链轮螺栓。

㉒ 如图 12-70 所示，用手从 EN-52461 凸轮相位器扭矩反作用工具下方固定进气凸轮轴链轮（1）并拉出 EN-52461-1 固定工具，进气凸轮轴链轮将掉在手上，以便将其拆下。

㉔ 如图 12-71 所示，用手从 EN-52461 凸轮相位器扭矩反作用工具下方固定排气凸轮轴链轮（1）并拉出 EN-52461-1 固定工具，排气凸轮轴链轮将掉在手上，以便将其拆下。

㉕ 松开 EN-52461-100 适配器凸轮相位器扭矩反作用工具的 2 个螺栓（1，4），见图 12-72。

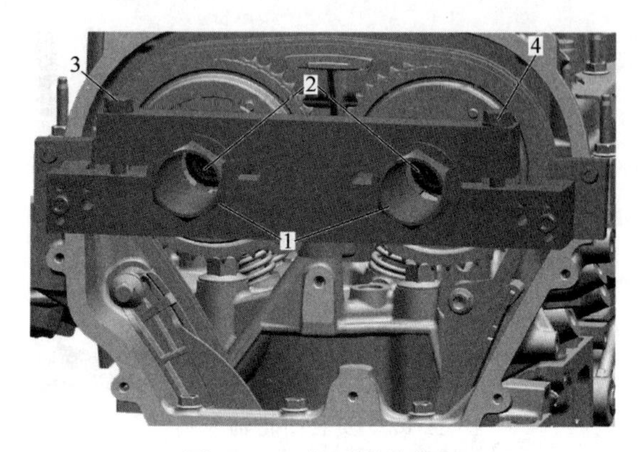

图 12-69 松开螺栓位置

图 12-70 拆下进气凸轮轴链轮

图 12-71 拆下排气凸轮轴链轮

㉖ 将 EN-52461 凸轮相位器扭矩反作用工具（5）连同 2 个 EN-52461-100 适配器凸轮相位器扭矩反作用工具（2，3）从发动机上拆下。以上部件如图 12-72 所示。

㉗ 拆下正时链条（1），见图 12-73。

㉘ 拆下正时链条上导板（2）。

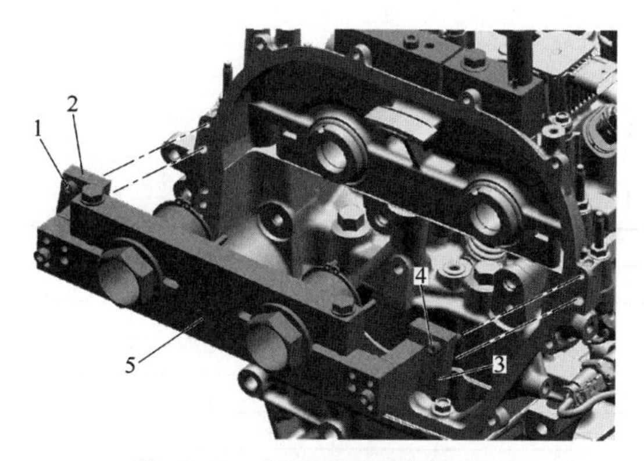

图 12-72　拆下扭矩反作用工具

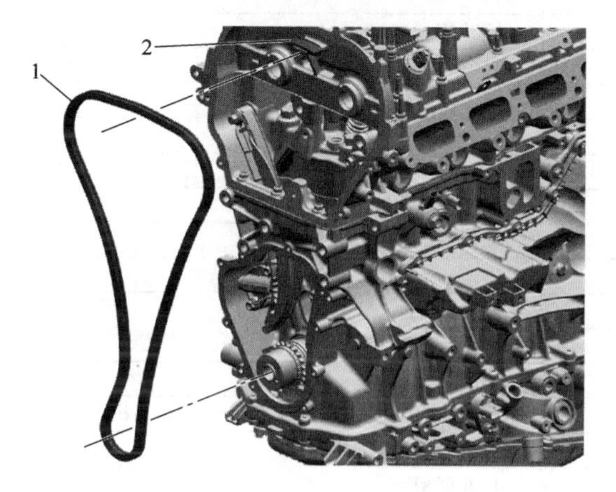

图 12-73　拆下正时链条

㉙ 拆下正时链条导板螺栓（1）（2个），见图 12-74。

图 12-74　拆下链条导板

㉚ 拆下正时链条导板（2）。

㉛ 拆下正时链条张紧器蹄片螺栓（1）并报废，见图 12-75。

㉜ 拆下正时链条张紧器蹄片（2）。

㉝ 拆下正时链条张紧器螺栓（1）（2

图 12-75　拆下张紧器蹄片

个），见图 12-76。

图 12-76　拆下正时链条张紧器

㉞ 拆下正时链条张紧器（2）。

㉟ 遵循正时链条张紧器安装时的复位程序进行复位。

㊱ 如图 12-77 所示，拆下曲轴链轮（2）。

图 12-77　拆下曲轴链轮

㊲ 拆下曲轴前油封（1）并报废。

安装以与拆卸相反的步骤进行。

12.8.2 发动机维修数据

通用2.0T LSY发动机维修技术参数见表12-8。

表12-8 LSY发动机维修技术参数

项目		参数
一般信息	发动机类型	直列4缸
	排量	1998mL
	型号	2.0L(LSY)
	气门数量	16
	缸径	83mm
	行程	92.3mm
	压缩比	10∶1
	最大功率/发动机转速	172kW/(5000r/min)
	最大转矩/发动机转速	350Nm/(1500～4000r/min)
	怠速转速	650r/min
	无负载最高转速	6300r/min
	压缩压力	任一气缸的最低压缩压力不应低于0.1MPa
	压力泄漏比例	<25%(每个气缸)
	火花塞间隙	0.70～0.80mm
	点火次序	1—3—4—2
	喷射压力	35MPa
机油循环系统	发动机机油质量	Dexos 1 第2代
	发动机机油黏度规格	0W-20
	发动机机油的处置	按照安全规定和国家法规处置发动机机油
	机油消耗	最大0.6L/(1000km)
	机油压力(1500r/min,100℃)	199.95kPa
发动机缸体	发动机缸体高度	285.55mm
	曲轴主轴承孔直径	53.793～53.807mm
	缸径直径	82.992～83.008mm
	最大缸径圆度	0.013mm
	缸盖顶面平面度(超过25mm长度)	0.025mm
曲轴	曲轴主轴颈直径	48.992～49.008mm
	曲轴连杆轴颈直径(标准尺寸)	45.992～46.008mm
	曲轴止推轴承座宽度	23.674～23.726mm
	曲轴主轴承壳厚度(类型1,ID W[①])	2.378～2.385mm
	曲轴主轴承壳厚度(类型1,ID X)	2.386～2.393mm
	曲轴主轴承壳厚度(类型1,ID Z)	2.394～2.401mm
	曲轴主轴承壳厚度(类型2～5,ID W)	2.384～2.389mm
	曲轴主轴承壳厚度(类型2～5,ID X)	2.390～2.395mm
	曲轴主轴承壳厚度(类型2～5,ID Z)	2.396～2.401mm
	曲轴止推轴承厚度(标准尺寸)	2.475～2.525mm
	曲轴主轴承间隙	0.007～0.023mm
	曲轴轴向间隙	0.087～0.163mm
连杆	连杆长度	187.3mm
	曲轴轴承孔直径连杆	48.992～49.008mm
	销孔直径连杆	21.007～21.015mm
	连杆轴承壳厚度(标准尺寸)	1.483～1.488mm
	连杆轴承间隙	0.008～0.05mm
	连杆内的活塞销间隙	0.007～0.018mm
活塞	活塞销直径	20.097～21.000mm
	活塞销孔直径	21.005～21.010mm

续表

项　　目		参　　数
活塞	活塞裙直径	82.1～82.3mm
	上活塞压缩环活塞槽宽度	1.22～1.24mm
	下活塞压缩环活塞槽宽度	1.01～1.03mm
	活塞油环活塞槽宽度	1.52～1.54mm
	压缩高度	29.03～29.13mm
	活塞销活塞间隙	0.005～0.013mm
活塞环	上活塞压缩环厚度	1.17～1.19mm
	下活塞压缩环厚度	0.97～0.99mm
	活塞油环厚度	1.397～1.483mm
	上活塞压缩环间隙	0.22～0.32mm
	下活塞压缩环间隙	0.42～0.57mm
	活塞油环间隙	0.2～0.7mm
缸盖	表面平面度(缸体顶面-纵向)	0.05mm(如果顶平面超出规格,则更换缸盖)
	表面平面度(缸体顶面-横向)	0.03mm(如果顶平面超出规格,则更换缸盖)
	进气门座宽度	1.000～1.400mm
	排气门座宽度	1.550～1.950mm
	气门座锥角	90°(±1°)
	上气门座锥角的调节	50°(±4°)
	下气门座锥角的调节	130°(±4°)
	气门导管孔	6.00～6.02mm
	气门导管总成高度	10.75～11.25mm
	气门导管长度	38.25～38.75mm
气门系统	进气阀盘直径	33.97～34.13mm
	排气阀盘直径	27.87～28.13mm
	进气气门杆直径	6.4～6.8mm
	排气气门杆直径	6.69～7.19mm
	进气阀长度	108.2～108.4mm
	排气阀长度	100.89～101.15mm
	进气和排气阀弹簧长度(未压缩)	41.65～41.95mm
	进气阀弹簧长度(220N±13N时)	34.2mm
	排气阀弹簧长度(220N±13N时)	32.3mm
	进气阀弹簧长度[557N(参考)]	23.7mm
	排气阀弹簧长度[557N(参考)]	22.8mm

① ID意为标识，后面的字母W是机体标识符号，表示不同等级。

12.9　2.0T LTG发动机

12.9.1　发动机正时维修

① 如图12-78所示，安装正时链条机油喷嘴（1）。注意：确保正时链条机油喷嘴转动时槽口向上，并且喷嘴对准发动机气缸体上的凸舌。

② 将正时链条环绕到进气和排气凸轮轴执行器上，同时将一节相同颜色的链节（2）对准排气凸轮轴执行器（3）上的正时标记，如图12-79所示。图中，1为进气凸轮轴执行器链节标记，4为曲轴链轮正时标记，5为曲轴链轮链节标记，6为进气凸轮轴执行器正时标记。注意：正时链条上有3节彩色链节。对准于执行器上正时标记的两个链节具有相同的颜色。具有唯一颜色的正时链节对准曲轴链轮上的正时标记。使用下述程序将链节对准执行器。定位链条，使得能够看见彩色链节。进气执行器所对应的相同颜色链节在最初时将不对准于进气执行器正时标记，具有唯一颜色的正时链节也不对

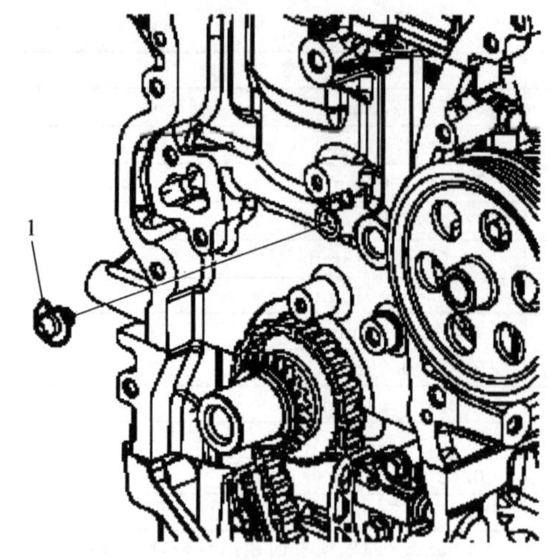

图 12-78　安装正时链条机油喷嘴

准于曲轴链轮正时标记。

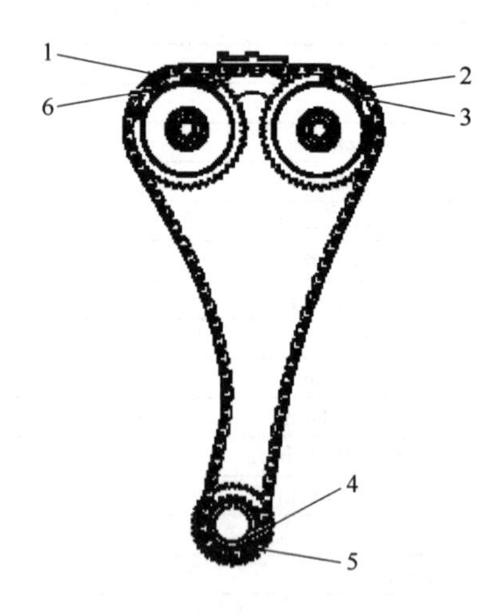

图 12-79　正时链安装对位标记

③ 确保曲轴键处于 12 点钟位置。将正时链条环绕到曲轴链轮上。

④ 只安装正时链条导板和上部螺栓，并用手拧紧。

⑤ 安装正时链条张紧器枢轴臂。

⑥ 安装枢轴臂紧固螺栓，并用手拧紧。

⑦ 使用合适的工具逆时针转动曲轴，使曲轴链轮（1）上的正时标记对准正时链节（2），如图 12-80 所示。注意：需要连续以逆时针方向转动曲轴，以保持正时对准。确保排气凸轮轴执行器上的对准标记始终对准正时标记。

⑧ 将固定正时链条导板的下端旋转到安装位置，并安装下部螺栓（3）。

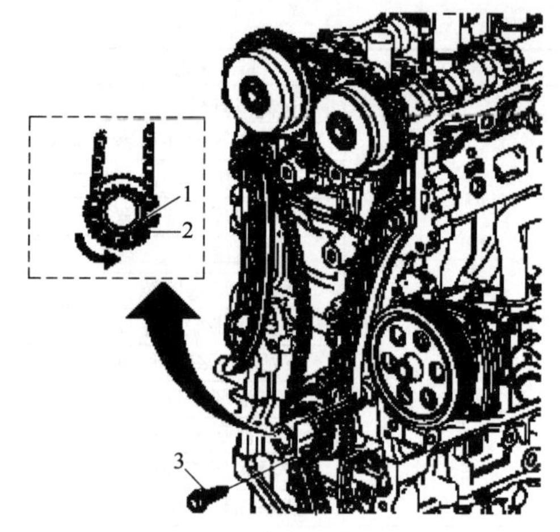

图 12-80　安装曲轴链轮

⑨ 将正时链条导板上、下部螺栓紧固至 25Nm。

⑩ 使用合适的工具逆时针转动进气凸轮轴，直到进气执行器（2）上的正时标记对准正时链节（1），如图 12-81 所示。保持进气凸轮轴上的张紧力，直到正时链条张紧器能够安装和启用。注意：已完成排气凸轮轴执行器和曲轴链轮的正时。逆时针旋转凸轮轴时，用手在正时链条导板之间施加或释放压力，使链条滑动或停止滑动。

图 12-81　安装凸轮轴链轮

⑪ 安装正时链条张紧器衬垫，注意使用新衬垫。

⑫ 安装正时链条张紧器。

⑬ 安装正时链条张紧器螺栓（2 个）并紧固至 25Nm。

⑭ 确认正时链条上的正时链节正确对

准于正时标记。否则，重复必要的程序以对准正时标记。

⑮ 安装正时链条上导板和螺栓并用手拧紧。

⑯ 按顺序分两遍将凸轮轴前盖螺栓紧固至 10Nm。

⑰ 顺时针转动曲轴，查看执行器或曲轴链轮上是否出现正时链条跳齿现象。如果发生跳齿，则重复执行程序，对准正时标记。注意：由于曲轴链轮和平衡轴链轮尺寸的差别，在曲轴旋转时链条上的正时标记不会每次都正好对上。当安装正时链条时应确保链轮上的标记能恰好对准，如图 12-82 所示。

⑱ 沿顺时针方向稍微旋转曲轴以使链条置于执行器和链轮齿上。如果正时链条在执行器上跳齿，则重复执行程序，对准正时标记。

⑲ 确认正时链条和平衡链条上的正时链节正确对准于正时标记。注意：由于沿顺时针方向进行了轻微旋转，所有链条的位置标记可能比执行器和链轮标记稍稍提前，不过仍旧处于对准位置。

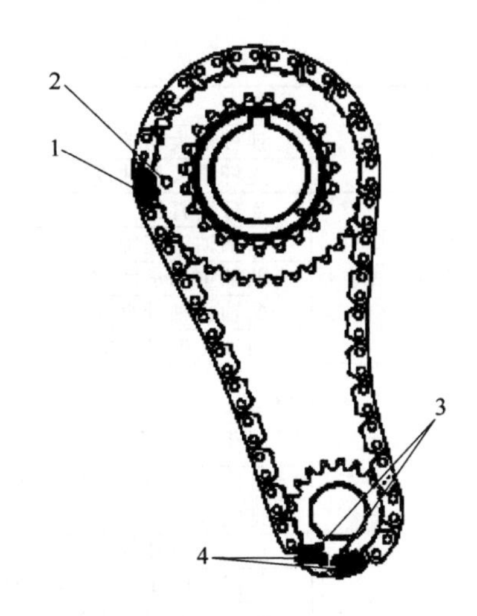

图 12-82　平衡轴链条对位标记
1—平衡轴链曲轴链轮对准标记；2—曲轴链轮正时标记；3—平衡轴链轮正时标记；4—平衡轴链平衡轴链轮对准标记

⑳ 安装发动机前盖。

12.9.2　发动机维修数据

LTG 发动机机械维修数据如表 12-9 所示。

表 12-9　LTG 发动机机械维修数据

项　　目		参　　数
一般信息	发动机类型	直列 4 缸
	排量	2.0L
	气缸直径	85.992～86.008mm
	行程	86mm
	压缩比	9.50∶1
	火花塞间隙	0.95～1.10mm
气缸	曲轴主轴承孔直径	60.862～60.876mm
	气缸孔直径	85.992～86.008mm
	最大缸径圆度	0.013mm
	气缸盖顶面平面度(超过 25mm 长度)	0.025mm
	气缸盖顶面平面度(超过 150mm 长度)	0.050mm
	发动机气缸体至底板平面度(总体)	0.1mm
	发动机气缸体至底板平面度(每 100mm)	0.050mm
	活塞顶面高度(顶面以下)	1.155～1.725mm
凸轮轴	凸轮轴轴向间隙	0.040～0.307mm
	凸轮轴轴颈直径(轴颈 1)	34.935～34.960mm
	凸轮轴轴颈直径(轴颈 2～5)	26.935～26.960mm
	凸轮轴止推宽度(凸轮轴带安装的相位器)	30.025～30.175mm
	凸轮轴止推宽度(气缸盖)	29.868～29.890mm
连杆	连杆轴承至曲柄销间隙	0.030～0.073mm
	连杆孔径(轴承端)	52.118～52.134mm
	连杆孔径(活塞销端)	24.007～24.017mm
	连杆侧隙	0.070～0.370mm

续表

项目			参数
连杆		连杆最大弯曲度	0.017mm
		连杆最大扭曲度	0.040mm
曲轴		连杆销直径	48.999～49.015mm
		曲轴轴向间隙	0.040～0.270mm
		曲轴主轴承间隙	0.020～0.048mm
		曲轴主轴颈直径	55.993～56.009mm
		曲轴止推轴承宽度	20.30～20.45mm
气缸盖		平面平面度(缸体顶面,25mm 内)	0.025mm
		平面平面度(缸体顶面,150mm 内)	0.050mm
		缸体顶平面平面度(螺栓之间)	0.030mm
		缸体顶平面总体平面度	0.100mm
		排气气门导管孔	6.000～6.020mm
		进气气门导管孔	6.000～6.020mm
		气门挺柱孔径(固定式间隙调节器)	12.008～12.030mm
		铲削面气门座锥角	30°
		座合面气门座锥角	45°
		底切面气门座锥角	60°
		气门座最大跳动量	0.080mm
润滑系统		机油压力(在 700r/min 和 100℃时)	140～200kPa
活塞环		活塞环开口间隙(顶部)	0.20～0.35mm
		活塞环开口间隙(第二道)	0.35～0.55mm
		活塞环开口间隙(油环)	0.25～0.75mm
		活塞环至环槽间隙(顶部)	0.04～0.08mm
		活塞环至环槽间隙(第二道)	0.030～0.070mm
		活塞环至环槽间隙(油环)	0.024～0.176mm
		活塞环厚度(顶部)	1.170～1.190mm
		活塞环厚度(第二道)	1.470～1.490mm
		活塞环厚度(油环-刮片)	0.447～0.473mm
		活塞环厚度(油环-隔垫)	0.960～1.040mm
活塞和活塞销	销	活塞销至连杆孔的间隙	0.007～0.020mm
		活塞销至活塞销孔的间隙	0.005～0.013mm
		活塞销直径	23.997～24.000mm
		活塞销轴向间隙	0.263～1.164mm
	活塞	活塞直径(在上方 14.8mm 处)	85.968～85.982mm
		活塞销孔直径	24.005～24.010mm
		活塞环槽宽度(顶部)	1.23～1.25mm
		活塞环槽宽度(第二道)	1.52～1.54mm
		活塞环槽宽度(油环)	2.01～2.03mm
		活塞至气缸孔的间隙(不带聚合物)	0.010～0.041mm
气门系统	气门	气门锥角	45°
		气门锥面跳动度(最大值)	0.040mm
		气门座跳动度(最大值)	0.080mm
		气门座球面标高(排气)	12.746～12.976mm
		气门座球面标高(进气)	12.425～12.653mm
	排气门气门杆直径		5.945～5.965mm
	进气门气门杆直径		5.955～5.975mm
	排气门气门杆至导管的间隙		0.038～0.082mm
	进气门气门杆至导管的间隙		0.030～0.057mm
	固定式气门间隙调节器	气门间隙调节器直径	11.986～12.000mm
		气门间隙调节器至孔的间隙	0.013～0.051mm
	气门弹簧	气门弹簧安装高度	35.0mm
		排气气门弹簧压缩高度为 35mm 时载荷	247～273N
		进气气门弹簧压缩高度为 24mm 时载荷	598～662N

12.10　3.0T LGW 发动机

12.10.1　发动机正时维修

（1）发动机正时标记位置

发动机正时标记位置如图 12-83～图 12-85 所示。

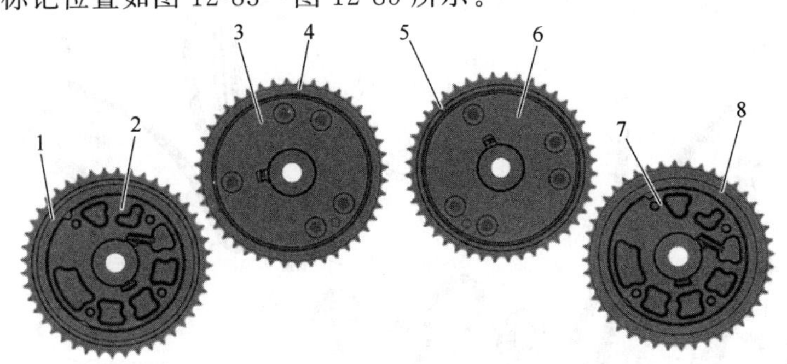

图 12-83　凸轮轴位置执行器正时标记

1—右侧（R）排气凸轮轴位置执行器正时标记（三角形）；2—右侧排气凸轮轴位置执行器识别符；3—右侧进气凸轮轴位置执行器正时标记（圆形）；4—右侧进气凸轮轴位置执行器识别符；5—左侧（L）进气凸轮轴位置执行器正时标记（圆形）；6—左侧进气凸轮轴位置执行器识别符；7—左侧排气凸轮轴位置执行器识别符；8—左侧排气凸轮轴位置执行器正时标记（三角形）

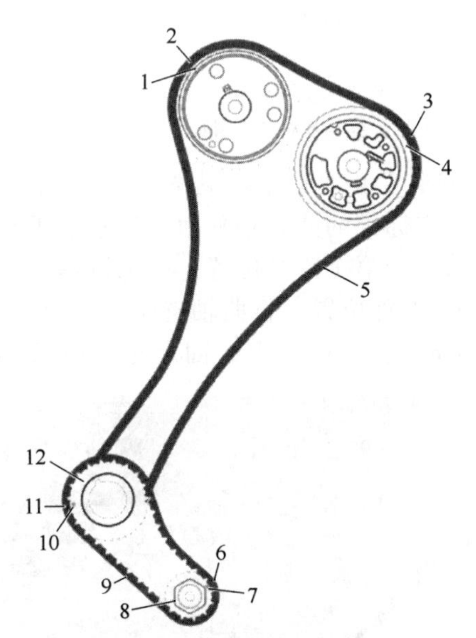

图 12-84　第一阶段正时标记

1—左侧（L）进气凸轮轴位置执行器正时标记（圆形）；2—左侧进气正时传动链条正时链节；3—左侧排气正时传动链条正时链节；4—左侧（L）排气凸轮轴位置执行器正时标记（三角形）；5—左侧正时传动链条；6—机油泵正时链条正时链节；7—机油泵正时链条正时标记；8—机油泵链轮；9—机油泵正时链条；10—正时链条曲轴链轮正时标记；11—正时链条曲轴链轮正时链节；12—曲轴链轮

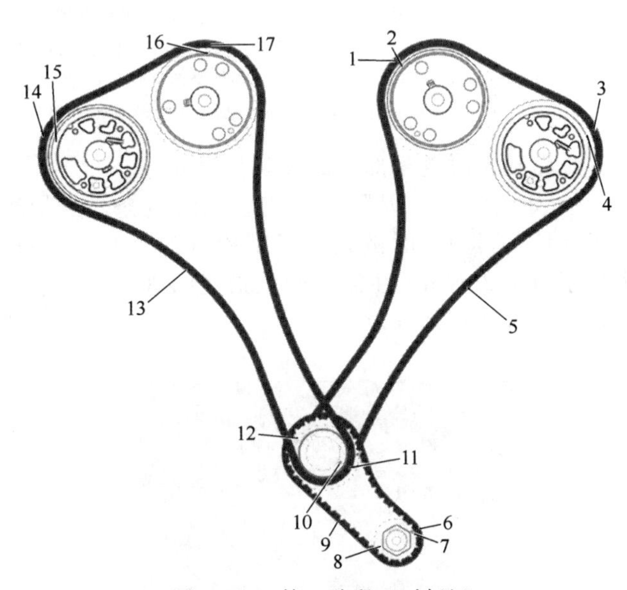

图 12-85　第二阶段正时标记

1—左侧进气凸轮轴位置执行器正时标记（圆形）；2—左侧进气正时传动链条正时链节；3—左侧排气正时传动链条正时链节；4—左侧排气凸轮轴位置执行器正时标记（三角形）；5—左侧正时传动链条；6—机油泵正时链条正时链节；7—机油泵正时链条正时标记；8—机油泵链轮；9—机油泵正时链条；10—正时链条曲轴链轮正时标记；11—正时链条曲轴链轮正时链节；12—曲轴链轮；13—右侧正时传动链条；14—右侧排气正时传动链条正时链节；15—右侧排气凸轮轴位置执行器正时标记（三角形）；16—右侧进气凸轮轴位置执行器正时标记（三角形）；17—右侧进气凸轮轴正时传动链条正时链节

（2）正时机构部件安装步骤

发动机正时机构部件分解如图 12-86 所示。

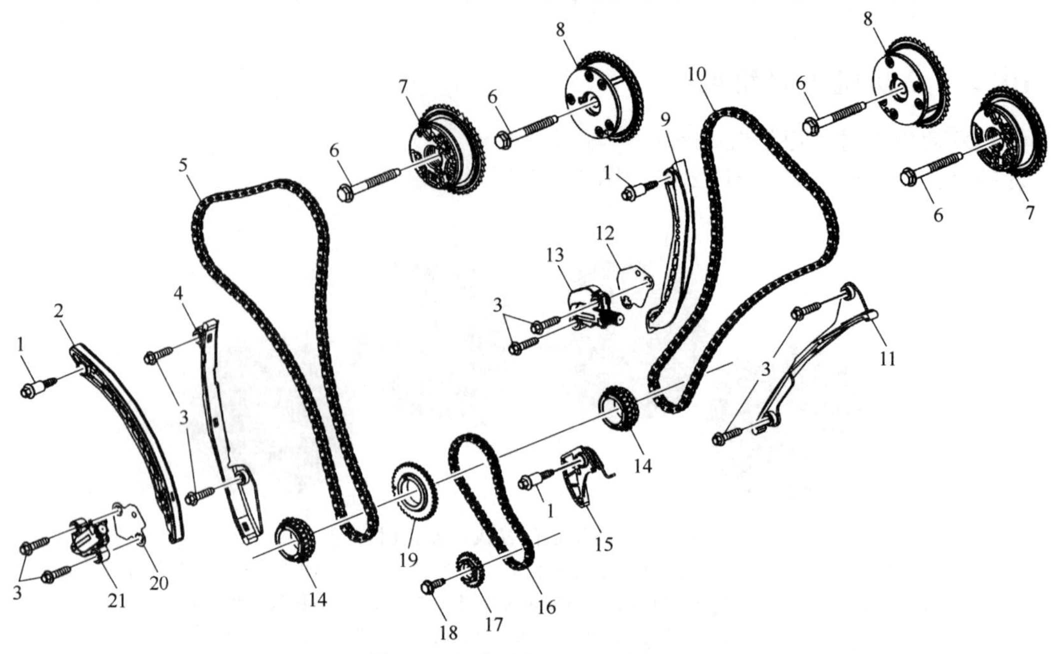

图 12-86 发动机正时机构部件

1—正时链条导板螺栓（2 个）；2,4—正时链条导板（右侧）；3—正时链条张紧器螺栓（8 个）；5—正时链条（右侧）；6—凸轮轴位置执行器螺栓（4 个）；7—凸轮轴位置执行器（排气）；8—凸轮轴位置执行器（进气）；9,11—正时链条导板（左侧）；10—正时链条（左侧）；12—正时链条张紧器衬垫；13—正时链条张紧器（左侧）；14—正时链条曲轴链轮；15—机油泵正时链条张紧器；16—机油泵正时链条；17—机油泵链轮；18—机油泵传动装置螺栓；19—曲轴链轮；20—正时链条张紧器衬垫；21—正时链条张紧器（右侧）

凸轮轴正时链条部件的安装步骤如下。

① 如图 12-87 所示，安装左正时链条导板（1），紧固正时链条导板螺栓（2）（2 个）至力矩 25Nm。注意：确认指定的进气和排气执行器正确就位。

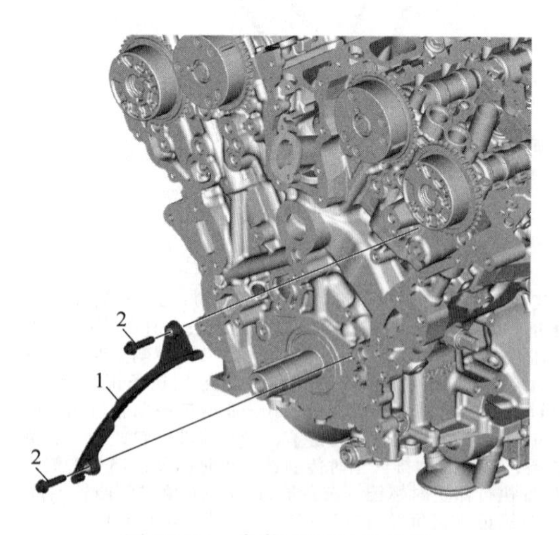

图 12-87 安装左正时链导板

② 安装左正时链条，见图 12-88。确保带激光蚀刻标记的凸轮轴平面与气缸盖垂直并且曲轴处于第 1 阶段位置。曲轴键槽将处于大约 11 点钟位置。将曲轴链轮（2）预装配到左正时链条（1）上。固定正时链条的

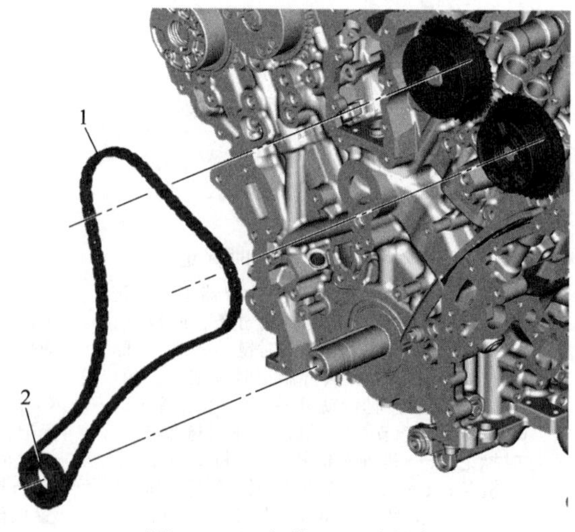

图 12-88 安装左正时链条

同时，将曲轴链轮安装到曲轴上。将正时链条引导至导板，不要搁置在塑料侧肋条上。在凸轮轴的六角形铸件上使用开口扳手，以转动凸轮轴，这将辅助正时标记的对准。

凸轮轴执行器链轮区域可能有多个标志。找到执行器体表面上的L。正确的正时标记可以是竖直位于链轮齿内侧并与L标识符对齐的圆形或三角形。

将左侧（L）排气凸轮轴位置执行器链轮的圆形或三角形定位标记对准凸轮轴传动链条正时链节。

将左侧（L）进气凸轮轴位置执行器链轮的圆形或三角形定位标记对准凸轮轴传动链条正时链节。

③ 安装左侧正时链条导板和正时链条张紧器，见图12-89：安装左侧正时链条导板（1），紧固正时链条导板螺栓（2）至力矩25Nm。正时链条张紧器柱塞受到较大张力，必须在拆卸或安装正时链条张紧器时使用张紧器收紧销将其固定：用拇指重置正时链条张紧器柱塞，并用EN-52234或1/8″钻头将其固定。将柱塞压进张紧器体，把EN-52234或1/8″钻头插入右正时链条张紧器体侧面的检修孔中，使右正时链条张紧器锁止。缓慢释放右侧正时链条张紧器上的压力。右侧正时链条张紧器应保持压缩状态。将链条张紧器安放到位，并将螺栓松弛地安装到气缸体上。紧固正时链条张紧器螺栓（5），紧固力矩为25Nm。

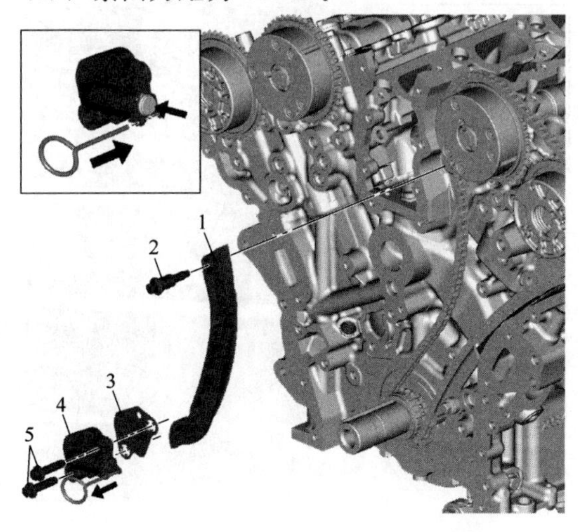

图12-89 安装左侧正时链条张紧装置

确保在左气缸盖的左侧正时链条张紧器安装表面上，无任何可能对新的左侧正时链条张紧器衬垫（3）的密封造成影响的毛刺或缺陷。

在释放传动链条张紧器（4）之前，确认正时标记处于正确位置。通过拔出合适的工具，松开正时链条张紧器柱塞。通过参考正时标记位置图（第一阶段），判断左侧正时链条的正时标记是否对准。

④ 如图12-90所示，安装机油泵正时链条（1）。对于机油泵传动装置螺栓（2），要安装新螺栓。不可重复使用旧螺栓。按顺序紧固：第一遍，紧固力矩为15Nm；最后一遍，继续旋转110°。

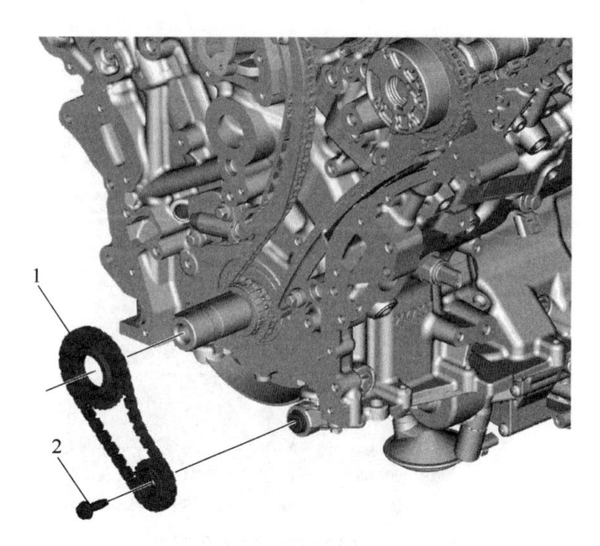

图12-90 安装机油泵正时链条

⑤ 安装机油泵正时链条张紧器，见图12-91：用手折叠机油泵正时张紧器（1）并安装EN-52234或1/8″钻头将其固定到位。将链条张紧器安放到位，并将螺栓松弛地安装到气缸体上，紧固正时链条张紧器螺栓（2）。在释放传动链条张紧器之前，确认正时标记处于正确位置。通过拔出合适的工具，松开传动链条张紧器。紧固正时链条张紧器螺栓，力矩为25Nm。

⑥ 如图12-92所示，安装右正时链条导板（1），紧固正时链条导板螺栓（2）至力矩25Nm，确认指定的进气和排气执行器正确就位。

⑦ 安装右正时链条，见图12-93。确

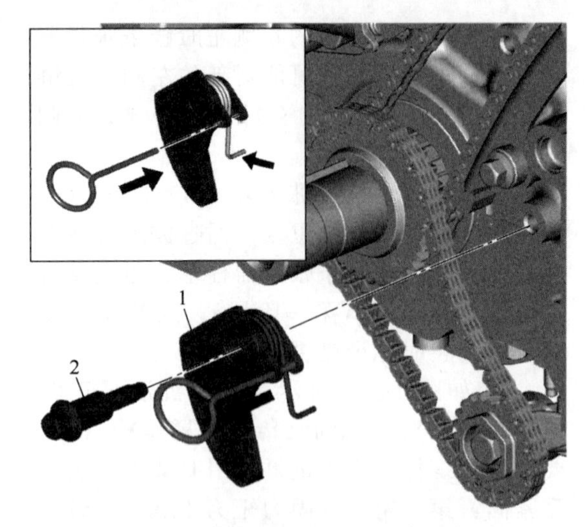

图 12-91　安装机油泵正时链条张紧器

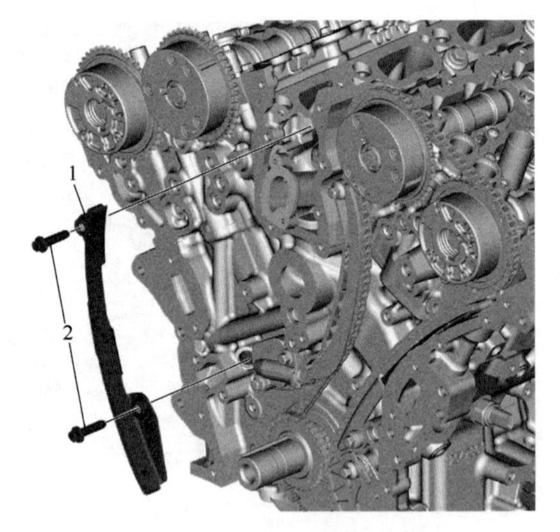

图 12-92　安装右正时链条导板

保带激光蚀刻标记的凸轮轴平面与气缸盖垂直并且曲轴处于第 2 阶段位置。曲轴键槽将处于大约 3 点钟位置。将曲轴链轮（2）预装配到右正时链条（1）上。固定正时链条的同时，将曲轴链轮安装到曲轴上。将正时链条引导至导板，不要搁置在塑料侧肋条上。在凸轮轴的六角形铸件上使用开口扳手，以转动凸轮轴，这将辅助正时标记的对准。凸轮轴执行器链轮区域可能有多个标志。找到执行器体表面上的 R。正确的正时标记可以是竖直位于链轮齿内侧并与 R 标识符对齐的圆形或三角形。将右侧（R）排气凸轮轴位置执行器链轮的圆形或三角形定位标记对准凸轮轴传动链条正时链节。将右侧（R）进气凸轮轴位置执行器链轮的圆形或三角形定位标记对准凸轮轴传动链条正时链节。

图 12-93　安装右正时链条

⑧ 安装右侧正时链条导板和正时链条张紧器，见图 12-94：安装右侧正时链条导板（1），紧固正时链条导板螺栓（2）至力矩 25Nm。确保在右气缸盖的右侧正时链条张紧器安装表面上，无任何可能对新的右侧正时链条张紧器衬垫（3）的密封造成影响的毛刺或缺陷。正时链条张紧器柱塞受到较大张力，必须在拆卸或安装正时链条张紧器（4）时使用张紧器收紧销将其固定。

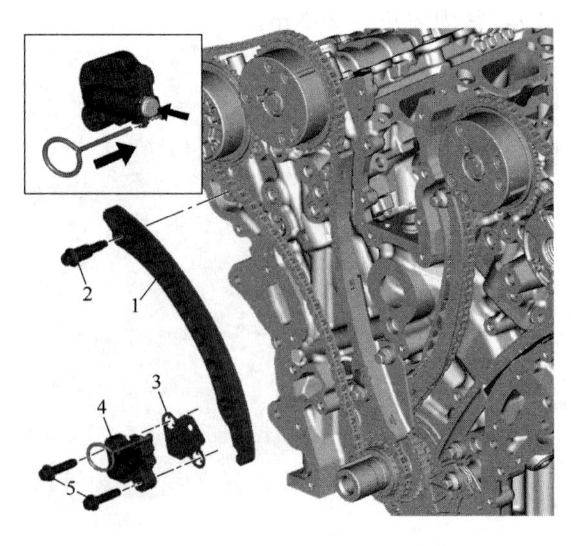

图 12-94　安装右侧正时链条张紧器

用拇指重置正时链条张紧器柱塞，并用 EN-52234 或 1/8″钻头将其固定。将柱塞压进张紧器体，把 EN-52234 或 1/8″钻头插入右正时链条张紧器体侧面的检修孔中，使右正时链条张紧器锁止。缓慢释放右侧正时链条张紧器上的压力。右侧正时链条张紧器应保持压缩状态。将链条张紧器安放到位，并将螺栓松弛地安装到气缸体上。紧固正时链条张紧器螺栓（5），力矩：25Nm。

在释放传动链条张紧器之前，确认正时标记处于正确位置。通过拔出合适的工具，松开正时链条张紧器柱塞。

通过参考正时标记位置图（第二阶段），判断左侧正时链条的正时标记是否对准。

12.10.2　发动机维修数据

通用 3.0T LGW 发动机机械部件技术数据见表 12-10。

表 12-10　LGW 发动机机械部件技术数据

项目		参数
一般信息	发动机类型	V-6
	型号	LGW
	排量	3.0L
	缸径	86mm
	行程	85.8mm
	压缩比	9.8∶1
	点火次序	1—2—3—4—5—6
	火花塞间隙	0.90mm
气缸	曲轴主轴承孔直径	76.021～76.035mm
	气缸孔直径	85.992～86.008mm
	气缸孔圆度(出厂最大值)	0.026mm
凸轮轴	凸轮轴轴承内径(前部 1 号)	31.000～31.020mm
	凸轮轴轴承内径(中间和后部 2～4 号)	24.000～24.020mm
	凸轮轴轴向间隙	0.055～0.465mm
	凸轮轴轴颈直径(前部 1 号)	30.936～30.960mm
	凸轮轴轴颈直径(中间和后部的 2～4 号)	23.936～23.960mm
	凸轮轴轴颈圆度	0.006mm
	凸轮轴轴颈至孔间隙	0.040～0.084mm
	排气凸轮轴凸角升程(AFM)	40.557～40.707mm
	排气凸轮轴凸角升程(非 AFM)	42.519～42.669mm
	进气凸轮轴凸角升程(AFM)	40.353～42.503mm
	进气凸轮轴凸角升程(非 AFM)	42.317～42.467mm
	凸轮轴跳动量(前部和后部的 1 和 4 号)	0.025mm
	凸轮轴跳动量(中间 2 和 3 号)	0.050mm
	排气门升程(AFM)	11.350mm
	排气门升程(非 AFM)	11.222mm
	进气门升程(AFM)	11.00mm
	进气门升程(非 AFM)	10.872mm
连杆	连杆轴承间隙	0.010～0.070mm
	连杆孔径(轴承端)	60.920～60.936mm
	连杆孔径(活塞销端-出厂件)	23.007～23.017mm
	连杆孔径(活塞销端-维修最大值)	23.021mm
	连杆长度(中心至中心)	148.8mm

续表

项目			参数
连杆	连杆侧隙		0.095～0.355mm
	连杆宽度(轴承端)	出厂件	21.775mm
		维修	21.725～21.825mm
	连杆宽度(活塞销端)	出厂件	21.775mm
		维修	21.725～21.825mm
曲轴	连杆轴颈直径		57.292～57.308mm
	连杆轴颈圆度		0.005mm
	连杆轴颈锥度		0.005mm
	连杆轴颈宽度	出厂件	23.000mm
		维修	22.920～23.080mm
	曲轴轴向间隙		0.100～0.330mm
	曲轴主轴承间隙		0.028～0.063mm
	曲轴主轴颈直径		70.992～71.008mm
	曲轴主轴颈圆度		0.005mm
	曲轴主轴颈锥度		0.005mm
	曲轴主轴颈止推壁	跳动量	0.000～0.040mm
		垂直度	0.000～0.010mm
	曲轴主轴颈(2、4号)宽度	出厂件	25.500mm
		维修	25.400～25.600mm
	曲轴主轴颈(3号)宽度	出厂件	25.900mm
		维修	25.875～25.925mm
	曲轴导向轴承孔直径		20.965～20.995mm
	曲轴后法兰跳动量		0.025mm
	曲轴磁阻环跳动量(最大值)		1.500mm
	曲轴跳动量		0.030mm
	曲轴止推轴承间隙		0.076～0.305mm
	曲轴止推面直径		99.500mm
	曲轴止推面跳动量		0.040mm
气缸盖	气门导管孔(排气)		6.000～6.020mm
	气门导管孔(进气)		6.000～6.020mm
	气门导管安装高度		16.050～16.550mm
	气门座宽度(排气座合面)		1.550～1.950mm
	气门座宽度(排气铲削面)		0.780～0.980mm
	气门座宽度(进气座合面)		1.000～1.400mm
	气门座宽度(进气铲削面)		0.500～0.700mm
	气门挺柱孔直径		12.008～12.030mm
润滑系统	机油压力[最小值(怠速时)]		69kPa
	机油压力[最小值(2000r/min时)]		136kPa
	活塞冷却喷射阀开启压力		3.15～3.85bar①
活塞环	活塞环开口间隙	第一道压缩环(标称)	0.140～0.240mm
		第一道压缩环(最大值,孔内环)	0.290mm
		第二道压缩环(标称)	0.300～0.450mm
		第二道压缩环(最大值,孔内环)	0.490mm
		油环	0.150～0.350mm
	活塞环至环槽间隙	第一道压缩环	0.03～0.08mm
		第二道压缩环	0.020～0.060mm
		油环	0.06～0.19mm
	活塞环厚度	第一道压缩环	0.975～0.990mm
		第二道压缩环	1.170～1.195mm
		油环	1.360～1.480mm

续表

项目			参数
活塞和活塞销	活塞	活塞直径(超过裙部涂层的测量值)	94.976～95.014mm
		活塞直径(维修最小极限值)	94.926mm
		活塞销孔直径	23.004～23.009mm
		活塞环槽宽度(第一道压缩环)	1.02～1.05mm
		活塞环槽宽度(第二道压缩环)	1.210～1.230mm
		活塞环槽宽度(油环)	2.01～2.03mm
		活塞至孔间隙(出厂件;裙部涂层的测量值)	0.022～0.032mm
		活塞至孔间隙(维修最大极限值)	0.050mm
	活塞销	活塞销至连杆孔间隙(出厂件)	0.007～0.020mm
		活塞销至连杆孔间隙(维修最大值)	0.030mm
		活塞销至活塞销孔间隙(出厂件)	0.004～0.012mm
		活塞销至活塞销孔间隙(维修最大值)	0.015mm
		活塞销直径	22.997～23.000mm
		活塞销长度	55.7～56.0mm
气门系统	气门	气门锥角	44°(至燃烧面)
		气门锥面跳动量	0.0500mm
		气门锥面宽度(排气)	不可研磨,更换气门
		进气门锥面宽度	不可研磨,更换气门
		排气门头直径	31.37～31.63mm
		进气门头直径	39.27～39.53mm
		气门安装高度	35.23～36.69mm
		排气门长度	100.54mm
		进气门长度	106.321mm
		气门座锥角(座合面)	45°
		气门座锥角(铲削面)	30°
		气门座圆度(最大值)	0.008mm
		气门座锥角(最大值)	0.025mm
		排气门杆直径	5.945～5.965mm
		进气门杆直径	5.595～5.975mm
		排气门杆至导管间隙	0.035～0.075mm
		进气门杆至导管间隙	0.025～0.065mm
	气门挺柱[固定式液压间隙调节器(SHLA)]	气门挺柱(液压挺柱)直径	11.989～12.000mm
		气门挺柱(液压挺柱)至挺柱孔间隙	0.008～0.041mm
	摇臂	气门摇臂比	1.68∶1
		气门摇臂滚柱直径	17.750～17.800mm
	气门弹簧	气门弹簧圈厚度	3.6mm
		气门弹簧直径(内侧顶部)	12.200～12.700mm
		气门弹簧直径(内侧底部)	17.950～18.450mm
		气门弹簧自由长度	44.34～47.34mm
		气门弹簧安装高度(关闭)	37.50mm
		气门弹簧安装高度(打开)	26.2mm
		气门弹簧载荷(关闭)	247～273N
		气门弹簧载荷(打开)	611～669N

① $1bar=10^5Pa$。

第 13 章 福特-林肯汽车

13.1 1.0T CAF372WQ35 发动机

13.1.1 发动机正时维修

① 曲轴皮带轮没有用于对齐皮带轮和曲轴的楔，螺栓拧得非常紧。如需取下曲轴皮带轮，必须使用正确的工具，遵循正确的流程，并更换皮带轮螺栓。

拆卸时必须先取下驱动轴支座，然后才能取下曲轴定位螺栓，见图 13-1。

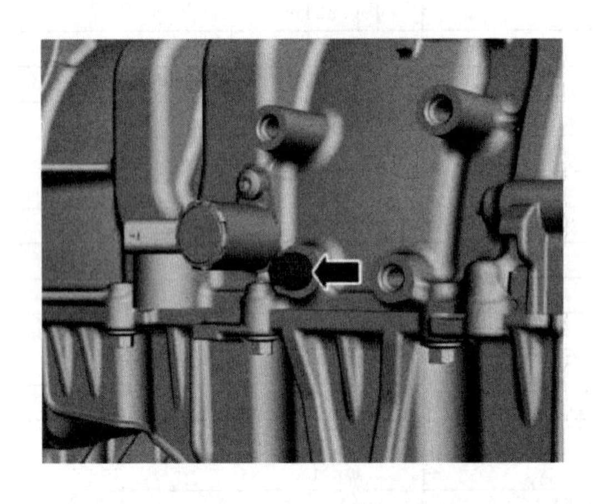

图 13-1 取下缸体正时螺栓

② 取下螺栓后，将专用工具 303-1604 放置到位，如图 13-2 所示。

③ 手动顺时针旋转曲轴，直到其接触到工具，见图 13-3。

④ 取下工作电磁阀，将 303-1606 凸轮轴定位工具放置到位，见图 13-4。

⑤ 如图 13-5 所示，逆时针转动小把手，直到感受到阻力，力矩应为 15Nm。

⑥ 取下启动电机，将专用工具 303-1602 放置到启动电机安装螺纹孔上，以阻止曲轴转动，见图 13-6。

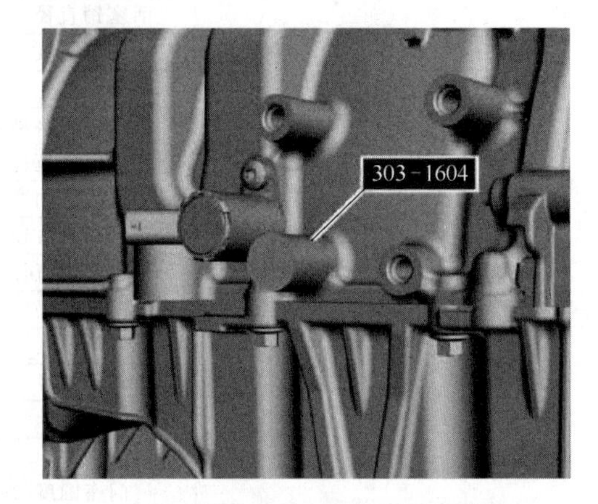

图 13-2 插入专用工具 303-1604

图 13-3 顺时针转动曲轴，触及工具

⑦ 如图 13-7 所示，取下机油压力控制电磁阀，为专用工具 303-1611-02 腾出空间。

⑧ 将专用工具 303-1611-02 螺栓支架的第一部分放置到气缸体上，如图 13-8 所示。

图 13-4 安装凸轮轴固定装置

图 13-5 逆时针转动把手

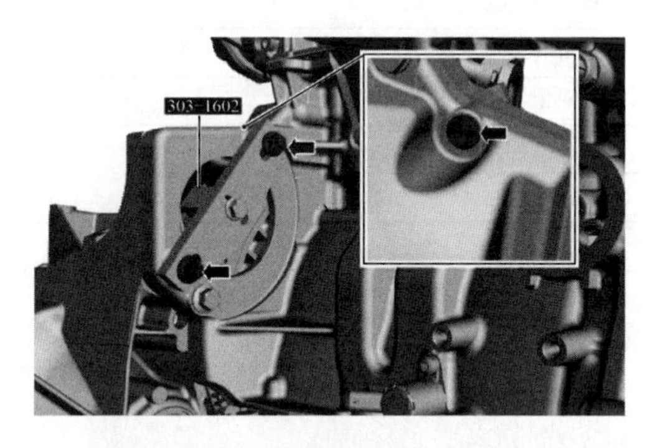

图 13-6 安装专用工具 303-1602

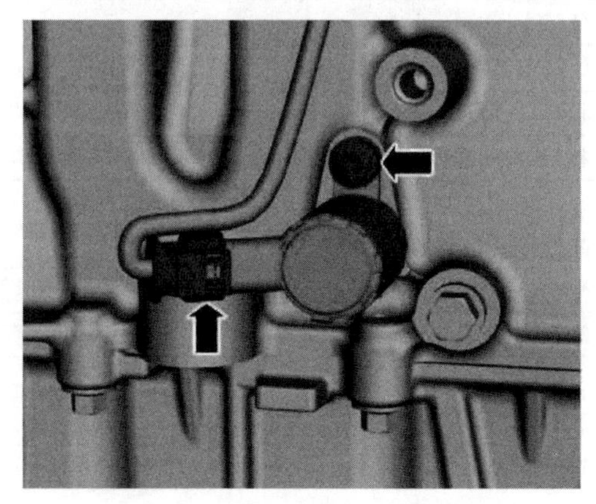

图 13-7 取下机油压力控制阀

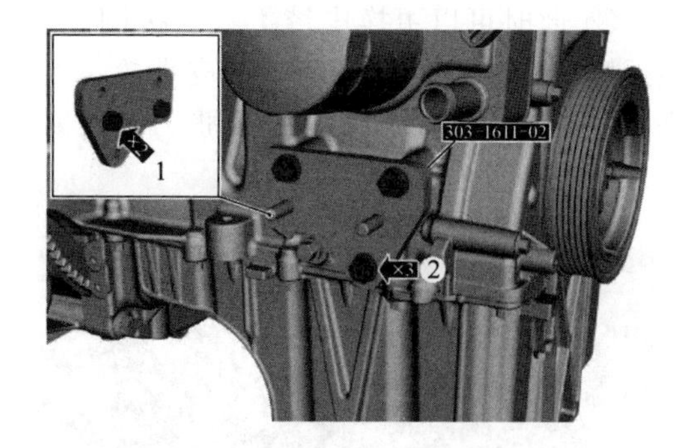

图 13-8 安装专用工具螺栓支架

1—支架结合体固定螺栓（共 2 个）；
2—支架缸体固定螺栓（共 3 个）

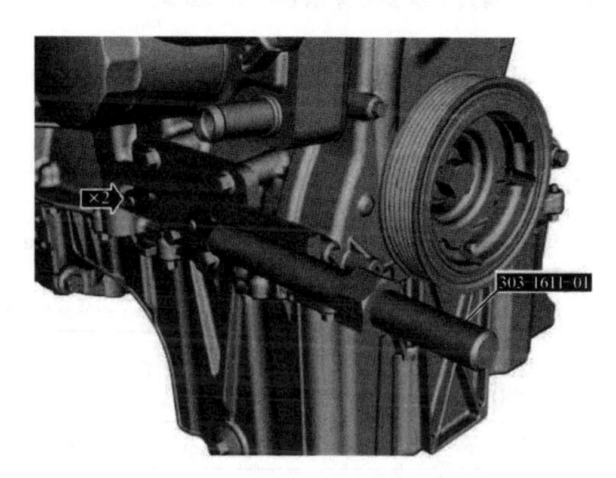

图 13-9 安装专用工具接合体

⑨ 将专用工具 303-1611-01 与支架的接合部分安放在气缸体上，见图 13-9。

⑩ 安放工具 303-1611 的第三部分，然后取下前皮带轮螺栓。该螺栓为一次性螺栓，取下后必须更换。取下该螺栓后，就能取下前皮带轮、前盖以及正时皮带了，见图 13-10。

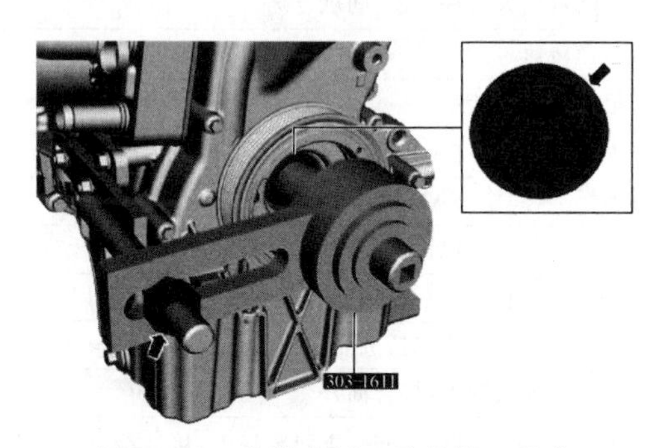

图 13-10 安装专用工具的第三部分

⑪ 使用专用工具 303-1054 钉住正时皮带张紧器，见图 13-11。

⑫ 此时可以更换皮带了。可按图 13-12 相反顺序（4～1）重新组装前皮带轮，要特别注意前皮带轮的对准和螺栓张力，正时带部件见图 13-12。

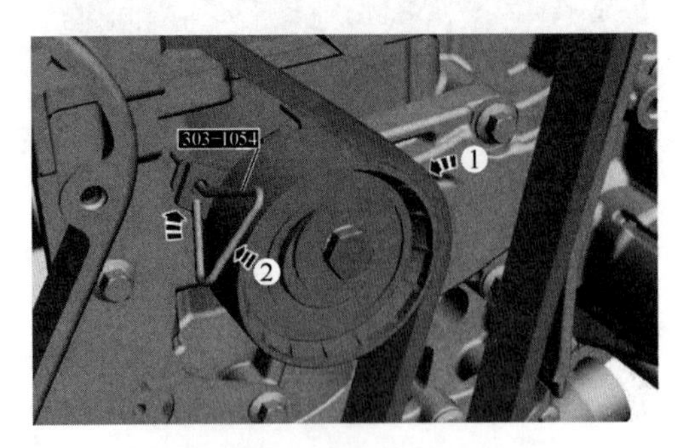

图 13-11 锁住张紧器

图 13-12 正时带部件分布

1—曲轴带轮；2—排气凸轮轴链轮；3—进气凸轮轴链轮；4—张紧轮

13.1.2 发动机维修数据

CAF372WQ35 发动机维修技术参数如表 13-1 所示。

表 13-1 CAF372WQ35 发动机维修技术参数

项目		参数
发动机代码		B3DA，B7DA
废气排放量		国六 b 标准
点火顺序		1—2—3
气缸内径		71.9mm
冲程		82mm
发动机排量		999mL
压缩比		10.5∶1
动力输出/转速		90kW/(6000r/min)
转矩/转速		170Nm/(1400～4500r/min)
发动机最大容许转速(连续)		6450r/min
发动机最大容许转速(间歇)		6675r/min
怠速转速		(860±100)r/min
最大机油消耗率		0.5L/(1000km)
发动机机油	SAE 5W-20(建议)	材料：发动机油-SAE 5W-20(WSS-M2C948-B)
	SAE 5W-30(可选)	材料：发动机油-SAE 5W-30-全合成(WSS-M2C946-A)
发动机机油容量	包括机油滤清器在内的初次添加	5.05L
	包括机油滤清器在内的保养添加	4.52L
	不包括机油滤清器在内的保养添加	4.42L
气缸盖最大变形(接合面)		0.05mm
密封胶(机油盘接触面到密封胶托板，机油盘到气缸体，油底壳到机油泵)		材料：RTV 硅密封胶(WSE-M4G323-A6)
机油滤清器转矩标准		15Nm
机油盘放油塞转矩标准		25Nm

13.2 1.5T CAF384Q16（国六）发动机

13.2.1 发动机正时维修

发动机正时皮带机构拆装步骤如下。

① 拆卸发动机前盖。

② 拆下发动机飞轮专用锁止工具 303-1643，见图 13-13。

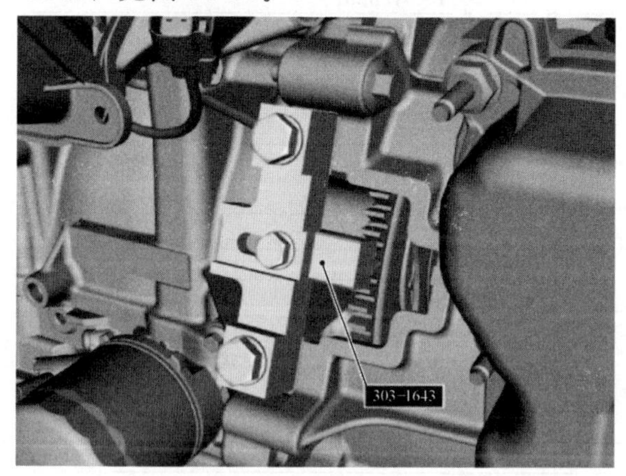

图 13-13 锁止发动机飞轮

③ 顺时针方向旋转曲轴，确保对齐安装标记，见图 13-14。

图 13-14 对齐安装正时标记

④ 安装凸轮轴专用锁止工具 303-1639，见图 13-15。

⑤ 使用 4mm 打孔器固定张紧轮，见图 13-16。

⑥ 如图 13-17 所示，拆下正时皮带。

图 13-15 安装凸轮轴锁止工具

图 13-16 固定张紧轮于松弛位置

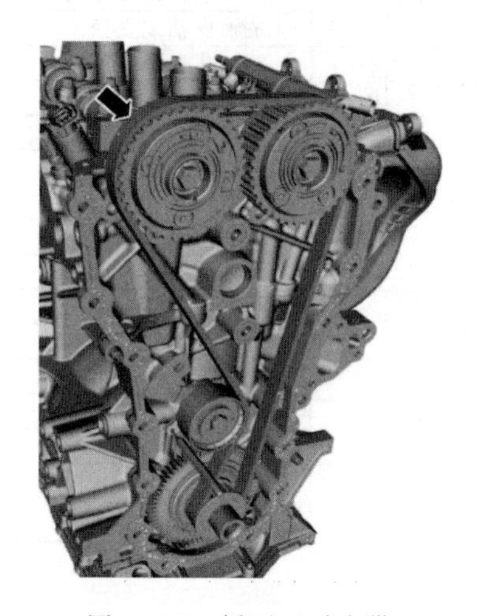

图 13-17 拆下正时皮带

⑦ 安装以与拆卸相反的顺序进行。

13.2.2 发动机维修数据

福特 1.5L CAF384Q16（国六）发动机维修技术参数见表 13-2。

表 13-2 CAF384Q16 发动机维修技术参数

项目		参数
常规	点火顺序	1—2—3
	气缸内径	84mm
	冲程	90mm
	发动机排量	1496mL
	压缩比	11∶1
	动力输出	88kW
	转矩	151Nm
	发动机最大容许转速(连续)	6750r/min
	发动机最大容许转速(间歇)	7000r/min
	怠速转速	(800±100)r/min
	最大机油消耗率	0.5L/(1000km)
发动机机油	SAE 5W-20	材料:发动机油-SAE 5W-20(WSS-M2C948-B)
机油压力	机油温度80℃、发动机的转速800r/min时的最小压力	1.05bar①
	机油温度80℃、发动机的转速2000r/min时的最小压力	2.8bar
	压力释放阀开启压力	(7.25±0.75)bar
发动机机油容量	包括机油滤清器在内的初次添加	4L
	包括机油滤清器在内的保养添加	3.65L
	不包括机油滤清器在内的保养添加	3.5L
气缸盖	最大变形(接合面)	0.03mm[最大变形(与螺栓接合面)],0.02mm(最大径向变形)
气门尺寸	气门杆直径(进气)	5.43mm
	气门杆直径(排气)	5.44mm
凸轮轴尺寸	凸轮轴轴颈直径	24.97mm
	凸轮轴轴颈间隙	(0.055±0.026)mm
	凸轮轴端隙	0.145mm
	凸轮升程(进气)	5.7mm
	凸轮升程(排气)	5.7mm
曲轴尺寸	曲轴端游隙	(0.2±0.1)mm
	主轴承轴颈端浮动	(0.2±0.1)mm
	主轴承轴颈直径	48mm
气缸体尺寸	气缸孔直径(单级)	84～84.02mm
	气缸体变形(最大)	0.008mm
活塞尺寸	活塞直径	83.96～83.975mm
	气缸内活塞间隙	0.025～0.06mm
	上部压缩环厚度	1.18mm
	下部压缩环厚度	1.18mm
	机油控制环厚度	1.94mm
活塞销尺寸	活塞销长度	43mm
	活塞销直径	20.995～21mm
连杆尺寸	大端孔径	47.028～47.042mm
	小端内径	21.011mm
	连杆轴承间隙	0.022～0.048mm
转矩标准	放油塞	39Nm
	机油滤清器	18Nm

① $1bar=10^5Pa$。

13.3 1.5T GTDIQ75 发动机

13.3.1 发动机正时维修

发动机正时机构部件拆装步骤如下。

① 拆卸发动机前盖。

② 如图 13-18 所示，拆下飞轮专用锁止工具：303-1643。

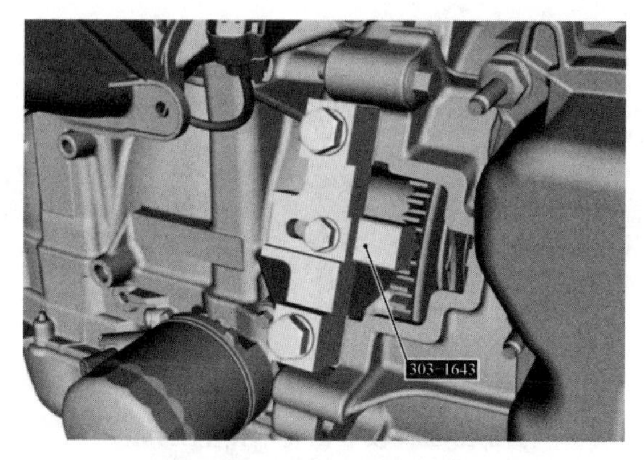

图 13-18　拆下飞轮锁止工具

③ 沿顺时针方向转动曲轴，确保对齐安装标记，见图 13-19。

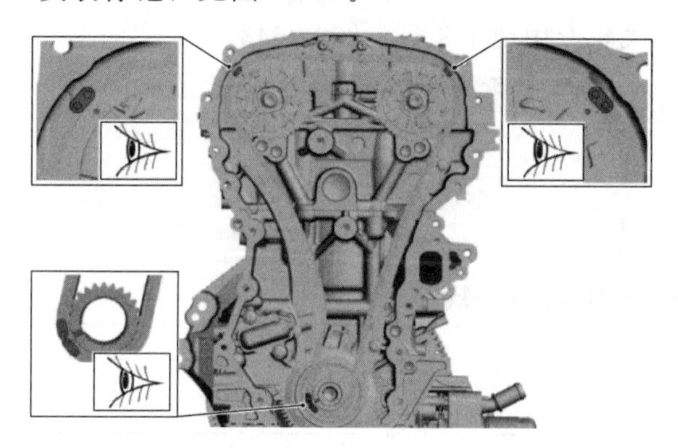
图 13-19　对齐安装正时标记

④ 如图 13-20 所示，按箭头方向按压张紧臂，使张紧器柱塞压入，同时用 2mm 钻头（2）锁住张紧器，拆下张紧器固定螺栓（3），取下张紧器。图中 1 为张紧臂推力方向。

图 13-20　拆除张紧器

⑤ 拆除上导轨的 2 个固定螺栓（重装时需更换新的螺栓），取下上导轨，见图 13-21。

图 13-21　拆卸上导轨

⑥ 拆除导轨的 2 个固定螺栓（重装时需更换新的螺栓），取下导轨，见图 13-22。

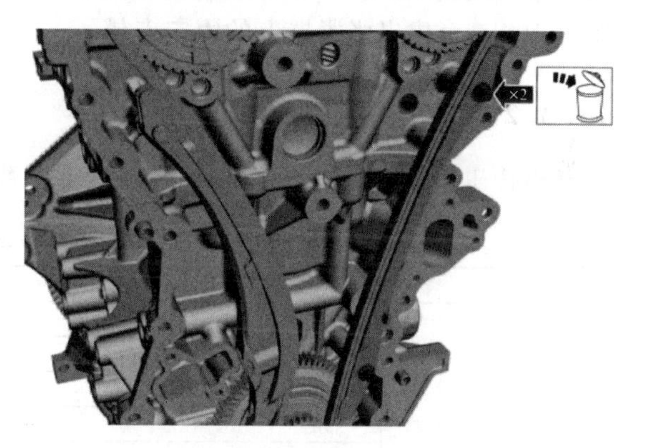

图 13-22　拆除正时链条导轨

⑦ 取下张紧臂，见图 13-23。

图 13-23　取出张紧臂

⑧ 拆下正时链条，见图 13-24。

⑨安装时用凸轮轴锁止工具 303-1649 锁定凸轮轴，见图 13-25。

⑩ 确保各安装标记已经对齐，用新螺栓以 10Nm 转矩安装导轨和上导轨。

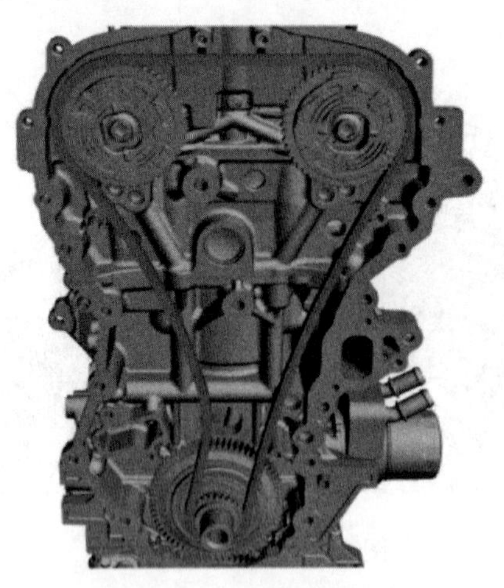

图 13-24　拆下正时链条

⑪ 安装张紧臂，安装张紧器螺栓，转矩为 10Nm，拔出张紧器上的固定卡销。

图 13-25　安装凸轮轴锁止工具

1,2—专用工具部件；3—固定螺栓

⑫ 拆下凸轮轴专用锁止工具 303-1649。

⑬ 检查确认各正时标记对齐后，安装飞轮专用锁止工具：303-1643。

⑭ 安装发动机前盖。

13.3.2　发动机维修数据

福特 1.5T GTDIQ75 发动机维修技术参数见表 13-3。

表 13-3　GTDIQ75 发动机维修技术参数

项　目		参　数
常规	废气排放量	国六标准
	点火顺序	1—2—3
	气缸内径	84mm
	行程	90mm
	发动机排量	1497mL
	压缩比	11：1
	动力输出/转速	134kW/(6000r/min)
	转矩/转速	240Nm/(1600～4500r/min)
	发动机最大容许转速(连续)	6300r/min
	发动机最大容许转速(间歇)	6500r/min
	怠速转速	(860±100)r/min
	最大机油消耗率	0.5L/(1000km)
发动机油	SAE 5W-20	材料：发动机油-SAE 5W-20(WSS-M2C948-B)
发动机机油容量(2019 年 1 月 14 日后生产的车辆)	包括机油滤清器在内的初次添加	5.3L
	包括机油滤清器在内的保养添加	5.05L
	不包括机油滤清器在内的保养添加	4.55L
气缸盖	最大变形(接合面)	0.03mm[最大变形(与螺栓接合面)],0.02mm(最大径向变形)
凸轮轴尺寸	曲轴端游隙	(0.2±0.1)mm
润滑油、油液、密封胶和黏合剂	密封剂(油盘到气缸体)	材料：RTV 硅密封胶(WSE-M4G323-A6)
	密封剂(前盖到气缸体)	
	密封剂(曲轴后密封件)	
	硅润滑脂	材料：润滑脂-硅胶(ESE-M1C171-A)
转矩标准	机油滤清器	15Nm
	火花塞	18Nm
	发动机油压开关	15Nm

13.4 1.5T CAF479WQ4 发动机

13.4.1 发动机正时维修

① 沿顺时针方向旋转曲轴，使 VCT 标记处于 11 点钟位置，如图 13-26 所示。

图 13-26 调整 VCT 标记至 11 点钟位置

② 如图 13-27 所示，安装曲轴专用锁止工具：303-748。曲轴 TDC 正时销会与曲轴接触，防止其转过 TDC。然而，机轴仍然可以按逆时针方向转动。在移除或安装机轴皮带盘时，机轴必须保持在 TDC 的位置。

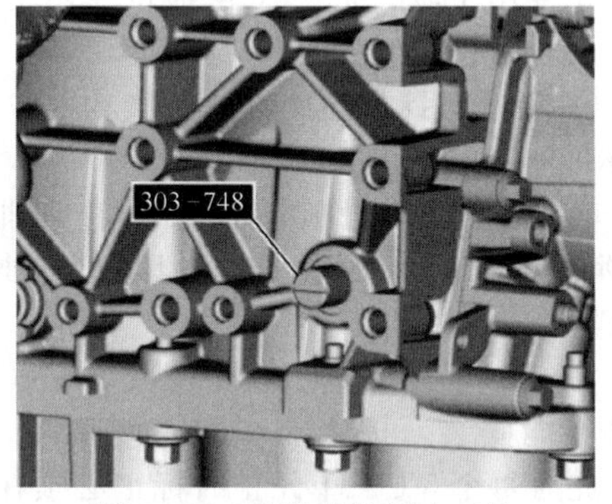

图 13-27 安装曲轴锁止工具

③ 顺时针缓慢旋转曲轴，直到曲轴平衡块抵住曲轴锁定工具，机轴即位于 TDC 位置，见图 13-28。

④ 安装飞轮专用锁止工具 303-393-02 与适配器 303-393A，见图 13-29。

⑤ 拆下曲轴皮带轮，并报废螺栓。

⑥ 如图 13-30 所示，安装可变凸轮轴正时液压控制装置专用锁止工具 303-1097。注意：每个 VCT 单元的正时标记必须位于 12 点钟位置，必要的话可以轻微旋转凸轮轴以安装专用工具。

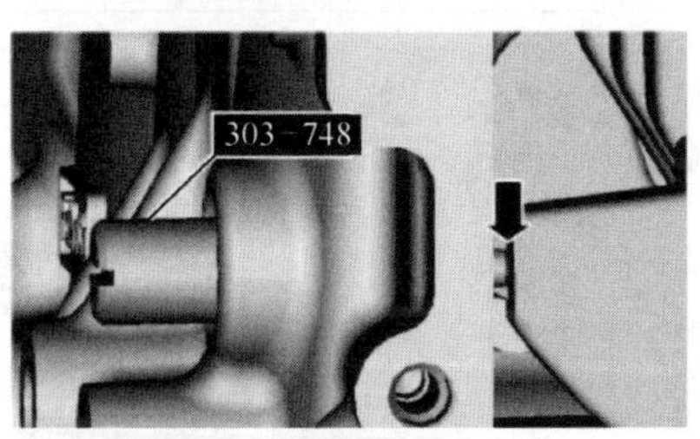

图 13-28 调整曲轴位置

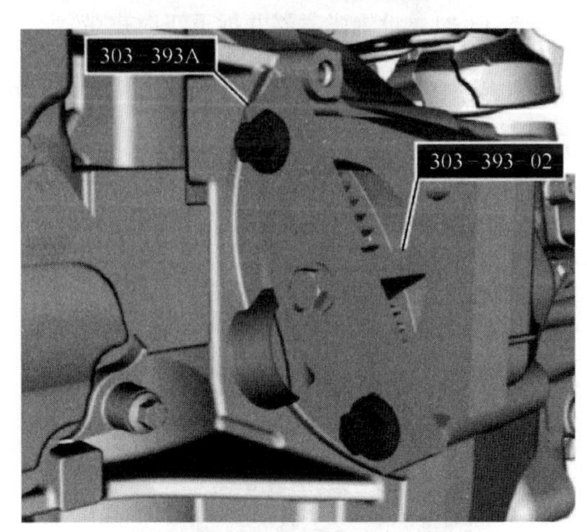

图 13-29 安装飞轮锁止工具

图 13-30 安装凸轮轴锁止工具

⑦ 沿顺时针方向（箭头 1 方向）转动张紧器，并安装紧固销（2），拆下正时皮带（3），如图 13-31 所示。

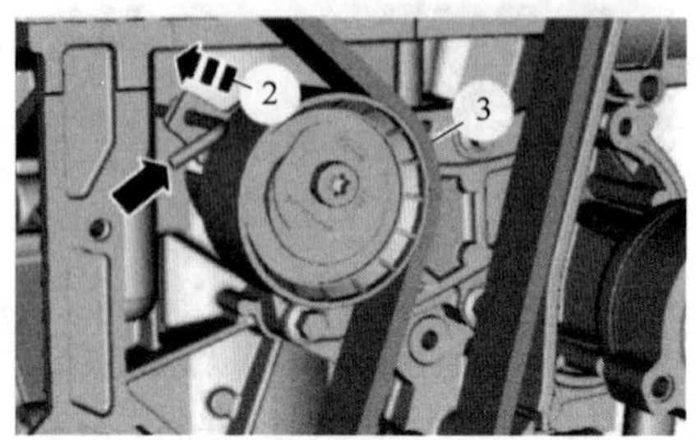

图 13-31　设置张紧器并拆下正时皮带

⑧ 安装正时皮带时，按图 13-32 所示数字顺序。

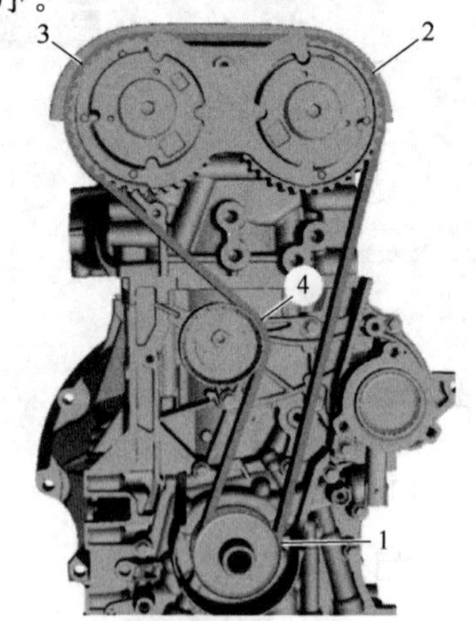

图 13-32　正时皮带安装顺序

⑨ 拆卸张紧器紧固销。

⑩ 安装曲轴减振器：安装专用工具为 303-1550 定位工具，旋转曲轴皮带盘以对齐专用工具，见图 13-33。在此阶段，使用新的螺栓，并用手指拧紧。

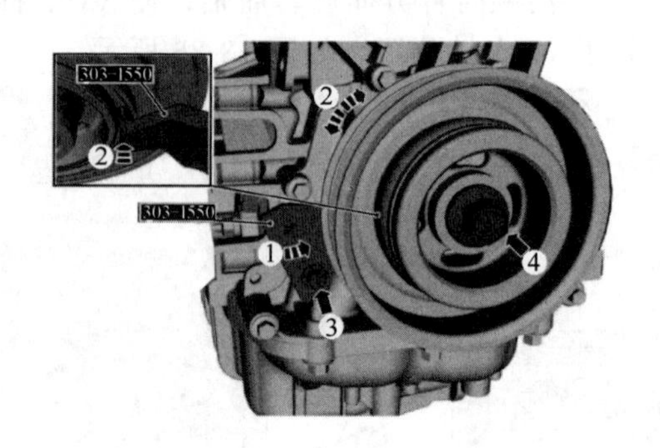

图 13-33　安装曲轴减振器

1—曲轴减振器定位工具；2—旋转曲轴带轮；3—定位工具固定螺栓；4—减振器固定螺栓

⑪ 拧紧减振器螺栓：第一步，力矩为 100Nm；第二步，拧紧 90°；第三步，等候 2s；第四步，再拧紧 15°。

⑫ 拆下曲轴减振器定位工具，拆下曲轴锁止专用工具，拆下飞轮锁止专用工具，拆下凸轮轴锁止专用工具。

⑬ 沿顺时针方向旋转曲轴大约 3/4 圈，安装曲轴专用锁止工具 303-748。

⑭ 顺时针缓慢旋转曲轴，直到曲轴平衡块抵住曲轴锁定工具，机轴位于 TDC。

⑮ 安装凸轮轴专用锁止工具 303-1097，如果不能安装，按之前步骤重复调整。注意：此时每个 VCT 单元正时标记必须在 12 点钟位置。

13.4.2　发动机维修数据

福特 1.5T CAF479WQ4 发动机维修技术参数见表 13-4。

表 13-4　CAF479WQ4 发动机维修技术参数

项目		参数
常规	排量	1.5L 涡轮增压汽油直喷(GTDI)
	气缸数量	4
	缸径	79.015mm
	行程	76.4mm
	点火顺序	1—2—4—3

续表

项　　目		参　　数
常规	火花塞型号	12405
	火花塞间隙	0.7mm
	压缩比	10∶1
	发动机质量(含挠性传动板)	96.7kg
	发动机和驱动桥质量(自动变速驱动桥)	172.9kg
	Motorcraft® SAE 5W-20 高级合成混合机油(美国)	XO-5W20-QSP(美国)
	Motorcraft® SAE 5W-20 超优质机油(加拿大)	CXO-5W20-LSP12(加拿大)
	发动机机油容量(包括机油滤清器在内的保养添加)	4.05L
	发动机机油容量(不包括机油滤清器在内的保养添加)	3.75L
油压	800r/min,热油状态	100kPa
	2000r/min,热油状态	200kPa
气缸体	气缸内径	79.005～79.025mm
	缸膛最大圆度	0.008mm
	主轴承内径	54～54.018mm
	汽缸垫表面平面度	0.05mm(每200mm×200mm)
活塞	活塞直径(单级)	78.9675～78.9825mm
	活塞到孔距离	0.0225～0.0575mm
	环槽宽度(最高)	1.25～1.27mm
	环槽宽度(第二)	1.22～1.24mm
	环槽宽度(机油)	2.01～2.03mm
	最小活塞裙涂层厚度	0.009mm
活塞销	直径	20.994～21mm
	长度	45.7～46mm
	活塞到销子间隙	0.006～0.017mm
	销杆间隙	0.018～0.03mm
气缸盖	气缸盖平面度	0.1mm(气缸盖整体)
	气门升程[无间隙(排气)]	6.6mm
	气门升程[无间隙(进气)]	7.9mm
	气门导管直径(孔)	5～5.02mm
	阀座宽度(进气)	(1.14±0.15)mm
	阀座宽度(排气)	(1.65±0.15)mm
	阀座角度(进气)	45°
	阀座角度(排气)	60.5°
	气门座偏转度	0.029mm
	阀门挺杆内径	28～28.03mm
	凸轮孔径	25～25.03mm
阀门	气门头直径(进气)	(30.1±0.1)mm
	气门头直径(排气)	(24.9±0.15)mm
	气门杆直径(进气)	(4.968±0.007)mm
	气门杆直径(排气)	(4.958±0.0075)mm
	气门杆到导管间隙(进气)	0.025～0.059mm
	气门杆到导管间隙(排气)	0.0345～0.0695mm
	气门工作面偏转量	0.05mm
	阀面角度(进气)	44.3°
	阀面角度(排气)	60.1°
曲轴	主轴承轴颈直径	47.98～48mm
	主轴颈产品维修尺寸	46.75～47.15mm
	主轴承间隙	0.024～0.052mm
	连杆轴径	43.98～44mm
	连杆轴颈产品维修尺寸	42.75～43.15mm
	轴端余隙	0.12～0.43mm

续表

项目		参数
活塞环	宽度(最高)	1.17～1.19mm
	宽度(第二)	1.17～1.195mm
	宽度(机油)	2mm
	环间隙(孔)(最高)	0.18～0.28mm
	环间隙(孔)(第二)	0.7～0.9mm
	环间隙(孔)(燃油)	0.2～0.9mm
阀挺杆	直径	27.965～27.98mm
	挺杆到阀间隙(进气)	0.24～0.33mm
	挺杆到阀间隙(排气)	0.38～0.47mm
	挺杆到孔间隙	0.02～0.065mm
凸轮轴	轴端余隙	0.07～0.2mm
	凸轮升程(进气)	7.9mm
	凸轮升程(排气)	6.6mm
	偏转量	0.02mm
	推力间隙	(22.09±0.02)mm
	轴颈直径	(24.97±0.01)mm
	轴颈到孔间隙	0.02～0.07mm
连杆	运行间隙	0.024～0.05mm
	轴承间隙	0.024～0.044mm
	轴承厚度(1 级)	1.499～1.506mm
	轴承厚度(2 级)	1.506～1.513mm
	轴承厚度(3 级)	1.513～1.52mm
	轴承厚度(4 级)	1.52～1.527mm
	曲轴孔直径	47.025～47.045mm
	销孔直径	21.018～21.024mm
	长度(中心到中心)	136.45mm

13.5 1.5T ECOBOOST 混动发动机

13.5.1 发动机正时维修

与 GTDIQ75 发动机相同，请参考 13.3.1 小节内容。

13.5.2 发动机维修数据

ECOBOOST 混动发动机技术数据如表 13-5 所示。

表 13-5 ECOBOOST 混动发动机技术数据

项目		数据
常规	点火顺序	1—2—3
	气缸内径	84mm
	行程	90mm
	发动机排量	1497mL
	压缩比	11∶1
	动力输出	134kW
	转矩	258Nm
	发动机最大容许转速(持续)	6750r/min
	发动机最大容许转速(间歇)	7000r/min
	怠速转速	(850±100)r/min

续表

项　　目		数　　据
常规	最大机油消耗率	0.5L/(1000km)
	1500r/min 且发动机机油温度介于 50～80℃时的机油压力	140～220kPa
	发动机机油容量(包括机油滤清器在内的初次添加)	5.55L
	发动机机油容量(包括机油滤清器在内的保养添加)	5.05L
	发动机机油容量(不包括机油滤清器在内的保养添加)	4.55L
气门	气门杆直径(进气)	5.43mm
	气门杆直径(排气)	5.44mm
凸轮轴	凸轮轴轴颈直径	24.97mm
	凸轮轴轴颈间隙	(0.055±0.026)mm
	凸轮轴端隙	0.145mm
	凸轮升程(进气)	5.7mm
	凸轮升程(排气)	5.7mm
曲轴	曲轴端游隙	(0.2±0.1)mm
	主轴承轴颈端浮动	(0.2±0.1)mm
	主轴承轴颈直径	48mm
气缸体	气缸孔直径(单级)	84～84.02mm
	气缸体变形(最大)	0.008mm
活塞	活塞直径	83.96～83.975mm
	气缸内活塞间隙	0.025～0.06mm
	上部压缩环厚度	1.18mm
	下部压缩环厚度	1.18mm
	机油控制环厚度	1.94mm
活塞销	活塞销长度	43mm
	活塞销直径	20.995～21mm
连杆	大端孔径	47.028～47.042mm
	小端内径	21.011mm
	连杆轴承间隙	0.022～0.048mm
转矩标准	放油塞	39Nm
	机油滤清器	15Nm

13.6　2.0T CAF488WQE6 发动机

13.6.1　发动机正时维修

发动机正时单元部件拆装步骤如下。

注意：如未首先按照说明程序安装特殊工具，则不得松开或移动机轴皮带盘螺栓。机轴皮带盘及机轴定时链轮对机轴是非键控的。曲轴、曲轴链轮和带轮借助摩擦力安装在一起。因此，如果皮带盘螺栓松动的话，那么机轴链轮也会松动。如果检修时需要松动或移除机轴皮带盘螺栓，那么在此之前，必须将机轴及凸轮轴用特殊工具锁定在适当位置，否则会引起发动机严重损坏。

① 拆下发动机前盖。

② 卸下螺栓和正时链张紧器，见图 13-34。

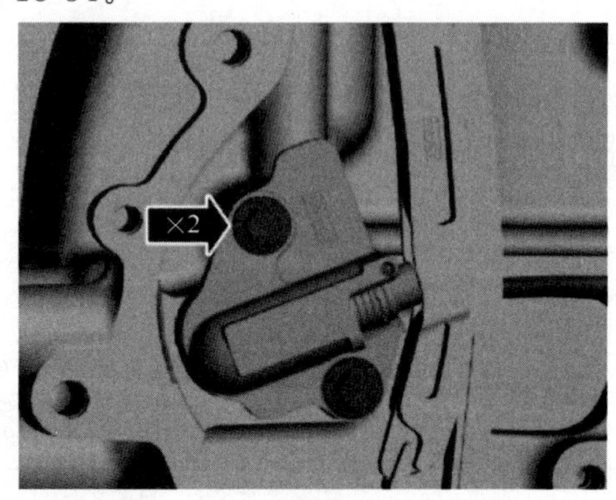

图 13-34　拆下正时链张紧器

③ 拆下正时链张紧臂。拆下正时链。拆下螺栓和正时链导轮，见图 13-35。

图 13-35　拆卸发动机正时单元部件

④ 安装正时链导轮和螺栓。转矩为 11Nm，安装正时链。安装正时链张紧臂。

⑤ 如果正时链张紧器活塞未固定在压缩位置，请复位正时链张紧器：将正时链张紧器放入铁夹紧虎钳中；将棘轮线夹（2）的两端分开，见图 13-36；使用铁夹紧虎钳（1），将活塞（3）压缩到复位位置；在正时链张紧器主体的 2 个孔中安装一个锁销（4），以便将活塞固定到位。

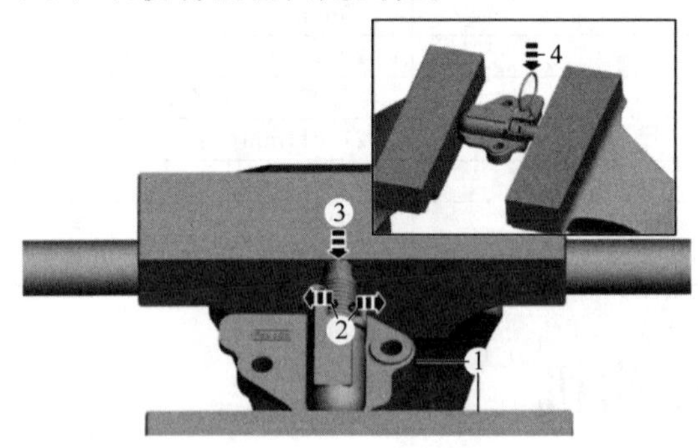

图 13-36　设置张紧器

⑥ 注意：张紧器螺栓紧固之前，不得移动锁销（2），见图 13-37。安装正时链张紧器和螺栓（1）。转矩：11Nm。

⑦ 拆下锁销。

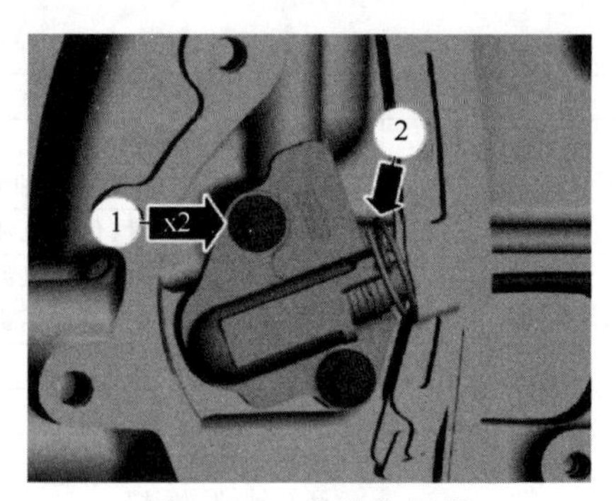

图 13-37　安装张紧器

⑧ 在凸轮轴平面上使用开口扳手，防止凸轮轴转动。如果卸下了进气 VCT 装置，则使用开口扳手拧紧新的进气 VCT 装置螺栓，见图 13-38。第一步，拧紧至力矩 35Nm；第 2 步，继续拧紧 135°。

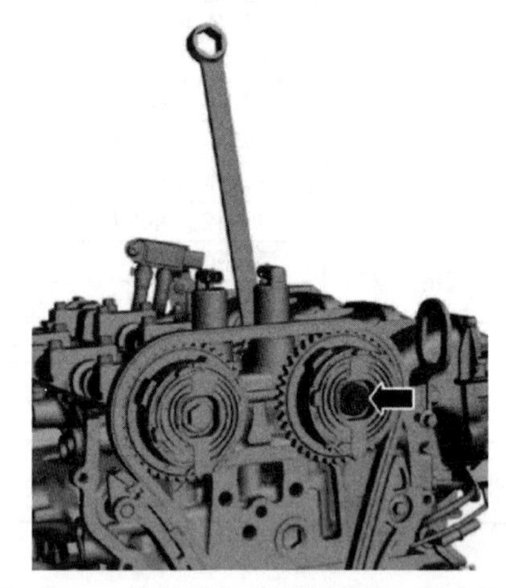
图 13-38　拧紧进气凸轮轴 VCT 装置螺栓

⑨ 在凸轮轴平面上使用开口扳手，防止凸轮轴转动。如果卸下了排气 VCT 装置，则使用开口扳手拧紧新的排气 VCT 装置螺栓。第一步，拧紧至力矩 35Nm；第二步，继续拧紧 135°。

⑩ 安装发动机前盖板。

13.6.2　发动机维修数据

CAF488WQE6 发动机维修技术数据如表 13-6 所示。

表 13-6　CAF488WQE6 发动机维修技术数据

项　目		数　据
常规	排量	2L
	气缸数量	4
	气缸内径	87.5mm
	行程	83.1mm

续表

项　　目		数　　据
常规	火花塞型号	12405
	火花塞间隙	0.75mm
	点火顺序	1—3—4—2
	压缩比	10.0∶1
	发动机质量(无附件传动装置部件及柔性连接盘)	130kg
	发动机油容量(包括机油滤清器在内的保养添加)	5.2L
	油压(1500r/min 且发动机机油温度介于 50～80℃时的机油压力)	190～260kPa
气缸体	气缸内径	87.5～87.52mm
	缸膛最大圆度	0.008mm
	主轴承内径	57.018～57.04mm
	气缸垫表面平面度	0.05～0.1mm(每 200mm×200mm)
活塞	测量直径时的高度	40.5mm
	活塞直径	87.446～87.46mm
	活塞到孔距离	0.04～0.074mm
	活塞环槽宽[压缩(顶部)]	1.23～1.25mm
	活塞环槽宽[压缩(底部)]	1.23～1.25mm
	活塞环槽宽(油)	2.03～2.05mm
	活塞裙涂层厚度	0.007～0.017mm
活塞销	直径	22.497～22.5mm
	长度	55.7～56mm
	活塞到销子间隙	0.005～0.013mm
	活塞销到连杆间隙	0.021～0.03mm
	活塞环宽度[压缩(顶部)]	1.18mm
	活塞环宽度[压缩(底部)]	1.18mm
	活塞环宽度(油)	2mm
	活塞环开口间隙(孔内)[压缩(顶部)]	0.17～0.27mm
	活塞环开口间隙(孔内)[压缩(底部)]	0.4～0.6mm
	活塞环开口间隙(孔内)(油)	0.15 ～0.45mm
	连杆轴承到机轴间隙	0.027～0.052mm
	连杆轴承厚度	1.495～1.519mm
	连杆机轴孔径	55.028～55.042mm
	连杆销孔径	22.521～22.527mm
	连杆长度(中心到中心)	155.869mm
	连杆侧间隙(装配到机轴)	0.14～0.36mm
	轴向间隙	0.14～0.36mm
曲轴	主轴承轴颈直径	51.978～52.002mm
	主轴承间隙	0.016～0.046mm
	连杆轴径	51.978～52.002mm
	轴端余隙	0.22～0.45mm
气缸盖	最大阀门升程[无间隙(排气)]	7.8mm
	最大阀门升程[无间隙(进气)]	8.986mm
	阀门导管直径	5.509～5.539mm
	阀座宽度(进气)	1.2～1.6mm
	阀座宽度(排气)	1.6～2mm
	阀座角度	44.75°
	阀座偏转量	0.75mm
	阀门挺杆内径	31～31.03mm
	凸轮孔径	25.015～25.04mm

续表

项目			数据
气门阀	阀头直径(进气)		32.5mm
	阀头直径(排气)		30mm
	阀杆直径(进气)		5.48mm
	阀杆直径(排气)		5.46mm
	阀杆到导管间隙(进气)		0.024～0.069mm
	阀杆到导管间隙(排气)		0.039～0.089mm
	阀面偏转量		0.05mm
	阀面角度		45°～45.5°
气门弹簧	压缩压力	进气管(已安装)	180N
		排气管(已安装)	230N
		进气(阀门打开),气门升起9.2mm	460N
		排气(阀门打开),气门升起9.2mm	560N
	自由长度(进气管)		47.904mm
	自由长度(排气管)		47.2mm
	装配高度		37.9mm
气门挺杆	直径		30.964～30.98mm
	挺杆到阀间隙(进气)		0.19～0.31mm
	挺杆到阀间隙(排气)		0.3～0.42mm
	挺杆到孔间隙		0.02～0.07mm
凸轮轴	进气凸轮升程		8.98mm
	排气凸轮升程		7.8mm
	偏转量		0.03mm
	推力间隙		0.09～0.24mm
	轴颈直径		24.96～24.98mm
	轴颈到孔间隙		0.035～0.08mm
转矩(规范)	发动机油盘排放塞		27Nm
	发动机机油滤清器		8Nm,然后继续紧固180°

13.7 2.3T CAF488WQGA型发动机

13.7.1 发动机正时维修

发动机正时机构部件拆装步骤如下。

① 将空挡的车辆置于举升机上。

② 拆下高压燃油泵驱动装置。

③ 拆下发动机前盖。

④ 如图13-39所示，安装凸轮轴专用工具：303-1565定位工具。凸轮轴对准工具仅用于凸轮轴对准。

图13-39 安装凸轮轴锁止工具

⑤ 如图13-40所示，使用开口扳手防止元件旋转。使用开口扳手，松开排气VCT装置的螺栓。

⑥ 使用开口扳手防止元件旋转。使用开口扳手，松开进气VCT装置的螺栓。

⑦ 如果配备铸铁正时链张紧器，执行以下步骤：使用小工具，释放或保持棘轮机构；当棘轮机构保持在松开位置，将定时链

图 13-40　松开 VCT 装置螺栓

臂推向拉紧器方向，压紧拉紧器；将紧固销插入孔内保持住拉紧器，见图 13-41。

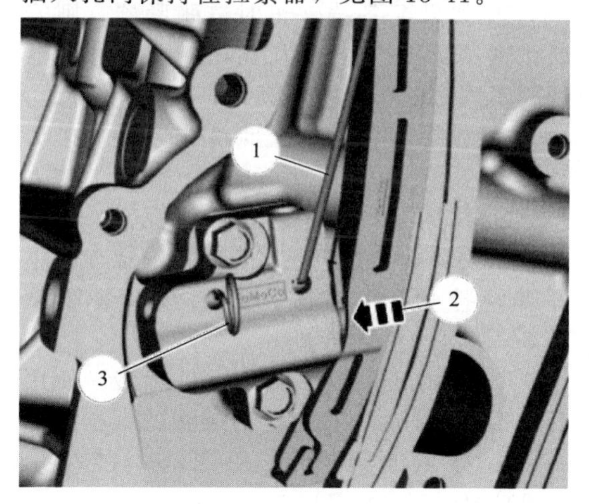

图 13-41　设置张紧器

1—小工具；2—推压方向；3—紧固销

⑧ 如果有必要安装新的正时链张紧器，应将铸铁张紧器更换为铝制张紧器 (6K254)。必须报废现有螺栓并更换新的螺栓 (6K282)。

⑨ 拆下正时链导轨和张紧轨，取下正时链条，见图 13-42。

⑩ 安装正时链条；安装正时导轨螺栓，转矩为 10Nm；安装正时张紧轨。

⑪ 如果配备铝制正时链张紧器，且定时链张紧器活塞未固定在压缩位置，请执行下一步。

⑫ 复位正时链张紧器。将正时链张紧器放入铁夹紧虎钳中。将棘轮线夹的两端分

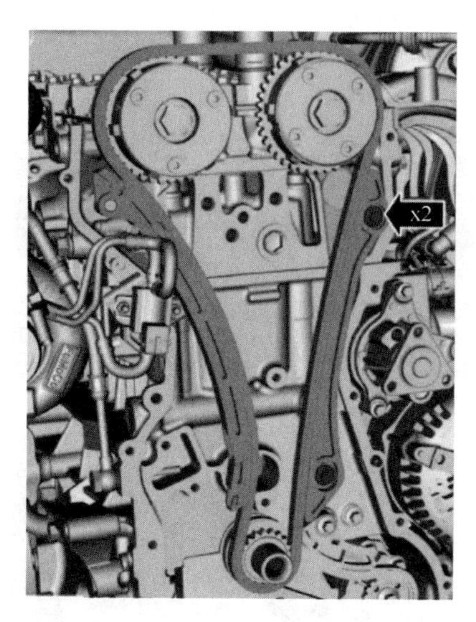

图 13-42　取下正时链条

开。使用铁夹紧虎钳，将活塞压缩到复位位置。在正时链张紧器主体的 2 个孔中安装一个锁销，以便将活塞固定到位，如图 13-43 所示。

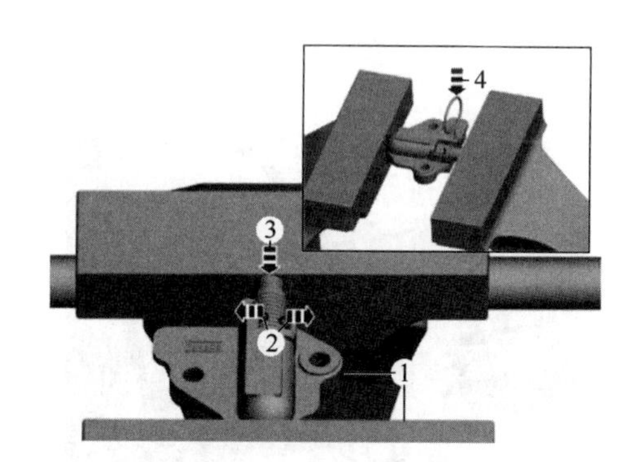

图 13-43　设置正时张紧器

1—张紧器；2—分开线夹；3—压缩活塞；
4—插入紧固销

⑬ 如果配备铝制正时链张紧器，则在张紧器螺栓紧固之前，不得移动锁销。安装张紧器螺栓，转矩：10Nm。

⑭ 如果配备铸铁正时链张紧器，则当定时链拉紧器活塞及棘轮组件不固定在压缩位置时，遵循以下 4 步：

使用老虎钳边缘，压缩定时链拉紧器活塞，见图 13-44。不得压缩棘轮组件，否则会损坏棘轮组件。

使用小工具，推回或保持棘轮机构，见图 13-45。

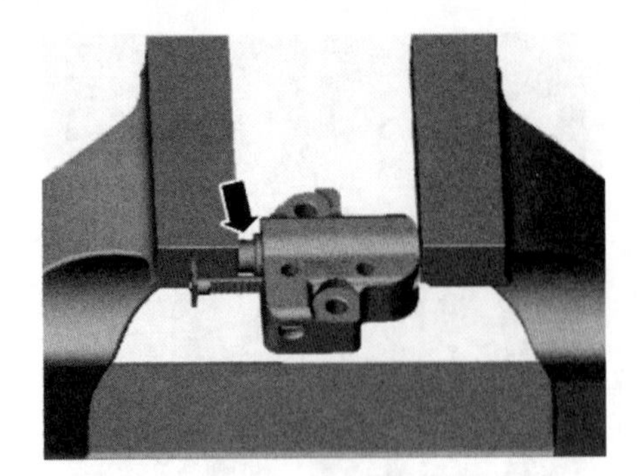

图 13-44　设置张紧器

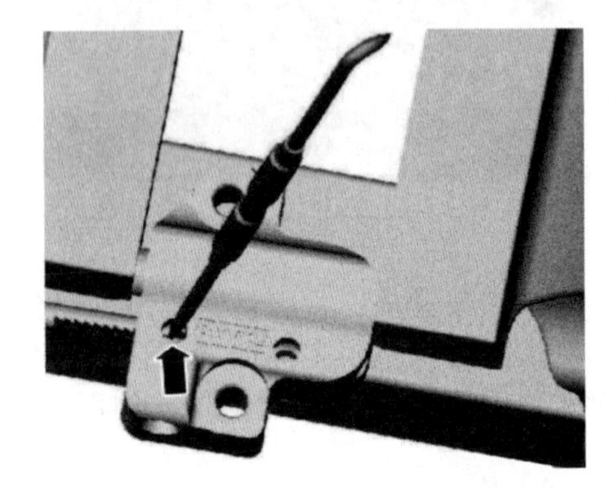

图 13-45　推回棘轮

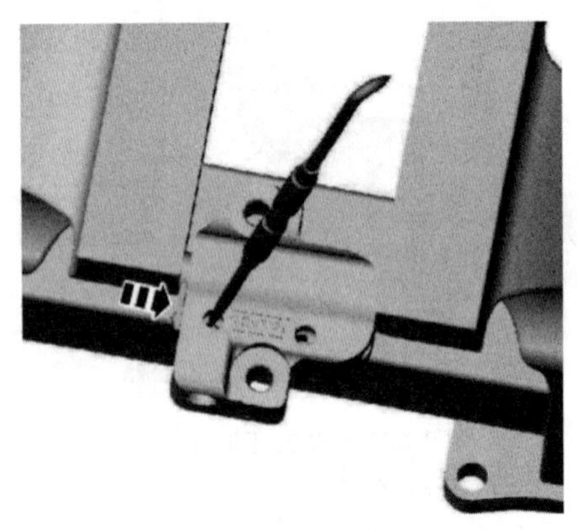

图 13-46　将棘轮臂推入壳体

当保持住棘轮机构时，将棘轮臂推回到拉紧器壳体中，见图 13-46。

如图 13-47 所示，将锁销安装在张紧器壳体的孔中，以便在安装时固定住棘轮总成和活塞。

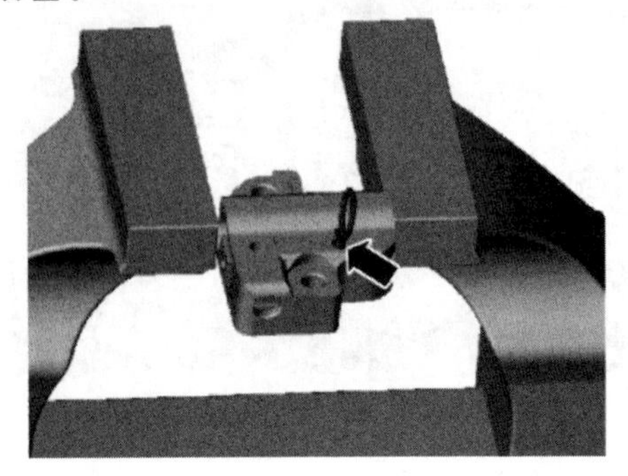

图 13-47　插入锁销

⑮ 如果配备铸铁正时链张紧器，则安装张紧器螺栓的转矩为 10Nm，且在张紧器螺栓紧固之前不得移动锁销。

⑯ 如果配备铸铁正时链张紧器，拔出锁销。

⑰ 使用开口扳手防止元件旋转。使用开口扳手，拧紧进气 VCT 装置的螺栓。第一步，拧紧至 40Nm；第二步，继续旋转 60°。

⑱ 使用开口扳手防止元件旋转。使用开口扳手，拧紧排气 VCT 装置的螺栓。第一步，拧紧至 40Nm；第二步，继续旋转 60°。

⑲ 拆下凸轮轴专用工具：303-1565 定位工具。

⑳ 安装发动机前盖。

㉑ 安装高压燃油泵驱动装置。

13.7.2　发动机维修数据

2.3T CAF488WQGA 型发动机维修技术参数见表 13-7。

表 13-7　2.3T CAF488WQGA 型发动机维修技术参数

项目		参数
常规	排量	2.3L
	气缸数量	4
	气缸内径	87.5mm
	行程	94mm
	点火顺序	1—3—4—2
	压缩比	10∶1

续表

项　　目		参　　数
常规	火花塞型号	12405
	火花塞间隙	0.75mm
	发动机质量(无附件传动装置部件及柔性连接盘)	138kg
	发动机油容量[包括机油滤清器在内的机油保养加注(正常机油和滤清器更换)]	5.7L
	发动机油容量[包括机油滤清器在内的首次发动机机油加注(用于发动机更换)]	6.47L
油压	2000r/min,热油状态	200～414kPa
气缸体	气缸内径	87.5～87.52mm
	缸膛最大圆度	0.008mm
	主轴承内径	57.018～57.04mm
	气缸垫表面平面度	0.05～0.1mm(每 200mm×200mm)
活塞	活塞直径(单级)	(87.48±0.007)mm
	活塞到孔距离	0.013～0.047mm
	活塞环槽宽[压缩(顶部)]	1.23～1.25mm
	活塞环槽宽[压缩(底部)]	1.22～1.24mm
	活塞环槽宽(油)	2.01～2.03mm
	活塞环宽度[压缩(顶部)(轴向)]	1.2mm
	活塞环宽度[压缩(底部)(轴向)]	1.2mm
	活塞环宽度[油(径向)]	2mm
	活塞环开口间隙(孔内)[压缩(顶部)]	0.17～0.27mm
	活塞环开口间隙(孔内)[压缩(底部)]	0.4～0.6mm
	活塞环开口间隙(孔内)(油)	0.15～0.45mm
	活塞裙涂层厚度	0.005～0.015mm
活塞销	直径	22.497～22.5mm
	长度	59.5～60mm
	活塞到销子间隙	0.006～0.013mm
	活塞销到连杆间隙	0.008～0.019mm
连杆	连杆轴承到机轴间隙	0.027～0.052mm
	连杆轴承厚度	1.495～1.519mm
	连杆机轴孔径	55.028～55.042mm
	连杆销孔径	22.508～22.516mm
	连杆长度(中心到中心)	149.32mm
	连杆侧间隙(装配到机轴)	2.59～3.69mm
	轴向间隙	0.14～0.36mm
曲轴	主轴承轴颈直径	51.978～52.002mm
	主轴承间隙	0.016～0.046mm
	连杆轴径	51.978～52.002mm
	轴端余隙	0.22～0.45mm
气缸盖	气缸盖平面度	对于总平面,最大为 0.08mm;在 150mm×150mm 面积范围内最大为 0.05mm;在 25mm×25mm 面积范围内最大为 0.025mm
	最大阀门升程[无间隙(排气)]	7.4mm
	最大阀门升程[无间隙(进气)]	8.3mm
	阀门导管直径	5.509～5.539mm
	阀座宽度(进气)	1.65～2.05mm
	阀座宽度(排气)	1.85～2.25mm
	阀座角度	45°
	阀门导管偏转量	0.029mm
	阀门挺杆内径	31～31.03mm
	凸轮孔径	25.015～25.04mm

续表

项目			参数
阀门	阀头直径(进气)		32.5mm
	阀头直径(排气)		30mm
	阀杆直径(进气)		5.5mm
	阀杆直径(排气)		5.5mm
	阀杆到导管间隙(进气)		0.03～0.07mm
	阀杆到导管间隙(排气)		0.03～0.07mm
	阀面偏转量		0.05mm
	阀面角度		45°～45.3°
气门弹簧	压缩压力	进气管(已安装)	180N
		排气管(已安装)	230N
		进气(阀门打开),气门升起 8.986mm	460N
		排气(阀门打开),气门升起 7.800mm	560N
	自由长度(进气管)		47.904mm
	自由长度(排气管)		47.24mm
	装配高度		37.9mm
阀挺杆	直径		30.964～30.98mm
	挺杆到阀间隙(进气)		0.19～0.31mm
	挺杆到阀间隙(排气)		0.3～0.42mm
	挺杆到孔间隙		0.02～0.06mm
凸轮轴	凸轮升程(进气)		8.98638mm
	凸轮升程(排气)		7.8mm
	偏转量		0.03mm
	推力间隙		0.09～0.24mm
	轴颈直径		24.96～24.98mm
	轴颈到孔间隙		0.035～0.08mm
转矩规格	发动机油盘排放塞		27Nm
	发动机机油滤清器		8Nm,然后继续紧固 180°

13.8 2.7T GTDIQ8 发动机

13.8.1 发动机正时维修

发动机正时链机构部件拆装步骤如下。

① 拆除发动机前盖板。

② 如图 13-48 所示，安装原装曲轴皮带轮螺栓。仅可利用原装曲轴皮带轮螺栓来旋转曲轴。如果未按此说明操作，有可能导致曲轴损坏并造成发动机故障。

图 13-48 安装曲轴皮带轮螺栓

③ VCT 装置拥有 2 个正时标记：一个三角形标记和一个圆形标记。在拆卸 RH 侧时，请使用三角形标记。顺时针旋转曲轴。在 11 点钟方向放置一个曲轴链轮锁孔。检查 VCT 装置上的三角形正时标记是否处于 2 点钟方向（进气）和 11 点钟方向（排气），见图 13-49。如果三角形正时标记处于这些位置，必须顺时针旋转曲轴一圈（360°）。

④ 卸下螺栓和 RH 正时链张紧器。

⑤ 拆下 RH 正时链张紧臂。

⑥ 卸下螺栓和 RH 正时链导管。

⑦ 拆卸 RH 正时链，见图 13-50。

⑧ 拆下原始的曲轴皮带轮螺栓。

⑨ 拆卸正时链轮。

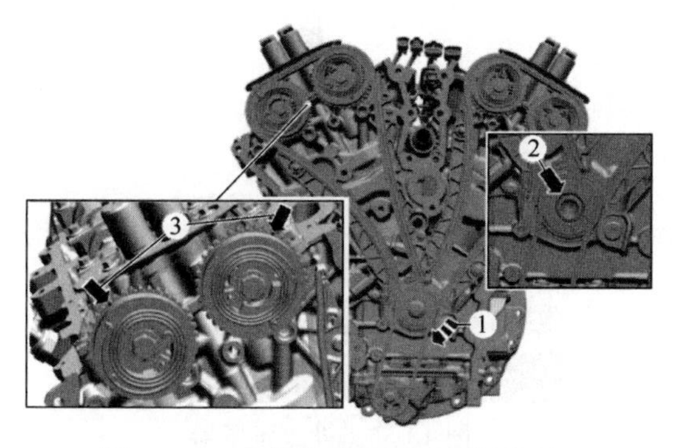

图 13-49 右侧发动机正时标记位置

1—顺时针转动曲轴；2—曲轴链轮锁孔位置；
3—RH 侧 VCT 标记

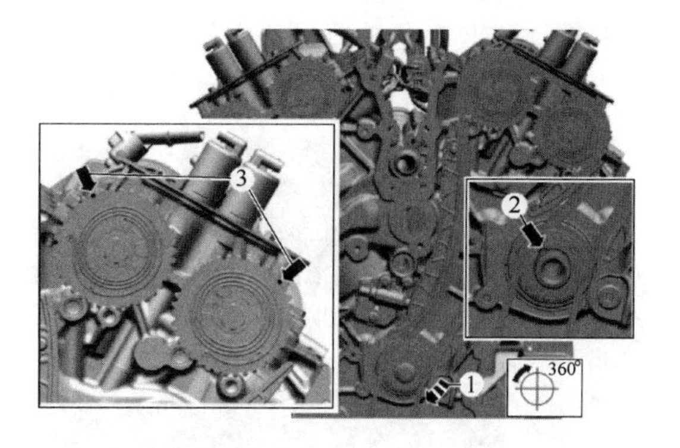

图 13-51 左侧正时链正时标记

1—顺时针转动；2—曲轴链轮锁孔位置；
3—LH 侧 VCT 装置标记

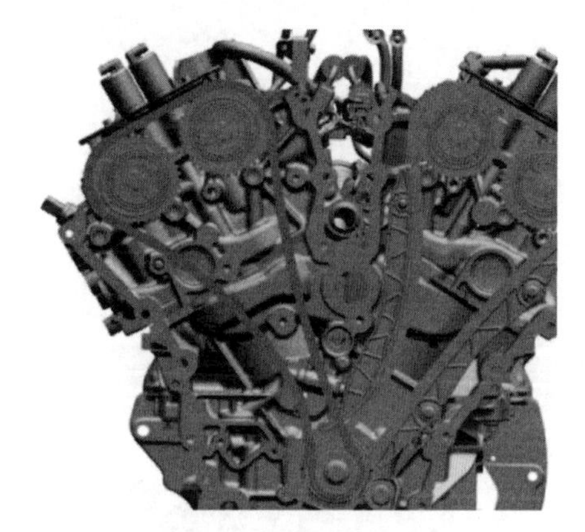

图 13-50 拆卸右侧正时链

图 13-52 拆下油泵驱动皮带

⑩ 安装原装曲轴皮带轮螺栓。

⑪ 必须顺时针旋转曲轴一圈（360°），否则会导致凸轮轴正时不正确。VCT 装置拥有 2 个正时标记：一个三角形标记和一个圆形标记。在拆卸 LH 侧时，请使用圆形标记。顺时针旋转曲轴一圈（360°）。在 11 点钟方向放置一个曲轴链轮锁孔。检查 VCT 装置上的圆形正时标记是否处于 10 点钟方向（进气）和 12∶30 方向（排气），见图 13-51。

⑫ 拆下原始的曲轴皮带轮螺栓。

⑬ 将油泵驱动皮带从曲轴链轮上滑下，然后拆下该皮带，见图 13-52。

⑭ 拆下曲轴链轮。

⑮ 卸下螺栓和 LH 正时链张紧器。

⑯ 拆下 LH 正时链张紧臂。

⑰ 卸下螺栓和 LH 正时链导管。

⑱ 拆卸 LH 正时链，见图 13-53。

⑲ 拆卸正时链轮。

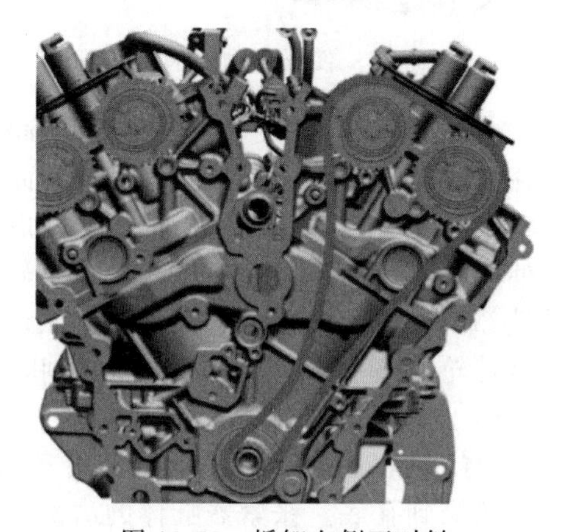

图 13-53 拆卸左侧正时链

⑳ 安装左侧正时链条时，先安装正时链轮。

㉑ VCT 装置拥有 2 个正时标记：一个三角形标记和一个圆形标记。在安装 LH 侧时，请使用圆形标记。将单色链节对准 LH 装置上的圆形正时标记（1）来安装 VCT

正时链；安装双色链节以便它们对准曲轴链轮上的正时标记（2），如图 13-54 所示。

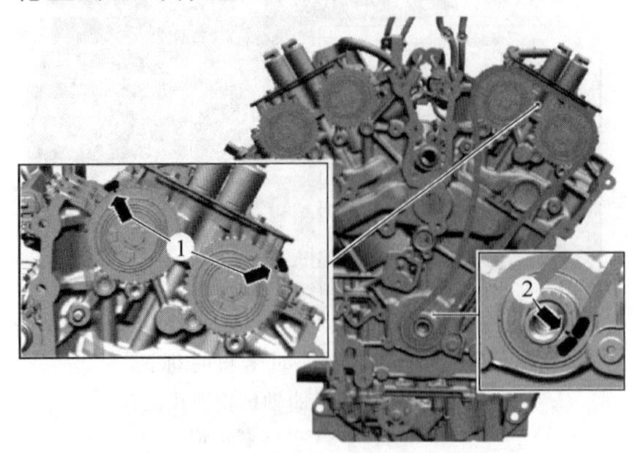

图 13-54　左侧正时链安装标记

㉒ 安装 LH 正时链导管和螺栓。转矩：10Nm。

㉓ 安装 LH 正时链张紧臂。

㉔ 将张紧器缸体滑出 LH 正时链张紧器外壳，见图 13-55。

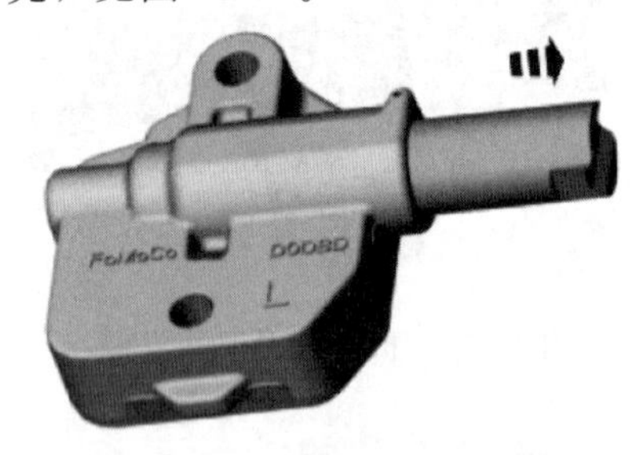

图 13-55　使张紧器柱塞弹出

㉕ 使用钳口保护装置或者使用干净毛巾盖住钳口以防张紧器棘轮机构的表面损坏。将张紧器缸体尾部的平面装入老虎钳中。使用一字螺丝刀轻轻下压张紧器棘轮装置的端部。顺时针旋转螺丝刀大约一圈。当张紧器棘轮装置锁紧时，可以听到“咔嗒”声，如图 13-56 所示。

㉖ 将张紧器缸体滑入张紧器外壳中，直至其接触到孔底。张紧器缸体的肩部将与外壳的顶部齐平，见图 13-57。

㉗ 将张紧器缸体紧紧地按入张紧器外壳中，直至张紧器缸体的肩部位于外壳顶部下方约 3mm 处。如图 13-58 所示，将固定销装入外壳的孔中，以便将张紧器缸体锁在缩回位置。

㉘ 放置 LH 正时链张紧器，使张紧臂正确压住张紧器的端部。安装螺栓，转矩：10Nm。拆下固定销，以便将张紧器缸体伸出，并按压正时链张紧臂，如图 13-59 所示。

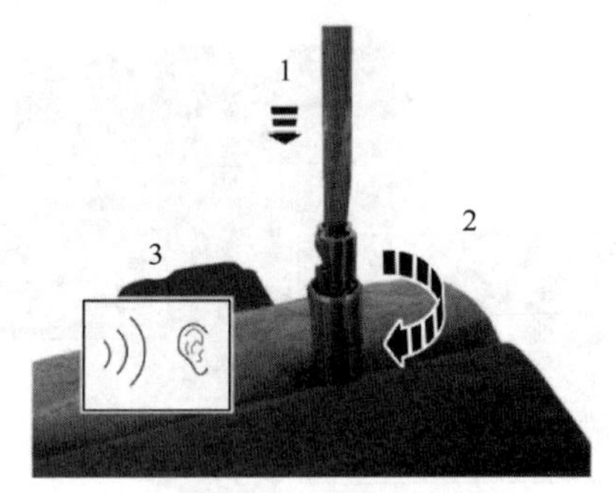

图 13-56　设置张紧器

1—下压；2—顺时针转动；3—听卡位声响

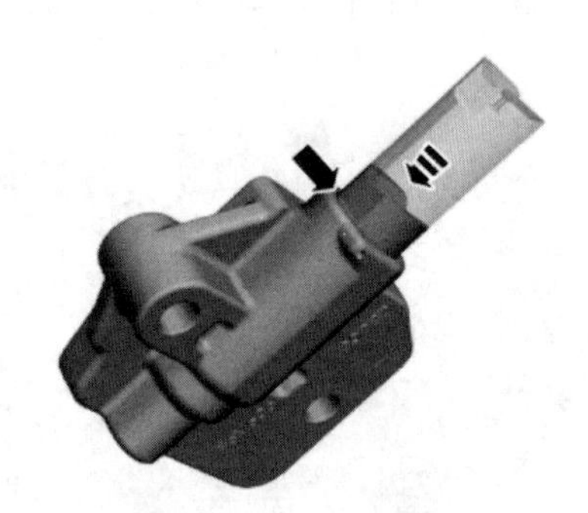

图 13-57　压入张紧器柱塞

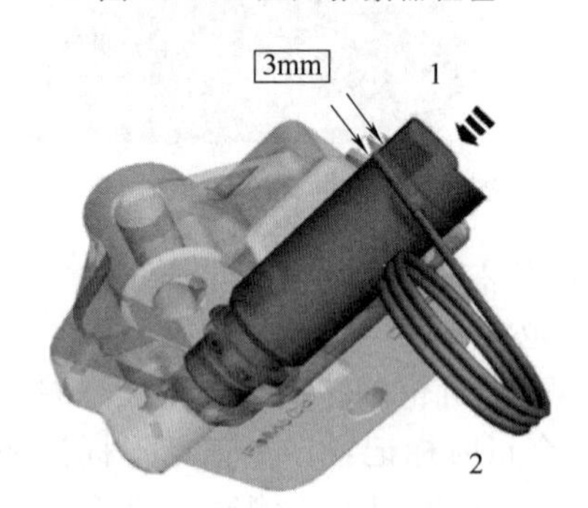

图 13-58　设置张紧器

1—压入方向；2—固定销

图 13-59　安装左侧正时链张紧器

1—固定销；2—螺栓；3—拔出方向

㉙ 安装曲轴链轮。

㉚ 拧松油泵螺栓 3 圈。注意：松开油泵螺栓将有助于安装油泵传动带。

㉛ 将油泵传动带放置在油泵链轮上并抬高油泵的前部。将油泵传动带滑至曲轴链轮，见图 13-60。

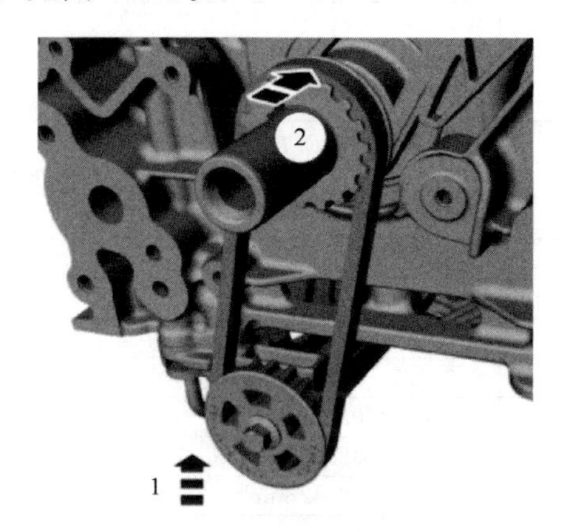

图 13-60　安装油泵链条

1—上抬油泵前端；2—压入油泵传动带

㉜ 拧紧油泵螺栓。第一步，拧紧至力矩 10Nm；第二步，继续旋转 45°。

㉝ 安装原装曲轴皮带轮螺栓。

㉞ 必须顺时针旋转曲轴一圈（360°），否则会导致凸轮轴正时不正确。顺时针旋转曲轴一圈（360°）。在 11 点钟方向放置一个曲轴链轮锁孔，如图 13-61 所示。

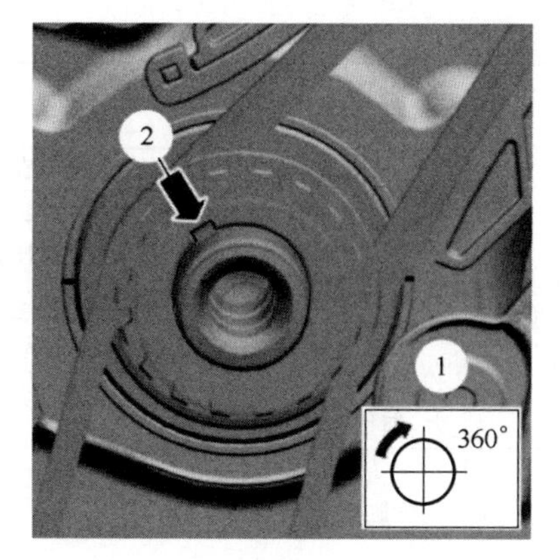

图 13-61　设置曲轴链轮位置

1—顺时针转动 360°；2—曲轴链轮锁孔位置

㉟ 拆下并丢弃原装曲轴皮带轮螺栓。

㊱ 接下来开始安装右侧正时链条，先安装正时链轮。

㊲ VCT 装置拥有 2 个正时标记：一个三角形标记和一个圆形标记。在安装 RH 侧时，请使用三角形标记。将单色链节对准 RH 装置上的三角形正时标记（1）来安装 VCT 正时链；安装双色链节以便它们对准曲轴链轮上的正时标记（2），如图 13-62 所示。

图 13-62　右侧正时链条正时标记

㊳ 以和安装左侧正时链一样的方式安装右侧其他部件。

㊴ 安装发动机前盖板。

13.8.2　发动机维修数据

GTDIQ8 发动机维修技术参数见表 13-8。

表 13-8　GTDIQ8 发动机维修技术参数

项　　目		参　　数
常规	排量	2.7L(4V)
	气缸数量	6
	缸径/行程	83mm/83mm
	点火顺序	1—4—2—5—3—6
	火花塞型号	12405
	火花塞间隙	0.7～0.8mm 之内
	压缩比	10∶1

续表

项　目		参　数
常规	发动机质量	189kg
	发动机油容量(包括机油滤清器在内的保养添加)	5.68L
	读数1:保持2000r/min转速15s后,发动机处于正常工作温度下且变速器挂在驻车挡(油压控制电磁阀连接器开启)时的最低油压	144.8kPa
	读数2:保持2000r/min转速15s后,发动机处于正常工作温度下且变速器挂在驻车挡(油压控制电磁阀连接器断开)时的最低油压	读取1数值加上55.1kPa
气缸盖和气门机构	气缸盖垫圈表面平面度	整体的平面度应低于0.08mm,对于150mm×150mm(或全宽)的面积来说则应低于0.05mm
	气门导管孔内径	5.473～5.503mm
	阀杆直径(进气)	5.41～5.445mm
	阀杆直径(排气)	5.39～5.43mm
	阀杆到导管间隙(进气)	0.025～0.073mm
	阀杆到导管间隙(排气)	0.038～0.086mm
	阀头直径(进气)	32.38～32.62mm
	阀头直径(排气)	28.18～28.42mm
	阀面偏转量	0.05mm
	阀面角度	45.5°～46.0°
	阀座偏转量	0.02mm
	阀座角度	44.5°～45.5°
	气门弹簧自由长度(近似值)	53.45mm
	气门弹簧压缩压力(长度27.0mm下以N为单位的压力值)	663N
	气门弹簧安装高度(进气)	37mm
	气门弹簧安装高度(排气)	36mm
	阀弹簧安装在某压缩高度所需的压力(长度37mm下以N为单位的压力值)(进气)	368N
	阀弹簧安装在某压缩高度所需的压力(长度36mm下以N为单位的压力值)(排气)	397N
	已安装的气门弹簧的压力(检修限值)	37mm下的力损失为5%
液压间隙调节器	直径(进气)	11.989～12mm
	直径(排气)	11.989～12mm
	间隙(到孔)	0.01～0.051mm
	间隙调节器缩回时触面间隙	0.35～0.85mm
凸轮轴	无间隙条件下气门升程(进气)的理论值	10mm
	无间隙条件下阀升程(排气)的理论值	9mm
	凸轮升程(进气)	5.25mm
	凸轮升程(排气)	4.75mm
	凸轮轴盖孔内径(第一轴颈)	0.027～0.072mm
	凸轮轴盖孔内径(中间轴颈)	0.027～0.072mm
	凸轮轴轴承外径(第一轴颈)	34.96～34.98mm
	凸轮轴轴承外径(中间轴颈)	28.607～28.633mm
	轴端余隙	0.025～0.15mm
气缸体	气缸内径	83～83.018mm
	气缸孔圆度	0.01mm
	气缸孔锥度	0.013mm
	缸体主内孔圆度	0.007mm
	主轴承孔内径	72.402～72.422mm

续表

项　　目		参　　数
气缸体	气缸垫表面平面度	平面度的总计上限为0.150mm，对于150mm×150mm的面积为0.050mm，对于25mm×25mm的面积为0.025mm
曲轴	主轴承轴颈直径	67.483～67.503mm
	主轴承轴颈到主轴承的间隙	0.05～0.062mm
	连杆轴径	55.973～55.993mm
	曲轴最大轴端余隙	0.051～0.291mm
活塞	活塞直径(单级)	82.946～82.96mm
	活塞到气缸孔的间隙	0.04～0.072mm
	活塞环闭口间隙[压缩(顶部，测量直径)]	0.2～0.3mm
	活塞环闭口间隙[压缩(底部，测量直径)]	0.4～0.6mm
	活塞环闭口间隙[油环(钢轨，测量直径)]	0.2～0.5mm
	活塞环槽宽度[压缩(顶部)]	1.23～1.25mm
	活塞环槽宽度[压缩(底部)]	1.23～1.25mm
	活塞环槽宽度(油环)	2.03～2.05mm
	活塞环宽度(上部压缩环)	1.17～1.19mm
	活塞环宽度(下部压缩环)	1.17～1.195mm
	活塞环到槽的间隙(上部和下部压缩环)	0.04～0.08mm
	活塞销孔直径	22.004～22.009mm
	活塞销直径	21.997～22mm
	活塞销长度	49.75～50.25mm
	活塞销到活塞的间隙	0.004～0.012mm
	活塞到连杆的间隙	3mm
连杆	连杆到销的间隙(标准)	0.015～0.028mm
	连杆销孔径	22.015～22.025mm
	连杆长度(中心到中心)	145.96～146.04mm
	连杆所允许的最大弯曲度	0.02mm
	连杆所允许的最大扭曲度	0.04mm
	连杆轴承孔直径	59.428～59.442mm
	连杆轴承到机轴间隙	0.042～0.088mm
	连杆侧间隙(装配到曲柄)(标准)	0.125～0.375mm
	连杆侧间隙(装配到曲柄)(检修限值)	0.125～0.375mm

13.9　3.0T GTDIQ96发动机

13.9.1　发动机正时维修

与2.7T发动机相同，请参考13.8.1小节内容。

13.9.2　发动机维修数据

GTDIQ96发动机维修技术参数如表13-9所示。

表13-9　GTDIQ96发动机维修技术参数

项　　目		参　　数
常规	排量	2.956L(4V)(164CID)
	气缸数量	6
	缸径/行程	85.4mm/(86mm)
	点火顺序	1—4—2—5—3—6

续表

项目		参数
常规	火花塞型号	12405
	火花塞间隙	0.7～0.8mm
	压缩比	9.5∶1
	发动机质量	189kg
	发动机油容量(包括机油滤清器在内的保养添加)	5.68L
	1500r/min 且发动机机油温度介于 50～80℃时的机油压力	110～170kPa
气缸盖和气门机构	气缸盖垫圈表面平面度	整体的平面度应低于 0.08mm，对于 150mm×150mm(或全宽)的面积来说则应低于 0.05mm
	气门导管孔内径	5.473～5.503mm
	阀杆直径(进气)	5.41～5.45mm
	阀杆直径(排气)	5.39～5.43mm
	阀杆到导管间隙(进气)	0.023～0.093mm
	阀杆到导管间隙(排气)	0.043～0.113mm
	阀头直径(进气)	32.38～32.62mm
	阀头直径(排气)	28.18～28.42mm
	阀面偏转量	0.05mm
	阀面角度	45.5°～46.0°
	阀座偏转量	0.02mm
	阀座角度	44.5°～45.5°
	气门弹簧自由长度(近似值)	53.45mm
	气门弹簧压缩压力(长度 27.0mm 下以 N 为单位的压力值)	663～693N
	气门弹簧安装高度(进气)	37mm
	气门弹簧安装高度(排气)	36mm
	阀弹簧安装在某压缩高度所需的压力(长度 37mm 下以 N 为单位的压力值)(进气)	350～386N
	阀弹簧安装在某压缩高度所需的压力(长度 36mm 下以 N 为单位的压力值)(排气)	379～415N
液压间隙调节器	直径(进气)	11.989～12mm
	直径(排气)	11.989～12mm
	间隙(到孔)	0.01～0.051mm
	间隙调节器缩回时触面间隙	0.35～0.85mm
凸轮轴	无间隙条件下气门升程(进气)的理论值	10mm
	无间隙条件下阀升程(排气)的理论值	9mm
	凸轮升程(进气)	5.25mm
	凸轮升程(排气)	4.75mm
	凸轮轴盖孔内径(第一轴颈)	0.027～0.072mm
	凸轮轴盖孔内径(中间轴颈)	0.027～0.072mm
	凸轮轴轴承外径(第一轴颈)	34.96～34.98mm
	凸轮轴轴承外径(中间轴颈)	28.607～28.633mm
	轴端余隙	0.025～0.15mm
气缸体	气缸内径	85.4～85.42mm
	气缸孔圆度	0.01mm
	气缸孔锥度	0.013mm
	缸体主内孔圆度	0.007mm
	主轴承孔内径	72.402～72.422mm
	气缸垫表面平面度	平面度的总计上限为 0.150mm，对于 150mm×150mm 的面积为 0.050mm，对于 25mm×25mm 的面积为 0.025mm

续表

项　　目		参　　数
曲轴	主轴承轴颈直径	67.483～67.503mm
	主轴承轴颈到主轴承的间隙	0.05～0.062mm
	连杆轴径	55.973～55.993mm
	曲轴最大轴端余隙	0.051～0.291mm
活塞	活塞直径(单级)	85.346～85.36mm
	活塞到气缸孔的间隙	0.04～0.072mm
	活塞环闭口间隙[压缩(顶部,测量直径)]	0.23～0.33mm
	活塞环闭口间隙[压缩(底部,测量直径)]	0.4～0.6mm
	活塞环闭口间隙[油环(钢轨,测量直径)]	0.2～0.5mm
	活塞环槽宽度[压缩(顶部)]	1.23～1.25mm
	活塞环槽宽度[压缩(底部)]	1.02～1.04mm
	活塞环槽宽度(油环)	2.03～2.05mm
	活塞环宽度(上部压缩环)	1.17～1.19mm
	活塞环宽度(下部压缩环)	0.97～0.99mm
	活塞环到槽的间隙(上部和下部压缩环)	0.04～0.08mm
	活塞销孔直径	22.004～22.009mm
	活塞销直径	21.997～22mm
	活塞销长度	51.25～51.55mm
	活塞销到活塞的间隙	0.004～0.012mm
	活塞到连杆的间隙	3mm
连杆	连杆到销的间隙(标准)	0.017～0.03mm
	连杆销孔径	22.017mm
	连杆长度(中心到中心)	143.96～144.04mm
	连杆所允许的最大弯曲度	0.02mm
	连杆所允许的最大扭曲度	0.04mm
	连杆轴承孔直径	59.428～59.442mm
	连杆轴承到机轴间隙	0.042～0.088mm
	连杆侧间隙(装配到曲柄)(标准)	0.125～0.375mm
	连杆侧间隙(装配到曲柄)(检修限值)	0.125～0.375mm

13.10　3.5T G 型发动机

13.10.1　发动机正时维修

(1) 正时链单元拆卸

当发动机处于检修程序时，清洁十分重要。任何进入油道、冷却剂通道或油底壳的异物（包括清洁垫圈表面时产生的任何异物）都可能导致发动机故障。

① 拆除发动机前盖板。

② 顺时针转动曲轴对齐正时标记，见图 13-63，注意只能沿顺时针方向转动曲轴。

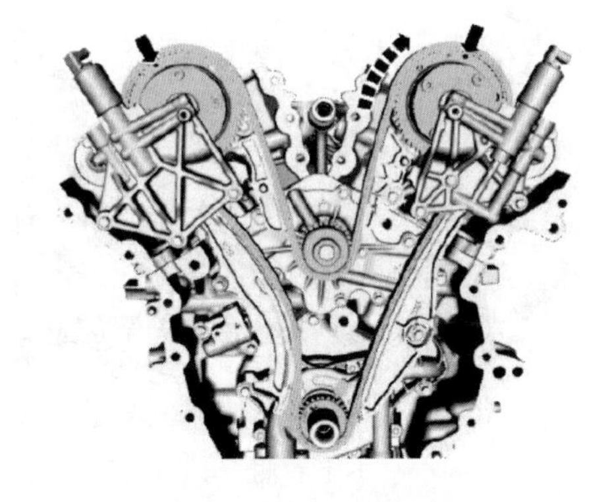

图 13-63　对齐正时标记

③ 安装专用工具（303-1248，凸轮轴固定工具）到左侧凸轮轴，注意凸轮轴固定工具会将凸轮轴固定在 TDC 位置，见图 13-64。

④ 安装专用工具（303-1248，凸轮轴固定工具）到右侧凸轮轴，注意凸轮轴固定

图 13-64　安装专用工具 303-1248（一）

工具会将凸轮轴固定在 TDC 位置，见图 13-65。

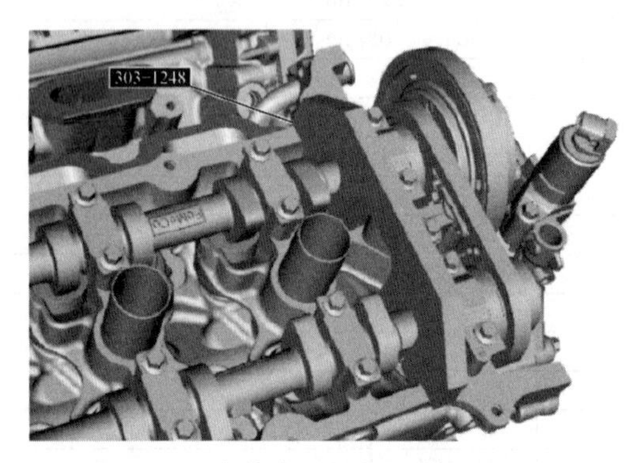

图 13-65　安装专用工具 303-1248（二）

注意：以下 3 个步骤针对正时链（彩色链节不可见时）。

⑤ 拆下右侧 3 个 VCT 外壳紧固螺栓并取下外壳，见图 13-66。

图 13-66　拆下右侧 VCT 外壳

⑥ 拆下左侧 VCT 外壳 3 个紧固螺栓并取下外壳，见图 13-67。

注意：以下 3 个步骤（⑦～⑨）针对主正时链（彩色链节不可见时）。

图 13-67　拆下左侧 VCT 外壳

⑦ 在右侧凸轮轴标记正时记号，见图 13-68。

图 13-68　标记右侧凸轮轴正时链节

⑧ 在左侧凸轮轴和对应的正时链节上做标记，见图 13-69。

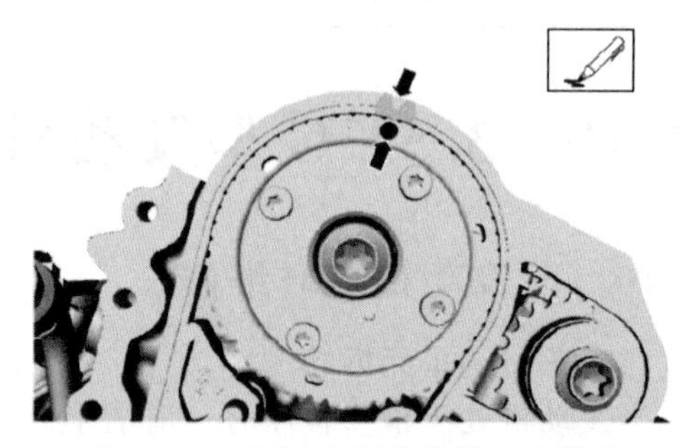

图 13-69　标记左侧凸轮轴正时链节

⑨ 注意：曲轴链轮正时标记应该在 2 个彩色链节之间，在曲轴链轮正时标记对应的链节上做标记，见图 13-70。

⑩ 拆下主正时链张紧器 2 个螺栓并取下张紧器，见图 13-71。

⑪ 拆下主正时链张紧臂，见图 13-72。

⑫ 拆下主正时链滑轨，见图 13-73。

⑬ 取下主正时链，见图 13-74。

⑭ 取出曲轴链轮，见图 13-75。

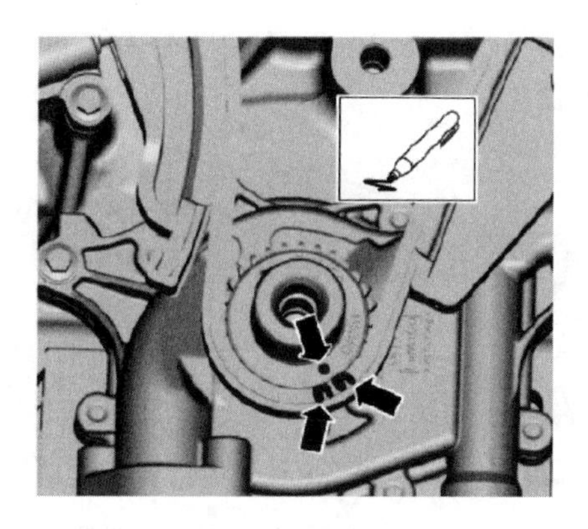

图 13-70 做曲轴正时标记

图 13-71 拆下主正时链张紧器

图 13-72 拆下主正时链张紧臂

⑮ 请勿使用电动工具拆卸螺栓，否则可能损坏LH主正时链导轮。拆下主正时链导轮，见图13-76。

⑯ 释放左侧正时链张紧器，见图13-77。

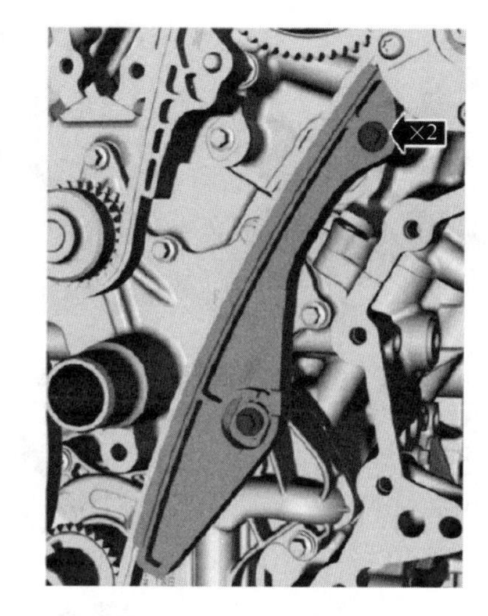

图 13-73 拆下正时链滑轨

图 13-74 取下主正时链

图 13-75 拆下曲轴链轮

⑰ 注意：必须将VCT螺栓和排气凸轮轴螺栓报废并安装新的螺栓，不过，排气凸轮轴垫圈可重复使用，见图13-78。

图 13-76　取下主正时链导轮

图 13-77　释放左侧正时链张紧器

图 13-78　取下排气凸轮轴螺栓并报废

⑱ 拆下左侧正时链张紧器，见图 13-79。

图 13-79　拆下左侧正时链张紧器

⑲ 如图 13-80 所示，释放右侧正时链张紧器。

图 13-80　释放右侧正时链张紧器

⑳ 拆下右侧排气凸轮轴螺栓并报废，见图 13-81。

图 13-81　拆下右侧排气凸轮轴螺栓

㉑ 注意：必须将凸轮轴固定工具向发动机后部倾斜，以便接触最后面的次级正时链张紧螺栓，转矩为 10Nm，拆卸正时链张紧器，见图 13-82。

图 13-82　拆下右侧正时链张紧器

㉒ 拆右侧主正时链导轨，见图 13-83。

（2）正时链单元安装

① 安装右侧主正时链导轨，紧固螺栓转矩为 10Nm。

② 注意：必须将凸轮轴固定工具向发动机后部倾斜，以便接触最后面的次级正时链张紧螺栓，转矩为 10Nm。

图 13-83　拆下右侧主正时链导轨

③ 如图 13-84 所示，对准右侧次级链条的正时标记。

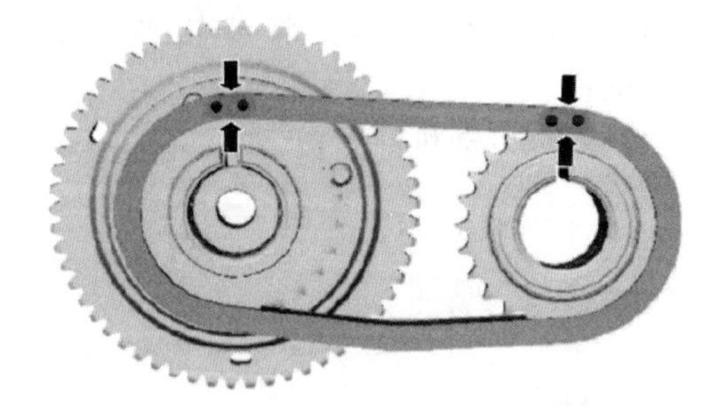

图 13-84　对准右侧次级链条正时标记

④ 紧固右侧排气凸轮轴与 VCT 装置的紧固螺栓：第 1 步，转矩为 40Nm；第 2 步，松开 1 圈；第 3 步，转矩为 10Nm；第 4 步，继续旋转 90°。

⑤ 安装右侧次级链张紧器。

⑥ 注意：必须将凸轮轴固定工具向发动机后部倾斜，以便接触最后面的次级正时链张紧螺栓，紧固张紧器螺栓，转矩为 10Nm。

⑦ 对准左侧次级链条正时标记，见图 13-85。

图 13-85　对准左侧次级链正时标记

⑧ 紧固左侧排气凸轮轴与 VCT 装置螺栓：第 1 步，转矩为 40Nm；第 2 步，松开 1 圈；第 3 步，转矩为 10Nm；第 4 步，继续旋转 90°。

⑨ 安装左侧次级正时链张紧器。

⑩ 安装曲轴链轮。

⑪ 安装左侧主正时链导轮，转矩：10Nm。

⑫ 注意：曲轴链轮正时标记应该在 2 个彩色链节之间。

⑬ 安装主正时链导轨并紧固 2 个螺栓，转矩：10Nm。

⑭ 安装主正时链张紧臂。

⑮ 复位主正时链张紧器，见图 13-86。

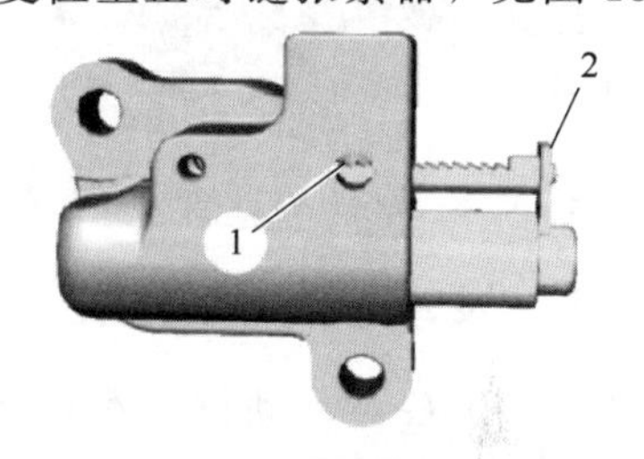

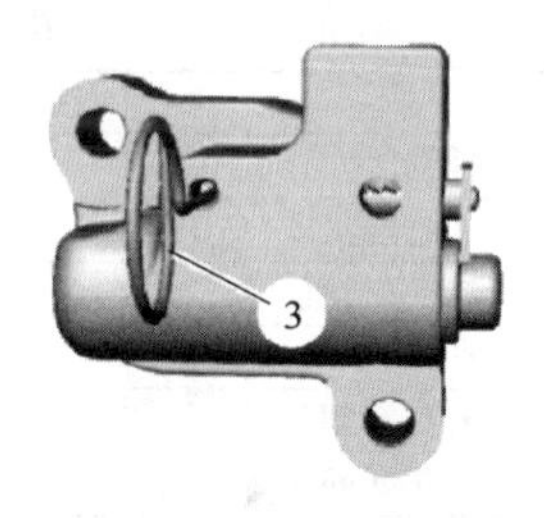

图 13-86　复位主正时链张紧器
1—观察孔；2—棘条；3—锁销

⑯ 注意：可能有必要稍微转动曲轴以消除正时链的松弛，并安装张紧器，转矩：10Nm。

⑰ 完成后要进行检查，确认所有正时标记（1～3）都正确对准，见图 13-87。

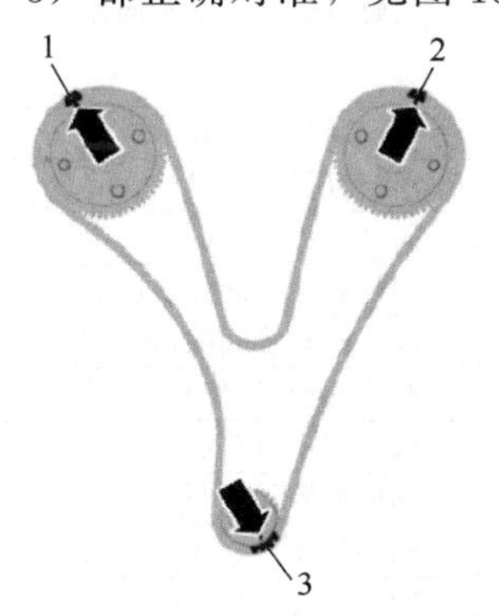

图 13-87　主正时链正时标记对准

⑱ 下面以 RH 为例介绍 VCT 外壳密封圈的处理方法，LH 类似。注意：拆卸过程中，O 形密封圈可能仍保留在气缸盖上。如果是这样，请从气缸盖上拆下 O 形密封圈，检查密封情况，根据需要进行更换，然后将 O 形密封圈安装在 VCT 外壳上，见图 13-88。

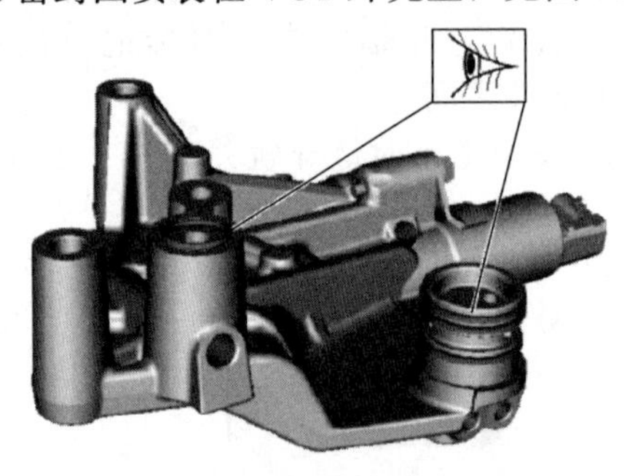

图 13-88 检查 VCT 外壳密封圈

⑲ 先安装左侧 VCT 外壳，拧紧螺栓前请确保 VCT 外壳上的定位销完全啮合在气缸盖中，不按流程操作将导致发动机严重损坏。转矩：10Nm。

⑳ 然后安装右侧 VCT 外壳，拧紧螺栓前请确保 VCT 外壳上的定位销完全啮合在气缸盖中，不按流程操作将导致发动机严重损坏。转矩：10Nm。

㉑ 使用专用维修工具（303-1248 凸轮轴固定工具）固定左侧凸轮轴。

㉒ 使用专用工具固定右侧凸轮轴，注意：凸轮轴固定工具会将凸轮轴固定在 TDC 位置。

㉓ 安装发动机前盖板。

13.10.2 发动机维修数据

福特 3.5T G 型发动机技术参数见表 13-10。

表 13-10 G 型发动机维修技术参数

项目		参数
常规	排量	3.5L Ecoboost
	气缸数量	6
	缸径/行程	92.5mm/(86.7mm)
	点火顺序	1—4—2—5—3—6
	火花塞型号	12405
	火花塞间隙	0.75mm
	压缩比	10.0∶1
	发动机质量(无辅助驱动部件)	189.01kg
	发动机油容量(包括机油滤清器在内的保养添加)	5.7L
	发动机(处于正常工作温度)转速为 1500r/min 时的油压(高模式)	206.8kPa
	发动机(处于正常工作温度)转速为 1500r/min 时的油压(低模式)	138kPa
气缸盖和气门机构	气缸盖垫圈表面平面度	整体平面度小于 0.08mm；在每 150mm×150mm(或全宽)的范围内，平面度应小于 0.05mm；在每 25mm×25mm 的范围内，平面度应小于 0.025mm
	气门导管孔内径	6.014～6.044mm
	阀杆直径(进气)	5.976～5.994mm
	阀杆直径(排气)	5.951～5.969mm
	阀杆到导管间隙(进气)	0.044～0.068mm
	阀杆到导管间隙(排气)	0.069～0.093mm
	阀头直径(进气)	37.4mm
	阀头直径(排气)	31.6mm
	阀面偏转量	0.05mm
	阀面角度	45.5°～46°
	阀座宽度(进气)	1.3～1.6mm
	阀座宽度(排气)	1.7～2mm

续表

项　　目		参　　数
气缸盖和气门机构	阀座偏转量	0.04mm
	阀座角度	44.5°～45.5°
	气门弹簧自由长度(近似值)	62.22mm
	气门弹簧压缩压力(长度 33.0mm 下以 N 为单位的压力值)	699N
	气门弹簧安装高度	43mm
	气门弹簧安装在某压缩高度所需的压力(长度 43.0mm 下以 N 为单位的压力值)	367N
	已安装的气门弹簧的压力(检修限值)	指定高度下的力损失为 10%
凸轮轴	无间隙条件下阀升程的理论值(进气)	10mm
	无间隙条件下阀升程的理论值(排气)	10mm
	凸轮升程(进气)	5.35mm
	凸轮升程(排气)	5.37mm
	允许的凸轮升程损失	0.062mm
	凸轮轴轴颈孔内径(第一轴颈)	35.008～35.032mm
	凸轮轴轴颈孔内径(中间轴颈)	28.657～28.682mm
	凸轮轴轴承外径(第一轴颈)	34.96～34.98mm
	凸轮轴轴承外径(中间轴颈)	28.607～28.633mm
	凸轮轴轴颈到轴承的间隙(第一轴颈,检修限值)	0.072mm
	凸轮轴轴颈到轴承的间隙(中间轴颈,检修限值)	0.075mm
	偏转量	0.04mm
	轴端余隙(标准)	0.075～0.165mm
	轴端余隙(检修限值)	0.19mm
	CKP(曲轴位置)传感器气隙	0.5～2mm
液压间隙调节器	直径	11.989～12mm
	间隙(到孔)	0.01～0.051mm
	间隙调节器缩回时触面间隙	0.24～0.521mm
	液压泄沉时间	0.45～3.0s
气缸体	缸体主内孔圆度	0.008mm
	气缸内径	92.5～92.52mm
	气缸孔圆度	0.013mm
	气缸孔锥度	0.01mm
	主轴承孔内径	72.4～72.424mm
	气缸垫表面平面度	平面度的总计上限为 0.150mm;对于 150mm×150mm 的面积为 0.050mm;对于 25mm×25mm 的面积为 0.025mm
曲轴	主轴承轴颈直径	67.5mm
	主轴承轴颈最大锥度	0.004mm
	主轴承轴颈最大圆度	0.006mm
	主轴承轴颈到主轴承的间隙	0.026～0.041mm
	连杆轴径	55.983～56.003mm
	连杆轴颈最大锥度	0.004mm
	连杆轴颈最大圆度	0.006mm
	曲轴端游隙	0.105～0.315mm
活塞	测量直径时的高度	39.5mm
	活塞直径(单级)	92.446～92.46mm
	活塞到气缸孔的间隙	0.04～0.074mm
	活塞环闭口间隙[压缩(顶部,测量直径)]	0.2～0.3mm
	活塞环闭口间隙[压缩(底部,测量直径)]	0.4～0.7mm
	活塞环闭口间隙[油环(钢轨,测量直径)]	0.15～0.45mm

续表

项　　目		参　　数
活塞	活塞环槽宽度[压缩(顶部)]	1.53～1.55mm
	活塞环槽宽度[压缩(底部)]	1.03～1.05mm
	活塞环槽宽度(油环)	2.03～2.05mm
	活塞环宽度(上部压缩环)	1.47～1.49mm
	活塞环宽度(下部压缩环)	0.97～0.99mm
	活塞环到槽的间隙(上部和下部压缩环)	0.04～0.08mm
	活塞销孔直径	23.004～23.008mm
	活塞销直径	22.997～23mm
	活塞销长度	58.6～58.9mm
	活塞销到活塞的间隙	0.004～0.011mm
连杆	连杆到销的间隙(标准)	0.003～0.018mm
	连杆销孔径	23.003～23.015mm
	连杆长度(中心到中心)	152.68mm
	连杆所允许的最大弯曲度	0.038mm
	连杆所允许的最大扭曲度	0.05mm
	连杆轴承孔直径(单孔级)	59.869～59.883mm
	连杆轴承到机轴间隙	0.02～0.054mm
	连杆侧间隙(装配到曲柄,检修限值)	0.425mm

13.11　5.0T F 型发动机

13.11.1　发动机正时维修

发动机正时链部件拆装步骤如下。

① 拆卸发动机前盖。

② 如图 13-89 所示，使用专用维修工具 303-448（T93P-6303-A）固持工具，调整曲轴。

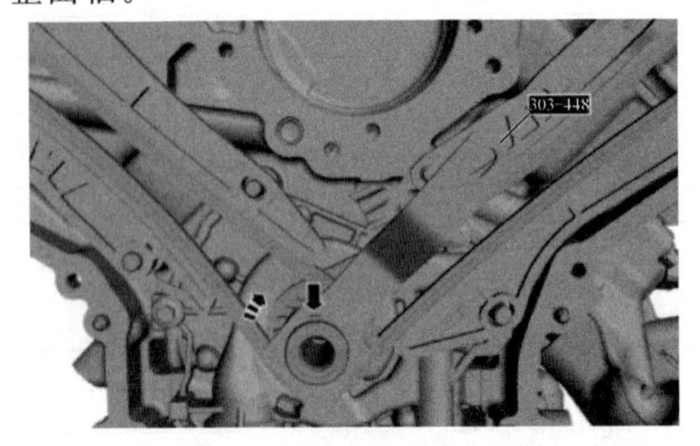

图 13-89　调整曲轴

③ 如图 13-90 所示，检测 RH VCT 装置上的正时标记是否在顶部，如果不在顶部，沿顺时针方向旋转曲轴一整圈，这样锁孔就会位于 12 点钟位置。

④ 拆卸右侧正时链张紧器。

⑤ 拆卸右侧正时链张紧轨。

图 13-90　检测左侧 VCT 装置正时标记

⑥ 拆卸右侧正时链导轨。

⑦ 拆卸右侧正时链条，见图 13-91。

图 13-91　拆卸右侧正时链条

⑧ 如图 13-92 所示，使用专用工具沿顺时针方向旋转曲轴，直到锁孔位于 5 点钟位置。使用专用维修工具 303-448（T93P-6303-A）固持工具，调整曲轴。

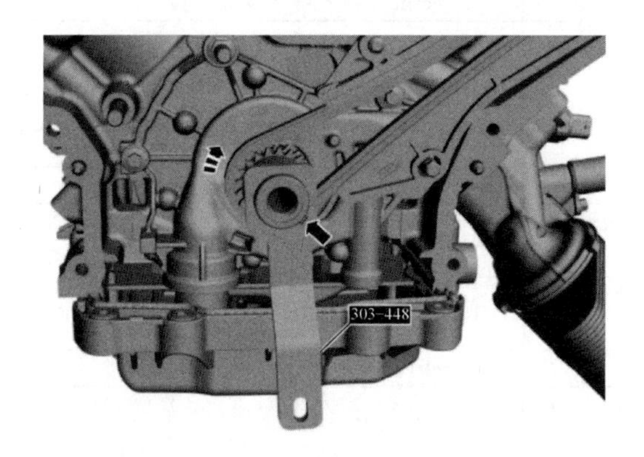

图 13-92　调整曲轴位置

⑨ 拆卸左侧正时链张紧器。

⑩ 拆卸左侧正时链张紧轨。

⑪ 拆卸左侧正时链导轨。

⑫ 拆卸左侧正时链条，见图 13-93。

图 13-93　拆卸左侧正时链条

⑬ 安装左侧正时链条，注意：确保对齐安装标记，见图 13-94。

⑭ 安装导轨并拧紧螺栓：第一次，转矩为 10Nm；第二次，继续旋转 25°。

⑮ 安装张紧轨。

⑯ 设置正时链条张紧器。用老虎钳压缩主正时链张紧器（1），并用锁销（2）固定，见图 13-95。

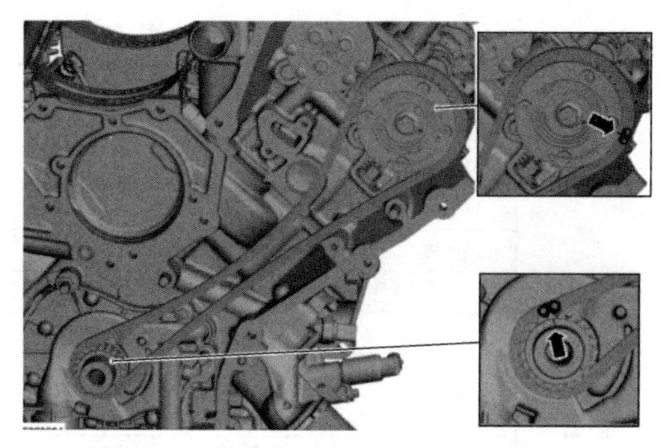

图 13-94　对齐左侧正时链条正时标记

图 13-95　设置张紧器

⑰ 安装张紧器，紧固螺栓：第一次，转矩为 10Nm；第二次，继续旋转 25°。然后拔出锁销。

⑱ 使用专用维修工具 303-448（T93P-6303-A）固持工具，调整曲轴。使用专用工具沿顺时针方向旋转曲轴，直到锁孔位于 12 点钟位置，见图 13-96。

图 13-96　调整曲轴至 12 点钟方向

⑲ 用同样方法安装右侧正时链条。

⑳ 安装发动机前盖。

13.11.2　发动机维修数据

福特 5.0T F 型发动机技术参数见表 13-11。

表 13-11　F型发动机技术参数

项　目		参　数
常规	排量	5.038L
	气缸数量	8
	气缸内径	93.0mm
	行程	92.7mm
	点火顺序	1—5—4—8—6—3—7—2
	火花塞型号	12405
	火花塞间隙	1.25～1.35mm
	压缩比	12∶1
	发动机质量(未配备辅助驱动部件)	205.5kg
	发动机油容量[包括机油滤清器在内的机油保养加注(正常机油和滤清器更换)]	9.5L
	发动机油容量[包括机油滤清器在内的首次发动机机油加注(用于发动机更换)]	10.4L
	发动机(处于正常工作温度)怠速时的油压	69～103kPa
	发动机(处于正常工作温度)转速为 2000r/min 时的油压	207～276kPa
气缸盖和气门机构	燃烧室容积	54.5～57.5cm³
	阀杆直径(进气)	5.975～5.995mm
	阀杆直径(排气)	5.95～5.97mm
	阀杆到导管间隙(进气)	0.019～0.069mm
	阀杆到导管间隙(排气)	0.044～0.094mm
	阀头直径(进气)	37.7mm
	阀头直径(排气)	32mm
	阀面偏转量	0.05mm
	阀面角度	3 个进气角度/2 个排气角度
	阀座宽度(进气)	1.2～1.4mm
	阀座宽度(排气)	1.4～1.6mm
	阀座圆度	0.25mm
	阀座至导件偏转量	导件底部 0.04mm
	阀座角度(进气)	120°,90°,54°
	阀座角度(排气)	120°,100°,60°
	阀弹簧自由长度(进气)	55.9mm
	阀弹簧自由长度(排气)	55.9mm
	阀弹簧垂直度(进气)	1.7mm
	阀弹簧垂直度(排气)	1.7mm
	阀门弹簧压缩压力(进气)	813N
	阀门弹簧压缩压力(排气)	813N
	阀弹簧安装高度(进气)	45.5mm
	阀弹簧安装高度(排气)	45.5mm
	阀弹簧安装弹力(进气)	293N
	阀弹簧安装弹力(排气)	293N
	滚子从动件比(最大)	2.039∶1(进气),2.041∶1(排气)
	气缸盖垫圈表面平面度	任意 25mm×25mm 面积中,为 0.025mm;任意 150mm×150mm 面积中,为 0.050mm;总计 0.1mm
液压间隙调节器	直径(进气)	12mm
	直径(排气)	12mm
	间隙(到孔)	0.01～0.051mm
	液压泄沉时间(进气)	0.45～3s
	液压泄沉时间(排气)	0.45～3s
	收缩的间隙调节器间隙	0.35～0.85mm

续表

项目		参数
凸轮轴	凸轮升程(进气)	6.9279mm
	凸轮升程(排气)	6.9254mm
	轴颈直径	28.62mm
	凸轮轴轴承孔内径[轴颈 1(前排气)]	35.008～35.032mm
	凸轮轴轴承孔内径(轴颈 2～10)	28.657～28.682mm
	轴颈到轴承间隙[轴颈 1(前排气)]	0.028～0.072mm
	轴颈到轴承间隙(轴颈 2～10)	0.024～0.075mm
	偏转量	0.04mm
	轴端余隙(进气)	0.07～0.17mm
	轴端余隙(排气)	0.075～0.165mm
气缸体	气缸内径	93～93.02mm
	气缸孔最大锥度	0.013mm
	缸膛最大圆度	0.01mm
	主轴承孔内径	72.4～72.424mm
	气缸垫表面平面度	任意边长为 38.1mm 的正方形中，为 0.0254mm
曲轴	主轴承轴颈直径	67.481～67.505mm
	主轴承轴颈最大锥度	0.004mm
	主轴承轴颈最大圆度	0.006mm
	主轴承轴颈到主轴承的间隙	0.025～0.045mm
	连杆轴径	52.983～53.003mm
	连杆轴颈最大锥度	0.004mm
	连杆轴颈最大圆度	0.006mm
	曲轴最大轴端余隙	0.28mm
活塞	活塞直径(单级)	92.161～92.175mm
	活塞到气缸孔的间隙(分级尺寸)	0.025～0.059mm
	活塞环端隙(最高)	0.2～0.3mm
	活塞环端隙(中等)	0.5～0.8mm
	活塞环端隙(机油控制)	0.15～0.45mm
	活塞环槽宽度(最高)	1.22～1.25mm
	活塞环槽宽度(中等)	1.22～1.24mm
	活塞环槽宽度(机油控制)	2.03～2.05mm
	活塞环宽度(最高)	1.17～1.19mm
	活塞环宽度(中等)	1.17～1.19mm
	活塞环槽间隙(最高)	0.03～0.08mm
	活塞环槽间隙(中等)	0.03～0.07mm
	活塞销孔直径	22.004～22.01mm
	活塞销直径	21.997～22mm
	活塞销长度	60.7～61mm
	活塞销到活塞的间隙	0.004～0.013mm
连杆	连杆到销的间隙	0.003～0.018mm
	连杆销孔径	22.003～22.015mm
	连杆长度(中心到中心)	150.7mm
	连杆所允许的最大弯曲度	0.038mm
	连杆所允许的最大扭曲度	0.05mm
	连杆轴承到机轴间隙	0.028～0.069mm
	连杆侧间隙(装配到曲柄，标准余隙)	0.325mm
	连杆侧间隙(装配到曲柄，最大余隙)	0.5mm

第 14 章 克莱斯勒-吉普-道奇汽车

14.1 2.0T 发动机

14.1.1 发动机正时维修

(1) 发动机正时校对方法

① 拆卸气缸盖罩。

② 拆卸火花塞。

③ 顺时针转动曲轴（从前部看）。在第一缸进气和排气门关闭时，如图 14-1 所示，将正时盖标记（1）与扭转减振器槽口（2）对齐并将第一缸活塞置于压缩行程的上止点（TDC）。

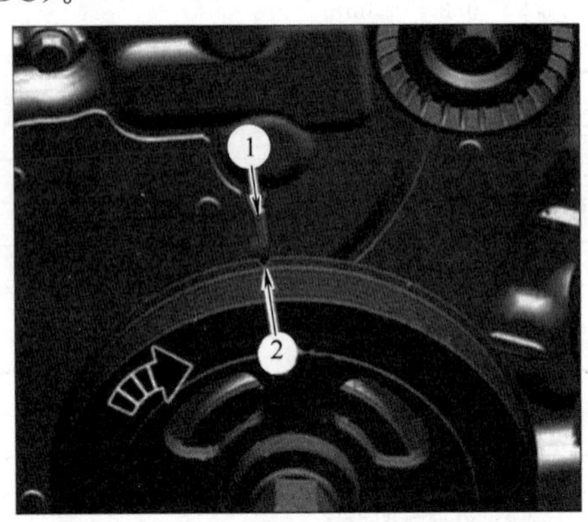

图 14-1 对齐正时盖标记与减振器槽口

注意：对齐正时标记时，始终通过转动曲轴而使发动机运转。未完成此步骤将导致气门和/或活塞损坏。

④ 确定进气相位器正时对齐标记（1）在与前正时链条垫圈表面（5）垂直的垂线左侧 7°（2）位置，如图 14-2 所示。

⑤ 确定进气相位正时对齐标记（1）和排气相位正时对齐标记（4）之间有 22 个链销（3）。

图 14-2 对齐正时链与相位器链轮标记

⑥ 确定正时对齐标记（1）和减振器凹槽（2）仍然对齐，见图 14-1。如果发动机正时不正确，则拆装正时链条和链轮。

(2) 发动机正时链张紧器设置

凸轮链条张紧器采用机油压力方式向凸轮链条张紧臂施加压力并控制凸轮链条张紧度。无油压时（例如，发动机启动时），张紧器必须一直控制链条张紧度直到油压上升。为此，内弹簧可从张紧器本体伸出张紧器活塞（3），见图 14-3。为限制活塞行程并考虑凸轮链条正常磨损，活塞需有带棘轮

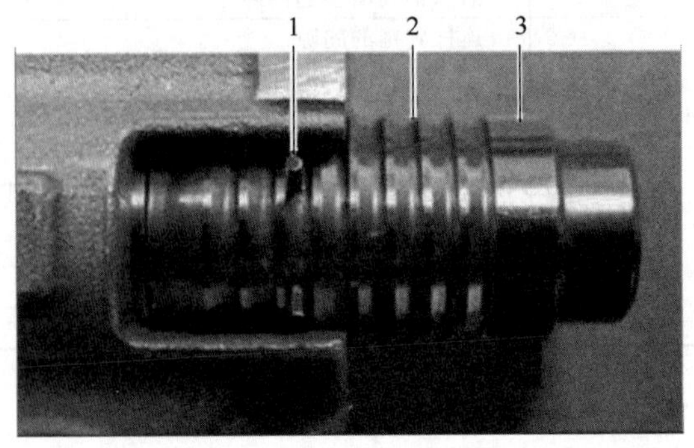

图 14-3 设置张紧器

夹（1）的格面（2），确保在活塞从张紧器本体伸出时，格面让活塞轴从一格下移到另一格，见图 14-3。活塞表面配格旨在让棘轮夹仅在一个方向上移动，并禁止活塞回到张紧器本体内。为重置张紧器，必须展开棘轮夹，将活塞推回张紧器本体内。

棘轮夹展开时，活塞可从张紧器中自由弹出。张紧器后有弹簧力且棘轮夹打开时，活塞变成抛射体。此时，需要采用台钳压紧弹簧并将活塞推回张紧器本体内。

① 在窗口范围内操作张紧器本体时，用卡环钳（2）展开棘轮夹（1），如图 14-4 所示。此时，棘轮夹打开，活塞可以自由动作。

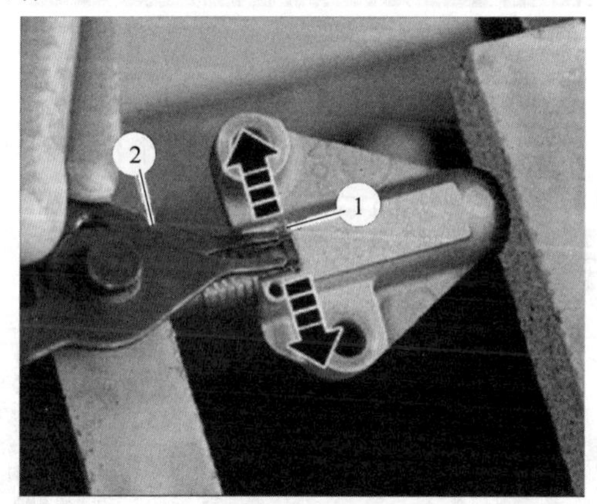

图 14-4　用卡钳松开棘轮夹

② 用卡环钳保持棘轮夹打开的同时，将活塞推入张紧器本体，直到固定销可以插入将活塞固定在收回位置的张紧器本体上的孔内。

（3）发动机正时链条安装步骤

① 从曲轴链轮开始安装凸轮链条（1a），将带漆链节（1b）置于参考标记（1c）处，见图 14-5。

② 将凸轮链条安装在凸轮轴链轮上，使凸轮轴链轮正时标记（1 和 2）与带漆链节对齐，见图 14-6。

③ 如图 14-7 所示，安装凸轮链条张紧器（1），并将螺栓（2）拧紧至适当转矩。

④ 将凸轮张紧臂（2）抵住张紧器活塞，拆除张紧器固定销（1）并松开张紧臂，见图 14-8。

⑤ 安装凸轮链条导轨（2），并将螺栓

图 14-5　对齐曲轴链轮正时标记

图 14-6　对齐凸轮轴链轮正时标记

图 14-7　安装链条张紧器

（1）拧紧至适当的转矩，见图 14-9。

⑥ 松开五个锁紧螺栓（2）并拆除凸轮轴固定器（1），见图 14-10。

⑦ 临时重新安装正时链条罩和曲轴减振器，以验证气门正时。

⑧ 顺时针转动曲轴两整圈，并检查正时是否正确。

图 14-8　拆除张紧器固定销

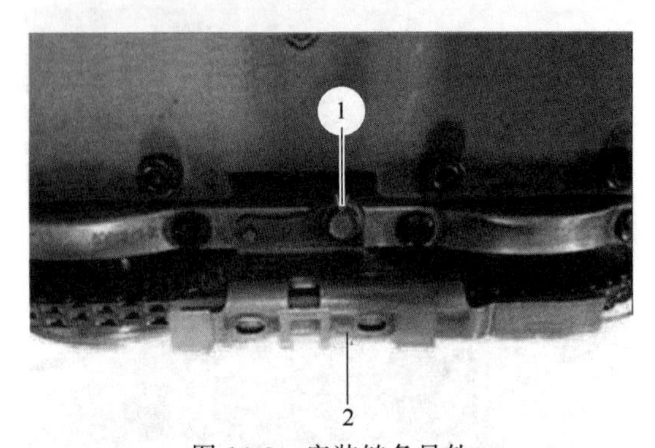

图 14-9　安装链条导轨

图 14-10　拆下凸轮轴固定器

⑨ 如果气门正时不正确，则重复步骤①～⑧。

⑩ 安装正时链条罩。

⑪ 如果拆下了机油滤清器，则安装机油滤清器，并用合适的机油注入发动机曲轴箱，直至正确的油位。

⑫ 启动发动机，直至达到正常工作温度。检查冷却系统液位是否正常。

（4）机油泵传动链条安装步骤

① 核实发动机曲轴参考标记（1）位于6点钟处，表明1缸活塞处于上止点，如图14-11所示。

图 14-11　曲轴参考标记位置

② 将油泵传动链导轨安装到位。

③ 从曲轴链轮开始，将两个涂漆链节（1b）置于参考标记（1a）处，见图14-12。

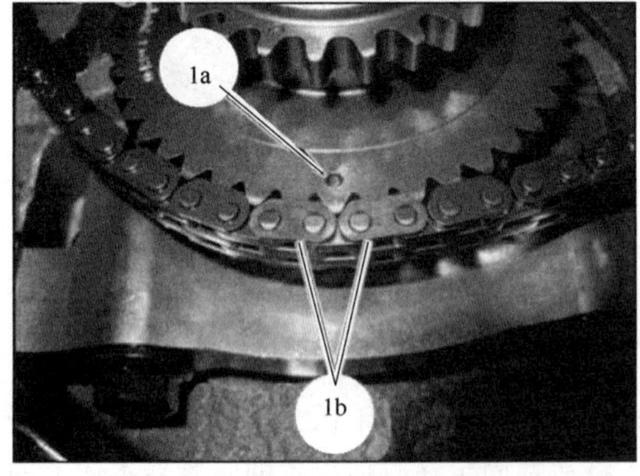

图 14-12　对齐曲轴链轮正时标记

④ 安装平衡轴链轮，使参考标记（1a）与涂漆链节（1b）对齐，见图14-13。

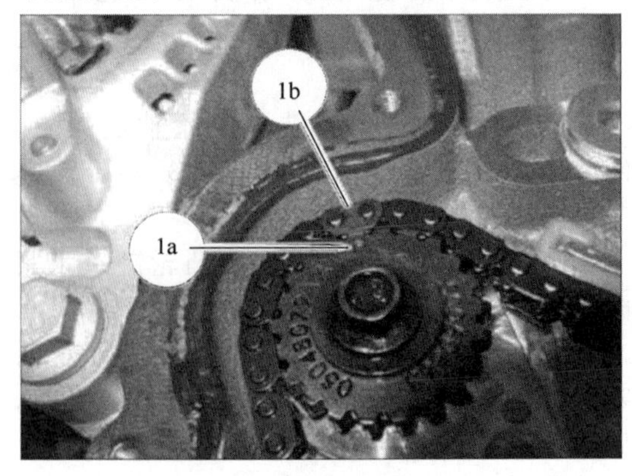

图 14-13　对齐平衡轴链轮正时标记

⑤ 安装发动机油泵链轮，使参考标记（1a）与涂漆链节（1b）对齐，见图 14-14。

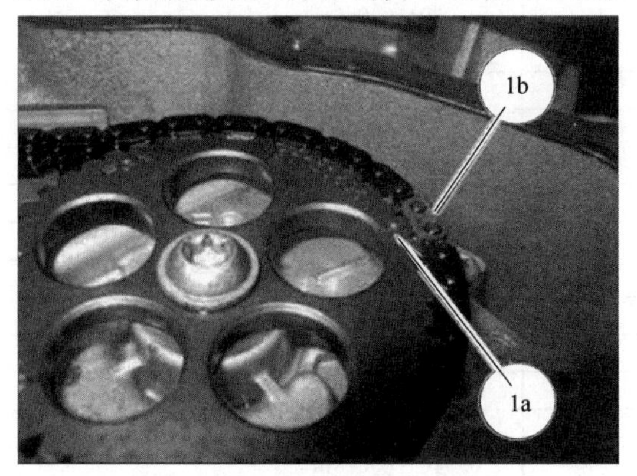

图 14-14　对齐发动机油泵链轮

⑥ 安装固定油泵传动链导轨（1b）的螺钉（1a）并紧固至适当的力矩，见图 14-15。

⑦ 安装油泵传动链张紧装置的闸瓦。

⑧ 安装凸轮链条。

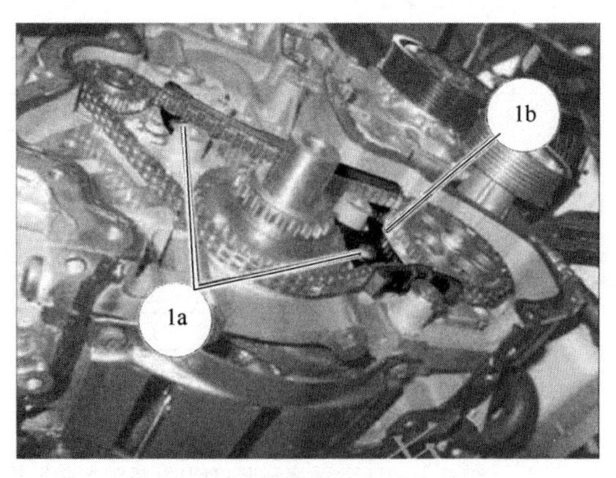

图 14-15　安装油泵传动链导轨

⑨ 安装正时链条罩。

⑩ 如果拆下了机油滤清器，则安装机油滤清器，并用合适的机油注入发动机曲轴箱，直至正确的油位。

⑪ 启动发动机，直至达到正常工作温度。检查冷却系统液位是否正常。

14.1.2　发动机维修数据

2.0T 发动机维修技术参数见表 14-1。

表 14-1　2.0T 发动机维修技术参数

项　　目		参　　数
常规	类型	直列式 OHV、DOHC
	气缸数	4
	点火顺序	1—3—4—2
	火花塞型号	NGK-ILZKR7G7G
	压缩比	10∶1
	发动机怠速转速	(750±50)r/min
	排量	2.0L
	机油容量	5.2L
	冷却液容量(发动机)	8.6L
	冷却液容量(涡轮增压器)	4.3L
	电源输出功率(5250r/min 时)	206kW
	转矩(2150r/min 时)	400N·m
	缸孔	84mm
	行程	90mm
缸体	材料	铸铝
	气缸孔直径 A	83.990～<84.000mm
	气缸孔直径 B	84.000～84.010mm
	缸径圆度(最大)	0.009mm
	缸径圆柱度	0.014mm
	缸体表面平面度(最大)	0.050mm
	主轴承内径 1	55.000～<55.006mm
	主轴承内径 2	55.006～<55.012mm
	主轴承内径 3	55.012～55.018mm

续表

项　目		参　数
活塞	缸径间隙(无涂层)	0.030～0.050mm
	活塞销孔直径	22.403～22.408mm
	1 号活塞环槽高度	1.235～1.255mm
	2 号活塞环槽高度	1.230～1.250mm
	3 号活塞环槽高度	2.030～2.050mm
	1 号活塞环槽深度	3.225～3.238mm
	2 号活塞环槽深度	3.293～3.358mm
	3 号活塞环槽深度	2.705～2.963mm
活塞环	活塞环开口间隙(顶部压缩环)	0.20～0.35mm
	活塞环开口间隙(第二压缩环)	0.30～0.50mm
	活塞环开口间隙(机油控制钢轨)	0.15～0.45mm
活塞销	外径	22.395～22.400
连杆	轴承间隙	0.040～0.078mm
	缸径直径(活塞销)	22.403～22.409mm
	缸径直径(曲轴端)	53.000～53.015mm
	侧间隙	0.10～0.35mm
	质量(大端/小端)	382.5g/165.7g
曲轴	连杆轴颈直径等级 1	49.966～49.972mm
	连杆轴颈直径等级 2	49.960～49.966mm
	连杆轴颈直径等级 3	49.954～49.960mm
	主轴颈直径等级 0	49.985～49.988mm
	主轴颈直径等级 1	49.982～49.985mm
	主轴颈直径等级 2	49.979～49.982mm
	主轴颈直径等级 3	49.976～49.979mm
	主轴颈直径等级 4	49.973～49.976mm
	轴向间隙	0.050～0.250mm
	磨损极限	0.30mm
	主轴承直径间隙	0.028～0.048mm
	主轴承径向间隙(最大)	0.058mm
凸轮轴	1 号凸轮轴承外径	61.987～62.000mm
	1 号凸轮轴颈直径	34.984～35.000mm
	2～6 号凸轮轴颈直径	29.954～29.970mm
	1 号凸轮轴承外径干扰	－0.074～－0.042mm
	1 号轴颈干扰	－0.012～0.016mm
	凸轮轴颈间隙(2～6 号)	0.030～0.067mm
	轴向间隙	0.102～0.282mm
气缸盖	材料	铸铝(热处理)
	燃烧室容积(仅气缸盖)	32.77mL
	气缸盖衬垫容积(压缩)	4.38mL
	平面度(气缸盖衬垫表面)	0.090mm
气门弹簧	自由长度	44.4～45.2mm
	333N 负荷下的长度	36.4mm
	724N 负荷下的长度	26.9mm
	线直径	3.67～3.73mm
气门	进气门杆直径	5.462～5.480mm
	排气门杆直径	5.452～5.470mm
	进气阀直径	31.37～31.63mm
	排气阀直径	27.37～27.63mm
气门导管	内径	5.518～5.500mm

14.2　3.6L 发动机

14.2.1　发动机正时维修

(1) 正时链单元拆卸步骤

注意：磁性正时轮（图 14-16 中 1）切勿与磁铁（拾取工具、托架等）或其他任何强磁场发生接触，否则可损坏正时轮正确地将凸轮轴位置中继到凸轮轴位置传感器的能力。拆卸了正时链但缸盖依然在时，若没有首先定位曲轴的正确位置，不要转动凸轮轴或曲轴。未按上述要求进行操作将导致气门和/或活塞损坏。可变气门正时（VVT）总成（相位器）和控油阀（OCV）可在不拆下发动机正时盖的情况下进行维修。

① 拆下两个气缸盖罩。

② 拆下火花塞。

③ 支撑并举升车辆。

④ 排空发动机冷却系统。

⑤ 拆下发动机正时盖。

⑥ 顺时针（从前面看）转动曲轴，通过对准曲轴上的凹陷（7）与缸体/轴承盖连接点（6）将 1 号气缸活塞置于排气冲程的上止点，如图 14-16 所示。

⑦ 保持对准状态，确认左侧凸轮相位器上的箭头（4）彼此相对，并与气缸盖罩安装表面（3）平行，确认右侧凸轮相位器箭头（5）彼此相背离，划线（7）与气缸盖罩安装表面（2）平行，如图 14-16 所示。

图 14-16　检查正时

⑧ 从凸轮相位器正面或后面看时，在排气凸轮相位器三角标记（1）与进气凸轮相位器圆圈标记（3）之间应有 12 个链节（2），如图 14-17 所示。相位器标识 1 和 3 可以与内外链节中的任何一个对齐，只要 2 个标识间具有 12 个链节，这一对齐方式就是可以接受的。注意：重新安装的正时链条要保持与原来相同的旋转方向。

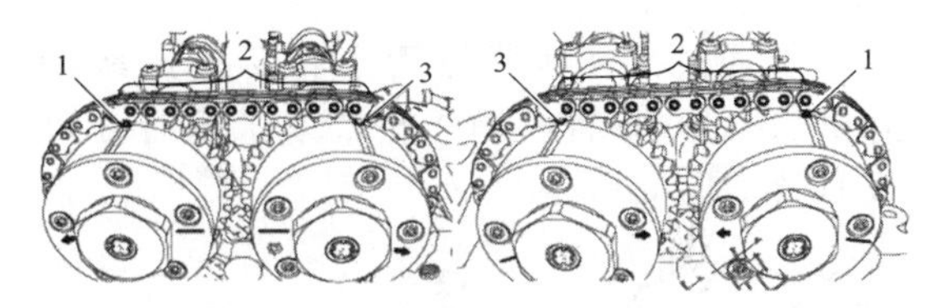

图 14-17　正时标记之间的链节

⑨ 垂直放置定位孔（1），左、右凸轮轴均应在上止点位置。安装凸轮轴夹持器时可能须用扳手 2 轻轻小幅度转动凸轮轴，如图 14-18 所示。

图 14-18　用扳手转动凸轮轴

⑩ 如图 14-19 所示，将凸轮轴夹持器 202：5200090（1）安装至左、右凸轮轴。

⑪ 用油性笔或等同品在以下正时链条上将旋转方向标记出来，以协助重新装配。

- 左侧凸轮链条；
- 右侧凸轮链条；

图 14-19 安装凸轮轴夹持器

• 机油主链条；

• 主销条。

⑫ 通过推回张紧器活塞和安装张紧器销 8511（1）重置右侧凸轮链条张紧器，如图 14-20 所示。

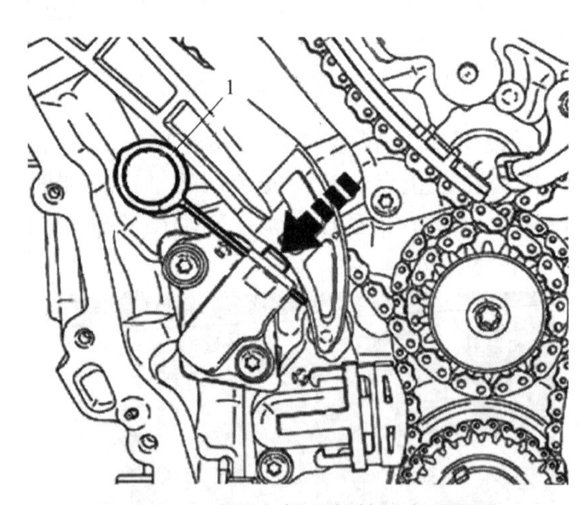

图 14-20 重置右侧凸轮轴链条张紧器

⑬ 通过抬起棘爪（1）、推回活塞（2）和安装张紧器销 8514（3），重置左侧凸轮链条张紧器，如图 14-21 所示。

⑭ 分离机油泵链条张紧器弹簧（3），并从定位销（2）上拆卸机油泵链条张紧器（1），如图 14-22 所示。

⑮ 拆下机油泵链轮固定螺栓（4）并拆下机油泵链轮（5）和机油泵链条（6）。

⑯ 将凸轮轴相位器夹持器（右后气缸盖）2025102090（2）安装至右侧进气、排气相位器之间（1），使工具编号朝上，如图 14-23 所示。

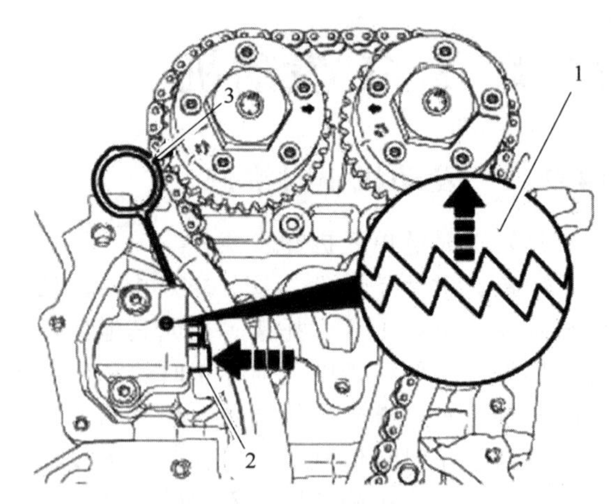

图 14-21 重置左侧链条张紧器

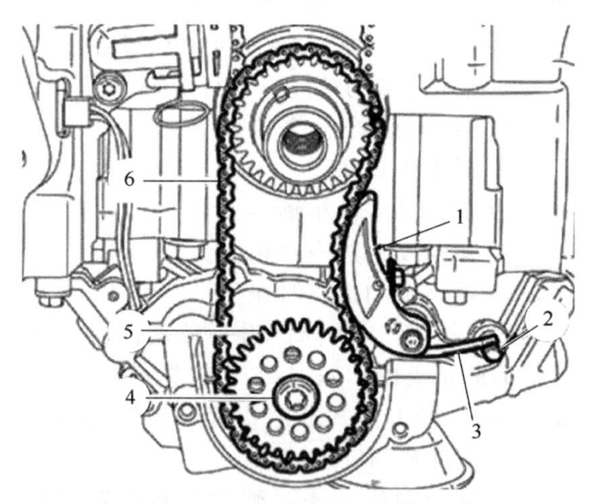

图 14-22 拆卸机油泵链条

图 14-23 安装凸轮轴相位器夹持器

⑰ 如图 14-24 所示，拧松右侧排气控油阀（1），但不要拆下。

⑱ 如图 14-25 所示，拧松右侧进气控油阀（1），但不要拆下。

图 14-24　拧松右侧排气控油阀

图 14-25　拧松右侧进气控油阀

⑲ 拆下右后气缸盖凸轮轴相位器夹持器 2025102090。

⑳ 从右侧进气凸轮相位器上拆下控油阀。

㉑ 将右侧进气凸轮相位器从凸轮轴上拔出，并拆卸右侧凸轮链条。

㉒ 如果需要，拆下控油阀并将右侧排气凸轮相位器从凸轮轴拉出。

㉓ 将凸轮轴相位器夹持器（左前气缸盖）2025101090（2）安装至进气、排气相位器之间（1），使工具编号朝上，如图 14-26 所示。

㉔ 如图 14-27 所示，拧松左侧排气控油阀（1），但不要拆下。

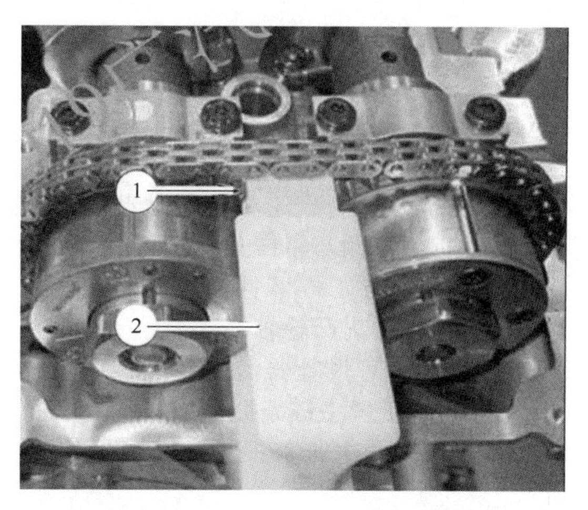

图 14-26　安装凸轮轴相位器夹持器

图 14-27　拧松左侧排气控油阀

㉕ 如图 14-28 所示，拧松左侧进气控油阀（1），但不要拆下。

图 14-28　拧松左侧进气控油阀

㉖ 拆下凸轮轴相位器夹持器（左前气

缸盖）2025101090，使凸轮轴夹持器保持在原位。

㉗ 从左侧进气凸轮相位器上拆卸机油控制阀。

㉘ 将左侧排气凸轮相位器从凸轮轴上拔出，并拆卸左侧凸轮链条。

㉙ 如果需要，拆下控油阀并将左侧进气凸轮相位器拉出凸轮轴。

㉚ 通过推回张紧器活塞和安装张紧器销 8511（3）重置主链条张紧器（2）；拆下 2 个螺栓（1）和主链条张紧器，如图 14-29 所示。

图 14-29 重置主链条张紧器

㉛ 拆卸惰轮固定螺栓（2）和垫圈（3），如图 14-30 所示。图中 1 为 12 点钟位置，4 为缸体/轴承盖接头，5 为曲轴上的凹痕，6 为正时链条电镀链节。

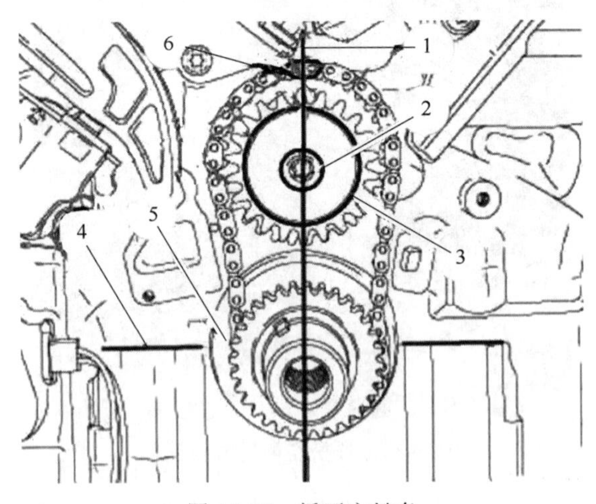

图 14-30 拆下主链条

㉜ 将主链条、惰轮和曲轴链轮作为一个总成拆下。

㉝ 如有需要，拆下 2 个螺栓（6）和左侧凸轮链条张紧器（5），如图 14-31 所示。

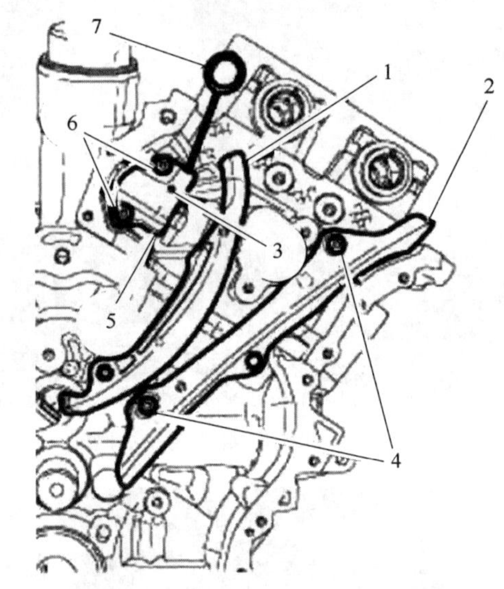

图 14-31 拆卸左侧张紧器与导板

1—张紧臂；2—导轨；3—张紧器锁孔；4—导轨固定螺栓；5—张紧器；6—张紧器固定螺栓；7—锁销

㉞ 如有需要，拆下 2 个螺栓（4）、左侧凸轮链条导轨（2）和张紧臂（1）。

㉟ 如有需要，拆下 2 个螺栓和右侧凸轮链条张紧器。

㊱ 如有需要，拆下 3 个螺栓（2）、右侧凸轮链条导轨（1）和张紧臂（6），如图 14-32 所示。图中 3 为张紧器，4 为螺栓，5 为插销。

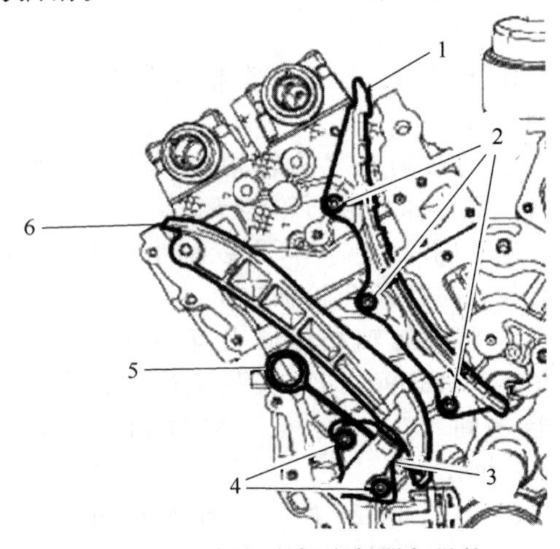

图 14-32 拆卸右侧张紧器与导轨

㊲ 检测所有链轮和链条导板。如果损坏，进行更换。

(2) 正时链条单元安装步骤

正时链条单元安装按与拆卸相反的顺序进行，下面简要介绍一下各装配标记对正要点。

① 验证安装于曲轴中的销键（3），如图 14-33 所示。通过对齐曲轴上的凹痕（2）与缸体/轴承盖连接处（1）的方式，确认 1 缸活塞已定位于上止点位置。

图 14-33 设置 1 缸活塞于上止点位置

② 放置主链条到曲轴链轮（3）上，以使箭头（2）与正时链条上的电镀链节（1）对齐，如图 14-34 所示。

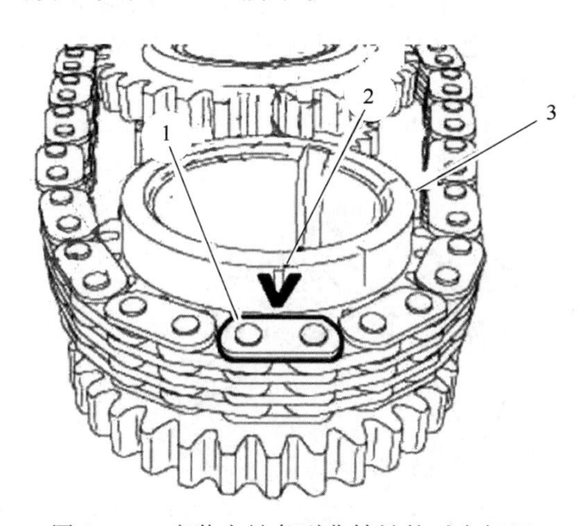

图 14-34 安装主链条到曲轴链轮对齐标记

③ 保持对齐的同时，反转曲轴链轮和正时链条并旋转惰轮（4）到正时链条上，以使凹痕（2）与正时链条上的电镀链节（1）对齐，如图 14-35 所示。图中，3 为曲轴链轮。

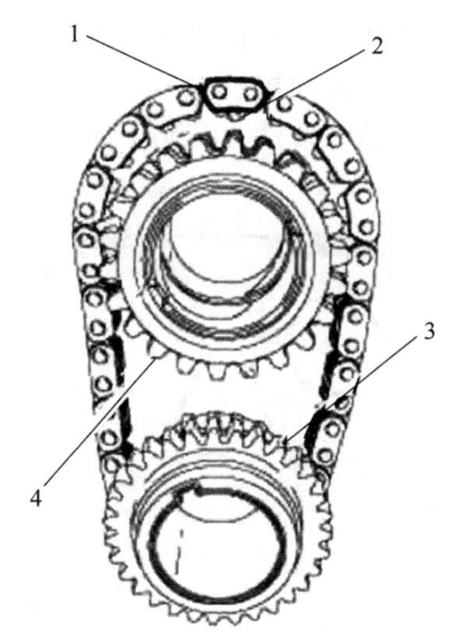

图 14-35 惰轮与正时链条对齐

④ 保持对齐的同时，用机油润滑惰轮轴承，并安装链轮和正时链条到发动机上。为验证正时正确，当曲轴上的凹痕（5）与缸体/轴承盖接头（4）对齐时，正时链条电镀链节（6）应位于 12 点钟位置（1），如图 14-30 所示。

⑤ 将左侧凸轮链条绕在左侧进气凸轮相位器和惰轮链轮（1）上，使箭头（3）与凸轮链条上的电镀链节（2）对齐，如图 14-36 所示。

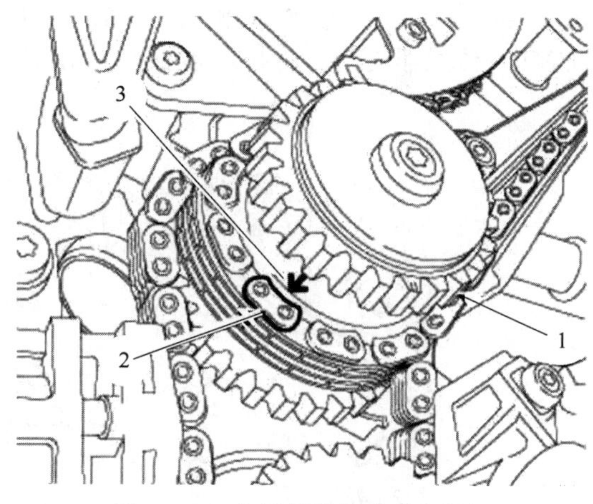

图 14-36 左侧惰轮链轮对齐标记

⑥ 保持对齐的同时，将凸轮链条沿着排气、进气凸轮相位器敷设，以使电镀链节与相位器正时标记（1）对齐，如图 14-37 所示。定位左侧凸轮相位器，使两个箭头（3）互相指向对方并与气缸盖安装表面（5）

平行。压下排气凸轮相位器到排气凸轮，安装并用手拧紧机油控制阀（2）。图中，4 为凸轮轴相位器夹持器，6 为机油控制阀。

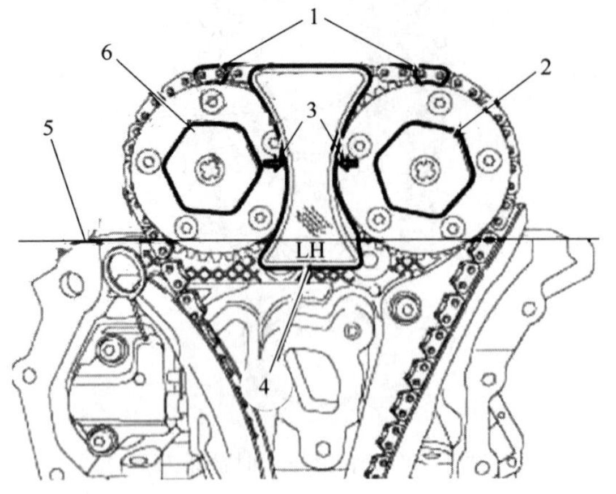

图 14-37　安装左侧凸轮链条

⑦ 右侧凸轮链条安装、对齐方法与左侧一样。

（3）正时检验

正确的正时对于非活动轮设计的 3.6L 发动机很关键。可以通过下列步骤校对发动机正时：

① 拆下上进气歧管和两个气缸盖罩。

② 拆下火花塞。

③ 将千分表套件 C-3339A 安装到发动机的静止点上，比如左侧凸轮轴位置（CMP）传感器支座。将指示器探针固定到 4 号气缸中，顺时针转动曲轴（从正面看），直到 4 号气缸活塞位于压缩行程上止点，并将指示器刻度设置为 0，如图 14-38 所示。

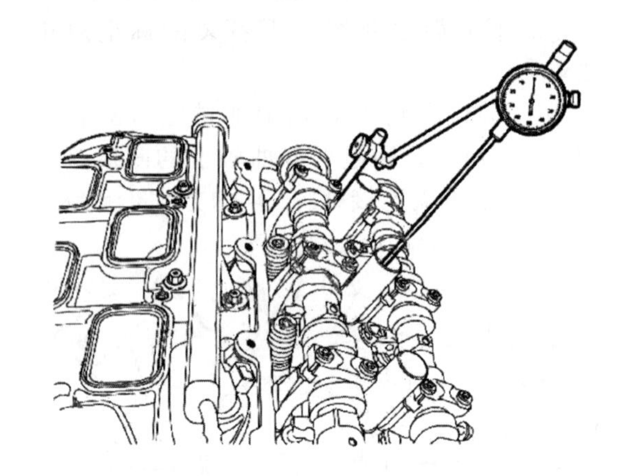

图 14-38　用千分表设置上止点位置

④ 保持对齐的同时，检查左侧凸轮相位器上的箭头（1）是否相互指向对方，并与气缸盖罩安装面（2）保持平行；验证右侧凸轮相位器箭头（3）指向不同方向，且刻线（5）与气缸盖罩安装面（4）保持平行，如图 14-39 所示。

⑤ 从凸轮相位器正面或后面看时，在排气凸轮相位器三角标记与进气凸轮相位器圆圈标记（3）之间应有 12 个链节，如图 14-17 所示。

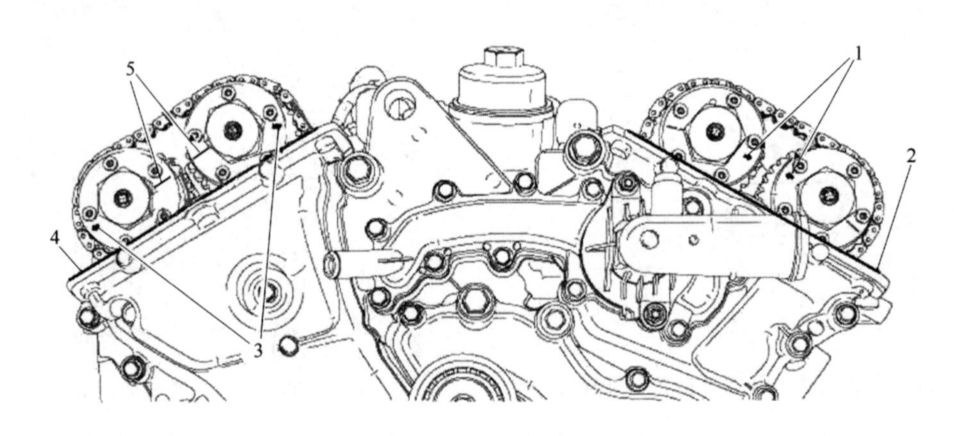

图 14-39　凸轮轴相位器位置处的正时标记

14.2.2　发动机维修数据

3.6L 发动机机械维修数据如表 14-2 所示。

表 14-2　3.6L 发动机机械维修数据

项目		参数
常规	类型	60°DOHC　V6　24 气门
	气缸数	6
	点火顺序	1—2—3—4—5—6
	压缩比	12.5∶1
	排量	3.6L
	最大功率/转速	220kW/(5050r/min)
	最大转矩/转速	235N·m/(3700r/min)
	缸孔直径	96mm
	行程	83mm
缸体	材料	铸铝
	气缸孔直径 A	95.995mm±0.005mm
	气缸孔直径 B	96.005mm±0.005mm
	缸径圆度(最大)	0.009mm
	缸径圆柱度	0.014mm
活塞	活塞直径(金属到金属)(1 级)	95.955mm±0.005mm
	活塞直径(金属到金属)(2 级)	95.965mm±0.005mm
	活塞直径(金属到缸套)(1 级)	95.970～96.000mm
	活塞直径(金属到缸套)(2 级)	95.980～96.010mm
	尺寸位置的间隙(金属到金属)	0.030～0.050mm
	尺寸位置的间隙(金属到缸套)	0.010～0.030mm
	活塞质量	386～396g
	活塞销偏置	0.6mm
	活塞环槽直径(第 1 道)	88.20～88.40mm
	活塞环槽直径(第 2 道)	81.80～88.0mm
	活塞环槽直径(第 3 道)	89.16～89.36mm
活塞销	类型	全浮式
	销的直径	21.995～22.000mm
	活塞中的间隙	0.001～0.015mm
	杆中的间隙	0.011～0.026mm
活塞环	环间隙[1 道环(顶部)]	0.20～0.30mm
	环间隙[2 道环(中间)]	0.30～0.45mm
	环间隙[油环(钢轨)]	0.15～0.66mm
活塞环侧间隙	1 道环(顶部)	0.025～0.083mm
	2 道环(中心)	0.030～0.078mm
	燃油控制环(钢轨)	0.027～0.21mm
活塞环宽度	1 道环(顶部)	2.97～3.23mm
	2 道环(中心)	2.97～3.23mm
	燃油控制环(钢轨)	1.930～2.083mm
连杆	轴承间隙(带挤压时)	0.023～0.064mm
	侧间隙	0.070～0.370mm
	侧隙(最大)	0.370mm
	活塞销气缸内径	22.016mm±0.005mm
	轴承孔径圆度(最大)	0.008mm
	总质量(小轴承)	531.8g±8g
曲轴主轴颈	直径	67.996mm±0.009mm
	轴承间隙	0.024～0.050mm
	轴承间隙(最大磨损极限)	0.055mm
	圆度(最大)	0.005mm
	锥度(最大)	0.005mm
	轴向间隙	0.050～0.290mm
	端隙(最大)	0.290mm

续表

项目		参数
连杆颈	直径	54.000mm±0.009mm
	轴承间隙	0.025～0.058mm
	圆度(最大)	0.005mm
	锥度(最大)	0.005mm
凸轮轴	孔径(第1号凸轮架)	32.020～32.041mm
	孔径(第2、3、4号凸轮架)	24.020～24.041mm
	轴承颈直径(第1号轴承颈)	31.976～31.995mm
	轴承颈直径(第2、3、4号轴承颈)	23.977～23.996mm
	轴承间隙(第1号轴承)	0.026～0.065mm
	轴承间隙(第2、3、4号轴承)	0.025～0.064mm
	轴向间隙	0.214mm
气缸盖	衬垫厚度(压缩)	0.48～0.60mm
	平面度(气缸盖衬垫表面)	0.09mm
	气门座角度(从气门导管轴起)	44.75°±0.25°
	气门座跳动量(相对于气门导管轴,进气和排气)	0.050mm
	进气门座宽度	1.15～1.45mm
	排气门座宽度	1.628～1.928mm
	导管孔径(标准)	6.00～6.02mm
	气门导管高度(进气和排气)	19.15～19.65mm
气门弹簧	自由长度[进气和排气(近似值)]	52.5mm
	弹簧弹力[进气和排气(气门关闭)]	266N±13N(弹簧压缩高度:41.0mm)
	弹簧弹力[进气(气门开)]	698N±31N(弹簧压缩高度:10.3mm)
	弹簧弹力[排气(气门开)]	676N±30N(弹簧压缩高度:10.0mm)
	线圈数量(进气和排气)	9.35
	弹簧丝直径(进气和排气)	3.18mm(进气弹簧)/3.99mm(排气弹簧)[卵圆形(ovate)]
	安装高度[进气和排气(弹簧座顶部至固定器底部)]	41.0mm
气门	气门工作面	45.25°±0.25°
	头部直径(进气门)	39.0mm±0.100mm
	头部直径(排气门)	30.0mm±0.100mm
	进气门长度(整体)	109.426mm±0.23mm
	排气门长度(整体)	111.525mm±0.23mm
	进气气门杆直径	5.968mm±0.009mm
	排气气门杆直径	5.961mm±0.009mm
	气门杆与导管间隙[进气门(新)]	0.023～0.061mm
	气门杆与导管间隙[排气门(新)]	0.030～0.068mm
	气门杆至导管的间隙[进气门(最大摇动方式)]	0.29mm
	气门杆至导管的间隙[排气门(最大摇动方式)]	0.37mm
	气门杆尖部高度(进气门)	46.3～47.4mm
	气门杆尖部高度(排气门)	48.73～49.83mm

第 15 章 自主品牌汽车发动机

15.1 五菱 1.2L LGO 发动机

15.1.1 发动机正时维修

(1) 发动机正时链拆卸

① 拆卸凸轮轴罩盖。

② 拆卸发动机前盖。

③ 用直径相当的内六角扳手等 (1) 顶住锁止销，沿箭头方向压缩正时链张紧器，并用细铁丝等 (2) 锁死，如图 15-1 所示。

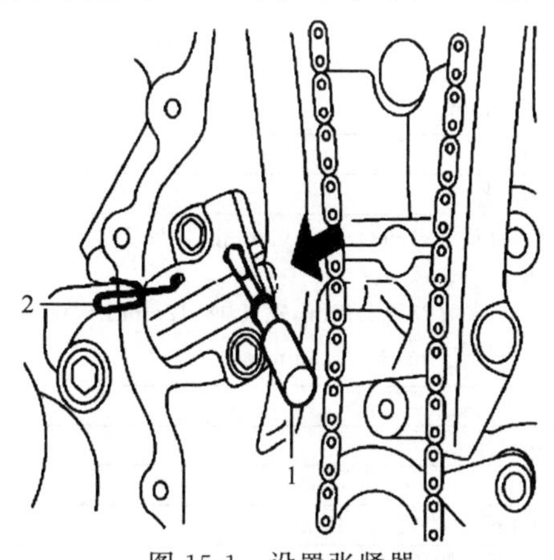

图 15-1 设置张紧器

④ 松开进气侧正时链导轨螺栓，拆下进气侧正时链导轨。

⑤ 拆下正时链 (1)，如图 15-2 所示。

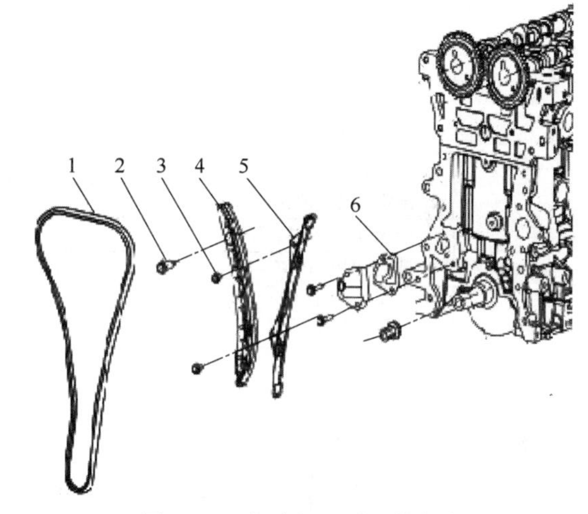

图 15-2 发动机正时机构部件

1—正时链；2—张紧臂螺栓；3—导轨螺栓；4—张紧臂；5—导轨；6—张紧器垫片

(2) 发动机正时链安装

① 彻底清洁正时链条，用新机油预润滑正时链条。

② 安装正时链条到凸轮轴链轮、曲轴链轮上，安装时正时链条正时标记 (深色链条) 应与凸轮轴链轮正时标记 (圆凹点)、曲轴链轮正时标记 (圆凹点) 分别对齐，如图 15-3 所示。注意：在安装正时链条前不

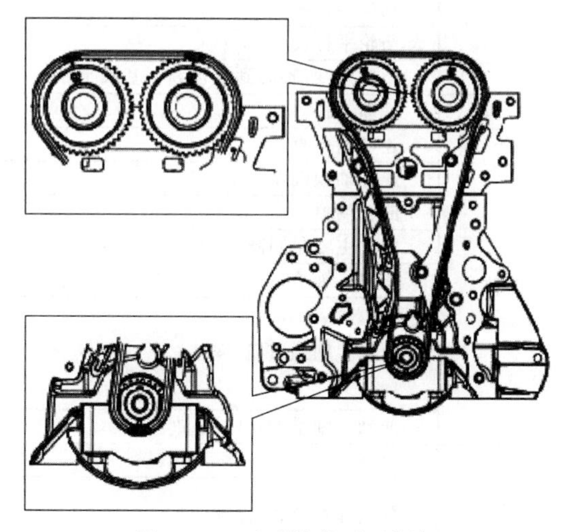
图 15-3 正时链条对正标记

能旋转曲轴。

③ 安装进气侧正时链条导轨。拧紧进气侧正时链条导轨螺栓，拧紧力矩：(10±2) N·m。

④ 如图 15-1 所示，用工具 1 顶住锁止销，同时将张紧器压缩并用工具 2 锁住，工具 1 和 2 可以是与锁止孔直径相当的有一定硬度并且干净整洁的工具，比如内六角扳手等。

⑤ 安装正时链条张紧器。正时链条张紧器螺栓拧紧力矩：(10±2) N·m。

⑥ 安装发动机前盖。

⑦ 安装凸轮轴罩盖。

15.1.2 发动机维修数据

LGO 发动机机械维修数据如表 15-1 所示，机械部件紧固力矩如表 15-2 所示。

表 15-1 LGO 发动机机械维修数据

项目		数据
常规	发动机类型	直列四缸、水冷、双顶置凸轮轴(16 气门)、正时链传动、自然吸气、电控汽油喷射、电控点火、带 I-VVT(进气可变凸轮相位)
	排量	1.206L
	缸径	69.7mm
	活塞行程	79mm
	压缩比	10.2∶1
	额定功率/转速	60.3kW/(5600r/min)
	最大净功率/转速	56kW/(6000r/min)
	最大转矩/转速	116Nm/(3600～4000r/min)
	火花塞间隙	0.8～0.9mm
	火花塞型号	YR7DC
	点火顺序	1—3—4—2
气缸体	气缸直径	$\phi69.7_{+0.01}^{+0.02}$mm
	缸孔圆度	0.005mm
	缸孔圆柱度	0.008mm
凸轮轴	凸轮轴轴径、宽度	第一轴颈直径 ϕ31.934～31.950mm，进气宽 51.1mm，排气宽 42mm； 第二轴颈直径 $\phi23_{-0.061}^{-0.040}$mm，宽度 18.12mm±0.04mm； 其他 $\phi23_{-0.061}^{-0.040}$mm，宽度 16mm
	轴颈跳动量	0.04mm
	轴颈圆柱度	0.007mm
	凸轮平行度	0.005mm
	凸轮高度(轴心到桃顶高＋基圆半径)	进气 39.8mm，排气 39.45mm
冷却	冷却方式	离心式水泵强制冷却
曲轴	连杆轴颈直径	$\phi38_{-0.021}^{-0.005}$mm
	连杆轴颈圆度	0.005mm
	曲轴端隙	0.08～0.29mm
	曲轴主轴承间隙(全部)	0.013～0.061mm
	曲轴主轴承过大尺寸维修(两种尺寸)	0.25mm/0.50mm
	曲轴主轴颈直径、宽度	$\phi49_{-0.021}^{-0.005}$mm 宽度：1 号，22.15mm±0.3mm；3 号，23.15～23.20mm；2、4、5 号，23.15mm±0.10mm
	曲轴主轴承轴颈圆度	0.005mm
气缸盖	总高	121.3mm
	气门导管总长、高度	导管总长：35mm±0.2mm 压入缸盖后凸出油封面高度：13mm±0.2mm

续表

项　　目		数　　据
润滑	润滑类型	飞溅,压力润滑
	机油容量(带机滤器)	4L
机油泵	机油泵压力(4000r/min±40r/min)	274.4kPa
	机油压力(4000r/min±40r/min)	[(274.4～333)±39]kPa
活塞环	闭口间隙与侧隙	一气环:间隙为 0.02～0.07mm,侧隙为 0.855～1.16mm 二气环:间隙为 0.02～0.06mm,侧隙为 0.805～1.11mm 油环:间隙为 0.06～0.14mm,侧隙为 0.655～1.16mm
活塞	与气缸孔间隙	0.038～0.062mm
	活塞直径	69.665mm±0.007mm
	活塞凸出缸体面最大高度	2.03mm
	活塞顶面锥度	15°
活塞销	活塞销与活塞间隙	0.006～0.018mm
	活塞销直径	$\phi 18_{-0.004}^{0}$ mm
	活塞销长度	$\phi 42_{-0.025}^{0}$ mm
	活塞销偏移量(朝推力侧)	0.6mm
连杆	连杆小头与活塞销间隙	0.006～0.018mm
	连杆弯曲平行度	0.017mm
	连杆扭转平行度	0.04mm
	连杆大端止推间隙	0.1～0.25mm
	连杆轴颈与连杆轴瓦间隙	0.02～0.056mm
气门	气门直径(进气)	25.9mm±0.12mm
	气门直径(排气)	23.5mm±0.12mm
	气门工作面角度	45°7′±7′
	气门工作面跳动量	0.25mm
	锥面径向跳动量	0.03mm
	气门座宽度(进气)	5.8～0.075mm
	气门座宽度(排气)	5.4～0.075mm
	气门杆直径(进气)	4.972mm±0.007mm
	气门杆直径(排气)	4.963mm±0.007mm
	气门导管内径	5.000～5.012mm
	气门导管和气门杆间隙	进气 0.021～0.047mm,排气 0.03～0.056mm
	气门间隙(进气)	0.1mm±0.025mm
	气门间隙(排气)	0.27mm±0.025mm
气门弹簧	气门弹簧自由长度	44.8mm±0.5mm
	气门弹簧预负荷	压缩到 33.23mm(120N±4.8N) 压缩到 25.23mm(230N±9.20N)
	气门弹簧垂直度	2°
密封剂	前端盖至缸体缸盖	硅胶(天山胶)1590
	油底壳至缸体	硅胶(天山胶)1590
	碗形塞密封胶	厌氧胶(乐泰胶)Loctite 962T
	冷却水温传感器螺栓	厌氧胶(回天胶)HT2431

表 15-2　LGO 发动机机械部件紧固力矩

项　　目	紧固力矩/(N·m)
进气歧管螺柱	10±2
进气歧管螺栓	10±2
进气歧管螺母	10±2
EGR 管螺栓	10±2
EGR 阀螺栓	20±2
节气门体螺栓	10±2

续表

项　　目	紧固力矩/(N·m)
机油尺导管支架螺栓	10±2
出水口支座螺栓	20±2
进气歧管支架螺栓(上支架到凸轮轴罩盖)	M8:20±2
进气歧管支架螺栓(上支架到进气歧管)	M8:20±2
排气歧管螺母	22±2
排气歧管隔热罩螺栓	11±2
放油螺塞	25±5
集滤器螺栓	10±2
集滤器支架螺栓	10±2
油底壳螺栓	10±2
机油泵螺栓	10±2
发动机前盖螺栓	20±2(大螺栓),10±2(小螺栓)
发动机前吊架螺栓	10±2
机油压力开关	17±3
前氧传感器	50±10
曲轴皮带轮螺栓	95±5
进气侧正时链导轨螺栓	10±2
排气侧正时链导轨螺栓	10±2
正时张紧器螺栓	10±2
凸轮轴链轮螺栓	60±5
火花塞	23±3
点火线圈固定螺栓	10±2
凸轮轴罩盖螺栓	10±2
凸轮轴轴承盖螺栓	10±2
发动机后吊架螺栓	20±2
缸盖螺栓	22±2(并继续旋转 82°±2°)
排气歧管双头螺柱	20±2
飞轮螺栓	65±5
飞轮离合器从动盘螺栓	27±2
曲轴后油封座螺栓	10±2
曲轴主轴承盖螺栓	30(并继续旋转 30°±4°)
连杆螺栓(安装连杆盖)	20(并继续旋转 90°±4°)
机油滤清器支架	22±2
机油滤清器	20±2
发动机悬挂与前轴焊合件连接螺栓	35±3
前轴焊合件与车身大梁连接螺栓	78±10
发动机后横梁到车身螺栓	35±3
离合器分泵螺栓	18±2
燃油箱焊合件螺栓	22±3
燃油导轨固定螺栓	15±2
注油管支架螺栓	7.5±2.5
加油口固定螺栓	4.5±1.5
燃油泵总成安装螺栓	2.5～5
加速器踏板螺母	10±1
进气温度/压力传感器紧固螺栓	5±1

15.2　五菱 1.2T 245T 发动机

15.2.1　发动机正时维修

① 将凸轮轴链轮上的正时标记与正时链条上的正时标记对准后安装正时链条。

② 将曲轴链轮上的正时标记与正时链条上的正时标记对准，如图15-4所示。

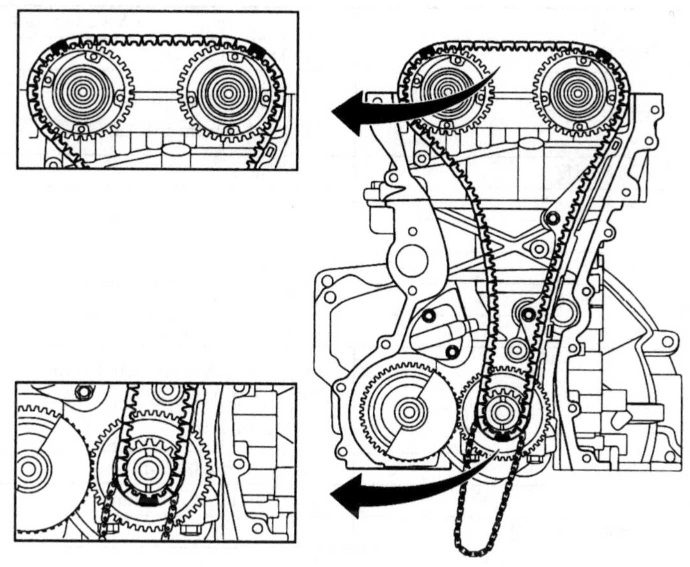

图15-4 发动机正时标记位置

15.2.2 发动机维修数据

245T发动机机械维修数据如表15-3所示，机械部件紧固力矩如表15-4所示。

表15-3 245T发动机机械维修数据

项目		LYS-245T参数
基本数据	发动机类型	四冲程、水冷、直列、12气门、双顶置凸轮轴、正时链传动、涡轮增压、缸内直喷、电控点火、带DVCP(双可变凸轮相位)
	排量	1.199L
	缸径×行程	75.1mm×90.3mm
	压缩比	10.5∶1
	额定功率/转速	96kW/(5300r/min)
	最大净功率/转速	92kW/(5300r/min)
	最大转矩/转速	245Nm/(1500～3000r/min)
	最大净转矩/转速	240Nm/(1500～3000r/min)
	点火顺序	1—2—3
	火花塞间隙	0.7～0.8mm
	怠速转速	875r/min±50r/min
	火花塞型号	ZR5SPP3320
	发动机质量	106kg±2kg
气缸体	气缸直径	75.1mm+0.018mm
	缸孔圆度	0.005mm
	缸孔圆柱度	0.008mm
凸轮轴	凸轮轴轴径、宽度	前端：轴径为$\phi 33_{-0.066}^{-0.050}$mm，宽度为35.12mm±0.004mm 其他：轴径为$\phi 24_{-0.061}^{-0.040}$mm，宽度为24mm±0.004mm
	轴颈跳动量	0.04mm
	轴颈圆柱度	0.007mm
	凸轮平行度	0.005mm
	凸轮高度	进气：(16.5+8.6)mm±0.05mm 排气：(16.5+8.3)mm±0.05mm

续表

项　目		LYS-245T 参数
曲轴	曲轴主轴承间隙(全部)	0.018～0.058mm
	曲轴主轴颈直径、宽度	直径：$\phi 42_{-0.021}^{-0.005}$mm 宽度：21.44mm±0.1mm
	曲轴主轴承轴颈圆度	0.005mm
	曲轴主轴承轴颈跳动量	0.035mm
	连杆轴颈直径	$\phi 42_{-0.021}^{-0.005}$mm
	连杆轴颈圆度	0.005mm
	连杆轴颈与轴瓦间隙	0.020～0.059mm
气缸盖	总高	110mm±0.05mm
	气门导管总长、高度	导管总长：36.7mm±0.25mm 压入缸盖后凸出高度：进气 9.3mm±0.2mm，排气 8.8mm±0.2mm
活塞	与气缸孔间隙	0.06mm±0.016mm
	活塞直径	75.049mm±0.007mm
	活塞凸出缸体面最大高度	0.65mm
	活塞顶面锥度	96°
活塞销	活塞销与活塞间隙	0.004～0.015mm
	活塞销直径	$\phi 19.5_{-0.005}^{0}$mm
	活塞销长度	44.9mm±0.1mm
	活塞销偏移量(朝推力侧)	0.4mm±0.1mm
活塞环	一环闭口间隙与侧隙	间隙为 0.15～0.25mm，侧隙为 0.02～0.07mm
	二环闭口间隙与侧隙	间隙为 0.25～0.4mm，侧隙为 0.03～0.07mm
	油环闭口间隙与侧隙	间隙为 0.2～0.4mm，侧隙为 0.02～0.06mm
连杆	连杆小头与活塞销间隙	0.007～0.022mm
	连杆弯曲平行度	0.017mm
	连杆扭转平行度	0.04mm
	连杆大端止推间隙	0.10～0.30mm
气门	气门直径(进气)	26.42mm±0.12mm
	气门直径(排气)	23.78mm±0.12mm
	气门工作面角度	91°±15′
	气门工作面跳动量	0.03mm
	气门座密封面宽度(进气)	1.8mm
	气门座密封面宽度(排气)	2.09mm
	气门杆直径(进气)	5.16mm±0.007mm
	气门杆直径(排气)	5.16mm±0.007mm
	气门导管内径	$\phi 5.2_{0}^{+0.012}$mm
	气门间隙(进气)	0.26mm±0.025mm
	气门间隙(排气)	0.44mm±0.025mm
气门弹簧	气门弹簧自由长度	42.7mm
机油泵	机油泵压力	0～10bar(0～1MPa)
	机油压力	0～10bar(0～1MPa)
冷却系统	容量	7.35L±0.25L
润滑系统	润滑类型	飞溅＋压力润滑
	机油容量(带机滤器)	4L
密封剂或黏合胶	前端盖至缸体缸盖	博森 3598F
	油底壳至缸体	博森 3598F
	碗形塞(水堵)密封胶	博森 3598F
	油堵密封胶	博森 3598F

表 15-4　245T 发动机机械部件紧固力矩

项　目	紧固力矩/(N·m)
发动机支座托架至发动机侧悬置支架螺母 M12×1.75	110±10
发动机支座托架至发动机侧悬置支架螺栓 M12×1.75×57.5	110±10
发动机侧悬置支架到发动机侧减振器螺母 M12×1.75	110±10
发动机悬置螺栓 M12×1.75×50	110±10
发动机悬置螺栓 M10×1.5×65	38±4
变速器悬置螺母 M12×1.75	110±10
变速器悬置变速器侧螺栓 M12×1.75×57.5	110±10
变速器悬置车架侧支架螺栓 M10×1.5×25	62±5
变速器悬置车架侧支架螺栓 M10×1.5×45.65	62±5
变速器后悬置支架螺栓 M12×1.75×72	110±10
变速器后悬置螺栓 M12×1.75×72	70±5
变速器后悬置螺栓(副车架侧)M12×1.75×86	70±5
变速器支座支架双头螺柱 M12×1.75×46	30±5
水泵螺栓	22±2
发动机前吊钩螺栓	25±2
发动机后吊钩螺栓	25±2
曲轴前端轮毂螺栓	100(并继续旋转 75°±5°)
曲轴皮带轮螺栓	20±2
正时张紧器螺栓	10±2
正时链条排气侧导轨螺栓	10±2
正时链条进气侧导轨螺栓	10±2
凸轮轴链轮螺栓	30±2(并继续旋转 34°±2°)
凸轮轴相位执行器电磁阀螺栓	10±2
节气门体安装螺栓	10±2
高压油泵安装螺栓	30±2
增压器螺母	22±2
增压器双头螺柱	22±2
缸盖螺栓	30(并继续旋转 100°+90°)
油轨压力传感器总成	32±2
六角法兰螺栓 M8×1.25×25	20±5
六角法兰螺栓 M6×1.0×20	10±2
六角法兰螺栓 M6×1.0×16	10±2
机油冷却器安装螺栓	10±2
机油冷却器转接头安装螺栓	10±2
发动机前盖螺栓	22±2
增压器回油管螺栓	10±2
增压器冷却回水管总成	32±2
增压器冷却进水管总成	32±2
油气分离器螺栓	10±2
脱附管总成螺栓	10±2
曲轴后油封座螺栓	10±2
可变排量机油泵螺栓	10±2
可变排量机油泵电磁阀螺栓	10±2
油底壳上壳体螺栓	10±2
油底壳下壳体螺栓	10±2
机油滤清器总成	30±4
机油尺导管支架螺栓	10±2
机油尺导管底部支架螺栓	10±2
真空泵螺栓	22±2
柔性盘螺栓	35(并继续旋转 38°±7°)
前端平衡块安装螺栓	35±2
后端平衡块安装螺栓	35±2
活塞喷嘴	25±2
油轨安装螺栓	22±2
增压器隔热罩螺栓	11±2
进气歧管螺栓 M6×1.0×30	10±2

续表

项　　目	紧固力矩/(N·m)
爆震传感器总成	25±2
火花塞总成	23±3
机油压力传感器总成	12±2
点火线圈固定螺栓 M6×1.0×47	10±2
曲轴位置传感器螺栓 M6×1.0×16	10±2
电子节温器安装螺栓	10±2
增压器润滑进油管总成	32±2
电子水泵螺栓	10±2
电子水泵支架螺栓	22±2
电子水泵进水管螺栓	10±2
发动机进水管总成螺栓	10±2
脱附管支架螺栓	10±2
压差传感器支架螺栓	10±2
发动机下盖板螺栓	7±1

15.3　吉利 1.4T JLB-4G14TB 发动机

15.3.1　发动机正时维修

JLB-4G14TB 发动机正时单元部件分解如图 15-5 所示。

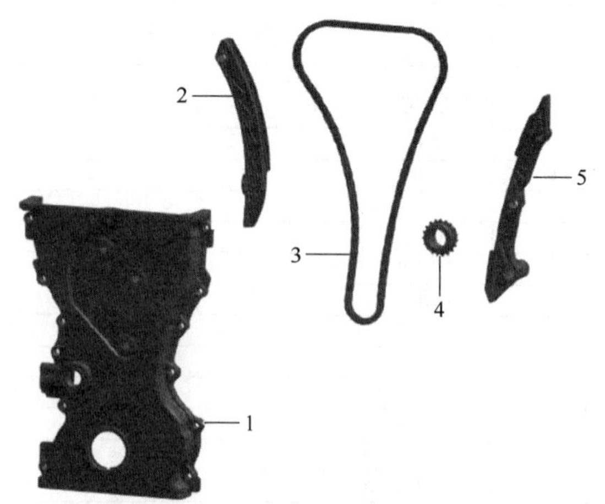

图 15-5　发动机正时单元部件分解

1—正时链罩；2—正时链条张紧轨；3—正时链条；4—曲轴正时链轮；5—正时链条导向轨

正时链单元部件拆装步骤如下。

① 拆卸正时链罩。

② 使用专用工具锁紧进排气 VVT 组件，见图 15-6，注意：拆卸前需要转动曲轴至 1 缸上止点位置。

③ 拆卸正时链条：如图 15-7 所示，拆卸正时链条张紧轨 1 颗固定螺栓（1），取下正时链条张紧轨，拆卸正时链条导向轨 2 颗固定螺栓（2），取下正时链条导向轨，取下正时链条。

图 15-6　安装 VVT 组件锁定装置

图 15-7　拆卸正时链条单元部件

④ 按如下方法检查正时链条：用 147Nm 的力矩拉紧正时链条，使用游标卡尺测量 15 个链节的长度，见图 15-8，链条最大

长度应为 136.36mm。注意：随机测量 3 次，如果长度大于最大值，则应更换正时链条。

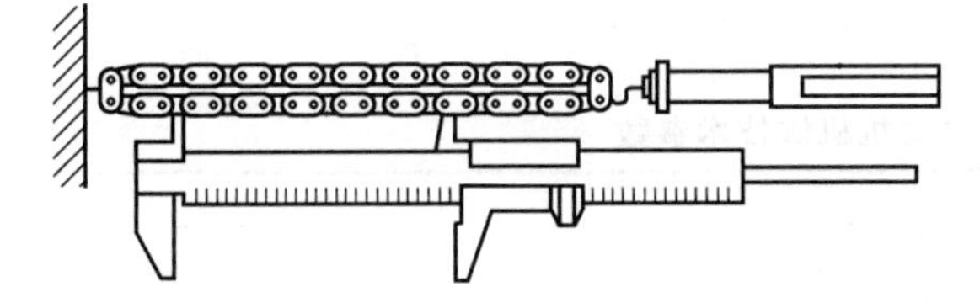

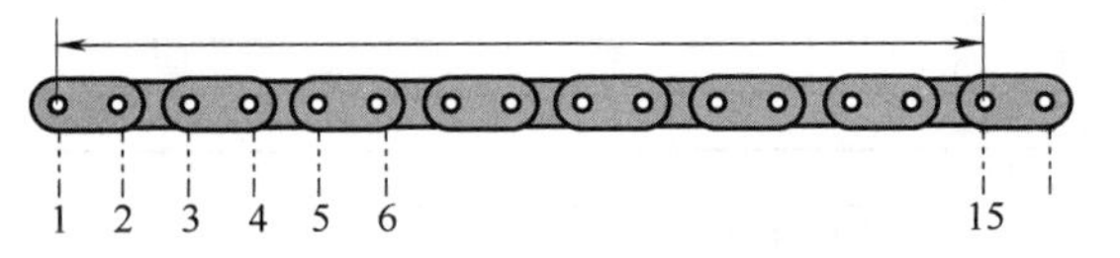

图 15-8　检测正时链条长度

⑤ 安装正时链条：确认正时链条上的 3 个黄色链节（1～3），第 2 个黄色链节和第 3 个黄色链节之间相隔 8 个链节，见图 15-9。

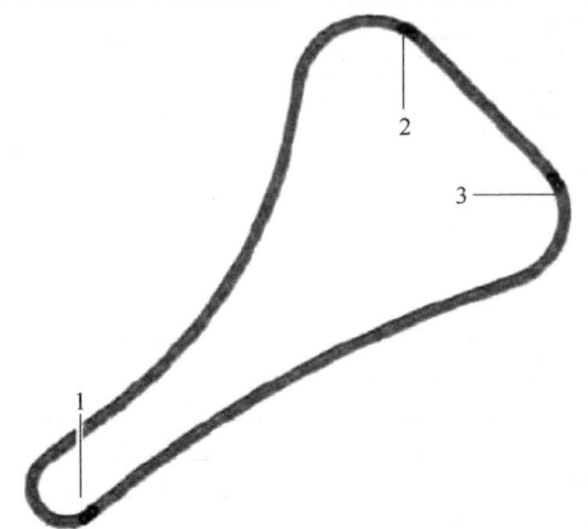

图 15-9　检查确认正时链上的标记

⑥ 转动进气凸轮轴和排气凸轮轴，使链轮上的正时记号朝正上方，即 1 缸第 1 个进、排气凸轮桃尖向内约成 90°夹角。安装正时链条，使链条的第 2 个正时标记外链节（黄色）对正进气 VVT 驱动器正时记号；使链条的第 3 个正时标记外链节（黄色）对正排气凸轮轴正时链轮记号，如图 15-10 所示。注意：进气 VVT、排气 VVT 与机油控制阀必须为同一厂家部件。

⑦ 旋转曲轴，如图 15-11 所示，将曲轴半圆键槽与水平方向成 90°竖直向上，即 1 缸压缩行程上止点位置。

⑧ 安装正时链条，使第 1 个正时标记外链节（黄色）对正曲轴正时链轮正时记号，见图 15-12。

图 15-10　对准凸轮轴 VVT 上正时记号

图 15-11　设置曲轴在 1 缸上止点位置

图 15-12　对准曲轴链轮与正时链标记

⑨ 安装好后在进、排气链轮上做好装配记号，以便在取下正时链条张紧器维修工具后再次确认正时记号。拆卸凸轮轴专用工具：4114720191。

⑩ 按与拆卸相反的过程安装其他正时部件。

15.3.2 发动机维修数据

吉利 JLB-4G14TB 发动机机械技术参数见表 15-5。

表 15-5 JLB-4G14TB 发动机机械技术参数

项目		技术参数
形式		横置
燃烧室形式		屋脊式
进气方式		涡轮增压中冷
缸径		75mm
行程		79.1mm
压缩比		9.5∶1
排量		1.398L
额定功率/转速		104kW/(5200r/min)
转矩/转速		235Nm/(1600～4000r/min)
怠速转速		700r/min±50r/min
工况法排放		CO,＜2.3g/km;CH,＜0.2g/km;NO_x,＜0.15g/km
配气机构形式		双顶置凸轮轴,16 气门,进排气 VVT
进气 VVT 调整范围		±25°
点火顺序		1—3—4—2
发动机干质量		≤135kg
轮廓尺寸(长×宽×高)		647mm×643mm×640mm
气缸盖	缸盖平面度	115～0.05mm
	气缸盖总高	140mm±0.05mm
曲轴	轴向间隙	0.08～0.24mm
	主轴承间隙(所有)	0.018～0.044mm
	主轴颈直径(所有)	ϕ47.982～48mm
	机体顶面平面度	0.05mm
	曲轴主轴颈圆度	0.008mm
	曲轴主轴颈圆跳动量	0.0008mm
连杆轴颈	连杆轴承间隙	0.02～0.046mm
	连杆轴承轴向间隙	0.17～0.35mm
活塞	活塞与气缸间隙	0.028～0.057mm
	直径	ϕ(74.965±0.007)mm
活塞销	与活塞的间隙	0.004～0.013mm
	与连杆的间隙	0.008～0.02mm
	直径	ϕ19.997～20mm
	长度	54.8～55mm
	活塞销偏移量(朝推力侧)	0.6mm
活塞环	第一道活塞环闭口间隙	0.15～0.27mm(在 ϕ75mm 的量规中)
	第一道活塞环侧隙	0.04～0.08mm
	第二道活塞环闭口间隙	0.4～0.6mm(在 ϕ75mm 的量规中)
	第二道活塞环侧隙	0.03～0.07mm
	刮片环闭口间隙	0.15～0.60mm(在 ϕ75mm 的量规中)
	组合油环侧隙	0.04～0.15mm
密封胶	正时链罩盖-缸盖/缸体(气缸垫)	乐泰 5900 硅橡胶平面密封剂
	后油封盖-缸体	乐泰 5900 硅橡胶平面密封剂
	油底壳-缸体	天山 1590 即时密封硅橡胶平面密封剂或乐泰 5900 硅橡胶平面密封剂
	水泵进水管接头-缸体	天山 1608 碗形塞密封固持剂
	碗形塞-缸盖	天山 1620 碗形塞密封固持剂
	油道螺塞	天山 1545 厌氧型管螺纹密封剂
	水温传感器-节温器壳体/PCV 阀组件	天山 1243 螺纹密封剂
	半圆塞-气缸盖	乐泰 5900 硅橡胶平面密封剂

15.4　吉利 1.5T JLH-3G15TD 发动机

15.4.1　发动机正时维修

JLH-3G15TD 发动机正时带单元部件分解如图 15-13 所示。

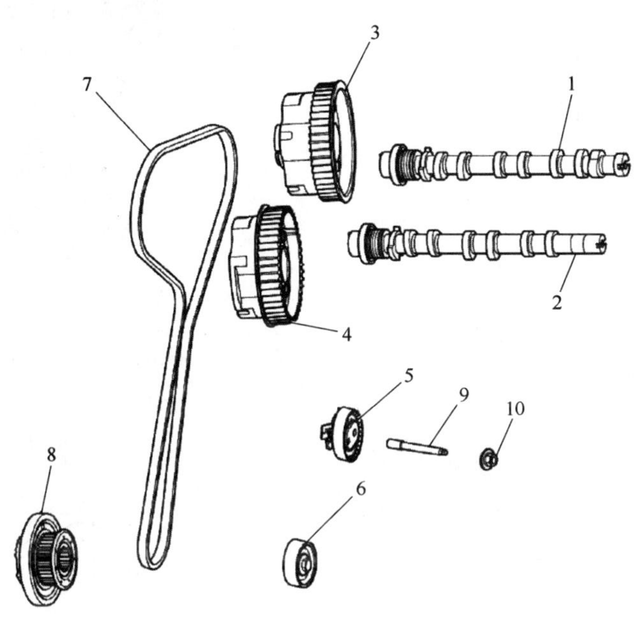

图 15-13　JLH-3G15TD 发动机正时链单元结构

1—排气凸轮轴组件；2—进气凸轮轴组件；3—排气 VVT 驱动器；4—进气 VVT 驱动器；5—正时带张紧轮；6—正时惰轮；7—正时皮带；8—曲轴正时皮带轮；9—正时皮带张紧轮双头螺柱；10—正时皮带张紧轮紧固螺母

（1）发动机正时链单元拆卸步骤

① 打开行李厢盖。

② 断开蓄电池负极电缆。

③ 打开发动机舱罩。

④ 拆卸发动机塑料护罩。

⑤ 举升车辆。

⑥ 拆卸发动机底部护板。

⑦ 排放冷却液。

⑧ 拆卸中冷器进气管。

⑨ 拆卸 1 号正时皮带护罩。

⑩ 拆卸发动机皮带罩。

⑪ 拆卸正时皮带。

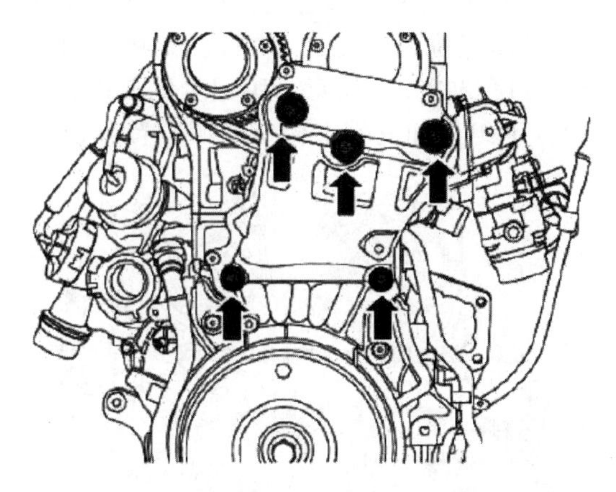

图 15-14　拆卸发动机前支架的固定螺栓

a. 拆卸发动机前支架与发动机固定的 5 颗螺栓，见图 15-14。

b. 取下发动机前支架组件。

注意：拆卸发动机前支架组件（3）时需对发动机前支架组件橡胶垫（1，2）位置进行确认，如出现掉落情况，需要在人工对橡胶垫进行装配后，再一起复装到发动机上，具体装配如图 15-15 所示。防止橡胶垫掉落到前端正时系统，从而避免发动机报废。

c. 顺时针转动曲轴盘，将凸轮轴和曲轴转动到正时标记的位置并固定曲轴，进、排气 VVT 标记如图 15-16 对齐。

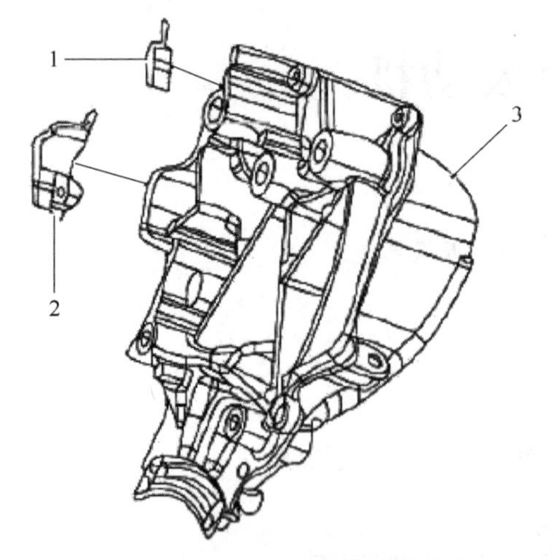

图 15-15　支架组件橡胶垫位置

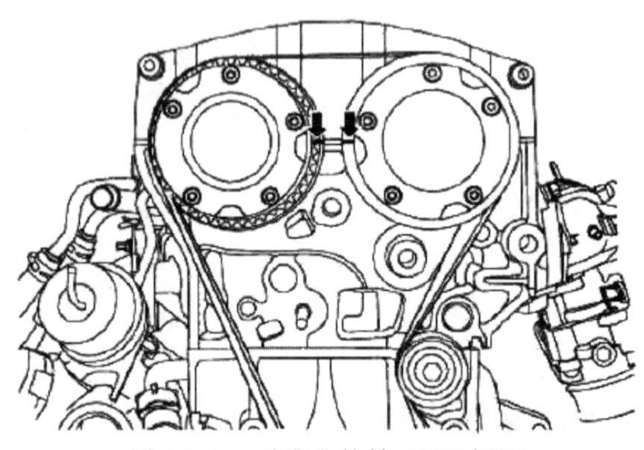

图 15-16　对准凸轮轴 VVT 标记

d. 用专用工具固定进、排气 VVT 带轮在正时标记位置，见图 15-17。专用工具编号：4114720189。注意：用记号笔在进、排气 VVT 组件和皮带上做好原始位置标记。

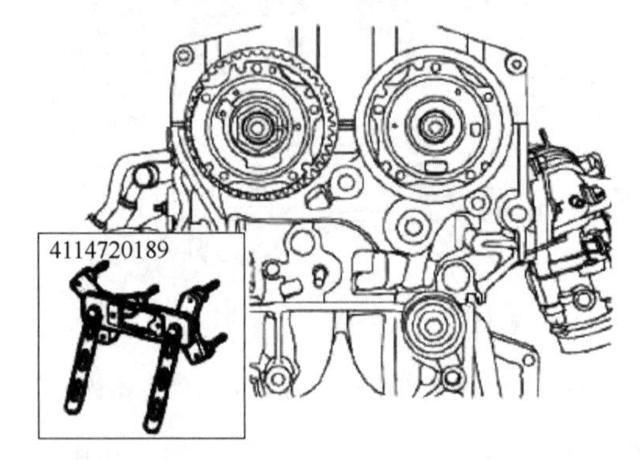

图 15-17　安装正时拆装专用工具

e. 松开皮带张紧轮并取下正时皮带。

f. 拆卸正时皮带张紧轮上的固定螺母，取下正时皮带张紧轮，见图 15-18。

g. 拆卸正时皮带惰轮上的 1 颗固定螺栓，取下正时皮带惰轮，见图 15-19。

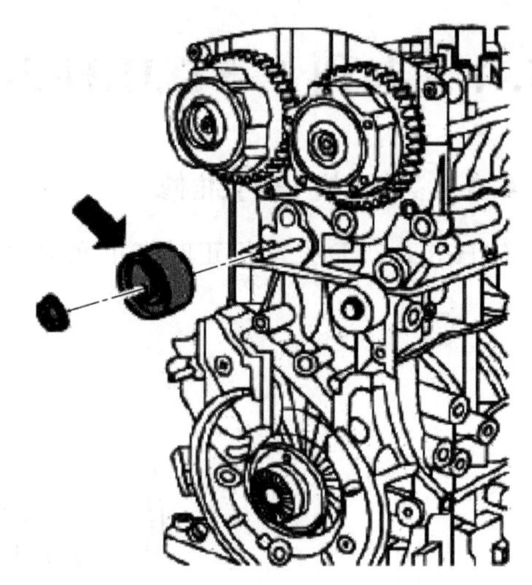

图 15-18　取下正时皮带张紧轮

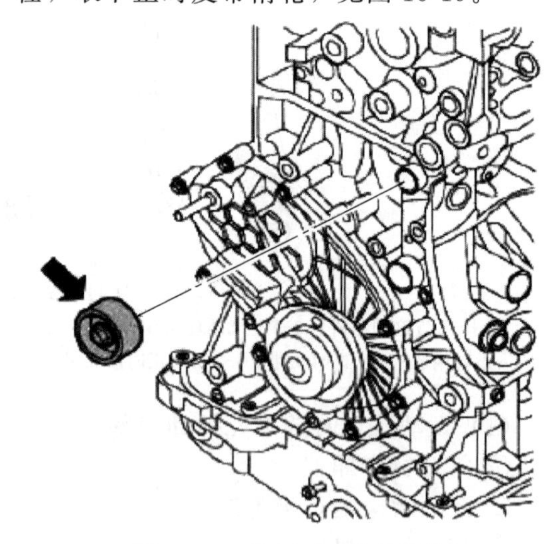

图 15-19　取下正时皮带惰轮

(2) 发动机正时链安装步骤

按与拆卸相反的顺序安装正时链，但请注意以下事项。

① 正时惰轮紧固螺栓力矩：24Nm。正时皮带、皮带张紧轮和惰轮必须同时更换新的。

② 从曲轴正时皮带轮开始沿逆时针方向安装正时皮带 A，如图 15-20 所示，用皮带夹持工装 B 将皮带安装到位，完成皮带装配后，要确认皮带位置在 VVT 带轮中间。

③ 拔掉皮带张紧轮上的卡销，移除正时皮带夹持工装和 VVT 零位限位工具，见图 15-21。

④ 使用专用工具插入 VVT，利用曲轴正时皮带轮上的孔和已安装的专用工具一起顺时

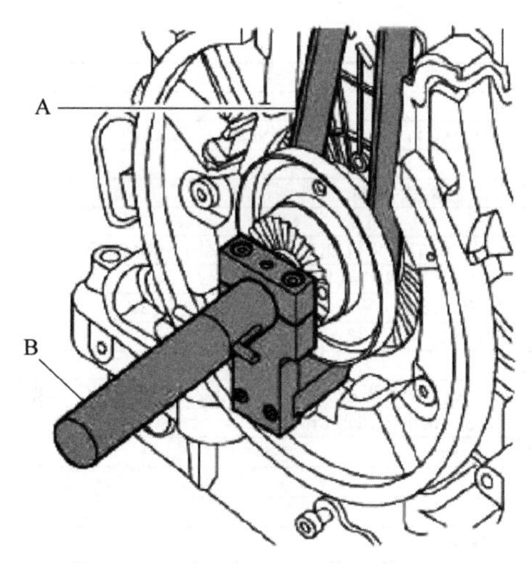

图 15-20　用工装辅助安装正时皮带

图 15-21　拔除张紧轮上的卡销

针旋转曲轴 690°，直到 VVT 上的正时标记与 VVT 专用工具上的正时标记（A）对齐，见图 15-22。专用工具编号：4114720189。

⑤ 用内六角扳手顺时针旋转调整臂，直到指针在缺口中间到刻度线范围内（建议 −2°～+3°），在固定住调整臂时拧紧螺母，确保指针仍然在上述范围中间，见图 15-23。力矩：30Nm。注意：0°基准为窗口下边缘。

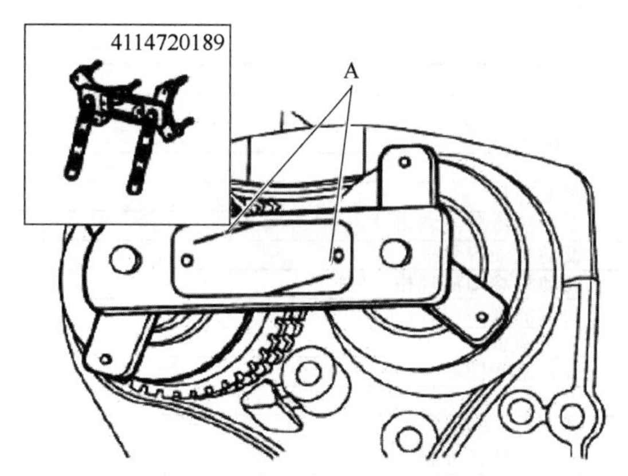

图 15-22　用正时专用工具辅助安装

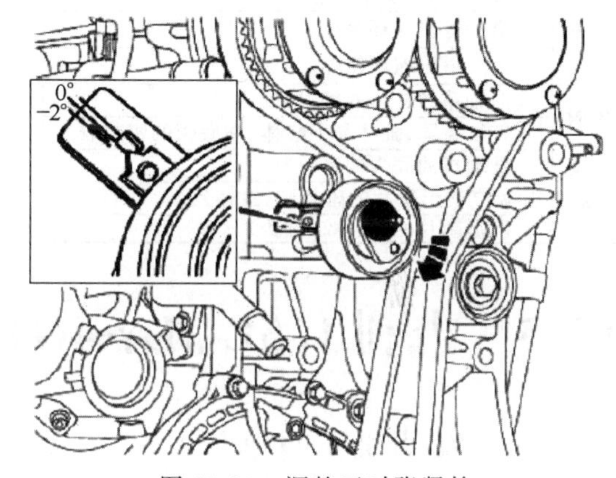

图 15-23　调整正时张紧轮

⑥ 顺时针旋转曲轴 2 圈直到 VVT 的正时标记与 VVT 工装上的正时标记对齐在一条直线上，旋转后张紧轮的指针必须在 −2°～+7°范围之间，如果没问题，移除工装。否则，松开张紧轮螺母，重置张紧器的指示针，按之前的步骤重新安装一次正时皮带。

⑦ 安装发动机前支架与发动机固定的 5 颗螺栓。力矩（M12）：110Nm。力矩（M10）：48Nm。

15.4.2　发动机维修数据

吉利 JLH-3G15TD 发动机机械技术参数见表 15-6。

表 15-6　JLH-3G15TD 发动机技术参数

项　　目	技术参数
缸径	82mm
行程	93.2mm
排量	1.477L
压缩比	10.5∶1
功率/转速	130kW/(5500r/min)
转矩/转速	255Nm/(1500～4000r/min)(低功率)，265Nm/(1500～4000r/min)(高功率)

续表

项目		技术参数
怠速转速		890~950r/min
工况法排放		CO,<2.3g/km;CH,<0.2g/km;NO_x,<0.15g/km
点火次序		1—3—2
燃油牌号		RON92号及以上无铅汽油
发动机冷却液容量		4.13L
发动机油容量		干式6.6L,湿式5.6L(换机滤)、湿式5.3L(不换机滤)
发动机冷却液规格/品牌		BASF G64;水=51%:49%(体积比)
润滑油规格/品牌		壳牌VCC RBSO-2AE 0W-20
火花塞型号		SP/LD8RBIP,VR5NPP332
火花塞间隙		0.6~0.7mm
干质量		113.2(1±2%)kg(基础车型),114.7(1±2%)kg(BSG车型)
外形尺寸(长×宽×高)		576.7mm×618.6mm×719.3mm
凸轮轴	轴颈外径	23.95~23.97mm
	进气VVT调整范围	50° CA
	排气VVT调整范围	30° CA
活塞环	第一道压缩环侧隙	0.035~0.085mm
	第二道压缩环侧隙	0.025~0.070mm
密封剂和黏合剂	曲轴箱和缸体的密封胶	平面密封硅胶LT5970
	气缸盖罩、缸体与下缸体、油底壳的密封胶	平面密封硅胶LT5970
	发动机油底壳的密封胶	平面密封硅胶LT5970
	ϕ20碗形塞片的密封胶(缸体)	圆柱固持胶LT648
	碗形塞片的密封胶(缸盖)	圆柱固持胶LT601

15.5 吉利1.5L JLγ-4G15国六发动机

15.5.1 发动机正时维修

吉利JLγ-4G15国六发动机正时单元部件分解如图15-24所示。

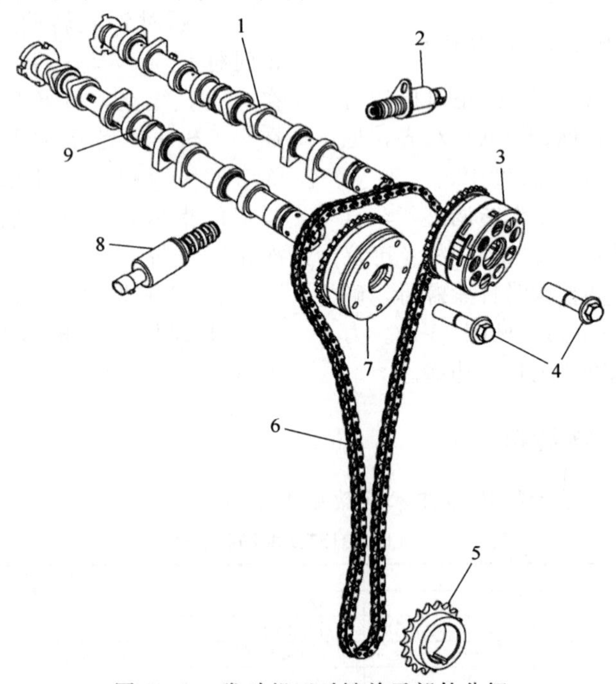

图15-24 发动机正时链单元部件分解

1—排气凸轮轴;2—排气VVT阀组件;3—排气VVT驱动器;4—VVT驱动器螺栓;5—曲轴正时链轮;6—正时链条;7—进气VVT驱动器;8—进气VVT阀组件;9—进气凸轮轴

正时链单元部件拆装步骤如下。

① 断开蓄电池负极电缆。

② 拆卸发动机塑料护罩。

③ 拆卸点火线圈。

④ 拆卸气缸盖罩。

⑤ 旋转曲轴，如图 15-25 所示，使 1 缸合于上止点位置。注意：曲轴皮带盘正时记号与正时链罩上刻度线“0”位对齐。

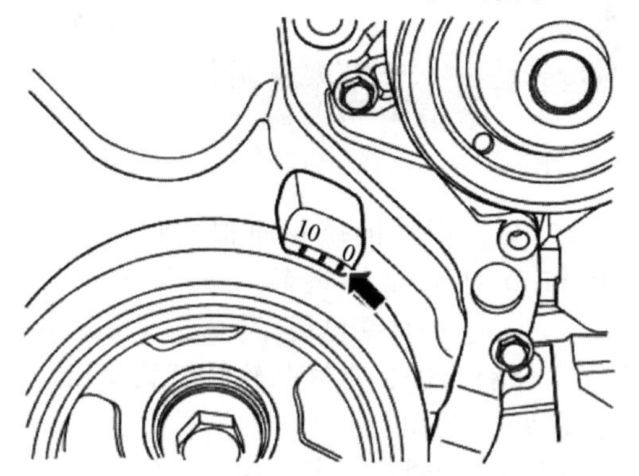

图 15-25　设置 1 缸上止点位置

⑥ 拆卸正时链罩。

⑦ 如图 15-26 所示，用记号笔在进、排气链轮上做好正时记号，并使用专用工具固定正时链条和凸轮轴。正时链条固定工具：4114720058。凸轮轴正时专用工具：4114720050。

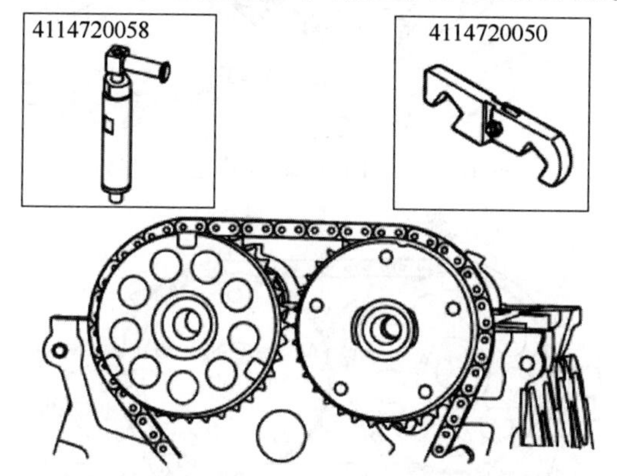

图 15-26　用专用工具固定正时链与凸轮轴

⑧ 拆卸正时链条张紧器固定螺栓，见图 15-27。

⑨ 拆卸正时链条张紧器总成，注意：此时不能转动曲轴以防止正时链轮滑齿。

a. 张紧器设置：压入正时链条张紧器柱塞，插上限位销，如图 15-28 所示，使张紧器进入锁止状态。

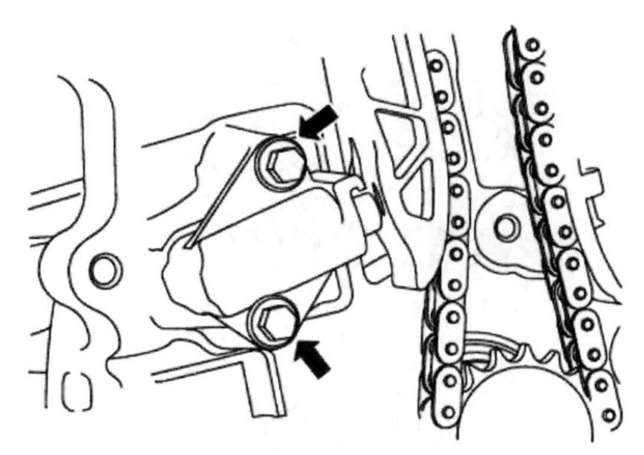

图 15-27　拆卸张紧器紧固螺栓

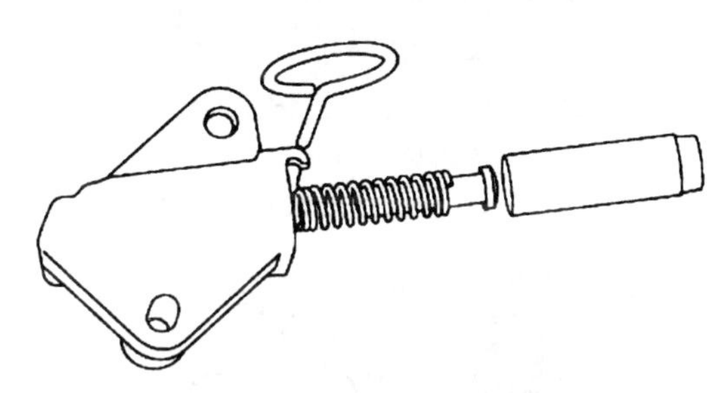

图 15-28　设置正时张紧器

b. 张紧器安装：安装正时链条张紧器，紧固螺母，力矩为 29Nm，如图 15-29 所示。拔出限位销，使紧链器解除锁止，柱塞弹出。注意：在限位销拔出前，不要转动曲轴，否则正时链条有可能滑齿。确认张紧器解锁，推杆正确压紧链条张紧导轨；如果没有正常解锁，可以用螺丝刀反方向按压张紧导轨，使张紧器解锁。

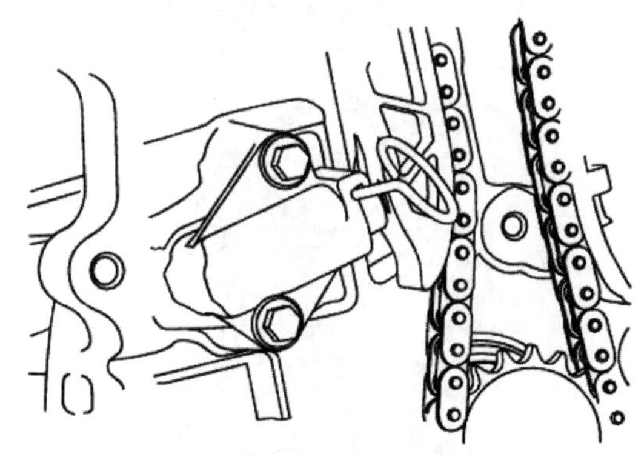

图 15-29　安装张紧器

⑩ 拆卸正时链条张紧轨组件固定螺栓，见图 15-30。

⑪ 如图 15-31 所示，拆卸正时链条张紧轨组件，取出过程中注意不要掉落，以免损坏部件。

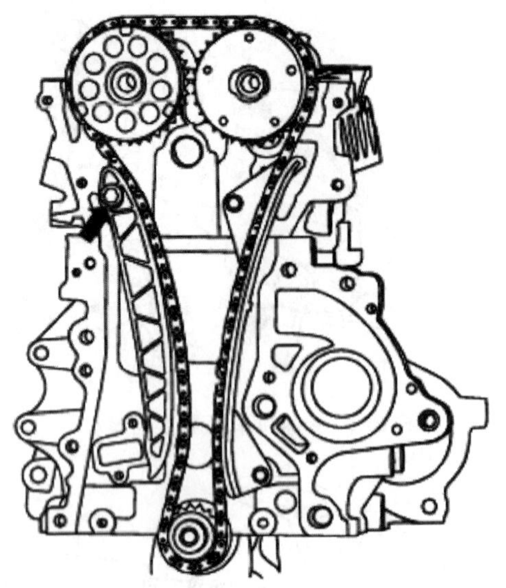

图 15-30　拆卸正时链条张紧轨组件螺栓

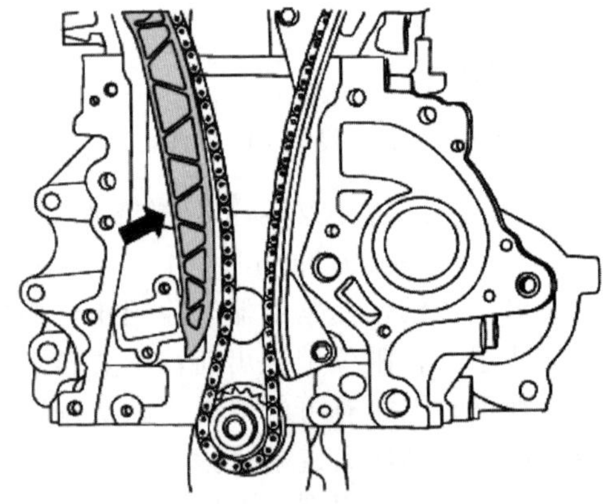

图 15-31　取出正时链条张紧轨组件

⑫ 拆卸正时链条导向轨组件 2 个固定螺栓，取出导向轨组件，见图 15-32。

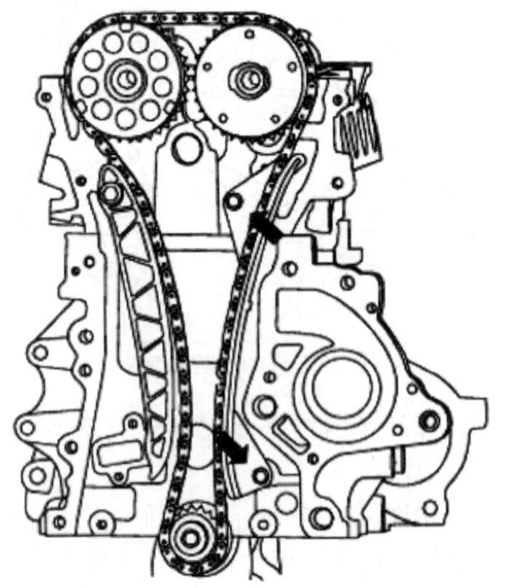

图 15-32　拆卸导向轨组件

⑬ 拆卸正时链条及曲轴正时链轮。

⑭ 安装时先确认正时链条上的 3 个黄色链节的位置，见图 15-33。

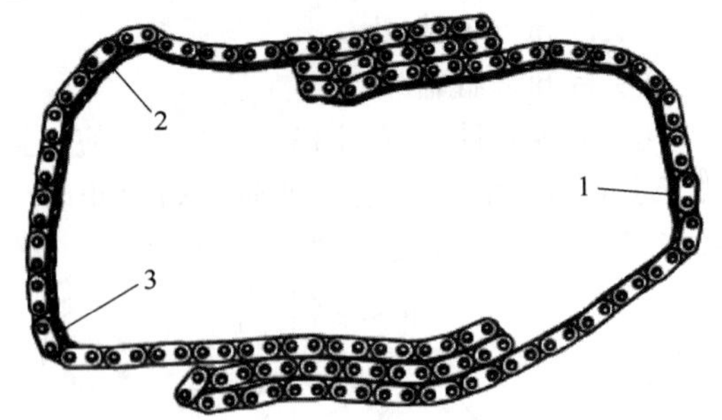

图 15-33　确认正时链条的链节标志

⑮ 安装正时链条及曲轴链轮，第 1 个黄色链节对正曲轴链轮正时记号，见图 15-34。其他两个黄色链节（之间相差 6 个链节）分别与进、排气凸轮轴链轮正时记号对齐，见图 15-35。

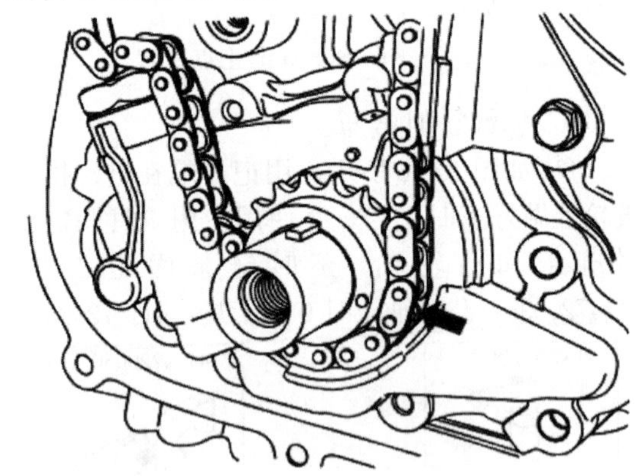

图 15-34　对齐曲轴链轮正时记号

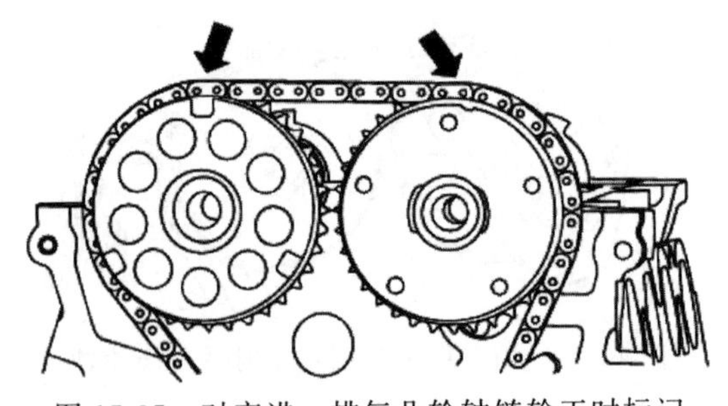

图 15-35　对齐进、排气凸轮轴链轮正时标记

⑯ 安装导向轨组件，紧固螺栓，力矩：9Nm。

⑰ 安装张紧轨组件，紧固螺栓，力矩：19Nm。

⑱ 安装正时链条张紧器。

⑲ 按与拆卸相反的顺序安装其他部件。

15.5.2 发动机维修数据

吉利 JLγ-4G15 国六发动机机械参数见表 15-7。

表 15-7　JLγ-4G15 国六发动机机械参数

项　目		技术参数
缸径		77.8mm
行程		78.8mm
排量		1.498L
压缩比		10∶1
功率/转速		80kW/(5800～6000r/min)
转矩/转速		140Nm/(4000～4400r/min)
怠速转速		700r/min±50r/min(空调开启时为 1000r/min±50r/min)
工况法排放		CO,＜2.3g/km;CH,＜0.2g/km;NO_x,＜0.15g/km
点火次序		1—3—4—2(1、4 缸和 2、3 缸分组点火)
等速行驶燃油消耗量(90km/h)		＜6.5L(100km)
燃油牌号		RON93 号及以上无铅汽油
发动机冷却液容量		6.5L
发动机油容量		4.0L
发动机冷却液规格		符合 SH 0521 标准,冰点≤－40℃
润滑油规格		符合 GB 11121 标准,API 质量等级为 SJ 级,出口欧盟标准 SL 级,黏度规格:SAE5W-30_10W-30、10W-40、15W-40
火花塞型号		K6RTC
火花塞间隙		1.0～1.1mm
干质量		不带起动机,有发动机油,无水,带线束,带离合器:117kg±2kg
外形尺寸(长×宽×高)		631mm×610mm×620mm
凸轮轴	轴颈外径	23mm
	凸轮轴轴向间隙	0.05～0.12mm
	进气门间隙	0.23±0.03mm
	排气门间隙	0.32±0.03mm
	进气 VVT 调整范围	±25°
气门正时	进气门开启	上止点前 5°
	进气门关闭	下止点后 55°
	排气门开启	下止点前 48°
	排气门关闭	上止点后 4°
连杆轴颈	连杆轴承间隙	0.018～0.044mm
	连杆轴承轴向间隙	0.16～0.342mm
曲轴	轴向间隙	0.06～0.24mm
	主轴承间隙(所有)	0.013～0.031mm
	主轴颈直径(所有)	47.982～48mm
	机体顶面平面度	0.05mm
	曲轴主轴颈圆度	0.003mm
	曲轴主轴颈圆跳动量	0.02mm
气缸盖	机加工后最小总高	115mm－0.05mm
	总高	115mm＋0.05mm
	气门导管高	34.5mm
活塞	至缸套间隙	0.041～0.072mm
	直径	77.75mm±0.009mm
活塞销	与活塞的间隙	0.011～0.018mm
	与连杆的间隙	(－0.16)～(－0.033)mm
	直径	20.001～20.007mm
	长度	53.7～54mm
	活塞销偏移量(朝推力侧)	0.6mm±0.1mm

续表

项目		技术参数
活塞环	油环端隙	0.20～0.70mm
	第二道压缩环端隙	0.40～0.55mm
	第一道压缩环端隙	0.20～0.35mm
气门系统	进气门直径	31mm
	排气门直径	26mm
	气门导管内径	5.5mm
	气门杆直径(进气门)	5.5mm
	气门杆直径(排气门)	5.5mm
机油泵	安全阀开启压力	500kPa
密封剂和黏合剂	气缸盖罩垫密封胶	可赛新 1596 硅橡胶平面密封剂
	发动机油油道孔塞	可赛新 1243 厌氧型螺纹锁固密封剂
	油底壳与曲轴箱体接合面	可赛新 1596 硅橡胶平面密封剂
	曲轴箱体与缸体接合面	可赛新 1596 硅橡胶平面密封剂
	飞轮螺栓	乐泰 204 厌氧密封胶

15.6 比亚迪 1.5T BYD476ZQA/C 发动机

15.6.1 发动机正时维修

(1) 正时链条的拆卸

① 将曲轴顺时针旋转到 1、4 缸上止点附近，再将曲轴回转 45°；从气缸体上旋下气缸体螺塞组件，旋入曲轴定位工装，见图 15-36，顺时针旋转，固定曲轴到 1、4 缸上止点；拧紧力矩：30N·m。

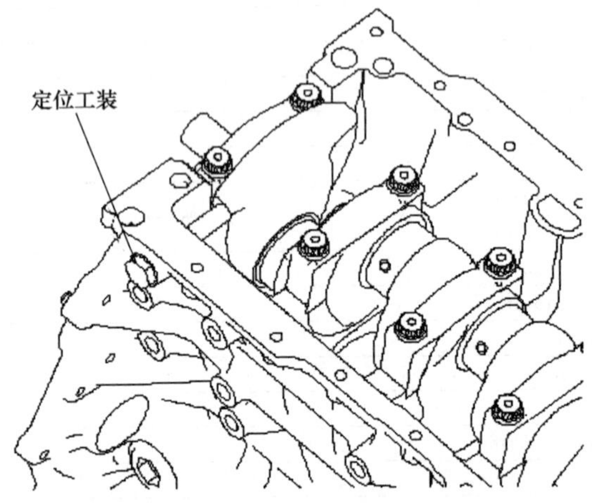

图 15-36 曲轴定位工具安装位置

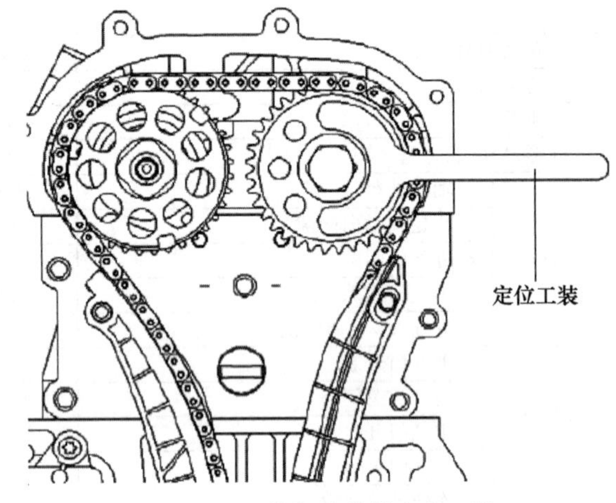

图 15-37 排气凸轮轴定位工装

② 如图 15-37 所示，通过工装定位排气凸轮轴链轮，松开排气凸轮轴链轮螺栓和 VVT 组件螺栓（左旋螺纹）。

③ 按图 15-38 所示 A 方向挤压柱塞，利用锁定销将张紧器锁定。

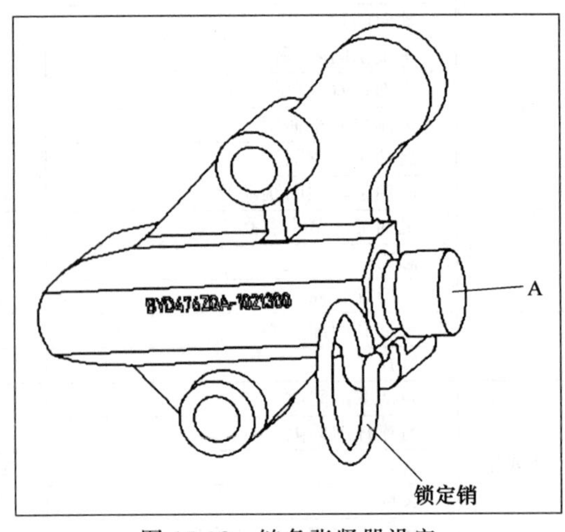

图 15-38 链条张紧器设定

④ 取下正时链条等附件。

(2) 正时链条的安装

① 用曲轴定位工装将曲轴定位在 1、4 缸上止点。

② 安装凸轮轴箱前需用凸轮轴定位工装将凸轮轴定位在 1 缸压缩上止点，见图 15-39。

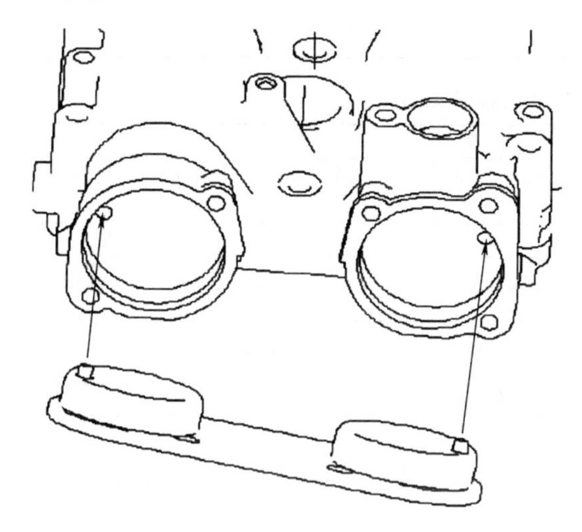

图 15-39　安装凸轮轴定位工装

③ 将排气凸轮轴链轮装配到排气凸轮轴上，将排气链轮螺栓旋入距离贴合面 2mm 的位置，保持链轮自由转动，并防止链轮掉落；

将 VVT 组件装配到进气凸轮轴上，将 VVT 组件螺栓旋入距离贴合面 2mm 的位置，保持链轮自由转动，并防止链轮掉落；

将正时链条导向板挂靠到位，与链条接触部分涂适量机油。通过导向板将正时链条挂到排气凸轮轴链轮、VVT 组件链轮和曲轴链轮上，如图 15-40 所示。

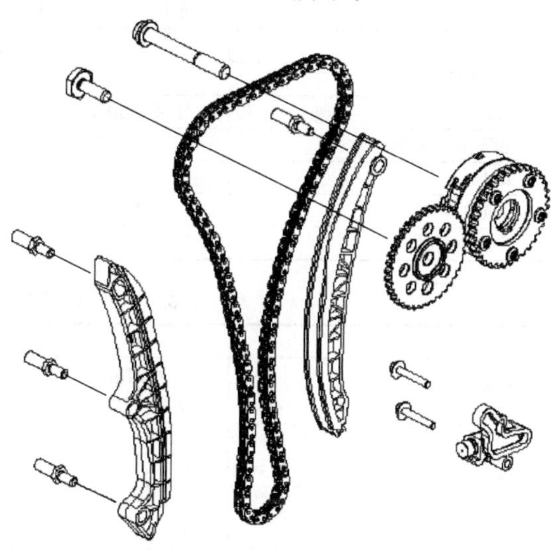

图 15-40　安装正时链组件

④ 将张紧链板挂靠到位，与链条接触部分涂适量机油。装上链条张紧器，并在摩擦面上涂适量机油。拔下张紧器锁定销，使链条张紧。

⑤ 保持凸轮轴在 1 缸上止点位置，通过专用工装固定排气凸轮轴链轮，拧紧 VVT 组件螺栓和排气凸轮轴链轮螺栓至规定的力矩。拧紧力矩为 50N·m+90°转角。

卸下凸轮轴上止点专用工装，将凸轮轴后端盖装上，注意保护凸轮轴后端盖的密封圈。拧紧螺栓至规定力矩。

卸下曲轴定位工装，将气缸体螺塞组件装回原位置。

15.6.2　发动机维修数据

BYD476ZQA 发动机技术参数见表 15-8。BYD476ZQC 发动机技术参数如表 15-9 所示。

表 15-8　BYD476ZQA 发动机技术参数

项　　目	参　　数
发动机类型	直列四缸、水冷、双顶置凸轮轴、16 气门、四冲程、电控燃油喷射发动机
标定功率/转速	113kW/(5200r/min)
最大转矩/转速	240N·m/(1750～3500r/min)
缸径×行程	76.5mm×81.4mm
发动机排量	1.497L
压缩比	10∶1
气门结构	齿形链条驱动，双顶置凸轮轴、16 气门

续表

项　目	参　数
燃油	车用93号或以上无铅汽油(GB 17930)
供油方式	电控燃油缸内直接喷射
点火顺序	1—3—4—2
机油	比亚迪指定认可专用油
尾气排放系统	三元催化转化器
增压方式	废气涡轮增压
凸轮轴调节	进气VVT
气缸体材质	铝合金

表15-9　BYD476ZQC发动机技术参数

项　目	参　数
类型	直列四缸、四冲程、缸内直喷、IEM气缸盖、废气涡轮增压、水冷、双顶置凸轮轴、滚子摇臂、中置进气VVT
标定净功率	96kW
最大净转矩/转速	220N·m/(1350～4000r/min)
缸径×行程	76.5mm×81.4mm
发动机排量	1.497L
压缩比	12.5∶1
气门结构	齿形链条驱动,双顶置凸轮轴、16气门
燃料种类	92号及以上汽油
供油方式	电控燃油缸内直接喷射
点火顺序	1—3—4—2
尾气排放系统	三元催化转化器
增压方式	废气涡轮增压
凸轮轴调节	进气VVT
气缸体材质	铝合金
机油	符合Q/BYDQ-A1909.0037标准,满足C5 0W-20或SP 0W-20机油;如无法找到,需使用ACEA C5 0W-20或API SN+/SP 0W-20机油
冷却液	乙二醇冷却液

发动机机械部件紧固力矩如表15-10所示。

表15-10　发动机机械部件紧固力矩

序号	紧固部位或零件	类型	规格	每台个数	紧固力矩/(N·m)
一	关键力矩				
1	气缸盖总成	内十二角圆柱头螺栓	M10×1.25	10	30±2 继续旋转90°±5° 继续旋转90°±5° 监控力矩:60～125
2	气缸体总成	十二角头法兰面螺栓	M10×1.25	10	30±2 继续旋转90°±5° 监控力矩:65～122
3	活塞连杆总成	连杆螺栓	M8×1	8	30±3 继续旋转90°±5° 监控力矩:48～70
4	曲轴飞轮总成	内十二角圆柱头螺栓	M10×1	6	60±3 继续旋转90°±5° 监控力矩:90～150
5	曲轴皮带轮	十二角头法兰面螺栓和大垫圈组合件	M14×1.5	1	150±5 继续旋转180°±5° 监控力矩:180～300

续表

序号	紧固部位或零件	类型	规格	每台个数	紧固力矩/(N·m)
二	主要力矩				
1	凸轮轴箱	内六角圆柱法兰面螺钉	M6	10	10 继续旋转 90°±5° 监控力矩:17~41
2	正时罩体	双头螺柱	M12×1.25	2	30
3	正时罩体	机油压力开关		1	10
4	进气 VVT 组件	中央机油控制阀	M21×1	1	50±2.5 继续旋转 36°±3° 监控力矩:110~170
5	排气凸轮轴链轮	六角头螺栓	M10×1.25	1	50±2.5 继续旋转 90°±5° 监控力矩:77~160
6	机油泵链轮	内六角花形盘头螺栓	M8	1	20 继续旋转 90°±5° 监控力矩:38~52
7	增压器进油管组件、增压器进水管合件	六角头空心螺栓	M12×1.5	3	35
8	链条张紧板、导向板	六角头螺栓	M8	4	20
9	油底壳	放油螺塞组件	M14×1.5	1	25
10	进油管组件	高压油管螺母	M14×1.5	2	37.5±2.5
11	正时罩体	机油滤清器连接螺管	3/4″-16UNF	1	35
12	机油滤清器	机油滤清器	3/4″-16UNF	1	15
13	增压器组件	双头螺柱	M8	3	10
14	增压器组件	全金属六角法兰面锁紧螺母	M8	4	25
15	机油冷却喷嘴	机油冷却喷嘴阀体	M10×1.25	4	25
16	气缸体总成	六角法兰面螺栓和平垫圈组合件	M14×1.5	1	35
17	气缸体总成	内六角螺塞	R2 1/2	2	45
18	机油冷却器	内六角花形圆柱头螺钉	M8	5	18
19	高压燃油泵	内六角花形圆柱头螺钉	M8	2	24
20	节气门	内六角花形盘头自攻螺钉	M6	4	7
21	油底壳体	六角法兰面螺栓	M6	20	13
22	火花塞	火花塞	M14×1.25	4	25~30
23	进气压力温度传感器	内六角花形盘头自攻螺钉	M6	1	7
24	水管接头	六角法兰面螺栓	M6	3	13

发动机机械部件涂胶部位与规格如表 15-11 所示。

表 15-11 涂胶部位与规格

序号	密封胶的部位名称	涂敷密封胶的部位	所涂胶的名称、牌号或规格
1	回油孔盖板	回油孔盖板与气缸体结合面	平面密封胶 乐泰 5900H(黑色)
2	气缸体	机油泵与气缸体油孔相连油孔结合面	厌氧型平面密封胶 乐泰 5188
3	凸轮轴箱	凸轮轴箱与气缸盖的结合面	厌氧型平面密封胶 乐泰 5188

续表

序号	密封胶的部位名称	涂敷密封胶的部位	所涂胶的名称、牌号或规格
4	T 型面	正时罩与气缸体、气缸盖垫片、气缸盖相接部位(2 处)	平面密封胶 乐泰 5900H(黑色)
		正时罩与气缸盖、凸轮轴箱相接部位(2 处)	平面密封胶 乐泰 5900H(黑色)
5	油底壳	油底壳与气缸体结合面	平面密封胶 乐泰 5900H(黑色)
6	调温器组件安装螺纹孔为盲孔的螺栓	六角法兰面螺栓(Q1840625T1F61)螺纹	螺纹密封胶 乐泰 567
7	机油压力开关	螺纹	螺纹密封胶 乐泰 567
8	气缸盖总成	碗形塞片安装孔	碗形塞专用胶 乐泰 11747
9	气缸体总成	内六角螺塞螺纹	螺纹密封胶 乐泰 567
10	气缸体总成	六角法兰面螺栓和平垫圈组合件螺纹	螺纹密封胶 乐泰 567
11	正时机构总成	双头螺柱(BYDQ120G0845T1F61)螺纹	螺纹密封胶 乐泰 577
12	正时机构总成	六角法兰面螺栓(Q1840850T1F61)螺纹(靠近缸体前端面油道处 3 个)	螺纹密封胶 乐泰 577
13	正时机构总成	六角法兰面螺栓(Q1840825T1F61)螺纹(靠近缸体前端面油道处 1 个)	螺纹密封胶 乐泰 577
14	链条导向板固定螺栓	六角头螺栓(BYDQ150N0816T1F2P1.25)螺纹(靠近缸体前端面油道处 2 个)	螺纹密封胶 乐泰 577

15.7 奇瑞 1.5T SQRE4T15B 发动机

15.7.1 发动机正时维修

发动机正时链单元分解如图 15-41 所示。

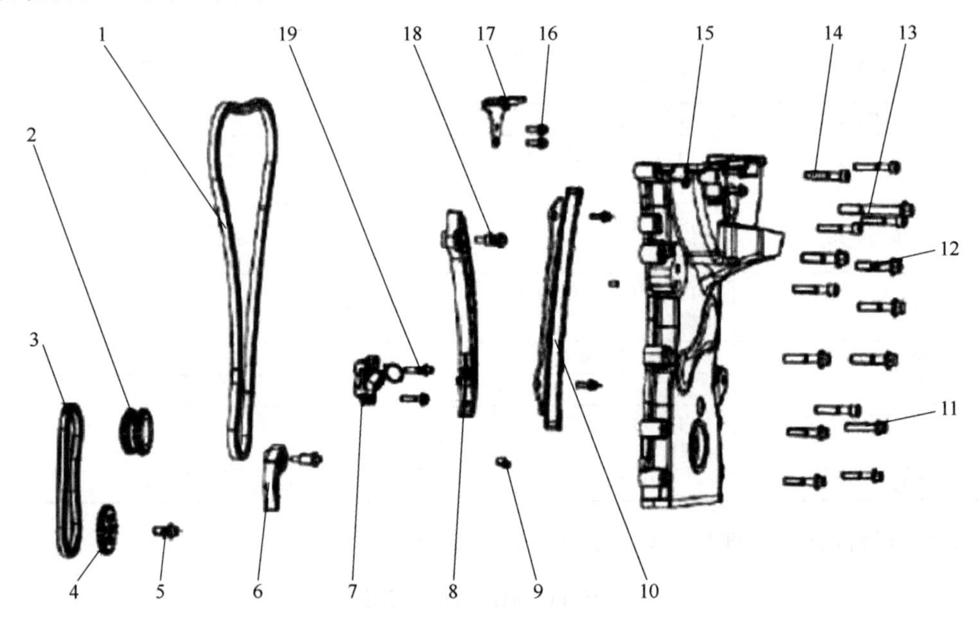

图 15-41 发动机正时单元部件

1—正时链条；2—曲轴链轮；3—机油泵链条；4—机油泵链轮；5,11,12,13,16,19—六角法兰面螺栓；6—机油泵活动导轨总成；7—液压张紧器总成；8—活动导轨总成；9—定位销；10—固定导轨总成；14—内六角螺栓；15—正时罩盖；17—链条上导轨总成；18—螺栓（活动导轨）

(1) 发动机正时链拆卸步骤

① 对正时罩盖进行拆卸。

② 用 8 号套筒拆卸固定正时上导轨的螺栓（共 2 个，M6×15），取下正时上导轨总成，见图 15-42。

图 15-42　拆卸正时链上导轨

③ 推动活动导轨，将液压张紧器柱塞推入最大压缩位置，用卡销将液压张紧器柱塞卡死，用 8 号套筒拆卸紧固活动导轨的液压张紧器的两个螺栓，取下液压张紧器总成，见图 15-43。

图 15-43　拆下链条张紧器

④ 用 10 号套筒拆卸固定活动导轨上方的螺栓，取下活动导轨总成。

⑤ 用 8 号套筒拆卸固定导轨总成上的螺栓，取下固定导轨总成。

⑥ 取下正时链条总成，见图 15-44。

(2) 发动机正时链条安装步骤

① 转动曲轴，将曲轴正时定位销通过缸体上进气侧的螺纹孔装在缸体上，定位销的前端插在曲轴平衡块上的定位孔内，见图

图 15-44　取下发动机正时链条

15-45。(四个活塞应当处于同一平面内。)

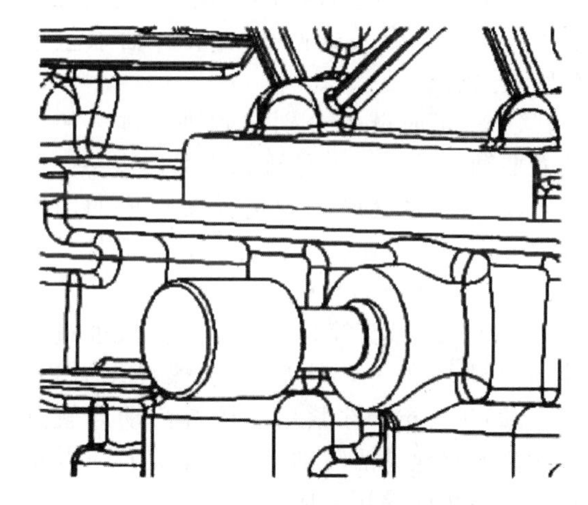

图 15-45　安装曲轴定位销

注意：此时，固定相位器的螺栓不能拧紧，见图 15-46，相位器应能够相对于凸轮轴转动。

图 15-46　相位器固定螺栓

② 将凸轮轴正时定位专用工具放置在缸盖上平面的后部，分别转动进、排气凸轮轴，将凸轮轴正时定位专用工具水平地卡入两个凸轮轴后端卡槽中，见图15-47。

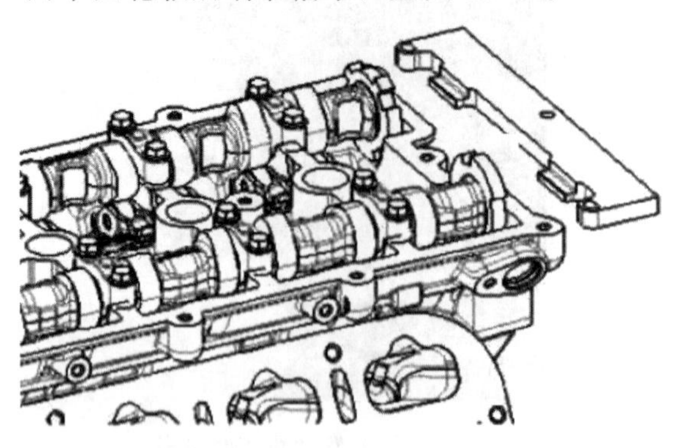

图 15-47　安装凸轮轴固定工具

③ 将上导轨总成的两个螺栓涂乐泰243胶2～3牙，旋入到凸轮轴第一轴承盖上(暂不拧紧)。

④ 将正时链条分别挂到进、排气相位器及曲轴链轮上，上导轨总成保持水平。

⑤ 用8号套筒将固定导轨总成的两个螺栓分别固定到缸盖和缸体上，然后拧紧螺栓。力矩：(9±3)N·m。

⑥ 用10号套筒将活动导轨总成通过螺栓固定到缸盖上，然后拧紧螺栓。力矩：(12±2)N·m。拧紧后，检查活动导轨是否能绕该螺栓灵活转动，若不能则拆下并检查螺栓和活动导轨总成。

⑦ 用8号套筒将液压张紧器总成通过两个螺栓紧固到缸体上拧紧，然后扳动活动导轨以压紧液压张紧器柱塞，拔出液压张紧器的锁销以使链条张紧。张紧器螺栓紧固力矩：(9±3)N·m。

⑧ 正时链条张紧后，依次转动进、排气相位器，保证链条在紧边张紧，检查链条是否贴在固定导轨与活动导轨内，链条与曲轴链轮和进、排气相位器应正常啮合。此过程中需保证进气相位器到曲轴链轮啮合点以及进、排气相位器之间的链条部分（即与上导轨接触的链条部分）不松弛，保持上导轨水平，拧紧上导轨螺栓。上导轨螺栓力矩：(9±3)N·m。

⑨ 用开口扳手分别定位进、排气凸轮轴前端，部位如图15-48所示，用内六角套筒把相位器螺栓拧紧至（105±5)N·m。

⑩ 拆下正时工具，用工具顺时针盘动曲轴两圈，确保无机械干涉，检查正时系统运转是否正常，禁止逆时针盘动。

图 15-48　开口扳手定位端

15.7.2 发动机维修数据

奇瑞1.5T SQRE4T15B发动机技术参数见表15-12、表15-13。

表 15-12　发动机技术规格

项　目	规　格
类型	立式、直列四缸、水冷、四冲程、双顶置凸轮轴、增压水冷
型号	SQRE4T15B
单缸气门数	4
气缸直径/mm	77
活塞行程/mm	80.5
工作容积/mL	1498
压缩比	9.5∶1

续表

项　目		规　格
点火方式		独立
点火顺序		1—3—4—2
额定功率/kW		108
最大转矩/(N·m)		210
最大转矩转速/(r/min)		1750～4000
额定功率转速/(r/min)		5500
最低燃油消耗率/(g/kWh)		275
燃油牌号(不低于)		92 号无铅汽油
机油等级		SM SAE-5W-30 SM SAM-5W-40 SM SAE-10W-40
机油容量/L		4.7±0.2
启动方式		电启动
冷却方式		强制循环式防冻液冷却
润滑方式		复合式(压力、飞溅润滑)
气缸压缩压力/bar①	180～250r/min 时	7～10
机油压力/bar	怠速[(700±50)r/min]时	≥0.7
	高速(2000r/min)时	≥2.5

① 1bar=10^5Pa。

表 15-13　发动机主要零部件检修参数

项　目			规　格
凸轮轴	凸轮高	进气凸轮	37.07～37.31mm
		排气凸轮	36.94～37.16mm
	凸轮轴轴径(进排气相同)	第 1 轴颈	33.934～33.95mm
		第 2～5 轴颈	23.947～23.96mm
	凸轮轴轴向间隙	进气凸轮	0.15～0.2mm
		排气凸轮	0.15～0.2mm
气缸盖	下表面平面度		0.04mm
	全高		141.05mm
	表面研磨极限		不允许研磨
气门	气门顶部边缘厚度	进气门	0.68～1.1mm
		排气门	0.48～0.9mm
	气门杆直径	进气门	5.98mm±0.008mm
		排气门	5.96mm±0.008mm
	密封带宽	进气门	1.154mm
		排气门	1.307mm
	气门杆与导管的间隙	进气门	0.012～0.043mm
		排气门	0.032～0.063mm
	密封带锥面夹角	进气门	90°
		排气门	90°
	高度	进气门	107.75～108.25mm
		排气门	106.07～106.57mm
气门弹簧	自由高度		47.8mm
	工作预紧力/工作高度		(229～251N)/(41mm)
气门导管	内径		6～6.015mm
	压入高		16mm±0.3mm
活塞	活塞裙部直径		76.907～76.947mm
	活塞销孔直径		18.010～18.025mm

续表

项目			规格
活塞环	活塞环侧隙	第一道环	0.02～0.065mm
		第二道环	0.02～0.06mm
	活塞环端隙	第一道环	0.2～0.3mm
		第二道环	0.3～0.5mm
活塞销	直径		17.995～18mm
	长度		45mm/0mm/－0.3mm
曲轴	曲轴主轴颈	直径	标准值 50mm，极限值 49.979mm
		同轴度	0.05mm
		圆柱度	0.007mm
		圆度	0.004mm
	连杆轴径	直径	标准值 50mm，极限值 49.984mm
		对主轴颈的平行度	0.008mm
气缸体	全高		274.9mm
	缸孔圆度/直线度		0.008mm/(0.01mm)
	上表面平面度		0.04mm
	表面研磨极限		不允许研磨
连杆	连杆大头孔轴向间隙		0.15～0.40mm
	连杆瓦径向间隙		0.026～0.075mm

15.8 五菱 1.5T LJO 发动机

15.8.1 发动机正时维修

与 LGO 发动机相同，请参考 15.1.1 小节内容。

15.8.2 发动机维修数据

LJO 发动机机械维修数据如表 15-14 所示，机械部件紧固力矩见表 15-15。

表 15-14 LJO 发动机机械维修数据

项目		数据
基本数据	发动机类型	四冲程、水冷、直列四缸、16 气门、双顶置凸轮轴、带 DVCP(双可变凸轮相位)、正时链传动、涡轮增压、电控汽油喷射、电控点火
	排量	1.45L
	缸径×行程	73.8mm×84.7mm
	压缩比	9.8∶1
	额定功率/转速	108kW/(5200r/min)
	最大净功率/转速	104kW/(5200r/min)
	最大转矩/转速	250Nm/(2200～3400r/min)
	最大净转矩/转速	245Nm/(2200～3400r/min)
	点火顺序	1—3—4—2
	火花塞间隙	0.7～0.8mm
	怠速转速	750r/min±50r/min
	火花塞型号	LDK8RTI
	轮廓尺寸(长×宽×高)	594mm×637mm×639mm
	发动机质量	118kg±2kg(MT)，106kg±2kg(CVT)

续表

项目		数据
气缸体	气缸直径	73.84mm±0.008mm
	缸孔圆度	0.005mm
	缸孔圆柱度	0.008mm
	气缸压力	发动机转速为 200r/min 时平均压力为 1MPa，误差范围±3%
凸轮轴	凸轮轴轴径、宽度	前端：轴径为 $\phi32_{-0.066}^{-0.050}$mm，宽度为 42.7mm 其他：轴径为 $\phi23_{-0.061}^{-0.040}$mm，宽度为 17.5mm
	轴颈跳动量	0.04mm
	轴颈圆柱度	0.007mm
	凸轮平行度	0.005mm
	凸轮高度	进气：(24.85+17)mm±0.05mm 排气：(24.2+17)mm±0.05mm
曲轴	曲轴端隙	0.08～0.29mm
	曲轴主轴承间隙（全部）	0.018～0.05mm
	曲轴主轴径直径、宽度	直径：$\phi49_{-0.021}^{-0.005}$mm 宽度：23.15mm±0.1mm
	曲轴主轴承轴颈圆度	0.005mm
	曲轴主轴承轴颈跳动量	0.04mm
	连杆轴颈直径	$\phi43_{-0.021}^{-0.005}$mm
	连杆轴颈圆度	0.005mm
	连杆轴颈与轴瓦间隙	0.018～0.050mm
气缸盖	总高	121.3mm±0.1mm
	气门导管总长、高度	导管总长为 35mm±0.2mm，压入缸盖后凸出高度为 13.0mm±0.2mm
活塞	与气缸孔间隙	进排气侧 0.041～0.071mm，主副推力侧 0.038～0.074mm
	活塞直径	73.784mm±0.007mm
	活塞凸出缸体面最大高度	−0.4mm
活塞销	活塞销与活塞间隙	0.003～0.010mm
	活塞销直径	19mm
	活塞销长度	47mm
	活塞销偏移量（朝推力侧）	0.5mm
活塞环	一环闭口间隙与侧隙	间隙：0.15～0.3mm 侧隙：进排气侧 0.766～1.074mm，发动机前后侧 0.765～1.076mm
	二环闭口间隙与侧隙	间隙：0.35～0.45mm 侧隙：进排气侧 0.866～1.174mm，发动机前后侧 0.865～1.176mm
	油环闭口间隙与侧隙	间隙：0.2～0.5mm 侧隙：进排气侧 0.766～1.274mm，发动机前后侧 0.764～1.276mm
连杆	连杆小头与活塞销间隙	0.007～0.020mm
	连杆弯曲平行度	0.017mm
	连杆扭转平行度	0.04mm
	连杆大端止推间隙	0.10～0.25mm
气门	气门直径（进气）	27.9mm±0.12mm
	气门直径（排气）	24.4mm±0.12mm
	气门工作面角度	90°15′±15′
	气门工作面跳动量	0.03mm
	气门座密封面宽度（进气）	$1.12_{-0.1}^{+0.3}$mm
	气门座密封面宽度（排气）	$1.3_{-0.1}^{+0.3}$mm
	气门杆直径（进气）	4.972mm±0.007mm
	气门杆直径（排气）	4.963mm±0.007mm
	气门间隙（进气）	0.075～0.125mm
	气门间隙（排气）	0.245～0.295mm

续表

项　目		数　据
气门弹簧	气门弹簧自由长度	45.47mm
	气门弹簧预负荷	187N±7.48N(压缩至 34mm 时)
	气门弹簧垂直度	2°
机油泵	机油泵压力	流量 5.4L/min,转速 1000r/min,油温 100℃时:100kPa 流量 40.7L/min,转速 6000r/min,油温 100℃时:290kPa
	机油压力(转速 3000r/min,油温 100℃)	(400±40)kPa
冷却系统	容量	发动机 1.958L
润滑系统	润滑类型	飞溅+压力润滑
	机油容量(带机滤器)	4L
密封剂或黏合胶	前端盖至缸体缸盖	天山 1590
	油底壳至缸体	天山 1590
	曲轴后油封座至缸体	天山 1590
	碗形塞(水堵)密封胶	天山 1962T/乐泰 962T
	油堵密封胶	天山 1545/乐泰 545
	冷却水温传感器密封胶	湖北回天 HT2431

表 15-15　LJO 发动机械部件紧固力矩

项　目	紧固力矩/(N·m)
水泵螺栓	22±2
水泵泵盖螺栓	10±2
发动机后吊钩螺栓	25±2
发动机前吊钩螺栓	25±2
进气歧管双头螺柱	15±2
进气歧管螺栓	25±2
进气歧管螺母	25±2
水泵皮带轮螺栓	22±2
发动机侧减振器螺栓	62±5
发动机侧悬置支架到发动机侧减振器螺母	110±10
发动机支座托架到发动机螺栓	62±5
发动机支座托架至发动机侧悬置支架螺母	110±10
发动机支座托架至发动机侧悬置支架螺栓	110±10
发动机支座支架双头螺柱	72±5
进气歧管支架螺栓(连接缸体端)	20±2
进气歧管支架螺栓(连接进气歧管端)	10±2
排气歧管隔热罩螺栓	11±2
三元催化器安装螺母(连接增压器端)	50±5
排气歧管螺母	22±2
排气歧管双头螺柱	20±2
点火线圈安装螺栓	10±2
油底壳螺栓	10±2
下壳体安装螺栓	10±2
油底壳放油螺栓	25±5
机油集滤器螺栓	9±1
集滤器支架螺栓	9±1
曲轴皮带轮螺栓	100(并继续旋转 75°±5°)
前盖螺栓	22±2
凸轮轴链轮螺栓	32±2(并继续旋转 50°±2°)
正时张紧器螺栓	10±2
正时链条排气侧导轨螺栓	10±2
正时链条进气侧导轨螺栓	10±2
凸轮轴轴承盖螺栓	10±2
出水口支座螺栓	22±2
发动机出水管螺栓	10±1

续表

项　　目	紧固力矩/(N·m)
发动机出水管支架螺栓	22±2
冷却液温度传感器	17.5±2.5
节温器壳体螺栓	10±2
缸盖螺栓	30(并继续旋转 70°+60°)
飞轮离合器连接螺栓	25±2
飞轮紧固螺栓	35(并继续旋转 30°～45°)
曲轴后油封座安装螺栓	10±2
主轴承盖螺栓	30(并继续旋转 51°～59°)
连杆螺栓	20(并继续旋转 90°±4°)
燃油导轨安装螺栓	15±2
节气门体安装螺栓	10±2
进气温度/压力传感器螺栓(高压)	10±2
凸轮轴位置传感器螺栓	10±2
油气分离器螺栓	10±2
凸轮轴罩盖螺栓	10±2
凸轮轴相位执行器电磁阀螺栓	10±2
曲轴位置传感器螺栓	10±2
曲轴位置传感器信号盘螺栓	10±1
爆震传感器螺栓	20±5
机油压力开关总成	27±3
机油泵安装螺钉	10±1
机油泄压阀螺塞	42±2
油尺导管支架安装螺栓	10±2
火花塞	23±3
碳罐电磁阀安装螺栓	10±1
机油滤清器安装螺柱	22±2
机油滤清器总成	30±4
机油冷却器转接头安装螺栓	22±2
机油冷却器安装螺栓	10±2
活塞喷嘴安装螺栓	10±2
前氧传感器	50±10
后氧传感器	50±10
传动皮带张紧轮螺栓	50±5
空调压缩机支架螺栓	22±3
增压器螺母	33±3
双头螺柱(增压器-三元催化器总成)	20±2
增压器隔热罩螺栓	11±2
增压器冷却进水管支架螺栓	22±2
增压器冷却进水管螺栓	32±2
增压器冷却回水管支架螺栓(罩盖端)	10±2
增压器冷却回水管螺栓(增压器端)	32±2
增压器润滑进油管螺栓(增压器端)	32±2
增压器润滑进油管螺栓(转接头端)	32±2
增压器进油管螺栓	10±2
增压器回油管双头螺柱	6±1
增压器回油管螺母	10±2
增压器回油管螺栓	10±2
增压器回水管螺栓	10±2
机油冷却器出水管螺栓	10±2
增压器进水管螺栓	22±2
暖通出水管总成螺栓(前盖端)	10±2
暖通出水管总成支架螺栓(缸体端)	30±2
真空泵螺栓	22±2
空调压缩机支架螺栓	35±4
发电机螺栓	40±5
起动机螺栓	25±4
泄气阀支架螺栓	8±1
发动机下盖板	6.5±2

15.9 五菱 1.5T 280T 发动机

15.9.1 发动机正时维修

与 245T 发动机相同，请参考 15.2.1 小节内容。

15.9.2 发动机维修数据

280T 发动机机械维修数据如表 15-16 所示，机械部件紧固力矩见表 15-17。

表 15-16 280T 发动机机械维修数据

项目		参数
基本数据	发动机类型	汽油机，增压直喷、直列四缸、水冷、16 气门、电控汽油喷射、电控点火、四冲程、双可变气门正时等
	排量	1.498L
	缸径×行程	75.1mm×84.6mm
	压缩比	10.5∶1
	额定功率/转速	130kW/(5300r/min)
	最大净功率/转速	125kW/(5300r/min)
	最大转矩/转速	290Nm/(1500～3500r/min)
	最大净转矩/转速	280Nm/(1500～3500r/min)
	点火顺序	1—3—4—2
	火花塞间隙	0.75mm±0.05mm
	怠速转速	750mm±50mm
	火花塞型号	ZR5SPP3320
	发动机质量	122kg±2kg
气缸体	气缸直径	75.1mm+0.018mm
	缸孔圆度	0.005mm
	缸孔圆柱度	0.008mm
	气缸压力	如平均有效压力为 1.236MPa，任意两个缸之间的压力差不大于 98kPa
凸轮轴	凸轮轴轴径、宽度	前端：轴径为 $\phi33_{-0.066}^{-0.050}$mm，宽度为 35.12mm±0.004mm 其他：轴径为 $\phi24_{-0.061}^{-0.040}$mm，宽度为 24mm±0.004mm
	轴颈跳动量	0.04mm
	轴颈圆柱度	0.007mm
	凸轮平行度	0.005mm
	凸轮高度	进气：(16.5+7.85)mm±0.05mm 排气：(16.5+7.55)mm±0.05mm
曲轴	曲轴端隙	0.14～0.35mm
	曲轴主轴承间隙(全部)	0.022～0.04mm
	曲轴主轴颈直径、宽度	直径：$\phi45_{-0.021}^{-0.005}$mm 宽度：21.44mm±0.1mm
	曲轴主轴承轴颈圆度	0.005mm
	曲轴主轴承轴颈跳动量	0.035mm
	连杆轴颈直径	$\phi45_{-0.021}^{-0.005}$mm
	连杆轴颈圆度	0.005mm
	连杆轴颈与轴瓦间隙	0.022mm～0.04mm
气缸盖	总高	110mm±0.05mm
	气门导管总长、高度	导管总长为 36.7mm±0.25mm 压入缸盖后凸出高度：进气 9.3mm±0.2mm，排气 8.8mm±0.2mm

续表

项　　目		参　　数
活塞	与气缸孔间隙	0.06mm±0.016mm
	活塞直径	75.049mm±0.007mm
	活塞凸出缸体面最大高度	0.65mm
	活塞顶面锥度	96°
活塞销	活塞销与活塞间隙	0.004～0.015mm
	活塞销直径	$\phi 19.5_{-0.005}^{0}$ mm
	活塞销长度	44.9mm±0.1mm
	活塞销偏移量(朝推力侧)	0.4mm±0.1mm
活塞环	一环闭口间隙与侧隙	间隙:0.15～0.25mm 侧隙:0.02～0.07mm
	二环闭口间隙与侧隙	间隙:0.25～0.4mm 侧隙:0.03～0.07mm
	油环闭口间隙与侧隙	间隙:0.2～0.4mm 侧隙:0.02～0.06mm
连杆	连杆小头与活塞销间隙	0.007～0.022mm
	连杆弯曲平行度	0.017mm
	连杆扭转平行度	0.04mm
	连杆大端止推间隙	0.10～0.30mm
气门	气门直径(进气)	26.42mm±0.12mm
	气门直径(排气)	23.78mm±0.12mm
	气门工作面角度	91°±15′
	气门工作面跳动量	0.03mm
	气门座密封面宽度(进气)	1.8mm
	气门座密封面宽度(排气)	2.09mm
	气门杆直径(进气)	5.16mm±0.007mm
	气门杆直径(排气)	5.16mm±0.007mm
	气门导管内径	$\phi 5.2_{0}^{+0.012}$ mm
	气门间隙(进气)	0.26mm±0.025mm
	气门间隙(排气)	0.44mm±0.025mm
气门弹簧	气门弹簧自由长度	42.7mm
机油泵	机油泵压力	0～10bar(0～1MPa)
	机油压力	0～10bar(0～1MPa)
冷却系统	容量	7.6L±0.5L
润滑系统	润滑类型	飞溅+压力润滑
	机油容量(带机滤器)	4.0L
密封剂或黏合胶	前端盖至缸体缸盖	博森 3598F
	油底壳至缸体	博森 3598F
	冷却水温传感器密封胶	博森 3262
	碗形塞(水堵)密封胶	博森 3662T
	油堵密封胶	博森 3545

表 15-17　280T 发动机机械部件紧固力矩

项　　目	紧固力矩/(N·m)
发动机支座托架至发动机侧悬置支架螺母 M12×1.75	110±10
发动机支座托架至发动机侧悬置支架螺栓 M12×1.75×57.5	110±10
发动机侧悬置支架到发动机侧减振器螺母 M12×1.75	110±10
发动机悬置螺栓 M12×1.75×50	110±10
发动机悬置螺栓 M10×1.5×65	38±4
变速器悬置螺母 M12×1.75	110±10
变速器悬置变速器侧螺栓 M12×1.75×57.5	110±10
变速器悬置车架侧支架螺栓 M10×1.5×25	62±5
变速器悬置车架侧支架螺栓 M10×1.5×45.65	62±5

续表

项　　目	紧固力矩/(N·m)
变速器后悬置支架螺栓 M12×1.75×72	110±10
变速器后悬置螺栓 M12×1.75×72	70±5
变速器后悬置螺栓(副车架侧)M12×1.75×86	70±5
变速器支座支架双头螺柱 M12×1.75×46	30±5
水泵螺栓	22±2
发动机前吊钩螺栓	25±2
发动机后吊钩螺栓	25±2
曲轴前端轮毂螺栓	100(并继续旋转 75°±5°)
曲轴皮带轮螺栓	20±2
正时张紧器螺栓	10±2
正时链条排气侧导轨螺栓	10±2
正时链条进气侧导轨螺栓	10±2
凸轮轴链轮螺栓	30±2(并继续旋转 34°±2°)
凸轮轴相位执行器电磁阀螺栓	10±2
节气门体安装螺栓	10±2
高压油泵安装螺栓	30±2
增压器螺母	22±2
增压器双头螺柱	22±2
缸盖螺栓	30(并继续旋转 100°+90°)
油轨压力传感器总成	32±2
六角法兰螺栓 M8×1.25×25	20±5
六角法兰螺栓 M6×1.0×20	10±2
六角法兰螺栓 M6×1.0×16	10±2
机油冷却器安装螺栓	10±2
机油冷却器转接头安装螺栓	10±2
发动机前盖螺栓	22±2
增压器回油管螺栓	10±2
增压器冷却回水管总成	32±2
增压器冷却进水管总成	32±2
油气分离器螺栓	10±2
脱附管总成螺栓	10±2
曲轴后油封座螺栓	10±2
可变排量机油泵螺栓	10±2
可变排量机油泵电磁阀螺栓	10±2
油底壳上壳体螺栓	10±2
油底壳下壳体螺栓	10±2
机油滤清器总成	30±4
机油尺导管支架螺栓	10±2
机油尺导管底部支架螺栓	10±2
真空泵螺栓	22±2
柔性盘螺栓	35(并继续旋转 38°±7°)
活塞喷嘴	25±2
油轨安装螺栓	22±2
增压器隔热罩螺栓	11±2
进气歧管螺栓 M6×1.0×30	10±2
爆震传感器总成	25±2
火花塞总成	23±3
机油压力传感器总成	12±2
点火线圈固定螺栓 M6×1.0×47	10±2
曲轴位置传感器螺栓 M6×1.0×16	10±2
增压器润滑进油管总成	32±2
电子水泵螺栓	10±2
电子水泵支架螺栓	22±2
电子水泵进水管螺栓	10±2
发动机进水管总成螺栓	10±2
脱附管支架螺栓	10±2
压差传感器支架螺栓	10±2
发动机下盖板螺栓	7±1

15.10　五菱 1.5L LAR 发动机

15.10.1　发动机正时维修

① 将凸轮轴链轮上的正时标记与正时链条上的正时标记对准后安装正时链条。

② 将曲轴链轮上的正时标记与正时链条上的正时标记对准，如图 15-49 所示。

③ 拔出正时链条张紧器（2）锁止销上的锁止工具（1），如图 15-50 所示。图中，3 为张紧器，4 为衬垫。

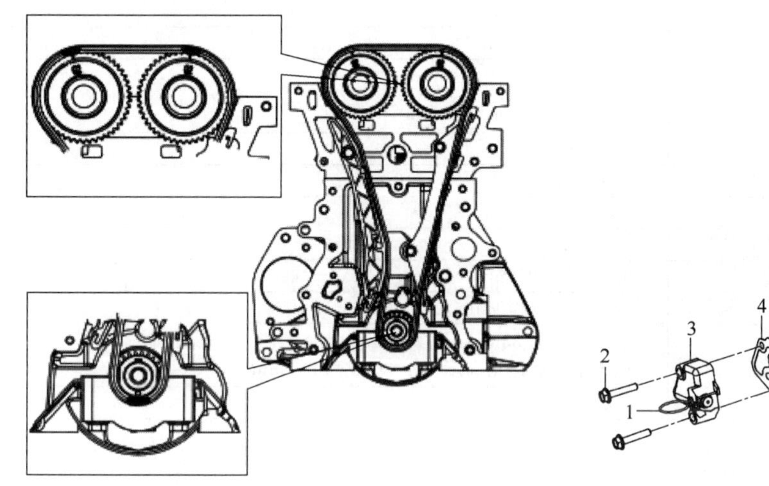

图 15-49　发动机正时标记位置

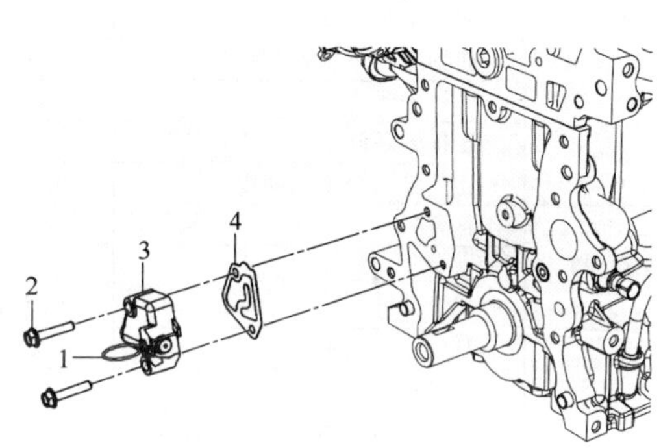

图 15-50　安装张紧器

15.10.2　发动机维修数据

LAR/L2B 发动机机械维修数据如表 15-18 所示，机械部件紧固力矩见表 15-19。

表 15-18　LAR/L2B 发动机机械维修数据

项　目		L2B-B15、LAR-N15A 参数
基本数据	发动机类型	1.5L 汽油机，直列四缸、水冷、16 气门、电控汽油喷射、电控点火、四冲程、双可变气门正时
	排量	1.485L
	缸径×行程	74.7mm×84.7mm
	压缩比	10.2∶1
	最大功率/转速	L2B-B15：77kW/(5600r/min)。LAR-N15A：73kW/(5800r/min)
	最大净功率/转速	L2B-B15：74kW/(5600r/min)。LAR-N15A：70kW/(5800r/min)
	最大转矩/转速	L2B-B15：135Nm/(3600～5200r/min)。LAR-N15A：143Nm/(3400～4400r/min)
	点火顺序	1—3—4—2
	火花塞间隙	0.8～0.9mm
	怠速转速	750r/min±50r/min
	火花塞型号	DK7RTC+
	轮廓尺寸(长×宽×高)	610mm×579mm×642mm
	发动机质量	L2B-B15：106.5kg±2kg(CVT)。LAR-N15A：112kg±2kg(MT)
气缸体	气缸直径	74.71mm±0.013mm
	缸孔圆度	0.005mm

续表

项目		L2B-B15、LAR-N15A 参数
气缸体	缸孔圆柱度	0.008mm
	气缸压力	平均有效压力为1.236MPa,任意两个缸之间的压力差不大于98kPa
凸轮轴	凸轮轴轴径、宽度	前端:轴径为$\phi32^{-0.050}_{-0.066}$mm,宽度为42.7mm 其他:轴径为$\phi23^{-0.040}_{-0.061}$mm,宽度为17.5mm
	轴颈跳动量	0.08～0.26mm
	轴颈圆柱度	0.007mm
	凸轮平行度	0.005mm
	凸轮高度	进气:(25.2+17)mm±0.05mm 排气:(24.55+17)mm±0.05mm
曲轴	曲轴端隙	0.08～0.29mm
	曲轴主轴承间隙(全部)	0.018～0.05mm
	曲轴主轴颈直径、宽度	直径:$\phi49^{-0.005}_{-0.021}$mm 宽度:23.15mm±0.1mm
	曲轴主轴承轴颈圆度	0.005mm
	曲轴主轴承轴颈跳动量	0.03mm
	连杆轴颈直径	$\phi40^{-0.005}_{-0.021}$mm
	连杆轴颈圆度	0.005mm
	连杆轴颈与轴瓦间隙	0.018～0.050mm
气缸盖	总高	121.3mm±0.1mm
	气门导管总长、高度	导管总长为35mm±0.2mm 压入缸盖后凸出高度为13.0mm±0.2mm
活塞	与气缸孔间隙	0.023～0.053mm
	活塞直径	74.672mm±0.007mm
	活塞凸出缸体面最大高度	2.6mm
	活塞顶面锥度	15°
活塞销	活塞销与活塞间隙	0.006～0.018mm
	活塞销直径	$\phi18^{\ 0}_{-0.004}$mm
	活塞销长度	$48^{\ 0}_{-0.025}$mm
	活塞销偏移量(朝推力侧)	0.5mm
活塞环	一环闭口间隙与侧隙	间隙:0.18～0.33mm 侧隙:0.04～0.08mm
	二环闭口间隙与侧隙	间隙:0.35～0.55mm 侧隙:0.03～0.07mm
	油环闭口间隙与侧隙	间隙:0.2～0.7mm 侧隙:0.04～0.12mm
连杆	连杆小头与活塞销间隙	0.006～0.018mm
	连杆弯曲平行度	0.017mm(测量范围:18mm)
	连杆扭转平行度	0.040mm(测量范围:18mm)
	连杆大端止推间隙	0.10～0.25mm
气门	气门直径(进气)	27.9mm±0.12mm
	气门直径(排气)	24.4mm±0.12mm
	气门工作面角度	90°15′±15′
	气门工作面跳动量	0.03mm
	气门座密封面宽度(进气)	$1.17^{+0.3}_{-0.1}$mm
	气门座密封面宽度(排气)	$1.35^{+0.3}_{-0.1}$mm
	气门杆直径(进气)	4.972mm±0.007mm
	气门杆直径(排气)	4.963mm±0.007mm
	气门导管内径	$5^{+0.12}_{\ 0}$mm
	气门间隙(进气)	0.075～0.125mm
	气门间隙(排气)	0.245～0.295mm

续表

项目		L2B-B15、LAR-N15A 参数
气门弹簧	气门弹簧自由长度	44.2mm
	气门弹簧预负荷	118N±4.72N(压缩至 34mm 时)
	气门弹簧垂直度	2°
机油泵	机油泵压力	300kPa[流量 30L/min、转速(4000±40)r/min、油温 100℃]
	机油压力	400kPa±40kPa(转速 4000r/min、油温 100℃)
冷却系统	容量	7.35L±0.25L
润滑系统	润滑类型	飞溅+压力润滑
	机油容量(带机滤器)	3.5L
密封剂或黏合胶	前端盖至缸体缸盖	天山 1590
	油底壳至缸体	天山 1590
	曲轴后油封座至缸体	天山 1590
	碗形塞(水堵)密封胶	天山 1962T/乐泰 962T
	油堵密封胶	天山 1545/乐泰 545
	冷却水温传感器密封胶	湖北回天 HT2431

表 15-19 LAR/L2B 发动机机械部件紧固力矩

项目	紧固力矩/(N·m)
水泵螺栓	22±2
水泵螺母	22±2
水泵螺柱	22±2
发动机后吊钩螺栓	25±2
发动机前吊钩螺栓	25±2
进气歧管双头螺柱	15±2
进气歧管螺栓	25±2
进气歧管螺母	25±2
水泵皮带轮螺栓	22±2
发动机侧减振器螺栓	62±5
发动机侧悬置支架到发动机侧减振器螺母	110±10
发动机支座托架到发动机螺栓	62±5
发动机支座托架至发动机侧悬置支架螺母	110±10
发动机支座托架至发动机侧悬置支架螺栓	110±10
发动机支座托架螺柱	40±6
进气歧管支架螺栓(连接缸体端后)	30±2
进气歧管支架螺栓(连接进气歧管、连接缸体端前)	20±2
排气歧管隔热罩螺栓	11±2
三元催化器安装螺母(连接排气歧管端)	50±5
排气歧管螺母	22±2
排气歧管螺柱	20±2
点火线圈安装螺栓	10±2
点火线圈盖螺栓	10±2
油底壳螺栓	10±2
油底壳放油螺栓	25±5
机油集滤器连接螺栓	10±2
曲轴皮带轮螺栓	95(并继续旋转 55°±4°)
前盖螺柱	22±2
前盖螺栓(中间 1 颗)	22±2
前盖螺栓(边缘 11 颗)	22±2
凸轮轴链轮螺栓	32±2(并继续旋转 50°±2°)
正时张紧器螺栓	10±2
正时链条排气侧导轨螺栓	10±2
正时链条进气侧导轨螺栓	10±2
凸轮轴轴承盖螺栓	10±2
出水口支座螺栓	22±2
发动机出水管螺栓	10±2
发动机出水管支架螺栓	22±2
冷却液温度传感器	20±2
节温器壳体螺栓	10±2

续表

项　目	紧固力矩/(N·m)
缸盖螺栓	22±2(并继续旋转 100°～104°)
离合器压盘紧固螺栓	25±2(MT)
飞轮紧固螺栓	35(并继续旋转 30°～45°)
曲轴后油封座安装螺栓	10±2
主轴承盖螺栓	30(并继续旋转 30°～35°)
连杆螺栓	20(并继续旋转 86°～94°)
燃油导轨安装螺栓	15±2
进气歧管调节阀执行器螺栓 M6	8±1
进气歧管调节阀执行器螺栓 M4	2.5
节气门体安装螺栓	10±2
节气门体支架螺栓	22±2
进气压力传感器螺栓	10±2
凸轮轴位置传感器螺栓	10±2
凸轮轴罩盖螺栓	10±2
凸轮轴相位执行器电磁阀螺栓	10±2
曲轴位置传感器螺栓	10±2
曲轴位置传感器信号盘螺栓	10±2
爆震传感器螺栓	20±5
机油压力开关总成	27±3
机油泵安装螺钉	10±2
机油泄压阀螺塞	42±2
油尺导管支架安装螺栓	10±2
火花塞	20±5
碳罐电磁阀安装螺栓	10±2
机油滤清器安装螺柱	22±2
机油滤清器总成	20±2
前氧传感器	50±10
后氧传感器	50±10
传动皮带惰轮螺栓	50±5
自动张紧轮螺栓	50±5
空调压缩机支架螺栓	22±3
螺钉(下盖板)	2.5±0.5
下盖板螺栓	6.5±1.5

15.11　五菱 1.5L L3C 发动机

15.11.1　发动机正时维修

① 彻底清洁正时链条，用新机油预润滑正时链条。

② 安装正时链条到凸轮轴链轮、曲轴链轮上，安装时正时链条上的正时标记应与凸轮轴链轮、曲轴链轮上的正时标记分别对齐，如图 15-51 所示。注意：在未安装正时链条前不能旋转曲轴。

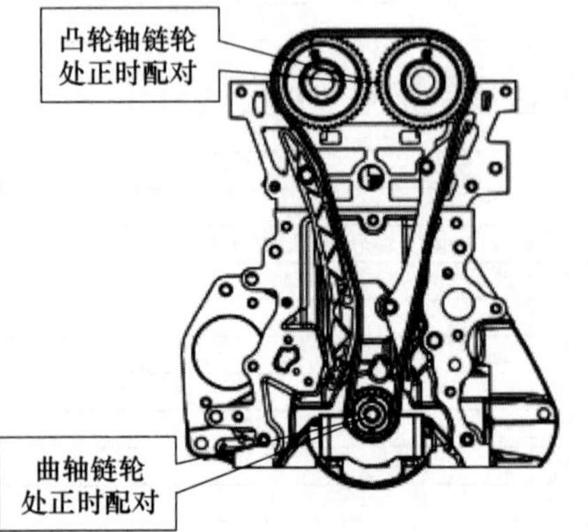

图 15-51　发动机正时标记位置

③ 安装进气侧正时链条导轨，安装正时链条张紧器，用工具 1 顶住锁止销，同时将张紧器压缩并用工具 2 锁住，工具 1 和 2 可以是与锁止孔直径相当的、有一定硬度并且干净整洁的工具，比如较小号的内六角扳手等，如图 15-52 所示。正时链条张紧器螺栓紧固力矩为 10Nm±2Nm，取下工具 1、2。

④ 拧紧凸轮轴链轮螺栓，拧紧时需要用活动扳手或类似工具固定凸轮轴，如图 15-53 所示。凸轮轴链轮螺栓紧固力矩为（32±2）Nm（并继续旋转 50°±2°）。

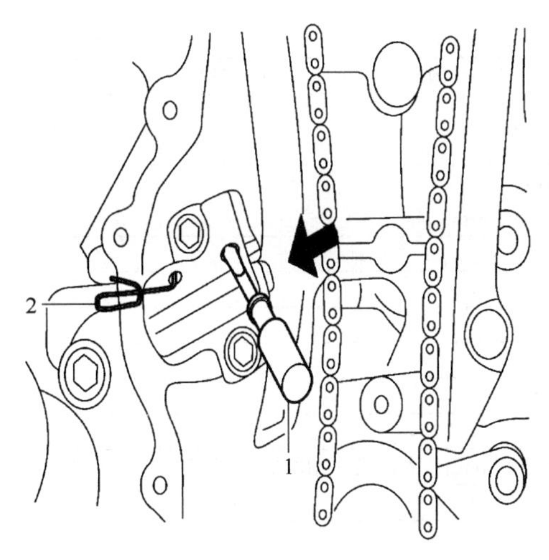

图 15-52　安装张紧器

图 15-53　拧紧凸轮轴链轮螺栓

15.11.2　发动机维修数据

L3C 发动机机械维修数据如表 15-20 所示，机械部件紧固力矩见表 15-21。

表 15-20　L3C 发动机机械维修数据

项　目		L3C-1.5L 国五、NU0-1.5L 国六参数
一般数据	发动机类型	直列四缸、水冷、16 气门、电控汽油喷射、电控点火、四冲程、双可变气门正时
	排量	1.485L
	缸径×行程	74.7mm×84.7mm
	压缩比	10.2∶1
	额定功率/转速	L3C-1.5L 国五：79kW/(5400r/min)。NU0-1.5L 国六：73kW/(5400r/min)
	最大净功率/转速	L3C-1.5L 国五：75kW/(5400r/min)。NU0-1.5L 国六：70kW/(5400r/min)
	最大转矩/转速	L3C-1.5L 国五:145Nm/(3600～4000r/min) NU0-1.5L 国六:135Nm/(3800～5000r/min)
	点火顺序	1—3—4—2
	火花塞间隙	0.8～0.9mm
	怠速转速	750r/min±50r/min
	火花塞型号	L3C-1.5L 国五:YR7DC。NU0-1.5L 国六:DK7RTC+
	发动机质量	111.5kg±2kg
气缸体	气缸直径	74.71mm±0.013mm
	缸孔圆度	0.005mm
	缸孔圆柱度	0.008mm
	气缸压力	平均有效压力为 1.236MPa,任意两个缸之间的压力差不大于 98kPa
凸轮轴	凸轮轴轴径、宽度	前端:轴径为 $\phi 32_{-0.066}^{-0.050}$mm,宽度为 42.7mm 其他:轴径为 $\phi 23_{-0.061}^{-0.040}$mm,宽度为 17.5mm
	轴颈跳动量	0.08～0.26mm
	轴颈圆柱度	0.007mm
	凸轮平行度	0.005mm
	凸轮高度	进气 42.2mm,排气 41.55mm
冷却系统	冷却方式	离心水泵强制循环
	容量	7.25L±0.15L

续表

项目		L3C-1.5L 国五、NU0-1.5L 国六参数
曲轴	曲轴端隙	0.08～0.29mm
	曲轴主轴承间隙(全部)	0.018～0.058mm
	曲轴主轴颈直径、宽度	直径：$\phi 49_{-0.021}^{-0.005}$mm 宽度：23.15mm±0.1mm
	曲轴主轴承轴颈圆度	0.005mm
	曲轴主轴承轴颈跳动量	0.03mm
	连杆轴颈直径	$\phi 40_{-0.021}^{-0.005}$mm
	连杆轴颈圆度	0.005mm
	连杆轴颈与轴瓦间隙	0.020～0.056mm
气缸盖	总高	121.3mm±0.1mm
	气门导管高度	导管总长为 35mm±0.2mm，压入缸盖后凸出油封面高度为 13mm±0.2mm
润滑系统	润滑类型	飞溅，压力润滑
	机油容量(带机滤器)	4L
机油泵	机油泵压力	300kPa(流量 30L/min、转速 4000r/min±40r/min、油温 100℃)
	机油压力	400kPa±40kPa(转速 4000r/min、油温 100℃)
活塞环间隙	一环闭口间隙与侧隙	间隙：0.18～0.33mm 侧隙：0.04～0.08mm
	二环闭口间隙与侧隙	间隙：0.35～0.55mm 侧隙：0.03～0.07mm
	油环闭口间隙与侧隙	间隙：0.2～0.7mm 侧隙：0.04～0.12mm
活塞	与气缸孔间隙	0.023～0.053mm
	活塞直径	74.672mm±0.007mm
	活塞凸出缸体面最大高度	2.1mm
	活塞顶面锥度	15°
活塞销	活塞销与活塞间隙	0.006～0.018mm
	活塞销直径	18mm
	活塞销长度	48mm
	活塞销偏移量(朝推力侧)	0.5mm
连杆	连杆小头与活塞销间隙	0.006～0.018mm
	连杆弯曲平行度	0.017mm(测量范围：18mm)
	连杆扭转平行度	0.040mm(测量范围：18mm)
	连杆大端止推间隙	0.10～0.25mm
气门	气门直径(进气)	27.9mm±0.12mm
	气门直径(排气)	24.4mm±0.12mm
	气门工作面角度	45°±15′
	气门工作面跳动量	0.03mm
	气门座宽度(进气)	2.38mm±0.2mm
	气门座宽度(排气)	2mm±0.2mm
	气门杆直径(进气)	4.972mm±0.007mm
	气门杆直径(排气)	4.963mm±0.007mm
	气门导管内径	$5_{0}^{+0.12}$mm
	气门间隙(进气)	0.075～0.125mm
	气门间隙(排气)	0.245～0.295mm
气门弹簧	气门弹簧自由长度	44.2mm
	气门弹簧预负荷	118N±4.72N(压缩至 34mm 时) 230N±9.20N(压缩至 25.65mm 时)
	气门弹簧垂直度	2°
密封剂或黏合胶	前端盖至缸体缸盖	天山 1590
	油底壳至缸体	天山 1590
	碗形塞密封胶	天山 1662T/乐泰 662
	冷却水温传感器螺栓	湖北回天 HT2431

表 15-21　L3C 发动机机械部件紧固力矩

项　　目	L3C 发动机机械部件紧固力矩/(N·m)
水泵螺栓	22±2
水泵螺母	22±2
水泵螺栓(长)	22±2
水泵皮带轮螺栓	22±2
进气歧管螺柱	15±2
进气歧管紧固螺栓	25±2
进气歧管紧固螺母	25±2
进气歧管支架螺栓	20±2
排气歧管隔热罩螺栓	11±2
排气歧管连接螺母	22±2
排气歧管螺柱	20±2
排气管螺栓(连接排气歧管端)	48±3
点火线圈安装螺栓	10±2
凸轮轴罩盖总成连接螺栓	10±2
油底壳连接螺栓	10±2
机油集滤器连接螺栓	10±2
油底壳放油螺栓	25±5
曲轴皮带轮紧固螺栓	95(并继续旋转 51°～59°)
前端盖连接螺栓	22±2
凸轮轴链轮螺栓	32±2(并继续旋转 50°±2°)
正时链条张紧器螺栓	10±2
正时链条排气侧导轨螺栓	10±2
正时链条进气侧导轨螺栓	10±2
凸轮轴轴承盖螺栓	10±2
出水口支座螺栓	22±2
节温器盖螺栓	10±2
缸盖紧固螺栓	22±2(并继续旋转 100°～104°)
离合器压盘紧固螺栓	25±2
飞轮紧固螺栓	35(并继续旋转 30°～45°)
曲轴后油封座安装螺栓	10±2
曲轴后油封座安装螺钉	10±2
主轴承盖螺栓	30(并继续旋转 26°～34°)
连杆轴承盖螺栓	20(并继续旋转 86°～94°)
油轨安装螺栓	15±2
节气门体安装螺栓	10±2
进气温度压力传感器螺栓	4.5±0.5
凸轮轴位置传感器螺栓	10±2
曲轴位置传感器螺栓	10±2
爆震传感器螺栓	20±5
机油压力传感器螺栓	27±3
机油泵盖螺栓	10±1
油尺导管支架安装螺栓	10±2
水温传感器安装螺栓	20±2
火花塞安装螺栓	23±3
水泵盖螺栓	10±2
发动机后吊钩安装螺栓	25±2
发动机前吊钩安装螺栓	25±2
碳罐电磁阀安装螺栓	10±2
机油滤清器	20±2
前氧传感器	50±10
左/右悬置螺栓(悬置到缸体)	35±3
后悬置螺栓(后悬置到变速器)	17±3
左/右悬置到支承架螺栓/螺母	70±5
左/右支承架到大梁螺栓	65±5
后悬置到后支承架(或车身侧支架)螺栓	70±5
后支承架(或车身侧支架)到车身螺栓	35±3
压缩机支架螺栓(到缸体,十字槽)	20±5
压缩机支架螺栓(到缸体,外六角,长)	25±5
压缩机支架螺栓(到发电机,外六角,短)	20±5
皮带张紧轮螺栓	50±5
旁通管螺栓(M6)	10±2
旁通管螺栓(M8)	22±2
旁通管螺母	10±2

15.12　1.8L LJ479Q6 发动机

15.12.1　发动机正时维修

（1）正时链拆卸步骤

① 举升车辆。

② 顺时针转动曲轴，直到曲轴皮带轮上的缺口标记对准发动机前盖上的 0°位置，以使第一缸活塞处于上止点。

③ 拆卸凸轮轴罩盖。

④ 拆卸发动机前盖。

⑤ 取下曲轴位置信号轮。

⑥ 拆下正时链条排气侧导轨（4）、进气侧导轨（5），如图 15-54 所示。图中 1～3 为螺栓。

⑦ 连同曲轴正时链轮一起，拆下正时链条。

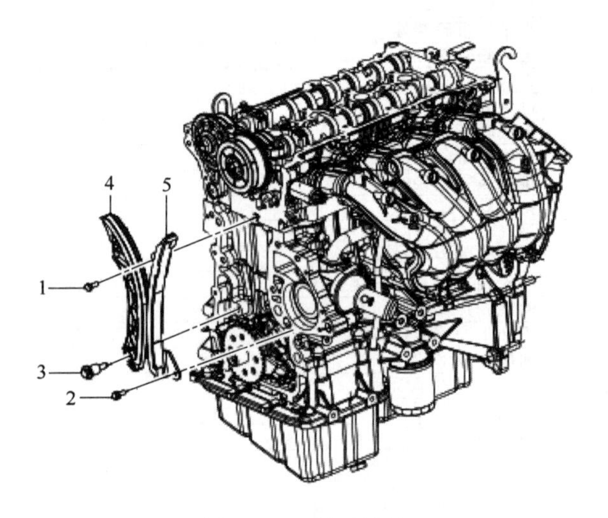

图 15-54　拆下导轨

（2）正时链安装步骤

① 安装曲轴正时链轮半圆键及曲轴链轮。

② 顺时针转动曲轴，直到曲轴半圆键/键槽向上对准机油泵上的凸点，这时第一缸活塞处于上止点。

③ 这时曲轴链轮上的正时标记凹点（1）朝向进气侧，如图 15-55 所示。

④ 排气凸轮轴链轮上的单凹点（2）对准进气 VVT 无文字编号处的缺口（3）。

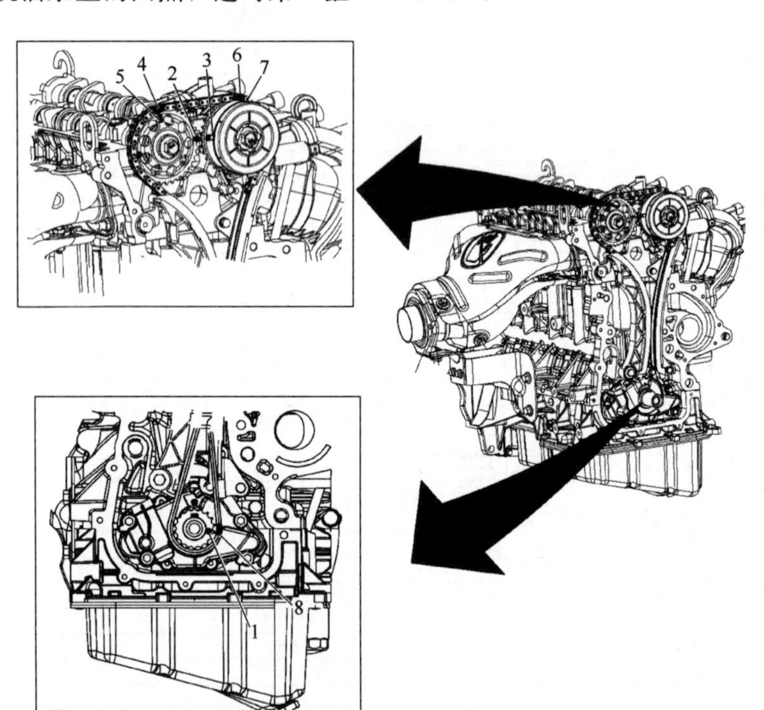

图 15-55　正时安装标记

⑤ 正时链条上的黄色链节（4）对准排气凸轮轴链轮上的双凹点标记（5）。

⑥ 正时链条上的黄色链节（6）对准进气 VVT 上有“正时标记”文字、有直线处的缺口标记（7）。

⑦ 正时链条上的黄色链节（8）对准曲轴链轮上的正时标记凹点（1）。

⑧ 安装正时链条进气侧导轨，紧固螺栓（数量：2）至（11±2）N·m。

⑨ 安装正时链条排气侧导轨，紧固螺栓至（18±3）N·m。

⑩ 安装曲轴位置信号轮。

⑪ 安装发动机前盖。如图 15-56 所示，压住锁舌后端，锁舌翘起，张紧器柱塞为解锁状态，可灵活运动，若放开锁舌则锁止。在张紧器处于解锁状态时，将柱塞压到最短位置，用旁边的小钩子勾住柱塞。将张紧器塞进发动机前盖上的安装孔中并用手压紧，此时小钩子会自动脱落，张紧器处于张紧状态。分两遍紧固螺母：第一遍力矩为（7±2）N·m；第二遍力矩为（13±2）N·m。

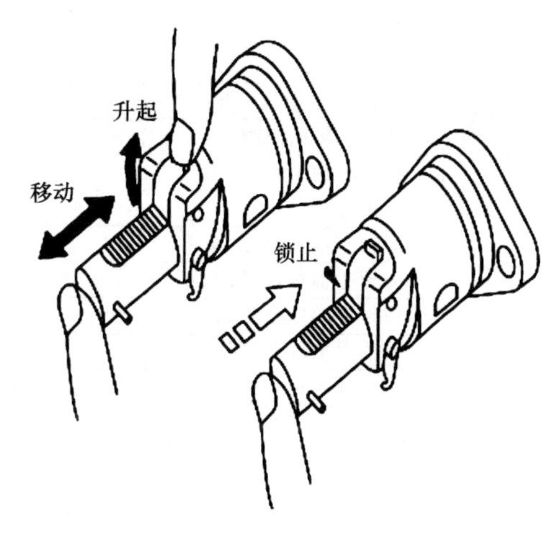

图 15-56　设置张紧器

⑫ 安装凸轮轴罩盖。

⑬ 检查确认无泄漏、无干涉情况。

⑭ 降低车辆，测试车辆。

15.12.2　发动机维修数据

LJ479Q6 发动机机械维修数据如表 15-22 所示，机械部件紧固力矩见表 15-23。

表 15-22　LJ479Q6 发动机机械维修数据

项目		LJ479Q6 参数
基本数据	发动机类型	直列四缸、水冷、16 气门、电控汽油喷射、电控点火、四冲程
	排量	1.798L
	缸径×行程	79mm×91.5mm
	压缩比	10∶1
	最大功率/转速	98kW/(5600r/min)
	最大转矩/转速	182Nm/(3600～4600r/min)
	点火顺序	1—3—4—2
	火花塞间隙	0.8～0.9mm
	怠速转速	750r/min±50r/min
	火花塞型号	K6RTC
	轮廓尺寸(长×宽×高)	1106mm×702mm×584mm
	发动机质量	≤168kg
曲轴箱总成	气缸直径	79.000～79.013mm
	缸孔圆度	0.005mm
	缸孔圆柱度	0.006mm
	气缸压力	平均有效压力为 1.45MPa，任意两个缸之间的压力差不大于 98kPa，所测值不低于正常值的 90%
凸轮轴	进气凸轮轴轴径	前端：$\phi 38_{-0.051}^{-0.035}$mm 其他：$\phi 23_{-0.051}^{-0.035}$mm
	排气凸轮轴轴径	前端：$\phi 34.5_{-0.051}^{-0.035}$mm 其他：$\phi 23_{-0.051}^{-0.035}$mm

续表

项目		LJ479Q6参数
凸轮轴	轴颈跳动量	0.04mm
	轴颈圆柱度	0.008mm
	凸轮平行度	0.01mm
	凸轮高度	进气:9.6280mm±0.025mm。排气:8.8052mm±0.025mm
	凸轮轴轴向间隙	0.05～0.012mm
	凸轮轴油膜间隙	标准:0.035～0.072mm
曲轴	曲轴端隙	0.04～0.24mm
	曲轴主轴承间隙(全部)	0.013～0.031mm
	曲轴主轴颈直径、宽度	直径:$\phi 48_{-0.018}^{0}$mm。宽度:$24_{0}^{+0.05}$mm
	曲轴主轴承轴颈圆度	0.003mm
	曲轴主轴承轴颈跳动量	0.025mm
	连杆轴颈直径	$\phi 44_{-0.016}^{0}$mm
	连杆轴颈圆度	0.004mm
	连杆轴颈与轴瓦间隙	0.018～0.044mm
气缸盖总成	总高	115mm±0.05mm
	缸盖变形量	正面:0.05mm。进气歧管安装面:0.10mm。排气歧管安装面:0.10mm
	气门导管总长、高度	导管总长为34.45mm±0.1mm 压入缸盖后凸出高度:排气8.8mm±0.2mm;进气9.2mm±0.2mm
活塞	与气缸孔间隙	0.0425～0.0785mm
	活塞直径	78.935mm±0.0075mm
	活塞凸出缸体面最大高度	2.494mm
	活塞顶面锥度	14°
活塞销	活塞销与活塞间隙	0.003～0.009mm
	活塞销直径	$\phi 20_{0}^{+0.009}$mm
	活塞销长度	$50_{-0.15}^{0}$mm
	活塞销偏移量(朝推力侧)	0.6mm
活塞环	一环闭口间隙与侧隙	状态1:间隙为0.2～0.4mm,侧隙为0.03～0.08mm
		状态2:—
	二环闭口间隙与侧隙	状态1:与一环相同
		状态2:—
	油环闭口间隙与侧隙	状态1:间隙为0.2～0.7mm,侧隙为0.01～0.18mm
		状态2:—
连杆	连杆小头与活塞销间隙	0.009～0.015mm
	连杆弯曲平行度	0.03(测量范围:100mm)
	连杆扭转平行度	0.05(测量范围:100mm)
	连杆大端止推间隙	0.16～0.34mm
气门	气门直径(进气)	ϕ(31±0.15)mm
	气门直径(排气)	ϕ(26±0.15)mm
	气门工作面角度	$91°_{-15'}^{+45'}$
	气门工作面跳动量	0.03mm
	气门座宽度(进气)	$\phi 31.7_{0}^{+0.025}$mm
	气门座宽度(排气)	$\phi 27_{0}^{+0.021}$mm
	气门座密封面宽度(进气)	1.3mm±0.2mm
	气门座密封面宽度(排气)	1.26mm±0.2mm
	气门杆直径(进气)	$\phi 5.5_{-0.030}^{-0.015}$mm
	气门杆直径(排气)	$\phi 5.5_{-0.035}^{-0.020}$mm
	气门导管内径	$\phi 5.5_{+0.010}^{+0.030}$mm
	气门间隙(冷态)(进气)	0.23mm±0.03mm

续表

项　　目		LJ479Q6 参数
气门	气门间隙(冷态)(排气)	0.32mm±0.03mm
	进气门与气门导管间隙	标准:0.025～0.060mm
	排气门与气门导管间隙	标准:0.030～0.065mm
气门弹簧	气门弹簧自由长度	45.2mm±0.8mm
	气门弹簧预负荷	153～169N(压缩至 33.88mm 时)
	气门弹簧垂直度	0.8mm
机油泵总成	机油泵压力(3100r/mim±50r/mim)	300kPa(流量不小于 20L/min)
	机油压力(750r/mim±50r/mim)	100kPa±30kPa

表 15-23　LJ479Q6 发动机机械部件紧固力矩

项　　目	LJ479Q6(LGK)紧固力矩/(N·m)
气缸盖连接螺栓	第一次:49±3。第二次:80±4
曲轴箱下体主轴承盖螺栓	第一次:44±2。第二次:60±4
曲轴箱下体紧固螺栓	23±2
连杆螺栓	第一次:20±2。第二次:50±2
飞轮螺栓	85±5
前罩壳安装螺柱	7±2
前罩壳安装螺母	11±2
前罩壳安装螺栓	11±2
正时链条导向板(进气侧导轨)螺栓	11±2
正时链条张紧板(排气侧导轨)螺栓	18±3
机油泵螺栓	11±2
水泵螺栓	11±2
节温器壳体螺栓	11±2
PCV 曲轴箱强制通风阀总成	25±3
暖通出水管螺栓	11±2
盖板(暖通出水管)螺栓	11±2
正时链条张紧器螺柱	7±2
正时链条张紧器螺母	第一次:7±2。第二次:13±2
凸轮轴轴承盖组合螺栓 M6	第一次:6±2。第二次:13±2
凸轮轴前轴承盖组合螺栓 M8	第一次:10±2。第二次:23±2
VVT 总成(进气凸轮轴链轮)螺栓	70±5
凸轮轴位置传感器螺栓	11±2
排气凸轮正时链轮螺栓	54±3
进气歧管双头螺柱	11±2
进气歧管螺栓	25±3
进气歧管螺母	25±3
进气歧管支架螺栓(支架到缸体,带弹簧垫圈)	25±3
进气歧管支架螺栓(支架到歧管,无垫圈)	18±3
排气歧管螺柱	18±3
排气歧管螺母	25±3
排气歧管支架螺柱	25±3
排气歧管上/下罩螺栓	11±2
机油集滤器安装螺栓	11±2
机油盘安装螺母	11±2
机油盘安装螺柱	7±2
机油盘安装螺栓	11±2
机油盘放油螺塞	27.5±2.5
发动机前吊钩螺栓	25±3
发动机后吊钩螺栓	25±3

续表

项　　目	LJ479Q6(LGK)紧固力矩/(N·m)
机油滤清器连接管	25±3
机油滤清器总成	25±2
水温传感器	20±2
机油压力开关	15±2
火花塞	25±3
OCV 凸轮轴位置执行器电磁阀螺栓	11±2
爆震传感器螺栓	25±3
点火线圈安装螺栓	11±2
燃油导轨总成螺栓	11±2
传动皮带张紧器螺母	—
传动皮带张紧器螺柱	—
传动皮带张紧器螺栓	42±2
曲轴皮带轮螺栓	138±5
气缸盖罩总成螺栓	11±2
发电机总成螺栓 M8	25±3
发电机总成长螺栓	45±3
发电机支架(发动机前悬挂)螺栓	45±3
进气歧管挂钩螺栓	25±3
变速器连接螺栓 M12	55±3
变速器连接螺栓 M10	45±3
变速器隔板螺栓	12±4
曲轴位置传感器螺栓	11±2
起动机连接螺栓	45±3
起动机线束螺母	6.5±1
进气压力传感器螺栓	7±2
节气门体螺栓	11±2
离合器盖连接螺栓	30±3
碳罐电磁阀支架螺栓	11±2
变速器放油螺塞	39±11
变速器放油螺塞	44±8
搭铁线螺栓 M10	—
散热器进水管支架螺栓	—
左悬置螺栓(左悬置到缸体)	40±5
右悬置螺栓(右悬置到缸体)	40±5
后悬置螺栓(后悬置到变速器)	17±3
左/右悬置到支承架螺栓/螺母	70±5
左/右支承架到大梁螺栓	65±5
后悬置到后支承架(或车身侧支架)	70±5
后支承架(或车身侧支架)到车身	35±3
出水胶管钢丝环箍	6±1
出水胶管蜗杆传动式软管环箍	6±1
空调压缩机支架螺栓	35±4
OCV 曲轴位置执行器电磁阀滤网螺栓	44±5
传动皮带惰轮螺栓	—
机油加油管螺栓	11±2

15.13　吉利 1.8L JLC-4G18 发动机

15.13.1　发动机正时维修

吉利 JLC-4G18 发动机正时链单元部件分解如图 15-57 所示。

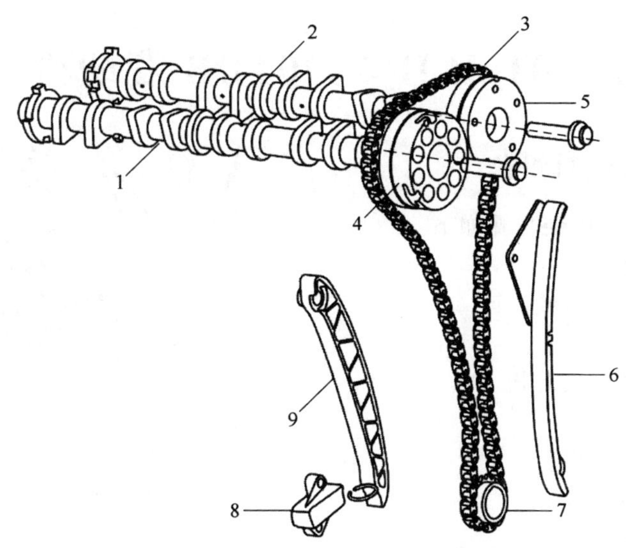

图 15-57 发动机正时链单元部件分解

1—排气凸轮轴组件；2—进气凸轮轴组件；3—正时链条组件；4—排气 VVT 驱动器；
5—进气 VVT 驱动器；6—正时链条导向轨组件；7—曲轴正时链轮；
8—正时链条张紧器组件；9—正时链条张紧轨组件

15.13.2 发动机维修数据

吉利 JLC-4G18 发动机机械参数见表 15-24。

表 15-24 JLC-4G18 发动机机械参数

项　　目	参数/mm
凸轮轴轴向间隙	0.05～0.12
凸轮轴颈向间隙	凸轮轴第一轴颈：0.030～0.0662 其余轴颈：0.035～0.0723
活塞配缸间隙(活塞裙部推力方向最大直径处)	0.0425～0.0705
连杆侧隙	0.16～0.342
连杆瓦配合间隙	0.018～0.044
曲轴轴向间隙	0.06～0.24
曲轴主轴瓦配合间隙	0.013～0.031
活塞环、环槽径向间隙	第一道：0.5～0.8065 第二道：0.6～0.9065 第三道：0.45～0.8565
活塞环槽轴向间隙	第一道：0.04～0.08 第二道：0.02～0.07 第三道：0.06～0.15
活塞环开口间隙	第一道：0.20～0.35 第二道：0.40～0.55 第三道：0.20～0.70
活塞销孔、活塞销(间隙配合)	0.011～0.018
减振皮带轮孔、曲轴轴颈间隙	0.007～0.041
挺杆、缸盖挺杆孔间隙	0.030～0.065
气门导管孔、进气门杆间隙	0.025～0.060
气门导管孔、排气门杆间隙	0.030～0.065
机油泵壳体与齿轮侧面间隙	0.057～0.08

15.14 吉利 2.0T JLH-4G20TDB 发动机

15.14.1 发动机正时维修

发动机正时皮带的拆装步骤如下。

① 打开发动机舱罩。

② 断开蓄电池负极电缆。

③ 拆卸发动机装饰罩。

④ 拆卸前保险杠上装饰板。

⑤ 举升车辆。

⑥ 拆卸发动机底护板。

⑦ 排放发动机冷却液。

⑧ 拆卸膨胀水壶。

⑨ 拆卸发动机右隔振垫总成。

⑩ 拆卸驱动皮带。

⑪ 拆卸张紧器机构组件。

⑫ 拆卸前正时皮带护罩。

⑬ 拆卸减振皮带轮。

⑭ 同时观察曲轴正时皮带轮组件指针与曲轴前油封上的标记是否对齐，见图15-58，以判断当前正时点位置是否处于正确位置上。

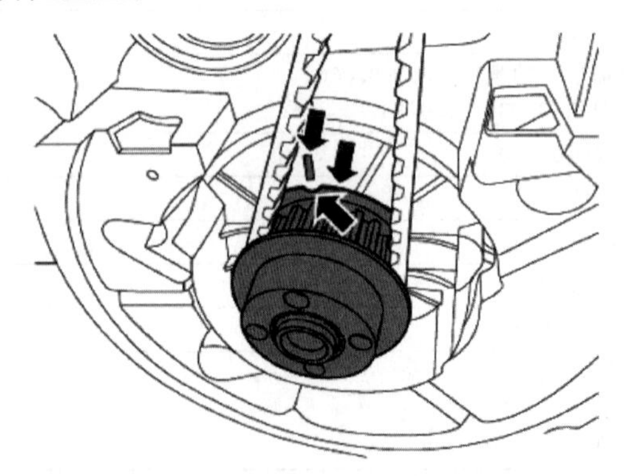

图 15-58 观察曲轴皮带轮正时标记位置

⑮ 拧松张紧器固定螺栓，见图 15-59。

⑯ 使用内六角扳手调整张紧轮，使正时皮带处于最大松弛状态，如图 15-60 所示。

⑰ 取下正时皮带，注意：更换正时皮带需要同时更换张紧轮和惰轮。

⑱ 如图 15-61 所示，将工装插入缸体进气侧后端定位孔，调整曲轴正时位置，确保曲拐平面与缸体顶面平行。工装编号：

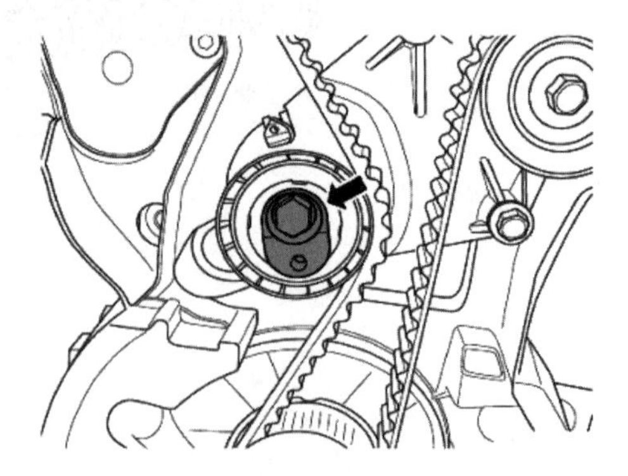

图 15-59 拧松张紧器螺栓

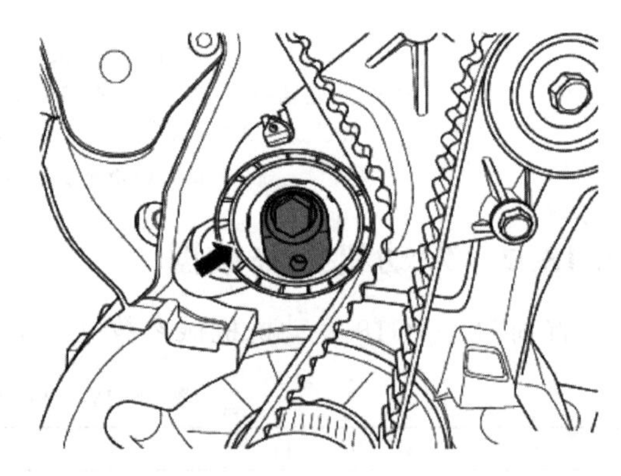

图 15-60 调整张紧轮，松弛正时皮带

W-876848。同时曲轴正时皮带轮组件指针与曲轴前油封上的标记对齐。

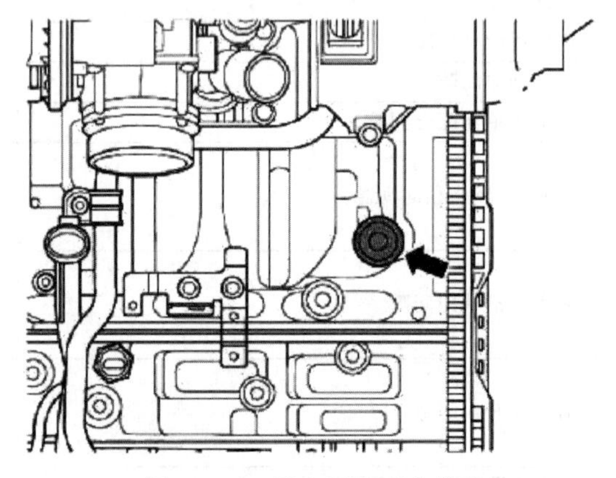

图 15-61 插入工装至定位孔

⑲ 将正时皮带套在曲轴正时皮带轮组件及 VVT 带轮上，确保所有齿都能与带轮正确啮合。从曲轴正时皮带轮组件开始逆时针拉紧皮带，直至将皮带安装到正时皮带张

紧器上。

注意：完成皮带装配后，要确认皮带位置在 VVT 带轮中间。严禁弯折正时皮带。

⑳ 使用内六角扳手调整张紧轮，使正时皮带处于张紧状态。分步紧固张紧器的 1 颗螺栓。第一步，力矩为 5N·m；第二步，反向转角 45°±5°；第三步，力矩为 25N·m。

㉑ 按与拆卸相反的顺序安装其他部件。

15.14.2 发动机维修数据

吉利 JLH-4G20TDB 发动机机械技术参数见表 15-25。

表 15-25 JLH-4G20TDB 发动机技术参数

项目		技术参数
型号		JLH-4G20TDB-B00
类型		直列四缸
燃烧室形式		屋脊型
技术特点		中置直喷、集成排气歧管增压器、变排量机油泵、干式正时皮带、铝缸体、DVVT、双平衡轴、电子水泵
进气方式		增压中冷
缸径		82mm
行程		93.2mm
压缩比		10.8∶1
排量		1969mL
额定功率/转速		175kW/(5500r/min)
最大转矩/转速		350Nm/(1800～4500r/min)
燃油规格		RON95 号及以上级别无铅汽油应符合 GB 17930—2016 的规定
低速转矩/转速		160Nm/(1000r/min)
最低油耗		236g/kWh
2000r/min、2bar(0.2MPa)工况下燃油消耗率		364g/kWh
配气机构形式		DOHC、杯状挺柱、16 气门、DVVT
原始配气相位		气门开启角度:390°(进气),165.5°(排气) 气门关闭角度:587°(进气),351.5°(排气)
怠速转速		750r/min±50r/min
转动方向		顺时针(从汽油机前端观察)
点火顺序		1—3—4—2
排气总压损(额定点)		≤45kPa/(720r/min)(不带 GPF),≤60kPa/(720r/min)(带 GPF)
机油压力		150～450kPa
活塞漏气量		≤90L/min
轮廓尺寸(长×宽×高)		631mm×627mm×710mm
发动机净质量(±2%)		134.5kg
排放标准		国六
气缸盖	缸体结合面平面度	0.015mm
	进气侧平面度	0.02mm
	排气侧平面度	0.02mm
活塞	活塞直径标准值	(81.970±0.007)mm
	标准油膜间隙	0.045mm
	最大油膜间隙	0.059mm
排气阀	长度	110.175mm
	气门头直径	27mm
	轴直径	5.942mm(MP)
	气门角	45.5°
	导管间隙	51～80μm(MP)
	气门间隙	(0.52±0.05)mm
	气门座角	45°

续表

项目		技术参数
进气门	长度	110.175mm
	气门头直径	31mm
	轴直径	5.97mm
	气门角	45.5°
	导管间隙	30～60μm
	气门间隙	(0.20±0.05)mm
	气门座角	45°
驱动皮带	长度	(1181±5.0)mm
	宽度	(21.36±0.5)mm
	深度	(4.8±0.4)mm
进、排气凸轮轴	凸轮轴径向跳动	0.03
	进气凸轮轴最大升程	8.57mm
	排气凸轮轴最大升程	7.865mm
	凸轮轴轴径	$\phi 55_{-0.013}^{0}$mm
	凸轮轴轴径(其他)	$\phi 30_{-0.05}^{-0.03}$mm
	凸轮轴标准轴向间隙	0
	凸轮轴最大轴向间隙	0.59mm
凸轮轴链轮	排气凸轮轴顶圆直径	$\phi 125.97_{-0.13}^{0}$mm
曲轴	曲轴最大径向跳动	0.015mm
	曲轴轴颈直径	$\phi 53_{-0.016}^{+0.003}$mm
	曲轴轴颈的最大锥度和圆度	0.004mm
	曲轴连杆颈直径	$\phi 50_{-0.019}^{0}$mm
	曲轴颈锥度和圆度	0.004mm
	曲轴主轴颈油膜间隙	0.019～0.036mm
	曲轴连杆颈油膜间隙	0.021～0.068mm
发动机机油	机油规格	壳牌 ACEAC2OW-20
	加注量(大修)	6.8L
	加注量(换机油滤清器)	5.6L
	加注量(不换机油滤清器)	5.2L
碳罐	运行温度	−40～100℃
	容量	30g
排放值	碳氢化合物总量(THC)	100mg/km
	非甲烷碳氢化合物(NMHC)	68mg/km
	一氧化碳(CO)	1000mg/km
	氮氧化合物(NO_x)	60mg/km
	颗粒物(PM)	4.5mg/km
空气过滤器	最大空气流量	0.19kg/s
	容尘量	≥175g
火花塞	供应商	Denso
	火花塞间隙	0.6～0.7mm
活塞环	第一道压缩环侧隙	0.02～0.07mm
	第二道压缩环侧隙	0.025～0.07mm
凸轮轴	进气 VVT 调整范围	50° CA
	排气 VVT 调整范围	30° CA
冷却液	类型	BASF Glysantin G64
	容量	7.0L
膨胀水箱	最大冷却液流量	2.5L/min
密封剂与黏合剂	曲轴箱和缸体的密封胶	平面密封硅胶 LT5970
	凸轮轴轴承盖、缸体与下缸体、油底壳的密封胶	平面密封硅胶 LT5970
	发动机油底壳的密封胶	平面密封硅胶 LT5970
	ϕ20 碗形塞片的密封胶(缸体)	圆柱固持胶 LT648
	碗形塞片的密封胶(缸盖)	圆柱固持胶 LT601

15.15　比亚迪 2.0T BYD487ZQA 发动机

15.15.1　发动机正时维修

(1) 正时系统拆卸

① 旋下 2 个悬置双头螺柱。

② 拆卸正时罩。

③ 拆卸正时链条张紧器。

④ 拆卸正时链条导向板合件。

⑤ 拆卸正时链条张紧板合件。

⑥ 取下正时链条、曲轴链轮及 2 个曲轴链轮垫圈。

⑦ 用开口扳手卡住进气凸轮轴，旋出进气 VVT 组件螺栓，取下进气 VVT 组件及 VVT 垫圈。

⑧ 用开口扳手卡住排气凸轮轴，旋出排气 VVT 组件螺栓，取下排气 VVT 组件及 VVT 垫圈。注意：VVT 组件螺栓为右旋螺栓，逆时针旋入，顺时针旋出。

⑨ 卸下机油泵链条张紧板、机油泵链条张紧板扭簧。

⑩ 用机油泵链轮防转工装固定机油泵链轮，旋出机油泵链轮螺栓，取下机油泵链轮、机油泵链条、机油泵驱动链轮、1 个曲轴链轮垫圈。

(2) 正时系统安装

① 装配机油泵链条：

a. 将 1 个曲轴链轮垫片安装到曲轴后端，再将机油泵驱动链轮装入曲轴后端。

b. 将机油泵链条挂到机油泵链轮和机油泵驱动链轮上，再将曲轴链轮、机油泵链轮同时分别装入曲轴、机油泵转子轴对应位置上。机油泵链轮上的缺口对准转子轴上的缺口，如图 15-62 所示。

图 15-62　对齐缺口

c. 使用机油泵链轮防转工装卡住机油泵链轮，拧紧螺栓至规定力矩。

d. 将机油泵链条张紧板扭簧安装到机油泵链条张紧板上，再将两者一起安装到缸体上，并在机油泵链条张紧板与链条接触部分涂抹适量机油。安装完毕，机油泵链条张紧板应转动灵活。

② 安装排气 VVT 组件和进气 VVT 组件：

a. 用凸轮轴定位工装将进、排气门凸轮轴定位在 1 缸压缩上止点位置，如图 15-63 所示。

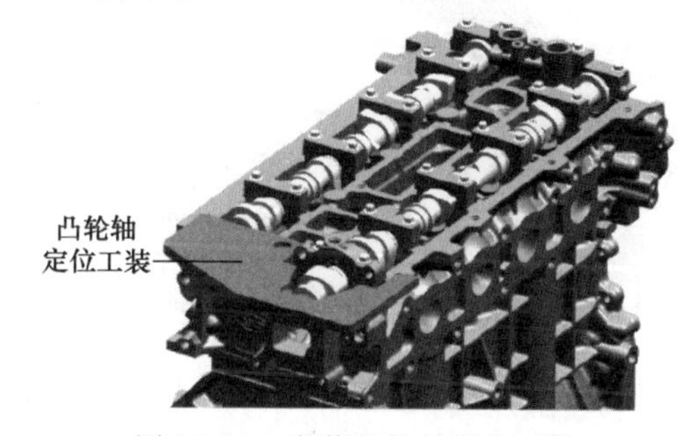

图 15-63　安装凸轮轴定位工装

b. 将排气 VVT 组件装配到排气凸轮轴上，将排气 VVT 组件螺栓旋入距离贴合面 2mm 的位置，保持排气 VVT 组件自由转动，并防止排气 VVT 组件掉落。

c. 将进气 VVT 组件装配到进气凸轮轴上，将进气 VVT 组件螺栓旋入距离贴合面 2mm 的位置，保持进气 VVT 组件自由转动，并防止进气 VVT 组件掉落。

注意：将 VVT 垫圈安装到位，不得漏装、多装。安装 VVT 螺栓前，需在螺栓头部涂抹适量机油。

d. 将正时链条导向板安装到正时链条导向板托板上。

e. 将 2 个正时链条导向板螺栓垫片安装到正时链条导向板合件上，再将正时链条导向板合件安装到缸体上，拧紧螺栓至规定力矩。

f. 在正时链条导向板合件与链条接触部分涂适量机油。通过链条导向板将正时链条挂到排气 VVT 组件链轮、进气 VVT 组件链轮和曲轴链轮上。

g. 将正时链条张紧板垫块及正时链条张紧板正确安装到正时链条张紧板托板上。

h. 将用于安装张紧板的圆柱销压到气缸盖上。

i. 安装正时链条张紧板合件，与链条接触部分涂适量机油，如图 15-64 所示。

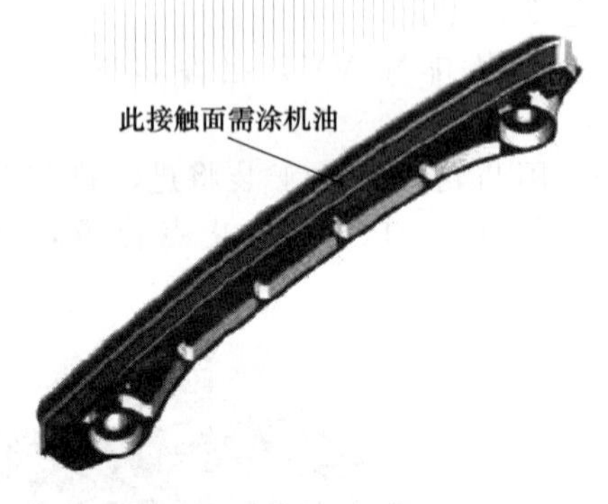

图 15-64 在接触面涂抹机油

j. 安装正时链条张紧器，并在摩擦面上涂适量机油。拔下张紧器锁定销，使链条张紧。

k. 将正时链条张紧工装安装到位，如图 15-65 所示。

图 15-65 安装正时链条张紧工装

l. 拧紧 VVT 组件螺栓至规定力矩，卸下正时链条张紧工装。注意：拧紧 VVT 组件螺栓时，需要开口扳手卡住凸轮轴，防止凸轮轴转动，否则将损坏凸轮轴。

15.15.2 发动机维修数据

BYD487ZQA 发动机技术参数如表 15-26 所示，机械部件紧固力矩见表 15-27。

表 15-26 BYD487ZQA 发动机技术参数

项　目	BYD487ZQA 发动机技术参数
类型	直列四缸、水冷、双顶置凸轮轴、16 气门、四冲程、电控燃油喷射发动机
标定功率/转速	151kW/(5500r/min)
最大转矩/转速	320N·m/(1750～4500r/min)
缸径×行程	87.5mm×83mm
发动机排量	1.999L
压缩比	10∶1
气门结构	双顶置凸轮轴、16 气门、双 VVT
燃料种类	车用 92 号或以上无铅汽油(GB 17930—2016)
供油方式	电控燃油缸内直接喷射
点火顺序	1—3—4—2
润滑油	使用符合比亚迪 A1909.0037 标准 TI 机油；若无法找到，需使用 A3/B4 5W-40(ACEA)规格机油
尾气排放系统	三元催化转换器
增压方式	废气涡轮增压
气缸体材质	铝合金

表 15-27 BYD487ZQA 发动机机械部件紧固力矩

序号	紧固部位或零件	类型	规格	每台个数	紧固力矩/(N·m)
一	关键力矩				
1	气缸盖总成	气缸盖螺栓	M10×1.25	10	45±2
					+(90°±5°)转角
					+(90°±5°)转角

续表

序号	紧固部位或零件	类型	规格	每台个数	紧固力矩/(N·m)
2	曲轴组件	主轴承盖螺栓	M10×1.25	10	第一次:20±2 第二次:40±2 +(90°±5°)转角
3	连杆合件	连杆螺栓	M9	8	30±2 +(90°±5°)转角
4	飞轮组件	飞轮螺栓	M10×1	8	60±3 +(90°±5°)转角
5	曲轴减振皮带轮	曲轴皮带轮螺栓组件	M14×1.5	1	100±5 +(90°±5°)转角
6	火花塞	火花塞	M14×1.25	4	25±2
7	高压燃油泵	六角法兰面螺栓	M6	2	15±2
8	平衡轴机构部件	平衡轴机构螺栓	M10×1.25	4	第一次:25±2 第二次:42±2
二	主要力矩				
1	进气 VVT 组件	凸轮轴链轮螺栓	M12×1.25	1	50±2
	排气 VVT 组件			1	+(90°±5°)转角
2	凸轮轴轴承盖	凸轮轴轴承盖螺栓	M7	20	第一次:7±1
		凸轮轴轴承盖螺栓1		2	第二次:16±2
3	平衡轴机构加工部件	平衡轴机构合箱螺栓	M8	6	22±2 +(90°±5°)转角
4	机油泵链轮	机油泵链轮安装螺栓	M8	1	25±2
5	正时罩	双头螺柱	M14×1.5	2	35±2
6	排气歧管	排气歧管螺母	M10	10	80±3
7	排气歧管	双头螺柱	M10	10	10±2
8	增压器	双头螺柱	M10×1.25	2	10±2
9	机油滤清器	机油滤清器	M20×1.5	1	15±2
10	惰轮合件		M10	1	35±2
11	电子节气门	电子节气门自攻螺钉	M6	4	10±2
12	正时链条导向板	导向板安装螺栓	M6	2	10±2
13	正时链条张紧器	正时链条张紧器螺栓	M6	2	10±2
14	正时罩	正时罩螺栓	M10	1	44±2
15	机油泵链条张紧板	机油泵链条张紧板螺栓	M6	1	10±2
16	机油收集器	机油收集器安装螺栓	M6	2	10±2
17	油底壳	油底壳螺栓	M8	1	24±2
18	机油尺导管	机油尺导管自攻螺钉	M6	1	7±1
19	气缸盖罩	气缸盖罩螺栓	M6	9	10±2
20	进气压力温度传感器	中冷器自攻螺钉	M6	1	7±1
21	油底壳	放油螺塞组件	M14×1.5	1	25±2
22	增压器进油管组件	空心螺栓 M12×1.5	M12×1.5	2	35±2
23	增压器进水管合件	增压器水管螺栓 2	M14×1.5	2	35±2
24	增压器进水管合件	增压器水管螺栓 1	M14×1.5	1	35±2
25	燃油出油管组件		M14×1.5	2	25±2

续表

序号	紧固部位或零件	类型	规格	每台个数	紧固力矩/(N·m)
26	曲轴位置传感器	六角法兰面螺栓	M6	2	7±1
27	气缸体	气缸体螺塞组件	M10×1.25	1	20±2
28	凸轮轴相位传感器	六角法兰面螺栓	M6	2	6.5±1
29	发动机线束支架Ⅶ	机油尺导管自攻螺钉	M6	1	7±1
30	发动机线束支架Ⅲ	六角法兰面螺栓	M8	2	24±2
31	增压压力限压电磁阀	PWM阀螺栓组件	M5	2	4±1

15.16 长安2.0T D20T GDI发动机

15.16.1 发动机正时维修

（1）发动机正时机构拆卸

① 脱开蓄电池负极电线。

② 放出发动机冷却液。

③ 通过套筒来逆时针转动前端张紧轮转动轴，取下前端轮系皮带。

④ 取下前端轮系张紧轮、惰轮、水泵皮带轮和曲轴皮带轮。

⑤ 取下正时皮带前上、下罩壳。

⑥ 取下正时皮带张紧轮总成紧固螺栓，取下正时皮带张紧轮。取下正时皮带、惰轮。

注意：

拆下正时皮带后，绝不能随意转动凸轮轴和曲轴。如果转动，活塞和气门之间会产生干涉，可能损坏活塞和气门的有关零件。绝不能弯折正时皮带。

（2）发动机正时机构安装

① 气缸盖、缸盖定位销、缸垫、凸轮轴盖装于曲轴箱上，用连接螺栓拧紧。安装正时皮带前，需用专用工装对凸轮轴和飞轮进行安装定位，防止转动，如图15-66所示。

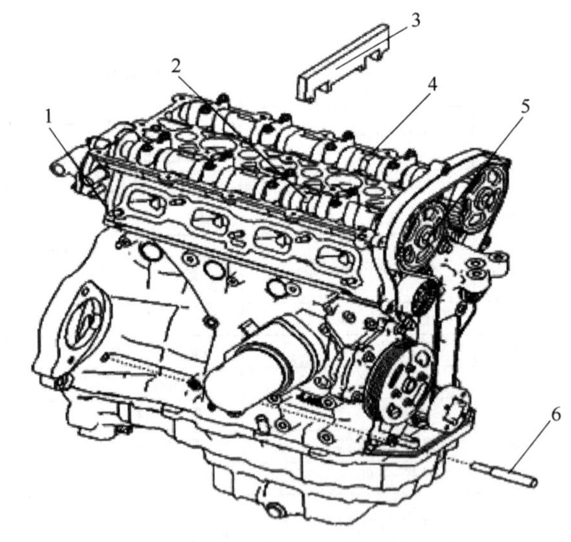

图15-66 安装正时拆装专用工具

1—发动机后端；2,4—凸轮轴正时标记；3—凸轮轴正时工装；5—发动机前端；6—曲轴正时工装

② 工装安装方法：

• 将缸盖连接螺栓按规定力矩拧紧后，转动曲轴，当飞轮上的定位孔与缸体的定位销孔对齐时，将曲轴正时工装插入飞轮上的定位孔。

• 将进、排气凸轮轴按照凸轮轴正时标记“涂漆小平面”向上放置，凸轮轴正时工装按图15-66所示卡入凸轮轴正时定位面。

• 按凸轮轴盖上的箭头（指向发动机前端方向），依照原有顺序装配并按规定力矩拧紧。

• 工装正时定位后再按图15-67进行正时轮系的安装。

③ 同时对发动机右悬挂进行安装，按照规定力矩拧紧。正时轮系和正时皮带装配如图15-67所示。

④ 正时皮带后罩总成安装于气缸盖上且不得偏斜，按规定力矩拧紧螺栓。

⑤ 进、排气相位器总成装配时先不拧紧，使其能够相对于凸轮轴转动。

⑥ 正时张紧轮装配前应检查并保证转动灵活，调节臂具有张紧功能。装配时安装

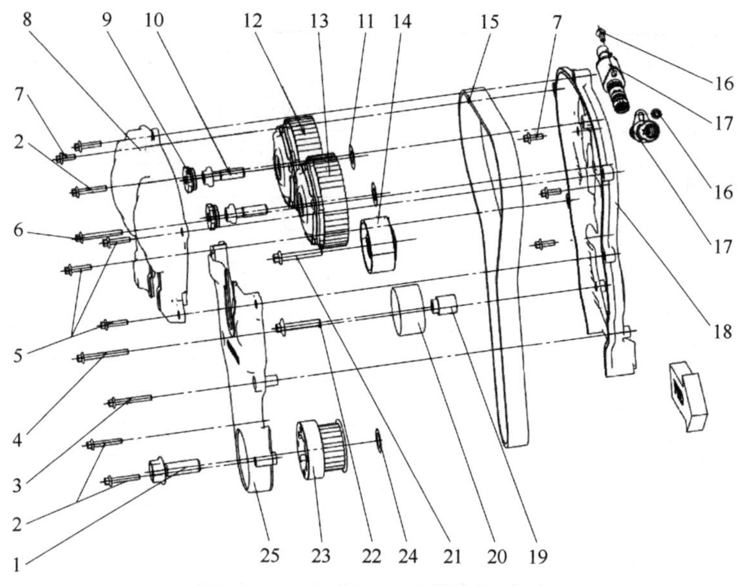

图 15-67　发动机正时带部件分解

1—曲轴正时齿轮螺栓；2～7,16,21,22—螺栓；8—正时皮带前上罩总成；9—进气相位器堵盖总成；10—VVT 皮带轮螺栓；11—平垫圈；12—进气相位器总成；13—排气相位器总成；14—正时皮带张紧轮总成；15—正时皮带；17—机油控制阀总成；18—正时皮带后罩壳总成；19—正时皮带惰轮总成垫块；20—正时皮带惰轮总成；23—曲轴正时皮带轮总成；24—摩擦垫片；25—正时皮带前下罩总成

螺栓先预紧，同时保证张紧轮调节臂能够按箭头方向转动并张紧。

⑦ 装配正时张紧轮时，拧入张紧轮螺栓到位而暂不拧紧，同时保证张紧轮调节臂能够按箭头方向转动并张紧。

⑧ 将正时皮带按图 15-67 所示进行装配，绕过曲轴正时皮带轮、正时皮带惰轮，和进、排气相位器总成后，皮带最后绕到用螺栓固定的正时张紧轮上。检查皮带，确保不冒出轮系边缘和曲轴正时皮带轮轮缘，并保证带齿和轮齿正确啮合。

⑨ 用内六角扳手按张紧轮调节臂箭头方向转动调节臂，使张紧轮指针位于张紧轮正时标记范围内，在固定内六角扳手使张紧轮指针不发生摆动的同时，对正时张紧轮螺栓按照规定力矩拧紧。最后将 VVT 皮带轮螺栓按照规定力矩拧紧。

⑩ 正时轮系和正时罩壳安装关系如图 15-67 所示。在装配完正时轮系后需转动曲轴 4～6 圈，同时观察凸轮轴上止点标记，在每次 1 缸达到上止点时正时张紧轮指针必须保证在张紧轮正时标记内且用凸轮轴正时工装复检凸轮轴正时是否正确，若不正确则需重新对正时轮系进行装配。

15.16.2　发动机维修数据

D20T 发动机机械维修数据如表 15-28 所示。

表 15-28　D20T 发动机机械维修数据

项　　目	规　　格
发动机类型	直列四缸、四冲程、双顶置凸轮轴、四气门、直喷增压中冷
供油方式	直喷
进气方式	涡轮增压
正时驱动方式	正时皮带驱动
气缸直径	86mm
活塞行程	86mm
排量	1.998L

续表

项　　目			规　　格
压缩比			9.8∶1
最大净功率/转速			162kW/(5500r/min)
最大净转矩/转速			355Nm/(1750～3500r/min)
全 map 最低燃油消耗率			243
怠速转速			800r/min±50r/min
点火顺序			1—3—4—2
火花塞型号			HU00A70P
凸轮轴	进气凸轮高度		46.4mm±0.06mm
	排气凸轮高度		48.2mm±0.06mm
	径向跳动量		0.03mm
	凸轮轴直径		$\phi 28_{-0.061}^{-0.040}$mm
	凸轮轴轴颈孔直径		$\phi 25_{-0.040}^{-0.022}$mm
缸盖	缸盖表面的平面度		0.03～0.05mm
	总高		212mm
气门弹簧	气门弹簧自由长度		46.9mm
	气门弹簧预负荷		220N
	气门弹簧垂直度		1.3mm
气门	进气门直径		35mm±0.1mm
	排气门直径		29mm±0.1mm
	气门杆直径	进气门	$\phi 5.5_{-0.032}^{-0.020}$mm
		排气门	$\phi 5.464_{-0.008}^{+0.008}$mm
	气门杆与导管的间隙	进气门	0.020～0.044mm
		排气门	0.028～0.056mm
	气门头厚度	进气门	$3_{+0.2}^{+0.6}$mm
		排气门	3mm±0.2mm
	气门间隙	进气门	0.22mm±0.02mm
		排气门	0.36mm±0.02mm
气门导管	气门导管内径	进气门	5.5mm
		排气门	
	气门导管伸出缸盖长度		11.5mm
	气门导管总长		40mm
活塞	活塞标准直径	1 组	ϕ85.966～85.975mm
		2 组	ϕ85.956～85.965mm
	至缸套间隙	1 组	0.035～0.054mm
		2 组	0.035～0.054mm
活塞环	端隙	第一道环	0.035～0.085mm
		第二道环	0.03～0.07mm
		第三道环	0.04～0.16mm
活塞销	活塞销直径		$\phi 22_{-0.005}^{0}$mm
	活塞销与活塞销孔间隙		0.004～0.015mm
	活塞销孔直径		$\phi 22_{+0.004}^{+0.010}$mm
曲轴	连杆轴颈直径	等级 1	47.0000～47.994mm
		等级 2	47.988～47.9939mm
		等级 3	47.982～47.9879mm
	连杆轴颈圆度(最大值)		0.005mm
	连杆轴承间隙(油膜厚度)		0.024～0.052mm
	连杆轴承轴向间隙		0.026～0.06mm
	主轴颈径向跳动极限		0.03mm
	主轴轴向间隙		0.1～0.25mm
	曲轴止推片的标准厚度		1.97～2.02mm

续表

项　目			规　格
曲轴	主轴承与主轴颈间隙		0.03～0.058mm
	主轴颈直径	等级 1	55.0000～55.994mm
		等级 2	55.988～55.9939mm
		等级 3	55.982～55.9879mm
	气缸直径	1 组	$\phi86^{+0.0200}_{+0.0101}$mm
		2 组	$\phi86^{+0.01}_{0}$mm
	气缸直径极限		ϕ86.02mm

D20T 发动机机械部件紧固力矩如表 15-29 所示。

表 15-29　D20T 发动机机械部件紧固力矩

紧固部件名称		力矩/(N·m)
机油压力传感器		16±1
气缸盖罩螺栓		13±1
进气歧管螺母		32±2
排气歧管螺母		32±2
正时张紧轮螺栓		23±2
前罩壳与缸盖连接长螺栓		10±1
前罩壳与缸盖连接短螺栓		10±1
前罩壳与曲轴箱连接螺栓		10±1
水泵皮带轮安装螺栓		10±1
机油盘螺栓和螺母		10±1
油盘放油塞		45±5
机油泵安装螺栓		23±2
前端轮系惰轮与前罩壳连接螺栓		50±3
曲轴正时齿轮螺栓		200±3(并继续旋转 60°±2°。螺栓只允许使用一次)
曲轴箱与平衡轴连接螺栓		45±2
凸轮轴盖螺栓		12±1
VVT 皮带轮螺栓		105～110
凸轮轴位置传感器盖固定螺栓		10±1
缸盖螺栓		30±2(180°±2°。螺栓只允许使用两次)
连杆螺栓		25±2(90°±2°。螺栓只允许使用一次)
主轴承盖螺栓		40±2(90°±2°。螺栓只允许使用两次)
驱动盘螺栓		35±2(45°±2°。螺栓只允许使用一次)
未标注螺栓	M6	8.8 级:10±1。10.9 级:13±1
	M8	8.8 级:23±2。10.9 级:32±2
	M10	8.8 级:50±3。10.9 级:65±3
	M12	8.8 级:80±5。10.9 级:110±5

15.17　广汽 2.0T 4B20J1 发动机

15.17.1　发动机正时维修

(1) 正时链条拆卸

① 排放发动机机油。

② 拆卸动力总成。

③ 拆卸气缸盖罩总成。

④ 拆卸机油泵正时链条盖总成。

⑤ 拆卸正时链条。

a. 将正时张紧器挺柱压缩到位，插入卡销 (1)，如图 15-68 所示。

b. 旋出固定螺栓 (箭头)，取出正时张紧器 (1)，如图 15-69 所示；螺栓拧紧力矩：(9±1)Nm。

c. 如图 15-70 所示，旋出动导轨定位销

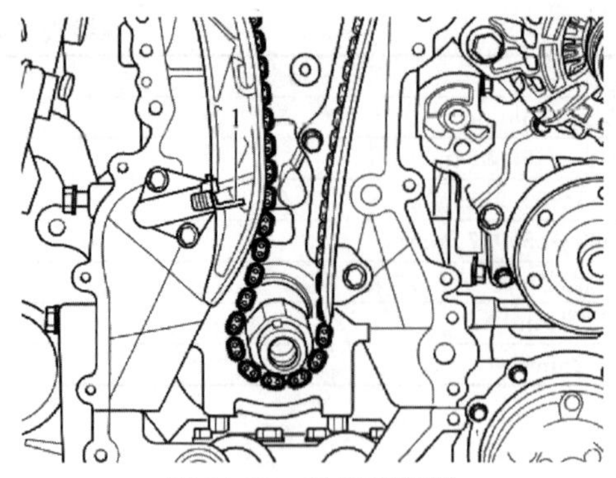

图 15-68　设置张紧器

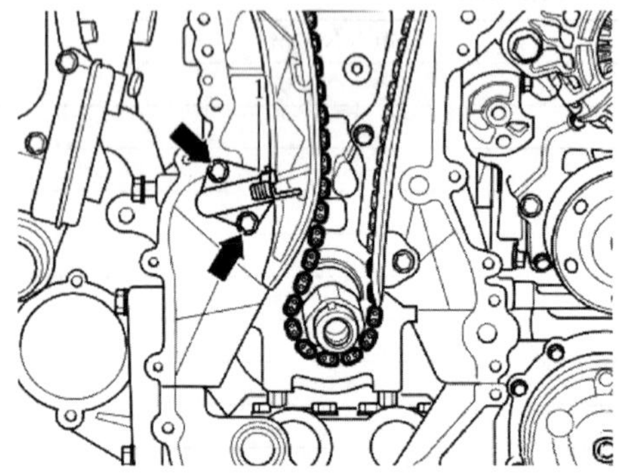

图 15-69　取出张紧器

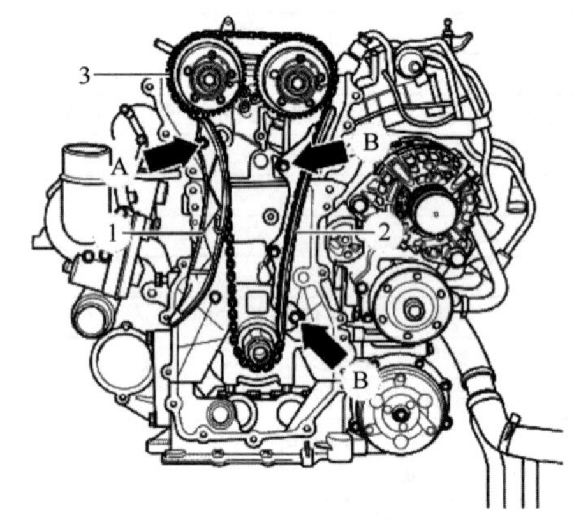

图 15-70　取出正时链条

(箭头 A)，取出动导轨 (1)；定位销拧紧力矩：(25±2)Nm。

d. 旋出固定螺栓 (箭头 B)，取出定导轨 (2)；固定螺栓拧紧力矩：(9±1)Nm。

e. 取出正时链条 (3)。

(2) 正时链条安装

安装以与拆卸相反顺序进行，同时注意下列事项：

① 安装正时链条，使链条蓝色标记 (箭头 A) 与排气相位调节器上的凹点标记 (箭头 B) 对齐，如图 15-71 所示。

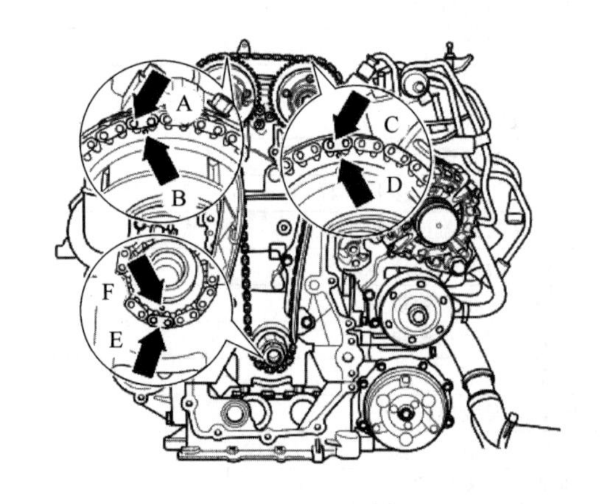

图 15-71　对齐各正时标记

② 使链条蓝色标记 (箭头 C) 与进气相位调节器上的凹点标记 (箭头 D) 对齐。

③ 使链条蓝色标记 (箭头 E) 与曲轴链轮上的凹点标记 (箭头 F) 对齐。

④ 安装正时张紧器固定螺栓，取出卡销。螺栓拧紧力矩：(9±1)Nm。

15.17.2　发动机维修数据

4B20J1 发动机机械维修数据如表 15-30 所示。

表 15-30　4B20J1 发动机机械维修数据

项　目	数　据
排量	1991mL
发动机标识字母	4B20J1
气缸数量/每个气缸气门数	4/4
额定功率/转速	185kW/(5250r/min)
最大转矩/转速	390Nm/(1750～4000r/min)
最大净功率/转速	170kW/(5250r/min)
最大净转矩/转速	380Nm/(1750～4000r/min)

续表

<table>
<tr><th colspan="2">项　　目</th><th colspan="2">数　　据</th></tr>
<tr><td colspan="2">怠速稳定转速</td><td colspan="2">700r/min±50r/min</td></tr>
<tr><td colspan="2">点火次序</td><td colspan="2">1—3—4—2</td></tr>
<tr><td colspan="2">缸径</td><td colspan="2">ϕ83mm</td></tr>
<tr><td colspan="2">行程</td><td colspan="2">92mm</td></tr>
<tr><td colspan="2">压缩比</td><td colspan="2">10∶1</td></tr>
<tr><td colspan="2">燃油</td><td colspan="2">95 号及以上优质无铅汽油</td></tr>
<tr><td colspan="2">排放水平</td><td colspan="2">国六</td></tr>
<tr><td colspan="2">自诊断</td><td colspan="2">是</td></tr>
<tr><td colspan="2">电子油门</td><td colspan="2">是</td></tr>
<tr><td colspan="2">三元催化转化器</td><td colspan="2">是</td></tr>
<tr><td colspan="2">空燃比控制调节</td><td colspan="2">是</td></tr>
<tr><td colspan="2">凸轮轴传动方式</td><td colspan="2">链条</td></tr>
<tr><td colspan="2">曲轴转速齿圈齿数</td><td colspan="2">60(满齿)－2(缺口标记)</td></tr>
<tr><td colspan="2">两齿之间距离</td><td colspan="2">8mm</td></tr>
<tr><td colspan="4">活塞销</td></tr>
<tr><td colspan="2">标准直径</td><td colspan="2">20.996～21mm</td></tr>
<tr><td colspan="2">活塞销与活塞间隙</td><td colspan="2">0.006～0.014mm</td></tr>
<tr><td colspan="2">活塞销与连杆间隙</td><td colspan="2">0.006～0.018mm</td></tr>
<tr><td colspan="4">曲轴</td></tr>
<tr><td colspan="2">标准止推间隙</td><td colspan="2">0.055～0.255mm</td></tr>
<tr><td colspan="2">最大止推间隙</td><td colspan="2">0.255mm</td></tr>
<tr><td colspan="2">止推垫圈厚度</td><td colspan="2">2.405～2.440mm</td></tr>
<tr><td colspan="2">主轴颈直径</td><td colspan="2">49.982～49.997mm</td></tr>
<tr><td colspan="2">标准油隙</td><td colspan="2">0.020～0.041mm</td></tr>
<tr><td colspan="2">最大主轴颈锥度和圆度</td><td colspan="2">锥度:0.005mm。圆度:0.004mm</td></tr>
<tr><td colspan="2">最大连杆轴颈锥度和圆度</td><td colspan="2">锥度:0.005mm。圆度:0.004mm</td></tr>
<tr><td colspan="2">曲轴销直径</td><td colspan="2">49.982～49.997mm</td></tr>
<tr><td colspan="4">连杆</td></tr>
<tr><td colspan="2">连杆小头孔直径</td><td colspan="2">21.006～21.014mm</td></tr>
<tr><td colspan="2">连杆大头孔直径</td><td colspan="2">53～53.012mm</td></tr>
<tr><td colspan="2">标准油隙</td><td colspan="2">0.020～0.041mm</td></tr>
<tr><td colspan="2">最大油隙</td><td colspan="2">0.041mm</td></tr>
<tr><td colspan="4">活塞环</td></tr>
<tr><td rowspan="3">环槽间隙</td><td>1 号环槽</td><td colspan="2">0.035～0.085mm</td></tr>
<tr><td>2 号环槽</td><td colspan="2">0.02～0.06mm</td></tr>
<tr><td>3 号环槽</td><td colspan="2">0.02～0.19mm</td></tr>
<tr><td rowspan="3">闭口间隙</td><td>1 号环</td><td colspan="2">0.18～0.30mm</td></tr>
<tr><td>2 号环</td><td colspan="2">0.35～0.55mm</td></tr>
<tr><td>3 号环</td><td colspan="2">0.2～0.7mm</td></tr>
<tr><td rowspan="3">最大闭口间隙</td><td>1 号环</td><td colspan="2" rowspan="3">比规定值增大超过 0.1mm 时建议更换</td></tr>
<tr><td>2 号环</td></tr>
<tr><td>3 号环</td></tr>
<tr><td colspan="4">润滑系统(机油泵总成)</td></tr>
<tr><td colspan="2">内转子和外转子之间的径向间隙</td><td>标准(新):0.04～0.16mm</td><td>维修极限:0.25mm</td></tr>
<tr><td colspan="2">转子和机油泵壳体之间的轴向间隙</td><td>标准(新):0.03～0.09mm</td><td>维修极限:0.2mm</td></tr>
<tr><td colspan="2">壳体到外转子的径向间隙</td><td>标准(新):0.100～0.175mm</td><td>维修极限:0.25mm</td></tr>
<tr><td colspan="4">燃油系统</td></tr>
<tr><td colspan="2">喷油器阻值</td><td colspan="2">约 2Ω</td></tr>
<tr><td colspan="2">碳罐控制阀阻值</td><td colspan="2">16Ω±2Ω</td></tr>
<tr><td colspan="2">燃油泵阻值</td><td colspan="2">0.5～0.8Ω</td></tr>
</table>

续表

项目		数据
冷却系统		
调温器	开启温度	97℃±2℃(不加电)
	开启行程	在112℃时,9mm或以上
冷却风扇电机	电子风扇电机(无级调速)	根据车速、水温、空调压力控制风扇运转
点火系统		
怠速时点火提前角(与负荷有关)		0°
2000r/min时点火提前角(与负荷有关)		-3°~35°
4000r/min时点火提前角(与负荷有关)		-0.5°~41°
火花塞	标准电极间隙	新火花塞:0.7~0.8mm
	型号	TLKR8S8

4B20J1发动机机械部件紧固力矩如表15-31所示。

表15-31 4B20J1发动机机械部件紧固力矩

紧固部件	规格	拧紧力矩/(N·m)
气缸盖螺栓	M10×1.25	35(并继续旋转180°)
主轴承盖	M10×1.25	30(并继续旋转180°)
连杆螺栓	M8×1	25(并继续旋转90°)
驱动盘螺栓	M10×1.25	30(并继续旋转60°)
火花塞	M12×1.25×26.5	20±2
减震皮带轮螺栓	M16×1.5	130(并继续旋转120°)
相位调节器	六角法兰面螺栓M10×1.25×65	25(并继续旋转90°)
发动机悬置支架	M10×1.25×75	50±5
机油冷却喷嘴总成	M8×1	12±1
曲轴后油封总成螺栓	M6×1	9±1
曲轴转速齿圈	十字槽螺栓	12±1
凸轮轴承盖	螺栓M7×1	15±1.5
进气双头螺柱	M8×16×32	11±1
排气双头螺柱	M8×16×30	11±1
	M8×16×25	11±1
真空泵安装盖	螺栓M7×1	20±2
气缸盖罩	螺栓M6×30	9±1
	轴肩式双头螺柱M6×16—M6×35	9±1
飞轮防尘罩	六角法兰面螺栓M6×10	9±1
机油控制阀	六角法兰面螺栓M5×12	6±0.5
正时张紧器	螺栓M6×25	9±1
动导轨定位销	M8×15	25±2
定导轨	螺栓M6×12	9±1
凸轮间导轨	螺栓M6×12	9±1
附件张紧轮	M10×1.5	50±5
平衡轴螺栓	M8×1.25	10(并继续旋转60°)
平衡轴安装螺栓	M10×1.25	58±2
油气分离	六角法兰面螺栓M6×25	9±1
排气门	内六角圆柱头螺栓M6×18和锥形弹性垫圈组合件	9±1
进气歧管支架	六角法兰面螺栓M8×16	25±2.5
进气歧管	全金属六角法兰面锁紧螺母M8	20±2
	六角法兰面螺栓M8×35	20±2
排气歧管隔热罩	六角法兰面螺栓M6×14	9±1
	六角法兰面螺栓M6×20	9±1
排气歧管	耐热自锁螺母M8	30±3

续表

紧固部件	规格	拧紧力矩/(N·m)
增压器、催化器	耐热六角法兰面螺母 M10	50±5
	耐热双头螺柱 M10×35	20±2
	六角法兰面螺栓 M10×1.25×20	45±5
排气管吊耳支架	六角法兰面螺栓 M10×1.25×20	50
增压器进水管总成	内六角空心螺栓 M14×1.5×28	40±4
增压器回水管总成	内六角空心螺栓 M14×1.5×28	40±4
	六角法兰面螺栓 M6×14	9±1
增压器进油管总成	内六角空心螺栓 M12×1.5×26	30±2
	外六角空心螺栓 M12×1.5×25	30±2
	六角法兰面螺栓 M6×14	9±1
增压器回油管总成	六角法兰面螺栓 M6×14	9±1
	双头螺栓 M6×12×6	9±1
	六角法兰面螺母 M6	9±1
增压器支架	耐热六角法兰面螺栓 M8×35	25±2.5
	六角法兰面螺栓 M8×14	25±2.5
上油底壳	六角法兰面螺栓 M8×25	25±2.5
下油底壳	六角法兰面螺栓(长圆柱端)M6×14	9±1
放油螺塞	六角头螺塞 M16×1.5	28±3
机油尺管	六角法兰面螺栓 M6×12	9±1
机油集滤器总成	内六角圆柱头螺栓 M6×18 和锥形弹性垫圈组合件	9±1
机油泵正时链盖总成	六角法兰面螺栓 M6×40	9±1
	六角法兰面螺栓 M8×45	25±2.5
	六角法兰面螺栓 M8×25	25±2.5
机油滤清器座	六角法兰面螺栓 M8×22	25±2.5
机油冷却器接头	M20×1.5	50±2
机油滤清器		15(并继续旋转 180°)
调温器带座总成	六角法兰面螺栓 M6×20	9±1
水泵总成	六角法兰面螺栓 M6×20	9±1
水泵支架壳体总成	六角法兰面螺栓 M10×1.25×55	50±5
	六角法兰面螺栓 M10×1.25×30	50±5
涡轮增压器冷却硬管	六角法兰面螺栓 M6×12	9±1
进水管	六角法兰面螺栓 M8×12	25±2.5
	六角法兰面螺栓 M8×16	25±2.5
出水管座总成	六角法兰面螺栓 M8×22	25±2.5
油轨喷油器总成	六角法兰面螺栓 M8×30	25±2
高压油泵	六角法兰面螺栓 M8×22	20～25
高压油管	M14 螺母	28±3
碳罐控制阀支架	六角法兰面自攻螺钉 ST4.8×16 和大垫圈组合件	5±0.5
进气温度压力传感器	六角法兰面螺栓 M5×16	5±0.5
相位传感器	内六角圆柱头螺栓 M6×18 和锥形弹性垫片组合件	9±1
水温传感器	M12×1.5	15±1.5
前氧传感器	M18×1.5	50±10
机油压力开关		30±2.5
转速传感器	内六角圆柱头螺栓 M6×16 和锥形平垫圈组合件	9±1
爆震传感器	六角法兰面螺栓 M8×30	25±2.5
点火线圈	六角法兰面螺栓 M6×30	9±1
电子节气门体	内六角圆柱头螺栓 M6×55 和锥形弹性垫圈组合件	9±1
喷油器线束支架(进气歧管)	六角法兰面自攻螺钉 ST4.8×16 和大垫圈组合件	5±0.5

15.18 红旗 3.0T CA6GV30TD 发动机

15.18.1 发动机正时维修

发动机正时机构部件分解如图 15-72 所示。

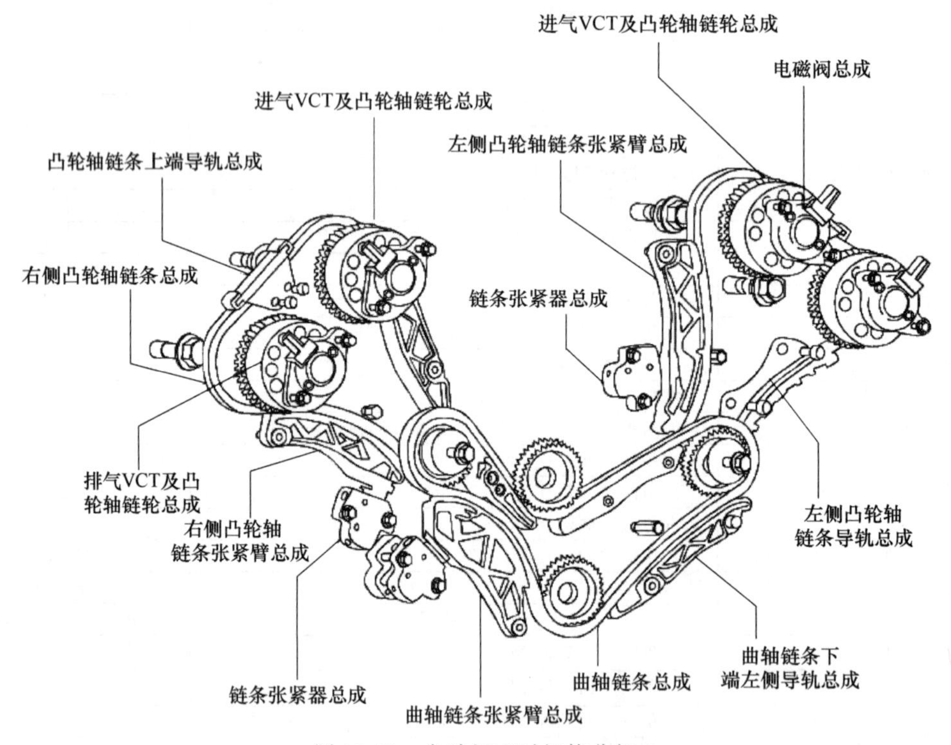

图 15-72 发动机正时机构分解

① 安装链条惰轮总成，如图 15-73 所示；右侧与左侧安装顺序相同。用 1 个螺栓安装链条惰轮总成。安装时在轴径外滴上润滑油。转矩：55～61N·m。

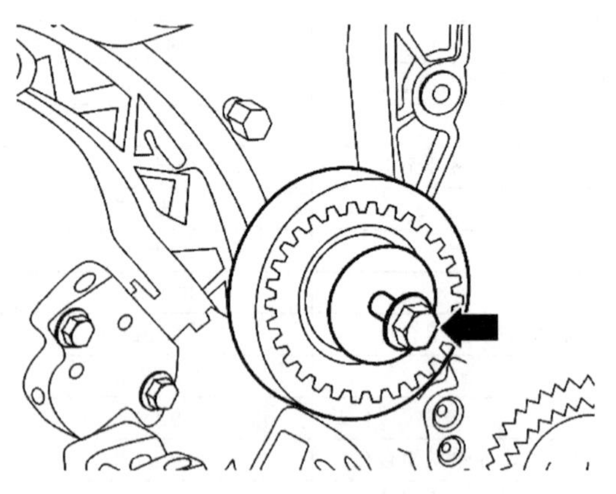

图 15-73 安装链条惰轮总成

② 安装左侧凸轮轴链条总成，如图 15-74 所示。用 2 个螺栓（D）安装凸轮轴链条上端导轨总成，转矩：8～12N·m。用 2 个螺栓（C）安装左侧凸轮轴链条导轨总成，转矩：8～12N·m。用 1 个螺栓（B）安装左侧凸轮轴链条张紧臂总成，转矩：11～15N·m。用 2 个螺栓（A）安装左侧凸轮轴链条张紧器总成，转矩：8～12N·m。

③ 安装右侧凸轮轴链条总成，如图 15-75 所示。用 2 个螺栓（A）安装凸轮轴链条上端导轨总成，转矩：8～12N·m。用 2 个螺栓（D）安装右侧凸轮轴链条右侧导轨总成，转矩：8～12N·m。用 1 个螺栓（B）安装右侧凸轮轴链条张紧臂总成，转矩：11～15N·m。用 2 个螺栓（C）安装右侧凸轮轴链条张紧器总成，转矩：8～12N·m。

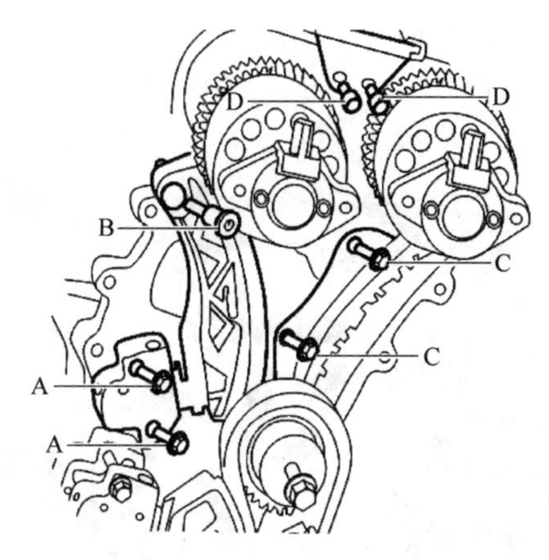

图 15-74　安装左侧凸轮轴链条总成

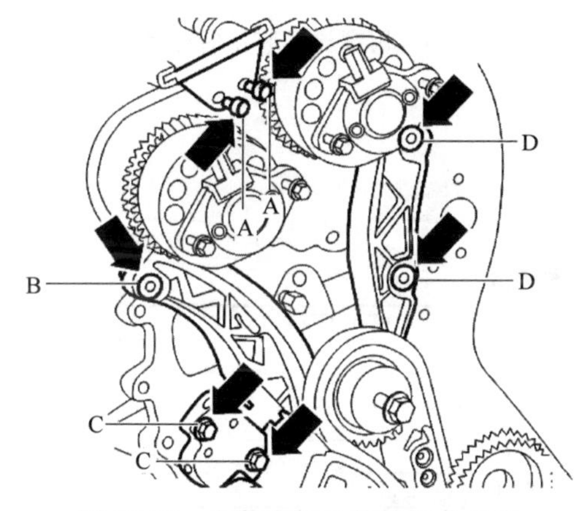

图 15-75　安装右侧凸轮轴链条总成

④ 安装曲轴链条总成。如图 15-76 所示，用 2 个螺栓（E）安装曲轴链条下端左侧导轨总成，转矩：11～15N・m。用 2 个螺栓（C）安装曲轴链条上端右侧导轨总成，转矩：8～12N・m。用 1 个螺栓（B）安装曲轴链条张紧臂总成，转矩：11～15N・m。用 2 个螺栓（A）安装链条张紧器总成，转矩：8～12N・m。图中，D 为曲轴链条上端左侧导轨螺栓。

⑤ 用 3 个工装辅具将 3 个链条张紧器锁紧，保证盘动发动机时工装辅具不会脱落。注意：曲轴旋转方向为顺时针方向（从前端看），在装配过程中不允许反方向旋转。确认凸轮轴和曲轴正时工具在正确位置，凸轮轴采用工装附具卡紧。注意：如图 15-77 所示，从左到右（1—2—3—4）依次紧固 4 个 OCV 控制阀总成。转矩：（50～55N・m)＋(58～64N・m)。安装完毕后拆下所有

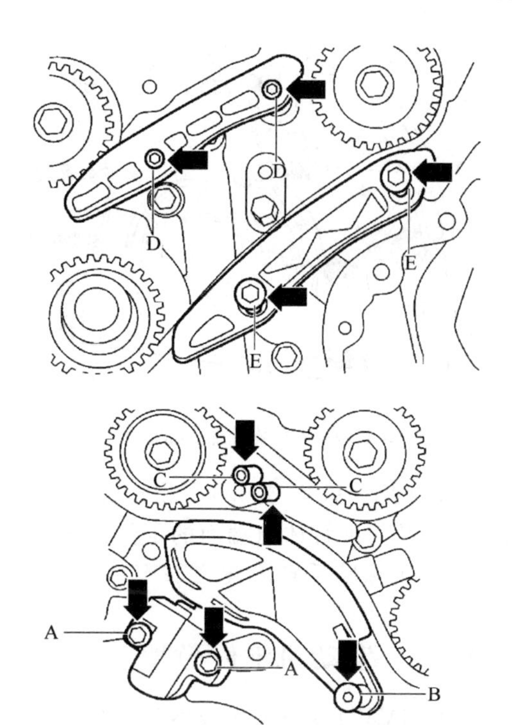

图 15-76　安装导轨与张紧臂

正时工装。

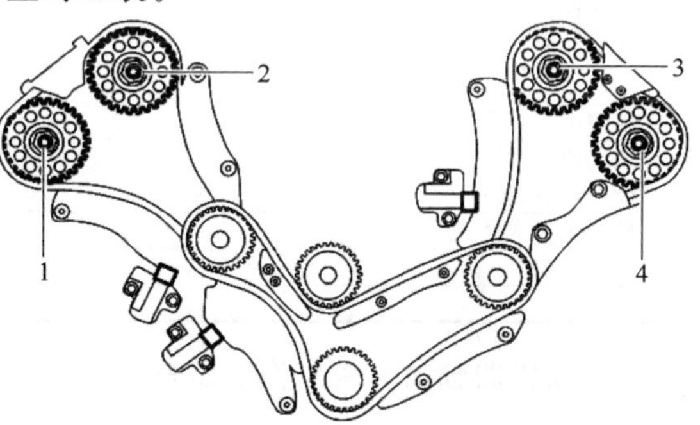

图 15-77　紧固顺序

⑥ 安装曲轴后油封及油封座：在曲轴轴颈上涂机油后，将油封安装辅助工具装入曲轴后端，轻推使之与缸体靠紧。安装顺序为先中间后两边，从内向外。用 8 个螺栓安装曲轴后油封及油封座，如图 15-78 所示。第一次拧紧力矩：3～7N・m。第二次拧紧力矩：8～12N・m。

⑦ 安装链条室盖总成：

注意：装配前清洗干净链条罩盖总成，装配过程中不得用手触摸曲轴前油封的唇口。罩盖中间 7 处螺栓凸台和周边的 8 处 L 形槽也须涂胶，涂胶直径为 2.2～3.2mm。如果发现有缝隙未被密封胶填满，须再涂

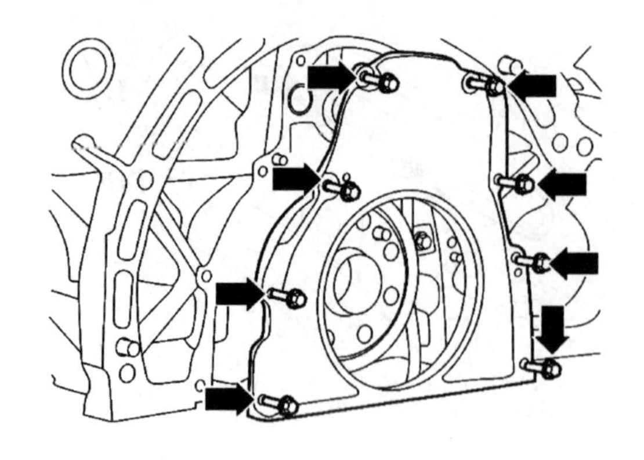

图 15-78　安装曲轴后油封

RTV 密封胶（乐泰 5900）。将链条室罩盖两定位销孔对准缸体前端面的定位销进行装配，允许用橡胶锤轻敲使之靠牢。用 35 个螺栓安装链条室盖总成，如图 15-79 所示，转矩：17～23N·m。螺栓 A 转矩：8～12N·m。螺栓 B 转矩：35～45N·m。

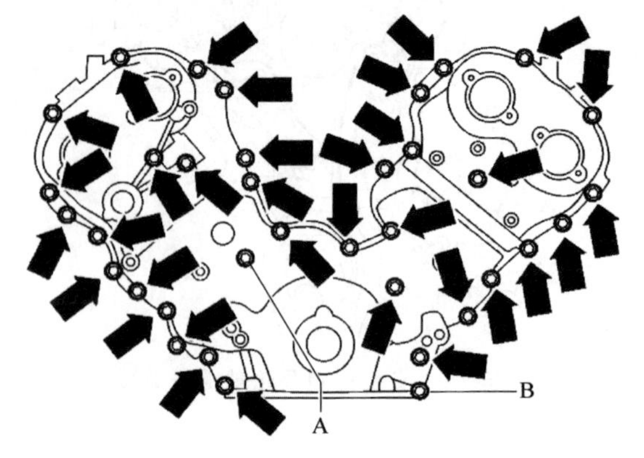

图 15-79　用螺栓安装正时链条罩盖

15.18.2　发动机维修数据

CA6GV30TD 发动机技术参数如表 15-32 所示。

表 15-32　发动机技术参数

发动机型号	CA6GV30TD
气缸直径	82.5mm
活塞行程	77.8mm
排量	2.951L
压缩比	10.3∶1
额定功率/转速	248kW/(5500r/min)
最大转矩/转速	445N·m/(3000～5000r/min)
最大净功率/转速	240kW/(5500r/min)
进气方式	机械增压
排放标准	国Ⅵ b

发动机曲轴轴瓦装配关系如表 15-33、表 15-34 所示。

表 15-33　主轴承孔、轴瓦、主轴颈装配关系表

轴颈分组/mm		座孔分组表/mm					
		1		2		3	
		直径 ϕ	公差	直径 ϕ	公差	直径 ϕ	公差
		70	+0.043 +0.037	70	+0.037 +0.031	70	+0.031 +0.025
3		油膜间隙	轴瓦颜色	油膜间隙	轴瓦颜色	油膜间隙	轴瓦颜色
直径 ϕ	公差						
65	−0.012 −0.018	0.033 0.015	黄	0.033 0.015	蓝	0.033 0.015	黑
2		油膜间隙	轴瓦颜色	油膜间隙	轴瓦颜色	油膜间隙	轴瓦颜色
直径 ϕ	公差						
65	−0.006 −0.012	0.033 0.015	蓝	0.033 0.015	黑	0.033 0.015	红
1		油膜间隙	轴瓦颜色	油膜间隙	轴瓦颜色	油膜间隙	轴瓦颜色
直径 ϕ	公差						
65	0 −0.006	0.033 0.015	黑	0.033 0.015	红	0.033 0.015	绿

表 15-34　连杆大头孔、连杆轴瓦、曲轴连杆轴颈装配关系表

连杆轴颈/mm		连杆大头孔/mm					
		A		B		C	
		直径 φ	公差	直径 φ	公差	直径 φ	公差
		59.5	+0.022 +0.018	59.5	+0.026 +0.022	59.5	+0.030 +0.026
A		油膜间隙	轴瓦颜色	油膜间隙	轴瓦颜色	油膜间隙	轴瓦颜色
直径 φ	公差						
56.5	0 −0.006	0.046 0.031	绿	0.044 0.028	红	0.042 0.026	黑
B		油膜间隙	轴瓦颜色	油膜间隙	轴瓦颜色	油膜间隙	轴瓦颜色
直径 φ	公差						
56.5	−0.007 −0.012	0.046 0.031	红	0.044 0.029	黑	0.042 0.027	蓝
C		油膜间隙	轴瓦颜色	油膜间隙	轴瓦颜色	油膜间隙	轴瓦颜色
直径 φ	公差						
56.5	−0.013 −0.018	0.046 0.031	黑	0.044 0.029	蓝	0.042 0.027	黄

发动机机械部件紧固力矩如表 15-35 所示。

表 15-35　发动机机械部件紧固力矩

名称	数量	规格	拧紧力矩/(N·m)	力矩管理范围/(N·m)	
主轴承螺栓	8	M10×1.5	40±3(并继续旋转 120°±5°)	60	110
侧向螺栓	8	M8×1.25	第一次:25±3 第二次:50±3	45	60
上止点调整孔螺栓	1	M10	20±3	17	23
链条室盖安装螺栓	3	M8	20±3	17	23
	1	M8	20±3	17	23
	1	M8	20±3	17	23
	1	M6	10±2	8	12
	2	M8	20±3	17	23
	3	M8	20±3	17	23
	15	M8	20±3	17	23
	5	M8	20±3	17	23
	1	M8	20±3	17	23
	3	M8	20±3	17	23
	1	M10	40±5	35	45
气缸盖螺栓	16	M10×1.5	40±4(并继续旋转 240°±10°)	40	90
进气侧油道堵塞	1	—	19.5±3.5	16	23
连杆螺栓	12	M8×1	20±3(并继续旋转 90°±5°)	31.5	67.5
活塞冷却喷嘴安装螺栓	3	M6	8±2	6	13
曲轴皮带轮螺栓	1	M6×1.5	250±5(并继续旋转 120°±10°)	282	465
曲轴后油封安装螺栓	8	M6	第一次:5±2 第二次:10±2	8.5	12
飞轮螺栓	8	M12×1	第一次:80±4 第二次:112±4	97	131
进气歧管安装螺栓	8	M8	20±3	17	23
进气歧管总成安装螺栓	8	M8	20±3	17	23
排气歧管总成安装螺母	18	M8	25±3	22	28
机油泵安装螺栓	5	M8	20±3	17	23
挡油板安装螺栓	4	M6	10±2	8	12

续表

名称	数量	规格	拧紧力矩/(N·m)	力矩管理范围/(N·m)	
机油盘上体安装螺栓	11	M8	20±3	17	23
	1	M8	20±3	17	23
	3	M8	20±3	17	23
	1	M8	20±3	17	23
机油盘下体安装螺栓	19	M6	10±2	8	12
	2	M8	20±3	17	23
机油收集器安装螺栓	2	M8	20±3	17	23
机油收集器支架安装螺栓	2	M6	10±2	8	12
机油滤清器总成	1	—	25±3	22	28
机油冷却器固定螺栓	1	M10	37±3	34	40
回油管安装螺栓	1	M6	10±2	8	12
油气分离器安装螺栓	4	M6	10±2	8	12
油气分离器及防护罩安装螺栓	6	M6	10±2	8	12
通风管总成安装螺栓	1	M6	5±1	4	6
平衡轴止推片安装螺栓	3	M6	10±2	8	12
平衡轴前端螺栓	1	M10	58±3	55	61
平衡轴后端螺栓	1	M10	58±3	55	61
惰轮螺栓	2	M10	58±3	55	61
张紧轮螺栓	1	M10	58±3	55	61
塔轮螺栓	1	M14	300±20	280	320
发电机支架安装螺栓	4	M8	20±3	17	23
空调压缩机支架安装螺栓	4	M8	20±3	17	23
左侧链条惰轮安装螺栓	1	M10	58±3	55	61
右侧链条惰轮安装螺栓	1	M10	58±3	55	61
左侧凸轮轴链条导轨安装螺栓	2	M8	13±2	11	15
右侧凸轮轴链条导轨安装螺栓	2	M8	12±2	11	15
链条张紧器安装螺栓	2	M6	10±2	8	12
凸轮轴链条上端导轨及安装螺栓	2	M6	10±2	8	12
曲轴链条下端左侧导轨安装螺栓	2	M8	12±2	11	15
曲轴链条上端左侧导轨	2	M6	10±2	8	12
曲轴链条上端右侧导轨	2	M6	10±2	8	12
曲轴链条张紧臂螺栓	1	M8	13±2	11	15
链条张紧器安装螺栓	2	M6	10±2	8	12
OCV 控制阀总成	4	M14	52.5±2.5(并继续旋转 61°±3°)	140	200
电磁阀安装螺栓	8	M6	10±2	8	12
机械增压器安装螺栓	12	M8	20±3	17	23
增压器进气管安装螺栓	6	M6	10±2	8	12
水空中冷器安装螺栓	12	M6	10±2	8	12
中冷器进出水管	6	M5	5±1	4	6
高压油轨安装螺栓	6	M8	20±3	17	23
燃油喷射泵安装螺栓	2	M6	10±2	8	12
高压油管安装螺栓	2	M6	10±2	8	12
高压油管安装螺母	1	M6	10±2	8	12
油管接头螺母	2	M14	30±3	27	33
真空罐总成安装螺栓	2	M8	20±3	17	23
真空罐总成安装螺母	2	M6	10±2	8	12

发动机涂封部位及密封胶型号如表 15-36 所示。

表 15-36　发动机涂封部位及密封胶型号

应用部位名称	密封种类	密封胶型号
所有碗形塞片	嵌合密封	乐泰 11747
旁通水管	嵌合密封	乐泰 620
左气缸垫总成	耐油密封	乐泰 5900
右气缸垫总成	耐油密封	乐泰 5900
曲轴后油封总成	耐油密封	乐泰 5900
火花塞套管	嵌合密封	乐泰 620
左列凸轮轴下框架及轴承盖总成	耐油密封	乐泰 5900
右列凸轮轴下框架及轴承盖总成	耐油密封	乐泰 5900
机油盘上体	耐油密封	乐泰 5900
机油盘下体总成	耐油密封	乐泰 5900
挡油板固定螺栓	螺栓紧固	乐泰 243
新鲜空气补偿管接头	嵌合密封	乐泰 620
曲轴链条润滑喷嘴	螺栓紧固	乐泰 243
左侧凸轮轴链条润滑喷嘴	螺栓紧固	乐泰 243
右侧凸轮轴链条润滑喷嘴	螺栓紧固	乐泰 243
链条室罩盖总成	耐油密封	乐泰 5900

参 考 文 献

［1］ 李土军．汽车正时校对调整与发动机维修数据速查手册［M］．北京：化学工业出版社，2019.
［2］ 顾惠峰．新款高档汽车正时校对图解大全［M］．北京：化学工业出版社，2019.
［3］ 韩旭东．图解最新汽车正时校对宝典［M］．沈阳：辽宁科学技术出版社，2019.
［4］ 夏雪松．图产汽车正时校对速查手册［M］．北京：化学工业出版社，2017.
［5］ 孙洋，孔军．图解汽车正时校对维修大全［M］．第 2 版．北京：化学工业出版社，2021.